Peter Müller

Einstieg in WordPress 6

Rheinwerk Computing

Aus dem Lektorat

Liebe Leserin, lieber Leser,

Sie haben sich für WordPress entschieden, und das ist eine gute Wahl. Das Content-Management-System ist aktuell der Standard für die Erstellung von Internetseiten, und es ist bestens für Einsteiger geeignet. WordPress ist besonders leicht zu bedienen, und Sie können damit bequem eigene Projekte im Netz umsetzen. Dieses Buch macht Ihnen den Zugang noch leichter. Sie brauchen dazu keine besonderen Vorkenntnisse in der Webentwicklung.

Peter Müller erklärt Ihnen in seiner unnachahmlichen und unterhaltsamen Art, wie Sie Ihre erste Website mit WordPress erstellen. Dabei zeigt er Ihnen den gesamten Prozess: von der ersten Planung über die Installation der Software, die Befüllung der Website mit Texten, Bildern, Videos und Musik sowie die Anpassung des Layouts bis hin zur Erweiterung mit Plugins und vorgefertigten Modulen (Widgets). Zahlreiche Schritt-für-Schritt-Anleitungen helfen Ihnen bei der praktischen Umsetzung spannender Features. In der aktuellen fünften Auflage lernen Sie nun auch, wie Sie Block-Themes und die Anpassung der gesamten Website ohne Codeberührung mit dem Website-Editor vornehmen können. Auf www.rheinwerk-verlag.de/5804 finden Sie zudem die verwendeten Materialien zum Buch.

Um die Qualität unserer Bücher zu gewährleisten, stellen wir stets hohe Ansprüche an Autoren und Lektorat. Falls Sie dennoch Anmerkungen und Vorschläge zu diesem Buch formulieren möchten, so freue ich mich über Ihre Rückmeldung.

Und nun wünsche ich Ihnen viel Spaß und Erfolg mit WordPress!

Ihr Stephan Mattescheck
Lektorat Rheinwerk Computing

stephan.mattescheck@rheinwerk-verlag.de
www.rheinwerk-verlag.de
Rheinwerk Verlag · Rheinwerkallee 4 · 53227 Bonn

Auf einen Blick

TEIL I   WordPress kennenlernen

1	WordPress – der Motor für Ihre Website	31
2	Ihre Website vorbereiten: Rahmenbedingungen, roter Faden, Domain und Webspace	47
3	WordPress installieren	61
4	Die ersten Schritte im Backend von WordPress	85

TEIL II   Inhalte erstellen und gestalten

5	Die ersten Seiten und Beiträge	113
6	Texte schreiben und den Block-Editor kennenlernen	153
7	Die Mediathek: Bilder und Galerien einfügen	193
8	Multimedia: Audio und Videos einfügen	239
9	Inhalte gestalten mit dem Block-Editor	251
10	Kommentare: Interaktion mit Besuchern	287

TEIL III   Themes: Das Design Ihrer Website

11	Block-Themes anpassen, Teil 1: Website-Editor und Navigation	309
12	Block-Themes anpassen, Teil 2: Stile, Vorlagen und Templates	333
13	Klassische Themes anpassen mit dem »Customizer«	365
14	Auf der Suche nach dem richtigen Theme	385

TEIL IV   Plugins, SEO und Systemverwaltung

15	WordPress erweitern mit Plugins	407
16	SEO – die Optimierung für Suchmaschinen	441
17	Systemverwaltung: Backups, Updates und Optimierung	467
18	Tipps und Tricks	495

Impressum

Wir hoffen, dass Sie Freude an diesem Buch haben und sich Ihre Erwartungen erfüllen. Ihre Anregungen und Kommentare sind uns jederzeit willkommen. Bitte bewerten Sie doch das Buch auf unserer Website unter **www.rheinwerk-verlag.de/feedback**.

An diesem Buch haben viele mitgewirkt, insbesondere:

Lektorat Patricia Schiewaldd, Stephan Mattescheck
Korrektorat Petra Bromand, Düsseldorf
Fachgutachten Annette Schwindt
Herstellung Stefanie Häb
Typografie und Layout Vera Brauner
Einbandgestaltung Julia Schuster
Coverbild iStock: 612619528 © South_agency, 648272128 © ferrantraite
Satz SatzPro, Krefeld, gesetzt aus der TheAntiquaB (9,35/13,7 pt) in FrameMaker
Druck Beltz Grafische Betriebe, Bad Langensalza

Dieses Buch wurde mit mineralölfreien Farben auf chlorfrei gebleichtem und FSC®-zertifiziertem Offsetpapier (90 g/m²) gedruckt.

Der Umwelt zuliebe wurde auf die Einschweißfolie verzichtet.

Hergestellt in Deutschland.

Das vorliegende Werk ist in all seinen Teilen urheberrechtlich geschützt. Alle Rechte vorbehalten, insbesondere das Recht der Übersetzung, des Vortrags, der Reproduktion, der Vervielfältigung auf fotomechanischen oder anderen Wegen und der Speicherung in elektronischen Medien.

Ungeachtet der Sorgfalt, die auf die Erstellung von Text, Abbildungen und Programmen verwendet wurde, können weder Verlag noch Autor*innen, Herausgeber*innen oder Übersetzer*innen für mögliche Fehler und deren Folgen eine juristische Verantwortung oder irgendeine Haftung übernehmen.

Die in diesem Werk wiedergegebenen Gebrauchsnamen, Handelsnamen, Warenbezeichnungen usw. können auch ohne besondere Kennzeichnung Marken sein und als solche den gesetzlichen Bestimmungen unterliegen.

Die automatisierte Analyse des Werkes, um daraus Informationen insbesondere über Muster, Trends und Korrelationen gemäß § 44b UrhG (»Text und Data Mining«) zu gewinnen, ist untersagt.

Bibliografische Information der Deutschen Nationalbibliothek:
Die Deutsche Nationalbibliothek verzeichnet diese Publikation in der Deutschen Nationalbibliografie; detaillierte bibliografische Daten sind im Internet über *http://dnb.dnb.de* abrufbar.

ISBN 978-3-8362-9833-9

5. aktualisierte Auflage 2024
© Rheinwerk Verlag, Bonn 2024

Informationen zu unserem Verlag und Kontaktmöglichkeiten finden Sie auf unserer Verlagswebsite **www.rheinwerk-verlag.de**. Dort können Sie sich auch umfassend über unser aktuelles Programm informieren und unsere Bücher und E-Books bestellen.

Inhalt

Geleitwort 23
Vorwort 25

TEIL I WordPress kennenlernen

1 WordPress – der Motor für Ihre Website   31

1.1	Das Web ist ein weltweites Gewebe aus Hyperlinks	31
	1.1.1 Das Web besteht aus Webseiten und Hyperlinks	32
	1.1.2 Verwirrende Begriffe: »Homepage«, »Webseite« und »Website«	33
	1.1.3 Webseiten werden auf einem »Webspace« gespeichert	34
	1.1.4 Webseiten bestehen aus »Quelltext«, und WordPress schreibt ihn für Sie	34
	1.1.5 »Responsives Webdesign«: Webseiten passen sich ihrer Umgebung an	36
1.2	WordPress vereinfacht das Veröffentlichen im Web	36
	1.2.1 Ein Content-Management-System (CMS) erleichtert das Webpublishing	37
	1.2.2 Ein Blogtool ist ein CMS mit einfacher Bedienung und viel Interaktion	37
	1.2.3 WordPress ist Blogtool und vollwertiges CMS	38
1.3	Der Unterschied zwischen WordPress und WordPress.com	39
	1.3.1 »wordpress.org«: WordPress auf dem eigenen Webspace betreiben	40
	1.3.2 »WordPress.com« ist ein kommerzielles Angebot von Automattic	41
	1.3.3 In diesem Buch geht es um WordPress.org, nicht um WordPress.com	43
1.4	Das »Projekt Gutenberg«: WordPress erfindet sich neu	43
1.5	Auf einen Blick	44

2 Ihre Website vorbereiten: Rahmenbedingungen, roter Faden, Domain und Webspace — 47

2.1	Die Rahmenbedingungen skizzieren: Ziele, Zeit und »Zaster«	47
2.2	Der rote Faden zur Website-Erstellung: Inhalt, Gestaltung, Funktionen und Technik	48
2.3	Inhalt: Der Grund, Ihre Website zu besuchen	49
2.4	Gestaltung: »Themes« bestimmen das Design Ihrer Webseiten	50
2.5	Funktionen: »Plugins« erweitern die Fähigkeiten von WordPress	51
2.6	Technik, Teil 1: So finden Sie einen Domain-Namen	52
2.6.1	Der Aufbau von Domain-Namen: »www.mein-name.de«	52
2.6.2	Einen Domain-Namen auswählen: »mein-name.tld«	53
2.7	Technik, Teil 2: So finden Sie einen Webspace	55
2.7.1	HTTPS: Verschlüsselung mit einem SSL-Zertifikat ist heute Standard	55
2.7.2	Einfach fragen: Kann man den Webspace kostenlos testen?	56
2.7.3	Preise: »Null Euro Sternchen« kostet meistens auch Geld	57
2.7.4	Angebote: Einige Beispiele für Webhosting mit WordPress	58
2.8	Auf einen Blick	59

3 WordPress installieren — 61

3.1	Zum Testen: WordPress ausprobieren mit TasteWP.com	61
3.1.1	Schritt 1: TasteWP.com – WordPress installieren mit zwei Klicks	62
3.1.2	Schritt 2: Ein Blick auf das frisch installierte WordPress	63
3.2	Die bequeme Installation: WordPress vom Webhoster – vorinstalliert oder mit wenigen Klicks	65
3.2.1	Schlüsselfertig: Ein vorinstalliertes WordPress	65
3.2.2	Halbautomatisch: WordPress mit wenigen Klicks installieren	65
3.3	Die manuelle Installation: WordPress selbst auf einem Online-Webspace installieren	67
3.3.1	Schritt 1: WordPress herunterladen und entpacken	68
3.3.2	Schritt 2: Eine FTP-Verbindung zum Webspace herstellen	69

	3.3.3	Schritt 3: WordPress-Dateien per FTP auf den Webspace kopieren	70
	3.3.4	Schritt 4: Das Installationsprogramm von WordPress aufrufen	72
	3.3.5	Schritt 5: Die Zugangsdaten für die Datenbank eingeben	74
	3.3.6	Schritt 6: Titel der Website eingeben und Administrator anlegen	77
3.4		Die Offline-Installation: WordPress auf Ihrem eigenen Computer installieren	80
	3.4.1	Mit einem lokalen WordPress werden Sie quasi selbst zum Webhoster	81
	3.4.2	»Local for WP«: WordPress auf Mausklick, Webspace inklusive	81
3.5		Auf einen Blick	83

4   Die ersten Schritte im Backend von WordPress   85

4.1		WordPress besteht aus »Frontend« und »Backend«	85
	4.1.1	Das »Frontend« ist die Website, so wie Ihre Besucher sie sehen	86
	4.1.2	Das »Backend« ist die Verwaltungsabteilung	87
4.2		Das »Backend« von WordPress im Überblick	88
	4.2.1	Die Werkzeugleiste für Benutzer am oberen Bildschirmrand	90
	4.2.2	Die Menüleiste ist die Schaltzentrale im Backend	90
	4.2.3	Das »Dashboard« – alles Wichtige auf einen Blick	91
4.3		Das Menü »Einstellungen« im Überblick	93
4.4		»Einstellungen • Allgemein«: Titel der Website & Co.	94
	4.4.1	Der Name für Ihre Website: »Titel der Website« und »Untertitel«	95
	4.4.2	Allgemeine Einstellungen für Zeit, Datum und Sprache der Seite	96
4.5		»Einstellungen • Lesen«: Beiträge, Newsfeed und Sichtbarkeit für Suchmaschinen	98
4.6		»Einstellungen • Permalinks«: Aussagekräftige URLs	100
	4.6.1	Der Aufbau einer Webadresse (URL)	100
	4.6.2	»Gebräuchliche Einstellungen« für Permalinks in WordPress	101
4.7		Das Menü »Benutzer«: Ihr Benutzerprofil im Überblick	104
	4.7.1	»Persönliche Optionen«: Farbschema für das Backend und mehr	105
	4.7.2	Der Name der User: Der Bereich »Name« im Benutzerprofil	106
	4.7.3	»Kontaktinfo«, »Über Dich« und Passwort ändern	108
4.8		Auf einen Blick	110

TEIL II Inhalte erstellen und gestalten

5 Die ersten Seiten und Beiträge — 113

5.1	Der Unterschied zwischen Beiträgen und Seiten	114
	5.1.1 Beiträge werden rückwärts chronologisch ausgegeben	114
	5.1.2 Seiten sind für statische Inhalte	115
5.2	Das Menü »Seiten • Alle Seiten« im Überblick	116
5.3	Eine neue Seite erstellen: »Über mich«	117
	5.3.1 Das Menü »Seiten • Erstellen«: Eine neue Seite erstellen	117
	5.3.2 Beim ersten Besuch: »Willkommen beim Block-Editor«	118
	5.3.3 Überblick: Der Block-Editor besteht aus drei Bereichen	119
	5.3.4 Schritt 1: Den Titel der Seite eingeben	120
	5.3.5 Schritt 2: Der erste Block – ein ganz normaler Absatz	122
	5.3.6 Schritt 3: Einen zweiten Absatz-Block einfügen	124
	5.3.7 Schritt 4: Die Seite »Über mich« veröffentlichen	125
	5.3.8 Die obere Werkzeugleiste hat sich nach der Veröffentlichung geändert	126
	5.3.9 Die »Zusammenfassung« in der Seitenleiste »Einstellungen«	127
5.4	Eine vorhandene Seite bearbeiten: »Impressum«	128
	5.4.1 Schritt 1: Titel und Permalink der »Beispiel-Seite« bearbeiten	128
	5.4.2 Schritt 2: Die auf der Seite vorhandenen Blöcke löschen	130
	5.4.3 Schritt 3: Das Impressum hinzufügen	132
5.5	Das Menü »Beiträge • Alle Beiträge« im Überblick	133
5.6	Einen vorhandenen Beitrag bearbeiten: »Der Block-Editor«	135
5.7	Einen neuen Beitrag erstellen: »Blöcke auswählen per Schrägstrich«	136
5.8	Beiträge im Frontend: Beitragsseite und Einzelansicht	138
	5.8.1 Auf der Beitragsseite werden alle Beiträge ausgegeben	139
	5.8.2 Jeder Beitrag hat eine Einzelansicht mit eigenem Permalink	140
5.9	WordPress mit statischer Startseite und zusätzlicher Beitragsseite	142
	5.9.1 Übersicht: WordPress mit statischer Startseite und Beitragsseite	142
	5.9.2 Vorbereitung: »Deine Homepage zeigt …« in »Einstellungen • Lesen«	142
	5.9.3 Schritt 1: »Willkommen« – eine neue Seite für die Startseite erstellen	143

	5.9.4	Schritt 2: »News« – eine neue Seite für die Beitragsseite erstellen	144
	5.9.5	Schritt 3: Startseite und Beitragsseite in den Einstellungen zuweisen	145
5.10	**Die Reihenfolge der Seiten festlegen**		**147**
	5.10.1	Die Übersicht der statischen Seiten in »Seiten • Alle Seiten«	147
	5.10.2	»QuickEdit« enthält nützliche Abkürzungen	147
	5.10.3	Die Reihenfolge der Seiten im Menü »Seiten • Alle Seiten«	148
	5.10.4	Die Reihenfolge der Seiten gilt auch in der Navigation	150
5.11	**Know-how: Verschiedene Seitentypen in WordPress**		**150**
5.12	**Auf einen Blick**		**151**

6   Texte schreiben und den Block-Editor kennenlernen   153

6.1	**Schreiben im Web für Menschen**		**154**
	6.1.1	Wie Menschen Texte lesen	154
	6.1.2	Webseiten werden nicht gelesen, sondern überflogen	155
6.2	**Der Block-Editor für Inhalte auf Beiträgen und Seiten**		**155**
6.3	**Die Werkzeuge in der oberen Werkzeugleiste**		**156**
	6.3.1	Die Symbole in der linken Hälfte der oberen Werkzeugleiste	157
	6.3.2	Der »Block-Inserter« in der oberen Werkzeugleiste auf einen Blick	158
	6.3.3	Die Suche im Block-Inserter sucht auch auf »wordpress.org«	159
	6.3.4	»Block-Inserter • Blöcke«: Die wichtigsten Blöcke auf einen Blick	159
	6.3.5	Das 3-Punkte-Menü in der oberen Werkzeugleiste ganz rechts außen	160
6.4	**Los geht's: Texte schreiben im Block-Editor**		**162**
	6.4.1	»Lorem Ipsum unterwegs« – einen Beispieltext einfügen	162
	6.4.2	Die Symbole in der Block-Werkzeugleiste von Text-Blöcken	164
6.5	**Übersichtlich: Texte mit Überschriften strukturieren**		**166**
6.6	**Verlinken: Hyperlinks erstellen im Block-Editor**		**169**
	6.6.1	Einen externen Hyperlink erstellen	169
	6.6.2	Einen internen Hyperlink erstellen	171
	6.6.3	Die Optionen zur Bearbeitung von bereits eingefügten Hyperlinks	172

6.7	Hilfreich: »Listenansicht«, »Gliederung« und Modus »Auswählen«	173
	6.7.1 Die »Listenansicht« hilft, den Überblick zu bewahren	173
	6.7.2 Das Register »Gliederung« zeigt Statistiken und Überschriftstruktur	174
	6.7.3 Mit »ESC« und Pfeiltasten kommt man schnell von Block zu Block	175
6.8	Unfallhilfe: »Revisionen« für Beiträge und Seiten	176
6.9	Kategorien und Schlagwörter in Beiträgen	178
	6.9.1 Der Unterschied zwischen Kategorien und Schlagwörtern	178
	6.9.2 Die URLs von Archivseiten für Kategorien und Schlagwörter	179
6.10	Kategorien erstellen und verwalten	180
	6.10.1 Das Menü »Beiträge • Kategorien« in der Übersicht	180
	6.10.2 Kategorien erstellen im Menü »Beiträge • Kategorien«	181
	6.10.3 Kategorien zuweisen: Im Block-Editor oder per »QuickEdit«	183
	6.10.4 Archivseiten für Kategorien haben einen eigenen Permalink	185
6.11	Schlagwörter erstellen und verwalten	186
	6.11.1 Schlagwörter für Beiträge erstellen und zuweisen	186
	6.11.2 Die Alternative: Schlagwörter zuweisen mit der Funktion »QuickEdit«	189
	6.11.3 Schlagwörter verwalten: Das Menü »Beiträge • Schlagwörter«	189
6.12	Auf einen Blick	191

7 Die Mediathek: Bilder und Galerien einfügen 193

7.1	Schnelldurchgang: Ein Bild auf »Über mich« einfügen	193
	7.1.1 Vorbereitung: »Einstellungen • Medien«: Die Bildgrößen überprüfen	194
	7.1.2 Schritt 1: Einen Block »Bild« einfügen auf der Seite »Über mich«	196
	7.1.3 Schritt 2: Ein Bild einfügen mit dem Block »Bild«	196
	7.1.4 Schritt 3: Die Optionen in der Seitenleiste »Einstellungen«	198
7.2	Bilder sollten vor dem Hochladen optimiert werden	200
	7.2.1 Bilder optimieren: Dateiname, Bildausschnitt, Bild- und Dateigröße	201
	7.2.2 Die Ausgangssituation: Das Übungsfoto für die Optimierung	202
	7.2.3 Umbenennen – dem Bild einen informativen Dateinamen geben	202
	7.2.4 Skalieren – die Bildgröße reduzieren (weniger Pixel)	203

	7.2.5	Komprimieren – die Dateigröße reduzieren (weniger KB)	204
	7.2.6	Das Übungsfoto nach der Optimierung	204
7.3	**Die Mediathek von WordPress im Überblick**		**205**
	7.3.1	Dateien hochladen direkt in der Mediathek	205
	7.3.2	Kleine Vorschau, viel Info: Die Medienübersicht in der Listenansicht	206
	7.3.3	Nur die Vorschaubilder: Die Medienübersicht in der Gridansicht	207
	7.3.4	Detailinfos für Bilder: Titel, Alt-Text, Beschriftung und Beschreibung	208
	7.3.5	Die Detailinfos sind in Listen- und Gridansicht leicht unterschiedlich	208
	7.3.6	WordPress erzeugt für jede Mediendatei eine Anhang-Seite	211
7.4	**Ein Bild aus der Mediathek im Block-Editor einfügen**		**212**
	7.4.1	Schritt 1: Einen neuen Beitrag mit einem Block »Bild« erstellen	212
	7.4.2	Schritt 2: »Medien hinzufügen« – ein Bild aus der Mediathek einfügen	213
	7.4.3	Die Alternative: Bilder einfügen mit dem Block-Inserter	215
7.5	**Die Block-Werkzeugleiste für den Bild-Block im Detail**		**216**
	7.5.1	Die Block-Werkzeugleiste für Bilder auf einen Blick	217
	7.5.2	Die Optionen zur »Ausrichtung« von Bildern	218
	7.5.3	Die »Link-Einstellungen« für ein Bild anpassen	220
	7.5.4	»Zuschneiden«: Ein Bild bearbeiten mit der Block-Werkzeugleiste	222
7.6	**Beitragsbilder sind ganz besondere Bilder**		**223**
	7.6.1	Beitragsbilder erscheinen nicht im Inhaltsbereich des Editors	223
	7.6.2	Ein Beitragsbild für einen Beitrag festlegen	224
7.7	**Mehrere Bilder: Eine Galerie hinzufügen und bearbeiten**		**225**
	7.7.1	Schritt 1: Einen neuen Beitrag mit einem Block »Galerie« erstellen	225
	7.7.2	Schritt 2: Bilder zur Galerie hinzufügen	226
	7.7.3	Schritt 3: »Galerie bearbeiten« – die Reihenfolge der Bilder ändern	228
	7.7.4	Schritt 4: Die Einstellungen für den Block »Galerie« anpassen	229
	7.7.5	Schritt 5: Die Galerie im Frontend aufrufen und überprüfen	231
7.8	**Bilder online in der Mediathek bearbeiten**		**232**
	7.8.1	Die Seite »Dateianhang-Details« zum Bearbeiten eines Bildes	232
	7.8.2	»Skalieren«: Zuerst die Bildgröße verändern	233
	7.8.3	»Zuschneiden«: Einen Teil des Bildes entfernen	234
7.9	**Auf einen Blick**		**236**

8 Multimedia: Audio und Videos einfügen — 239

8.1 Audiodateien aus der Mediathek einbinden — 239
- 8.1.1 Schritt 1: Einen Beitrag mit dem Block »Audio« erstellen — 240
- 8.1.2 Schritt 2: Eine MP3-Datei in einen Audio-Block hochladen — 241
- 8.1.3 Audiodateien aus der Mediathek einbinden mit dem Block-Inserter — 243

8.2 Videodateien aus der Mediathek einbinden — 244
- 8.2.1 Eine Videodatei mit dem Block »Video« hochladen und einfügen — 244
- 8.2.2 Videodateien aus der Mediathek einbinden mit dem Block-Inserter — 246

8.3 Externe Medien datenschutzkonform einbetten — 247
- 8.3.1 Einbettungen in WordPress – extrem bequem und ein Problem — 247
- 8.3.2 Die Lösung: Ein Plugin wie »Embed Privacy« — 248

8.4 Auf einen Blick — 249

9 Inhalte gestalten mit dem Block-Editor — 251

9.1 Die Design-Werkzeuge in der Seitenleiste »Einstellungen« — 252
- 9.1.1 Der Bereich »Farbe« enthält die Werkzeuge »Text« und »Hintergrund« — 252
- 9.1.2 Das 3-Punkte-Menü, Teil 1: Geänderte Einstellungen zurücksetzen — 253
- 9.1.3 Das 3-Punkte-Menü, Teil 2: Zusätzliche Werkzeuge einblenden — 254

9.2 Mehrere Blöcke gestalten mit dem Block »Gruppe« — 255
- 9.2.1 Schritt 1: Die zu gestaltenden Blöcke gruppieren — 255
- 9.2.2 Schritt 2: Der Gruppe Hintergrundfarbe und Innenabstand zuweisen — 256
- 9.2.3 Schritt 3: Einen Rand um die Gruppe festlegen — 257

9.3 Blickfang: Text auf einem Bild mit dem Block »Cover« — 258
- 9.3.1 Schritt 1: Einen Cover-Block mit Bild und Text hinzufügen — 259
- 9.3.2 Schritt 2: Die Einstellungen für den Cover-Block anpassen — 260
- 9.3.3 »Sperren«: Blöcke vor Verschieben und Entfernen schützen — 261

9.4 Nebeneinander: Der Block »Medien und Text« — 263

9.5 Eine Aufforderung für Besucher: Der Block »Buttons« — 264
- 9.5.1 Der Block »Buttons« enthält den Block »Button« — 264
- 9.5.2 Der Block »Button«: Einen Button beschriften und gestalten — 266

	9.5.3	Der Block »Buttons« kann mehrere Buttons enthalten	267
	9.5.4	Buttons können auch in anderen Blöcken verwendet werden	267
9.6	**Layouts erstellen mit den Blöcken »Spalten« und »Gruppe«**		**268**
	9.6.1	Schritt 1: Ein paar Blöcke mit Inhalt erstellen und gruppieren	269
	9.6.2	Schritt 2: Den Gruppe-Block mit Inhalten duplizieren und bearbeiten	270
	9.6.3	Schritt 3: Die Gruppen nebeneinanderstellen mit dem Block »Spalten«	271
	9.6.4	Schritt 4: Den Spalten-Block und die beiden Gruppen gestalten	272
9.7	**Vorgefertigte Bausteine: »Vorlagen« für Blöcke erkunden**		**273**
	9.7.1	Die Blockvorlagen von WordPress	273
	9.7.2	Blockvorlagen von Plugins wie »Twentig«	274
	9.7.3	Viele Block-Themes bringen eigene Vorlagen mit	275
9.8	**Das »Vorlagen«-Verzeichnis auf WordPress.org**		**275**
	9.8.1	Schritt 1: Eine Vorlage im Vorlagen-Verzeichnis testen und kopieren	276
	9.8.2	Schritt 2: Die kopierte Vorlage im Block-Editor einfügen und anpassen	277
9.9	**Eigene »Vorlagen« erstellen**		**278**
	9.9.1	Schritt 1: Ein eigenes Layout als Vorlage abspeichern	278
	9.9.2	Schritt 2: Eine selbst erstellte Vorlage einfügen und anpassen	279
9.10	**»Synchronisierte Vorlagen« sind wiederverwendbare Blöcke**		**280**
	9.10.1	Schritt 1: Eine synchronisierte Vorlage erstellen	280
	9.10.2	Schritt 2: Eine synchronisierte Vorlage in ein Dokument einfügen	282
	9.10.3	Schritt 3: Eine synchronisierte Vorlage nachträglich ändern	283
	9.10.4	»Vorlage loslösen«: Synchronisierte Vorlage in normale Blöcke umwandeln	284
9.11	**Auf einen Blick**		**285**

10 Kommentare: Interaktion mit Besuchern 287

10.1	**Die Kommentarfunktion kennenlernen**		**287**
	10.1.1	Einen neuen Kommentar erstellen	288
	10.1.2	Neuer Kommentar – Benachrichtigung per E-Mail	290
	10.1.3	Neue Kommentare – Benachrichtigung im Backend	291

10.2	Kommentare verwalten: Genehmigen, löschen etc.	292
	10.2.1 Das Menü »Kommentare« im Überblick: Die Verwaltungszentrale	292
	10.2.2 Kommentare kommentieren: Auf einen Kommentar antworten	294
10.3	Das Menü »Einstellungen • Diskussion«	296
	10.3.1 »Einstellungen • Diskussion«, Teil 1: Grundlegende Einstellungen	296
	10.3.2 »Einstellungen • Diskussion«, Teil 2: Moderation von Kommentaren und Spam	298
	10.3.3 »Einstellungen • Diskussion«, Teil 3: Avatare	299
10.4	Kommentare für einzelne Seiten oder Beiträge deaktivieren	302
	10.4.1 Für einzelne Beiträge oder Seiten mit der Funktion »QuickEdit«	302
	10.4.2 Für einzelne Beiträge oder Seiten im Bereich »Diskussion« im Editor	303
10.5	Die Kommentarfunktion von WordPress deaktivieren	303
10.6	Pingbacks – Vernetzung mit anderen Blogs	304
10.7	Auf einen Blick	305

TEIL III   Themes: Das Design Ihrer Website

11   Block-Themes anpassen, Teil 1: Website-Editor und Navigation   309

11.1	Warum Block-Themes erfunden wurden	309
11.2	Überblick: Die Übungswebsite nach der Anpassung	311
11.3	Den Website-Editor für Block-Themes kennenlernen	313
	11.3.1 Der Website-Editor ist nach dem Start im »Browse-Modus«	314
	11.3.2 Der Website-Editor im »Bearbeiten-Modus« zum Bearbeiten einer Seite	315
	11.3.3 Vorsicht: Ein »Template« im Website-Editor bearbeiten	317
	11.3.4 Praktisch: Änderungen an Templates kann man rückgängig machen	319
11.4	Die Hauptnavigation im Website-Editor anpassen	320
	11.4.1 Vorbereitung: Alle gewünschten Seiten erstellen und veröffentlichen	320
	11.4.2 Eine Navigation besteht aus einem Block »Navigation« und einem Menü	321

	11.4.3	Schritt 1: Das bereits vorhandene Navigationsmenü umbenennen	321
	11.4.4	Schritt 2: Die vorhandenen Links aus dem Navigationsmenü entfernen	323
	11.4.5	Schritt 3: Die wichtigsten Seitenlinks zum Menü hinzufügen	324
	11.4.6	Praktisch: Alle Änderungen am Header wieder zurücksetzen	326
11.5		**Die Navigation mit den Pflichtlinks im Footer einfügen**	327
	11.5.1	Schritt 1: Den Footer zur Bearbeitung im Website-Editor öffnen	327
	11.5.2	Schritt 2: Einen Navigationsblock im Footer einfügen	328
	11.5.3	Schritt 3: Ein Navigationsmenü mit den Pflichtlinks erstellen	329
	11.5.4	Schritt 4: Das neue Navigationsmenü umbenennen in »Pflichtlinks«	330
11.6		**Auf einen Blick**	331

12   Block-Themes anpassen, Teil 2: Stile, Vorlagen und Templates   333

12.1		**»Stile« kennenlernen: Website gestalten ohne Code**	333
	12.1.1	Der Bereich »Stile« im Browse-Modus	334
	12.1.2	Die Seitenleiste »Stile« im Bearbeiten-Modus	334
	12.1.3	»Stile • Typografie«: Schrift für Elemente global gestalten	335
	12.1.4	»Stile • Farben«: Paletten und Farben für Elemente global gestalten	336
	12.1.5	»Stile • Layout«: Breite für Inhalte und Innenabstände global gestalten	337
	12.1.6	»Stil • Blöcke« und »Stilbuch«: Einzelne Blöcke global gestalten	338
	12.1.7	»Stile • Farben • Palette«: Block-Themes haben drei Farbpaletten	340
	12.1.8	»Theme-Palette«: Das Farbschema für die gesamte Website ändern	341
12.2		**»Stile« in Aktion: Header und Footer farblich gestalten**	343
	12.2.1	Schritt 1: Den Header farblich gestalten	343
	12.2.2	Schritt 2: Den Abstand oberhalb des Headers entfernen	344
	12.2.3	Schritt 3: Den Footer farblich gestalten	345
	12.2.4	Praktisch: Änderungen an den Stilen rückgängig machen	346
12.3		**»Vorlagen«: Header mit Logo, Titel und Untertitel**	347
	12.3.1	Schritt 1: Eine passende Header-Vorlage suchen	347
	12.3.2	Schritt 2: Das Template-Teil »Header« zur Bearbeitung öffnen	348
	12.3.3	Schritt 3: Die neue Vorlage im Header einfügen	350

12.3.4	Schritt 4: Farben für die neue Header-Vorlage zuweisen	351
12.3.5	Schritt 5: Website-Logo und Website-Icon einfügen	352

12.4 »Templates« anpassen mit dem Website-Editor ... 353

12.4.1	Der Bereich »Templates« zeigt eine Liste aller verfügbaren Templates	354
12.4.2	Die Ausgangssituation: Beitragsausgabe mit Beitragsbildern	356
12.4.3	Schritt 1: Das Template »Blog-Startseite« in der Detail-Ansicht	357
12.4.4	Schritt 2: »Blog-Startseite« – Überschrift ändern und Abschnitt löschen	358
12.4.5	Schritt 3: »Beitrags-Template« – Spaltenanzahl und Abstände ändern	359
12.4.6	Schritt 4: »Alle Archive« – Archivseiten sind noch dreispaltig	360
12.4.7	Schritt 5: Weitere Ideen zur Anpassung der Beitragsausgabe	361
12.4.8	»Einzelne Beiträge«: Das Beitragsbild aus der Einzelansicht entfernen	362

12.5 Der Website-Editor ist ein echtes Powertool ... 363

12.6 Auf einen Blick ... 364

13 Klassische Themes anpassen mit dem »Customizer« 365

13.1 Das Standardtheme »Twenty Twenty« installieren ... 366

13.2 »Live-Vorschau«: Twenty Twenty im Customizer ... 367

13.3 Die »Website-Informationen« anpassen ... 369

13.3.1	Website-Logo und Website-Icon definieren	369
13.3.2	Die Grenzen der Anpassung von klassischen Themes	370

13.4 »Farben« und »Theme-Optionen« anpassen ... 371

13.4.1	»Farben«: Hintergrundfarben und Akzentfarbe anpassen	371
13.4.2	Die »Theme-Optionen« anpassen	372

13.5 »Menüs« – eine Navigation für die Website erstellen ... 373

13.5.1	Übersicht: Menüs erstellen in klassischen Themes	374
13.5.2	Schritt 1: Das Hauptmenü erstellen und veröffentlichen	374
13.5.3	Schritt 2: Ein Footer-Menü mit den rechtlichen Pflichtlinks	376
13.5.4	Schritt 3: Ein Social-Media-Menü mit Icons erstellen	377
13.5.5	Alle fünf Menüpositionen von Twenty Twenty auf einen Blick	378

13.6	»Widgets« sind vielseitige kleine Schnipsel	379
	13.6.1 Die Widgets im Footer von Twenty Twenty	380
	13.6.2 Widgets in einen anderen Widget-Bereich verschieben	381
	13.6.3 Weitere Widget-Blöcke aus dem Block-Inserter einfügen	382
13.7	Den Customizer mit der »Live-Vorschau« beenden	383
13.8	Auf einen Blick	384

14 Auf der Suche nach dem richtigen Theme   385

14.1	WordPress, »Pagebuilder« und Themes	385
	14.1.1 Der »Classic Editor« von WordPress 4 konnte nicht layouten	386
	14.1.2 »Pagebuilder« ersetzen den Editor für das betreffende Dokument	386
	14.1.3 Der »Block-Editor« ist inzwischen für viele Websites mehr als genug	388
	14.1.4 Fazit: Ein Theme ist ein schlankes Fundament für die Website	388
14.2	Wissenswertes zu WordPress-Themes	389
	14.2.1 Worauf Sie bei Themes achten sollten	389
	14.2.2 WordPress-Themes haben unterschiedliche Vertriebsmodelle	390
	14.2.3 Die Antwort auf die Frage »Welches Theme ist das?«	391
14.3	Das Theme-Verzeichnis auf WordPress.org	392
	14.3.1 Die Detailseite eines Themes im Theme-Verzeichnis, Teil 1	393
	14.3.2 Die Detailseite eines Themes im Theme-Verzeichnis, Teil 2	394
14.4	Block-Themes: Alternativen zu Twenty Twenty-Three	396
14.5	Klassische Freemium-Themes: Erst testen, dann kaufen	397
	14.5.1 »GeneratePress«: Schlank, schnell und stabil	398
	14.5.2 »Astra«: Eine gute Basis für die Arbeit mit Blöcken	398
	14.5.3 »Kadence«: Jede Menge Features auch in der kostenlosen Version	399
14.6	Jenseits vom Theme-Verzeichnis: Erst kaufen, dann installieren	400
	14.6.1 »GPL-Themes mit kommerziellem Support« auf WordPress.org	400
	14.6.2 »Divi« und »Genesis«: GPL, aber nicht auf WordPress.org	401
	14.6.3 Themes von einem Marktplatz wie »ThemeForest«	402
14.7	Auf einen Blick	404

TEIL IV   Plugins, SEO und Systemverwaltung

15   WordPress erweitern mit Plugins — 407

15.1   Ein Plugin installieren: »Lightbox for Gallery & Image Block« — 407
- 15.1.1   Das Plugin-Verzeichnis auf WordPress.org — 408
- 15.1.2   Worauf Sie bei einem Plugin achten sollten — 409
- 15.1.3   Das Backend-Menü »Plugins • Installierte Plugins« — 410
- 15.1.4   Ein Plug-in installieren — 411
- 15.1.5   Das Plugin »Lightbox for Gallery & Image Block« installieren — 411
- 15.1.6   Das installierte Plugin aktivieren — 413

15.2   »Twentig« – der Werkzeugkasten für Block-Themes — 414
- 15.2.1   »Twentig« installieren und aktivieren — 414
- 15.2.2   Die »Twentig Settings« haben nur wenige Optionen — 415
- 15.2.3   Twentig erweitert WordPress um zahlreiche neue Vorlagen — 416
- 15.2.4   Twentig bringt neue Optionen in den Block-Einstellungen — 418
- 15.2.5   Mit »Twentig« die Links in der Navigation gestalten — 419

15.3   E-Mail-Button, Anrufen-Button und Kontaktformular — 421
- 15.3.1   Schritt 1: Buttons für E-Mail und Anrufen eingeben — 422
- 15.3.2   Schritt 2: Das Plugin »Form Block« installieren und aktivieren — 423
- 15.3.3   Schritt 3: Ein Kontaktformular einfügen, anpassen und gestalten — 424
- 15.3.4   Schritt 4: Das Kontaktformular testen — 425

15.4   Weitersagen: Beiträge teilen mit »Shariff Wrapper« — 426

15.5   Müllvermeidung: »Antispam Bee« gegen Kommentarspam — 429

15.6   Besucherstatistiken mit »Burst Statistics« — 432

15.7   Einen Cookie-Hinweis erstellen mit »Complianz« — 433
- 15.7.1   »Complianz« – das Plugin für den Cookie-Hinweis — 434
- 15.7.2   Der Assistent von Complianz hilft beim Erstellen des Cookie-Banners — 435
- 15.7.3   Schritt 1: Allgemein (Infos zur Website und zum Betreiber) — 436
- 15.7.4   Schritt 2: Einwilligung (Cookies und Plugins sammeln) — 436
- 15.7.5   Schritt 3: Dokumente (Cookie-Richtlinie erstellen und einbinden) — 437
- 15.7.6   Schritt 4: Fertigstellen (Cookie-Banner und Cookie-Blocker) — 437
- 15.7.7   Schritt 5: Cookie-Banner gestalten — 438

15.8   Auf einen Blick — 438

16 SEO – die Optimierung für Suchmaschinen — 441

- **16.1 Schreiben im Web für Maschinen** — 442
  - 16.1.1 Suchmaschinen denken nicht, sie vergleichen Zeichen — 442
  - 16.1.2 Die Robots der Suchmaschinen können nicht lesen — 444
  - 16.1.3 Suchmaschinen analysieren den »head«-Bereich im Quelltext — 445
  - 16.1.4 Suchergebnisseiten: URL, Titel der Webseite und Beschreibung — 446
- **16.2 »Ranking«: Die Reihenfolge der Suchergebnisse** — 446
  - 16.2.1 Der Kern der Sache: Google mag Hyperlinks — 447
  - 16.2.2 »Backlinks« und »Social Signals«: Links, die auf Ihre Webseiten zeigen — 447
  - 16.2.3 »Mobile friendly«: Ist die Seite responsiv? — 448
  - 16.2.4 »Performance«: Werden die Webseiten schnell geladen? — 449
- **16.3 Das Plugin »The SEO Framework« konfigurieren** — 450
  - 16.3.1 Das Plugin »The SEO Framework« installieren und aktivieren — 451
  - 16.3.2 Das Backend-Menü »SEO« enthält die »SEO-Einstellungen« — 452
  - 16.3.3 »Startseiten-Einstellungen«: Titel und Beschreibung für die Startseite — 453
  - 16.3.4 »Soziale Netzwerke-Meta-Einstellungen«: Ein Standardbild zum Teilen — 454
- **16.4 Die Darstellung Ihrer Inhalte in Suchmaschinen optimieren** — 455
  - 16.4.1 Die »SEO-Leiste« in der Übersichtstabelle für »Seiten« und »Beiträge« — 455
  - 16.4.2 Die Optionen von der SEO-Leiste kann man im »QuickEdit« ändern — 457
  - 16.4.3 Die »SEO-Einstellungen« im Block-Editor unter dem Inhaltsbereich — 458
- **16.5 Seiten und Beiträge fürs Teilen in Social Media vorbereiten** — 460
  - 16.5.1 Open Graph: Metadaten für Facebook & Co. — 460
  - 16.5.2 Die Einstellungen zum Teilen von Seiten und Beiträgen im Block-Editor — 461
- **16.6 »XML-Sitemap«: Die Liste mit Inhalten für Suchmaschinen** — 463
  - 16.6.1 WordPress erzeugt automatisch eine einfache XML-Sitemap — 463
  - 16.6.2 »The SEO Framework« bringt eine eigene XML-Sitemap mit — 464
  - 16.6.3 Ihre Webseiten im Index von Google: »site:ihre-domain.de« — 465
- **16.7 Auf einen Blick** — 466

17 Systemverwaltung: Backups, Updates und Optimierung ... 467

17.1 Sicher ist sicher: Backups erstellen mit »UpdraftPlus« ... 467
17.1.1 Backup erstellen: Vom Webhoster, von Hand oder per Plugin ... 468
17.1.2 Schritt 1: UpdraftPlus installieren und aktivieren ... 469
17.1.3 Schritt 2: »Jetzt sichern« – ein manuelles Backup erstellen ... 470
17.1.4 Schritt 3: Das Backup herunterladen ... 471
17.1.5 Überblick: Was UpdraftPlus alles sichert (und was nicht) ... 473

17.2 Notfall: Backup wiederherstellen mit »UpdraftPlus« ... 474
17.2.1 Option 1: Wiederherstellen mit funktionierendem WordPress-Backend ... 474
17.2.2 Option 2: Wiederherstellen, wenn das Backend nicht mehr funktioniert ... 476

17.3 Updates: WordPress, Themes und Plugins aktualisieren ... 476
17.3.1 Die Seite »Dashboard • Aktualisierungen« im Überblick ... 477
17.3.2 Automatische Updates für kleine und große Versionen von WordPress ... 477
17.3.3 Automatische Updates gibt es auch für Themes und Plugins ... 478

17.4 Der Gesundheitscheck: »Werkzeuge • Website-Zustand« ... 479

17.5 »WP-Optimize«: Datenbank, Bilder und Cache ... 480
17.5.1 Das Register »Datenbank«: Die Daten in der Datenbank aufräumen ... 481
17.5.2 Das Register »Bilder« zur Komprimierung von Bildern ... 482
17.5.3 Das Register »Cache«: Die Auslieferung der Seiten beschleunigen ... 484
17.5.4 Das Register »Minify« ist eher was für Fortgeschrittene ... 485

17.6 Zusätzliche Sicherheit für WordPress: »WP Security« ... 486

17.7 Weitere Tools zur Systemverwaltung ... 488
17.7.1 Die Benutzerverwaltung von WordPress ... 488
17.7.2 Import/Export: Inhalte in ein anderes WordPress übertragen ... 490

17.8 Auf einen Blick ... 492

18　Tipps und Tricks　495

18.1	»Neueste Beiträge«: Beiträge dynamisch ausgeben	496
18.2	Blocksammlungen: Neue Blöcke braucht die Site	497
	18.2.1　Genial: »GenerateBlocks« von Tom Usborne (GeneratePress)	498
	18.2.2　Vielseitig: »Kadence Blocks« von Ben Ritner (KadenceWP)	499
	18.2.3　Umfangreich: »Spectra« von Brainstorm Force (Astra)	500
18.3	Nützliche Plugins kurz vorgestellt	501
	18.3.1　Automatische Umleitungen mit »Redirection«	501
	18.3.2　Beiträge und Seiten duplizieren mit »Yoast Duplicate Post«	502
	18.3.3　Zurück nach oben auf der Seite mit »Scroll To Top«	502
	18.3.4　Inhaltsverzeichnis für längere Beiträge mit »Simple TOC«	503
	18.3.5　Blöcke ein- und ausblenden mit »Block Visibility«	503
18.4	Tipps zur Erstellung der Datenschutzerklärung	504
	18.4.1　Die Seite für die »Datenschutzerklärung«	504
	18.4.2　Hilfe bei der Datenschutzerklärung: »datenschutz-generator.de«	505
18.5	Checkliste für die Freischaltung Ihrer WordPress-Site	507
	18.5.1　Checkliste für das Frontend	507
	18.5.2　Checkliste für Interaktionen	507
	18.5.3　Checkliste für das Backend	508
	18.5.4　Checkliste für SEO	509
18.6	Checkliste für die Wartung Ihrer WordPress-Website	509
18.7	Sie sind nicht allein: Die WordPress-Community	510
18.8	Auf einen Blick	511

Index　513

Geleitwort

Es ist schon mutig von WordPress, sich so von Grund auf umzukrempeln, wie es nun schon seit ein paar Jahren mit »Projekt Gutenberg« passiert. Und wir sind noch lange nicht am Ende dieses Umbaus angekommen. Trotzdem bleibt WordPress das meistgenutzte Content-Management-System für das Gestalten von Websites. Da ist dieser Einstieg in WordPress von Peter Müller nicht nur für diejenigen hilfreich, die mit WordPress starten, sondern auch für diejenigen, die es schon länger nutzen.

Passend zum Status quo von »Projekt Gutenberg« wird in diesem Buch die Arbeit sowohl mit den neueren Block-Themes als auch mit den klassischen Themes beleuchtet. Denn inzwischen ist Full-Site-Editing so weit entwickelt, dass die Arbeit mit dem Website-Editor ausführlicher zur Sprache kommen kann. Alternativ wird aber auch das Arbeiten mit klassischen Themes und dem Customizer besprochen.

Beide Arten von Themes werden inhaltlich über den Block-Editor befüllt, für den es seit der vorigen Ausgabe dieses Einstiegs auch noch ein paar nette Verbesserungen gab. Und wer erst die Möglichkeiten entdeckt, die das Block-Verzeichnis von WordPress und verschiedene Block-Sammlungen und andere Plugins bieten, der wird begreifen, warum das mit den Blöcken doch eine echt praktische Sache ist. Dieses Buch ist der perfekte Begleiter dafür, sich auf Entdeckungsreise zu machen.

Auch bei dieser 5. Ausgabe des WordPress-Einstiegs hatten Peter Müller und ich als seine Annabelle (siehe YouTube-Video unter *tinyurl.com/annabellisieren*) eine tolle Zusammenarbeit. Vielen Dank dafür, lieber Peter, und auch dafür, dass Du mich als Co-Autorin mit ins Buchblog geholt hast. Ich hoffe, auch dieses Buch hilft vielen Leserinnen und Lesern, sich in WordPress leichter zurechtzufinden.

Bonn
Annette Schwindt

Vorwort

Dieses Buch führt Sie mit übersichtlichen ToDo-Kästchen durch den gesamten Prozess der Erstellung einer WordPress-Website: von der Planung über die Installation, den Aufbau der Website, das Füllen mit Inhalten, die Gestaltung mithilfe von Themes und die Erweiterung mit Plugins bis hin zur Wartung der fertigen Website.

Für wen ist dieses Buch?

Der »Einstieg in WordPress« ist für alle, die gerne eine professionelle Website mit WordPress hätten, z. B. Privatpersonen, Schulen und Vereine, kleine und mittlere Firmen, Läden, Kneipen und Cafés, öffentliche und kirchliche Einrichtungen (Kindergärten etc.) sowie Selbstständige, Berater und Existenzgründer.

Aber auch wenn Sie bereits eine Website haben oder schon mit WordPress arbeiten, kann Ihnen das Buch weiterhelfen:

- Sie hätten gerne eine Website, haben von WordPress gehört und möchten wissen, ob das vielleicht auch für Sie in Frage kommt.
- Sie arbeiten bereits mit WordPress, haben aber das Gefühl, dass eine strukturierte Einführung in das Erstellen und Gestalten von Inhalten mit dem Block-Editor Ihnen weiterhelfen würde.
- Sie haben schon eine eigene WordPress-Website, möchten das Programm aber gerne einmal systematisch gründlich kennenlernen.
- Sie kennen WordPress und haben viel über Gutenberg, Block-Themes und Website-Editor gehört, wissen aber nicht genau, ob das was für Sie ist.

Sollten Sie sich bisher noch nicht angesprochen fühlen, blättern Sie einfach ein wenig. Wenn Sie das, was Sie dort lesen, interessant finden, dann ist dieses Buch für Sie.

Was Sie bereits wissen sollten

Die mit Abstand wichtigsten Voraussetzungen zur Lektüre dieses Buches sind Spaß am Lernen und der Wunsch, eine eigene WordPress-Website zu erstellen und zu betreiben.

Das Buch erfordert keinerlei Vorwissen in Sachen Webdesign, und Sie müssen nichts über Sprachen wie HTML, CSS, JavaScript oder PHP wissen. Sie sollten mit einem Computer umgehen können, und alltägliche Tätigkeiten wie Ordner erstellen, Dateien kopieren und verschieben, Programme installieren oder ZIP-Dateien entpacken sollten Ihnen keine Schwierigkeiten bereiten.

Außerdem sollten Sie einen nicht zu langsamen Internetzugang haben und mit einem modernen Browser wie Google Chrome, Mozilla Firefox, Safari oder Microsoft Edge regelmäßig im Web unterwegs sein, idealerweise auch mit Tablet und Smartphone.

Kurzum: Je mehr Sie sich im Web zu Hause fühlen, desto leichter wird es Ihnen fallen, bei der Erstellung Ihrer Website die richtigen Entscheidungen zu treffen.

Der Aufbau des Buches

Das Buch besteht aus vier großen Teilen:

- **Teil I – WordPress kennenlernen.** In dieser Einleitung sehen Sie, dass es zwei WordPress-Varianten gibt, machen sich ein paar Gedanken zu Ihrer Website, installieren WordPress und lernen das Backend kennen, das zur Verwaltung der Website dient.
- **Teil II – Inhalte erstellen und gestalten.** Von der Erstellung der ersten Seiten und Beiträge geht die Reise weiter mit dem Schreiben von Texten im Block-Editor und dann über die Mediathek und das Einfügen von Bildern, Audio und Video bis zur Gestaltung von Inhalten und der Verwaltung von Kommentaren.
- **Teil III – Themes: Das Design Ihrer Website.** In WordPress gibt es momentan zwei grundlegend verschiedene Arten von Themes, die Sie beide kennenlernen. Block-Themes wie Twenty Twenty-Three werden mit dem Website-Editor angepasst, klassische Themes wie Twenty Twenty mit dem Customizer. Außerdem sehen Sie, worauf Sie bei der Suche nach einem passenden Theme achten sollten.
- **Teil IV – Plugins, SEO und Systemverwaltung.** Plugins erweitern WordPress um neue Funktionen, und Sie lernen einige nützliche Plugins kennen. SEO ist die Optimierung von Beiträgen und Seiten für Suchmaschinen, und bei Systemverwaltung dreht sich alles um Sicherheitskopien, Updates und die Optimierung der Site. Zum Abschluss gibt es noch einige Tipps und Tricks.

Die 5. Auflage: WordPress, Block-Themes und der Website-Editor

Für diese 5. Auflage wurde das Buch komplett überarbeitet, aktualisiert, an einigen Stellen gestrafft und an anderen erweitert.

Im Dezember 2016 kündigte WordPress-Mitbegründer Matt Mullenweg das »Projekt Gutenberg« an: WordPress sollte von Grund auf erneuert werden und ein noch einfacher zu bedienendes Werkzeug werden.

Im Dezember 2018 erschien in WordPress 5.0 das erste greifbare Resultat dieser Veränderung: Der Block-Editor teilt den Inhalt von Seiten und Beiträgen in kleine, Blöcke genannte Bausteine auf, die einzeln bearbeitet, verwaltet und verschoben werden können. Er ist inzwischen wirklich ausgereift, und in dieser Auflage wird das Erstellen und Gestalten von Inhalten ausführlich beschrieben.

Mit dem im August 2023 erschienenen WordPress 6.3 werden Block-Themes und die Anpassung der gesamten Website ohne Codeberührung mit dem Website-Editor zum ersten Mal auch für Einsteiger praktisch nutzbar. Am Beispiel des Standardthemes Twenty Twenty-Three wird daher ausführlich gezeigt, wie das funktioniert.

Klassische Themes sind nach wie vor sehr verbreitet und werden im Buch auch weiterhin gezeigt, aber das *Full Site Editing* mit Block-Themes wird in jeder WordPress-Version überzeugender.

Die Website zum Buch: »einstieg-in-wp.de«

Auf der Website zum Buch werden Annette Schwindt und ich Sie über die Veränderungen bei WordPress auf dem Laufenden halten:

- *einstieg-in-wp.de*

Hier finden Sie Beispieldateien zum Herunterladen, aktuelle Infos zu WordPress und Updates sowie Errata zum Buch. Schauen Sie mal vorbei.

Vielen Dank

An Matt Mullenweg und Mike Little.

An die weltweite WordPress-Community.

An Sie als Leserin oder Leser.

An alle Mitarbeiterinnen und Mitarbeiter beim Rheinwerk Verlag, die zur Entstehung des Buches beigetragen haben, besonders an Stephan Mattescheck und Patricia Schiewald.

An Frau Petra Bromand für die Korrektur.

An Annette Schwindt für die monatelange detaillierte Auseinandersetzung mit dem Manuskript und das sich daraus ergebende Feedback. Danke für die vielen guten Anregungen und den Spaß bei der Arbeit.

An Karin, Hobbe, Irma, Maud und Axel.

Ich wünsche Ihnen viel Spaß und Erfolg bei der Erstellung und Verwaltung Ihrer Website mit WordPress.

TEIL I
WordPress kennenlernen

Kapitel 1
WordPress – der Motor für Ihre Website

Worin zunächst die wichtigsten Begriffe zum World Wide Web vorgestellt werden. Außerdem erfahren Sie, warum WordPress so beliebt ist und was der Unterschied zwischen WordPress.org und WordPress.com ist.

Die Themen im Überblick:

- Das Web ist ein weltweites Gewebe aus Hyperlinks
- WordPress vereinfacht das Veröffentlichen im Web
- Der Unterschied zwischen WordPress und WordPress.com
- Das »Projekt Gutenberg«: WordPress erfindet sich neu
- Auf einen Blick

WordPress ist in den gut 20 Jahren seines Bestehens stetig gewachsen und inzwischen laut *w3techs.com* der Motor hinter ungefähr 43 % der 10 Millionen größten Websites. Wie es dazu kam, was der Unterschied zwischen WordPress.org und WordPress.com ist und was es mit dem »Projekt Gutenberg« auf sich hat, erfahren Sie in diesem Kapitel.

Los geht es aber zunächst mit ein paar einführenden Worten zum World Wide Web selbst, damit die wichtigsten Begrifflichkeiten rund ums Web dem Spaß am Lernen nicht im Wege stehen.

1.1 Das Web ist ein weltweites Gewebe aus Hyperlinks

Ihre Website ist Teil des World Wide Web, und deshalb möchte ich Ihnen in aller Kürze die wichtigsten Grundbegriffe zum Web vorstellen.

Falls Ihnen Begriffe wie *Webseite*, *Webadresse*, *Homepage*, *Website*, *Webspace*, *Webserver*, *Quelltext* oder *responsives Webdesign* geläufig sind, überfliegen Sie diesen Abschnitt einfach kurz. WordPress kommt direkt danach in Abschnitt 1.2.

1.1.1 Das Web besteht aus Webseiten und Hyperlinks

Das Grundprinzip des Web ist ebenso genial wie einfach:

- Alle Informationen werden auf Webseiten gespeichert und dargestellt.
- Jede Webseite hat eine weltweit einmalige Adresse, die mit den Buchstaben *http* oder *https* anfängt.
- Hyperlinks verbinden die Webseiten miteinander.

Es gibt Milliarden solcher Webseiten, die auf über die ganze Welt verteilten Computern gespeichert und mithilfe von Hyperlinks miteinander verbunden sind. Um eine beliebige Webseite zu betrachten, gibt man in einem *Browser* wie Google Chrome, Mozilla Firefox, Apples Safari oder Microsoft Edge einfach oben in der Adressleiste die gewünschte Adresse ein.

Webseiten werden durch Hyperlinks miteinander verbunden, und ein Hyperlink ist nichts anderes als ein Verweis auf die mit *http* oder *https* beginnende Webadresse der Webseite. Hyperlinks verknüpfen also die Webseiten miteinander, und durch diese Verknüpfungen entsteht ein weltweites Gewebe aus Webseiten, das *World Wide Web*. Anders ausgedrückt:

> *Hyperlinks sind die Fäden, mit denen das World Wide Web gesponnen wird.*

Um jemanden auf eine bestimmte Webseite aufmerksam zu machen, klicken Sie einfach oben ins Adressfeld des Browsers, kopieren die Adresse und fügen sie in einer E-Mail, einem Social Network oder irgendwo anders wieder ein.

Abbildung 1.1 Jede Webseite hat eine weltweit einmalige Adresse.

> **Webadressen werden auch »URL« oder »Permalink« genannt**
>
> Webadressen werden in Fachkreisen und Fehlermeldungen auch als *URL* bezeichnet, kurz für *Uniform Resource Locator*. Rund um WordPress werden sie auch *Permalinks* genannt, kurz für *permanente Links*. Mehr dazu finden Sie in Abschnitt 4.6, »›Einstellungen • Permalinks‹: Aussagekräftige URLs«.

1.1.2 Verwirrende Begriffe: »Homepage«, »Webseite« und »Website«

Im Englischen sind die Begriffe rund ums Web recht eindeutig:

- Das Web besteht aus *Webseiten* (*web pages*).
- Mehrere zusammengehörige Webseiten bilden eine *Website* (*web site*).

Eine *site* ist ein *Grundstück* oder ein *Platz*, eine *camping site* ist ein Platz für Zelte und eine *web site* somit ein Platz für Webseiten.

Im deutschen Sprachgebrauch wird dieser an sich einfache Sachverhalt etwas komplizierter, denn *web page* wurde korrekt mit *Webseite* eingedeutscht, *web site* hingegen als *Website* einfach übernommen, und das führt zu Verwirrungen:

- Im Englischen besteht zwischen *web page* und *web site* keinerlei Verwechslungsgefahr.
- Im Deutschen kommen wir durch die klangliche Ähnlichkeit von *Website* und *Webseite* ständig durcheinander.

Viele Surfer finden die scharfe Aussprache *webssssseiht* seltsam und benutzen statt *Website* einen eigentlich falschen Begriff wie *Homepage* oder *Webseite* oder komplette Neuschöpfungen wie *Webauftritt* oder *Internetpräsenz* (siehe Abbildung 1.2).

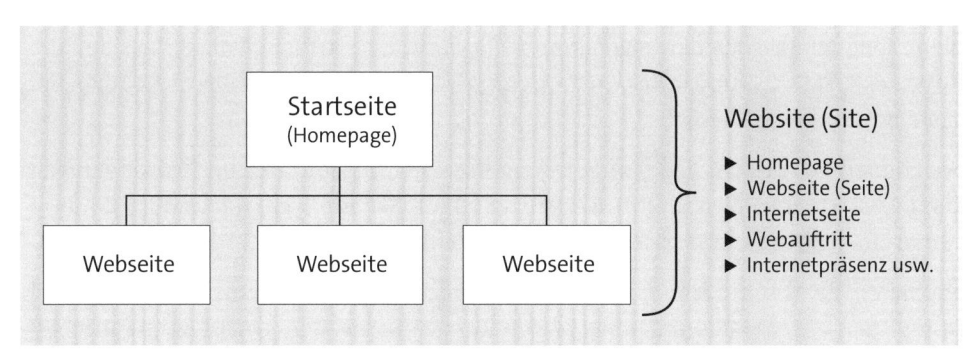

Abbildung 1.2 Website, Webseite und Homepage im Überblick

1.1.3 Webseiten werden auf einem »Webspace« gespeichert

Webseiten werden auf einem sogenannten *Webspace* gespeichert, der in der Wikipedia als »Speicherplatz für Dateien auf einem Server, auf den über das Internet zugegriffen werden kann« definiert wird. Dieser Speicherplatz wird mit einem Domain-Namen wie *mein-name.de* verbunden.

Wenn ein Besucher den Domain-Namen im Browser eingegeben hat, wird diese Anfrage von einem *Webserver* entgegengenommen, der anschließend die Startseite an den Besucher ausliefert.

Ein Webserver ist also ein Programm auf einem Webspace, das buchstäblich *Webseiten serviert*, und *Webseiten-Servierer* wäre eine durchaus treffende Übersetzung (siehe Abbildung 1.3).

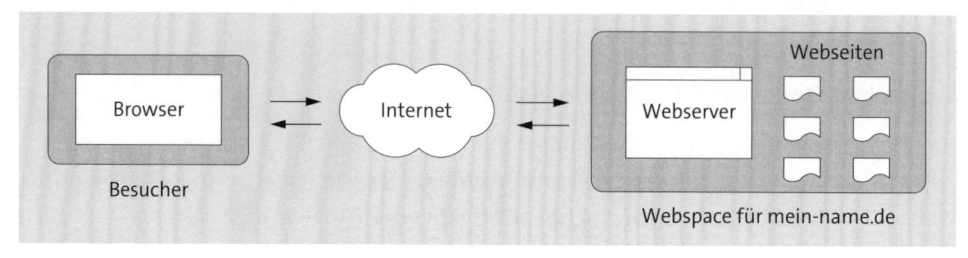

Abbildung 1.3 Webseiten werden auf einem Webspace gespeichert.

1.1.4 Webseiten bestehen aus »Quelltext«, und WordPress schreibt ihn für Sie

Webseiten werden nicht so ausgeliefert, wie der Betrachter sie im Browserfenster sieht. Abbildung 1.4 zeigt die Website zum Buch *einstieg-in-wp.de* in einem Browser auf einem Desktop-Rechner.

Der Browser erhält vom Webserver nicht die in Abbildung 1.4 dargestellte fertige Webseite, sondern lediglich den sogenannten *Quelltext*, eine Art Bauplan, der aus den drei Sprachen HTML, CSS und JavaScript besteht. Der Browser analysiert diesen Bauplan und erstellt daraus eine Webseite.

Sie können sich diesen Quelltext in jedem Browser anschauen, indem Sie mit der rechten Maustaste irgendwo im Browserfenster auf die Webseite klicken und im Kontextmenü einen Befehl wie SEITENQUELLTEXT ANZEIGEN suchen.

Probieren Sie es ruhig einmal aus, aber erschrecken Sie nicht, denn es sieht ziemlich kompliziert aus. Abbildung 1.5 zeigt einen Ausschnitt aus dem Quelltext der in Abbildung 1.4 gezeigten Webseite.

Abbildung 1.4 Die Website zum Buch – »einstieg-in-wp.de«

Abbildung 1.5 Jede Webseite besteht aus Quelltext.

In gewisser Weise *ist* der Quelltext die Webseite, denn wenn Sie eine Webseite erstellen, erzeugen Sie Quelltext. Immer. Ohne Ausnahme. Auch wenn Sie das Wort noch nie gehört und Quelltext noch nie gesehen haben.

Die gute Nachricht ist, dass WordPress die Erstellung des Quelltextes für Sie übernimmt:

- Sie erstellen Webseiten mit Text, Bildern, Audio und Video bequem in einem visuellen Editor.
- WordPress erzeugt den dazugehörigen Quelltext automatisch für Sie.

Kenntnisse in Sprachen wie HTML, CSS, JavaScript oder PHP benötigen Sie nur, wenn Sie den von WordPress erzeugten Quelltext über die Standardvorgaben hinaus individualisieren möchten.

1.1.5 »Responsives Webdesign«: Webseiten passen sich ihrer Umgebung an

Die Webseite im Browserfenster ist genau genommen die *Interpretation des Quelltextes* vom gerade benutzten Browser auf dem gerade benutzten Gerät mit den jeweils aktuellen Einstellungen.

Da Webseiten auf sehr verschiedenen Geräten betrachtet werden, gestalten Webdesigner sie idealerweise so, dass sie auf die jeweilige Umgebung reagieren und sich flexibel anpassen. Das nennt man *responsives Webdesign*, was frei übersetzt so viel heißt wie *anpassungsfähiges Webdesign*.

Auch *einstieg-in-wp.de*, die Website zu diesem Buch, passt sich auf Desktops, Notebooks, Tablets und Smartphones dem zur Verfügung stehenden Platz an. Abbildung 1.6 zeigt auf einen Blick, wie die Startseite auf verschiedenen Geräten aussieht.

Abbildung 1.6 Die Website zum Buch auf verschiedenen Geräten

1.2 WordPress vereinfacht das Veröffentlichen im Web

Ein wesentlicher Grund für den Erfolg von WordPress ist, dass es das Veröffentlichen im World Wide Web vereinfacht, sodass damit (fast) jeder professionelle Websites erstellen und verwalten kann.

1.2.1 Ein Content-Management-System (CMS) erleichtert das Webpublishing

Webpublishing war um die Jahrtausendwende eher etwas für Spezialisten, aber gleichzeitig wuchs bei immer mehr Freiberuflern, Firmen, Vereinen und anderen Organisationen der Wunsch, die Inhalte auf ihren Webseiten selbst ändern zu können. Um diesen Wunsch Wirklichkeit werden zu lassen, wurden sogenannte *Content-Management-Systeme* (CMS) erfunden.

Ein solches CMS ist ein Programm, das auf dem Webspace installiert wird, die Inhalte in einer Datenbank speichert und die Webseiten automatisch zusammenbaut, wenn sie von einem Besucher angefordert werden. WordPress ist so ein CMS. Andere bekannte Vertreter dieser Gattung sind z. B. Joomla, TYPO3 oder Drupal.

Die Installation eines CMS auf dem Webspace ist zwar nicht ganz ohne, aber das muss nur ein einziges Mal gemacht werden. Danach benötigt man zum Ändern von Inhalten oder um schnell ein paar Gedanken zu veröffentlichen, nur noch eine Internetverbindung und einen Browser. Das Erstellen und Verwalten der Inhalte einer Website ist mit einem CMS wie WordPress nicht viel schwieriger als das Schreiben einer E-Mail (siehe Abbildung 1.7).

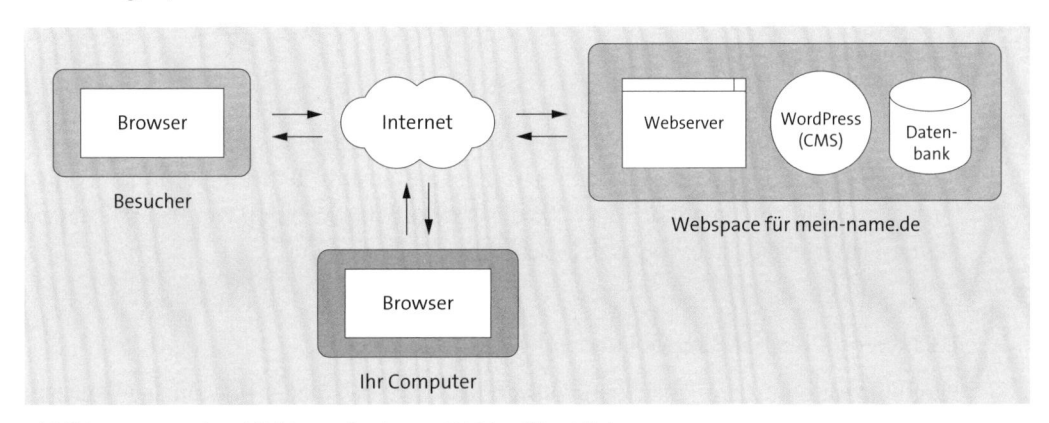

Abbildung 1.7 Webpublishing mit einem CMS im Überblick

1.2.2 Ein Blogtool ist ein CMS mit einfacher Bedienung und viel Interaktion

Anfang 2003 war ein amerikanischer Student namens Matt Mullenweg auf der Suche nach einer guten Möglichkeit zur Verwaltung seiner Website und installierte ein Programm namens *b2*, ein sogenanntes *Blogtool* zur Erstellung eines Blogs.

Blog ist kurz für *Weblog*, was wiederum die Kurzform von *Web-Logbuch* ist. Ein Blog hat gegenüber klassischen Websites einige besondere Features:

- Inhalte werden in Beiträgen (englisch *posts*) gespeichert.
- Diese Beiträge werden auf einer Webseite veröffentlicht, und zwar in *rückwärts chronologischer Reihenfolge*.
- Neue Beiträge werden oben eingefügt. Dadurch rutschen ältere Beiträge nach unten und verschwinden irgendwann in einem *Archiv*.
- Beiträge bekommen *Kategorien* und *Schlagwörter*, die zum Filtern der Beiträge und zur Navigation auf der Website verwendet werden können.
- Eine *Kommentarfunktion* bietet Besuchenden die Möglichkeit, auf einen Beitrag zu reagieren.
- Eine *Suchfunktion* erleichtert das Auffinden bestimmter Beiträge.
- Man kann Beiträge via *RSS-Feed* abonnieren und so automatisch auf dem Laufenden bleiben.

Technisch gesehen ist ein Blogtool wie b2 ein einfaches CMS, bei dem der Schwerpunkt auf einfacher Bedienung und Interaktion liegt, mit Besuchern, anderen Blogs und Suchmaschinen.

Matt Mullenweg war mit b2 sehr zufrieden, und als der ursprüngliche Programmierer Michel Vadrighi keine Zeit mehr für die Weiterentwicklung hatte, signalisierte er seine Bereitschaft, das Projekt zu übernehmen. Zusammen mit dem Programmierer Mike Little veröffentlichte er am 27. Mai 2003 die erste offizielle Version von *WordPress*, und der Rest ist, wie man so schön sagt, Geschichte.

1.2.3 WordPress ist Blogtool und vollwertiges CMS

Blogtools waren ursprünglich kein vollwertiges CMS, da sie nur eine einzige Webseite zur Ausgabe der Blogbeiträge erzeugen konnten. Zusätzliche Seiten ohne Blogbeiträge, wie z. B. *Impressum* oder *Über mich*, waren entweder gar nicht oder nur mit einigem Aufwand möglich.

WordPress war ursprünglich ein reines Blogsystem, kann aber seit der Version 1.5 zusätzliche statische Seiten in beliebigen Mengen erstellen. Spätestens mit der Einführung der Menüverwaltung in Version 3.0 ist auch die Verwaltung dieser Seiten kein Problem mehr. WordPress kann also problemlos nicht nur für einen Blog, sondern auch als echtes CMS eingesetzt werden.

Im Showcase auf *wordpress.org* können Sie sich einige der besten mit WordPress erstellten Websites anschauen (siehe Abbildung 1.8):

- *wordpress.org/showcase/*

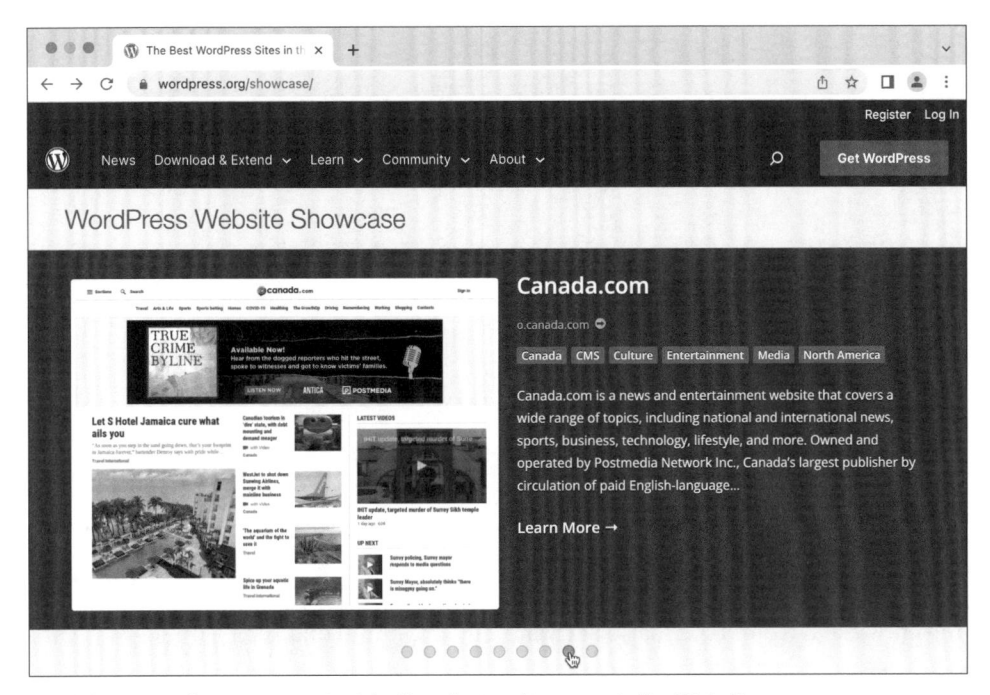

Abbildung 1.8 Showcase – Beispiele für mit WordPress erstellte Websites

Fazit: WordPress ist der Motor hinter sehr verschiedenen Arten von Websites, von kleinen persönlichen Blogs über ganz normale Websites von Selbstständigen und kleinen Firmen bis hin zu großen Websites von internationalen Unternehmen. Und bald gehört Ihre auch dazu.

1.3 Der Unterschied zwischen WordPress und WordPress.com

WordPress ist *Open-Source-Software* und im Web auf *wordpress.org* zu Hause. Auf dieser Website kann man sich über WordPress informieren und die Software kostenlos herunterladen (siehe Abbildung 1.9).

1 WordPress – der Motor für Ihre Website

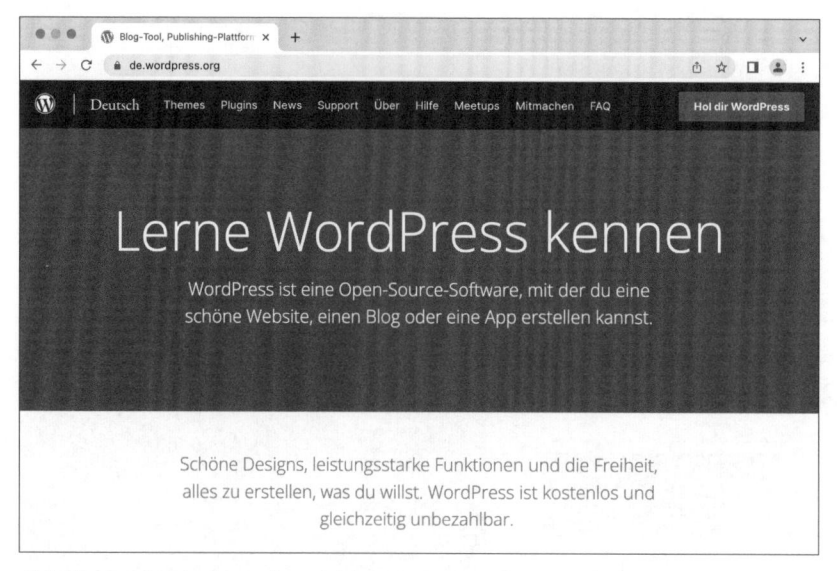

Abbildung 1.9 Die deutschsprachige Startseite von »wordpress.org«

Open Source bedeutet, dass der Quellcode von WordPress, anders als bei von bestimmten Firmen erstellter proprietärer Software, öffentlich zugänglich ist. Er wird von einer großen, über den gesamten Planeten verteilten Gemeinschaft von Entwicklern gepflegt und entwickelt. *WordPress* ist also Software, ein Programm und keine Firma.

> **Die »WordPress Foundation« regelt unter anderem die Markenrechte**
>
> Die Aktivitäten rund um WordPress werden von einer Non-Profit-Stiftung namens *WordPress Foundation* koordiniert, die unter anderem für die Richtlinien zum Markenrecht des Begriffs WordPress verantwortlich ist.
>
> So ist es z. B. für normale Websites nicht erlaubt, den Begriff *wordpress* in einem Domain-Namen zu verwenden. Deshalb enthalten Websites zum Thema *WordPress* stattdessen oft das Kürzel *wp*, wie z. B. *einstieg-in-wp.de*.

1.3.1 »wordpress.org«: WordPress auf dem eigenen Webspace betreiben

Das Erstellen einer Website mit WordPress können Sie sich so vorstellen:

- Zunächst mieten Sie ein Grundstück, den sogenannten *Webspace*.
- Auf dem Grundstück bauen Sie ein Haus (= installieren Sie WordPress).
- Dieses Haus können Sie fast nach Belieben anpassen und erweitern.

Das mit dem Hausbau ist übrigens gar nicht so schwierig. WordPress ist berühmt für seine »5-Minuten-Installation«, die auch technisch nicht sonderlich versierten Anwendern gelingt, und viele Firmen bieten inzwischen Webspace mit einem ganz oder teilweise vorinstallierten WordPress an (siehe Kapitel 3, »WordPress installieren«).

Mit WordPress auf einem eigenen Webspace ist buchstäblich alles möglich, von einer einfachen Bloghütte über ein komfortables Einfamilienhaus bis zur ausgewachsenen Firmenzentrale:

- Mit *Themes* können Sie das Aussehen der Webseiten fast nach Belieben ändern und so die Fassade ganz einfach neu streichen.
- Mit *Plugins* erweitern Sie den Funktionsumfang von WordPress. Die mögliche Palette reicht dabei vom einfachen Kontaktformular bis zum ausgewachsenen Onlineshop.

In Ihrem WordPress-Eigenheim können Sie nach Belieben Wände einreißen oder den Garten umpflügen und neu bepflanzen und müssen dazu nicht erst einen Vermieter um Erlaubnis bitten.

Aber WordPress auf dem eigenen Webspace hat natürlich nicht nur Vorteile: Sie können zwar alles machen, aber Sie sind selbst dafür verantwortlich, dass alles funktioniert.

Anders ausgedrückt: Wenn bei klirrender Kälte plötzlich die Heizung ausfällt, müssen *Sie* sich darum kümmern und sie entweder eigenhändig reparieren oder reparieren lassen.

Die eigenhändige Reparatur erfordert oft eine Kombination aus Know-how, Zeit und Frustrationstoleranz, die nicht jedermanns Sache ist. Reparieren lassen hingegen spart zwar Zeit und Nerven, kostet dafür aber Geld.

1.3.2   »WordPress.com« ist ein kommerzielles Angebot von Automattic

Viele WordPress-Nutzer schätzen zwar die Möglichkeiten eines selbst installierten WordPress, empfinden aber technische Tätigkeiten wie Installation, Wartung und Systemverwaltung eher als lästig, etwa auf einer Stufe mit Abwaschen, und hätten dafür am liebsten eine Geschirrspülmaschine.

Als Antwort auf diesen Wunsch bietet die von Matt Mullenweg gegründete Firma *Automattic* mit *WordPress.com* eine fix und fertig vorinstallierte Version von WordPress an.

WordPress.com (mit großem W und großem P) ist also ein Service von Automattic, den Sie auf der in Abbildung 1.10 gezeigten Website *wordpress.com* (mit kleinem w und kleinem p) finden.

Abbildung 1.10 Die deutschsprachige Startseite von »wordpress.com«

WordPress.com konkurriert als *Website-Baukasten* mit anderen Vertretern dieser Gattung wie z. B. *squarespace.com*, *wix.com* oder *weebly.com*.

Wenn WordPress auf dem eigenen Webspace ein Eigenheim ist, dann entspricht WordPress.com einer Mietwohnung, und das bietet einige Vorteile:

- Keine Installation. Nach einer Registrierung bekommen Sie kostenlos eine Adresse wie *mein-name.wordpress.com* und können dann als Untermieter sofort loslegen.
- Keine Wartung. Um den ganzen technischen Kram kümmert sich der Vermieter *Automattic*, und der macht das richtig gut.
- Vorinstallierte Themes warten darauf, Ihrer Website das gewünschte Aussehen zu verleihen. Viele davon sind zumindest in der Basisversion kostenlos.

Im kostenlosen Tarif auf WordPress.com gibt es aber unter anderem folgende Beschränkungen:

- Auf Ihren Webseiten wird Werbung geschaltet. Wie und wo und was, bestimmt Automattic.
- Sie können keine eigenen Themes installieren, sondern nur aus dem Angebot von WordPress.com wählen.
- Sie können keine eigenen Plugins installieren und somit die Funktionalität von WordPress nicht erweitern.
- Sie haben keinen FTP-Zugang zu Ihrem Webspace, mit dem Sie die Dateien auf Ihrem Webspace direkt selbst verwalten können.

Ein Plugin-Bundle namens *Jetpack* ist auf WordPress.com übrigens bereits vorinstalliert. Es sorgt für Funktionen wie Kontaktformular, Spamschutz und Sharebuttons, entspricht aber nicht den Anforderungen des europäischen Datenschutzgesetzes (*DSGVO*).

Ein kostenloses Konto auf WordPress.com ist vielleicht eine einfache Möglichkeit, um auszuprobieren, ob das mit einem Blog oder einer Website etwas für Sie ist. Falls es Ihnen gefällt, können Sie dann entweder auf einen kostenpflichtigen Tarif von WordPress.com umsteigen – oder WordPress gleich wie in diesem Buch beschrieben auf einem eigenen Webspace installieren und betreiben.

1.3.3 In diesem Buch geht es um WordPress.org, nicht um WordPress.com

In diesem Buch geht es um WordPress auf einem eigenen Webspace.

Grundlegende Funktionsprinzipien wie Block-Editor, Beiträge, Kategorien, Schlagwörter, Seiten und Themes sind bei beiden WordPress-Varianten mehr oder weniger gleich, aber jenseits davon gibt es diverse Unterschiede.

Automattic hat WordPress auf WordPress.com z. B. um eigene Komponenten erweitert, sodass die Benutzeroberfläche etwas anders aussieht und andere Klickwege hat.

WordPress.com ist daher für Einsteiger als Grundlage zum Durcharbeiten des Buches nicht sonderlich geeignet. Schade drum, aber da ist nichts dran zu drehen.

1.4 Das »Projekt Gutenberg«: WordPress erfindet sich neu

Im Dezember 2016 kündigte Matt Mullenweg das *Projekt Gutenberg* an, und der Begriff *Gutenberg* steht seitdem für die grundlegende Erneuerung von WordPress auf der Basis von Blöcken. Ein solcher *Block* ist ein einfacher Baustein, den man zusammen mit anderen Blöcken zu komplexen Strukturen kombinieren kann. Ein bisschen wie Lego.

WordPress wird seitdem langsam, aber sicher komplett auf Blöcke umgestellt:

- Der erste Schritt war der *Block-Editor*, der den Inhaltsbereich von Seiten und Beiträgen in Blöcke aufteilt, die einzeln bearbeitet, verwaltet und verschoben werden können. Das Erstellen und Gestalten von Inhalten mit dem Block-Editor bildet einen Schwerpunkt in diesem Buch (siehe Kapitel 5 bis Kapitel 9).
- Der zweite Schritt sind *Block-Themes*. Diese völlig neu konzipierte Art von WordPress-Themes ermöglicht die Bearbeitung aller Aspekte einer Website, ohne selbst Code schreiben zu müssen. Block-Themes und der dazugehörige *Website-Editor* werden in Kapitel 11 und 12 ausführlich vorgestellt.

Weitere Informationen zum *Projekt Gutenberg* finden Sie bei Bedarf in folgendem Beitrag auf der Website zum Buch:

- *einstieg-in-wp.de/gutenberg/*

Die grundlegende Erneuerung von WordPress ist nämlich mit den Block-Themes noch lange nicht abgeschlossen. In der dritten und vierten Phase von Gutenberg wird WordPress um Möglichkeiten zur Online-Zusammenarbeit und zur Mehrsprachigkeit erweitert.

1.5 Auf einen Blick

Die wichtigsten Themen noch einmal im Überblick:

- Das Web ist ein weltweites Gewebe aus Hyperlinks:
    - Informationen werden auf Webseiten dargestellt.
    - Jede Webseite hat eine weltweit einmalige Adresse (URL).
    - Hyperlinks verknüpfen die Webseiten miteinander.
    - Programme zum Betrachten von Webseiten heißen *Browser*.
    - Eine *Website* besteht aus *Webseiten*.
- Webseiten werden auf einem Webspace gespeichert:
    - *Webspace* ist unter einem Domain-Namen wie *mein-name.de* erreichbar.
    - Ein *Webserver* serviert Webseiten.
    - Webseiten bestehen aus Quelltext.
    - WordPress schreibt den Quelltext Ihrer Webseiten für Sie.
    - Responsive Webseiten passen sich ihrer Umgebung automatisch an.
- WordPress vereinfacht das Veröffentlichen im Web (Webpublishing):
    - Webpublishing war um die Jahrtausendwende etwas für Spezialisten.
    - Ein Content-Management-System (CMS) erleichtert die Verwaltung von Inhalten auf Webseiten.
    - Ein Blogtool ist ein einfaches CMS mit Schwerpunkt auf Interaktion.
    - WordPress ist Blogtool und CMS in einem.
- WordPress ist eine kostenlos nutzbare Open-Source-Software, die auf *wordpress.org* zu Hause ist. Man kann sie kostenlos herunterladen und auf einem eigenen Webspace installieren.

- *WordPress.com* ist ein kommerzielles Angebot der Firma *Automattic*, das auf *wordpress.com* zu Hause ist.
- In diesem Buch geht es um die Erstellung und die Verwaltung einer Website mit WordPress auf einem eigenen Webspace.
- Im Rahmen des Projekts Gutenberg erfindet WordPress sich neu:
  - Der Block-Editor dient zum Erstellen und Gestalten von Inhalten auf statischen Seiten und Beiträgen und teilt den Inhalt in Blöcke auf.
  - Block-Themes ermöglichen es, mit dem Website-Editor alle Aspekte einer Website (fast) ohne Codeberührung zu bearbeiten.

Kapitel 2
Ihre Website vorbereiten: Rahmenbedingungen, roter Faden, Domain und Webspace

Worin Sie sich ein paar Gedanken über Ihre Website machen und Wissenswertes zu Domain-Namen und Webspace erfahren.

Die Themen im Überblick:

- Die Rahmenbedingungen skizzieren: Ziele, Zeit und »Zaster«
- Der rote Faden zur Website-Erstellung: Inhalt, Gestaltung, Funktionen und Technik
- Inhalt: Der Grund, Ihre Website zu besuchen
- Gestaltung: »Themes« bestimmen das Design Ihrer Webseiten
- Funktionen: »Plugins« erweitern die Fähigkeiten von WordPress
- Technik, Teil 1: So finden Sie einen Domain-Namen
- Technik, Teil 2: So finden Sie einen Webspace
- Auf einen Blick

Eine Website hat Ähnlichkeit mit einem öffentlich zugänglichen Gebäude. Beide werden gebaut, um Besuchende zu empfangen, und beide erfordern vor dem Bau ein wenig Vorbereitung.

2.1 Die Rahmenbedingungen skizzieren: Ziele, Zeit und »Zaster«

Am besten beginnen Sie damit, sich in aller Kürze ein paar Notizen zu den Rahmenbedingungen für das Projekt »Website erstellen« zu machen. Das muss nicht länger als ein paar Minuten dauern.

Bei den Rahmenbedingungen geht es um die Faktoren *Ziele*, *Zeit* und *Zaster*. Sie können die folgenden Fragen als Anregung nehmen, aber falls Ihnen noch mehr einfällt, halten

Sie sich nicht zurück. Sie sollten die Antworten kurz schriftlich festhalten, sodass Sie sie später noch einmal konsultieren können.

▶ Ziele	▶	Was wollen Sie mit der Website erreichen?
	▶	Wer ist Ihre Zielgruppe?
	▶	Warum sollte diese Zielgruppe Ihre Website besuchen?
	▶	Bei welchen Suchbegriffen möchten Sie gefunden werden?
▶ Zeit	▶	Wann soll die Website online sein?
	▶	Wie viel Zeit haben Sie für die Pflege der Website (pro Woche)?
▶ Zaster	▶	Was dürfen Erstellung und Betrieb der Website maximal kosten?
	▶	Wie hoch ist das Budget für die laufenden Kosten (pro Monat)?

Tabelle 2.1 Fragen zur Skizzierung der Rahmenbedingungen

WordPress ist kostenlos, der Betrieb einer WordPress-Website nicht

WordPress als Software können Sie kostenlos herunterladen und installieren, aber der laufende Betrieb einer Website mit WordPress kostet neben Zeit auch Geld: Guten Webspace mit eigener Domain bekommt man nicht umsonst (siehe Abschnitt 2.7), und bei vielen Themes und Plugins wird jenseits einer kostenlosen Basisversion auch ein Entgelt fällig.

2.2 Der rote Faden zur Website-Erstellung: Inhalt, Gestaltung, Funktionen und Technik

Sind die Rahmenbedingungen für Ihre Website fixiert, geht es weiter mit der Planung. Wie intensiv diese ausfällt, hängt natürlich von Wichtigkeit und Größe des Projekts ab, aber über die folgenden Bereiche sollten Sie sich bereits *vor* der Installation von WordPress ein paar Gedanken machen:

1. **Inhalt**: Die Erstellung und Gestaltung von Inhalten wird den größten Teil Ihrer Zeit in Anspruch nehmen, aber in Abschnitt 2.3 machen Sie sich zunächst ein paar Gedanken über den *Titel der Website*, den Sie bereits während der Installation in Kapitel 3 benötigen.

2. **Gestaltung**: Bei WordPress wird das Aussehen der Webseiten durch ein *Theme* definiert. In diesem Kapitel gibt es in Abschnitt 2.4 eine ganz kurze Einführung, von Kapitel 11 bis Kapitel 14 wird die Arbeit mit Themes in WordPress ausführlich geschildert.

3. **Funktionen**: Der Funktionsumfang von WordPress wird über Plugins erweitert. In Abschnitt 2.5 wird dies kurz geschildert, ab Kapitel 15 spielen Plugins dann die Hauptrolle.
4. **Technik**: Eine funktionierende Technik ist das Fundament Ihrer Website. Weiter unten in diesem Kapitel geht es um *Domain-Namen* (Abschnitt 2.6) und *Webspace* (Abschnitt 2.7). In Kapitel 3 folgt die *Installation* von WordPress und in Kapitel 17 finden Sie weitere eher technische Themen zur *Systemverwaltung*.

Diese vier Bereiche dienen als roter Faden bei der Erstellung Ihrer Website. Abbildung 2.1 zeigt die vier Bereiche und einige mögliche Stichworte.

Inhalt	Gestaltung	Funktionen
Titel der Website	Layout	Kontaktformular
Themen	Farbschema	Backup
Texte und Grafiken	Typografie	Besucherstatistik
Suchbegriffe	Responsivität	Share-Buttons
…	…	…

Technik
Domain-Name, Webspace, Installation, Updates …

Abbildung 2.1 Stichworte zu den vier Bereichen bei der Website-Erstellung

2.3 Inhalt: Der Grund, Ihre Website zu besuchen

Der Inhalt Ihrer Website ist vereinfacht gesagt der Grund, warum jemand sie besucht. Die auf Ihrer Website veröffentlichten Inhalte bestehen aus Texten, Bildern, Sounds oder Videos, die in WordPress auf Beiträgen oder Seiten gespeichert und mit dem Block-Editor bearbeitet werden. Wie genau das geht und was es dabei alles zu berücksichtigen gilt, erfahren Sie in Kapitel 5 bis Kapitel 10.

Jede WordPress-Website hat einen Titel und einen Untertitel:

▶ Der *Titel der Website* begrüßt die Besuchenden und wird von den meisten Themes als große Überschrift oben im Kopfbereich der Webseiten dargestellt.

▶ Der *Untertitel* erläutert den Titel in wenigen Worten und wird oft etwas kleiner darunter oder daneben angezeigt. Manchmal wird er, z. B. auf kleinen Bildschirmen, komplett ausgeblendet, im Quelltext der Webseiten ist er aber trotzdem vorhanden und taucht daher auch in den Suchmaschinen auf.

Abbildung 2.2 zeigt als Beispiel den Titel der Website ❶ und den Untertitel ❷ auf *einstieg-in-wp.de*, der Website zum Buch.

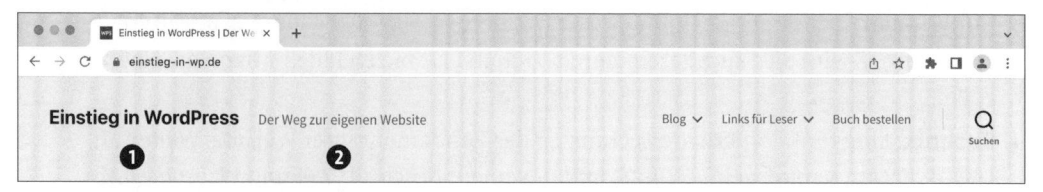

Abbildung 2.2 Titel der Website und Untertitel auf »einstieg-in-wp.de«

Den *Titel der Website* müssen Sie wie gesagt bereits während der Installation von WordPress eingeben. Sie können Titel und Untertitel nach der Installation ändern, aber überlegen Sie ruhig schon mal, was für Sie passen könnte.

2.4 Gestaltung: »Themes« bestimmen das Design Ihrer Webseiten

Bei WordPress wird die Gestaltung der Website durch sogenannte *Themes* geregelt, und ein Grund für den großen Erfolg von WordPress ist, dass es davon mehr als genug gibt.

Die erste Anlaufstelle für Einsteiger ist dabei das in Abbildung 2.3 gezeigte offizielle Theme-Verzeichnis:

▶ de.wordpress.org/themes/

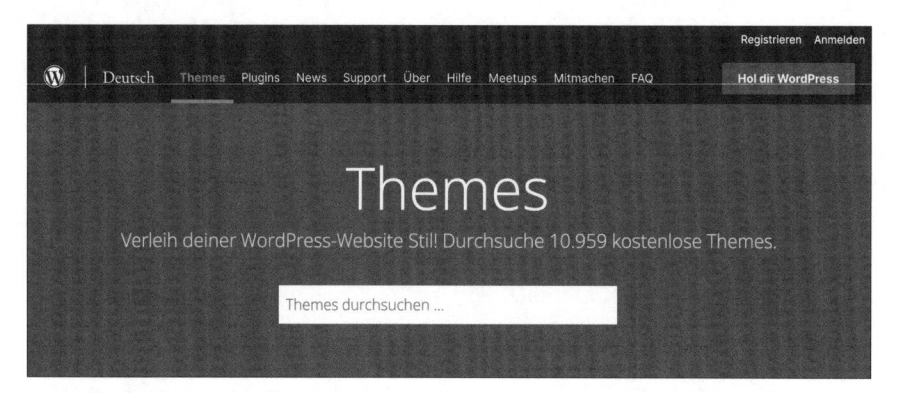

Abbildung 2.3 Das Theme-Verzeichnis auf »de.wordpress.org/themes/«

Das Aussehen einer Website ist aber nicht das wichtigste Kriterium für deren Erfolg. Die allermeisten Besuchenden kommen wie gesagt für den Inhalt, und auf Webseiten dient die Gestaltung dementsprechend in erster Linie dazu, den Inhalt in einem positiven Licht erscheinen zu lassen.

Eine übersichtliche Navigation und die Lesbarkeit der Texte auf allen Geräten sind für die meisten Besuchenden denn auch viel wichtiger als ein in stundenlanger Feinarbeit genial gewählter Farbton für den Hintergrund, der ohnehin auf jedem Bildschirm etwas anders dargestellt wird.

Kurzum – achten Sie im Web darauf, was Ihnen gefällt, aber denken Sie daran: Hübsch aussehen ist nicht alles. Letztlich zählt der Inhalt.

> **Mehr über Themes erfahren Sie ab Kapitel 11**
> Im Theme-Verzeichnis von WordPress gibt es zwei grundlegend verschiedene Arten von Themes: die neuen Block-Themes und die traditionellen, klassischen WordPress-Themes. Mehr zu den Unterschieden und wie man Themes auswählt und anpasst, erfahren Sie in Kapitel 11 bis Kapitel 14.

2.5 Funktionen: »Plugins« erweitern die Fähigkeiten von WordPress

WordPress kommt mit einem schlanken Kern und hat von Haus aus eigentlich nur eine Suchfunktion und eine Kommentarfunktion an Bord. Alle anderen *Funktionen* kann (und muss) man mit Plugins nachrüsten.

Beispiele sind Plugins für ein Kontaktformular, zum Erstellen einer Sicherheitskopie (*Backup*), für Besucherstatistiken oder zum Hinzufügen von Share-Buttons, damit die Inhalte z. B. via E-Mail oder Social-Media-Diensten leichter weitergesagt werden können.

Abbildung 2.4 zeigt das Plugin-Verzeichnis von WordPress, in dem es derzeit über 60.000 solcher Erweiterungen gibt, Tendenz steigend:

- de.wordpress.org/plugins/

Abbildung 2.4 Das Plugin-Verzeichnis auf »de.wordpress.org/plugins«

> **Details zum Umgang mit Plugins finden Sie in Kapitel 15**
> Zwischendurch finden Sie immer mal wieder Hinweise auf eventuell nützliche Plugins, und ab Kapitel 15 zeige ich Ihnen, worauf Sie beim Umgang mit Plugins achten sollten. Plugins spielen unter anderem bei der Erweiterung des Block-Editors, der Optimierung der Webseiten für Suchmaschinen (SEO) und der Systemverwaltung eine sehr wichtige Rolle.

2.6 Technik, Teil 1: So finden Sie einen Domain-Namen

Webspace und Domain-Namen bekommen Sie bei einem *Webhoster*. Das ist eine Firma, die sich auf den Betrieb von *Webservern* und die Vermietung von *Webspace* spezialisiert hat. Wörtlich übersetzt ist ein *Host* ein Gastgeber, und ein *Webhoster* ist demzufolge Ihr Gastgeber im Web. Andere Begriffe, die dasselbe meinen, sind z. B. *Webspace Provider* oder einfach nur *Provider*.

Webhoster machen nach Vertragsabschluss z. B. folgende Dinge:

1. Sie registrieren einen Domain-Namen wie *mein-name.de* für Sie.
2. Sie koppeln den Domain-Namen an den von Ihnen gemieteten Webspace.
3. Sie sorgen dafür, dass Ihre Website im Internet erreichbar ist.

In diesem Abschnitt zeige ich Ihnen, wie Domain-Namen aufgebaut sind und wie Sie testen können, ob Ihr Wunschname noch frei ist. In Abschnitt 2.7 bekommen Sie dann noch Tipps zur Auswahl von Webhoster und Webspace.

2.6.1 Der Aufbau von Domain-Namen: »www.mein-name.de«

Ein Domain-Name wie *www.pmueller.de* ist hierarchisch aufgebaut und besteht aus mehreren Teilen, die jeweils durch einen Punkt voneinander getrennt werden (siehe Abbildung 2.5).

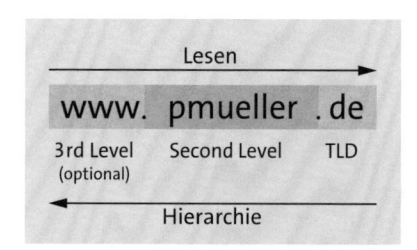

Abbildung 2.5 Der Aufbau eines Domain-Namens

Bemerkenswert ist dabei, dass Domain-Namen zwar wie üblich von links nach rechts gelesen werden, ihre Hierarchie aber *von rechts nach links* aufgebaut ist:

- Ganz rechts steht die oberste Ebene, die *Top Level Domain* (*TLD*), im Beispiel ist das *de* für Deutschland. Viele TLDs sind ein Länderkürzel, aber es gibt auch andere wie *.com*, *.tv* oder *.business*.
- Links davon erscheint die *Second Level Domain*. Diesen Teil des Domain-Namens können Sie sich, gemäß den Regeln für die Top Level Domain und der geltenden Rechtsprechung, selbst ausdenken.

Top und Second Level Domain zusammen bezeichnet man als Domain-Namen. Diesen Domain-Namen registrieren Sie über Ihren Webhoster. In Abbildung 2.5 ist das *pmueller.de*.

Eine *Third Level Domain*, auch *Subdomain* genannt, ist optional. Im World Wide Web ist das Kürzel *www* weit verbreitet, aber eine Subdomain ist nicht Pflicht, und die Website sollte auch ohne Subdomain erreichbar sein. Ein guter Webspace ist so konfiguriert, dass beide Varianten funktionieren.

Auch eine andere Subdomain als *www* ist möglich. So ist eine Website nach der in Abschnitt 1.3.2 beschriebenen Registrierung auf WordPress.com unter einer Subdomain wie *mein-name.wordpress.com* erreichbar.

> **Die sieben goldenen Regeln für Domain-Namen**
>
> Bei der Registrierung von Domain-Namen kann es auch einige juristische Fallstricke geben. Der folgende Blogbeitrag fasst einige davon zusammen:
>
> - »Die Sieben goldenen Domain-Regeln«
>   *domain-recht.de/domain-recht/die-sieben-goldenen-domain-regeln*
>
> Je kommerzieller Ihr Vorhaben, desto ausführlicher sollten Sie zu diesem Thema recherchieren.

2.6.2 Einen Domain-Namen auswählen: »mein-name.tld«

Der erste Schritt ist, dass Sie sich einen Domain-Namen ausdenken und prüfen, ob er noch frei ist. Der zweite Schritt ist dann die Registrierung der Domain, und das übernimmt meist der Webhoster, bei dem Sie auch Ihren Webspace mieten.

Die Verfügbarkeit von Domain-Namen können Sie direkt beim Webhoster oder bei einem Domain-Spezialisten wie *united-domains.de* oder *checkdomain.de* schnell überprüfen.

Wenn Sie die Website für eine Firma oder ein Produkt erstellen, sollten Sie am besten den Namen der Firma wählen, z. B. *firmenname.de* oder *produktname.de*. Für eine persönliche Website ist z. B. *vornamenachname.de* gut geeignet. Probieren Sie es einfach aus. Wenn Sie z. B. *Waldemar Weber* heißen und eine persönliche Website erstellen möchten, wäre *waldemarweber.de* momentan noch verfügbar (Abbildung 2.6).

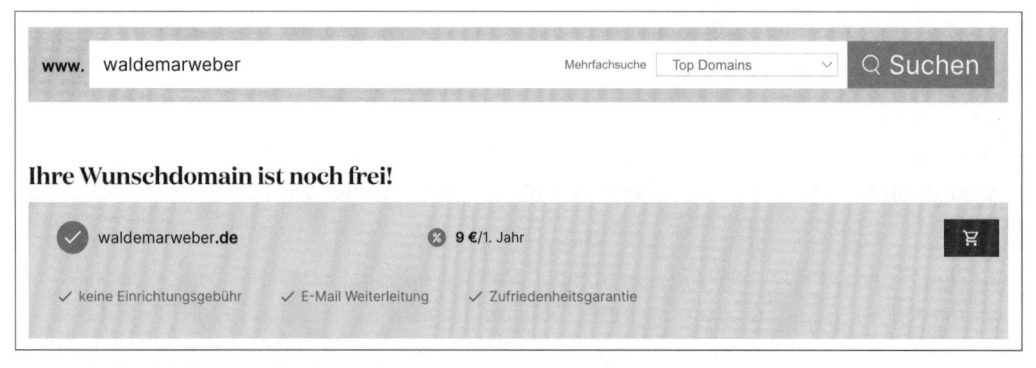

Abbildung 2.6 »waldemarweber.de« wäre noch frei (Stand Juli 2023).

Sollte Ihr Wunschname schon vergeben sein, können Sie entweder eine andere Variante in derselben Top Level Domain probieren, z. B. *waldemar-weber.de* mit Bindestrich, oder denselben Namen in einer anderen TLD, z. B. *waldemarweber.info*.

Oder Sie gehen zu einem Marktplatz für Domain-Namen wie *sedo.de* und versuchen, sich den gewünschten Namen zu kaufen.

Umlaute sind in Domain-Namen übrigens seit einigen Jahren erlaubt, aber nicht sehr gebräuchlich, da es dabei besonders international immer wieder zu Problemen kommt.

Bei der im nächsten Abschnitt beschriebenen Auswahl eines Webhosters sollten Sie darauf achten, dass die von Ihnen gewünschte Top Level Domain dort verfügbar ist, und zwar nach Möglichkeit kostenlos.

> **Domain-Namen gelten auch für E-Mails**
>
> Domain-Namen gelten nicht nur für das World Wide Web, sondern auch für E-Mails. Wenn Sie also einen eigenen Domain-Namen haben, können Sie sich verschiedene E-Mail-Adressen wie *info@produktname.de* oder *kontakt@produktname.de* einrichten.

2.7 Technik, Teil 2: So finden Sie einen Webspace

Die folgenden Voraussetzungen werden in der Regel von allen gängigen Webhostern erfüllt, aber die Tabelle zeigt noch einmal die empfohlenen technischen Voraussetzungen für WordPress-Webspace auf einen Blick, damit Sie es kontrollieren können, wenn Sie Hosting-Pakete vergleichen:

PHP	Version 7.4 oder höher
Datenbank	MySQL-Version 5.7 oder höher ODER MariaDB-Version 10.3
Webserver	Apache oder Nginx (gesprochen *engine-ex*) mit Modul *mod_rewrite* für aussagekräftige Permalinks
HTTPS-Unterstützung (weitere Infos dazu gleich in Abschnitt 2.7.1)	

Tabelle 2.2 Technische Voraussetzungen für einen WordPress-Webspace

Mit der folgenden URL können Sie prüfen, ob die Infos noch aktuell sind:

▶ *de.wordpress.org/about/requirements/*

2.7.1 HTTPS: Verschlüsselung mit einem SSL-Zertifikat ist heute Standard

Das *s* in *https* steht für *secure* (*sicher*), und die sichere Übertragung der Daten mit *https* und einem SSL-Zertifikat ist heute kein Luxus mehr, sondern Standard.

Das Web funktioniert aus historischen Gründen erst einmal nur mit unverschlüsseltem HTTP, und ein Webhoster muss die sichere Variante erst einmal einrichten. Manchmal ist daher bei auf den ersten Blick günstigen Paketen kein SSL enthalten.

Damit SSL auch für kleine Websites erschwinglich ist, gibt es eine von vielen großen Firmen betriebene Initiative namens *Let's Encrypt* (*letsencrypt.org*), die kostenlose SSL-Zertifikate zur Verfügung stellt.

Wenn ein Webhoster also in einem Paket die kostenlosen und leicht zu installierenden SSL-Zertifikate von *Let's Encrypt* anbietet, dann ist das ein Pluspunkt.

HTTPS ist wie gesagt so wichtig, weil Daten ohne SSL-Zertifikat während der Übertragung nicht verschlüsselt werden. Browser versehen solche URLs mit einem Zusatz wie NICHT SICHER (siehe Abbildung 2.7), und das ist nicht gerade eine vertrauensbildende Maßnahme.

Abbildung 2.7 Nicht sichere Verbindung in einem modernen Browser

Bei einer sicheren URL hingegen zeigen Browser in der Adresszeile ein Schloss, und mit einem Klick darauf kann man Infos zur Verbindung mit dem Webserver abfragen (siehe Abbildung 2.8).

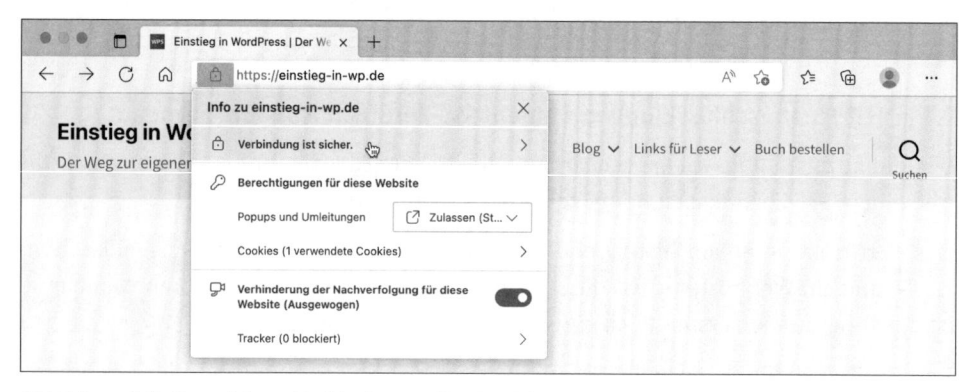

Abbildung 2.8 Eine sichere Verbindung mit HTTPS im Browser

2.7.2 Einfach fragen: Kann man den Webspace kostenlos testen?

Technische Daten sind bei der Beurteilung von Webspace zwar nicht unwichtig, aber sie sagen manchmal wenig darüber aus, wie gut der Webspace im Alltag wirklich funktioniert.

Faktoren wie Geschwindigkeit, Verlässlichkeit oder die Qualität des Supports lassen sich meist erst im laufenden Betrieb richtig beurteilen, in der Regel also erst *nach* Vertragsabschluss.

Auch die Verwaltungsoberfläche für den Webspace, mit der Sie wichtige Einstellungen vornehmen, ist bei einigen Webhostern benutzerfreundlicher als bei anderen.

Achten Sie darum bei der Auswahl eines Webhosting-Pakets darauf, ob es eine Möglichkeit gibt, den gewünschten Tarif *vor* Vertragsabschluss kostenlos auszuprobieren. Einfach fragen. Das gibt es häufiger, als man denkt.

> **Fragen Sie auch, wie viele Kunden sich einen Server teilen**
>
> Falls aus einem Angebot nicht hervorgeht, wie viele Kunden pro Server es gibt, fragen Sie danach. In der Praxis ist es ein Unterschied, ob die Ressourcen eines Servers von 30, 100 oder mehreren 1.000 Kunden genutzt werden.

2.7.3 Preise: »Null Euro Sternchen« kostet meistens auch Geld

Zur Orientierung gleich mal eine »Hausnummer« vorweg: Guter Webspace für WordPress kostet zwischen ca. 5 und 10 Euro pro Monat.

Natürlich gibt es auch günstigere Anbieter, die deshalb nicht gleich schlecht sein müssen, aber 5 bis 10 Euro pro Monat sind realistisch. Nach oben ist die Skala wie immer offen.

Ein Webhoster ist kein wohltätiger Verein, sondern eine Firma, die Geld verdienen muss, weil sie sonst pleitegeht. Vorsicht also bei Lockangeboten, denn auch wenn ein Webhosting-Angebot mit »0 Euro*« beworben wird, kann es gut sein, dass Ihr Konto nach Vertragsabschluss doch um mehr als die beworbenen null Euro erleichtert wird.

Um die verschiedenen Hosting-Angebote übersichtlicher und vor allem vergleichbarer zu machen, gibt die folgende Tabelle ein paar Anhaltspunkte:

Einmalige Einrichtungsgebühr	Die Palette reicht von gar nichts bis zu zweistelligen Euro-Beträgen.
Monatliche Gebühr	Was kostet der Vertrag wirklich pro Monat, und zwar *nach* Ablauf vergünstigter Sonderfristen? Achten Sie z. B. darauf, ob Domain-Namen enthalten sind, welche TLDs erlaubt sind, wie viele Kunden pro Server es gibt und ob SSL-Zertifikate zusätzliche Kosten verursachen.

Tabelle 2.3 Checkliste für die Gesamtkosten von Webhosting-Angeboten

Vertragslaufzeit	Je kürzer, desto besser. 24 Monate sind lang. Wenn der Vertrag nach Ablauf automatisch verlängert wird, werden gleich wieder 24 Monatsbeiträge fällig, und zwar ohne Sternchen.
Kündigungsfrist	Vier Wochen zum Vertragsende sind üblich. Abweichende Fristen sind meist gut versteckt und zu lang.
Zahlungsweise	Jährlich ist durchaus üblich, aber es gibt auch monatliche oder halbjährliche Zahlungskonditionen, abhängig von der Vertragslaufzeit.

Tabelle 2.3 Checkliste für die Gesamtkosten von Webhosting-Angeboten (Forts.)

Aus allen Angaben dieser Checkliste errechnen Sie dann die Gesamtkosten, und zwar am besten für ein ganzes Jahr, denn das ist schneller rum, als man glaubt. Die Summe teilen Sie dann durch zwölf, und schon haben Sie die tatsächlichen monatlichen Kosten.

> **Wenn irgendetwas unklar ist, fragen Sie den Webhoster**
>
> Wenn an einem Angebot irgendetwas unklar ist, fragen Sie einfach den Webhoster. Dabei machen Sie bereits die ersten Erfahrungen mit der Firma, und das kostet außer ein bisschen Zeit noch nichts:
>
> - Wie schwierig ist es, eine gute Kontaktmöglichkeit zu finden?
> - Wie schnell bekommen Sie eine Antwort auf Ihre Frage?
> - Wie freundlich ist der Service?
>
> Wenn Ihre Fragen *vor* Vertragsabschluss nicht beantwortet werden, ist die Chance auf Besserung *nach* Vertragsabschluss oft gering.

2.7.4 Angebote: Einige Beispiele für Webhosting mit WordPress

Viele Webhoster haben inzwischen spezielle Angebote für WordPress. Im Folgenden möchte ich Ihnen in alphabetischer Reihenfolge einige konkrete Anlaufpunkte vorstellen, die aber naturgemäß nur einen winzigen Ausschnitt aus einer fast unüberschaubaren Menge an Angeboten darstellen:

- *alfahosting.de/wordpress-hosting/*
- *all-inkl.com/wordpress-hosting/*
- *webgo.de/webhosting* oder *webgo.de/ssd-webhosting*
- *webhostone.de/de/hosting/spezial-pakete/wordpress-hosting.html*

> **»Managed WordPress Hosting« übernimmt auch die Updates**
> Ein *Managed WordPress Hosting* übernimmt nicht nur die Installation, sondern erledigt auch die Updates von WordPress, Themes und Plugins für Sie. In Deutschland gibt es das z. B. bei *wp-projects.de*, *hostpress.de* oder *raidboxes.io*. Diesen Service gibt es für ca. 15 bis 30 Euro pro Monat.

2.8 Auf einen Blick

Die wichtigsten Themen noch einmal im Überblick:

- Die Rahmenbedingungen für das Projekt »Website erstellen« werden durch die drei Faktoren *Ziele*, *Zeit* und *Zaster* bestimmt.
- Als roter Faden bei der Planung und Erstellung von Websites können die vier Bereiche *Inhalt*, *Gestaltung*, *Funktionen* und *Technik* dienen.
- Domain-Namen wie *einstieg-in-wp.de* werden von links nach rechts gelesen, die Hierarchie geht aber von rechts nach links.
- Webspace zur Installation von WordPress können Sie von einem *Webhoster* mieten, auch *Webspace Provider* oder *Provider* genannt.
- Guten Webspace für WordPress gibt es für ungefähr 5 bis 10 Euro pro Monat, je nach Anforderung aber auch etwas günstiger oder teurer.

Kapitel 3
WordPress installieren

Worin Sie verschiedene Wege zu einem funktionierenden WordPress kennenlernen.

Die Themen im Überblick:

- Zum Testen: WordPress ausprobieren mit TasteWP.com
- Die bequeme Installation: WordPress vom Webhoster – vorinstalliert oder mit wenigen Klicks
- Die manuelle Installation: WordPress selbst auf einem Online-Webspace installieren
- Die Offline-Installation: WordPress auf Ihrem eigenen Computer installieren
- Auf einen Blick

In diesem Kapitel stelle ich Ihnen verschiedene Wege zur Installation von WordPress vor. Ziel ist ein funktionierendes WordPress, mit dem Sie die folgenden Kapitel durcharbeiten können.

Sie müssen natürlich *nicht alle* gezeigten Installationsarten ausprobieren. Nehmen Sie einfach die Variante, die am besten zu Ihren Bedürfnissen passt.

3.1 Zum Testen: WordPress ausprobieren mit TasteWP.com

Auf TasteWP.com bekommen Sie mit zwei Klicks in wenigen Sekunden eine kostenlose WordPress-Installation. Einsteiger können mit TasteWP.com ihre ersten Schritte mit WordPress gehen, Fortgeschrittene nutzen es zum Testen von Themes und Plugins.

Eine TasteWP-Website ist eine voll funktionsfähige WordPress-Installation mit zwei Einschränkungen:

- Sie haben maximal 1 GB Speicherplatz (zum Probieren mehr als genug).
- Die Website wird nach zwei Tagen automatisch gelöscht. Mit einer kostenlosen Registrierung verlängert sich der Zeitraum auf sieben Tage.

Nach einer Registrierung gibt es auch die Möglichkeit, kostenpflichtige Premium-Websites ohne Ablaufdatum zu erstellen.

> **»InstaWP« ist eine Alternative zu »TasteWP.com«**
>
> *InstaWP* ist genau wie TasteWP.com eine Möglichkeit, WordPress kostenlos und unkompliziert in wenigen Sekunden online auszuprobieren:
>
> ▶ *instawp.com*
>
> *InstaWP* bekam eine Finanzspritze von Matt Mullenwegs Firma *Automattic*, ist aber momentan *English only*.

3.1.1 Schritt 1: TasteWP.com – WordPress installieren mit zwei Klicks

Um den wohl schnellsten Weg zu WordPress praktisch auszuprobieren, surfen Sie mit einem Browser Ihrer Wahl zur folgenden Seite:

▶ *tastewp.com*

Eine funktionierende WordPress-Installation ist an dieser Stelle nur noch zwei Klicks entfernt:

1. Aktivieren Sie unten auf der Seite das Kontrollkästchen vor ICH BIN EINVERSTANDEN MIT DEN NUTZUNGSBEDINGUNGEN (natürlich können Sie die Nutzungsbedingungen vorher lesen und studieren).
2. Klicken Sie auf die farbige Schaltfläche EINRICHTEN! direkt darüber.

Nach dem Klick auf den EINRICHTEN!-Button wird in Windeseile eine neue WordPress-Website mit einem zufällig gewählten Namen erstellt.

Wenige Sekunden später präsentiert Ihnen ein Popup-Fenster den Titel der Website (WEBSITE-NAME), die URL zum Aufrufen der Website und die Anmeldedaten (BENUTZERNAME und PASSWORT) zu Ihrer nagelneuen Test-Website (Abbildung 3.1).

Bevor Sie weitermachen, sollten Sie die ANMELDEDATEN & INFOS mit einem Klick auf den Button KOPIEREN in die Zwischenablage kopieren und in einer Textdatei Ihrer Wahl wieder einfügen und abspeichern.

Abbildung 3.1 Website-Name, URL und Anmeldedaten der neuen WordPress-Website

3.1.2 Schritt 2: Ein Blick auf das frisch installierte WordPress

Nach einem Klick auf den Button JETZT AUFRUFEN! landen Sie ohne Anmeldung direkt im Backend von WordPress und sehen das Intro von TasteWP (Abbildung 3.2). Hier haben Sie eine weitere Gelegenheit, die Anmeldedaten zu KOPIEREN oder könnten sich den Countdown bis zum Löschen der Website anschauen. Mit einem Klick auf den Button OK, VERSTANDEN blenden Sie das Intro aus.

Die schwarze Menüleiste links wird im nächsten Kapitel in Abschnitt 4.2, »Das »Backend« von WordPress im Überblick«, genauer vorgestellt. Ganz unten in der Menüleiste sehen Sie einige vorinstallierte Plugins wie z. B. *Redirection*, *Copy & Delete Posts*, *Backup Migration* und *MyPopUps*.

Backup Migration ist ziemlich praktisch, denn damit können Sie ganz einfach eine Kopie der vorhandenen Website erstellen, als ZIP-Datei abspeichern und in einem anderen WordPress importieren, z. B. in einer neu erstellten TasteWP-Website, die dann wieder ein paar Tage gültig ist.

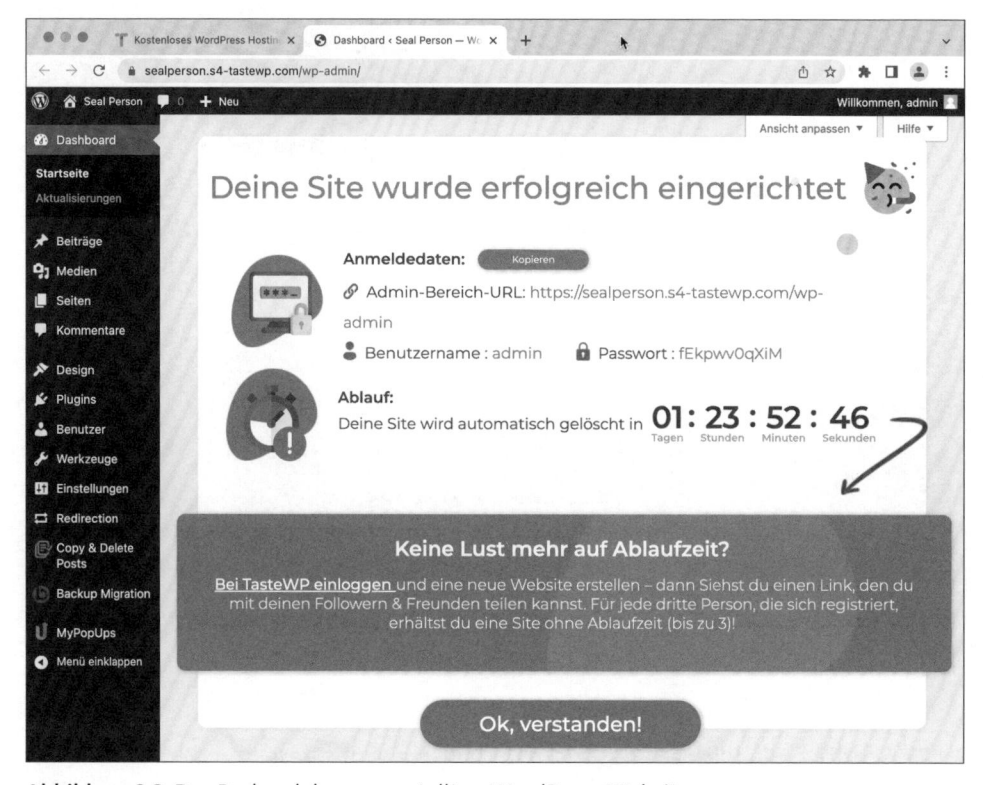

Abbildung 3.2 Das Backend der neu erstellten WordPress-Website

Die anderen Plugins können Sie einfach ignorieren oder im Menü Plugins mit einem Mausklick deaktivieren und löschen (wie das geht, erfahren Sie in Kapitel 15).

Weitere Infos zu TasteWP finden Sie im folgenden Beitrag auf der Website zu diesem Buch:

► *einstieg-in-wp.de/tastewp*

Darin geht es auch um die erweiterten Einstellungen, die Registrierung und den Umgang mit dem Plugin *Backup Migration*.

> **Wenn alles geklappt hat, können Sie direkt zu Kapitel 4 springen**
>
> Wenn Sie Abbildung 3.2 im Browser sehen, ist WordPress installiert. Sie können dann direkt zu Kapitel 4 springen und »Die ersten Schritte im Backend von WordPress« erledigen.

3.2 Die bequeme Installation: WordPress vom Webhoster – vorinstalliert oder mit wenigen Klicks

Die in diesem Abschnitt beschriebenen Varianten mit einem vorinstallierten WordPress oder einer sogenannten 1-Klick-Installation können Sie nur ausprobieren, wenn der von Ihnen gewählte Webhoster ein entsprechendes Angebot hat.

3.2.1 Schlüsselfertig: Ein vorinstalliertes WordPress

Ein sehr bequemer Weg zu einem WordPress auf dem eigenen Webspace ist ein fix und fertig vorinstalliertes WordPress. Ihr Webhoster übernimmt dabei die ganze Arbeit:

1. Der Webhoster hat WordPress für Sie auf Ihrem Webspace installiert.
2. Sie bekommen eine Nachricht mit allen Infos und den Zugangsdaten.

In diesem Fall haben Sie ein schlüsselfertiges WordPress, ohne es selbst installiert zu haben. *Nach* der Schlüsselübergabe sind Sie dann aber selbst für die Wartung von WordPress verantwortlich.

> **Webspace mit vorinstalliertem WordPress? Weiter geht's in Kapitel 4.**
>
> Wenn Sie sich für einen Webspace mit vorinstalliertem WordPress entschieden haben, können Sie direkt zu Kapitel 4, »Die ersten Schritte im Backend von WordPress«, springen, in dem Sie das Frontend und die Anmeldung am Backend kennenlernen. Wir sehen uns dann dort.

3.2.2 Halbautomatisch: WordPress mit wenigen Klicks installieren

Nicht ganz so bequem wie ein vorinstalliertes WordPress ist eine vom Webhoster angebotene Installation, die manchmal auch als *1-Klick-Installation* bezeichnet wird. Im Prinzip geht das so:

1. Sie loggen sich in die Verwaltungsoberfläche für Ihren Webspace ein.
2. Sie wählen dort die Option zur Installation von WordPress.
3. Sie füllen ein Formular mit den zur Installation benötigten Daten aus.
4. WordPress wird mit diesen Daten auf Ihrem Webspace installiert.

Die genaue Vorgehensweise unterscheidet sich von Webhoster zu Webhoster, sodass ich Ihnen hier nur ein paar allgemeine Anhaltspunkte geben kann. Falls bei der Installation Fragen auftauchen, wenden Sie sich an den Support Ihres Webhosters. Dort sollte man Ihnen weiterhelfen können.

Abbildung 3.3 zeigt ein Formular für eine 1-Klick-Installation, und auch wenn es bei Ihrem Webhoster anders aussehen sollte, werden letztlich immer ähnliche Informationen abgefragt.

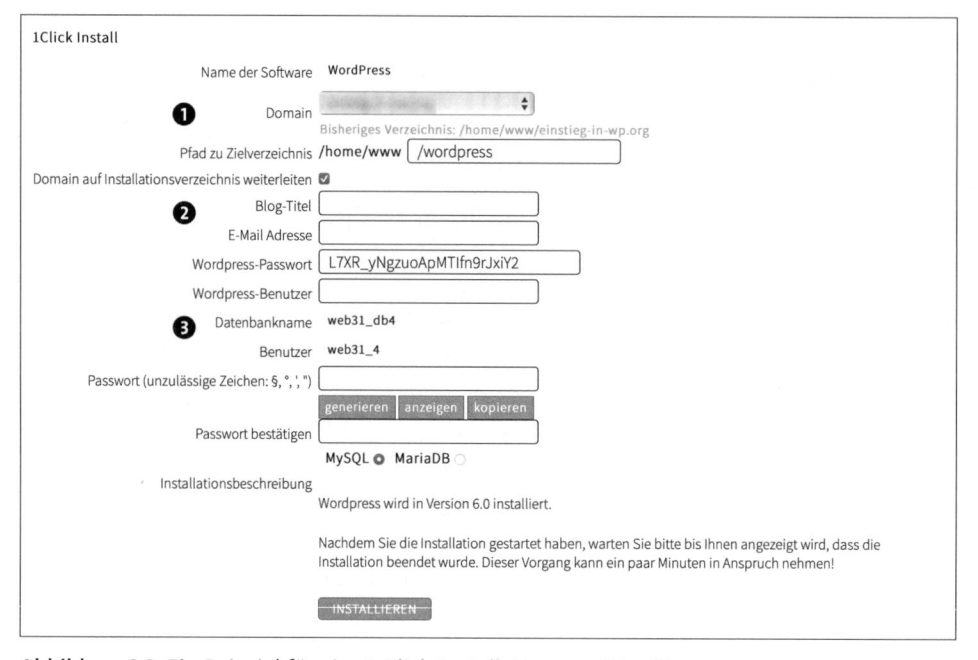

Abbildung 3.3 Ein Beispiel für eine 1-Klick-Installation von WordPress

Das in Abbildung 3.3 gezeigte Formular fragt alle Details ab, die für eine Installation von WordPress benötigt werden:

- ❶ *Domain und Ordner*: Vor der Installation müssen Sie angeben, unter welchem Domain-Namen WordPress erreichbar sein soll und in welchen Ordner die WordPress-Dateien kopiert werden sollen (Pfad zu Zielverzeichnis */home/www/wordpress*). Die Domain soll automatisch auf diesen Ordner weitergeleitet werden.

- ❷ *Informationen zu WordPress*: Blog-Titel ist der in Abschnitt 2.3 erwähnte *Titel der Website*. Die hier gemachten Angaben zum Account für den Administrator (E-Mail-Adresse, WordPress-Passwort und WordPress-Benutzer) sollten Sie sich unbedingt notieren, denn Sie benötigen den Benutzernamen und das Passwort jedes Mal, wenn Sie sich bei WordPress anmelden möchten.

❸ *Datenbank*: WordPress muss wissen, welche Datenbank es bei der Installation benutzen soll. Im Beispiel heißt die (DATENBANKNAME) *web31_db4*. Der BENUTZER der Datenbank ist in diesem Fall festgelegt (*web31_4*), und das PASSWORT können Sie sich generieren lassen. Die Daten für den Zugang zur Datenbank werden während der Installation in einer Datei namens *wp-config.php* gespeichert. WordPress benutzt die Daten für die Verbindung zur Datenbank, aber solange alles funktioniert, müssen Sie diese Daten nur ein einziges Mal hier bei der Installation eingeben.

Eine gut durchdachte 1-Klick-Installation ist bequemer als die gleich in Abschnitt 3.3 beschriebene manuelle Installation, aber es gibt auch Varianten, die letztlich mehr Arbeit verursachen, als sie sparen.

Falls z. B. die Details für das Administratorkonto nicht abgefragt werden, sondern stattdessen eine leicht zu ratende und daher unsichere Kombination wie *admin* und *passwort* vergeben wird, sollten Sie das Passwort nach der Installation unbedingt sofort ändern (siehe Abschnitt 4.7, »Das Menü »Benutzer«: Ihr Benutzerprofil im Überblick«) – oder WordPress gleich manuell installieren (siehe Abschnitt 3.3).

> **Die Installation hat geklappt? Weiter in Kapitel 4!**
> Wenn die Installation geklappt hat, können Sie den Rest dieses Kapitels gerne überspringen. In Kapitel 4, »Die ersten Schritte im Backend von WordPress«, erfahren Sie, wie Sie das Frontend aufrufen und sich am Backend anmelden können.

3.3 Die manuelle Installation: WordPress selbst auf einem Online-Webspace installieren

Die manuelle Installation von WordPress auf einem Online-Webspace ist nicht wirklich schwierig und erfolgt in sechs Schritten, die hier zunächst als Übersicht gezeigt und anschließend näher erläutert werden:

1. Sie laden WordPress herunter und entpacken die ZIP-Datei auf Ihrer Festplatte.
2. Sie stellen eine FTP-Verbindung zu Ihrem Webspace her. Was es damit auf sich hat, wird weiter unten kurz erklärt.
3. Wenn die Verbindung steht, kopieren Sie die entpackten WordPress-Dateien von Ihrer Festplatte in ein Verzeichnis auf dem Webspace.
4. Danach starten Sie das Installationsprogramm von WordPress in einem Browser.
5. Während der Installation geben Sie die Zugangsdaten für die Datenbank ein.

6. Danach geben Sie noch den *Titel der Website* sowie den Benutzernamen, das Passwort und die E-Mail-Adresse für den Administrator ein.

Fertig.

3.3.1 Schritt 1: WordPress herunterladen und entpacken

Zunächst einmal müssen Sie WordPress herunterladen. Das machen Sie am besten auf der deutschen Version der offiziellen Website von WordPress:

- *de.wordpress.org*

Im folgenden ToDo laden Sie WordPress herunter und entpacken die ZIP-Datei auf Ihrer Festplatte.

ToDo: WordPress herunterladen und entpacken

1. Starten Sie einen Browser, und surfen Sie zu *de.wordpress.org/download/*.
2. Klicken Sie auf die farbig hervorgehobene Download-Schaltfläche mit der Beschriftung WORDPRESS 6.X.X HERUNTERLADEN.
3. Speichern Sie die ZIP-Datei auf Ihrer Festplatte in einem Ordner Ihrer Wahl.
4. Entpacken Sie die ZIP-Datei, die einen Ordner namens *wordpress* enthält.

Nach dem Entpacken des Download-Archivs erhalten Sie im Ordner */wordpress/* die in Abbildung 3.4 gezeigten Dateien und Ordner. Je nach Versionsnummer von WordPress kann es dabei leichte Unterschiede geben.

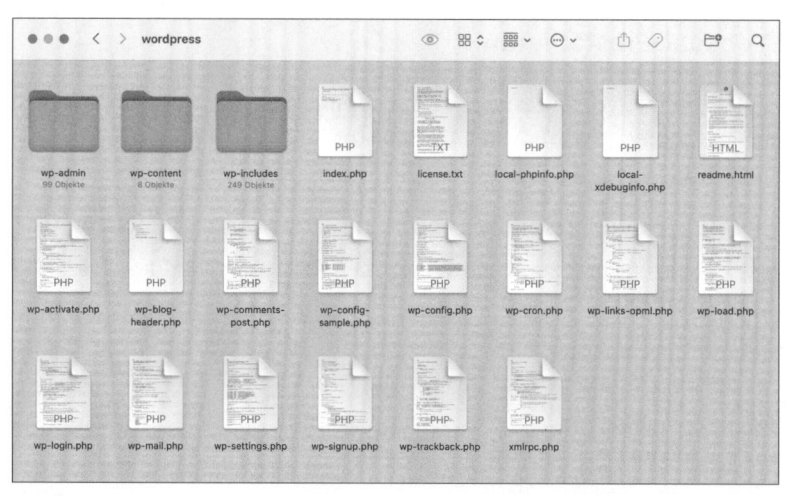

Abbildung 3.4 Nach dem Entpacken – Dateien und Ordner in »/wordpress/«

> **Die Ordnerstruktur von WordPress im Überblick**
>
> Im Ordner *wordpress* liegen zahlreiche Dateien und drei Unterordner:
>
> - *wp-admin* enthält die Dateien für das Backend.
> - *wp-content* beinhaltet Themes, Plugins und Uploads wie z. B. Bilder.
> - *wp-includes* ist ein Ordner mit wichtigen Systemdateien.

3.3.2 Schritt 2: Eine FTP-Verbindung zum Webspace herstellen

Um die im Ordner *wordpress* enthaltenen Dateien und Unterordner auf Ihren Webspace zu kopieren, benutzen Sie ein sogenanntes FTP-Programm. *FTP* steht für *File Transfer Protocol*, was frei übersetzt so viel wie *Regeln zum Übertragen von Dateien* bedeutet. Vereinfacht gesagt dient ein FTP-Programm zum Kopieren von Dateien über das Internet.

In diesem Schritt stellen Sie zunächst einmal eine FTP-Verbindung zu Ihrem Webspace her, im nächsten kopieren Sie dann die Dateien. Zum Herstellen einer FTP-Verbindung benötigen Sie zwei Dinge:

- Ein FTP-Programm. Falls Sie noch keines haben, ist das kostenlose *FileZilla* eine gute Wahl, das Sie am besten von folgender Adresse herunterladen, da diese Version definitiv keine zusätzliche Werbesoftware enthält:

  heise.de/download/filezilla.html

  Bei einem Download von anderen Adressen sollten Sie bei der Installation von FileZilla darauf achten, Felder zur Installation zusätzlicher Software (Adware etc.) abzuwählen bzw. nicht anzuwählen.

- Die FTP-Zugangsdaten, die Sie von Ihrem Webhoster/Provider erhalten haben: Server, Benutzername und Passwort.

Wenn Sie beides haben, kann es losgehen. Falls möglich, wählen Sie dabei eine Variante wie SFTP, damit die eingegebenen Zugangsdaten während der Übertragung verschlüsselt werden.

Im folgenden ToDo starten Sie FileZilla, geben die Zugangsdaten in der Quickconnect-Leiste ein (Abbildung 3.5) und stellen anschließend eine Verbindung zum Webspace her.

Abbildung 3.5 Die Zugangsdaten in der Quickconnect-Leiste eintragen

Falls die Verbindung zum Webspace nicht klappt, überprüfen Sie, ob wirklich alle Daten korrekt eingegeben wurden. Falls es auch dann nicht funktioniert, zögern Sie nicht, den Support Ihres Webhosters zu kontaktieren.

ToDo: FTP-Verbindung zum Webspace herstellen

1. Starten Sie FileZilla.
2. Geben Sie in der Quickconnect-Leiste die FTP-Zugangsdaten zu Ihrem Webspace ein (siehe Abbildung 3.5).
3. Das Feld PORT können Sie frei lassen, solange der FTP-Standardport 21 benutzt wird. Bei SFTP müssen Sie hier wahrscheinlich 22 eingeben.
4. Klicken Sie auf die Schaltfläche VERBINDEN rechts außen.

3.3.3 Schritt 3: WordPress-Dateien per FTP auf den Webspace kopieren

Nach dem Herstellen der Verbindung stellt sich die Frage, in welchen Ordner die WordPress-Dateien kopiert werden sollen, und dabei gibt es zwei Möglichkeiten, die ich zunächst kurz erläutern möchte.

Möglichkeit 1: Nur eine Website? Installation im Hauptordner

Möglichkeit Nummer 1 ist die Installation in den Hauptordner auf dem Webspace. Gemeint ist damit der Ordner, in dem die Website gespeichert wird. Dieser Ordner wird manchmal auch *Document Root* genannt, frei übersetzt *Hauptordner für Webseiten*. In diesem Ordner schaut der Webserver nach, wenn jemand eine URL wie *https://domain-name.de/* eingibt.

Gängige Namen für den Hauptordner sind *websites*, *webseiten*, *html*, *htdocs* oder *www*. Falls Sie sich nicht sicher sind, wie dieser Ordner auf Ihrem Webspace heißt, schauen Sie in den Unterlagen Ihres Webhosters nach oder fragen Sie den Support. Die sollten das wissen.

Am einfachsten ist es, alle WordPress-Dateien in diesen Hauptordner zu kopieren, denn dann müssen Sie meistens an der Konfiguration des Webspace nichts ändern. Wenn Sie sicher wissen, dass Sie auf diesem Webspace nur diese eine Domain mit diesem einen WordPress betreiben werden, spricht nicht viel dagegen, die Dateien in den Hauptordner zu kopieren.

Wenn Sie aber später eventuell noch weitere Websites mit anderen Domain-Namen auf demselben Webspace betreiben möchten, ist Möglichkeit 2 besser.

Möglichkeit 2: Vielleicht mal mehrere Websites? Installation im Unterordner und Domain-Zuweisung

Möglichkeit Nummer 2 ist es, die Dateien nicht in den Hauptordner für Webseiten zu kopieren, sondern in einen Unterordner, den Sie z. B. *erstewebsite* nennen.

Da die Website dann aber zunächst einmal unter der etwas umständlichen URL *domain-name.de/erstewebsite/* erreichbar wäre, sollten Sie anschließend in der Verwaltungssoftware für Ihren Webspace die Domain *domain-name.de* auf den Unterordner *htdocs/erstewebsite* umleiten. Falls Sie die Option zur Zuweisung von Domain und Ordner nicht finden, fragen Sie den Support Ihres Webhosters. Die sollten das wissen.

Durch eine solche Umleitung wird der Webserver angewiesen, für Anfragen an die Domain *domain-name.de* nicht mehr im Hauptordner *htdocs* nachzuschauen, sondern direkt im Unterordner *htdocs/erstewebsite*.

Der größte Vorteil der Installation von WordPress in einen Unterordner mit Domain-Zuweisung ist, dass Sie bei der Nutzung des Webspace auf Dauer mehr Möglichkeiten haben. So können Sie z. B. problemlos weitere Domains einrichten und ihnen einfach andere Unterordner zuweisen. Hier ein Beispiel:

- Für *domain-name.de* schaut der Webserver in *htdocs/erstewebsite/*.
- Für *zweite-site.de* liegen die Seiten z. B. in *htdocs/zweitewebsite/*.

Wenn Sie WordPress, wie in Möglichkeit 1 beschrieben, im Hauptordner installieren, ist das nicht so ohne weiteres möglich oder zumindest unübersichtlicher.

Und Action! – WordPress-Dateien auf den Webspace kopieren

Egal, ob Sie sich für den Hauptordner oder für einen Unterordner mit Domain-Zuweisung entscheiden, wirklich wichtig ist, dass die Ordnerstruktur lokal und auf dem Webspace identisch ist (siehe Abbildung 3.6).

ToDo: WordPress per FTP auf den Webspace kopieren

1. Starten Sie gegebenenfalls das FTP-Programm, und stellen Sie, wie in Abschnitt 3.3.2 beschrieben, eine Verbindung her.
2. Öffnen Sie im linken Fenster (LOKAL) den Ordner *wordpress* mit den entpackten WordPress-Dateien.
3. Öffnen Sie im rechten Fenster (SERVER) den Ordner, in den Sie WordPress installieren möchten.

4. Markieren Sie im linken Fenster (LOKAL) alle Dateien und Ordner.
5. Klicken Sie mit rechts auf die Markierung, und wählen Sie aus dem Kontextmenü den Befehl HOCHLADEN.

Nach diesem ToDo sollten die beiden Fenster in FileZilla etwa so aussehen wie in Abbildung 3.6.

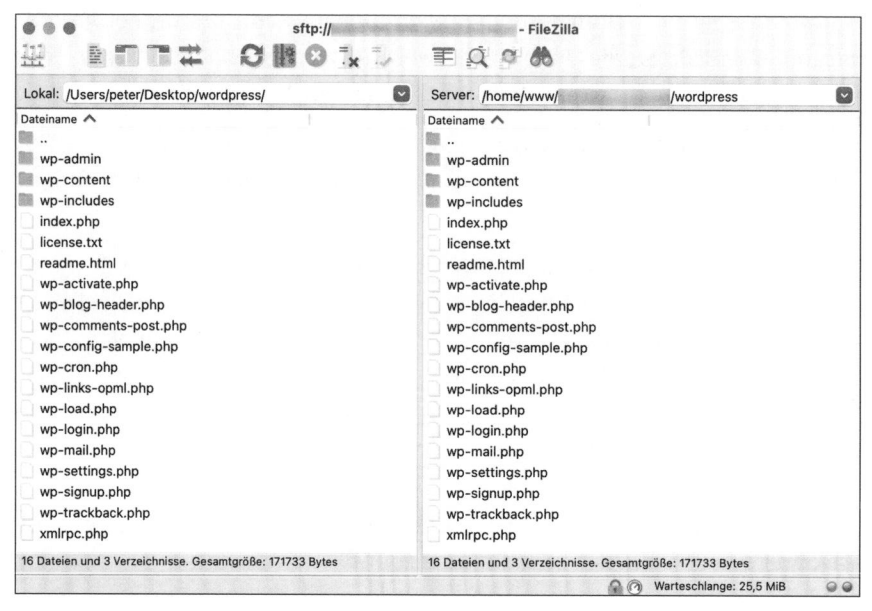

Abbildung 3.6 WordPress wurde auf den Webspace kopiert.

> **Die FTP-Zugangsdaten in FileZilla abspeichern**
>
> Die in diesem Abschnitt gezeigte Quickconnect-Leiste wird ihrem Namen gerecht und ermöglicht eine schnelle Verbindung zum Webspace. FileZilla bietet im Menü DATEI • SERVERMANAGER... aber auch die Möglichkeit, die Zugangsdaten für Ihren FTP-Account in einem Profil abzuspeichern. Dann müssen Sie sie nicht jedes Mal eingeben und können z. B. auch eine verschlüsselte SFTP-Übertragung einrichten, sofern Ihr Webhoster das anbietet.

3.3.4 Schritt 4: Das Installationsprogramm von WordPress aufrufen

Um die eigentliche Installation zu starten, rufen Sie das Installationsprogramm von WordPress auf. Dazu gibt es zwei Möglichkeiten:

3.3 Die manuelle Installation: WordPress selbst auf einem Online-Webspace installieren

1. Im Normalfall geben Sie im Browser nur den Domain-Namen ein:

   https://domain-name.de/

2. Falls Sie WordPress in einem Unterordner installiert und die Domain nicht umgeleitet haben, geben Sie den Ordnernamen mit ein:

   https://domain-name.de/wordpress/

WordPress schaut dann, ob auf dem Webspace eine Konfigurationsdatei namens *wp-config.php* vorhanden ist.

Wenn es diese Datei noch nicht gibt, wird automatisch das Installationsprogramm gestartet, in dem Sie zunächst die gewünschte Sprache festlegen und dann auf die Schaltfläche WEITER klicken.

Im Browserfenster erscheint daraufhin eine Willkommensseite mit einigen lesenswerten Hinweisen (siehe Abbildung 3.7).

Abbildung 3.7 Die Willkommensseite der WordPress-Installation

Das Installationsprogramm benötigt fünf Informationen von Ihnen:

1. DATENBANK-NAME: Das ist der Name der MySQL-Datenbank, die Ihr Webhoster Ihnen auf Ihrem Webspace zur Verfügung stellt. Falls noch keine Datenbank existiert, müssen Sie in der Verwaltungsoberfläche erst eine erstellen. Bei Unklarheiten fragen Sie den Support Ihres Webhosters.
2. DATENBANK-BENUTZERNAME: Der Benutzername für die Datenbank ist oft identisch mit dem Datenbanknamen, muss es aber nicht sein.
3. DATENBANK-PASSWORT: Ihr Passwort zur Anmeldung an der MySQL-Datenbank.
4. DATENBANK-SERVER: Der Name des Servers, auf dem die Datenbank läuft. Das ist oft *localhost*, aber es kann auch ein Domain-Name in der Art von *dbserver.provider.de* sein.
5. TABELLEN-PRÄFIX: Mit diesen Buchstaben beginnen alle Datenbanktabellen. Die Standardvorgabe ist *wp_*, aber das können und werden Sie gleich ändern.

Mit diesen Informationen versucht WordPress gleich in Schritt 5, die Datei *wp-config.php* zu erstellen.

ToDo: Informationen zur Datenbank bereithalten

1. Lesen Sie die Willkommensseite des Installationsprogramms.
2. Lesen Sie weiter oben die Erklärungen zu den fünf Punkten.
3. Halten Sie die benötigten Informationen zur Datenbank bereit.
4. Wenn alles klar ist, klicken Sie auf die Schaltfläche LOS GEHT'S!

Falls Sie noch keine Datenbank haben ...

Sollte es auf Ihrem Webspace noch keine Datenbank geben, müssen Sie mit der Verwaltungsoberfläche für Ihren Webspace zunächst eine erstellen.

3.3.5 Schritt 5: Die Zugangsdaten für die Datenbank eingeben

In diesem Schritt geben Sie die in Schritt 4 gezeigten Informationen zur Datenbank in ein Onlineformular ein:

▶ DATENBANK-NAME und BENUTZERNAME sind wie gesagt oft identisch, müssen es aber nicht sein. Füllen Sie die beiden Felder entsprechend den Angaben Ihres Webhosters aus.

3.3 Die manuelle Installation: WordPress selbst auf einem Online-Webspace installieren

- Das PASSWORT wird nur in der *wp-config.php* gespeichert, und Sie müssen es nirgendwo manuell eingeben. Falls Sie das Passwort also selbst vergeben können, wählen Sie ruhig ein langes und kompliziertes. Sie müssen es nur ein einziges Mal hier im Formular richtig schreiben.
- Falls der DATENBANK-HOST nicht *localhost* ist, müssen Sie im Formularfeld den tatsächlichen Namen des Datenbankservers eintragen.
- Ergänzen Sie aus Sicherheitsgründen das TABELLEN-PRÄFIX *wp_* um ein paar beliebige Zeichen. So erschweren Sie einen möglichen Angriff auf die Datenbank.

Abbildung 3.8 zeigt das Formular mit einigen Beispieldaten. Bitte ersetzen Sie diese durch Ihre eigenen.

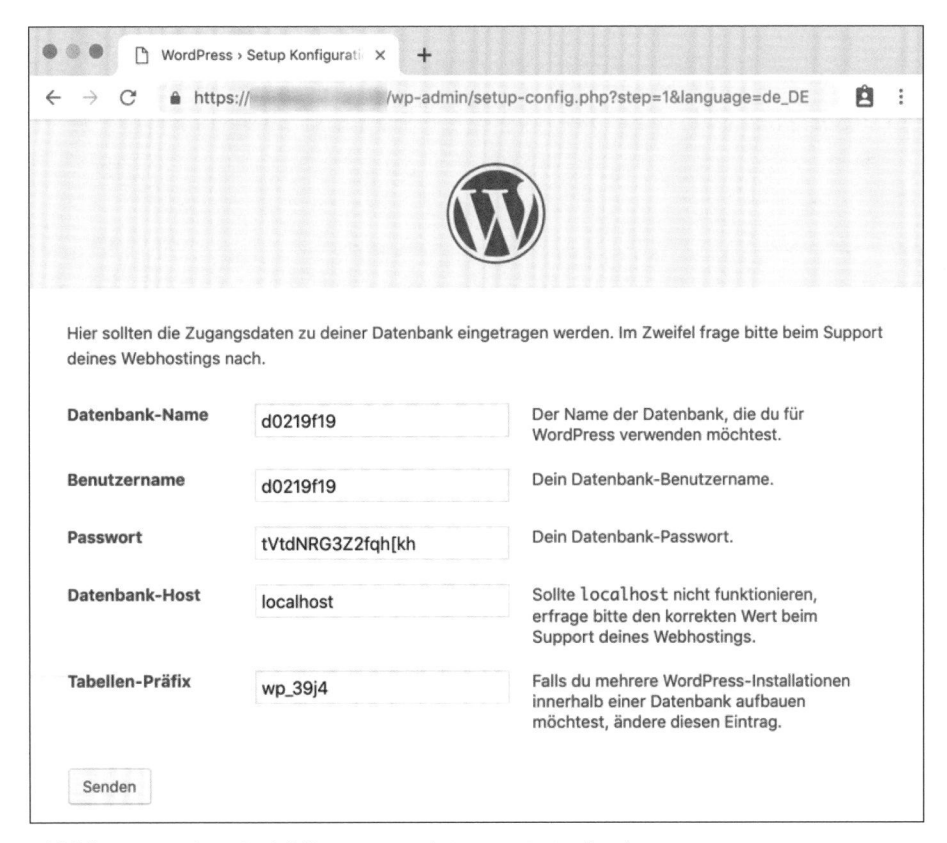

Abbildung 3.8 Ein Beispiel für Zugangsdaten zur Datenbank

Im folgenden ToDo füllen Sie das Formular aus und schicken es ab.

> **ToDo: Formular für die Zugangsdaten zur Datenbank abschicken**
> 1. Füllen Sie das Formular für die Zugangsdaten zur Datenbank aus.
> 2. Überprüfen Sie alle Informationen.
> 3. Notieren Sie sich alle Informationen, und bewahren Sie sie an einem sicheren Platz.
> 4. Wenn Sie das Formular nach bestem Wissen und Gewissen ausgefüllt und alles notiert haben, klicken Sie auf die Schaltfläche Senden.
> 5. Das Installationsprogramm versucht, auf dem Webspace die Datei *wp-config.php* zu erstellen, in der diese Informationen gespeichert werden. Wenn alles glattgeht, erscheint kurz danach die in Abbildung 3.9 dargestellte Seite.
> 6. Klicken Sie auf Installation durchführen.

Wenn anstelle der in Abbildung 3.9 gezeigten Erfolgsmeldung eine Mitteilung erscheint, dass *wp-config.php* nicht beschreibbar sei, lesen Sie bitte den folgenden Hinweiskasten.

Abbildung 3.9 Alles okay. WordPress hat eine Verbindung zur Datenbank.

> **Die Datei »wp-config.php« ist nicht beschreibbar? Keine Panik!**
> Je nach Konfiguration des Webspace kann es sein, dass Sie anstelle der in Abbildung 3.9 dargestellten Erfolgsmeldung den folgenden Hinweis bekommen:
> *Tut mir leid, aber die wp-config.php kann nicht geschrieben werden.*

In diesem Fall haben Sie zwei Möglichkeiten:

- Sie erstellen auf Ihrem eigenen Rechner eine Datei namens *wp-config.php*, kopieren die auf der Meldungsseite angezeigten Daten hinein, speichern die Datei und kopieren sie per FTP in den WordPress-Ordner auf dem Webspace.
- Sie fragen Ihren Webhoster, wie Sie diese Meldung auf Ihrem Webspace umgehen können. Eine mögliche Lösung wäre es, PHP nicht als Apache-Modul, sondern als (Fast-)CGI zu betreiben. Das funktioniert auch, wenn man nicht versteht, was damit gemeint ist.

Die zweite Möglichkeit dauert zwar länger, ist auf Dauer aber besser, denn wenn die *wp-config.php* nicht beschreibbar ist, kann es später auch Probleme beim Hochladen und Ändern von Grafiken, Themes oder Plugins geben. Fragen Sie einfach mal beim Support Ihres Webhosters nach. Die sollten Ihnen dabei helfen können.

3.3.6 Schritt 6: Titel der Website eingeben und Administrator anlegen

Wenn Sie bei diesem Schritt angekommen sind, haben Sie alle wirklich großen Hürden genommen:

- Die WordPress-Dateien sind auf dem Webspace.
- Die Konfigurationsdatei *wp-config.php* wurde erstellt.
- WordPress kann mit der Datenbank kommunizieren.

Damit sind alle Vorbereitungen abgeschlossen, und jetzt beginnt die berühmte 5-Minuten-Installation von WordPress: Sie müssen nur noch das in Abbildung 3.10 dargestellte Formular zur Einrichtung der Website ausfüllen und abschicken.

Im ersten Textfeld geben Sie den gewünschten TITEL DER WEBSITE ein. Was immer Sie hier eingeben, wird in großen Lettern oben im Kopfbereich der Webseiten erscheinen. Sie können den Titel der Website im Backend von WordPress später problemlos ändern (siehe Abschnitt 4.4, »›Einstellungen • Allgemein‹: Titel der Website & Co.«).

Mit den Angaben aus den Feldern BENUTZERNAME und PASSWORT sowie der E-Mail-Adresse erstellt das Installationsprogramm ein Administratorenkonto. Sie können den Benutzernamen später nicht ohne weiteres ändern und sollten deshalb einen individuellen (nicht *admin*) und ernsthaften (nicht *schnulli42*) Benutzernamen eingeben.

Und wählen Sie ein wirklich sicheres Passwort. WordPress ist eine sehr weit verbreitete Software, und nach der Installation wird es auch auf Ihre WordPress-Website automatisierte Anmeldungsversuche von unbefugten Eindringlingen geben, und ein gutes Passwort ist wichtig, um unbefugte Anmeldungen zu verhindern.

Abbildung 3.10 Das Formular zur 5-Minuten-Installation von WordPress

Das Installationsprogramm prüft Ihr eingegebenes Passwort, und wenn dieses zu schwach sein sollte, erscheint ein Kontrollkästchen mit der Aufforderung, die Verwendung des schwachen Passwortes zu bestätigen. Am besten wählen Sie in dem Fall ein anderes. Tipps für das Erstellen von sicheren Passwörtern finden Sie z. B. beim Bundesamt für Sicherheit in der Informationstechnik:

www.bsi.bund.de/dok/6596574

Damit Sie das Passwort nicht bei jeder Anmeldung von Hand eingeben müssen, können Sie es in Ihrem Browser oder in einem Passwortmanager speichern.

Bevor Sie weitermachen, notieren Sie sich kurz den Benutzernamen und das Passwort für den Administrator, denn ohne diese Angaben können Sie sich in Kapitel 4 nicht am Backend anmelden:

ADMIN-BENUTZERNAME: ....

ADMIN-PASSWORT: ....

Im Feld DEINE E-MAIL-ADRESSE tragen Sie eine gültige E-Mail-Adresse ein, auf die Sie zugreifen können, denn hierhin verschickt WordPress wichtige Systemmitteilungen. Die Adresse muss *nicht* doppelt eingegeben werden und sollte deshalb dreimal überprüft werden.

Bleibt noch die Option SICHTBARKEIT FÜR SUCHMASCHINEN:

▶ Falls Sie sofort loslegen und mit Ihrer Website die Welt erobern möchten, deaktivieren Sie die Option SUCHMASCHINEN DAVON ABHALTEN, DIESE WEBSITE ZU INDEXIEREN.

▶ Falls Sie erst einmal in Ruhe üben möchten, sollten Sie diese Option ankreuzen, auch wenn es an den Suchmaschinen liegt, ob sie dieser Bitte Folge leisten.

Mehr zu dieser Option erfahren Sie in Abschnitt 4.5, »»Einstellungen • Lesen«: Beiträge, Newsfeed und Sichtbarkeit für Suchmaschinen«. Dort können Sie die Einstellung auch ganz einfach wieder ändern, wenn Sie die Suchmaschinen später einladen möchten.

Im folgenden ToDo geben Sie die benötigten Informationen ein und beenden damit die manuelle Installation von WordPress.

ToDo: Titel der Website eingeben und Admin-Konto einrichten

1. Geben Sie im Feld TITEL DER WEBSITE ebendiesen ein.
2. Geben Sie im Feld BENUTZERNAME den Benutzernamen für den Administrator ein.
3. Geben Sie im Feld PASSWORT ein Passwort für das Admin-Konto ein.
4. Geben Sie im Feld DEINE E-MAIL-ADRESSE Ihre E-Mail-Adresse ein.
5. Überlegen Sie, ob Suchmaschinen diese Webseite indizieren sollen oder lieber erst einmal nicht. Diese Einstellung ist später leicht zu ändern.
6. Wenn alles stimmt, klicken Sie auf WORDPRESS INSTALLIEREN.

Das war's. Wenn alles stimmt, erhalten Sie kurz danach die in Abbildung 3.11 dargestellte Meldung »Installation erfolgreich«.

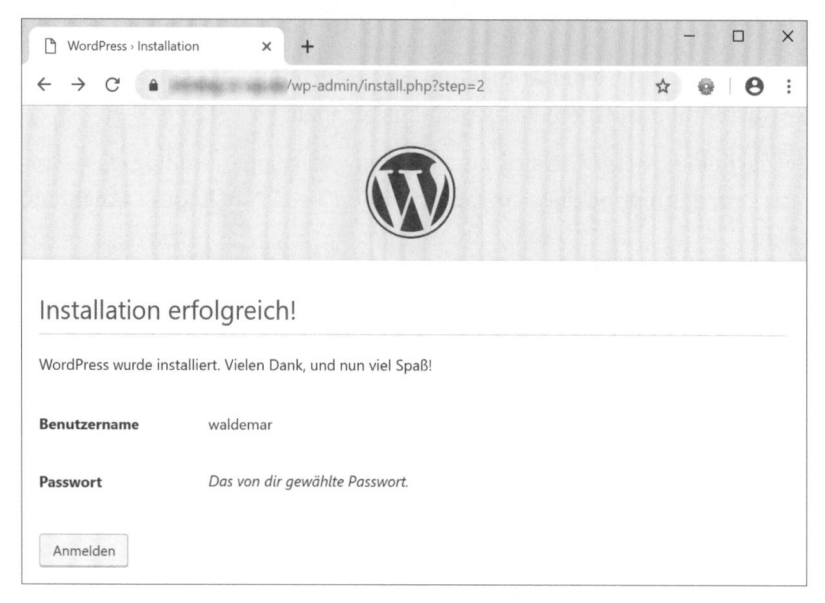

Abbildung 3.11 Die WordPress-Installation hat geklappt.

> **Die WordPress-Installation hat geklappt? Dann geht es weiter in Kapitel 4.**
>
> Wenn Sie Abbildung 3.11 im Browser sehen, war die Installation von WordPress erfolgreich. Weiter geht es dann in Kapitel 4 mit der Überprüfung des Frontends und den ersten Schritten im Backend.

3.4 Die Offline-Installation: WordPress auf Ihrem eigenen Computer installieren

In diesem Abschnitt möchte ich Ihnen zeigen, was es mit einem WordPress auf dem eigenen Rechner auf sich hat. Mit einer solchen lokalen Installation können Sie ...

- ... offline mit WordPress arbeiten, also ohne Internetverbindung.
- ... ohne Domain oder Webhoster WordPress unbegrenzt ausprobieren.
- ... nach Belieben Themes und Plugins ausprobieren.

In der Praxis wird ein lokales WordPress aber nicht so sehr von Einsteigern genutzt, sondern eher von Fortgeschrittenen und Entwicklern.

3.4.1 Mit einem lokalen WordPress werden Sie quasi selbst zum Webhoster

Es mag vielleicht verlockend erscheinen, sich zu Hause im stillen Kämmerlein auf dem eigenen Rechner mit WordPress vertraut zu machen und dann eine Lösung ins Netz zu schicken, die sich sehen lassen kann.

Es gibt aber zwei Gründe, warum ich Einsteigern eine lokale WordPress-Installation nur bedingt empfehle:

1. Sie werden mit einem lokalen WordPress quasi selbst zum Webhoster. Auf Ihrem Rechner gibt es keinen Webspace, und Sie müssen diesen selbst einrichten und konfigurieren. Dabei werden Themen wie Webserver-Konfiguration, PHP-Versionen und Datenbanken relevant, mit denen Sie bisher vielleicht eher wenig zu tun hatten.
2. Eine lokal erstellte WordPress-Website muss irgendwann ins Web. Mit einem Plugin wie *WP Migrate Lite* (siehe unten) kann man eine offline erstellte Website zwar recht einfach auf einen Online-Webspace migrieren, aber das ist nicht so einfach wie Kopieren und Einfügen. Ein Umzug von WordPress kann, je nach Art und Umfang der Website, durchaus seine Tücken haben.

Anders ausgedrückt: Wenn Sie – egal, aus welchen Gründen – keine Lust oder Zeit haben, sich mit den technischen Aspekten einer Website zu beschäftigen, ist eine lokale Installation wahrscheinlich nicht der ideale Weg zum Kennenlernen von WordPress.

Noch dabei? Okay. Willkommen, bienvenue, welcome. Dann zeige ich Ihnen jetzt mit *Local* den wohl einfachsten Weg für eine Installation von WordPress auf dem eigenen Rechner.

3.4.2 »Local for WP«: WordPress auf Mausklick, Webspace inklusive

Besonders einsteigerfreundlich ist das kostenlose Programm *Local*, da bei diesem Tool der Webspace mit Webserver, PHP und Datenbank im Hintergrund quasi automatisch erzeugt wird und Sie sich nur um WordPress kümmern müssen.

Local finden Sie im Web unter der folgenden Adresse:

- *localwp.com*

Falls Sie Local ausprobieren möchten, können Sie sich hier (*in English*) über das Programm informieren und die aktuelle Version herunterladen (für Windows, macOS und Linux). Beim Download werden Sie gebeten, diverse Daten einzugeben, aber ein echtes Pflichtfeld ist nur die E-Mail-Adresse.

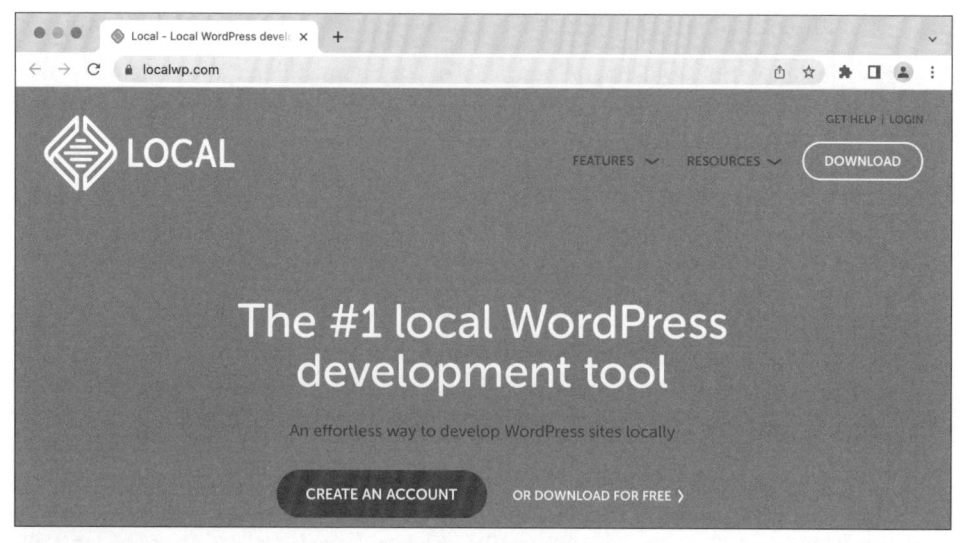

Abbildung 3.12 Local finden Sie im Web auf »localwp.com«.

Falls Sie Local ausprobieren möchten, finden Sie auf der Website zu diesem Buch eine kurze Einführung:

- *einstieg-in-wp.de/localwp*

Dort wird Schritt für Schritt beschrieben, wie Sie mit Local eine neue WordPress-Website erstellen und welche Features das Programm sonst noch bietet. Auch der Umzug auf einen Online-Webspace mit dem Plugin *WP-Migrate Lite* wird in dem Beitrag gezeigt.

> **Weitere Optionen für einen lokalen Webspace: XAMPP und MAMP**
>
> XAMPP und MAMP sind anders als Local nicht auf WordPress spezialisiert, sondern richten auf Ihrem Rechner einen allgemeinen Webspace ein und sind daher mehr für Entwickler geeignet:
>
> - XAMPP: *apachefriends.org*
> - MAMP: *mamp.info/*
>
> Die Installation von WordPress verläuft wie in Abschnitt 3.3 beschrieben, nur ohne FTP-Programm, da Sie die Dateien einfach mit dem Explorer oder dem Finder in den entsprechenden Ordner kopieren können.

3.5 Auf einen Blick

Die wichtigsten Themen noch einmal im Überblick:

- TasteWP.com und InstaWP.com sind der wohl schnellste Weg zum Ausprobieren von WordPress.
- Bequem ist ein WordPress vom Webhoster, das es in zwei Varianten gibt:
  - vorinstalliert
  - als 1-Klick-Installation
- Eine manuelle WordPress-Installation besteht aus sechs Schritten:
  - Schritt 1: WordPress herunterladen und entpacken
  - Schritt 2: FTP-Verbindung zum Webspace herstellen
  - Schritt 3: WordPress-Dateien per FTP auf den Webspace kopieren
  - Schritt 4: Das Installationsprogramm von WordPress aufrufen
  - Schritt 5: Die Zugangsdaten für die Datenbank eingeben
  - Schritt 6: Titel der Website eingeben und Administratorkonto anlegen
- Eine Offline-Installation von WordPress auf dem eigenen Computer ist gut zum Testen von WordPress, Themes und Plugins, für Einsteiger aber nur bedingt empfehlenswert.

Kapitel 4
Die ersten Schritte im Backend von WordPress

Worin Sie sich mit dem Backend vertraut machen, die wichtigsten Einstellungen vornehmen und Ihr Benutzerprofil anpassen.

Die Themen im Überblick:

- WordPress besteht aus »Frontend« und »Backend«
- Das »Backend« von WordPress im Überblick
- Das Menü »Einstellungen« im Überblick
- »Einstellungen • Allgemein«: Titel der Website & Co.
- »Einstellungen • Lesen«: Beiträge, Newsfeed und Sichtbarkeit für Suchmaschinen
- »Einstellungen • Permalinks«: Aussagekräftige URLs
- Das Menü »Benutzer«: Ihr Benutzerprofil im Überblick
- Auf einen Blick

In diesem Kapitel machen Sie die ersten Schritte mit Ihrem funkelnagelneuen WordPress, lernen die wichtigsten Bereiche im Backend kennen und erledigen dabei gleich die wichtigsten Einstellungen.

4.1 WordPress besteht aus »Frontend« und »Backend«

WordPress besteht immer aus einem Frontend und einem Backend:

- Das *Frontend* ist die Fassade, die ganz normale Website, die die Besuchenden sehen.
- Das *Backend* ist der Verwaltungsbereich, der passwortgeschützt und nur für Mitarbeitende zugänglich ist.

Diese beiden Bereiche möchte ich Ihnen in diesem Abschnitt kurz vorstellen.

4.1.1 Das »Frontend« ist die Website, so wie Ihre Besucher sie sehen

Das *Frontend* ist wie gesagt die ganz normale Website, so wie Ihre Besucherinnen und Besucher sie sehen, und nach der Installation meist unter dem Domain-Namen erreichbar, wie z. B. *domain-name.de*.

Abbildung 4.1 zeigt die Startseite der frisch installierten WordPress-Website mit dem Standard-Theme *Twenty Twenty-Three* im Browserfenster auf einem Desktop-Rechner:

- Links oben im Kopfbereich sehen Sie den *Titel der Website*.
- Rechts oben erscheint eine automatisch erstellte *Navigation*.
- Unter dem Kopfbereich stehen eine Überschrift und ein automatisch erstellter erster *Beitrag*.

Weiter unten auf der Seite gibt es noch eine Handlungsaufforderung (engl. *Call-to-Action*) zur Übermittlung von Buchempfehlungen und einen Fußbereich mit dem Titel der Website und dem Slogan *Stolz präsentiert von WordPress*.

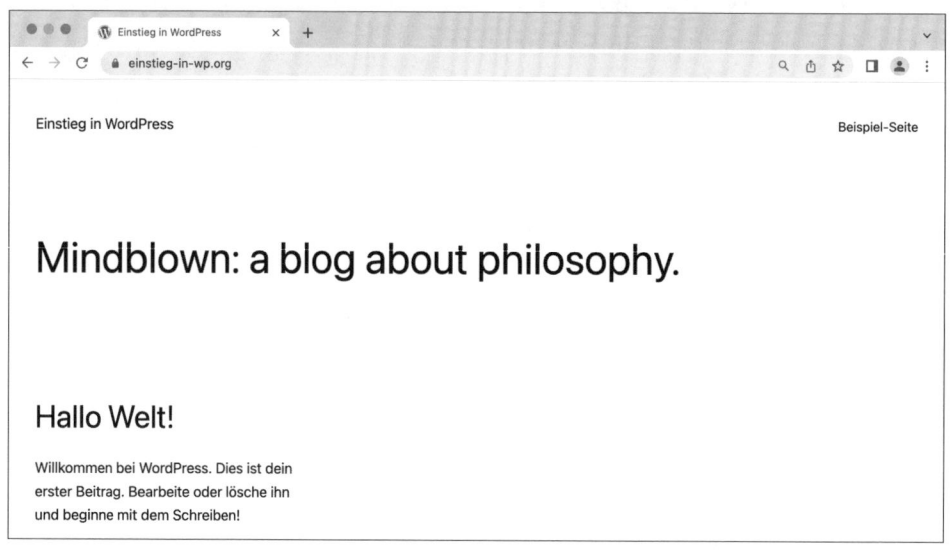

Abbildung 4.1 Das Frontend von WordPress nach der Installation

> **Falls das Frontend bei Ihnen anders aussieht**
>
> Falls das Frontend bei Ihnen anders aussieht, ist wahrscheinlich ein anderes Theme aktiv. Viele Abbildungen im Buch basieren auf dem zur Zeit der Buchentstehung neuesten Standardtheme *Twenty Twenty-Three*, und das können Sie bei Bedarf wie folgt aktivieren:

1. Melden Sie sich im *Backend* an (siehe Abschnitt 4.2).
2. Wechseln Sie in das Menü DESIGN.
3. Fahren Sie mit der Maus auf das Theme TWENTY TWENTY-THREE.
4. Klicken Sie auf die Schaltfläche AKTIVIEREN.

Nach einem Neuladen sieht das Frontend dann so aus wie in Abbildung 4.1. Informationen zu neueren Standardthemes wie *Twenty Twenty-Four* finden Sie im Blog auf *einstieg-in-wp.de*.

4.1.2 Das »Backend« ist die Verwaltungsabteilung

Das *Backend* von WordPress ist der Verwaltungsbereich im Hintergrund, den Sie im weiteren Verlauf dieses Kapitels kennenlernen, und es dient den Mitarbeitern zur Pflege der Inhalte und der Website.

Damit Unbefugte keinen Zutritt zu diesem Bereich haben, gibt es eine Anmeldung, bei der man sich mit Benutzernamen und Passwort ausweisen muss. Die Anmeldeseite können Sie mit den folgenden Adressen aufrufen:

- *domain-name.de/wp-login.php*
- *domain-name.de/wp-admin*

Bei vielen Installationen funktionieren auch *domain-name.de/admin* und *domain-name.de/login*. Probieren Sie einfach, welche Variante Ihnen am besten gefällt, und speichern Sie sie dann als Lesezeichen im Browser.

Alle diese Adressen führen zu der in Abbildung 4.2 gezeigten Anmeldung im Backend. Hier geben Sie BENUTZERNAME ODER E-MAIL-ADRESSE und PASSWORT ein, und zwar so, wie es während der Installation für das WordPress-Admin-Konto festgelegt wurde. Mit einem Klick auf das Auge rechts im Passwortfeld können Sie sich Ihre Eingabe im Klartext anzeigen lassen. Ganz unten können Sie die Sprache ändern, in der Anmeldeseite und Backend angezeigt werden.

Eine erfolgreiche Anmeldung wird vom Browser in einem Cookie gespeichert, der normalerweise nur bis zum Ende der aktuellen Browsersitzung gültig ist. Mit der Option ANGEMELDET BLEIBEN können Sie die Gültigkeit des Authentifizierungs-Cookies auf zwei Wochen verlängern.

Sofern Ihr Browser nicht so konfiguriert ist, dass er nach jedem Schließen alle Cookies löscht, ist innerhalb dieser Zeit für den Zugriff auf das Backend keine weitere Anmeldung nötig, was bequemer, aber natürlich auch unsicherer ist. Sie sollten diese Option also nur aktivieren, wenn Sie den Computer mit niemandem teilen (oder allen anderen Benutzern blind vertrauen).

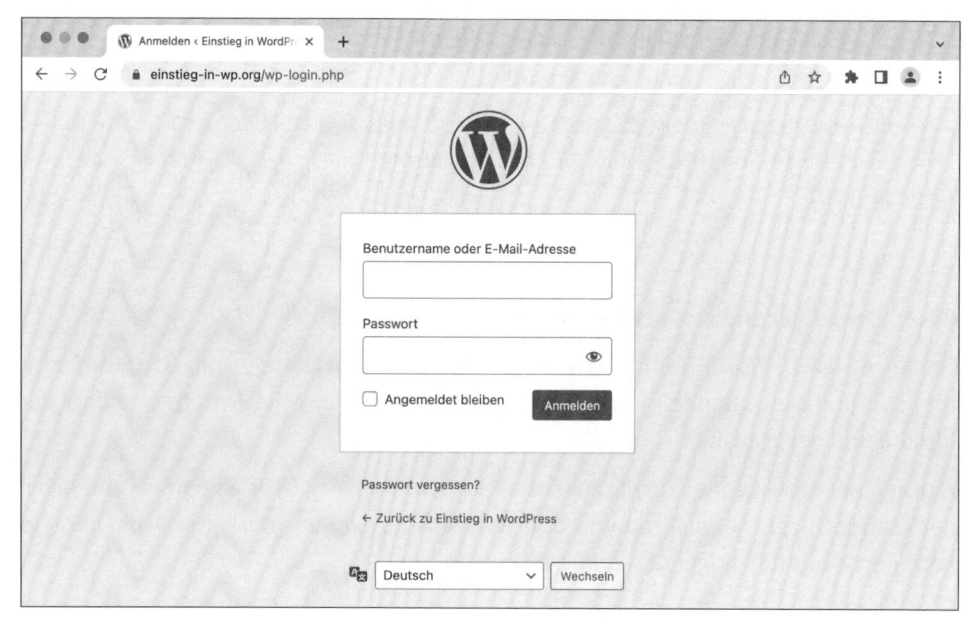

Abbildung 4.2 Die Anmeldung im Backend

> **»Passwort vergessen?« Klicken Sie auf den Link.**
>
> Wenn Sie das Passwort für die Anmeldung bei WordPress vergessen haben, klicken Sie einfach auf den unscheinbaren Link PASSWORT VERGESSEN? direkt unterhalb des Anmeldeformulars. Sie werden dann gebeten, Ihren Benutzernamen oder die E-Mail-Adresse einzugeben. Dann bekommen Sie eine E-Mail zugesandt, mit deren Hilfe Sie ein neues Passwort erstellen können.

4.2 Das »Backend« von WordPress im Überblick

Im Backend von WordPress werden Sie viel Zeit verbringen, denn es ist die Schaltzentrale, sozusagen die Brücke von Raumschiff WordPress. Hier werden Seiten und Beiträge geschrieben, Bilder eingebunden, Kommentare verwaltet und vieles mehr. Kurzum: Alles, was Besucher im Frontend sehen, wird hier im Backend erstellt und verwaltet.

Das Backend von WordPress besteht nach einer erfolgreichen Anmeldung aus drei großen Bereichen:

- oben die dunkle Werkzeugleiste für Benutzer (Admin-Toolbar)
- links die dunkle Menüleiste mit den Backend-Menüs von DASHBOARD bis EINSTELLUNGEN
- in der Mitte der helle Inhaltsbereich mit dem *Willkommen bei WordPress!* und darunter Bereichen wie ZUSTAND DER WEBSITE

Abbildung 4.3 zeigt diese drei Bereiche im Überblick, wobei in der Menüleiste der Menüpunkt DASHBOARD ausgewählt ist.

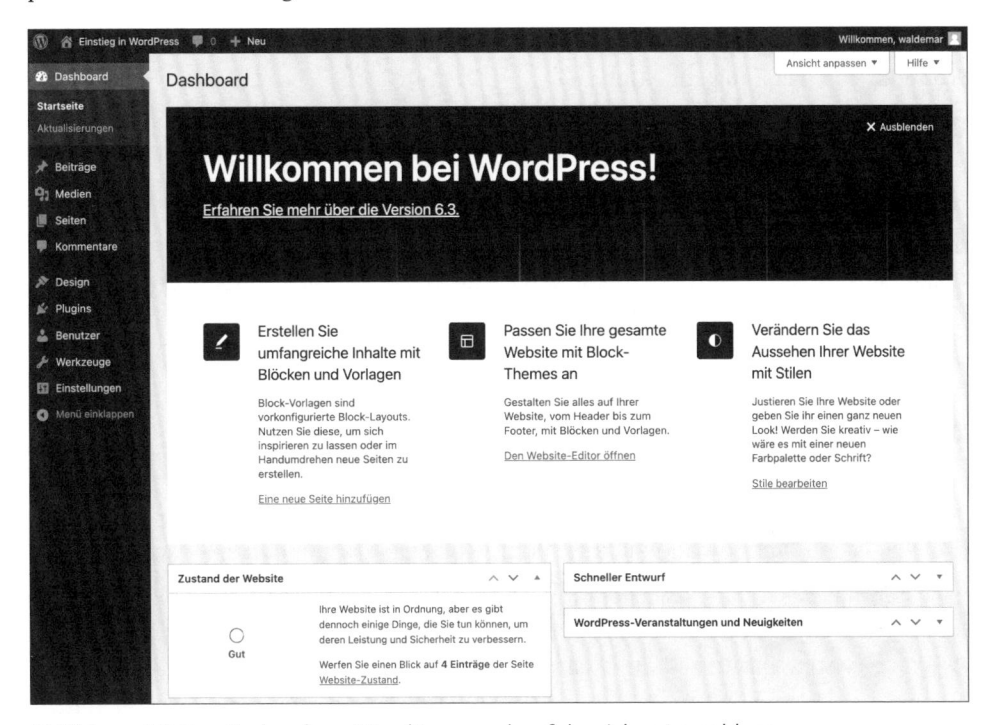

Abbildung 4.3 Das Backend von WordPress nach erfolgreicher Anmeldung

> **Das »Backend« wird auch »WP-Admin« oder »Dashboard« genannt**
>
> Das Backend wird im Web auch oft als *WP-Admin* oder *Dashboard* bezeichnet:
>
> - *WP-Admin* ist der Name des Ordners mit den Backend-Dateien und steht daher auch in der URL in der Adresszeile oben im Browserfenster.
> - *Dashboard* ist als Bezeichnung für das Backend weit verbreitet, aber genau genommen nicht ganz korrekt, da es nur der erste Menüpunkt ist (siehe Abschnitt 4.2.3).
>
> Wirklich wichtig ist aber nur, dass Sie wissen, was gemeint ist.

4.2.1 Die Werkzeugleiste für Benutzer am oberen Bildschirmrand

Abbildung 4.4 zeigt die Werkzeugleiste für Benutzer am oberen Rand des Browserfensters. Sie wird oft auch *Admin-Toolbar* oder *Admin-Leiste* genannt.

Abbildung 4.4 Die Werkzeugleiste von WordPress

Die Werkzeugleiste erscheint nur für im Backend angemeldete Benutzende auch im Frontend und bietet folgende Optionen:

- ❶ Das WordPress-Logo ganz links ist ein Dropdown-Menü mit einigen Links wie ÜBER WORDPRESS mit Infos über die aktuelle WordPress-Version und SUPPORT-FOREN bzw. FEEDBACK, die zu verschiedenen Seiten auf *wordpress.org* führen.
- ❷ Rechts daneben sehen Sie ein Häuschen mit dem *Titel der Website*. Mit einem Klick darauf können Sie zwischen Front- und Backend hin und her wechseln, und die Werkzeugleiste bleibt auch im Frontend sichtbar. Falls Sie das Frontend lieber in einem neuen Browser-Tab öffnen möchten, halten Sie während des Klicks die Taste `Strg` bzw. `cmd` gedrückt.
- ❸ Die Sprechblase steht für Kommentare, und die Zahl daneben zeigt die Anzahl der noch nicht als öffentlich freigegebenen Kommentare. Ein Klick auf den Link bringt Sie direkt ins Menü KOMMENTARE.
- ❹ + NEU ist ein Dropdown-Menü mit verschiedenen Links, mit denen Sie schnell einen neuen *Beitrag*, eine neue *Datei* (gemeint ist das Hochladen von Medien), eine neue *Seite* oder einen neuen *Benutzer* erstellen können.
- ❺ WILLKOMMEN, BENUTZERNAME ganz außen rechts ist ein Dropdown-Menü mit den Links PROFIL BEARBEITEN und ABMELDEN. Wenn Sie sich hier vom Backend abmelden, wird der bei der Anmeldung erstellte Authentifizierungs-Cookie gelöscht.

Viele Links in der Werkzeugleiste sind Abkürzungen zu häufig benutzten Menübefehlen, die Sie im Laufe des Buches näher kennenlernen werden.

4.2.2 Die Menüleiste ist die Schaltzentrale im Backend

Die Menüleiste am linken Bildschirmrand ermöglicht es Ihnen, in die verschiedenen Backend-Bereiche zu wechseln (Abbildung 4.5).

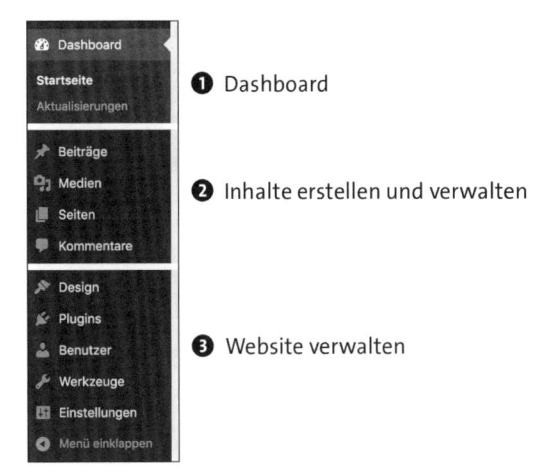

Abbildung 4.5 Die Menüleiste von WordPress

Der aktuell ausgewählte Menüpunkt wird farblich hervorgehoben, und am rechten Rand zeigt ein kleines Dreieck darauf. Die Menüleiste lässt sich in drei große Abschnitte unterteilen:

- ❶ Das DASHBOARD zeigt das Wichtigste auf einen Blick und wird gleich in Abschnitt 4.2.3 ausführlich vorgestellt.
- ❷ Im mittleren Abschnitt geht es um die *Inhalte* Ihrer Website. Hier finden Sie die Menüs BEITRÄGE, MEDIEN, SEITEN und KOMMENTARE.
- ❸ Im letzten Abschnitt ist die *Verwaltung* der Website zentral. Hier gibt es Menüs für DESIGN, PLUGINS, BENUTZER, WERKZEUGE und EINSTELLUNGEN.

Das *Dashboard* wird wie gesagt gleich in Abschnitt 4.2.3 vorgestellt, die weiteren Menüs lernen Sie im Verlauf des Buches genauer kennen.

Mit dem Befehl MENÜ EINKLAPPEN ganz unten in der Menüleiste können Sie das Menü einklappen, sodass die Beschriftung ausgeblendet wird und Sie lediglich die Symbole sehen. Besonders auf Geräten mit kleineren Bildschirmen kann das sehr nützlich sein.

4.2.3 Das »Dashboard« – alles Wichtige auf einen Blick

Nach der Anmeldung im Backend wird die Seite DASHBOARD • STARTSEITE angezeigt. *Dashboard* heißt auf Deutsch *Armaturenbrett*, und das Symbol daneben ist dazu passend ein Tacho.

4 Die ersten Schritte im Backend von WordPress

Das Dashboard hat standardmäßig zwei Unterseiten namens STARTSEITE und AKTUALISIERUNGEN. In Abbildung 4.6 sehen Sie die STARTSEITE. Oben im Inhaltsbereich ist der Bereich ANSICHT ANPASSEN bereits ausgeklappt.

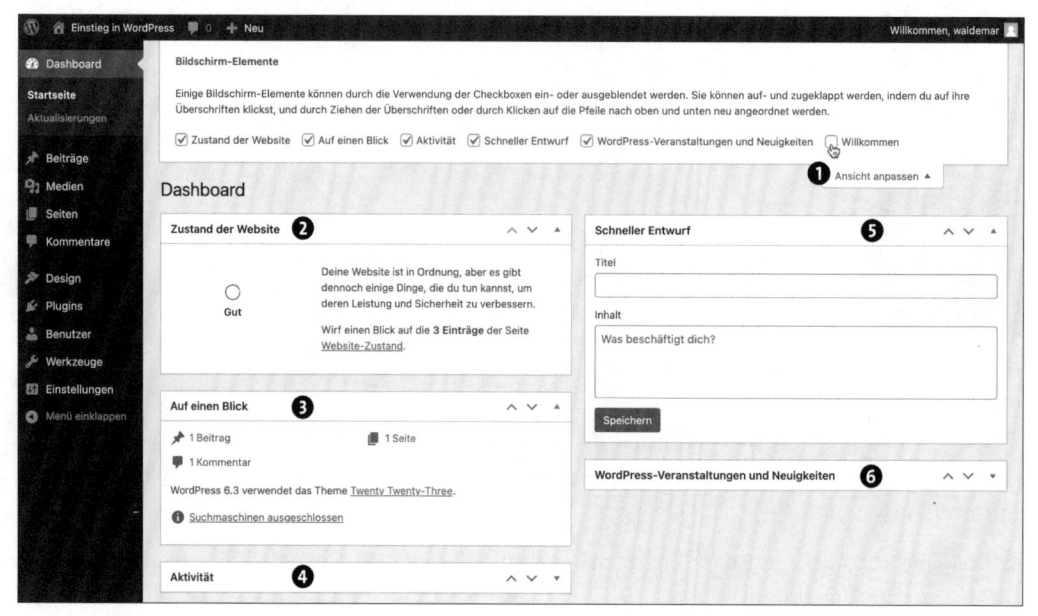

Abbildung 4.6 »Dashboard • Startseite« im Backend von WordPress

Auf der Dashboard-Startseite gibt es zahlreiche Bereiche, die Sie mit einem Klick auf das kleine Dreiecksymbol rechts oben ein- und ausklappen können. Abbildung 4.6 zeigt die wichtigsten Bereiche im Überblick:

❶ Im Bereich ANSICHT ANPASSEN rechts oben können Sie auf jeder Backend-Seite die zur Verfügung stehenden Bereiche auch ganz ein- und ausblenden und die Seiten so übersichtlicher machen. In Abbildung 4.6 wurde der Bereich WILLKOMMEN bereits ausgeblendet.

❷ ZUSTAND DER WEBSITE zeigt einen kurzen Überblick über den technischen Zustand der WordPress-Installation. Dieser Bereich wird in Abschnitt 17.4 im Rahmen der Systemverwaltung genauer vorgestellt, und Sie können ihn gerne erst einmal einklappen.

❸ AUF EINEN BLICK zeigt Ihnen, wie viele Beiträge, Seiten und Kommentare es bereits gibt, welche WordPress-Version installiert ist, welches Theme verwendet wird und ob die Website momentan von Suchmaschinen durchsucht werden kann oder nicht.

❹ AKTIVITÄT zeigt kürzlich veröffentlichte Beiträge und Kommentare.

❺ Schneller Entwurf eignet sich zum Festhalten von Ideen. Sie geben einfach einen Titel und ein paar Stichworte ein und klicken auf Speichern. Der Text wird im Menü Beiträge als *Entwurf* gespeichert und kann dort später weiterbearbeitet werden.

❻ Die in Abbildung 4.6 eingeklappten WordPress-Veranstaltungen und Neuigkeiten werfen einen Blick über den Tellerrand und zeigen Schlagzeilen von Blogs und Websites, die mit WordPress zu tun haben.

Über den Link Dashboard • Aktualisierungen finden Sie eine Übersicht eventuell anstehender Updates für WordPress, Plugins, Themes oder Übersetzungen.

4.3 Das Menü »Einstellungen« im Überblick

Bevor Sie sich ab Kapitel 5 dem Erstellen von Inhalten widmen, werfen Sie zunächst einen Blick auf die wichtigsten Optionen im Menü Einstellungen, damit Ihre Website von Anfang an auf einem soliden Fundament steht.

Das Menü Einstellungen dient der Konfiguration von WordPress und ist in die Bereiche Allgemein, Schreiben, Lesen, Diskussion, Medien, Permalinks und Datenschutz unterteilt (Abbildung 4.7).

Abbildung 4.7 Das Menü »Einstellungen« hat diverse Unterpunkte.

Im Menü Einstellungen gibt es unzählige Optionen, mit denen Sie das Verhalten von WordPress beeinflussen können. In diesem Kapitel lernen Sie zunächst nur die wichtigsten Einstellungen aus den Bereichen Allgemein, Lesen und Permalinks kennen:

▶ Im Menü Allgemein geht es unter anderem um den Titel der Website, den Untertitel und Einstellungen zu Datumsformaten (Abschnitt 4.4).

▶ Bei den Optionen in Lesen geht es um die Anzahl der auszugebenden Blogbeiträge pro Seite, ob die Startseite die Blogbeiträge oder statische Inhalte darstellen soll, den Newsfeed und die Sichtbarkeit für Suchmaschinen. Diese Optionen lernen Sie in Abschnitt 4.5 kennen.

- Permalinks sind die Adressen (URLs) für Beiträge in der Einzelansicht, und in diesem Bereich stellen Sie ein, nach welchem Schema WordPress die Permalinks erstellen soll (siehe Abschnitt 4.6).

Die anderen Bereiche lernen Sie später im Rahmen der dazugehörigen Themen genauer kennen:

- Im Bereich Schreiben werden unter anderem Feinheiten zur Eingabe und Wege zur Erstellung von Beiträgen wie Via E-Mail schreiben beschrieben, die eher selten benutzt werden.
- Im Bereich Diskussion geht es um Kommentare und Avatare, die ich Ihnen in Kapitel 10 ausführlich vorstelle.
- Im Bereich Medien werden die Bildgrößen für das Hochladen von Bildern festgelegt, und die entsprechenden Einstellungen werden in Kapitel 7 erläutert.
- Im Bereich Datenschutz können Sie festlegen, welche Seite für die Datenschutzerklärung genutzt werden soll. Mehr dazu erfahren Sie in Kapitel 18, »Tipps und Tricks«.

Los geht es mit einigen wichtigen allgemeinen Einstellungen.

4.4 »Einstellungen • Allgemein«: Titel der Website & Co.

In diesem Abschnitt stelle ich Ihnen die Optionen aus dem Menü Einstellungen • Allgemein vor. Abbildung 4.9 zeigt zunächst die obere Hälfte des Menüs.

Die Optionen zu Titel der Website und Untertitel ❶ werden etwas weiter unten in Abschnitt 4.4.1 ausführlich beschrieben, die anderen gleich hier kurz erläutert:

- WordPress-Adresse (URL) und Website-Adresse (URL) ❷: Diese beiden Adressen sind in der Regel identisch, und Sie können und sollten sie unverändert lassen. Sie sind nur relevant, wenn WordPress in ein Unterverzeichnis installiert wurde, aber über das Hauptverzeichnis aufgerufen werden soll.
- Administrator-E-Mail-Adresse ❸: Diese Adresse dient der Administration und ist von außen nicht sichtbar. WordPress schickt allgemeine Nachrichten zur Verwaltung und Pflege der Website an diese Adresse, z. B. wenn Kommentare von einem Admin freigegeben werden müssen. Für Sie als Administrator ist diese Adresse meist identisch mit der für benutzerspezifische Nachrichten in Ihrem Benutzerprofil (siehe Abschnitt 4.7.3, »›Kontaktinfo‹, ›Über Dich‹ und Passwort ändern«).
- Mitgliedschaft und Standardrolle eines neuen Benutzers ❹: Hier stellen Sie ein, ob sich Besucherinnen und Besucher auf Ihrer Website registrieren können und – wenn ja – welche Benutzerrolle ihnen dann standardmäßig zugewiesen wird. Auf

Ihrer eigenen Website sind Sie in der Regel Administrator, der alles kann und alles darf. Mehr über die anderen Rollen erfahren Sie in Kapitel 17, »Systemverwaltung: Backups, Updates und Optimierung«. Ohne guten Grund sollten Sie diese Optionen nicht aktivieren oder ändern.

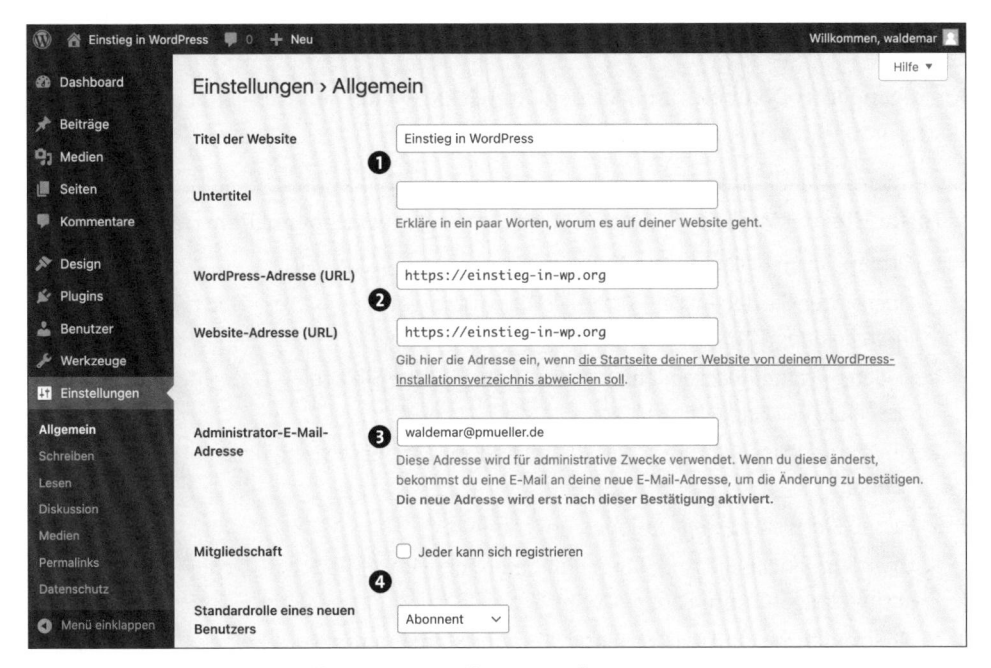

Abbildung 4.8 Die obere Hälfte von »Einstellungen • Allgemein«

Weiter unten auf der Seite folgen noch Einstellungen zu Datums- und Zeitangaben, die in Abschnitt 4.4.2 vorgestellt werden.

4.4.1 Der Name für Ihre Website: »Titel der Website« und »Untertitel«

Die Optionen TITEL DER WEBSITE und UNTERTITEL sind Ihnen im Laufe des Buches bereits mehrfach begegnet:

- bei der Planung Ihrer Website in Abschnitt 2.3
- bei der Installation von WordPress in Kapitel 3

Der *Titel der Website* wurde in älteren WordPress-Versionen auch *Blog-Titel* oder *Seitentitel* genannt. Gemeint ist hier der Titel für die gesamte *Website*, der in fast allen Themes an sehr prominenter Stelle im Kopfbereich auf allen Webseiten ausgegeben wird. Auf *einstieg-in-wp.de*, der Website zu diesem Buch, lautet der Titel *Einstieg in WordPress*.

Der Untertitel sollte den Titel der Website in wenigen Worten ergänzen und den Besucherinnen und Besuchern kurz und knapp erzählen, worum es auf der Website geht. Er steht meist etwas kleiner unter oder neben dem Titel, wird aber in manchen Themes gar nicht angezeigt oder bei Platzmangel am Bildschirm ausgeblendet. Im Quelltext der Webseiten ist er aber immer vorhanden. Auf der Website zu diesem Buch lautet der Untertitel *Der Weg zur eigenen Website*.

Im folgenden ToDo überprüfen Sie den Titel der Website, den Untertitel und die Administrator-E-Mail-Adresse für administrative Zwecke.

ToDo: Titel der Website, Untertitel und E-Mail-Adresse überprüfen

1. Öffnen Sie im Backend das Menü EINSTELLUNGEN • ALLGEMEIN.
2. Überprüfen Sie den im Feld TITEL DER WEBSITE eingetragenen Text, und tragen Sie dort Ihren eigenen Titel der Website ein.
3. Geben Sie einen passenden UNTERTITEL ein. Sollten Sie keinen Untertitel wünschen, lassen Sie das Feld einfach leer.
4. Überprüfen Sie, ob im Feld E-MAIL-ADRESSE eine Adresse steht, deren Mails Sie lesen können.
5. Lassen Sie alle anderen Optionen unverändert.
6. Übernehmen Sie die Änderungen mit einem Klick auf die Schaltfläche ÄNDERUNGEN SPEICHERN ganz unten auf der Seite.
7. Überprüfen Sie, ob Titel und Untertitel korrekt im Frontend erscheinen.

4.4.2 Allgemeine Einstellungen für Zeit, Datum und Sprache der Seite

In der unteren Hälfte der Seite EINSTELLUNGEN • ALLGEMEIN geht es um verschiedene Einstellungen zur Zeitzone und zum Datums- und Zeitformat. Außerdem wird festgelegt, mit welchem Tag die Woche beginnt und welche Sprache die Website haben soll.

Die in Abbildung 4.9 gezeigten Optionen sind für eine Website im deutschsprachigen Raum sinnvoll:

❶ SPRACHE DER WEBSITE ist wahrscheinlich DEUTSCH.

❷ ZEITZONE ist z. B. BERLIN. Die in der Dropdown-Liste gezeigte koordinierte Weltzeit (UTC) entspricht der Greenwich Mean Time (GMT) und ist deren offizieller Nachfolger.

❸ Beim DATUMSFORMAT wählen Sie das, was Sie auf Ihrer Website am liebsten sehen würden. Im deutschsprachigen Raum üblich ist die Reihenfolge *Tag-Monat-Jahr*. Die

4.4 »Einstellungen • Allgemein«: Titel der Website & Co.

kryptischen Zeichen dahinter sind die Parameter zur Datumsformatierung in der Programmiersprache PHP, in der WordPress geschrieben wurde.

❹ Unter ZEITFORMAT stellen Sie das gewünschte Zeitformat ein.

❺ Die WOCHE BEGINNT AM MONTAG, meistens jedenfalls.

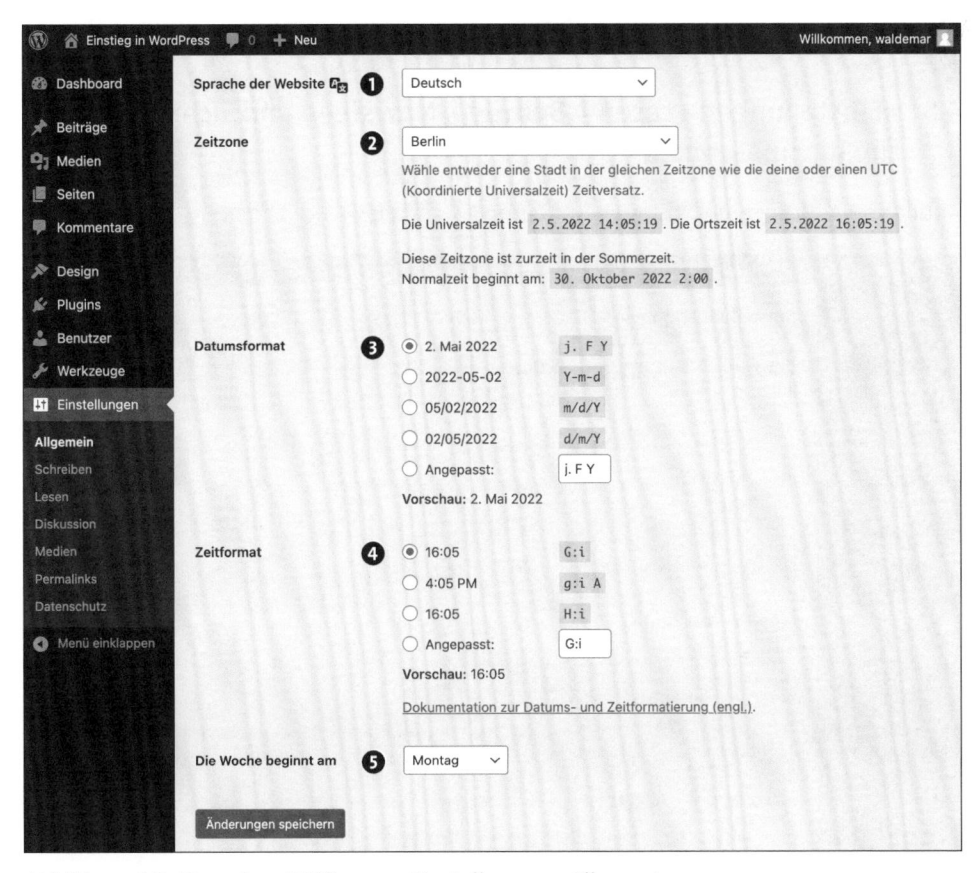

Abbildung 4.9 Die untere Hälfte von »Einstellungen • Allgemein«

Im folgenden ToDo überprüfen Sie die Datums- und Zeitformate.

ToDo: Datums- und Zeitformate überprüfen

1. Öffnen Sie im Backend das Menü EINSTELLUNGEN • ALLGEMEIN.
2. Überprüfen Sie, ob bei der Option ZEITZONE eine zutreffende Stadt oder Zeitzone ausgewählt wurde, z. B. BERLIN.
3. Wählen Sie bei DATUMSFORMAT das von Ihnen gewünschte Format aus.

4. Überprüfen Sie, ob das gewählte ZEITFORMAT Ihren Vorstellungen entspricht.
5. Prüfen Sie, ob der Wochenanfang und die SPRACHE DER WEBSITE stimmen.
6. Übernehmen Sie die Einstellungen mit einem Klick auf die Schaltfläche ÄNDERUNGEN SPEICHERN ganz unten auf der Seite.

4.5   »Einstellungen • Lesen«: Beiträge, Newsfeed und Sichtbarkeit für Suchmaschinen

Abbildung 4.10 zeigt die Optionen im Menü EINSTELLUNGEN • LESEN.

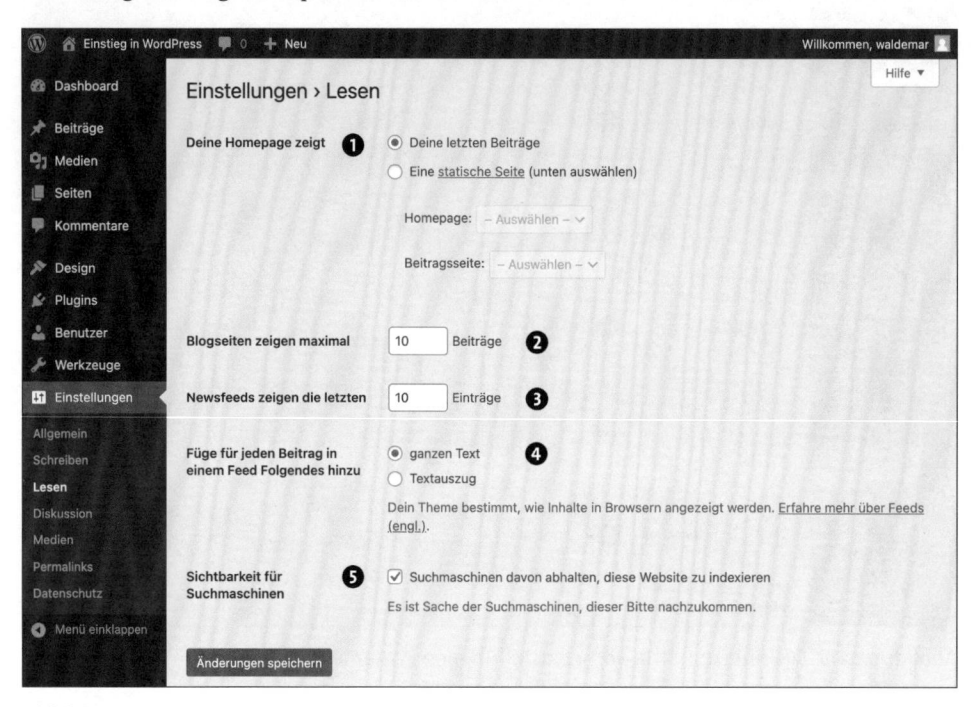

Abbildung 4.10 Die Optionen im Menü »Einstellungen • Lesen«

Insgesamt gibt es im Menü LESEN fünf Bereiche. Die Optionen von DEINE HOMEPAGE ZEIGT ❶ werden in Abschnitt 5.9, »WordPress mit statischer Startseite und zusätzlicher Beitragsseite«, ausführlich erklärt, bleiben also noch vier weitere:

▶ BLOGSEITEN ZEIGEN MAXIMAL XX BEITRÄGE ❷: Hier können Sie bestimmen, wie viele Beiträge pro Seite angezeigt werden. Die voreingestellte »10« ist völlig in Ordnung, aber z. B. bei einer dreispaltigen Ausgabe der Beiträge auf der Beitragsseite würde »12« besser passen.

- **Newsfeeds zeigen die letzten xx Einträge** ❸: WordPress erzeugt aus den Blogbeiträgen automatisch einen Beitrags-Feed (RSS), den Ihre Besucherinnen und Besucher abonnieren können (siehe Abschnitt 5.1, »Der Unterschied zwischen Beiträgen und Seiten«). Hier können Sie einstellen, wie viele Beiträge in diesem Newsfeed angezeigt werden.
- **Füge für jeden Beitrag in einem Feed Folgendes hinzu** ❹ gibt an, ob der Newsfeed den ganzen Text eines Beitrags enthält oder nur eine Kurzfassung. Im Zweifelsfall bleiben Sie bei der Standardeinstellung ganzen Text.
- **Sichtbarkeit für Suchmaschinen** ❺: Solange Sie in Ruhe experimentieren möchten, sollte die Option Suchmaschinen davon abhalten, diese Website zu indexieren aktiviert sein. Nach der Anmeldung im Backend finden Sie dann im Dashboard im Bereich Auf einen Blick den Hinweis Suchmaschinen ausgeschlossen. Nach der Fertigstellung der Site sollten Sie nicht vergessen, diese Option zu deaktivieren, sonst findet Sie niemand über die Suchmaschinen (siehe auch Kapitel 16 zur Optimierung für Suchmaschinen).

Das Häkchen vor der Option Suchmaschinen davon abhalten, diese Website zu indexieren ist übrigens keine absolute Garantie, dass die Seiten nicht in den Suchmaschinen auftauchen. WordPress sendet diverse Signale an die Suchmaschinenrobots und bittet sie, die Seiten nicht zu indexieren, aber es liegt im Ermessen der Suchmaschinen, dieser Bitte nachzukommen. Im englischen WordPress heißt die Option Discourage search engines from indexing this site. *To discourage* heißt so viel wie *entmutigen*, *abschrecken* oder *demotivieren*.

Im folgenden ToDo überprüfen Sie die Einstellungen im Menü Lesen.

ToDo: Die Einstellungen im Menü »Lesen« überprüfen

1. Öffnen Sie im Backend gegebenenfalls das Menü Einstellungen • Lesen.
2. Lassen Sie die Option Deine Homepage zeigt vorerst unverändert.
3. Geben Sie die Anzahl der Beiträge ein, die auf Blogseiten höchstens angezeigt werden sollen. Im Zweifelsfall lassen Sie die »10« stehen.
4. Lassen Sie die beiden Einstellungen für den Newsfeed vorerst unverändert.
5. Prüfen Sie, ob die Option Suchmaschinen davon abhalten, diese Website zu indexieren aktiviert ist. Solange Sie noch in der Testphase sind, ist das empfehlenswert.
6. Übernehmen Sie die Einstellungen mit einem Klick auf die Schaltfläche Änderungen speichern ganz unten auf der Seite.

> **Die Einstellungen für »Diskussion« und »Medien«**
>
> Die Einstellungen der beiden folgenden Untermenüs werden später erläutert:
>
> - EINSTELLUNGEN • DISKUSSION kommt in Kapitel 10 über die Interaktion mit Besuchern an die Reihe.
> - EINSTELLUNGEN • MEDIEN ist in Kapitel 7 bei der Arbeit mit Bildern und Galerien dran.

4.6 »Einstellungen • Permalinks«: Aussagekräftige URLs

Permalink ist kurz für *permanenter Link* und bezeichnet in WordPress die automatisch generierten Webadressen für Seiten und für Beiträge in der Einzelansicht. Ein Permalink ist also eine Webadresse, unter der Seite oder Beitrag permanent erreichbar sind. Da Permalinks ganz normale Webadressen sind, möchte ich zunächst den Aufbau einer solchen URL schildern.

4.6.1 Der Aufbau einer Webadresse (URL)

Jede Webseite hat eine weltweit einmalige Adresse, die auch als *URL* bezeichnet wird. Da die naheliegende Aussprache »uhrrl« schwer von der Zunge geht, haben sich für URL zwei gebräuchliche Aussprachevarianten eingebürgert:

- *uh-er-el*, alle Buchstaben einzeln auf Deutsch
- *you-are-al*, alle Buchstaben einzeln auf Englisch

URLs sind in erster Linie für Browser und nicht für Benutzer gedacht, was ihren geringen Merkwert und ihren etwas kryptisch anmutenden Aufbau erklärt. Abbildung 4.11 zeigt ein Beispiel.

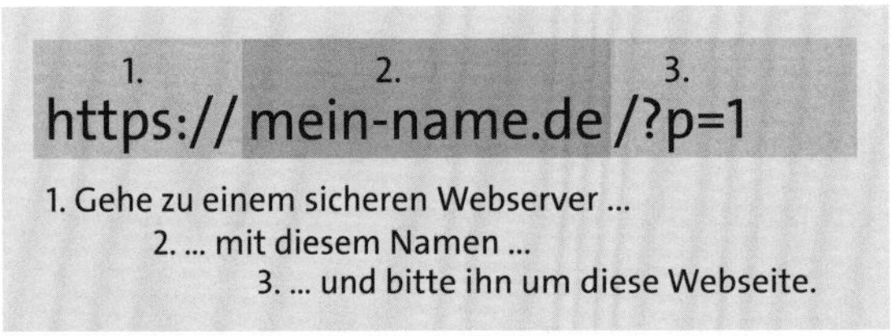

```
        1.            2.         3.
https:// mein-name.de /?p=1
1. Gehe zu einem sicheren Webserver ...
    2. ... mit diesem Namen ...
        3. ... und bitte ihn um diese Webseite.
```

Abbildung 4.11 Der Aufbau einer Webadresse (URL)

Die URL aus Abbildung 4.11 besteht aus drei Teilen: Protokoll, Domain-Name und gewünschte Webseite.

Teil 1: Das Protokoll »https«

https bedeutet so viel wie »Gehe zu einem sicheren Webserver«, und *Doppelpunkt* und *Doppelslash* sagen dem Browser, dass der erste Teil der URL zu Ende ist.

Teil 2: Der Domain-Name »mein-name.de«

Der Domain-Name, unter dem der Webserver erreichbar ist. Er beginnt *nach* dem doppelten Schrägstrich und endet mit einer Top Level Domain *vor* dem ersten einfachen Schrägstrich.

Teil 3: Die gewünschte Webseite »/?p=1«

Nach dem ersten einfachen Schrägstrich folgen bei von Hand erstellten Webseiten Ordner- und Dateiname, bei WordPress stehen dort nach der Installation oft nur ein Fragezeichen und ein Parameter wie p=1. Dieser Parameter teilt WordPress mit, was genau gewünscht wird. p=1 bedeutet z. B. »der Beitrag (*post*) mit der ID-Nummer 1«.

URLs werden in WordPress wie gesagt *Permalink* genannt, und im nächsten Abschnitt ändern Sie die Standardeinstellung so, dass WordPress aussagekräftige Permalinks erzeugt.

4.6.2 »Gebräuchliche Einstellungen« für Permalinks in WordPress

Bei den Einstellungen für Permalinks geht es genau genommen darum, wie WordPress den dritten Teil der URL erzeugt. Abbildung 4.12 zeigt die verschiedenen Möglichkeiten in der Übersicht des Menüs EINSTELLUNGEN • PERMALINKS.

Damit diese Einstellungen funktionieren, muss auf dem Webspace das Apache-Modul mod_rewrite aktiviert sein (siehe Abschnitt 2.7, »Technik, Teil 2: So finden Sie einen Webspace«), aber das ist fast immer der Fall.

Die Adressen für Beiträge und Seiten sollten möglichst aussagekräftig sein. So bekommt ein Besucher im Idealfall nur durch den Permalink schon eine Vorstellung davon, was ihn inhaltlich in dem Beitrag oder auf der Seite erwartet, und auch in Suchmaschinen bekommen Sie Zusatzpunkte, wenn die Suchbegriffe in der URL auftauchen.

Die folgende Aufzählung zeigt die häufigsten Einstellungen für Permalinks im Überblick:

❶ EINFACH: */?p=123*
   Diese Einstellung ist zwar nicht hübsch, funktioniert aber auf jedem Webspace:
   https://mein-name.de/?p=123

Damit weiß WordPress, dass auf der gewünschten Seite der Beitrag mit der ID 123 dargestellt werden soll, aber die URL lässt keine Rückschlüsse auf den Inhalt dieses Beitrags zu.

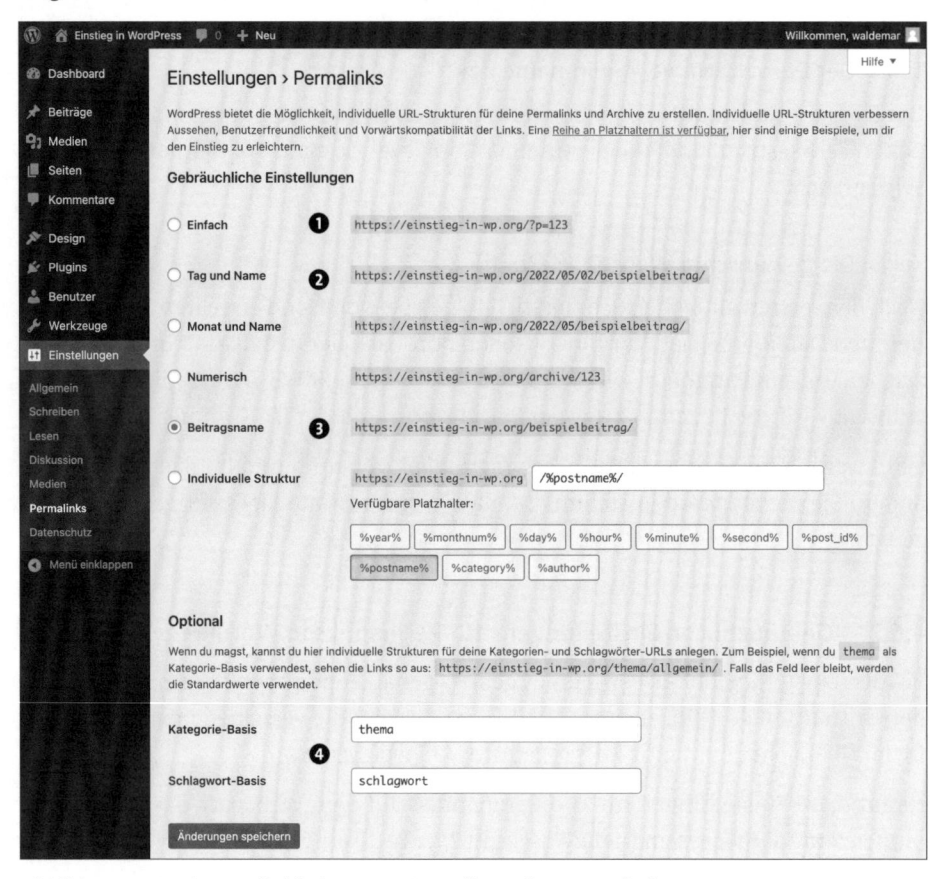

Abbildung 4.12 Die Möglichkeiten zur Einstellung der Permalinks

❷ Tag und Name: */2023-08-07/beispielbeitrag/*
In dieser Option geht es um die Darstellung des Tagesdatums in der URL. Für einen Beitrag mit dem Titel »Hallo Welt«, der am 7. August 2023 geschrieben wurde, erzeugt die Option Tag und Name folgende URL:

https://mein-name.de/2023/08/07/hallo-welt/

Diese Adresse ist wesentlich aussagekräftiger als die Standardeinstellung, denn Besucher und Suchmaschinen können so auf Anhieb sehen, wann der Beitrag erstellt wurde und wovon er handelt. Leerstellen und Umlaute im Beitragstitel werden in der Regel automatisch umgewandelt. Nachteil dieser Variante ist, dass das Datum in der

URL bei inhaltlichen Aktualisierungen des Beitrags nicht geändert wird und der Beitrag von der URL her älter erscheint, als er tatsächlich ist.

❸ BEITRAGSNAME: */beispielbeitrag/*
Die Option BEITRAGSNAME verwendet nur den Titel eines Beitrags zur Erzeugung der URL. Für den automatisch erstellten Beitrag mit dem Titel »Hallo Welt« lautet der Permalink wie folgt:

https://mein-name.de/hallo-welt/

Mit dieser Variante bekommen Besucher und Suchmaschinen immer noch eine Vorstellung vom Beitragsinhalt, aber die URL gibt keinen Hinweis auf das Alter des Beitrags. Diese Option ist mein Favorit, und man sollte sie auf jeden Fall verwenden, wenn die Beiträge nicht durchgehend datumsbezogen sind oder wenn man nicht so oft bloggt.

Diese Einstellungen gelten übrigens nur für Blogbeiträge. Bei Seiten wird bei der Option EINFACH der Parameter *page_id* verwendet und bei allen anderen Optionen der Titel der Seite ohne Datumsangabe.

Unterhalb der Einstellungen für Permalinks können Sie noch Wünsche bezüglich der KATEGORIE-BASIS und SCHLAGWORT-BASIS ❹ eingeben. Damit können Sie die URL für Beiträge bei der Anzeige von Kategorien bzw. Schlagwörtern beeinflussen. Beide werden in Kapitel 6, »Texte schreiben und den Block-Editor kennenlernen«, näher erläutert.

Im folgenden ToDo aktivieren Sie die gewünschte Einstellung für die Permalinks und ändern die Einträge für Kategorien und Schlagwörter auf *thema* bzw. *schlagwort*.

ToDo: Die Einstellungen für Permalinks ändern

1. Öffnen Sie im Backend das Menü EINSTELLUNGEN • PERMALINKS.
2. Aktivieren Sie die gewünschte Einstellung für Permalinks. Beliebt sind die weiter oben beschriebenen Optionen TAG UND NAME sowie BEITRAGSNAME.
3. Geben Sie im Feld KATEGORIE-BASIS den Text »thema« ein.
4. Geben Sie im Feld SCHLAGWORT-BASIS den Text »schlagwort« ein.
5. Übernehmen Sie die Einstellungen mit einem Klick auf die Schaltfläche ÄNDERUNGEN SPEICHERN ganz unten auf der Seite.
6. Wechseln Sie ins Frontend.
7. Rufen Sie einen Beitrag mit einem Klick auf den Beitragstitel in der Einzelansicht auf.
8. Prüfen Sie den Permalink in der Adressleiste des Browsers. Viele moderne Browser verstecken Teile der Adresse. Falls Sie also nicht die ganze Adresse sehen sollten, klicken Sie in die Adresszeile, um sie sichtbar zu machen.

Nach diesem ToDo haben Seiten und Beiträge in der Einzelansicht bereits eine aussagekräftige Adresse wie */hallo-welt/* (siehe Abbildung 4.13).

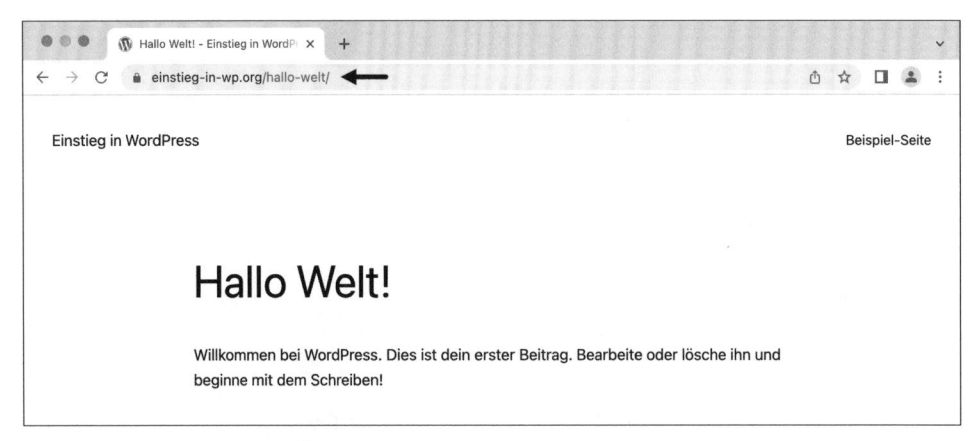

Abbildung 4.13 Ein Beitrag mit einer aussagekräftigen Adresse

> **Permalinks nach der Freischaltung der Website nicht mehr ändern**
>
> Wenn Ihre Website im Web frei erreichbar ist, sollten Sie Permalinks nicht mehr ändern. Sonst laufen Sie Gefahr, dass Links auf diese Seite nicht mehr funktionieren. Falls eine nachträgliche Änderung des Permalinks doch notwendig ist, hilft ein Plugin wie *Redirection* zur Weiterleitung von URLs (siehe Kapitel 18, »Tipps und Tricks«).

4.7 Das Menü »Benutzer«: Ihr Benutzerprofil im Überblick

In diesem Abschnitt überprüfen Sie die Einstellungen in Ihrem Benutzerprofil, von denen einige nur internen Verwaltungszwecken dienen, andere hingegen auch für Besucher sichtbar sind. Ihr Benutzerprofil können Sie aufrufen, indem Sie rechts oben auf den Link WILLKOMMEN, … oder links in der Menüleiste auf den Link BENUTZER klicken. In beiden Fällen landen Sie auf der Seite BENUTZER (siehe Abbildung 4.14).

Auf der Seite BENUTZER sehen Sie eine Übersicht aller Benutzer mit BENUTZERNAME ❶, NAME ❷, E-MAIL ❸, ROLLE ❹ und Anzahl der BEITRÄGE ❺.

Um das Profil für einen Benutzer zu ändern, fahren Sie mit der Maus auf den Benutzernamen und klicken auf den Benutzernamen ❻ oder auf den Link BEARBEITEN, der beim Berühren mit der Maus darunter erscheint. Um Ihr eigenes Profil zu ändern, klicken Sie auf Ihren Benutzernamen oder auf den Befehl PROFIL ❼ in der Menüleiste links unten.

4.7 Das Menü »Benutzer«: Ihr Benutzerprofil im Überblick

Abbildung 4.14 Das Menü »Benutzer« in der Übersicht

4.7.1 »Persönliche Optionen«: Farbschema für das Backend und mehr

Nach einem Klick zur Bearbeitung Ihres Benutzerprofils kommen Sie auf die Seite Profil, die oben mit dem Abschnitt Persönliche Optionen beginnt (siehe Abbildung 4.15).

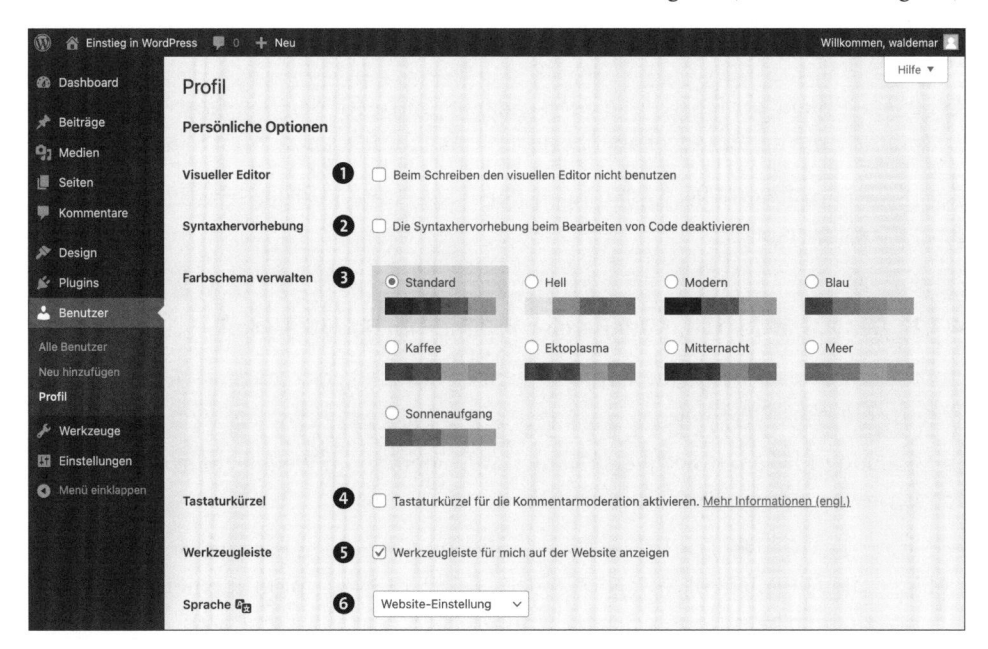

Abbildung 4.15 »Persönliche Optionen« im Benutzerprofil

Im ersten Abschnitt des Profils geht es um einige persönliche Vorlieben:

- ❶ VISUELLER EDITOR meint die normale Ansicht des Block-Editors, mit der man die Inhalte im Backend bei der Bearbeitung weitgehend so sieht, wie sie später im Frontend dargestellt werden. Falls Sie lieber puren HTML-Quelltext schreiben, können Sie den visuellen Editor hier ausstellen.
- ❷ SYNTAXHERVORHEBUNG: Beim Bearbeiten von Quelltext bietet WordPress eine übersichtliche Syntaxhervorhebung an, die man hier per Benutzer deaktivieren kann.
- ❸ FARBSCHEMA VERWALTEN: Hier können Sie ein Farbschema für das Backend wählen. Probieren Sie aus, was Ihnen am besten gefällt. Sie können es jederzeit wieder ändern. Auch mehrmals täglich.
- ❹ TASTATURKÜRZEL: Bei der Moderation von Kommentaren können Sie auch mit Tastaturkürzeln arbeiten, aber das lohnt sich erst, wenn Sie tagtäglich wirklich viele Kommentare bekommen.
- ❺ WERKZEUGLEISTE ist die Admin-Toolbar am oberen Rand. Die Option WERKZEUGLEISTE FÜR MICH AUF DER WEBSITE ANZEIGEN bewirkt, dass die Werkzeugleiste auch im Frontend angezeigt wird, wenn der Benutzer im selben Browser im Backend angemeldet ist.
- ❻ SPRACHE dient zur Einstellung der Backend-Sprache für den Benutzer. Die Backend-Sprache kann der Benutzer aber bei jeder Anmeldung auch selbst wechseln.

Zum Speichern eventueller Änderungen gibt es ganz unten auf der Seite die Schaltfläche PROFIL AKTUALISIEREN.

4.7.2 Der Name der User: Der Bereich »Name« im Benutzerprofil

Im zweiten Bereich des Benutzerprofils geht es um die verschiedenen Namen, die ein Benutzer in WordPress hat.

In Abbildung 4.16 sehen Sie diverse Namensoptionen, deren Vielfalt auf den ersten Blick etwas verwirrend sein kann. Hier ein Überblick:

- ▶ BENUTZERNAME ❶: Das ist der Name, mit dem Sie sich im Backend anmelden, und Sie können ihn nicht nachträglich ändern. Falls Sie trotzdem gerne einen anderen Benutzernamen hätten, lesen Sie den Hinweiskasten etwas weiter unten.
- ▶ VORNAME ❷ und NACHNAME ❸: Hier können Sie Ihre ganz normalen Vor- und Nachnamen eintragen, die dann weiter unten in diversen Kombinationen als ÖFFENTLICHER NAME angeboten werden.

- SPITZNAME ❹: Der Spitzname (engl. *nickname*) ist aus historischen Gründen eine Pflichtangabe und standardmäßig identisch mit dem Benutzernamen, muss es aber nicht bleiben.
- ÖFFENTLICHER NAME ❺: Das ist der Name, der im Frontend unter Beiträgen und Kommentaren nach außen hin sichtbar wird. Die Dropdown-Liste bietet den Benutzernamen, den Spitznamen sowie Vor- und Nachnamen in verschiedenen Kombinationen zur Auswahl.

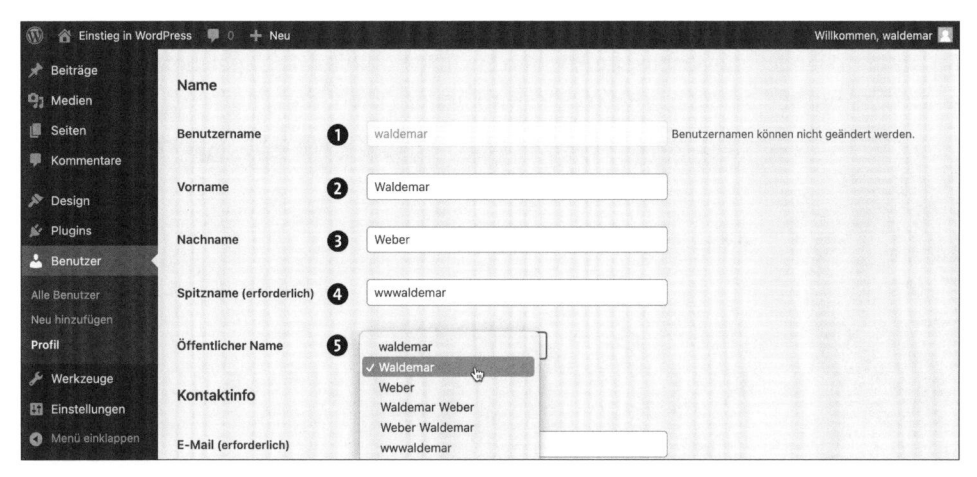

Abbildung 4.16 Die verschiedenen Namensoptionen im Benutzerprofil

Im folgenden ToDo überprüfen Sie die Einstellungen für die Namen.

ToDo: Die Einstellungen für Namen im Benutzerprofil überprüfen

1. Öffnen Sie im Backend das Menü BENUTZER.
2. Rufen Sie Ihr Benutzerprofil zur Bearbeitung auf.
3. Überprüfen Sie, ob die Namen Ihren Wünschen entsprechen.
4. Speichern Sie die Einstellungen mit einem Klick auf die Schaltfläche PROFIL AKTUALISIEREN ganz unten im Browserfenster.
5. Überprüfen Sie im Frontend, ob alle Einstellungen korrekt übernommen wurden.

Sie würden gerne Ihren Benutzernamen ändern?

Den Benutzernamen kann man wie gesagt bei WordPress nicht einfach nachträglich ändern. Falls Sie trotzdem gerne einen anderen Benutzernamen hätten, müssen Sie einen kleinen Umweg gehen:

> - Sie legen einen neuen Benutzer an.
> - Sie übertragen Ihre Beiträge und Seiten auf den neuen Benutzer.
> - Sie löschen den alten Benutzer.
>
> Mehr dazu erfahren Sie in Kapitel 17 über die Systemverwaltung.

4.7.3 »Kontaktinfo«, »Über Dich« und Passwort ändern

Im unteren Bereich der Profilseite können Sie Ihre Kontaktdaten speichern, einige biografische Angaben machen und das Passwort ändern (Abbildung 4.17).

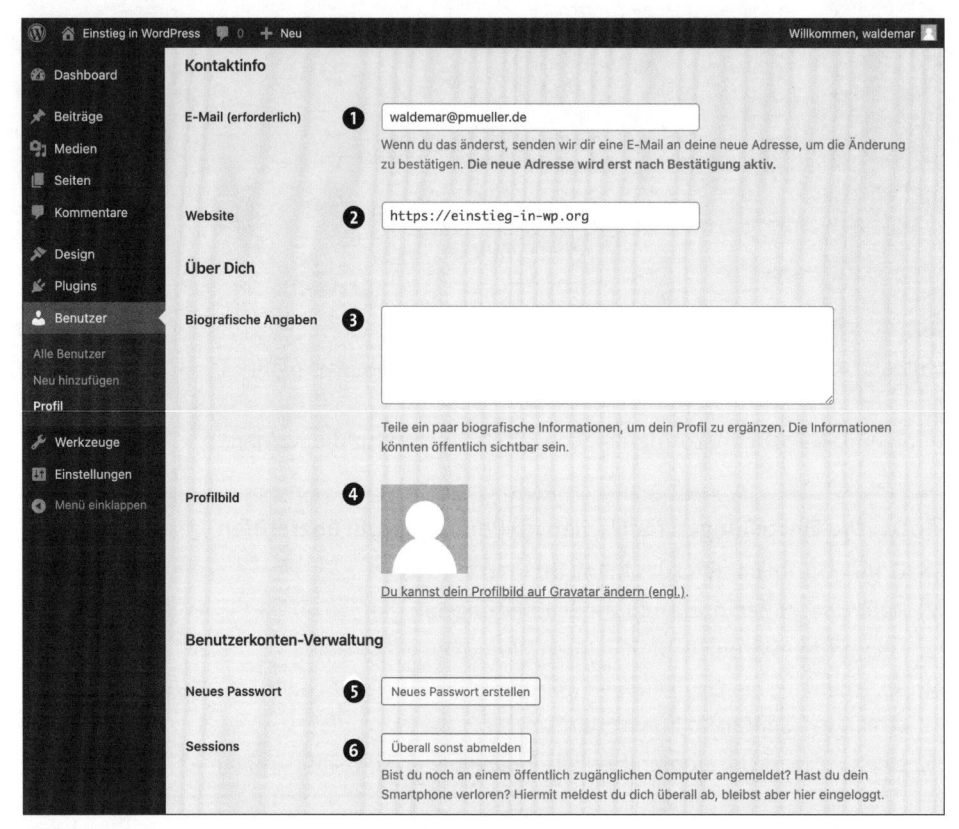

Abbildung 4.17 »Kontaktinfo« und »Über Dich« im Profil

Abbildung 4.17 zeigt die Optionen im Überblick:

- Im Bereich KONTAKTINFO tragen Sie im Feld E-MAIL ❶ eine E-Mail-Adresse ein, an die WordPress *benutzerspezifische Nachrichten* verschickt. Für Sie als Administrator ist diese Adresse meist identisch mit der im Menü EINSTELLUNGEN • ALLGEMEIN definierten Administrator-E-Mail-Adresse (siehe Abschnitt 4.4, »›Einstellungen • Allgemein‹: Titel der Website & Co.«).

- Im Feld WEBSITE ❷ können Sie die URL zu einer persönlichen Website eintragen. Das kann z. B. bei Redakteuren sehr nützlich sein oder falls diese WordPress-Website nicht Ihre Haupt-Website ist.

- Bei BIOGRAFISCHE ANGABEN ❸ können Sie in wenigen Worten etwas über sich erzählen. Diese Angaben werden im Frontend angezeigt, z. B. auf der Archivseite mit allen Beiträgen eines Autors (Autorenarchiv). Falls es unter einem Beitrag in der Einzelansicht einen Autorenkasten gibt, zeigen viele Themes die Bio-Info dort erst an, wenn es mehrere Benutzerinnen und Benutzer gibt, die jeweils mindestens einen Beitrag geschrieben haben (oder wenn man per Plugin standardmäßig einen Autorenkasten anzeigt).

- PROFILBILD ❹. Diese Option erscheint nur, wenn in EINSTELLUNGEN • DISKUSSION die Option AVATARE ANZEIGEN aktiviert ist, was standardmäßig aber der Fall ist. Als Profilbild wird der dort definierte Standard-Avatar verwendet. Zur Änderung des Profilbildes nutzt WordPress den Dienst *gravatar.com*, dessen Nutzung datenschutzrechtlich aber bedenklich ist. Bevor Sie also hier mithilfe von *gravatar.com* Ihr Profilbild ändern, sollten Sie Abschnitt 10.3.3 zu Avataren, Gravatar.com und Datenschutz lesen.

- Falls Sie Ihr Passwort ändern möchten, klicken Sie rechts neben NEUES PASSWORT auf die Schaltfläche NEUES PASSWORT ERSTELLEN ❺. Während der Änderung wird darunter live die PASSWORTSTÄRKE überprüft und angezeigt.

  Vergessen Sie nicht, sich das neue Passwort aufzuschreiben, und am besten testen Sie es gleich, indem Sie sich einmal ab- und wieder anmelden.

- Die Option SESSIONS bietet die Möglichkeit, sich mit der Schaltfläche ÜBERALL SONST ABMELDEN ❻ auf anderen Geräten vom Backend abzumelden. Das könnte z. B. der Fall sein, wenn Sie an einem anderen Gerät im Backend gearbeitet und sich nicht abgemeldet haben.

Im folgenden ToDo überprüfen Sie diese Einstellungen im Benutzerprofil.

ToDo: Die restlichen Einstellungen im Benutzerprofil überprüfen

1. Öffnen Sie im Backend das Menü BENUTZER.
2. Rufen Sie Ihr Benutzerprofil zur Bearbeitung auf.
3. Überprüfen Sie, ob die Felder E-MAIL-ADRESSE und WEBSITE korrekt ausgefüllt sind.
4. Erzählen Sie im Feld BIOGRAFISCHE ANGABEN kurz etwas über sich.

5. Speichern Sie die Einstellungen mit einem Klick auf die Schaltfläche Profil aktualisieren ganz unten im Browserfenster.
6. Überprüfen Sie im Frontend, ob alle Einstellungen korrekt übernommen wurden.

4.8 Auf einen Blick

Die wichtigsten Themen noch einmal im Überblick:

- WordPress besteht aus *Frontend* und *Backend*.
- Das *Frontend* ist die Fassade, die für Besucher sichtbare Website.
- Das Backend von WordPress besteht aus drei Bereichen:
  - *Werkzeugleiste* oben (auch *Admin-Toolbar* genannt)
  - *Menüleiste* links mit diversen Menüs
  - *Inhaltsbereich* mit den verschiedensten Inhalten
- Im Menü Design • Themes können Sie ein anderes Theme aktivieren. Das Frontend sieht dann anders aus als vorher.
- Im Menü Einstellungen können Sie WordPress konfigurieren. Es gibt diverse Menüpunkte:
  - Im Bereich Allgemein definieren Sie den Titel der Website, den Untertitel und Zeit- und Datumsformate.
  - Unter Lesen geht es unter anderem um die Sichtbarkeit für Suchmaschinen.
  - Im Bereich Permalinks definieren Sie, wie die URLs für Seiten und Beiträge aussehen.
- Jeder Benutzer hat ein Benutzerprofil, das im Menü Benutzer verwaltet wird. Dort können Sie unter anderem ...
  - ... das Farbschema für das Backend festlegen.
  - ... den im Frontend verwendeten Namen definieren.
  - ... einige Kontaktinfos für einen Benutzer eingeben.
  - ... das Passwort für einen Benutzer ändern.
  - ... sich auf anderen Geräten vom Backend abmelden.

TEIL II
Inhalte erstellen und gestalten

Kapitel 5
Die ersten Seiten und Beiträge

Worin Sie den Block-Editor von WordPress kennenlernen und damit die ersten Seiten und Beiträge erstellen und bearbeiten. Anschließend richten Sie eine statische Startseite ein und geben die Beiträge auf einer anderen Seite aus.

Die Themen im Überblick:

- Der Unterschied zwischen Beiträgen und Seiten
- Das Menü »Seiten • Alle Seiten« im Überblick
- Eine neue Seite erstellen: »Über mich«
- Eine vorhandene Seite bearbeiten: »Impressum«
- Das Menü »Beiträge • Alle Beiträge« im Überblick
- Einen vorhandenen Beitrag bearbeiten: »Der Block-Editor«
- Einen neuen Beitrag erstellen: »Blöcke auswählen per Schrägstrich«
- Beiträge im Frontend: Beitragsseite und Einzelansicht
- WordPress mit statischer Startseite und zusätzlicher Beitragsseite
- Die Reihenfolge der Seiten festlegen
- Know-how: Verschiedene Seitentypen in WordPress
- Auf einen Blick

Inhalte werden in WordPress auf Seiten oder Beiträgen gespeichert und mit einem Block-Editor erstellt, bearbeitet und gestaltet.

In diesem Kapitel geht es um das Kennenlernen des Block-Editors, mit dem Sie die ersten Seiten und Beiträge erstellen bzw. bearbeiten.

Außerdem erfahren Sie, wie man in WordPress eine Website mit einer statischen Startseite und einem Newsbereich erstellt. Zum Abschluss legen Sie für die veröffentlichten Seiten eine sinnvolle Reihenfolge fest.

5.1 Der Unterschied zwischen Beiträgen und Seiten

Inhalte werden in WordPress wie gesagt entweder in einem Beitrag im Menü BEITRÄGE oder auf einer Seite im Menü SEITEN gespeichert. Bevor Sie gleich die ersten Seiten und Beiträge erstellen bzw. bearbeiten, zeige ich Ihnen zunächst kurz die wichtigsten Unterschiede.

5.1.1 Beiträge werden rückwärts chronologisch ausgegeben

WordPress war ursprünglich ein reines Blogsystem. Inhalte wurden darin ausschließlich in Beiträgen gespeichert, die im englischen Original von WordPress *post* genannt werden. Beiträge werden auch heute noch wie auf einer Schriftrolle oder einem unendlich langen Blatt Papier einfach nacheinander ausgegeben (siehe Abbildung 5.1).

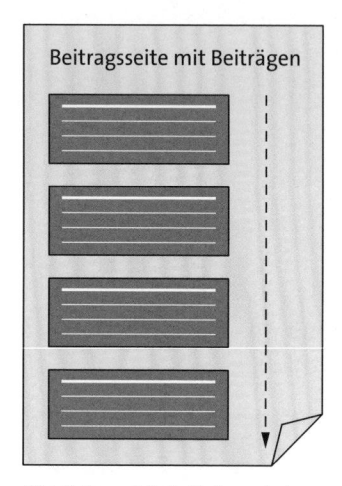

Abbildung 5.1 Beiträge stehen auf der Beitragsseite untereinander.

Zusammen bilden die Beiträge einen *Blog*, und daher werden sie manchmal auch als *Blogbeiträge* bezeichnet. Umgangssprachlich ist mit *Blog* manchmal auch ein einzelner Blogbeitrag gemeint, aber in diesem Buch meint *Blog* die Gesamtheit aller Beiträge.

Nach der Installation von WordPress gibt es, wie Sie in Abbildung 4.1 am Anfang von Kapitel 4 gesehen haben, zunächst nur einen einzigen Beispielbeitrag mit dem Titel *Hallo Welt!*, und der wird gleich auf der Startseite ausgegeben. Neue Beiträge werden im Frontend *vor* bereits vorhandenen Beiträgen eingefügt, da Beiträge standardmäßig rückwärts chronologisch sortiert werden. Ältere Beiträge rutschen dadurch immer weiter nach unten. In Abschnitt 5.7 werden Sie das in Aktion sehen.

Die Seite, auf der die Beiträge ausgegeben werden, heißt in WordPress offiziell *Beitragsseite*, wird aber manchmal auch *Blogseite* genannt (engl. *Blog Post Index* oder kürzer *Blog Main*). Nach der Installation übernimmt die Startseite diese Funktion, aber weiter unten in Abschnitt 5.9 sehen Sie, wie man Beiträge auf einer eigenen Seite ausgeben kann.

Jeder Beitrag hat diverse Eigenschaften wie das Datum der Veröffentlichung, den Namen des Autors, zugewiesene Kategorien oder Schlagwörter. In Kapitel 6, »Texte schreiben und den Block-Editor kennenlernen«, sehen Sie, dass man veröffentlichte Beiträge im Frontend per Klick nach diesen Eigenschaften filtern und sich nur bestimmte Beiträge anzeigen lassen kann, die dann auf automatisch generierten Archivseiten ausgegeben werden.

> **RSS-Feed: Beiträge können abonniert werden**
>
> Beiträge kann man übrigens auch abonnieren. WordPress erzeugt im Hintergrund einen *Newsfeed* genannten Beitragsstrom in einem speziellen XML-basierten Format, der auch *RSS-Feed* oder nur *Feed* genannt wird.
>
> Sie können sich diesen Newsfeed in vielen Browsern anschauen, indem Sie den Domain-Namen einer WordPress-Website um den Zusatz */feed/* ergänzen (also z. B. *einstieg-in-wp.de/feed/*), aber Sie sehen dann den Quelltext des Feeds. Zum Abonnieren und Lesen der Beiträge benötigen Sie einen RSS-Reader wie z. B. *Feedly* (*feedly.com*).
>
> Blogs zu abonnieren ist ausgesprochen praktisch, denn dadurch erfahren Sie automatisch von neuen Beiträgen, ohne die Websites im Browser besuchen zu müssen.

5.1.2 Seiten sind für statische Inhalte

Ursprünglich gab es in WordPress wie gesagt nur die Startseite, auf der Beiträge ausgegeben wurden. Auf jeder Website braucht man aber auch eher statische Inhalte wie *Über mich* oder *Impressum*, die nicht im Strom der Beiträge mitschwimmen sollen.

Für diese Inhalte wurden in WordPress 1.5 die *Seiten* eingeführt, die im Menü SEITEN manuell erstellt und verwaltet werden (siehe Abbildung 5.2).

Manuell erstellte Seiten haben keine Kategorien oder Schlagwörter und können weder gefiltert noch abonniert werden. Ursprünglich eher als Ergänzung zur Startseite mit den Beiträgen gedacht, spielen manuell erstellte Seiten inzwischen auf vielen WordPress-Websites die Hauptrolle. Besonders Einsteiger finden den Umgang mit Seiten oft intuitiver als den Umgang mit Beiträgen.

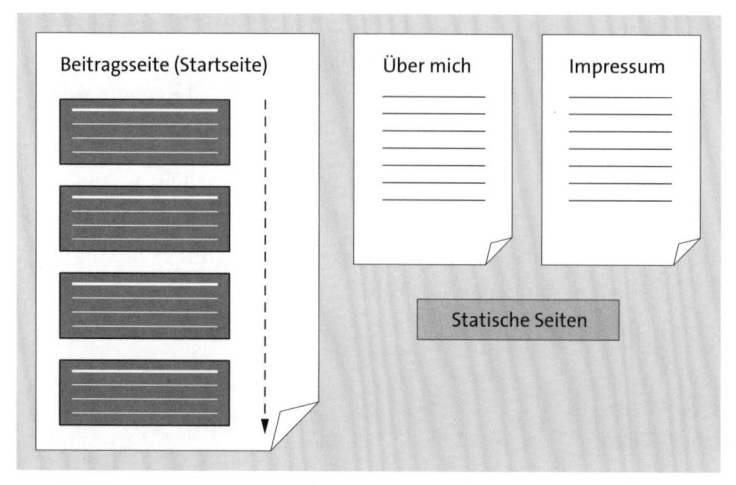

Abbildung 5.2 Startseite mit Beiträgen und zwei statische Seiten

Im Folgenden erstellen bzw. bearbeiten Sie zunächst Seiten, danach kommen dann die Beiträge dran.

5.2 Das Menü »Seiten • Alle Seiten« im Überblick

Das in Abbildung 5.3 dargestellte Menü SEITEN • ALLE SEITEN zeigt alle statischen Seiten im Überblick. Bisher gibt es dort eine veröffentlichte Seite mit dem eher schlichten Titel *Beispiel-Seite* und einen Entwurf für eine *Datenschutzerklärung*.

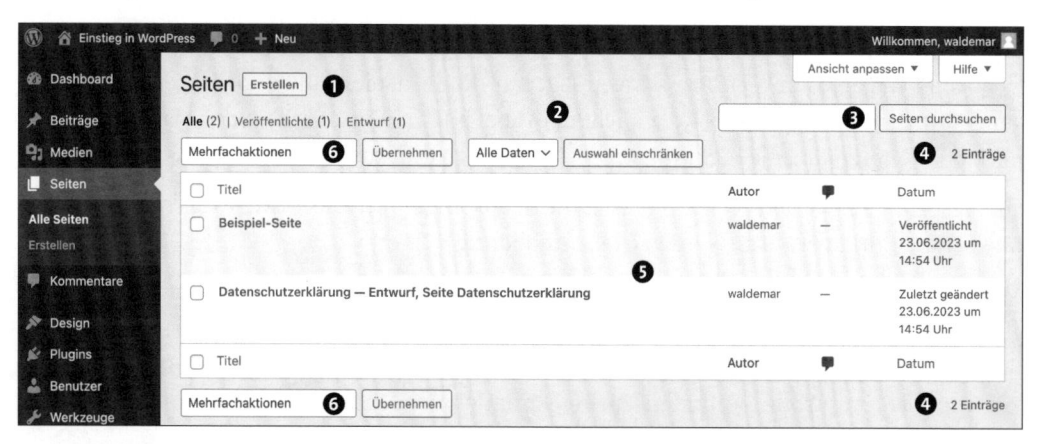

Abbildung 5.3 Das Menü »Alle Seiten« zeigt alle Seiten in der Übersicht.

Die Übersicht der statischen Seiten enthält folgende Details:

- *Status der Veröffentlichung* ❶: Es werden ALLE Seiten angezeigt, aber Sie können nach den Kriterien VERÖFFENTLICHTE bzw. ENTWURF filtern. Weitere Filter wie z. B. PAPIERKORB, PRIVAT oder GEPLANT werden erst eingeblendet, wenn ihnen mindestens eine Seite zugeordnet ist.
- *Filter für Datum* ❷: Um die Darstellung der Seiten nach Datum zu filtern, wählen Sie eine Option aus der Liste ALLE DATEN und aktivieren sie mit der Schaltfläche AUSWAHL EINSCHRÄNKEN.
- *Seiten durchsuchen* ❸: Um eine bestimmte Seite zu finden, geben Sie das gewünschte Suchwort ein und klicken auf SEITEN DURCHSUCHEN.
- *Anzahl der Seiten* ❹: Momentan gibt es 2 EINTRÄGE.
- *Übersichtstabelle* ❺ mit einer Zeile pro Seite: Einige Spalten können Sie über ANSICHT ANPASSEN am oberen Bildschirmrand ein- bzw. ausblenden. Dort können Sie auch die Anzahl der angezeigten Seiten festlegen.

Außerdem gibt es ober- und unterhalb der Tabelle noch die Dropdown-Liste MEHRFACHAKTIONEN ❻, mit der Sie mehrere Seiten auf einmal bearbeiten oder löschen können. Ausgeführt wird die gewählte Aktion mit einem Klick auf die Schaltfläche ÜBERNEHMEN rechts daneben.

5.3 Eine neue Seite erstellen: »Über mich«

In diesem Abschnitt erstellen Sie eine neue Seite mit dem Titel *Über mich* und lernen dabei quasi nebenbei die Arbeit mit dem Block-Editor kennen. Dabei beschränken Sie sich erst einmal auf die allerwichtigsten Befehle. Ausführlich vorgestellt wird der Block-Editor in Kapitel 6, »Texte schreiben und den Block-Editor kennenlernen«.

5.3.1 Das Menü »Seiten • Erstellen«: Eine neue Seite erstellen

Im folgenden ToDo erstellen Sie zunächst eine neue leere Seite und füllen diese dann mit ein bisschen Inhalt.

ToDo: Eine neue Seite erstellen

1. Melden Sie sich gegebenenfalls am Backend an.
2. Klicken Sie links in der Menüleiste auf das Menü SEITEN. WordPress blendet dann die Untermenüs ALLE SEITEN und ERSTELLEN ein.

3. Um eine neue Seite zu erstellen, klicken Sie links in der schwarzen Menüleiste auf das Menü ERSTELLEN oder oben im Inhaltsbereich auf die Schaltfläche ERSTELLEN rechts neben dem Wort *Seiten*.

Nach diesem ToDo sehen Sie den Block-Editor, der im Vollbildmodus erscheint und das Backend überdeckt, aber beim ersten Aufruf sehen Sie erst einmal einen *Willkommens-Guide*.

5.3.2 Beim ersten Besuch: »Willkommen beim Block-Editor«

Der *Willkommens-Guide* zeigt eine kurze Einführung zum *Block-Editor*, der manchmal auch *Gutenberg-Editor*, *WordPress-Block-Editor* oder einfach nur *WordPress-Editor* genannt wird (siehe Abbildung 5.4).

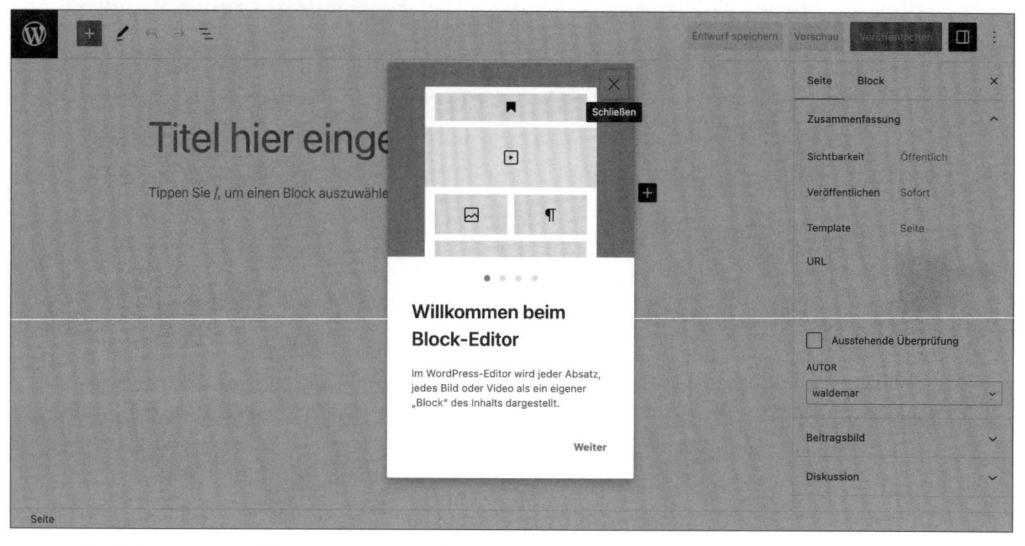

Abbildung 5.4 »Willkommen beim Block-Editor«

Hier die wichtigsten Details aus dem Willkommens-Guide:

- Der Inhalt von Seiten und Beiträgen besteht aus Blöcken, und für verschiedene Inhalte gibt es verschiedene Block-Typen. So wird z. B. jeder Absatz, jede Liste, jedes Zitat, jedes Bild und jede Galerie in einem eigenen Block aufbewahrt.
- Jeder Block wird mit einem eigenen Set von Bedienelementen geliefert, mit denen Sie Eigenschaften wie Farbe, Breite und Ausrichtung ändern können. Diese Bedienelemente werden automatisch ein- und ausgeblendet, wenn Sie einen Block ausgewählt haben.

▶ Alle zur Verfügung stehenden Blöcke finden Sie in der *Block-Bibliothek*, die Sie mit einem Klick auf den *Block-Inserter* + aufrufen können. Diesen blauen Block-Inserter finden Sie links oben im Block-Editor, mit einem schwarzen Hintergrund erscheint er aber auch im Inhaltsbereich. Bei Mausberührung wird er auch dort blau.

Schauen Sie sich den Willkommens-Guide in aller Ruhe an. Danach können Sie dessen Fenster mit einem Klick auf das X rechts oben schließen.

Zurück ins Backend kommen Sie bei Bedarf per Klick auf das WordPress-Symbol ⓦ links oben im Block-Editor.

5.3.3 Überblick: Der Block-Editor besteht aus drei Bereichen

Danach sieht der Block-Editor etwa so aus wie in Abbildung 5.5.

Abbildung 5.5 Der Block-Editor besteht aus drei großen Bereichen.

Der Block-Editor besteht aus drei großen Bereichen (Abbildung 5.5), nämlich der *oberen Werkzeugleiste* ❶, der Seitenleiste mit den *Einstellungen* ❷ und dem *Inhaltsbereich* ❸:

1. Die *obere Werkzeugleiste* ❶ ganz oben im Editor wird manchmal auch *Editorleiste* genannt. Sie enthält links und rechts diverse Bedienelemente, die Sie nach und nach kennenlernen. Momentan sind nur die ersten beiden bereits kurz erwähnten Symbole wichtig:

- Ein Klick auf das schwarz hinterlegte WordPress-Logo ❶ ganz links oben verlässt den Block-Editor und bringt Sie zurück ins Backend.
- Der *Block-Inserter* ➕ rechts daneben dient zum Öffnen der *Block-Bibliothek*, die Sie in Abschnitt 6.3, »Die Werkzeuge in der oberen Werkzeugleiste«, kennenlernen.

2. Rechts am Rand sehen Sie die Seitenleiste für *Einstellungen* ❷. Sie zeigt auf zwei Registerkarten die Einstellungen für die SEITE und für den ausgewählten BLOCK.
3. Der *Inhaltsbereich* ❸ enthält den Titel und den in Blöcke unterteilten Inhalt. Hintergrundfarbe und Schriftgestaltung stammen vom aktiven Theme, und ansonsten sind dort momentan nur zwei Dinge zu sehen:
   - Das erste Element ist *immer* der Titel der Seite oder des Beitrags. In einem leeren Dokument erscheint dort der Hinweis TITEL HIER EINGEBEN.
   - Unterhalb des Titels sehen Sie einen leeren Block mit der Aufforderung *Tippe /, um einen Block auszuwählen*. Je nach der in EINSTELLUNGEN • ALLGEMEIN ausgewählten Sprachdatei werden Sie dabei eventuell auch gesiezt.

Statt dieser Aufforderung zu folgen, geben Sie der Seite im nächsten Schritt erst einmal einen Titel und etwas Inhalt. Die Sache mit dem Schrägstrich zum Auswählen eines Blocks kommt dann weiter unten in Abschnitt 5.7.

5.3.4 Schritt 1: Den Titel der Seite eingeben

Alle Seiten und Beiträge fangen mit einem Titel an, und es ist eine gute Angewohnheit, diesen Titel gleich am Anfang einzugeben, denn WordPress nutzt den Titel zur Erzeugung des Permalinks. Bei Bedarf können Sie Titel und Permalink später noch ändern.

Im folgenden ToDo geben Sie den Titel für die neue Seite ein: »Über mich«.

ToDo: Den Titel für die Seite »Über mich« eingeben

1. Erstellen Sie gegebenenfalls eine neue Seite.
2. Falls er dort nicht sowieso schon blinkt, platzieren Sie den Cursor im Feld *Titel hier eingeben*.
3. Geben Sie den Text »Über mich« ein (ohne Anführungszeichen).
4. Speichern Sie die Seite mit einem Klick auf den Link ENTWURF SPEICHERN rechts oben in der Editorleiste.

Abbildung 5.6 zeigt die Seite nach diesem ToDo.

5.3 Eine neue Seite erstellen: »Über mich«

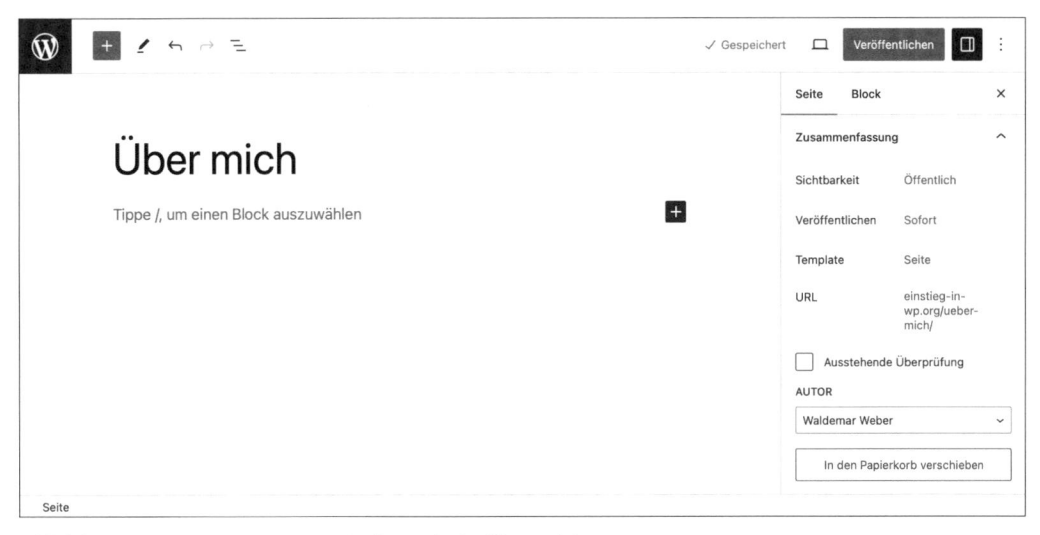

Abbildung 5.6 Eine neue Seite mit dem Titel »Über mich«

In der oberen Werkzeugleiste hat sich nach dem ToDo einiges verändert:

- Auf der rechten Seite erscheint der Hinweis GESPEICHERT.
- Sobald im Dokument nicht gespeicherte Änderungen vorhanden sind, wird dieser Hinweis wieder zum Link ENTWURF SPEICHERN.
- Rechts daneben sind das Symbol für die VORSCHAU und die Schaltfläche VERÖFFENTLICHEN jetzt anklickbar.

Um das Dokument im Frontend zu sehen, klicken Sie oben rechts in der Editorleiste auf das Symbol VORSCHAU und wählen dann im Auswahlmenü die Option VORSCHAU IN EINEM NEUEN TAB. Abbildung 5.7 zeigt die Vorschau in einem neuen Tab.

In Abbildung 5.7 sind unter anderem folgende Details wichtig:

- Der neue Tab zeigt ganz oben in seiner Registerkarte den Titel der Seite *Über mich*, gefolgt von einem Bindestrich und dem Titel der Website, *Einstieg in WordPress*.
- Die Links in der schwarzen Werkzeugleiste für Benutzer oberhalb der Webseite sind im neuen Tab nicht sehr hilfreich, da sie in diesem neuen Tab geöffnet werden und Sie das Backend dann in *zwei* Tabs geöffnet haben. Bei Bedarf können Sie die Werkzeugleiste in Ihrem Benutzerprofil ausblenden (siehe Abschnitt 4.7.1, »»Persönliche Optionen«: Farbschema für das Backend und mehr«) und dann manuell zwischen Backend-Tab und Frontend-Tab wechseln.
- Links oben im Kopfbereich der Webseite sehen Sie den *Titel der Website*. Ein eventueller *Untertitel* wird in Twenty Twenty-Three standardmäßig nicht angezeigt. Bei der

Anpassung von Block-Themes in Abschnitt 12.3, »›Vorlagen‹: Header mit Logo, Titel und Untertitel«, erfahren Sie, wie man den Untertitel einblenden kann.

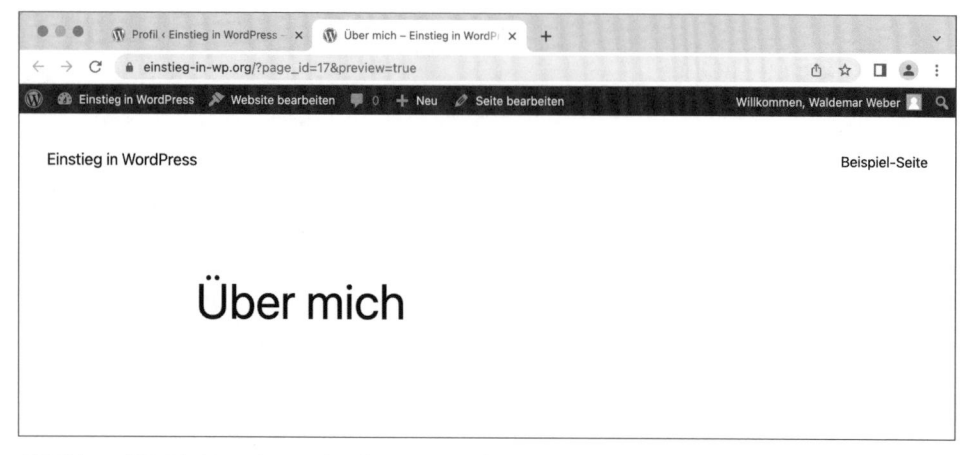

Abbildung 5.7 Die Vorschau zeigt das Frontend in einem neuen Tab.

Zum weiteren Bearbeiten der Seite wechseln Sie in den ersten Tab, in dem der Block-Editor geöffnet ist. Den Tab mit der Frontend-Vorschau können Sie wahlweise schließen oder geöffnet lassen. Probieren Sie aus, welche Vorgehensweise Ihnen besser gefällt.

5.3.5 Schritt 2: Der erste Block – ein ganz normaler Absatz

Im Block-Editor werden unterhalb des Titels der Seite nach und nach Blöcke eingefügt, wobei es wie gesagt für verschiedene Blöcke verschiedene Block-Typen gibt. Der Titel selbst ist *kein* Block.

Der bereits vorhandene leere Block ist ein normaler Absatz, und weil er noch leer ist, enthält er den Hinweis *Tippe /, um einen Block auszuwählen*. Diese Blockauswahl mit einem Schrägstrich lernen Sie weiter unten in Abschnitt 5.7 kennen, im folgenden ToDo geben Sie erst einmal einfach etwas Text ein.

> **ToDo: Den ersten Block auf der Seite »Über mich« eingeben**
>
> 1. Klicken Sie unterhalb des Titels in den leeren Block mit dem Text *Tippe /, um einen Block auszuwählen*.
> 2. Geben Sie ein bisschen Text ein, und erzählen Sie dabei etwas über sich. Falls Ihnen gerade nichts einfällt, können Sie den folgenden Text als Vorlage nehmen und die drei Punkte durch Ihren Namen ersetzen:
>   »Mein Name ist …, und ich lerne gerade WordPress.«

3. Speichern Sie den Text mit einem Klick auf den Link ENTWURF SPEICHERN in der oberen Werkzeugleiste, oder drücken Sie die Tastenkombination ⌈Strg⌉ + ⌈S⌉ (Windows) bzw. ⌈cmd⌉ + ⌈S⌉ (macOS).

Abbildung 5.8 zeigt den Block-Editor mit dem Titel und dem ersten Block, in dem der Cursor blinkt.

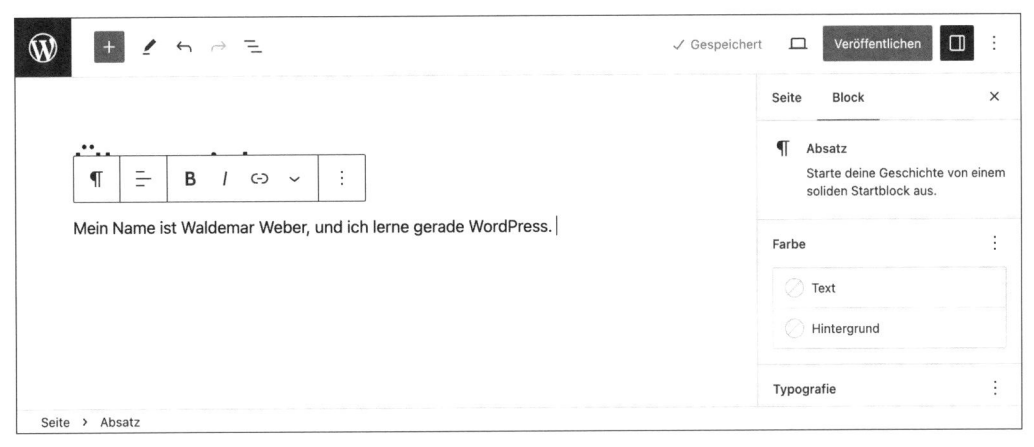

Abbildung 5.8 Die Seite mit Titel und einem Absatzblock

In diversen Bereichen der Benutzeroberfläche hat es Änderungen gegeben:

- **Inhaltsbereich**: Wenn Sie die Maus bewegen oder Text markieren, erscheint oberhalb des Blocks eine *Block-Werkzeugleiste* mit den wichtigsten Optionen zur Bearbeitung des Blocks. Die Block-Werkzeugleiste verschwindet beim Tippen automatisch wieder. In Kapitel 6 lernen Sie die Block-Werkzeugleisten genauer kennen.

- **Seitenleiste**: Sobald ein Block ausgewählt wird, aktiviert der Editor das Register BLOCK. Darin sehen Sie ganz oben, welcher Block-Typ im Block-Editor markiert ist. Darunter werden weitere mögliche Optionen zur Bearbeitung des markierten Blocks angezeigt. Ein Absatz-Block hat dort die vier Bedienfelder FARBE, TYPOGRAFIE, GRÖSSE und ERWEITERT.

Jeder Block hat also zwei Sets von Bedienelementen, die sich ergänzen: in der *Block-Werkzeugleiste* im Block-Editor werden die allerwichtigsten Optionen angezeigt, in der Seitenleiste EINSTELLUNGEN gibt es im Register BLOCK weitere Optionen zur Gestaltung. Die Block-Einstellungen in der Seitenleiste werden manchmal auch als *Block-Inspektor* bezeichnet.

5.3.6 Schritt 3: Einen zweiten Absatz-Block einfügen

Ein Block kommt selten allein, und deshalb fügen Sie im nächsten ToDo gleich einen zweiten Absatz und somit einen zweiten Block ein.

Wenn der Cursor am Ende des ersten Blocks steht, können Sie mit ⏎ einen neuen Absatz erzeugen, genau wie in einem traditionellen Editor oder in einer Textverarbeitung wie Microsoft Word.

Für einen neuen Absatz erzeugt WordPress im Hintergrund automatisch auch einen neuen Block, aber davon merken Sie beim Schreiben fast nichts.

> **ToDo: Den zweiten Block auf der Seite »Über mich« eingeben**
> 1. Platzieren Sie den Cursor am Ende des ersten Blocks.
> 2. Drücken Sie ⏎, um einen Absatzblock zu erzeugen.
> 3. Geben Sie ein bisschen Text ein, z. B. etwas in dieser Art:
>   »Offline kann ich mit Texten ganz gut umgehen, aber dieser Block-Editor ist doch ziemlich neu. Ich bin echt gespannt.«
> 4. Klicken Sie in der oberen Editorleiste auf den Link ENTWURF SPEICHERN, oder drücken Sie die Tastenkombination Strg + S (Windows) bzw. cmd + S (macOS).

Abbildung 5.9 zeigt die Seite mit dem Titel und zwei Blöcken. Die Block-Werkzeugleiste erscheint oberhalb vom zweiten Absatzblock, in dem sich der Cursor befindet, und überdeckt teilweise den ersten Absatz.

Abbildung 5.9 Die Seite »Über mich« mit zwei Blöcken vom Typ »Absatz«

5.3.7 Schritt 4: Die Seite »Über mich« veröffentlichen

Mit dem Symbol VORSCHAU können Sie sich den Entwurf im Frontend anschauen, aber für nicht angemeldete Besuchende wird die Seite erst nach dem *Veröffentlichen* sichtbar, und genau das machen Sie im folgenden ToDo.

> **ToDo: Die Seite »Über mich« veröffentlichen**
> 1. Klicken Sie in der Editorleiste auf die Schaltfläche VERÖFFENTLICHEN.
> 2. Daraufhin erscheint rechts außen ein *Panel* genanntes Fenster mit dem Titel *Bereit zur Veröffentlichung?*, in dem Sie die Einstellungen für die SICHTBARKEIT und das Datum der VERÖFFENTLICHUNG prüfen können. Lassen Sie beide Optionen unverändert.
> 3. Bestätigen Sie die Einstellungen mit einem erneuten Klick auf die Schaltfläche VERÖFFENTLICHEN.

Abbildung 5.10 zeigt den Block-Editor nach diesem ToDo.

Abbildung 5.10 Die Seite »Über mich« ist veröffentlicht.

Nach der Veröffentlichung der Seite gibt es im Block-Editor diverse Änderungen, die man sich kurz bewusst machen sollte:

- Im Panel rechts außen steht der Hinweis ÜBER MICH IST JETZT LIVE. Das bedeutet, dass die Seite im Frontend jetzt auch für nicht angemeldete Besuchende sichtbar ist.
- Unter der Überschrift *Was kommt als Nächstes?* können Sie die Adresse der Seite mit der Schaltfläche KOPIEREN in die Zwischenablage kopieren, um sie z. B. in einer E-Mail oder einem Social-Media-Beitrag wieder einzufügen.

- Um die Seite im Frontend zu betrachten, gibt es rechts im Panel die Schaltfläche SEITE ANSEHEN. Links unten im Inhaltsbereich erscheint außerdem kurz die Mitteilung *Seite veröffentlicht*, die ebenfalls einen Link SEITE ANSEHEN enthält. Um die Seite in einem neuen Tab zu öffnen, halten Sie während des Klicks die Taste [Strg] (Windows) bzw. [cmd] (macOS) gedrückt.

Die Meldung links unten im Inhaltsbereich verschwindet von alleine (oder nach einem Klick darauf), das Panel rechts können Sie mit einem Klick auf das × rechts oben schließen.

5.3.8 Die obere Werkzeugleiste hat sich nach der Veröffentlichung geändert

Abbildung 5.11 zeigt den Block-Editor mit der oberen Werkzeugleiste und dem Inhalt der Seite *Über mich* nach dem Schließen des Panels.

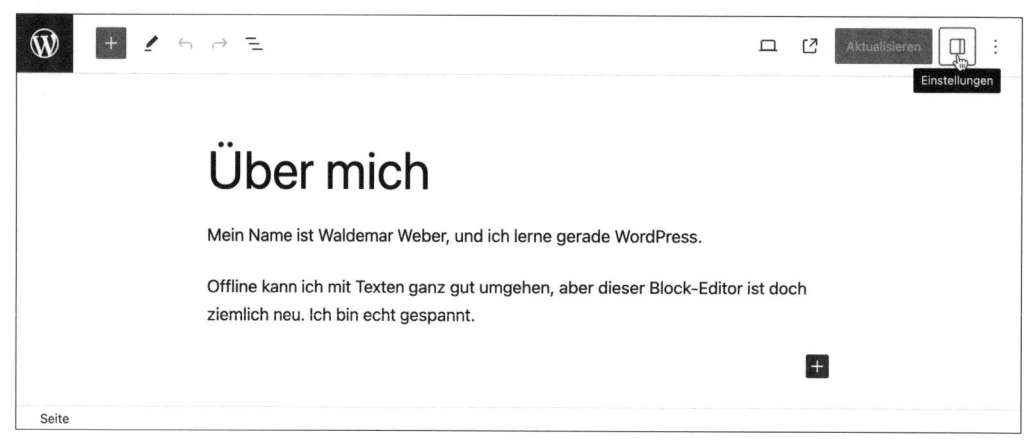

Abbildung 5.11 Die veröffentlichte Seite »Über mich« im Block-Editor

Auf der rechten Seite der oberen Werkzeugleiste hat sich etwas geändert:

- Der Link *Entwurf speichern* ist verschwunden. Um die Veröffentlichung rückgängig zu machen und die Seite wieder als Entwurf zu speichern, können Sie in der Seitenleiste EINSTELLUNGEN auf dem Register SEITE im Bedienfeld ZUSAMMENFASSUNG auf die Schaltfläche AUF ENTWURF UMSTELLEN klicken (siehe unten, Abbildung 5.12).
- Rechts neben dem Symbol VORSCHAU 🖳 gibt es nun ein neues Symbol SEITE ANSEHEN 🗗. Ein Klick darauf öffnet die Seite in einem neuen Tab. Dadurch gibt es zwei auf den ersten Blick ähnliche Links direkt nebeneinander, die aber leicht unterschiedliche Funktionen haben:

- Ein Klick auf Vorschau • Vorschau in neuem Tab zeigt auch eventuell noch nicht gespeicherte Änderungen im Frontend an.
- Ein Klick auf Seite ansehen zeigt die Seite so, wie sie für Besuchende aussieht, und enthält nur bereits gespeicherte Änderungen.

▶ Die Schaltfläche Veröffentlichen heißt jetzt Aktualisieren. Sobald es im Dokument eine nicht gespeicherte Änderung gibt, wird die Schaltfläche anklickbar.

Ohne die Seitenleiste mit den Einstellungen sieht die Seite im Block-Editor fast so aus wie im Frontend. Mit einem Klick auf das Seitenleisten-Symbol können Sie diese Seitenleiste wieder einblenden.

5.3.9 Die »Zusammenfassung« in der Seitenleiste »Einstellungen«

In der Seitenleiste Einstellungen gibt es auf den Registern Seite bzw. Beitrag ein Bedienfeld namens Zusammenfassung, das ich in diesem Abschnitt kurz erläutern möchte (Abbildung 5.12).

Abbildung 5.12 Der Bereich »Zusammenfassung« in der Seitenleiste

Im Bedienfeld Zusammenfassung gibt es die folgenden Optionen:

▶ Sichtbarkeit hat drei Optionen:
- Öffentlich bewirkt, dass ein Beitrag für alle Besucher sichtbar ist.
- Privat zeigt das Dokument nur für im Backend angemeldete Administratoren und Redakteure.

- Passwortgeschützt zeigt im Frontend nur den Beitrags- oder Seitentitel. Anstelle des Inhalts erscheint ein Eingabefeld für das Passwort und der Hinweis, dass der Beitrag passwortgeschützt ist.
▶ Veröffentlichen: Mit einem Klick auf das Datum können Sie das Dokument zurückdatieren oder zeitversetzt veröffentlichen. Wenn Sie ein in der Zukunft liegendes Datum eingeben, wird erst zu diesem Zeitpunkt veröffentlicht. So kann man Dokumente bereits fertig schreiben und dann später automatisch veröffentlichen lassen. Permalinks mit einem Datum bleiben bei der nachträglichen Änderung des Veröffentlichungsdatums unverändert.
▶ Template zeigt an, auf welchem Template das Dokument basiert. Nach einem Klick auf den Link können Sie eventuell aus einer Liste ein anderes Template auswählen (siehe Abschnitt 12.4).
▶ URL: Das ist die URL, unter der das Dokument im Web erreichbar ist.
▶ Autor: Hier wird der Name des Autors angezeigt.
▶ Auf Entwurf umstellen: Dieser Link nimmt die Veröffentlichung zurück und speichert das Dokument wieder als Entwurf.
▶ In den Papierkorb verschieben: Dokumente im Papierkorb sind noch nicht endgültig gelöscht, sondern können wiederhergestellt werden.

Wenn Beiträge im Papierkorb sind, erscheint in der tabellarischen Übersicht im Menü Alle Seiten bzw. Alle Beiträge oberhalb der Beitragsübersicht ein Link Papierkorb, mit dem Sie die gelöschten Beiträge im Papierkorb verwalten können. Wenn dieser Link nicht da ist, ist der Papierkorb leer.

5.4 Eine vorhandene Seite bearbeiten: »Impressum«

Eine Website unterliegt in deutschen Landen in der Regel der Impressumspflicht. Zur Abwechslung erstellen Sie das Impressum nicht als neue Seite, sondern auf Basis der bereits vorhandenen *Beispiel-Seite*. Dabei üben Sie gleich das Ändern von Titel und Permalink sowie das Löschen von Blöcken.

5.4.1 Schritt 1: Titel und Permalink der »Beispiel-Seite« bearbeiten

Um die bereits vorhandene *Beispiel-Seite* zu bearbeiten, öffnen Sie das Menü Seiten • Alle Seiten und klicken in der Übersichtstabelle auf den Namen der Seite. WordPress öffnet die *Beispiel-Seite* daraufhin im Block-Editor (Abbildung 5.13).

Der Titel der Seite ist *Beispiel-Seite*, und darunter gibt es bereits einige Blöcke. In Abbildung 5.13 sehen Sie einen Absatz- und einen Zitat-Block, der den Text etwas nach rechts einrückt.

Abbildung 5.13 Die »Beispiel-Seite« im Block-Editor bearbeiten

Im folgenden ToDo ändern Sie zunächst den Titel und den Permalink, der neue Inhalt kommt dann etwas weiter unten.

> **ToDo: Die »Beispiel-Seite« in »Impressum« umbenennen**
>
> 1. Falls die Seite *Über mich* noch geöffnet ist, speichern Sie alle Änderungen und schließen sie dann mit einem Klick auf das WordPress-Logo links oben in der oberen Werkzeugleiste.
> 2. Öffnen Sie im Menü Seiten • Alle Seiten die bereits vorhandene Beispiel-Seite im Block-Editor.
> 3. Ändern Sie den Titel in »Impressum«.
> 4. Blenden Sie gegebenenfalls rechts die Seitenleiste Einstellungen mit dem Register Seite ein, und öffnen Sie dann den Bereich Zusammenfassung.
> 5. Klicken Sie rechts neben URL auf den Link für diese Seite.
> 6. Ändern Sie im daraufhin erscheinenden Dialogfeld den Eintrag für den Permalink von »beispiel-seite« in »impressum«.
> 7. Schließen Sie das Dialogfeld mit einem erneuten Klick auf den jetzt geänderten Permalink neben URL oder mit einem Klick auf das X rechts oben im Dialogfeld. Die Änderungen werden in beiden Fällen gespeichert.
> 8. Klicken Sie in der oberen Werkzeugleiste auf die Schaltfläche Aktualisieren, um alle Änderungen auf der Seite zu speichern.

> 9. Klicken Sie in der oberen Werkzeugleiste auf das Symbol SEITE ANSEHEN, um die Seite mit dem neuen Permalink in einem neuen Tab aufzurufen. Sie sollte etwa so aussehen wie in Abbildung 5.14.

Abbildung 5.14 zeigt die Seite mit neuem Permalink und Titel, und auch in der Navigation rechts oben ist der neue Name bereits vorhanden. Twenty Twenty-Three listet dort automatisch alle veröffentlichten Seiten.

Abbildung 5.14 Die Seite »Impressum« mit neuem Permalink und Titel

Weiter unten in Abschnitt 5.10 legen Sie für die Seiten im Backend eine sinnvolle Reihenfolge fest, und dann ändert sich auch die Reihenfolge der Seiten in der Navigation. Bei der Anpassung von Themes ab Kapitel 11 lernen Sie die Menüfunktion von WordPress kennen, mit der Sie eine maßgeschneiderte Navigation erstellen können.

> **Titel und Permalink müssen nicht immer identisch sein**
> Titel und Permalink müssen für eine Seite oder einen Beitrag nicht immer identisch sein. So ist es überhaupt kein Problem, einen ausführlichen Titel wie *Was Sie schon immer über uns wissen wollten* mit einem kurzen Permalink wie *ueber-uns* zu kombinieren.

5.4.2 Schritt 2: Die auf der Seite vorhandenen Blöcke löschen

Unterhalb des Titels beginnt wie gesagt die wunderbare Welt der Blöcke, und auf der inzwischen *Impressum* genannten Beispiel-Seite gibt es bereits fünf davon: drei Absätze und zwei Zitate.

Da Sie die vorhandenen Blöcke für das Impressum nicht benötigen, ist dies eine gute Gelegenheit, das Löschen von Blöcken zu üben.

Einzelne Blöcke per Tastatur löschen: »ESC« und »Backspace« oder »Entf«

Einen einzelnen Block zu löschen, geht ganz einfach:

- Cursor in den zu löschenden Block setzen.
- `Esc` drücken, um den Block zu markieren.
- `←` oder `Entf` drücken, um ihn zu löschen.

Das ist sehr praktisch, aber `Esc` macht noch mehr. Ein Druck auf die `Esc`-Taste versetzt den Block-Editor nämlich in den Modus AUSWÄHLEN, der auch zum schnellen Bewegen durch das Dokument dient (siehe Abschnitt 6.7, »Hilfreich: ›Listenansicht‹, ›Gliederung‹ und Modus ›Auswählen‹«).

Mehrere Blöcke auf einmal löschen

Da es auf Dauer ein bisschen mühsam ist, jeden Block einzeln zu löschen, kann man auch mehrere direkt aufeinanderfolgende Blöcke markieren und diese dann zusammen mit einem Klick löschen:

- Markieren Sie mit gedrückter Maustaste die zu löschenden Blöcke ❶. Dabei werden markierte Blöcke hellblau hinterlegt.
- Rechts im Register BLOCK steht, wie viele Blöcke markiert sind ❷ (und wie viele Wörter darin enthalten sind).
- Zum Löschen der Markierung per Tastatur drücken Sie einfach `←` oder `Entf`.
- Zum Löschen der markierten Blöcke per Maus klicken Sie in der Block-Werkzeugleiste auf das 3-Punkte-Menü ❸ und dann auf BLÖCKE LÖSCHEN ❹.

Abbildung 5.15 zeigt diesen Vorgang im Überblick.

Im folgenden ToDo löschen Sie die fünf auf der Seite enthaltenen Blöcke.

ToDo: Die Blöcke auf der Seite »Impressum« löschen

1. Öffnen Sie gegebenenfalls die Seite *Impressum* im Editor.
2. Löschen Sie wie oben beschrieben per Tastatur zunächst ein oder zwei einzelne Blöcke.
3. Versuchen Sie, einzelne Löschungen auch wieder rückgängig zu machen. Das geht entweder per Klick auf das RÜCKGÄNGIG-Symbol oben links in der Editorleiste oder per Tastenkürzel `Strg` + `Z` (Windows) bzw. `cmd` + `Z` (macOS).
4. Wenn alle Blöcke gelöscht sind und nur noch der Titel vorhanden ist, speichern Sie die Änderungen mit einem Klick auf AKTUALISIEREN rechts oben in der Editorleiste.

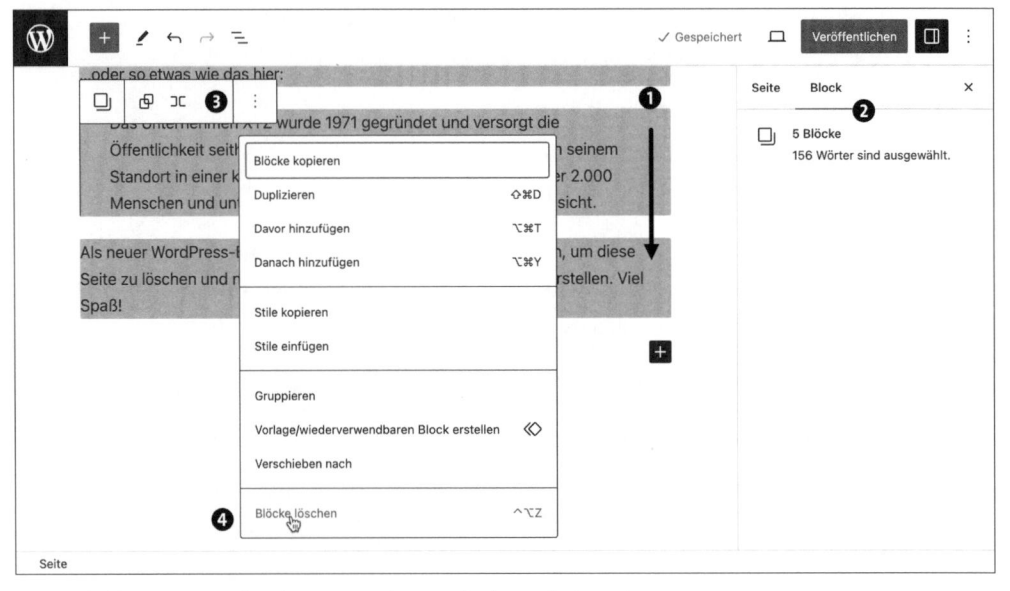

Abbildung 5.15 So löschen Sie mehrere Blöcke auf einmal.

Nach diesem ToDo gibt es auf der Seite nur noch den Titel und keine Blöcke mehr. Höchste Zeit, das eigentliche Impressum einzufügen.

> **Das 3-Punkte-Menü in der Block-Werkzeugleiste ist sehr praktisch**
>
> Mit dem 3-Punkte-Menü ganz rechts in der Block-Werkzeugleiste können Sie einen Block nicht nur entfernen, sondern auch DUPLIZIEREN oder einen Block DAVOR HINZUFÜGEN bzw. DANACH HINZUFÜGEN. Das kann im Block-Alltag ausgesprochen praktisch sein.

5.4.3 Schritt 3: Das Impressum hinzufügen

Falls Sie sich nicht sicher sind, was alles in ein Impressum gehört, gibt es einige hilfreiche Websites, wie z. B. *impressum-generator.de*. Schritt für Schritt werden dort die gesetzlich erforderlichen Angaben zu Website und Betreiber abgefragt.

Beim Erstellen des Impressums sind zwei einfache Tricks sehr nützlich:

- Zeilenumbruch. Ein Druck auf ⏎ erzeugt im Block-Editor automatisch einen neuen Absatz-Block und die dazugehörigen Abstände. Für eine neue Zeile *innerhalb* eines Blocks drücken Sie ⇧ + ⏎.
- Fettdruck. Markieren Sie den gewünschten Text, und klicken Sie in der Block-Werkzeugleiste auf das Symbol B (wie *bold*, auf Deutsch *fett*).

Das Ergebnis könnte z. B. so aussehen wie in Abbildung 5.16.

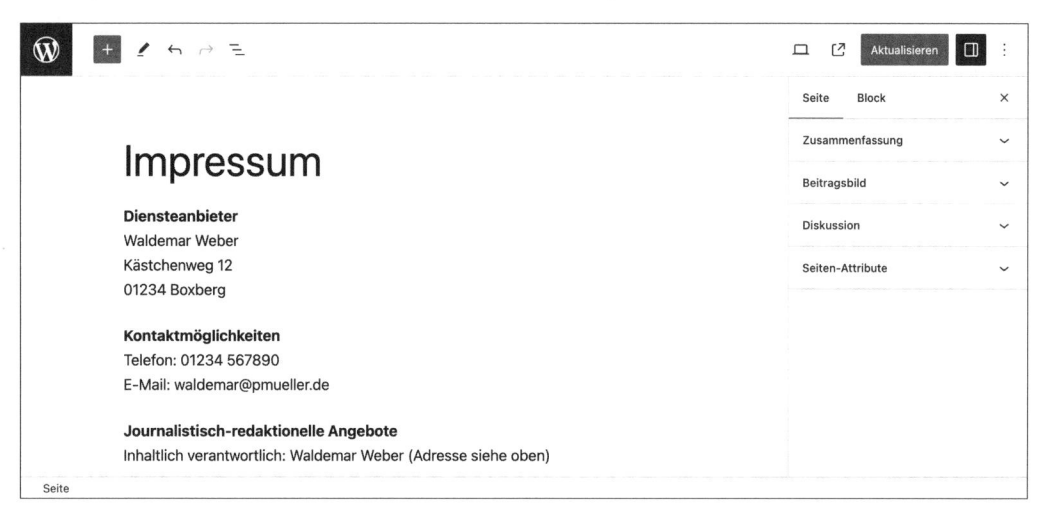

Abbildung 5.16 Das fertige Impressum im Block-Editor

Im folgenden ToDo setzen Sie diese Schritte um.

> **ToDo: Die Blöcke für das Impressum einfügen**
> 1. Öffnen Sie gegebenenfalls die Seite *Impressum* im Editor.
> 2. Platzieren Sie den Cursor in den ersten Block unterhalb des Titels.
> 3. Geben Sie den Text für das Impressum ein, und gestalten Sie ihn.
> 4. Wenn alles okay ist, klicken Sie auf die Schaltfläche AKTUALISIEREN und überprüfen die Seite im Frontend.

> **Eine Website benötigt auch Cookie-Hinweis und Datenschutzerklärung**
> Bevor Sie online gehen, sollten Sie zusätzlich zum Impressum noch einen Cookie-Hinweis (siehe Abschnitt 15.7) und eine Datenschutzerklärung erstellen (siehe Abschnitt 18.4).

5.5 Das Menü »Beiträge • Alle Beiträge« im Überblick

WordPress speichert geschriebene Inhalte wie gesagt entweder in einem Beitrag oder auf einer manuell erstellten Seite. Nach dem Kennenlernen der Seiten in den vorherigen Abschnitten geht es jetzt um Beiträge.

Beiträge sind der Kern eines jeden Blogs oder Newsbereichs und werden im Frontend in rückwärts chronologischer Reihenfolge ausgegeben. Die Erstellung und Verwaltung dieser Beiträge erfolgt, vielleicht nicht ganz unerwartet, im Menü BEITRÄGE.

Nach einem Klick auf das Menü BEITRÄGE wird der Bereich ALLE BEITRÄGE angezeigt, in dem es bereits einen Beitrag mit dem schönen Titel *Hallo Welt!* gibt, der während der Installation automatisch angelegt wurde (Abbildung 5.17).

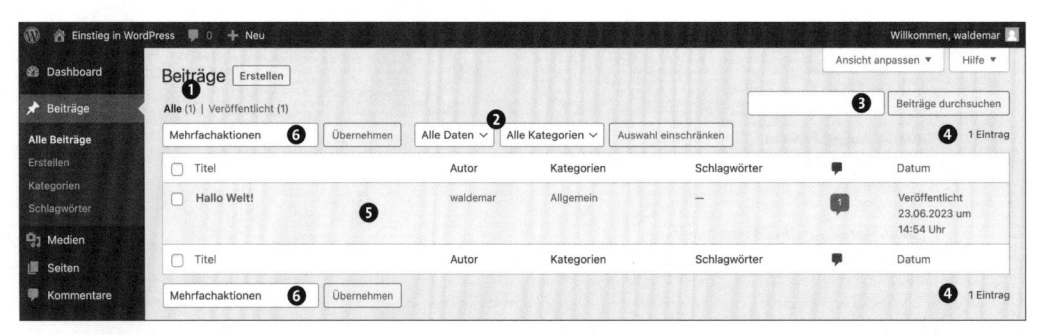

Abbildung 5.17 »Beiträge • Alle Beiträge« – alle Beiträge in der Übersicht

Im Bereich BEITRÄGE • ALLE BEITRÄGE gibt es folgende Optionen:

- *Status der Veröffentlichung* ❶: Hier können Sie ALLE Beiträge anzeigen lassen oder nur bereits veröffentlichte Beiträge. Weitere Optionen wie PAPIERKORB, ENTWURF etc. erscheinen automatisch, sobald ein Beitrag in den Papierkorb gelegt oder als Entwurf gespeichert wird.
- *Filter für Datum und Kategorie* ❷: Um die in der Übersicht angezeigten Beiträge zu filtern, wählen Sie die gewünschten Filterkriterien aus den Dropdown-Listen und klicken dann auf AUSWAHL EINSCHRÄNKEN. Bei momentan nur einem Beitrag macht das natürlich noch wenig Sinn.
- *Beiträge durchsuchen* ❸: Um die Beiträge nach einem bestimmten Wort zu durchsuchen, geben Sie das gewünschte Suchwort ein und klicken auf BEITRÄGE DURCHSUCHEN.
- *Anzahl der Beiträge* ❹: Die Zahl gibt an, wie viele Beiträge in der Übersicht gerade angezeigt werden (1 EINTRAG).
- Die *Übersichtstabelle* ❺ zeigt einige Detailinformationen zum Beitrag:
  - TITEL ist der Titel des Beitrags. Die Spaltenüberschrift ist ein Link, der die Beiträge auf- bzw. absteigend sortiert.
  - AUTOR des Beitrags ist *Waldemar*.
  - Der Beitrag gehört zur KATEGORIE *Allgemein* und hat noch keine SCHLAGWÖRTER.

- Es gibt bereits einen Kommentar zum Beitrag, der während der Installation automatisch erstellt wurde.
- Datum: Der Beitrag ist am 23.06.2022 um 14:54 Uhr veröffentlicht worden. Die Spaltenüberschrift *Datum* ist ein Link, der Beiträge auf- bzw. absteigend sortiert.

Außerdem gibt es ober- und unterhalb der Tabelle noch das Dropdown-Menü Mehrfachaktionen ❻ zum Bearbeiten oder Löschen mehrerer Beiträge auf einen Schlag. Ausgeführt wird die gewählte Aktion nach Auswahl der entsprechenden Beiträge mit einem Klick auf die Schaltfläche Übernehmen rechts daneben.

Über den Befehl Ansicht anpassen oben rechts im Inhaltsbereich können Sie einzelne Spalten der Tabelle ein- bzw. ausblenden. Dort lässt sich auch einstellen, wie viele Beiträge hier im Backend auf einer Seite angezeigt werden sollen und ob Sie die Beitragsübersicht wie in Abbildung 5.17 als Kompakte Ansicht oder als Erweiterte Ansicht mit einem Textauszug sehen möchten.

5.6 Einen vorhandenen Beitrag bearbeiten: »Der Block-Editor«

Um den Beitrag *Hallo Welt!* zu bearbeiten, klicken Sie in der Übersichtstabelle einfach auf den Namen des Beitrags. WordPress öffnet den Beitrag dann zur Bearbeitung im Block-Editor (Abbildung 5.18).

Abbildung 5.18 Der Beitrag »Hallo Welt!«

Der Block-Editor funktioniert in Beiträgen fast genauso wie auf Seiten:

▶ Die obere Werkzeugleiste enthält die gleichen Befehle.
▶ Rechts neben dem Inhalt gibt es eine Seitenleiste Einstellungen.
▶ Im Inhaltsbereich steht oben ein Titel und darunter die Blöcke.

In der Seitenleiste gibt es aber kleine Unterschiede, denn das erste Register heißt jetzt Beitrag, und darunter gibt es zusätzliche Bereiche wie Kategorien und Schlagwörter, über die Sie in Kapitel 6, »Texte schreiben und den Block-Editor kennenlernen«, mehr erfahren.

Im folgenden ToDo ändern Sie Titel, Permalink und Inhalt des Hallo-Welt-Beitrags. Falls Ihnen gerade nichts einfällt, worüber Sie schreiben könnten, bauen Sie einfach den in Abbildung 5.19 gezeigten Beitrag nach.

ToDo: Titel, Inhalt und Permalink eines Beitrags bearbeiten

1. Öffnen Sie den Beitrag *Hallo Welt!* im Block-Editor.
2. Ändern Sie den Titel in »Der Block-Editor«.
3. Löschen Sie im Inhaltsbereich den bereits vorhandenen Absatz-Block, und geben Sie mindestens zwei Blöcke beliebigen Text ein (siehe z. B. Abbildung 5.19).
4. Öffnen Sie in der Seitenleiste EINSTELLUNGEN auf dem Register BEITRAG den Bereich ZUSAMMENFASSUNG.
5. Ändern Sie die URL zu »block-editor«.
6. Wenn alles fertig ist, klicken Sie auf die Schaltfläche AKTUALISIEREN, um die Änderungen in der Datenbank zu speichern.
7. Schließen Sie den Beitrag mit einem Klick auf das WordPress-Symbol links oben in der Editorleiste. Sie landen dann wieder im Menü BEITRÄGE.

Abbildung 5.19 zeigt den fertigen Beitrag im Block-Editor.

Abbildung 5.19 Der Beitrag »Der Block-Editor« im Block-Editor

5.7 Einen neuen Beitrag erstellen: »Blöcke auswählen per Schrägstrich«

Es gibt viele Wege, einen neuen Beitrag zu erstellen. Fast immer in Reichweite sind das Menü BEITRÄGE • ERSTELLEN links in der Menüleiste oder der Befehl + NEU • BEITRAG oben in der Admin-Toolbar. Welchen Weg Sie wählen, spielt keine Rolle. Sie bekommen in jedem Fall einen neuen Beitrag.

Sie haben bereits gesehen, dass ein leerer Block die Aufforderung *Tippe /, um einen Block auszuwählen* enthält, und jetzt ist es an der Zeit, diese Art der Blockauswahl kennenzulernen.

Abbildung 5.20 zeigt die Blockauswahl per Schrägstrich in Aktion. Am Anfang eines leeren Absatzes wurde »/li« eingegeben. In der daraufhin erscheinenden Blockauswahl ist bereits der Block-Typ LISTE markiert. Nach einem Klick auf diesen Eintrag können Sie ganz einfach eine Liste erstellen.

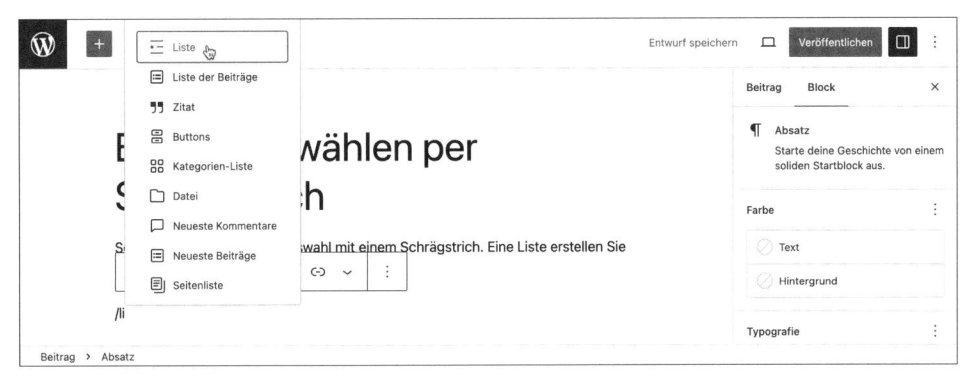

Abbildung 5.20 Die mit einem Schrägstrich aktivierte Blockauswahl

Im folgenden ToDo erstellen Sie einen neuen Beitrag, wobei Sie mit der Blockauswahl per [/] eine Liste einfügen.

ToDo: Einen neuen Beitrag erstellen und per / einen Listen-Block einfügen

1. Erstellen Sie einen neuen Beitrag: BEITRÄGE • ERSTELLEN.
2. Geben Sie einen Titel ein, z. B. »Blöcke auswählen per Schrägstrich«.
3. Geben Sie im ersten Block etwas Text ein, z. B. »Sehr praktisch ist die Blockauswahl mit einem Schrägstrich. Eine Liste erstellen Sie damit wie folgt: (siehe Abbildung 5.21).
4. Drücken Sie [↵], um einen neuen Block zu erzeugen.
5. Geben Sie einen Schrägstrich [/] ein, um die Blockauswahl aufzurufen. Daraufhin erscheint ein Auswahlfeld mit verschiedenen Block-Typen (Abbildung 5.20).
6. Geben Sie auf der Tastatur »Li« ein (ohne die Anführungsstriche). Im Auswahlfeld wird daraufhin der LISTE-Block markiert. Bestätigen Sie die Auswahl mit [↵]. Falls nötig, können Sie die Markierung in der Blockauswahl auch mit den Pfeiltasten verschieben oder den Block-Typ LISTE mit der Maus anklicken.

7. Am Anfang des Blocks erscheint ein Aufzählungszeichen, ein blinkender Cursor und der Hinweis *Liste*. Sie können jetzt den ersten Listenpunkt erstellen. Das Aufzählungszeichen wird übrigens vom Theme festgelegt.
8. Weitere Listenpunkte erhalten Sie mit ⏎. Denken Sie sich eine eigene Liste aus, oder bauen Sie die aus Abbildung 5.21 nach.
9. Sie beenden die Eingabe der Liste mit *zweimal* ⏎. Sie landen dann in einem leeren Absatz-Block, in dem Sie noch etwas abschließenden Text eingeben können (siehe Abbildung 5.21).
10. Wenn der Beitrag fertig ist, Veröffentlichen Sie ihn. Die URL des Beitrags kann auf dem Titel basieren. Die Veröffentlichung geht ansonsten genau wie bei den Seiten weiter oben.

Abbildung 5.21 zeigt den neuen Beitrag im Block-Editor.

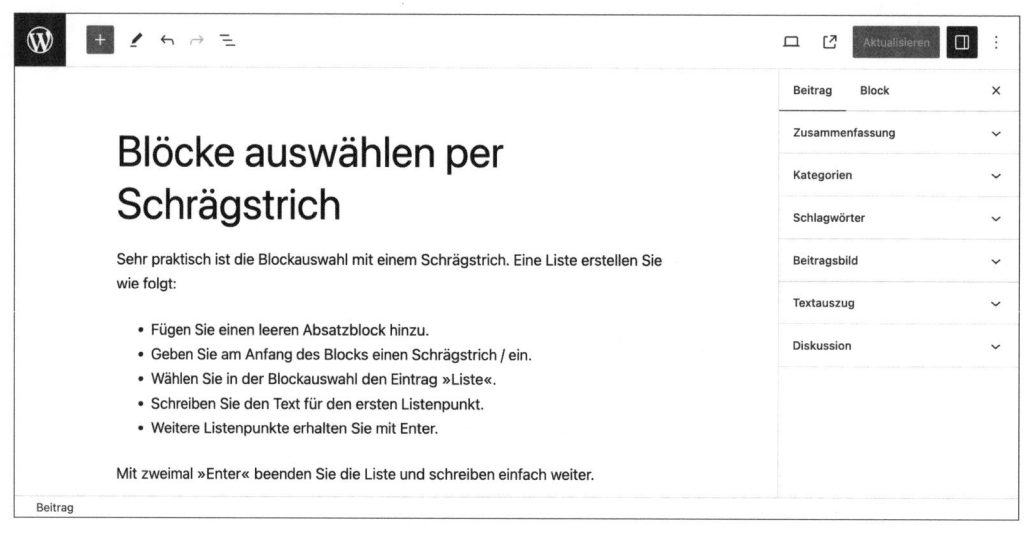

Abbildung 5.21 Der neue Beitrag im Block-Editor

5.8 Beiträge im Frontend: Beitragsseite und Einzelansicht

Beiträge können im Frontend an verschiedenen Stellen auftauchen: Auf der Beitragsseite stehen alle Beiträge rückwärts chronologisch untereinander, auf Archivseiten werden nur bestimmte Beiträge angezeigt, und für jeden Beitrag gibt es auch noch eine Einzelansicht. Da Einsteiger das anfangs oft etwas verwirrend finden, möchte ich Ihnen das in diesem Abschnitt kurz zeigen.

> **Ein »Archiv« zeigt nur bestimmte Beiträge**
>
> In WordPress wird Ihnen früher oder später der Begriff *Archiv* begegnen. Eine *Archivseite* ist eine nicht im Menü *Seiten* gelistete automatisch generierte Seite, auf der nur Beiträge mit einem bestimmten Filter gezeigt werden. Eine Archivseite enthält also z. B. nur Beiträge von einem bestimmten Autor oder einer bestimmter Kategorie. Mehr über die verschiedenen Seitentypen von WordPress erfahren Sie in Abschnitt 5.11.

5.8.1 Auf der Beitragsseite werden alle Beiträge ausgegeben

Nach der Installation von WordPress werden alle Beiträge auf der Startseite ausgegeben. Falls Sie im Browser also gerade nicht auf der Startseite sind – ein Klick auf den Titel der Website links oben bringt Sie zur Startseite, die in WordPress nach der Installation standardmäßig ja auch gleichzeitig die Beitragsseite ist.

Abbildung 5.22 zeigt die beiden vorhandenen Beiträge auf der Startseite.

Abbildung 5.22 Startseite mit zwei Beiträgen, der neuere erscheint zuerst.

Bei einem Theme mit einer einspaltigen Beitragsliste stehen die beiden Beiträge *untereinander*, bei Twenty Twenty-Three, das die Beiträge standardmäßig dreispaltig ausgibt, *nebeneinander*:

- Der neue Beitrag *Blöcke auswählen per Schrägstrich* wurde am 28. Juni veröffentlicht und erscheint zuerst.
- Der Beitrag *Der Block-Editor* vom 23. Juni ist älter und rutscht dadurch nach rechts.

> **Paginierung von Beiträgen**
> Wenn auf einer Beitragsseite mehr als die in EINSTELLUNG • LESEN festgelegte Anzahl von Beiträgen pro Seite erreicht ist, erstellt WordPress automatisch eine neue Seite und fügt nach dem letzten Beitrag eine Navigation ein (*Paginierung*), mit der man ältere Beiträge aufrufen kann.

5.8.2 Jeder Beitrag hat eine Einzelansicht mit eigenem Permalink

Für jeden Beitrag gibt es eine Einzelansicht, auf der der komplette Beitrag mit einer eigenen URL und eventuellen Kommentaren angezeigt wird. Klicken Sie in der Beitragsübersicht einfach auf den Titel eines Beitrags, um zur Einzelansicht zu gelangen.

Abbildung 5.23 zeigt die obere Hälfte der Einzelansicht des Beitrags *Der Block-Editor* mit dem Standardtheme Twenty Twenty-Three:

- Die Einzelansicht eines Beitrags hat eine eigene URL, unter der sie weltweit abrufbar ist.
- Unterhalb des Kopfbereichs steht der Titel.
- Darunter erscheint der komplette Inhalt des Beitrags.
- Unter dem Inhalt stehen Meta-Infos zum Artikel wie Datum, Kategorie, Schlagwörter und Autor.

Mit einem anderen Theme könnte die Einzelansicht völlig anders aussehen.

In Abbildung 5.24 folgt die untere Hälfte der Einzelansicht mit den Kommentaren:

- In Twenty Twenty-Three werden unterhalb des Beitrags die Kommentare zum Beitrag gelistet. Momentan ist das der während der Installation von WordPress automatisch erstellte Beispiel-Kommentar.
- Unterhalb der Kommentare wiederum erscheint die Überschrift *Schreibe einen Kommentar* mit einem Kommentarformular.

Abbildung 5.23 Ein Beitrag in der Einzelansicht (Teil 1/2)

Abbildung 5.24 Ein Beitrag in der Einzelansicht (Teil 2/2)

5.9 WordPress mit statischer Startseite und zusätzlicher Beitragsseite

Nach der Installation von WordPress erscheinen die Beiträge direkt auf der Startseite, aber das muss nicht so bleiben. In diesem Abschnitt sehen Sie eine im Web sehr verbreitete Variante:

- Die Startseite ist eine statische Seite und enthält keine Beiträge.
- Für die Beiträge erstellen Sie eine neue Seite namens *Blog* oder *News*, die in den Einstellungen zur Beitragsseite befördert wird.

5.9.1 Übersicht: WordPress mit statischer Startseite und Beitragsseite

Auf vielen Websites werden Besuchende oft auf einer hübsch gestalteten Startseite mit einer Übersicht zu den wichtigsten Inhalten begrüßt. In WordPress können Sie zu diesem Zweck eine statische Seite zur Startseite befördern und diese mit ganz normalem Inhalt füllen. Die Beiträge geben Sie dann auf einer anderen Seite aus, die Sie z. B. *Blog*, *News* oder *Aktuelles* oder so ähnlich nennen (Abbildung 5.25).

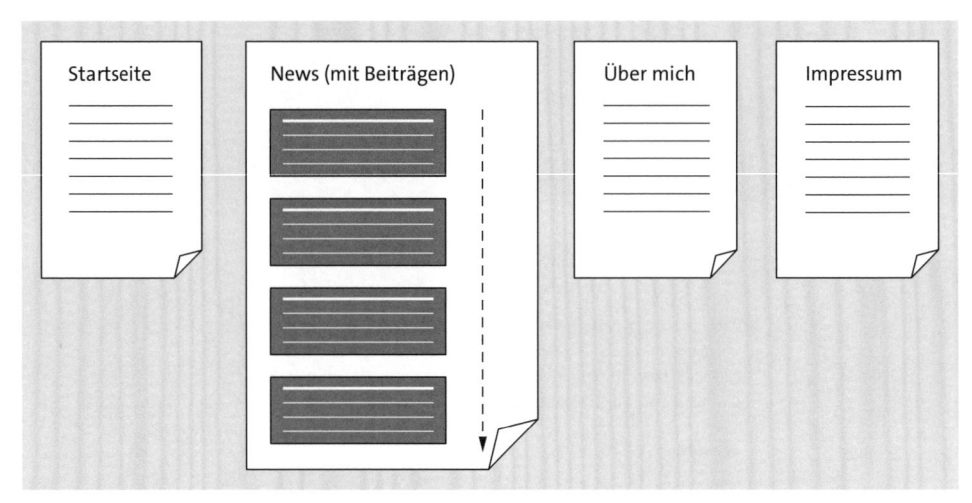

Abbildung 5.25 WordPress mit statischen Seiten und einer Beitragsseite

5.9.2 Vorbereitung: »Deine Homepage zeigt ...« in »Einstellungen • Lesen«

Im Menü EINSTELLUNGEN • LESEN finden Sie ganz oben die Option DEINE HOMEPAGE ZEIGT, mit der Sie festlegen können, ob die Startseite DEINE LETZTEN BEITRÄGE oder EINE STATISCHE SEITE anzeigen soll (Abbildung 5.26).

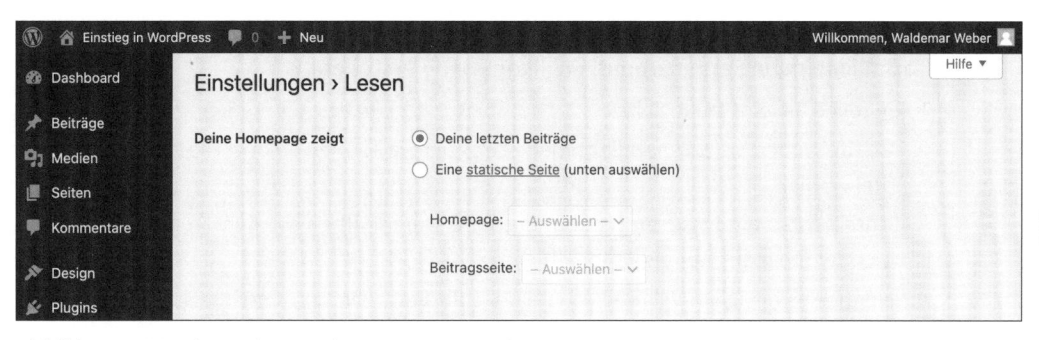

Abbildung 5.26 Die Option »Deine Homepage zeigt ... «

Die Standardeinstellung von WordPress ist DEINE LETZTEN BEITRÄGE, und darum erscheinen die Beiträge gleich auf der Startseite. Wenn die Beiträge auf Ihrer Website die Hauptrolle spielen, ist das eine gute Einstellung.

Die zweite Option, EINE STATISCHE SEITE (UNTEN AUSWÄHLEN), ist ideal, falls Sie Ihren Besuchern als Startseite lieber eine hübsch gestaltete statische Seite zeigen möchten.

Zu diesem Zweck erstellen Sie erst einmal zwei neue Seiten, eine für die zukünftige Startseite und eine für die neue Beitragsseite. Diese Seiten weisen Sie dann hier in EINSTELLUNGEN • LESEN entsprechend zu. Im Folgenden zeige ich Ihnen Schritt für Schritt, wie das geht.

5.9.3 Schritt 1: »Willkommen« – eine neue Seite für die Startseite erstellen

Im ersten Schritt erstellen Sie zunächst einmal eine neue Seite für die Startseite, die schlicht und einfach »Willkommen« heißen soll. Abbildung 5.27 zeigt die Seite im Block-Editor.

Abbildung 5.27 Die statische Seite »Willkommen« im Block-Editor

Im folgenden ToDo erstellen Sie diese Seite.

> **ToDo: Eine neue Seite namens »Willkommen« erstellen**
>
> 1. Erstellen Sie eine neue Seite.
> 2. Als Titel geben Sie z. B. »Willkommen« ein, aber Sie können auch gerne einen anderen Titel wählen.
> 3. Schreiben Sie ein bisschen Text auf die Seite. Der Inhalt ist momentan noch nicht wichtig und dient nur als Platzhalter.
> 4. Wenn alles fertig ist, Veröffentlichen Sie die Seite. Die URL der Seite ist dabei nicht wichtig, da sie weiter unten als Startseite aktiviert wird.

5.9.4 Schritt 2: »News« – eine neue Seite für die Beitragsseite erstellen

Im zweiten Schritt erstellen Sie eine neue Seite, die *News* heißen und als Beitragsseite dienen wird. Im folgenden ToDo erstellen Sie diese Seite *News*.

> **ToDo: Eine neue Seite namens »News« erstellen**
>
> 1. Erstellen Sie eine neue Seite.
> 2. Geben Sie als Titel der Seite einfach »News« ein. Gängige Alternativen für eine zukünftige Beitragsseite wären z. B. *Blog*, *Aktuelles* oder *Neues*.
> 3. Im Textbereich können Sie sich einfach eine Notiz machen, dass diese Seite als Beitragsseite dient.
> 4. Klicken Sie auf die Schaltfläche Veröffentlichen. Dabei können Sie die URL der Seite automatisch von WordPress generieren lassen.

Abbildung 5.28 zeigt die Seite im Block-Editor. Der Inhalt wird im Frontend übrigens tatsächlich nicht angezeigt, da WordPress den Inhaltsbereich auf der Beitragsseite mit der Beitragsübersicht ersetzt.

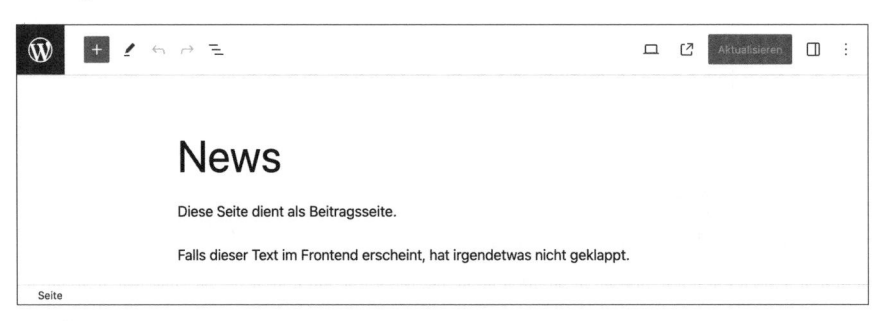

Abbildung 5.28 Die zukünftige Beitragsseite im Editor

5.9.5 Schritt 3: Startseite und Beitragsseite in den Einstellungen zuweisen

Nach der Erstellung der beiden Seiten öffnen Sie jetzt das Menü EINSTELLUNGEN • LESEN und weisen die beiden frisch erstellten Seiten den Optionen HOMEPAGE und BEITRAGSSEITE zu (Abbildung 5.29).

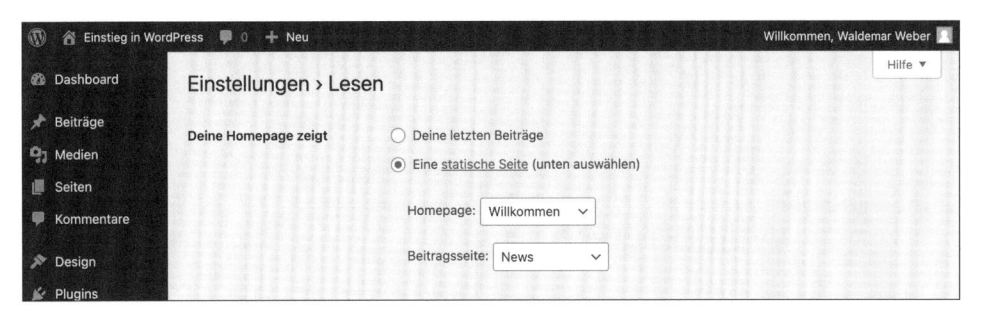

Abbildung 5.29 Die Option »Deine Homepage zeigt ... Eine statische Seite«

Im folgenden ToDo setzen Sie diese Einstellungen um.

> **ToDo: Start- und Beitragsseite in »Einstellungen • Lesen« zuweisen**
> 1. Öffnen Sie das Menü EINSTELLUNGEN • LESEN.
> 2. Aktivieren Sie im Bereich DEINE STARTSEITE ZEIGT die Option EINE STATISCHE SEITE (UNTEN AUSWÄHLEN).
> 3. Wählen Sie als HOMEPAGE, also als Startseite, die Seite *Willkommen*.
> 4. Wählen Sie als BEITRAGSSEITE die Seite *News*.
> 5. Bestätigen Sie die Änderungen mit einem Klick auf ÄNDERUNGEN SPEICHERN.

Abbildung 5.30 zeigt, dass die veröffentlichten Seiten automatisch zur Navigation hinzugefügt wurden, und die frisch erstellte Seite *Willkommen* ist jetzt die Startseite der Website. Ein Klick auf den Titel der Website bringt Besuchende immer zurück zu dieser Seite.

Auf der ebenfalls neuen Seite *News* werden jetzt die Beiträge dargestellt und nicht der weiter oben im Block-Editor eingegebene Text (Abbildung 5.31).

Die Website nimmt langsam, aber sicher Form an, aber bevor Sie ins nächste Kapitel springen, gibt es noch zwei Dinge zu erledigen:

▶ Das Menü SEITEN • ALLE SEITEN wird langsam unübersichtlich, und es wäre schön, wenn die Seiten eine sinnvolle Reihenfolge hätten.

► Die Navigation ist ebenfalls ein bisschen durcheinander. Die Seiten sind erreichbar, aber auch hier wäre eine andere Reihenfolge wünschenswert.

Beide Fliegen erschlagen Sie im nächsten Abschnitt mit einer Klappe.

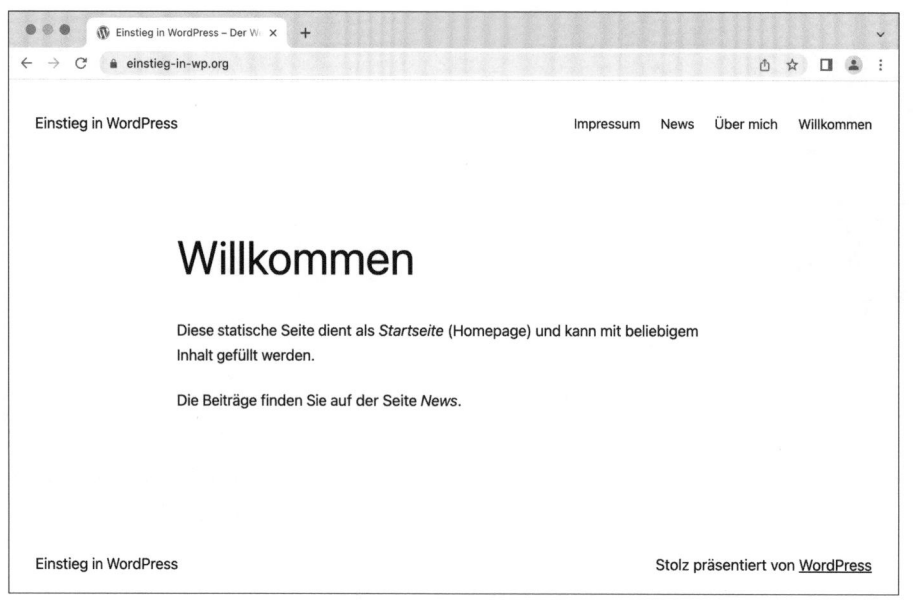

Abbildung 5.30 Die statische Startseite – mit Text, ohne Beiträge

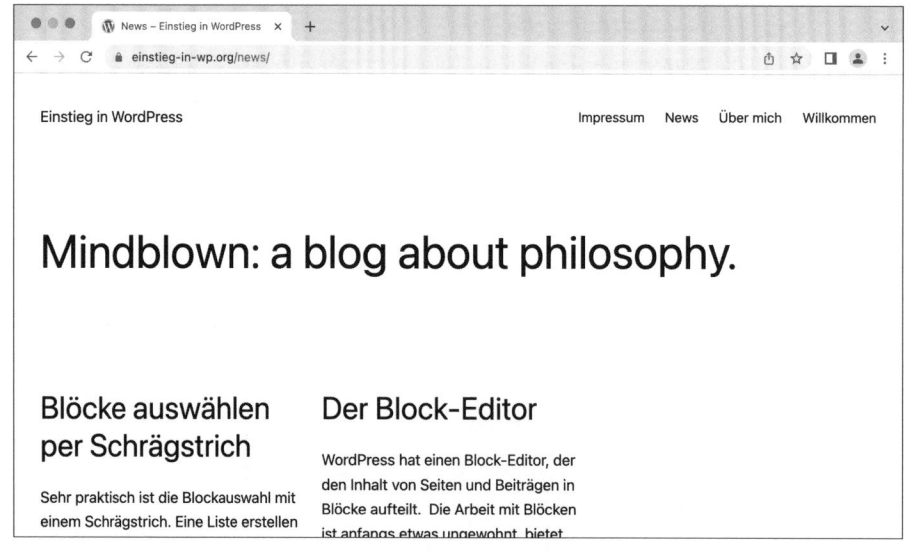

Abbildung 5.31 Die Seite »News« dient jetzt als Beitragsseite.

5.10 Die Reihenfolge der Seiten festlegen

In diesem Abschnitt möchte ich Ihnen kurz zeigen, wie Sie im Menü SEITEN • ALLE SEITEN mit dem Link QUICKEDIT die Seiten in einer eigenen Reihenfolge darstellen können.

5.10.1 Die Übersicht der statischen Seiten in »Seiten • Alle Seiten«

Wechseln Sie im Backend in das Menü SEITEN • ALLE SEITEN. Hier sehen Sie die vorhandenen Seiten, und die Seiten *News* und *Willkommen* sind deutlich als *Beitragsseite* bzw. *Startseite* gekennzeichnet.

Sie können die Einträge in dieser Tabelle mit einem Klick auf die Spaltenüberschriften sortieren, aber eine eigene Reihenfolge ist auf den ersten Blick nicht möglich. Diese Möglichkeit ist gut versteckt in der Funktion QUICKEDIT, die Sie nur sehen, wenn der Mauszeiger über einem Seiteneintrag schwebt.

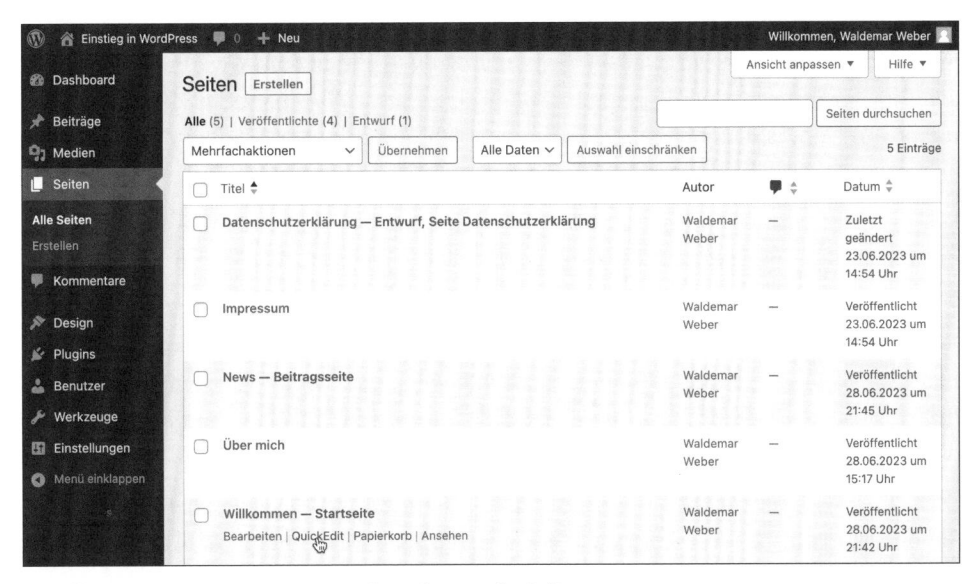

Abbildung 5.32 Die Seiten im Menü »Seiten • Alle Seiten«

5.10.2 »QuickEdit« enthält nützliche Abkürzungen

Abbildung 5.33 zeigt, dass nach dem Klick auf den Link QUICKEDIT eine Eingabemaske erscheint, in der Sie Details wie TITEL, TITELFORM (der letzte Teil der URL), DATUM und STATUS ändern können. Und es gibt hier ein unscheinbares Feld namens REIHENFOLGE. Alle diese Optionen gibt es auch im Block-Editor, aber hier im *QuickEdit* geht es im Alltag manchmal einfach schneller.

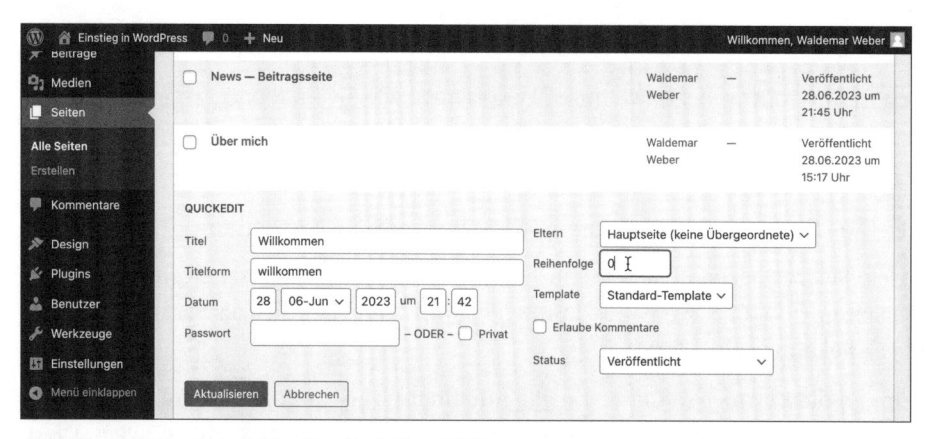

Abbildung 5.33 »QuickEdit« für die Seite »Willkommen«

5.10.3 Die Reihenfolge der Seiten im Menü »Seiten • Alle Seiten«

Jede Seite hat im *QuickEdit* ein Feld namens REIHENFOLGE, in dem WordPress bei der Erstellung der Seite automatisch eine »0« einträgt. Dieser Wert bleibt in vielen Websites unberührt, sodass da jede Menge Nullen vor sich hinschlummern, aber das kann man ändern.

Sie können für die Reihenfolge der Seiten beliebige positive ganze Zahlen eingeben, wobei eine höhere Zahl weiter unten in der Übersicht erscheint. Die Seite mit der *Reihenfolge: 0* steht also ganz oben, die Seite mit der *Reihenfolge: 1* darunter und so weiter.

Bei den Werten für die Reihenfolge sollten Sie ein bisschen Luft lassen. Vergeben Sie also nicht Werte wie 1, 2, 3 und so weiter, sondern lieber 10, 20, 30 und so weiter. Seiten wie Impressum oder Datenschutz, die meist ganz unten stehen sollen, können ruhig auch was um die 100 bekommen.

Diese Vorgehensweise hat den Vorteil, dass Sie neue Seiten auch *zwischen* den vorhandenen Seiten einsortieren können. Wenn z. B. die Seite *News* eine 10 hat und *Über mich* eine 20, dann ist dazwischen noch jede Menge Platz für neue Seiten.

Tabelle 5.1 enthält eine mögliche Variante für die Reihenfolge der bisher erstellten Seiten.

Titel der Seite	Reihenfolge
Willkommen	0
News	10

Tabelle 5.1 Eine mögliche Reihenfolge für die Seiten im Backend

5.10 Die Reihenfolge der Seiten festlegen

Titel der Seite	Reihenfolge
Über mich	20
Datenschutzerklärung (Entwurf)	100
Impressum	110

Tabelle 5.1 Eine mögliche Reihenfolge für die Seiten im Backend (Forts.)

Im folgenden ToDo setzen Sie diese Tabelle um.

ToDo: Reihenfolge der Seiten in »Seiten • Alle Seiten« ändern

1. Öffnen Sie das Menü SEITEN • ALLE SEITEN.
2. Fahren Sie mit der Maus über den Eintrag für die Datenschutzerklärung, und klicken Sie auf QUICKEDIT.
3. Geben Sie im Feld REIHENFOLGE den Wert »110« ein.
4. Speichern Sie die Eingabe mit einem Klick auf die Schaltfläche AKTUALISIEREN.
5. Klicken Sie auf das Menü SEITEN • ALLE SEITEN, um die veränderte Reihenfolge zu sehen.
6. Bearbeiten Sie die Einträge der anderen Seiten entsprechend den Vorschlägen aus Tabelle 5.1.

Abbildung 5.34 zeigt das Menü SEITEN • ALLE SEITEN nach diesem ToDo. Die Reihenfolge der Seiten ist so übersichtlicher und leichter zu handhaben.

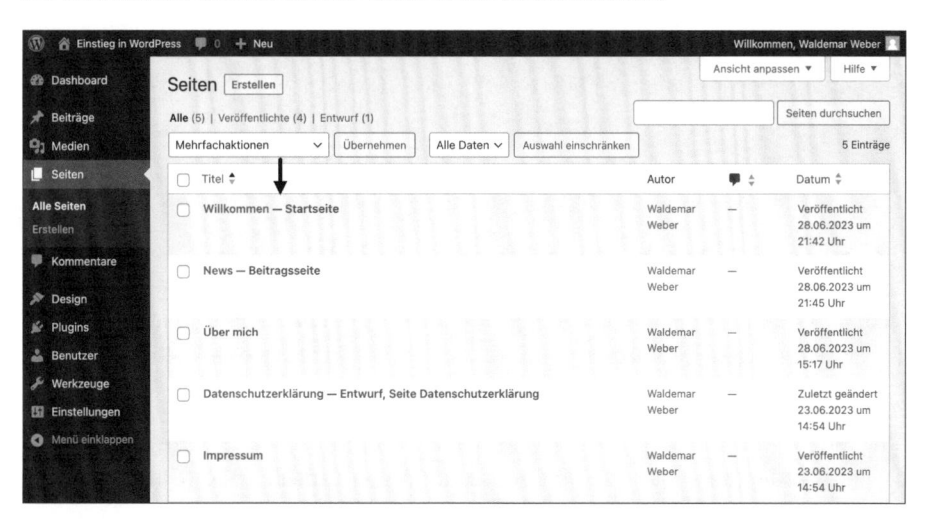

Abbildung 5.34 Die Seiten im Backend mit einer sinnvolleren Reihenfolge

Wenn Sie gerade eine einzelne Seite im Block-Editor bearbeiten, können Sie den Wert für das Feld REIHENFOLGE auch dort verändern, und zwar in der Seitenleiste EINSTELLUNGEN auf dem Register SEITE relativ weit unten im Bereich SEITEN-ATTRIBUTE.

5.10.4 Die Reihenfolge der Seiten gilt auch in der Navigation

Die Festlegung der Seitenreihenfolge im Backend hat auch im Frontend positive Auswirkungen, denn WordPress übernimmt die weiter oben festgelegte Reihenfolge auch für die in der Navigation gelisteten Seiten. Abbildung 5.35 zeigt die Startseite im Frontend, und die in der Navigation gelisteten bereits veröffentlichten Seiten haben die gleiche Reihenfolge wie im Menü SEITEN • ALLE SEITEN.

Einstieg in WordPress   ➡ Willkommen   News   Über mich   Impressum

Willkommen

Diese statische Seite dient als *Startseite* (Homepage) und kann mit beliebigem Inhalt gefüllt werden.

Abbildung 5.35 Die Reihenfolge der Seiten gilt auch in der Navigation.

WordPress hat eine sehr flexible Menüfunktion

WordPress hat eine fantastische Menüfunktion, mit der die Erstellung einer benutzerfreundlichen Navigation für Ihre Website fast zum Vergnügen wird.

Wie man damit eine individuelle Navigation erstellt, zeige ich Ihnen in Kapitel 11 bei der Anpassung von Block-Themes im Website-Editor und in Kapitel 13 bei der Anpassung von klassischen Themes im Customizer.

5.11 Know-how: Verschiedene Seitentypen in WordPress

In diesem Kapitel war oft von Beiträgen und Seiten die Rede, wobei mit *Seite* meist eine manuell erstellte, statische Seite gemeint war, die im Menü SEITEN verwaltet wird.

Es gibt in WordPress aber sehr verschiedene Typen von Seiten, und nur die statischen Seiten haben im Backend ein eigenes Menü. Alle anderen im Folgenden vorgestellten Seitentypen werden automatisch generiert und können im Block-Editor für Beiträge und Seiten nicht bearbeitet werden.

Tabelle 5.2 zeigt die wichtigsten Seitentypen auf einen Blick.

Seitentyp	Beschreibung
Startseite (Homepage)	Die Seite, die bei Eingabe des Domain-Namens angezeigt wird. Nach der Installation ist die Beitragsseite die Startseite, man kann aber auch eine statische Seite zur Startseite machen.
Seite	Wird im Menü SEITEN manuell erstellt und verwaltet. Auch *statische Seite* genannt, da sie nicht dynamisch generiert wird. Unterseiten sind möglich.
Beitragsseite	Automatisch generiert. Gibt die im Menü BEITRÄGE erstellten letzten Beiträge rückwärts chronologisch aus. Wird manchmal auch *Blogseite* genannt.
Einzelansicht	Automatisch generiert. Zeigt einen vollständigen Beitrag mit einer weltweit einmaligen URL, die dem in EINSTELLUNGEN • PERMALINKS festgelegten Schema folgt. Unter dem Beitrag werden oft die dazugehörigen Kommentare und ein Kommentarformular gezeigt.
Archivseiten	Automatisch generiert. Archivseiten zeigen eine Auswahl von Beiträgen, gefiltert nach *Kategorie*, *Autor*, *Datum* (der Veröffentlichung), *Schlagwort* (oder mehrere Schlagwörter) oder *Beitragsformat* (nicht in jedem Theme vorhanden).
Suchergebnisseite	Automatisch generiert. Zeigt alle Treffer für die eingegebenen Suchbegriffe.
404-Seite	Automatisch generiert. Wenn eine angeforderte URL nicht gefunden werden kann, generiert der Webserver einen Fehler mit der Nummer 404. Ist das der Fall, zeigt WordPress diese Seite an.

Tabelle 5.2 Die wichtigsten Seitentypen von WordPress auf einen Blick

5.12 Auf einen Blick

Die wichtigsten Themen noch einmal im Überblick:

- ▶ WordPress speichert Inhalte entweder als Beitrag oder als Seite:
  - Beiträge werden rückwärts chronologisch ausgegeben und können gefiltert werden.
  - Seiten enthalten statische Inhalte wie *Über mich* oder *Impressum*.
- ▶ Seiten werden im Menü SEITEN • ALLE SEITEN erstellt und bearbeitet.

- Titel und Blöcke mit dem Inhalt von Beiträgen und Seiten werden im Block-Editor erstellt und bearbeitet.
- Websites benötigen ein Impressum (plus Datenschutzerklärung und Cookie-Hinweis).
- Die Seite, auf der die letzten Beiträge erscheinen, heißt *Beitragsseite*.
- In der *Einzelansicht* sieht man jeweils nur einen einzigen Beitrag:
  - In der Adressleiste des Browser steht die URL für diesen Beitrag.
  - Unter dem Beitrag werden eventuelle Kommentare gelistet.
- Wenn Sie mit WordPress eine statische Startseite und eine zusätzliche Beitragsseite erstellen möchten, können Sie im Menü EINSTELLUNGEN • LESEN einstellen, welche Seite als HOMEPAGE (Startseite) und welche Seite als BEITRAGSSEITE genutzt werden soll.
- Mit der Funktion QUICKEDIT können Sie unter anderem die Reihenfolge festlegen, in der Seiten im Menü SEITEN angezeigt werden. Diese Reihenfolge gilt zunächst auch für die Links in der Navigation.
- In WordPress gibt es viele verschiedene Seitentypen, von denen die meisten automatisch generiert werden. Manuell erstellt werden nur die statischen Seiten im Menü SEITEN.

Kapitel 6
Texte schreiben und den Block-Editor kennenlernen

Worin Sie einen detaillierten Blick auf das Erstellen von Texten mit dem Block-Editor werfen. Außerdem lernen Sie Teaser, Kategorien und Schlagwörter kennen.

Die Themen im Überblick:

- Schreiben im Web für Menschen
- Der Block-Editor für Inhalte auf Beiträgen und Seiten
- Die Werkzeuge in der oberen Werkzeugleiste
- Los geht's: Texte schreiben im Block-Editor
- Übersichtlich: Texte mit Überschriften strukturieren
- Verlinken: Hyperlinks erstellen im Block-Editor
- Hilfreich: »Listenansicht«, »Gliederung« und Modus »Auswählen«
- Unfallhilfe: »Revisionen« für Beiträge und Seiten
- Kategorien und Schlagwörter in Beiträgen
- Kategorien erstellen und verwalten
- Schlagwörter erstellen und verwalten
- Auf einen Blick

In diesem Kapitel sehen Sie zunächst, worauf man beim Schreiben von Texten im Web achten sollte. Anschließend lernen Sie den im vorherigen Kapitel kurz vorgestellten Block-Editor für Inhalte auf Seiten und Beiträgen genauer kennen. Beiträge werden anders als Seiten auch mit Kategorien und optional mit Schlagwörtern versehen, die ich Ihnen danach vorstelle.

Das Einfügen von Grafiken, Bildergalerien und Multimedia sowie das Gestalten der Inhalte folgen in den nächsten Kapiteln.

6.1 Schreiben im Web für Menschen

Beim Schreiben von Texten im Web gibt es gegenüber dem Schreiben auf Papier einige Besonderheiten, und das hat zwei Gründe:

- Webseiten werden am Bildschirm gelesen, und Lesen am Bildschirm ist Schwerstarbeit für die Augen.
- Texte im Web werden nicht nur von Menschen gelesen, sondern auch von Maschinen, insbesondere Suchmaschinen.

Im folgenden Abschnitt geht es zunächst um die Menschen, die Maschinen kommen dann später in Kapitel 16, »SEO – die Optimierung für Suchmaschinen«, aber vorweg schon mal der Hinweis: Wer seine Texte so schreibt, dass Menschen sie gerne lesen, bedient die Suchmaschinen meist auch gleich mit. Oder anders ausgedrückt: Was gut ist für die Besucherinnen und Besucher, ist auch gut für Suchmaschinen.

6.1.1 Wie Menschen Texte lesen

Wahrscheinlich glauben Sie, dass Sie beim Lesen einen Buchstaben nach dem anderen aufnehmen und die Wörter nur Sinn ergeben, weil die Buchstaben in den Wörtern in einer bestimmten Reihenfolge stehen.

Dann schauen Sie sich folgenden Absatz einmal genauer an:

> Shocn wdeier enei Rcehtschrbierofrem? Nien, aebr enei Sutide eneir elgnihcesn Uvinisterät zgiet, dsas es ncht witihcg ist, in wlecehr Rneflogheie die Bstachuebn in eneim Wrot seethn. Hptacsauhe, der estre und der leztte Bstabchue simtemn. Der Rset knan ttoaelr Bsinöldn sein.

Haben Sie den Text verstanden? Besser als erwartet, oder?

Das Geheimnis ist, dass die Augen beim Lesen nicht einen Buchstaben nach dem anderen aufnehmen, sondern über mehrere Buchstaben hinweg zum nächsten Wort, einem Komma oder einer anderen besonderen Stelle im Text springen. Wenn wir etwas falsch gelesen oder nicht verstanden haben, geht es zurück, um die Stelle genauer zu untersuchen.

Natürlich funktioniert das nur in einer bekannten Sprache und wenn der Text nicht zu viele unbekannte Wörter enthält, aber es ist doch erstaunlich, wie unser Hirn den Buchstaben trotz der falschen Reihenfolge einen Sinn abtrotzt. Die *elgnihcse Uvinisterät* war übrigens *Crmbadgie*.

6.1.2 Webseiten werden nicht gelesen, sondern überflogen

Wenn unsere Augen beim normalen Lesen auf Papierseiten schon durch den Text hoppeln wie ein Kaninchen über eine frisch gemähte Wiese, wie lesen wir dann eine Webseite am Bildschirm?

Jakob Nielsen hat diese Frage in seinem klassischen Artikel *How Users Read on the Web* (nngroup.com/articles/how-users-read-on-the-web) bereits 1997 untersucht, und seine in Abbildung 6.1 gezeigte Antwort gilt nach wie vor: *They don't*.

> **How Users Read on the Web**
> by Jakob Nielsen on October 1, 1997
> Topics: Writing for the Web
>
> **Summary:** They don't. People rarely read Web pages word by word; instead, they scan the page, picking out individual words and sentences.

Abbildung 6.1 Wie Benutzer Webseiten lesen – gar nicht

Natürlich werden Webseiten gelesen, aber nicht Wort für Wort. Nielsens Artikel beginnt wie folgt:

> *People rarely read Web pages word by word; instead, they scan the page, picking out individual words and sentences.*

> *Menschen lesen Webseiten nur selten Wort für Wort; stattdessen überfliegen sie die Seite und bleiben nur an einzelnen Wörtern und Sätzen hängen.*

Webseiten werden also überflogen und erst wirklich gelesen, wenn etwas Interessantes gefunden wird. Das schon bei Texten auf Papier vorhandene Springen der Augen verstärkt sich, und die Sprünge werden größer.

Text für eine Webseite sollte also so geschrieben werden, dass er diese Sprünge unterstützt. Dabei helfen schon so einfache Maßnahmen wie kurze Absätze und Zwischenüberschriften, die ich Ihnen in diesem Kapitel vorstelle.

6.2 Der Block-Editor für Inhalte auf Beiträgen und Seiten

In Kapitel 5 haben Sie mit dem Block-Editor bereits die ersten Seiten und Beiträge erstellt, in diesem Kapitel lernen Sie ihn genauer kennen.

Der Block-Editor dient zur Bearbeitung von Inhalten auf Seiten und Beiträgen und wird manchmal auch *Gutenberg-Editor*, *WordPress-Block-Editor* oder auch nur *WordPress-Editor* genannt. Ich nenne ihn im Folgenden meist einfach *Block-Editor*.

Wenn Sie in WordPress einen neuen Beitrag erstellen, sieht der Block-Editor etwa so aus wie in Abbildung 6.2.

Abbildung 6.2 Der Block-Editor zum Schreiben eines neuen Beitrags

Die Benutzeroberfläche des Block-Editors besteht aus drei großen Bereichen:

❶ Die *obere Werkzeugleiste* wird manchmal auch *Editorleiste*, *obere Editorleiste* oder *Dokumenten-Werkzeugleiste* genannt.

❷ Die Seitenleiste EINSTELLUNGEN rechts am Rand hat in Abbildung 6.2 die Register BEITRAG und BLOCK. Sie können diese Seitenleiste mit einem Klick auf das Seitenleisten-Symbol in der oberen Werkzeugleiste ein- und ausblenden.

❸ Der *Inhaltsbereich* des Beitrags enthält ganz oben den Titel des Dokuments und darunter die Blöcke.

Im Folgenden lernen Sie diese Bereiche genauer kennen.

6.3 Die Werkzeuge in der oberen Werkzeugleiste

Bevor es im nächsten Abschnitt mit dem Schreiben losgeht, möchte ich Ihnen die wichtigsten Werkzeuge in der oberen Werkzeugleiste kurz vorstellen, denn die werden Sie beim Schreiben von Inhalten für Beiträge und Seiten häufig nutzen. Los geht es links oben.

6.3.1 Die Symbole in der linken Hälfte der oberen Werkzeugleiste

In der linken Hälfte der oberen Werkzeugleiste sehen Sie einige Symbole, die Sie wahrscheinlich häufig nutzen werden (Abbildung 6.3).

Abbildung 6.3 Die Symbole in der linken Hälfte der oberen Werkzeugleiste

Tabelle 6.1 zeigt diese Symbole mit ihren offiziellen Bezeichnungen und einer kurzen Beschreibung.

Icon	Name	Kurze Beschreibung
Ⓦ	BEITRÄGE bzw. SEITEN ANSEHEN	Schließt den Block-Editor und geht zurück ins Backend zur Übersicht ALLE BEITRÄGE bzw. ALLE SEITEN.
+	BLOCK-INSERTER UMSCHALTEN	Der *Inserter* (dt. *Einfüger*) dient zum Hinzufügen von Blöcken und zeigt links eine Seitenleiste mit allen verfügbaren Blöcken und Vorlagen, die auch *Block-Bibliothek* genannt wird.
✎	WERKZEUGE	Zeigt ein Dropdown zum Wechseln zwischen den Modi *Bearbeiten* und *Auswählen* (siehe Abschnitt 6.7.3).
↶	RÜCKGÄNGIG	Macht den letzten Bearbeitungsschritt rückgängig (engl. *Undo*). Tastenkürzel ⌜Strg⌝ + ⌜Z⌝ (Windows) bzw. ⌜cmd⌝ + ⌜Z⌝ (macOS).
↷	WIEDERHOLEN	Macht RÜCKGÄNGIG rückgängig (engl. *Redo*). Tastenkürzel ⌜Strg⌝ + ⌜⇧⌝ + ⌜Z⌝ bzw. ⌜cmd⌝ + ⌜⇧⌝ + ⌜Z⌝.
☰	DOKUMENTENÜBERSICHT ▶ LISTENANSICHT ▶ GLIEDERUNG	Die Dokumentenübersicht besteht aus zwei Registern: ▶ LISTENANSICHT zeigt alle *im Dokument* vorhandenen Blöcke (siehe Abschnitt 6.7.1). ▶ GLIEDERUNG zeigt Statistiken und Überschriften (siehe Abschnitt 6.7.2).

Tabelle 6.1 Die obere Werkzeugleiste – Symbole in der linken Hälfte

Die vier Werkzeuge rechts vom Block-Inserter werden manchmal auch als *Dokument-Werkzeuge* bezeichnet: Rückgängig und Wiederholen funktionieren genau wie in vielen anderen Programmen, und das Symbol Werkzeuge zum Wechseln der Modi *Bearbeiten* und *Auswählen* sowie die Dokumentenübersicht mit den Registern Listenansicht und Gliederung werden weiter unten in Abschnitt 0 noch ausführlicher vorgestellt. Darum geht es jetzt weiter mit dem Block-Inserter.

6.3.2 Der »Block-Inserter« in der oberen Werkzeugleiste auf einen Blick

In Abbildung 6.4 sehen Sie, dass nach einem Klick auf den Block-Inserter ➕ eine Seitenleiste mit diversen Bedienelementen erscheint:

- Oben ist ein Suchfeld ❶ zum Suchen nach bestimmten Blöcken.
- Darunter gibt es die Register Blöcke, Vorlagen und Medien ❷.

Jetzt geht es erst einmal um das Register *Blöcke*. Die *Medien* lernen Sie in Kapitel 7 und 8 kennen und die *Vorlagen* in Abschnitt 9.8.

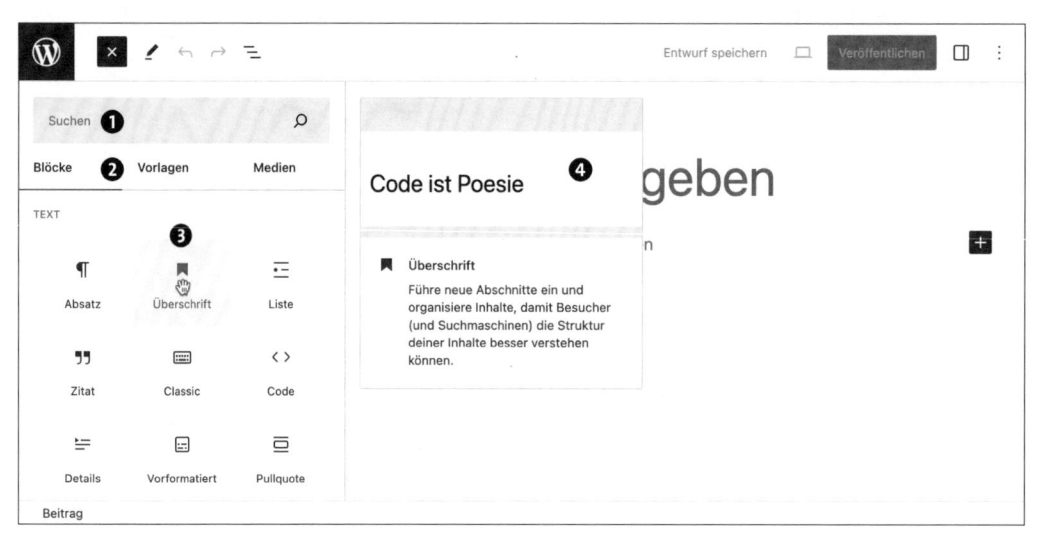

Abbildung 6.4 Die Block-Bibliothek mit allen Blöcken und Vorlagen

Wenn Sie mit dem Mauszeiger auf einen Block fahren ❸, wird rechts neben der Seitenleiste eine Vorschau ❹ mit einer kurzen Erklärung gezeigt. Ein Klick auf das Block-Symbol fügt den Block an der Cursorposition im Inhaltsbereich ein.

6.3.3 Die Suche im Block-Inserter sucht auch auf »wordpress.org«

Die Suche in der Block-Bibliothek sucht nicht nur in Ihrer WordPress-Installation nach Blöcken, sondern auch im Block-Verzeichnis auf WordPress.org.

Dieses Block-Verzeichnis ist ein Bereich im Plugin-Verzeichnis, den Sie mit der folgenden Adresse auch direkt im Browser aufrufen können:

▸ *de.wordpress.org/plugins/browse/block/*

Als Suchergebnis werden im Block-Editor einzelne Blöcke angezeigt, die nach einer eventuellen Installation im Backend-Menü PLUGINS • INSTALLIERTE PLUGINS gelistet werden, wo sie auch wieder gelöscht werden können (zu Plugins siehe Kapitel 15).

Das Durchsuchen des Block-Verzeichnisses direkt im Block-Editor ist im Prinzip eine gute Idee, aber die aktuelle Umsetzung ist noch nicht so der Hit. Die Suche funktioniert nur mit englischen Suchbegriffen richtig gut, die gezeigten Suchergebnisse sind nicht sehr informativ, und man kann im Backend nicht weiter filtern oder einfach nur nach Blöcken stöbern.

Mit dem in Kapitel 15 vorgestellten Plugin Twentig kann man die Suche im Block-Verzeichnis auf WordPress.org bei Bedarf deaktivieren.

6.3.4 »Block-Inserter • Blöcke«: Die wichtigsten Blöcke auf einen Blick

Tabelle 6.2 zeigt die wichtigsten WordPress-Standardblöcke aus den Bereichen TEXT, MEDIEN und DESIGN auf einen Blick.

Blöcke für Text	Blöcke für Medien	Blöcke fürs Design
▸ Absatz	▸ Bild	▸ Abstandshalter
▸ Überschrift	▸ Galerie	▸ Trennzeichen
▸ Liste	▸ Audio und Video	▸ Mehr (Weiterlesen)
▸ Zitat und Pullquote	▸ Cover	▸ Gruppe
▸ Tabelle	▸ Medien und Text	▸ Spalten
▸ Details		

Tabelle 6.2 Die wichtigsten Blöcke auf einen Blick

In diesem Buch lernen Sie viele dieser Blöcke kennen. Informationen zu weiteren Blöcken wie Zitat, Pullquote oder Details finden Sie im Blog auf *einstieg-in-wp.de*.

Außerdem gibt es in der Block-Bibliothek noch die Bereiche WIDGETS, THEME und EINBETTUNGEN:

- Die Blöcke aus dem Bereich WIDGETS lernen Sie unter anderem in Kapitel 13 bei der Anpassung von klassischen Themes kennen.
- Der Bereich THEME enthält Blöcke, die in erster Linie zur Anpassung von Block-Themes im Website-Editor genutzt werden (Kapitel 11 und 12).
- Die EINBETTUNGEN schließlich dienen zum Einbetten von Inhalten aus anderen Webservices wie YouTube (siehe Kapitel 8).

Die Blöcke aus diesen drei Bereichen sind erst einmal nicht so wichtig.

6.3.5 Das 3-Punkte-Menü in der oberen Werkzeugleiste ganz rechts außen

Auf der rechten Seite der oberen Werkzeugleiste gibt es diverse Symbole und Schaltflächen, die Sie weiter oben und in Abschnitt 5.3, »Eine neue Seite erstellen: ›Über mich‹«, bereits kennengelernt haben.

Bisher nicht erwähnt wurde das 3-Punkte-Menü rechts außen ❶ (Abbildung 6.5), das momentan ANSICHT ANPASSEN heißt und die vier Bereiche *Ansicht*, *Editor*, *Werkzeuge* und *Voreinstellungen* enthält.

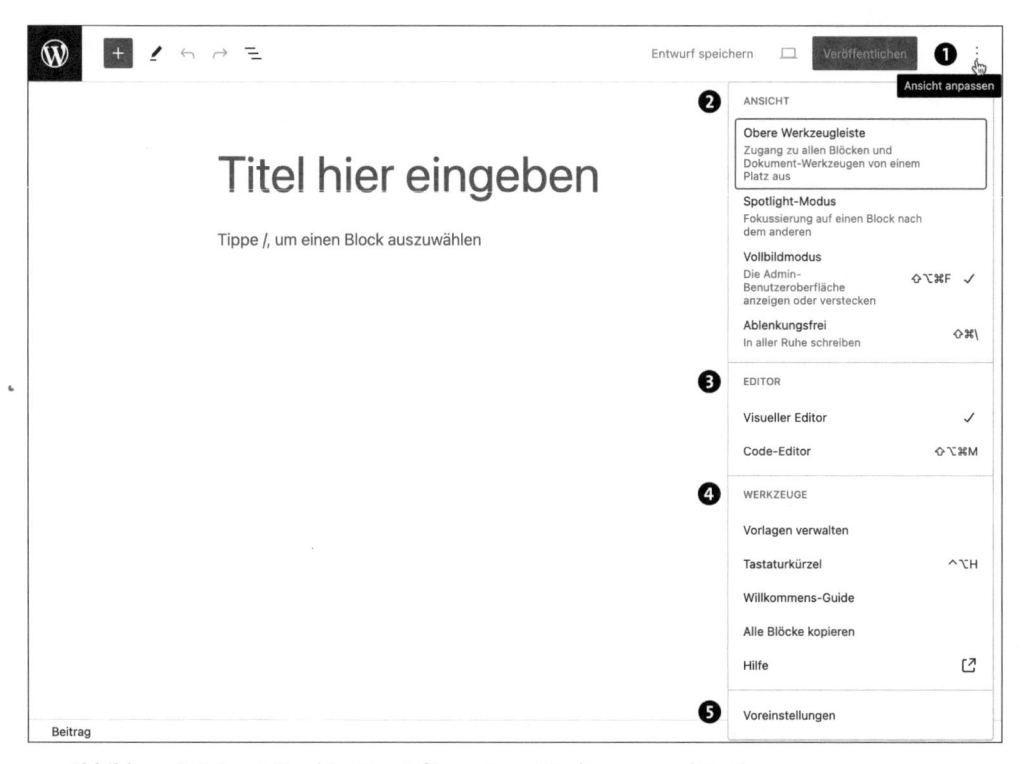

Abbildung 6.5 Das 3-Punkte-Menü für weitere Werkzeuge und Optionen

Der Bereich »Ansicht« ❷

Los geht's ganz oben mit dem Bereich ANSICHT, der Optionen enthält, um das Aussehen und das Verhalten des Block-Editors anzupassen:

- OBERE WERKZEUGLEISTE heißt im Original *Top Toolbar* und verschiebt die Block-Werkzeugleiste vom Block selbst nach oben. Die Block-Werkzeugleiste ersetzt dann die Dokument-Werkzeuge, sodass sich alle Block- und Dokument-Werkzeuge an einer festen Stelle befinden. Dadurch ist es im Inhaltsbereich etwas ruhiger, weil nicht ständig eine Werkzeugleiste ein- und ausgeblendet wird, aber dafür ist der Weg vom Block zur Werkzeugleiste etwas weiter.
- Der SPOTLIGHT-MODUS hebt den aktuellen Block hervor, indem alle anderen Blöcke etwas abgeblendet werden. Probieren Sie einfach aus, ob es Ihnen gefällt.
- Der VOLLBILDMODUS ist aktiviert und auch sinnvoll, aber wenn Sie links die schwarze Menüleiste vom Backend und oben die Admin-Toolbar vermissen, können Sie sie hier einblenden.
- ABLENKUNGSFREI ist eine Art Zen-Modus, in dem es nur noch Sie und Ihren Inhalt gibt. Zum konzentrierten Arbeiten ist das wirklich klasse. Zum Beenden des Modus *Ablenkungsfrei* schieben Sie den Mauszeiger ganz nach oben. Dann wird die obere Werkzeugleiste eingeblendet, mit der Sie den Modus rechts außen im 3-Punkte-Menü beenden können.

Der Bereich »Editor« ❸

Im Bereich EDITOR können Sie zwischen VISUELLER EDITOR und CODE-EDITOR wechseln. Der Code-Editor ist für Poweruser gedacht, die den von WordPress im Hintergrund erzeugten Code verstehen und anpassen möchten. In diesem Buch arbeiten Sie (fast) ausschließlich mit dem visuellen Editor.

Der Bereich »Werkzeuge« ❹

Der Bereich WERKZEUGE enthält diverse praktische Tools:

- Die Option VORLAGEN VERWALTEN ermöglicht die Bearbeitung von Vorlagen. Mehr dazu erfahren Sie in Abschnitt 9.9.
- TASTATURKÜRZEL zeigt eine Übersicht der verfügbaren Abkürzungen.
- Den WILLKOMMENS-GUIDE haben Sie in Abschnitt 5.3 gesehen. Falls Sie ihn vermissen, können Sie ihn hier noch einmal aufrufen.
- ALLE BLÖCKE KOPIEREN kopiert alle Blöcke (ohne den Titel), und zwar ohne sie vorher im Inhaltsbereich zu markieren. Die kopierten Blöcke können Sie in einem anderen

Beitrag oder auf einer anderen Seite wieder einfügen. Das ist manchmal ausgesprochen nützlich.

- Hilfe springt momentan zu einem englischsprachigen Support-Artikel zum WordPress-Block-Editor, der aber wohl nicht bei jeder WordPress-Version aktualisiert wird und daher oft etwas ältere Abbildungen zeigt.

Der Bereich »Voreinstellungen« ❺

Ganz unten gibt es noch die Voreinstellungen, die in einem Overlay-Fenster mit verschiedenen Befehlen erscheinen. In den Bereichen Allgemein, Blöcke und Bedienfelder kann man bestimmte Aspekte des Block-Editors ein- bzw. ausblenden, um ihn übersichtlicher zu machen. Zum Beispiel könnten Sie im Bereich Blöcke wenig oder gar nicht benutzte Blöcke oder Blockgruppen wie etwa Theme oder Einbettungen deaktivieren. Diese werden dann im Block-Inserter und beim Einfügen von Blöcken im Inhaltsbereich nicht mehr angezeigt.

> **Die »Gutenberg-Fibel« stellt Block-Editor und Blöcke ausführlich vor**
>
> Die WordPress-Entwicklerin Jessica Lyschik präsentiert in ihrer *Gutenberg-Fibel* viele nützliche Infos zum Block-Editor und stellt fast alle Blöcke ausführlich vor:
>
> - *gutenberg-fibel.de*
>
> Ideal zum Nachschlagen und Lernen.

6.4 Los geht's: Texte schreiben im Block-Editor

In diesem Abschnitt lernen Sie die Arbeit mit dem Block-Editor kennen, indem Sie einen neuen, etwas längeren Beitrag erstellen.

Den in diesem Abschnitt verwendeten Text finden Sie in den Übungsdateien oder auf der Website *blindtextgenerator.de* mit der Option Hinter den Wortbergen.

Sie können gerne einen anderen Text verwenden, solange er etwas länger ist, aus kurzen Absätzen besteht und den Einsatz von Zwischenüberschriften ermöglicht.

6.4.1 »Lorem Ipsum unterwegs« – einen Beispieltext einfügen

Abbildung 6.6 zeigt den Block-Editor im Vollbildmodus mit dem Beitrag *Lorem Ipsum unterwegs* und den ersten Absätzen des Textes.

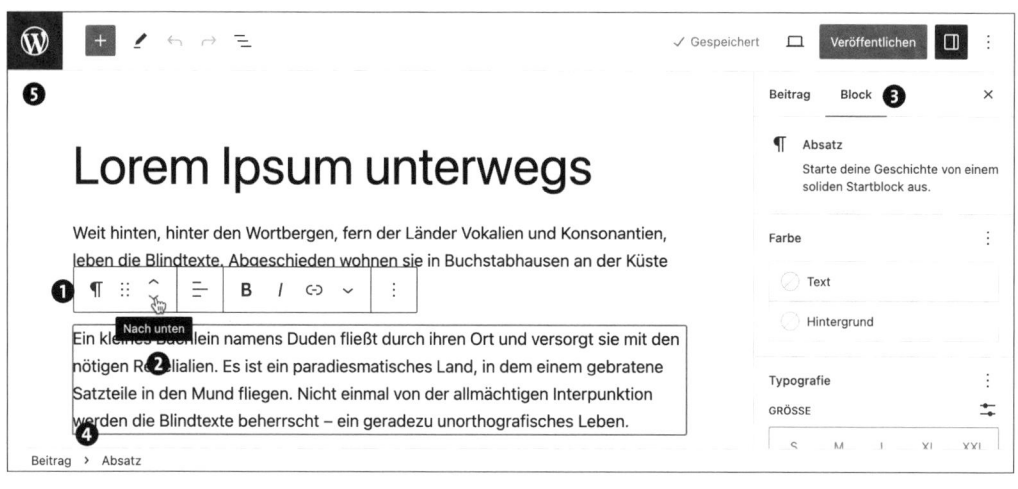

Abbildung 6.6 »Lorem Ipsum unterwegs« im Block-Editor

Auf den ersten Blick gibt es im Block-Editor eine Menge Werkzeuge und Informationen. Deshalb hier zunächst ein paar Hinweise zur Eingewöhnung:

- Die Block-Werkzeugleiste ❶ beginnt mit einem Symbol für den gerade markierten Block-Typ (Absatzblock = Absatzmarke). Ein Klick darauf zeigt Optionen zum Umwandeln in einen anderen Block-Typ. So kann man einen Absatzblock z. B. in einen Überschrift-Block, einen Liste-Block oder einen Zitat-Block umwandeln.
- Die Block-Werkzeugleiste verschwindet beim Tippen. Um sie wieder sichtbar zu machen, reicht eine kurze Bewegung mit der Maus oder das Markieren von Text per Tastatur (⇧ + Pfeiltasten).
- Wenn der Mauszeiger über den Symbolen zum Verschieben eines Blocks schwebt ❷, wird der Block blau umrandet:
  - Das Symbol mit den sechs Punkten ⋮⋮ dient zum Verschieben mit der Maus. Wenn Sie die Maustaste nach einem Klick darauf gedrückt halten, können Sie den Block per Drag & Drop verschieben. Eine horizontale blaue Linie kennzeichnet die Stelle, an der der Block beim Loslassen der Maustaste eingefügt wird.
  - Das Verschieben mit den Pfeiltasten ist oft stressfreier: Ein Klick auf den Pfeil nach oben verschiebt den Block nach oben, ein Klick auf den Pfeil nach unten verschiebt den Block nach unten.
- Wenn der Cursor sich in einem Block befindet, erscheinen rechts in der Seitenleiste EINSTELLUNGEN im Register BLOCK ❸ diverse Bereiche mit Block-Einstellungen, die die Werkzeuge in der Block-Werkzeugleiste ergänzen. Die Block-Einstellungen zeigen

je nach markiertem Block-Typ unterschiedliche Optionen und werden manchmal auch als *Block-Inspektor* bezeichnet.

- Unten in der Statuszeile gibt es eine Pfadangabe ❹, die anzeigt, in welchem Block der Cursor sich gerade befindet. Besonders beim Gestalten von Inhalten mit ineinander verschachtelten Blöcken ist diese Anzeige sehr nützlich (siehe Kapitel 9).

Mit dem WordPress-Symbol 🅦 links oben in der Editorleiste ❺ verlassen Sie den Block-Editor und gehen zurück ins Backend.

Im folgenden ToDo erstellen Sie einen Beitrag mit dem Titel *Lorem Ipsum unterwegs* und fügen etwas Fülltext ein.

ToDo: Einen neuen Beitrag erstellen

1. Erstellen Sie einen neuen Beitrag.
2. Fügen Sie einen Titel ein, z. B. »Lorem Ipsum unterwegs«.
3. Geben Sie darunter einen längeren Text ein (oder fügen Sie ihn aus der Zwischenablage ein).
4. Unterteilen Sie den Text in kurze Absätze.
5. Prüfen Sie den Beitrag über den Link Vorschau in einem neuen Tab.
6. Wenn der Beitrag fertig ist, Veröffentlichen Sie ihn mit dem Permalink *lorem-ipsum-unterwegs*.

Kurze Absätze erhöhen bei Onlinetexten die Chance, dass der Text auch tatsächlich gelesen wird, und ein Absatz sollte nach Möglichkeit nicht länger als ein paar Zeilen sein.

Im Theme Twenty Twenty-Three sorgen Schriftgrad, Zeilenlänge und -höhe und die Abstände zwischen den Absätzen bereits für eine gute Lesbarkeit auf allen Geräten. Im nächsten Abschnitt fügen Sie einige Zwischenüberschriften ein, die den Text auflockern und dessen Struktur für den Leser sichtbar machen. Dadurch wird der Text noch besser lesbar.

6.4.2 Die Symbole in der Block-Werkzeugleiste von Text-Blöcken

Bei Text-Blöcken wie z. B. Absatz, Überschrift, Liste oder Zitat enthält die Block-Werkzeugleiste einige nützliche Werkzeuge zur Gestaltung von Text, die ich Ihnen in diesem Abschnitt kurz vorstellen möchte.

Abbildung 6.7 zeigt die Block-Werkzeugleiste, wenn der Cursor in einem ganz normalen Absatz steht.

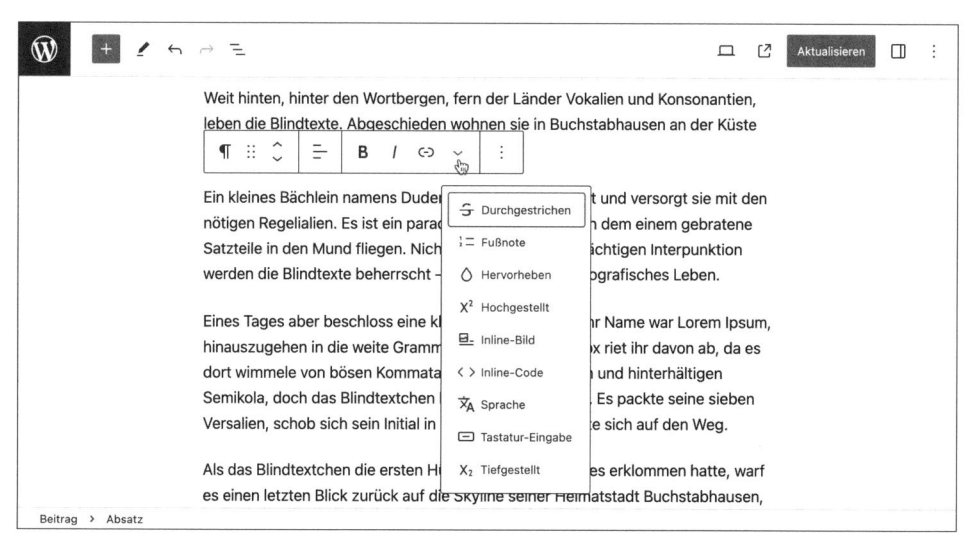

Abbildung 6.7 Die Symbole in der Werkzeugleiste bei Blöcken mit Text

Die Symbole zum Ausrichten und für Fettdruck (B) sowie Kursiv (I) sind selbsterklärend, das Kettensymbol zum Erstellen von Hyperlinks lernen Sie gleich in Abschnitt 6.6 kennen. Bleiben noch die weiteren Werkzeuge im 3-Punkte-Menü der Block-Werkzeugleiste:

- D‍urchgestrichen streicht die markierten Zeichen durch. Das ist z. B. praktisch, um nachträgliche Änderungen im Text sichtbar zu machen.
- F‍ussnote dient zum Einfügen einer nummerierten Fußnote, und diese Funktion ist wirklich gut gelungen:
  - An der Cursorposition wird eine hochgestellte Ziffer [1] eingefügt.
  - Danach springt der Cursor automatisch in den am Ende des Dokuments eingefügten Block F‍ussnoten in einen mit derselben Ziffer nummerierten Absatz für den Text der Fußnote.
  - Beim Löschen und Verschieben von Fußnoten wird die Nummerierung automatisch aktualisiert.
- H‍ervorheben ermöglicht es, ein oder mehrere Zeichen oder Wörter einzufärben. Da farbiger Text oft für einen Link gehalten wird, sollte man damit sehr vorsichtig sein.
- H‍ochgestellt und T‍iefgestellt platziert einzelne Zeichen ober- bzw. unterhalb der anderen Zeichen: H_2O oder $42\ m^2$.
- I‍nline-B‍ild dient zum Einfügen von kleinen dekorativen Grafiken, die im Text mitfließen, wie z. B. ein Telefonhörer vor einer Telefonnummer.

- INLINE-CODE wird zur Auszeichnung von Quelltext eingesetzt und von Nicht-ITlern wahrscheinlich eher selten benötigt.
- SPRACHE ermöglicht es, einer in einer anderen Sprache geschriebenen Textpassage eine Sprache zuzuweisen, sodass Browser und Suchmaschinen wissen, in welcher Sprache der Text geschrieben wurde. Für Experten: Im Quelltext wird das HTML-Attribut lang (wie *language*) und ein Sprachkürzel wie en (*englisch*) oder fr (*französisch*) hinzugefügt.
- TASTATUREINGABE markiert Zeichen, die per Tastatur eingegeben werden sollen. Auch das brauchen Sie wahrscheinlich nicht wirklich oft.

> **Das Gestalten der Inhalte mit dem Block-Editor kommt in Kapitel 9**
> In der Seitenleiste EINSTELLUNGEN • BLOCK gibt es Abschnitte wie TYPOGRAFIE oder FARBE, die zur Gestaltung der Blöcke dienen. Diese Bedienfelder werden in Kapitel 9 beim Gestalten von Inhalten im Block-Editor vorgestellt.

6.5 Übersichtlich: Texte mit Überschriften strukturieren

Ab einer gewissen Textlänge empfiehlt es sich, Fließtext mit Überschriften in leicht verdauliche Blöcke aufzuteilen.

Zwischenüberschriften lockern einen Text auf und bieten dem Auge beim Überfliegen des Textes bildlich gesprochen Landeplätze an.

Überschriften sollten …

- … optisch auf den ersten Blick als Überschrift erkennbar sein.
- … ohne Kontext verständlich sein.
- … erklären, wovon der nachfolgende Text handelt.
- … in klarer Sprache geschrieben sein.

Im Block-Editor gibt es verschiedene, mit den Kürzeln H1 bis H6 gekennzeichnete Überschriftebenen. Das *H* steht für *heading* (Überschrift), die Zahl dahinter für die Gliederungsebene. H2 bedeutet also nicht »die zweite Überschrift im Text«, sondern »eine Überschrift der zweiten Gliederungsebene«.

Die erste Gliederungsebene H1 ist für den Titel des Dokuments in der Einzelansicht reserviert, sodass Zwischenüberschriften im Beitrag immer mit der Ebene H2 beginnen, und WordPress weist dem Block ÜBERSCHRIFT nach dem Einfügen automatisch diese

Ebene zu. Bei Bedarf können Sie die Überschriftebene in der Block-Werkzeugleiste ändern (Abbildung 6.8).

Abbildung 6.8 Die Überschriftebenen in der Block-Werkzeugleiste

Im folgenden ToDo fügen Sie einem Beitrag zwei H2-Zwischenüberschriften hinzu.

> **ToDo: Einen längeren Text mit Zwischenüberschriften auflockern**
>
> 1. Öffnen Sie den weiter oben erstellten Beitrag *Lorem Ipsum unterwegs*.
> 2. Wenn Sie den Beispieltext aus den Übungsdateien kopiert und eingefügt haben, sind die Zwischenüberschriften bereits im Text vorhanden:
>   – Platzieren Sie den Cursor in den Absatz mit dem Überschriftentext.
>   – Klicken Sie am Anfang der Block-Werkzeugleiste auf die Absatzmarke.
>   – Wandeln Sie den Absatz in eine Überschrift um.
>   – Fertig.
> 3. Falls Sie einen anderen Text verwenden, können Sie Überschriften z. B. wie folgt einfügen:
>   – Setzen Sie den Cursor in den Absatz-Block, nach dem der Überschrift-Block eingefügt werden soll.
>   – Öffnen Sie in der oberen Werkzeugleiste die BLOCK-BIBLIOTHEK.
>   – Klicken Sie auf den Block ÜBERSCHRIFT. WordPress fügt im Beitrag einen Block vom Typ *Überschrift* ein und weist ihm automatisch die Ebene H2 zu.
>   – Klicken Sie in diesen Block, und geben Sie den Text für die Überschrift ein.
> 4. Prüfen Sie den Beitrag mit der Vorschau, und wenn er okay ist, speichern Sie die Änderungen mit einem Klick auf die Schaltfläche AKTUALISIEREN.

Abbildung 6.9 zeigt den Beitrag mit Titel, Absätzen und Überschriften.

Abbildung 6.9 Der Beitrag mit Titel und Zwischenüberschriften

> **Texte auflockern mit den Blöcken »Trennzeichen« und »Abstandshalter«**
>
> Längere Texte können Sie mit den Blöcken Trennzeichen und Abstandshalter etwas auflockern:

> - Der Block TRENNZEICHEN fügt eine horizontale Linie ein, deren Aussehen Sie in den Block-Einstellungen gestalten können.
> - Der Block ABSTANDSHALTER fügt etwas Leerraum ein. Die genaue Höhe in Pixel können Sie in den Block-Einstellungen definieren.
>
> Sparsam eingesetzt, können beide Blöcke den Inhalt übersichtlicher machen.

6.6 Verlinken: Hyperlinks erstellen im Block-Editor

Links, Hyperlinks, Verknüpfungen und Verweise – viele Wörter für dieselbe Sache. Man unterscheidet dabei zwischen internen und externen Links:

- *Interne Links* sind Verlinkungen innerhalb derselben WordPress-Website. Beispiele sind Links in der Header-Navigation zu einer bestimmten Seite oder von der Beitragsübersicht zum Beitrag in der Einzelansicht.
- *Externe Links* hingegen führen den Besucher zu einer anderen Website im World Wide Web, z. B. von *einstieg-in-wp.de/bestellen/* zu *rheinwerk-verlag.de/einstieg-in-wordpress/*.

In diesem Abschnitt geht es zunächst um externe und dann um interne Links.

6.6.1 Einen externen Hyperlink erstellen

Um im Editor einen Hyperlink zu erstellen, markieren Sie den gewünschten Linktext und klicken dann in der Block-Werkzeugleiste auf das in Abbildung 6.10 gezeigte Kettensymbol für einen LINK. Das Tastenkürzel dafür ist `Strg` + `K` (Windows) bzw. `cmd` + `K` (macOS).

Daraufhin erscheint ein einzeiliges Dialogfeld mit der Aufforderung *Suchen oder URL eingeben* (siehe Abbildung 6.10).

Zum Erstellen von externen Links müssen Sie im Dialogfeld in Abbildung 6.10 die URL eingeben, und zur Vermeidung von Tippfehlern nutzen Sie dazu am besten die Zwischenablage:

- Rufen Sie in einem anderen Browser-Tab die zu verlinkende Seite auf.
- Klicken Sie in die Adressleiste des Browsers.
- Kopieren Sie die URL in die Zwischenablage.
- Fügen Sie sie im Feld bei *Suchen oder URL eingeben* wieder ein.

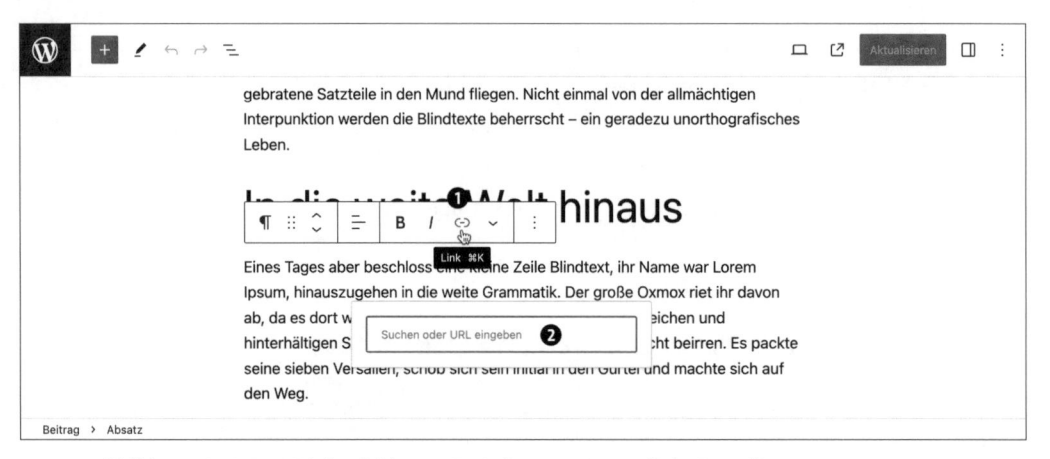

Abbildung 6.10 Das Dialogfeld zum Erstellen von Hyperlinks im Editor

Zum Erstellen eines Hyperlinks benötigen Sie die vollständige URL, inklusive des Protokolls *http://* oder *https://* am Anfang.

Im folgenden ToDo erstellen Sie für die Wörter *Lorem Ipsum* einen externen Hyperlink zum entsprechenden Wikipedia-Artikel. Sie können zur Übung aber auch gerne andere Wörter mit anderen URLs verlinken.

> **ToDo: Einen externen Hyperlink im Editor erstellen**
> 1. Öffnen Sie den weiter oben erstellten Beitrag (*Lorem Ipsum unterwegs*) im Editor.
> 2. Falls Sie mit dem Fülltext aus den Übungsdateien arbeiten, markieren Sie im Absatz nach der Überschrift *In die weite Welt hinaus* die Wörter *Lorem Ipsum*. Ansonsten markieren Sie zum Erstellen eines Links den gewünschten Linktext.
> 3. Klicken Sie in der Block-Werkzeugleiste auf das Symbol für Link, und fügen Sie die Adresse der zu verlinkenden Seite ins URL-Feld ein, z. B. *https://de.wikipedia.org/wiki/Lorem_ipsum*.
> 4. Wenn alles stimmt, drücken Sie ⏎, um den Link zu erstellen. Danach ist der Linktext im Editor unterstrichen, und der Cursor blinkt direkt dahinter.
> 5. Speichern Sie die Änderungen mit einem Klick auf die Schaltfläche Aktualisieren.
> 6. Prüfen Sie den Beitrag im Frontend, und testen Sie den Link.

Im Frontend hat der Browser nach diesem ToDo die Wörter *Lorem Ipsum* als Link hervorgehoben, und ein Klick darauf ruft den Wikipedia-Artikel auf. Machen Sie es sich zur Angewohnheit, jeden eingefügten Link einmal kurz zu testen.

Im Block-Editor sind die Wörter *Lorem Ipsum* ebenfalls hervorgehoben, aber ein Klick darauf führt nicht zur Wikipedia, sondern öffnet eine Link-Vorschau mit Optionen zur Bearbeitung des Links, die Sie gleich in Abschnitt 6.6.3 kennenlernen.

> **Die Express-Variante: Hyperlink erstellen durch Einfügen der URL**
>
> Das Erstellen eines Hyperlinks mit dem Dialogfeld ist recht komfortabel, aber für externe Links geht es noch schneller:
>
> 1. Kopieren Sie die gewünschte URL in die Zwischenablage.
> 2. Markieren Sie im Editor den zu verlinkenden Text, also z. B. *Lorem Ipsum*.
> 3. Fügen Sie mit [Strg] + [V] (Windows) bzw. [cmd] + [V] (macOS) die URL ein.
>
> Voilà. Fertig.
>
> Der markierte Text wird automatisch zu einem Link, und darunter erscheint eine Link-Vorschau mit Optionen zur Bearbeitung des Links.

6.6.2 Einen internen Hyperlink erstellen

Einen internen Hyperlink zu einem Beitrag oder einer Seite auf Ihrer eigenen Website erstellen Sie im Prinzip genauso wie einen externen Link. Der Unterschied ist schlicht und einfach, dass Sie in dem in Abbildung 6.10 gezeigten Dialogfeld *Suchen oder URL eingeben* keine URL eingeben, sondern einen Suchbegriff.

WordPress zeigt kurz darauf unterhalb des Dialogfeldes alle veröffentlichten Beiträge und Seiten an, die irgendwo diese Buchstaben enthalten. Aus diesen können Sie dann per Klick das gewünschte Linkziel auswählen.

In Abbildung 6.11 sehen Sie, wie das auf der Startseite markierte Wort *News* in einen Link zur Seite *News* verwandelt wird.

> **Das Tastenkürzel für interne Links: zwei öffnende eckige Klammern [[**
>
> Wenn Sie beim Schreiben im Block-Editor einen internen Link einfügen möchten und der Titel des Dokuments als Linktext fungieren soll, kennt WordPress das Tastenkürzel [[(zwei öffnende eckige Klammern). Dieses Kürzel zeigt eine Liste mit den zuletzt bearbeiteten Beiträgen und Seiten. Falls das gewünschte Dokument dabei ist, einfach auswählen, und schon haben Sie einen internen Link.

Abbildung 6.11 Einen internen Hyperlink zur Seite »News« erstellen

6.6.3 Die Optionen zur Bearbeitung von bereits eingefügten Hyperlinks

Um einen Hyperlink zu bearbeiten, platzieren Sie einfach den Cursor in den Linktext ❶ (siehe Abbildung 6.12). Die Vorgehensweise ist dabei für interne und externe Links identisch.

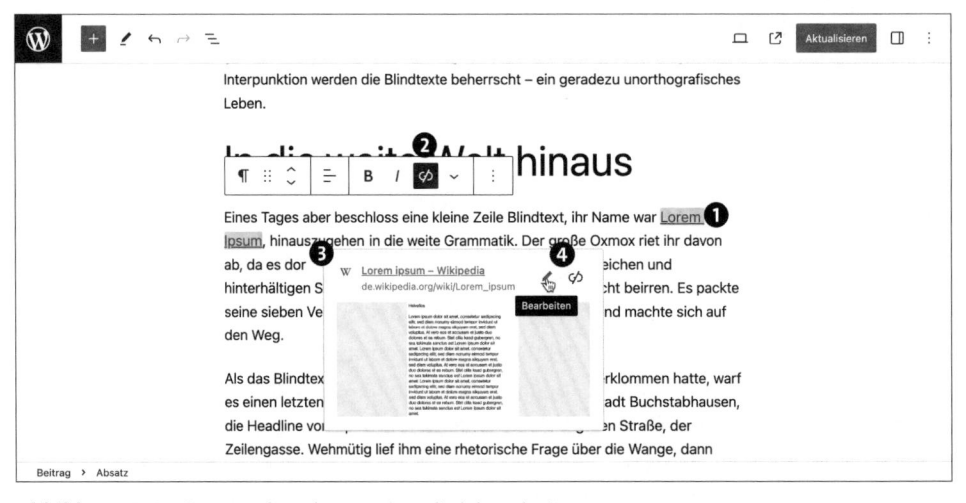

Abbildung 6.12 Einen vorhandenen Hyperlink bearbeiten

Nach der Platzierung des Cursors im Linktext können Sie in der Block-Werkzeugleiste den LINK ENTFERNEN ❷. Außerdem erscheint eine Link-Vorschau ❸ mit Optionen zum

BEARBEITEN ❹ und zum Entfernen des Links. In den Optionen zum Bearbeiten des Links können Sie z. B. festlegen, dass der Link in einem neuen Tab geöffnet werden soll.

6.7 Hilfreich: »Listenansicht«, »Gliederung« und Modus »Auswählen«

Die in diesem Abschnitt vorgestellten Werkzeuge *Listenansicht* und *Gliederung* und der Modus *Auswählen* sind beim Erstellen von Texten im Block-Editor sehr nützlich, besonders wenn die Texte etwas länger werden.

6.7.1 Die »Listenansicht« hilft, den Überblick zu bewahren

In der oberen Werkzeugleiste gibt es das Symbol DOKUMENTENÜBERSICHT, und ein Klick darauf öffnet links in der Seitenleiste die Register LISTENANSICHT und GLIEDERUNG.

Die *Listenansicht* zeigt alle Blöcke im geöffneten Dokument in einer langen Liste untereinander (Abbildung 6.13).

Abbildung 6.13 Die Listenansicht zeigt alle Blöcke im Dokument.

Diese Ansicht ist sehr praktisch, denn sie zeigt die Struktur des gesamten Dokuments auf einen Blick. Sie können hier unter anderem:

- per Klick zu einem bestimmten Block navigieren, der dann rechts im Inhaltsbereich angezeigt wird
- per Drag & Drop die Reihenfolge der Blöcke im Dokument verändern

- mit ⇧ plus Klick mehrere untereinanderstehende Blöcke markieren
- mit einem Klick auf das 3-Punkte-Menü rechts neben einem Block Optionen zur Bearbeitung dieses Blocks aufrufen

Das 3-Punkte-Menü in der Listenansicht ist übrigens identisch mit dem 3-Punkte-Menü rechts außen in der Block-Werkzeugleiste.

Je komplexer das Dokument ist, desto wichtiger wird die Listenansicht, und besonders beim Gestalten von Inhalten mit verschachtelten Blockstrukturen wird die Listenansicht zu einem unentbehrlichen Werkzeug (siehe Kapitel 9).

> **Bildschirm zu klein? Seitenleisten vorübergehend ausblenden**
>
> Auf einem großen Monitor mit einer hohen Auflösung können Sie die linke Seitenleiste mit der LISTENANSICHT und die rechte Seitenleiste mit den EINSTELLUNGEN locker gleichzeitig einblenden und haben dann in der Mitte immer noch genügend Platz für den Inhalt. Auf kleineren Bildschirmen ist es eventuell sinnvoller, nicht benötigte Seitenleisten vorübergehend auszublenden.

6.7.2 Das Register »Gliederung« zeigt Statistiken und Überschriftstruktur

Auch das zweite Register in der *Dokumentenübersicht* ist einen Klick wert. Auf dem Register GLIEDERUNG sehen Sie eine kleine Statistik zu *Zeichen*, *Wörter* und *Lesezeit* sowie die Struktur der Überschriften im Dokument (siehe Abbildung 6.14). Ein Klick auf eine Überschrift springt im Inhaltsbereich zu dieser Überschrift und aktiviert den Block zur Bearbeitung.

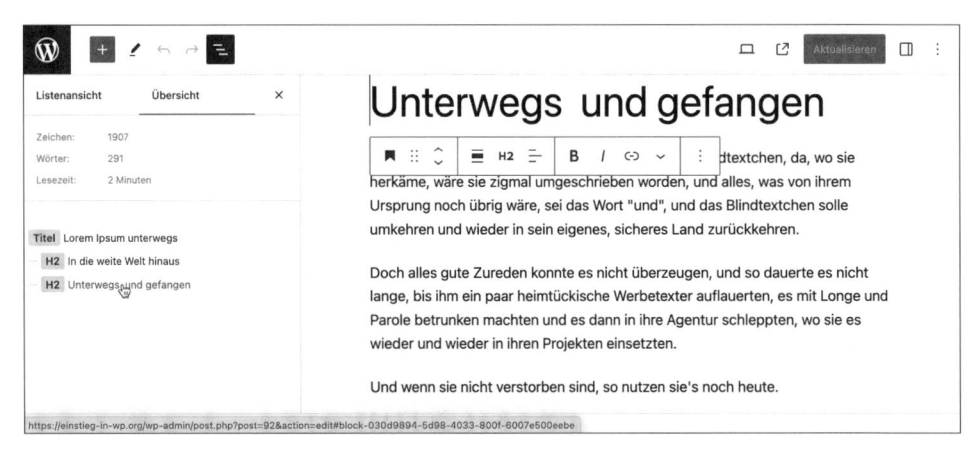

Abbildung 6.14 Das Register »Gliederung« dient auch zur Navigation.

Die im Text vorhandenen Überschriften sollten hier in der Gliederung eine logische Reihenfolge ergeben, und dabei sollten keine Ebenen übersprungen werden. Wählen Sie also eine bestimmte Überschriftebene *nicht* aufgrund der vom Block benutzten Schriftgröße. Im Klartext: Nehmen Sie nicht H3, nur weil H2 zu groß erscheint.

Wenn Sie die Schriftgröße einer Überschrift ändern möchten, können Sie das in der Seitenleiste EINSTELLUNGEN im Bereich TYPOGRAFIE machen, aber dabei sollten Sie sehr vorsichtig sein. Die Schriftgröße passt sich bei vielen modernen Themes der Größe des Bildschirms automatisch an, und was am Desktop dann genau richtig erscheint, ist auf einem Smartphone oft zu klein.

6.7.3 Mit »ESC« und Pfeiltasten kommt man schnell von Block zu Block

Der Block-Editor befindet sich standardmäßig im Modus *Bearbeiten*, in dem Sie die Blöcke im Inhaltsbereich, nun ja, *bearbeiten* können. Es gibt aber auch noch einen Modus namens *Auswählen*, in dem man sich pfeilschnell von einem Block zum nächsten bewegen oder Blöcke löschen kann.

Den Modus *Auswählen* aktivieren Sie mit einem simplen Druck auf Esc (siehe Abbildung 6.15).

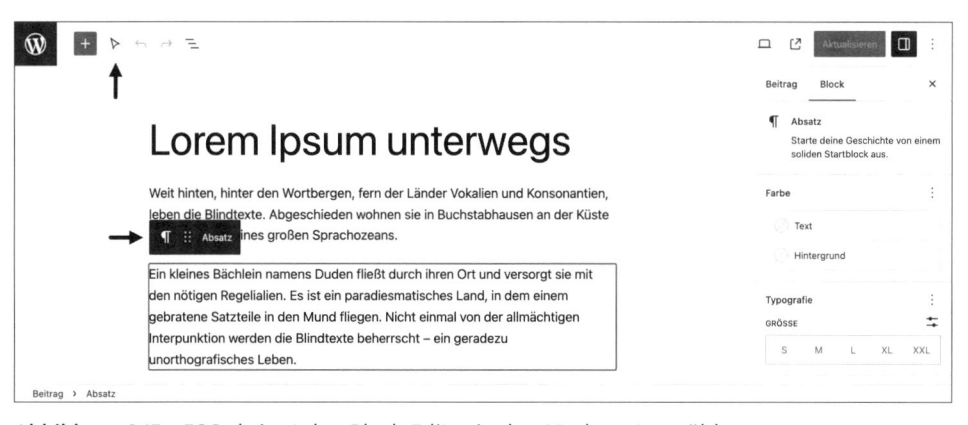

Abbildung 6.15 »ESC« bringt den Block-Editor in den Modus »Auswählen«.

In Abbildung 6.15 erkennt man an zwei Details, dass der Modus *Auswählen* aktiviert ist:

- Oben in der Editorleiste wurde das *Bleistift*-Symbol durch eine in Richtung Nordwest zeigende *Pfeilspitze* ersetzt. Der Bleistift steht für den Modus *Bearbeiten*, die Pfeilspitze für den Modus *Auswählen*.

- Oberhalb eines Blocks erscheint statt der Block-Werkzeugleiste ein schwarzer Kasten mit dem Block-Symbol, den Drag-and-Drop-Punkten und dem Block-Typ. Der Block selbst bekommt einen blauen Rahmen.

Im Auswählen-Modus können Sie die blaue Block-Markierung mit den Tasten ↑ bzw. ↓ blitzschnell durch das Dokument bewegen. Beim gewünschten Block angekommen, haben Sie zwei Möglichkeiten:

- Sie können den Block mit ← oder Entf löschen.
- Sie können mit ↵ zurück in den Modus *Bearbeiten* wechseln.

Der Cursor blinkt dann am Anfang des markierten Blocks, und links oben in der Editorleiste sehen Sie wieder den Bleistift.

> **Mit der Maus zwischen den Modi »Bearbeiten« und »Auswählen« wechseln**
>
> Sie können auch mit der Maus den Modus wechseln. Ein Klick auf das Werkzeug-Symbol in der oberen Werkzeugleiste (Bleistift oder Pfeilspitze) öffnet ein Dropdown-Menü, in dem Sie den gewünschten Modus anklicken können, aber die Tastenkürzel Esc und ↵ sind deutlich schneller.

6.8 Unfallhilfe: »Revisionen« für Beiträge und Seiten

Sehr praktisch und manchmal fast »lebensrettend« sind im WordPress-Alltag die *Revisionen*.

Revisionen sind ältere Versionen von Beiträgen und Seiten, die beim Speichern oder Aktualisieren von WordPress automatisch angelegt werden. Wenn bei der Bearbeitung des Dokuments etwas grundlegend schiefgelaufen ist, kann man so zu einer älteren Version des Textes zurückkehren.

Sobald es in der Datenbank mehrere Versionen eines Dokuments gibt, finden Sie den Bereich REVISIONEN in der Seitenleiste EINSTELLUNGEN rechts neben dem Editor, und zwar im Register BEITRAG bzw. SEITE.

Ein Klick auf den Link REVISIONEN ruft die Seite VERGLEICHE REVISIONEN VON [TITEL DES DOKUMENTS] auf (Abbildung 6.16).

Im Beispiel wurde die versehentliche Löschung des ersten Absatzes erst so spät bemerkt, dass der Befehl RÜCKGÄNGIG links oben in der Editorleiste nicht mehr helfen konnte. In einem solchen Fall wird es Zeit für einen Besuch in den Revisionen:

6.8 Unfallhilfe: »Revisionen« für Beiträge und Seiten

- Um zwischen den gespeicherten Revisionen zu navigieren, verschieben Sie den Schieberegler ❶ nach links oder rechts oder benutzen die Schaltflächen WEITER oder ZURÜCK rechts bzw. links davon. Die Länge des Schiebereglers hängt von der Anzahl der gespeicherten Revisionen ab.
- Darunter sehen Sie nebeneinander den Quelltext von zwei Versionen des Beitrags, die chronologisch aufeinanderfolgen: links die ältere ❷ (ohne den ersten Absatz) und rechts die neuere ❸ (mit dem ersten Absatz). Gelöschter Text wird rot hinterlegt, hinzugefügter Text grün ❹.
- Mit der Option ZWEI BELIEBIGE REVISIONEN VERGLEICHEN ❺ können Sie sich zwei Revisionen nebeneinander anzeigen lassen, die nicht direkt aufeinanderfolgen.
- Um die auf der rechten Seite dargestellte Version des Textes wiederherzustellen, klicken Sie oben rechts auf die Schaltfläche DIESE REVISION WIEDERHERSTELLEN ❻.
- Falls Sie nichts wiederherstellen möchten, gibt es links oben den Link ZURÜCK ZUM EDITOR ❼.

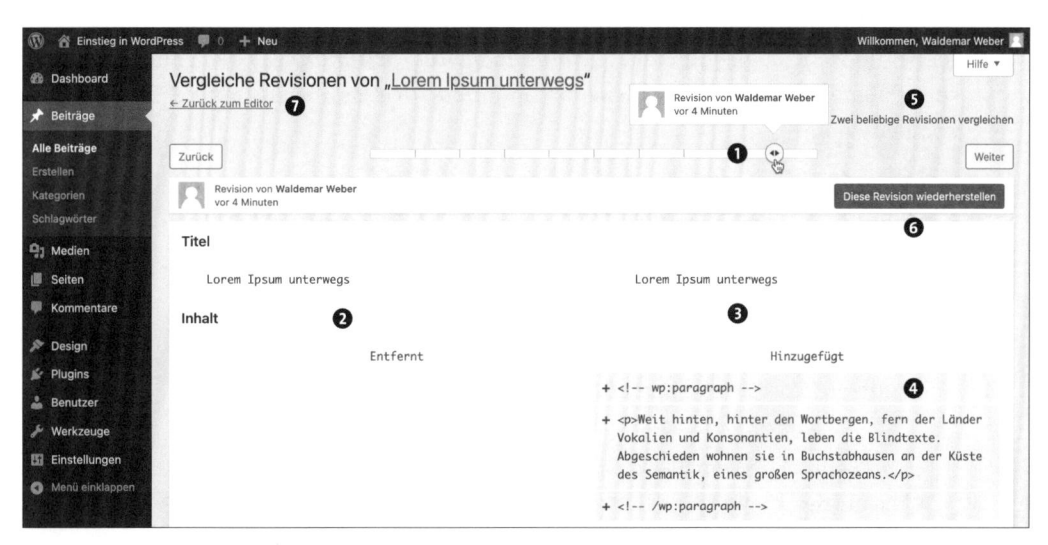

Abbildung 6.16 Revisionen – ältere Versionen wiederherstellen

WordPress legt die Revisionen für Beiträge automatisch an, und es gibt im Backend keine Möglichkeit, Revisionen zu löschen. Abhilfe schaffen z. B. Plugins zur Optimierung der Datenbank (siehe Abschnitt 17.5, »›WP-Optimize‹: Datenbank, Bilder und Cache«).

> **»Revisionen« werden in den nächsten WordPress-Versionen überarbeitet**
>
> In Phase 3 des in Abschnitt 1.4 erwähnten Projekts Gutenberg geht es um das Zusammenarbeiten in WordPress, und Teil dieser Phase wird eine Überarbeitung der Revisionen sein, sodass diese etwas benutzerfreundlicher werden und nicht mehr nur den Quelltext von Blöcken zeigen.
>
> Falls Ihr WordPress also nicht mehr mit den Abbildungen in diesem Abschnitt übereinstimmt, schauen Sie mal auf der Website zu diesem Buch vorbei:
>
> - *einstieg-in-wp.de/links-fuer-leser/*
>
> Dort halte ich Sie über die wichtigsten Neuerungen auf dem Laufenden.

6.9 Kategorien und Schlagwörter in Beiträgen

Kategorien und Schlagwörter werden in WordPress auch als *Taxonomie* bezeichnet. Dieser Begriff steht laut Duden für die *Einordnung in ein bestimmtes System*, und WordPress kennt standardmäßig zwei solche Taxonomien zur Klassifizierung und Gruppierung von Beiträgen:

- Kategorien (engl. *categories*)
- Schlagwörter (engl. *tags*)

Zur Verwaltung dieser beiden Taxonomien gibt es im Menü BEITRÄGE die Untermenüs KATEGORIEN und SCHLAGWÖRTER.

> **Sie nutzen WordPress ohne »Beiträge«? Auf zum nächsten Kapitel.**
>
> In den folgenden Abschnitten geht es um Kategorien und Schlagwörter, und die gibt es nur bei Beiträgen. Wenn Sie WordPress also ohne Beiträge und nur mit selbst erstellten Seiten nutzen, können Sie den Rest dieses Kapitels überspringen.

6.9.1 Der Unterschied zwischen Kategorien und Schlagwörtern

Auch wenn der Übergang zwischen Kategorien und Schlagwörtern in der Praxis manchmal eher fließend ist, gibt es doch einige grundlegende Unterschiede:

- Kategorien sind die wichtigsten Themen in Ihrem Blog, und das sollten nicht zu viele werden. Schlagwörter hingegen sind Detailbegriffe, und davon kann es durchaus auch ein paar mehr geben.

- Jeder Beitrag ist mindestens einer Kategorie zugeordnet. Weist man selbst keine zu, landet der Beitrag automatisch in der Standardkategorie, die nach der Installation *Allgemein* heißt. Schlagwörter hingegen sind optional und müssen nicht vergeben werden.
- Kategorien können Unterkategorien und somit eine zweite Ebene haben, bei Schlagwörtern gibt es nur eine Ebene.

Das folgende Beispiel verdeutlicht die mögliche Verwendung von Kategorien und Schlagwörtern.

- Stellen Sie sich vor, dass Sie auf einer Reise nach Wien eines der legendären, riesigen österreichischen Schnitzel gegessen haben und darüber einen Beitrag in Ihrem Blog schreiben möchten.
- Als Kategorie könnte man dann *Reisen* verwenden, als optionale Unterkategorie z. B. *Europa*.
- Kandidaten für Schlagwörter wären *Schnitzel*, *Wien*, *Österreich*, *paniert*, *lokale Spezialitäten, Fleisch* und dergleichen mehr.

Schauen Sie sich auf der Website zum Buch einmal an, wie dort Kategorien und Schlagwörter verwendet werden. Kategorien sind z. B. Themen wie *WP kennenlernen*, *Inhalte erstellen*, *Themes*, *Plugins* oder *Systemverwaltung*. Sie entsprechen in etwa den Teilen in diesem Buch. Schlagwörter sind Begriffe wie *Block-Editor* oder *Twenty Twenty-Three*, die auch in verschiedenen Kategorien stehen können.

6.9.2 Die URLs von Archivseiten für Kategorien und Schlagwörter

Links zum Aufrufen der Archivseiten für Kategorien und Schlagwörter erscheinen in vielen Themes automatisch in den Metadaten zum jeweiligen Beitrag, zusammen mit dem Erstelldatum und dem Autor des Beitrags. Ein Besucher kann mit diesen Links per Klick filtern und sich so nur Beiträge zu einer bestimmten Kategorie oder zu einem bestimmten Schlagwort anzeigen lassen.

In Abschnitt 4.6 haben Sie bei der Konfiguration der Permalinks die KATEGORIE-BASIS in *thema* und die SCHLAGWORT-BASIS in *schlagwort* geändert. Dieser Basis-Begriff steht in den URLs von Archivseiten vor den Kategorien bzw. Schlagwörtern:

- *einstieg-in-wp.de/thema/inhalte-erstellen/*
  zeigt eine Archivseite mit Beiträgen aus der Kategorie *Inhalte erstellen*.
- *einstieg-in-wp.de/schlagwort/block-editor*
  zeigt eine Archivseite mit Beiträgen zum Schlagwort *Block-Editor*.

So bekommen Suchende bereits in der URL ein Indiz, worum es in den Beiträgen auf der Seite inhaltlich geht. Im folgenden Abschnitt möchte ich Ihnen zunächst zeigen, was es mit Kategorien auf sich hat, Schlagwörter folgen dann in Abschnitt 6.11.

6.10 Kategorien erstellen und verwalten

In diesem Abschnitt lernen Sie zunächst die Arbeit mit Kategorien kennen.

6.10.1 Das Menü »Beiträge • Kategorien« in der Übersicht

Sie erstellen zunächst ein paar neue Kategorien, und das geht am einfachsten in der Verwaltungszentrale für Kategorien, im Menü BEITRÄGE • KATEGORIEN.

Nach dem Aufrufen des Menüpunktes BEITRÄGE • KATEGORIEN erscheint die Seite KATEGORIEN, die aus zwei Bereichen besteht:

▶ Links finden Sie eine Eingabemaske zur Erstellung neuer Kategorien ❶.
▶ Rechts ist eine Übersicht zur Verwaltung bestehender Kategorien ❷.

Abbildung 6.17 Die Seite »Beiträge • Kategorien«

Nach der Installation von WordPress ist bereits eine Kategorie namens ALLGEMEIN vorhanden. Diese Standardkategorie wurde den bisherigen Beiträgen automatisch zugewiesen, und daher hat sie in der Spalte ANZAHL bereits drei Beiträge. Abbildung 6.17 zeigt diesen Sachverhalt im Überblick.

> **Jeder Beitrag gehört zu mindestens einer Kategorie**
> Ein Beitrag kann durchaus zu mehreren Kategorien gehören, aber er hat immer mindestens eine. Wenn Sie einem Beitrag keine Kategorie zuweisen, gehört er automatisch zur Standardkategorie, die nach der Installation *Allgemein* heißt, aber auch umbenannt werden kann (siehe weiter unten).

6.10.2 Kategorien erstellen im Menü »Beiträge • Kategorien«

Namen für Kategorien können Großbuchstaben, Umlaute und sogar Leerstellen enthalten, sollten aber kurz und knackig sein und möglichst aus einem Wort bestehen.

Beim Erstellen einer Kategorie können Sie ihr eine *Titelform* (engl. *slug*) zuweisen, die den letzten Teil des Permalinks bildet. Die Empfehlung für die Titelform lautet wie immer bei Links: Kleinschreibung, keine Umlaute, keine Leerstellen.

Tabelle 6.3 zeigt einige Ideen für Kategorien, deren Titelform sowie eine kurze Beschreibung, die in manchen Themes im Frontend ausgegeben wird, z. B. oben auf den Kategorie-Archivseiten, unterhalb der Kategorie.

Kategorie	Titelform	Beschreibung
WordPress	wordpress	Beiträge zu WordPress: Inhalte erstellen, Themes, Plug-ins und vieles mehr
Reisen	reisen	Beiträge zu Reisen nach Italien, Portugal, Spanien und dem Rest der Welt
Hören	hoeren	Beiträge zu Songs, Hörbüchern und Podcasts
Sehen	sehen	Beiträge zu Fotos und Videos
Sonstiges	sonstiges	Beiträge, die sonst nirgendwo passen

Tabelle 6.3 Beispiele für Kategorien und deren Titelform im Überblick

Im folgenden ToDo benennen Sie zunächst die Kategorie *Allgemein* um in *Sonstiges* und erstellen danach einige neue Kategorien.

> **ToDo: Neue Kategorien erstellen**
>
> 1. Öffnen Sie die Seite BEITRÄGE • KATEGORIEN.
> 2. Klicken Sie in der Übersichtstabelle auf die ALLGEMEIN, um die Kategorie zu bearbeiten.
> 3. Geben Sie im Feld NAME »Sonstiges« ein.
> 4. Ändern Sie den Eintrag im Feld TITELFORM in »sonstiges«.
> 5. Geben Sie eine kurze BESCHREIBUNG ein. Falls Ihnen gerade nichts einfällt, nehmen Sie die Vorlage aus Tabelle 6.3.
> 6. Speichern Sie die Änderungen mit einem Klick auf die Schaltfläche AKTUALISIEREN. Mit dem Link ZURÜCK ZU DEN KATEGORIEN links oben gelangen Sie zurück zur Übersicht.
> 7. Um eine neue Kategorie zu erstellen, geben Sie links im Bereich NEUE KATEGORIE ERSTELLEN im Feld NAME den gewünschten Namen ein, z. B. »WordPress« (siehe Tabelle 6.3).
> 8. Im Feld TITELFORM fügen Sie die gewünschte Variante für den Permalink ein. Keine Leerstellen, keine Umlaute und Kleinschreibung.
> 9. Geben Sie eine kurze BESCHREIBUNG ein.
> 10. Speichern Sie die Änderungen mit einem Klick auf die Schaltfläche NEUE KATEGORIE ERSTELLEN.
> 11. Fügen Sie noch ein paar weitere Kategorien, Titelformen und Beschreibungen hinzu. Ein paar Ideen dazu finden Sie in Tabelle 6.3.

Im Frontend werden Sie nach diesem ToDo noch keine Änderungen bemerken, da eine Kategorie dort erst erscheint, wenn ihr mindestens ein Beitrag zugeordnet wurde. Diese Zuordnung erledigen Sie im nächsten Abschnitt.

> **Kategorien können auch Unterkategorien haben**
>
> Das Feld ELTERN beim Erstellen einer Kategorie deutet bereits an, dass Kategorien auch Unterkategorien (quasi *Kinder*) haben können. So könnte die Kategorie *Reisen* z. B. noch Unterkategorien wie *Europa*, *Asien* oder *Südamerika* enthalten.
>
> Um eine Unterkategorie zu erstellen, weisen Sie beim Erstellen einer Kategorie in der Auswahlliste beim Feld ELTERN einfach die gewünschte Elternkategorie zu. Für den Einstieg ist die Arbeit mit einer Kategorie-Ebene aber ausreichend.

6.10.3 Kategorien zuweisen: Im Block-Editor oder per »QuickEdit«

Um einem Beitrag eine Kategorie zuzuweisen, gibt es zwei Möglichkeiten:

- im Block-Editor in der Seitenleiste EINSTELLUNGEN auf dem Register BEITRAG im Bereich KATEGORIEN
- in der Übersicht im Menü ALLE BEITRÄGE mit der Funktion QUICKEDIT

Zunächst werfen Sie einen Blick auf den in Abbildung 6.18 gezeigten Bereich KATEGORIEN im Block-Editor.

Abbildung 6.18 Kategorien zuweisen im Block-Editor

Um diesen Weg auszuprobieren, öffnen Sie einen Beitrag zur Bearbeitung. Blenden Sie dann in der Seitenleiste EINSTELLUNGEN auf dem Register BEITRAG den Bereich KATEGORIEN ein ❶. Dort können Sie die gewünschte(n) Kategorie(n) aktivieren ❷. Änderungen werden beim Veröffentlichen bzw. AKTUALISIEREN gespeichert. Mit dem Link NEUE KATEGORIE ERSTELLEN ❸ können Sie auch an Ort und Stelle eine neue Kategorie erstellen.

Die zweite Möglichkeit zur Zuordnung von Kategorien ist die Funktion QUICKEDIT im Menü ALLE BEITRÄGE. Dort können Sie in der Spalte KATEGORIEN die gewünschten Kategorien auswählen. Zum Speichern klicken Sie auf die Schaltfläche AKTUALISIEREN (siehe Abbildung 6.19).

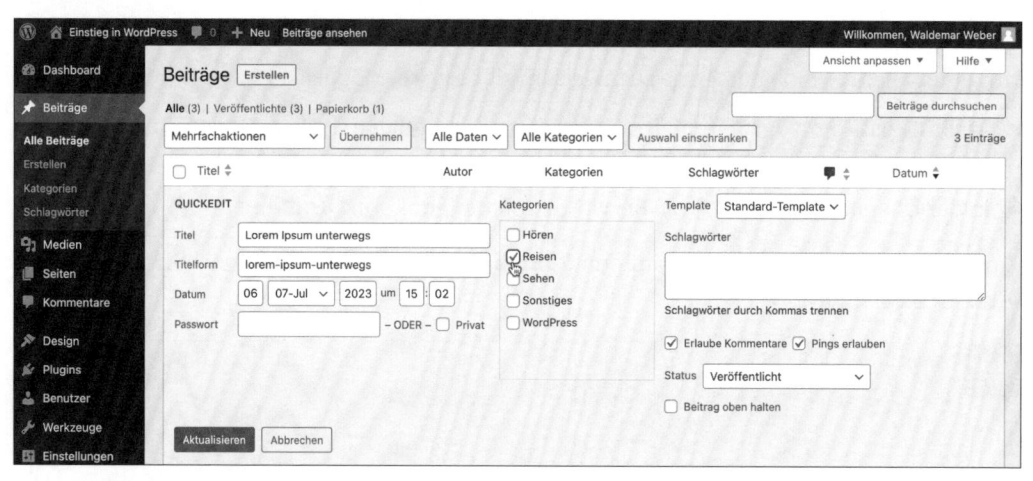

Abbildung 6.19 Kategorien mit der Funktion »QuickEdit« zuweisen

Tabelle 6.4 enthält Vorschläge für die Zuweisung der bisher erstellten Beiträge zu Kategorien: Die beiden Beiträge zum Block-Editor fallen in die Kategorie *WordPress*, die Abenteuer des Lorem Ipsum gehören zum Thema *Reisen*.

Beitrag	Kategorie
Der Block-Editor	WordPress
Blöcke auswählen per Schrägstrich	WordPress
Lorem Ipsum unterwegs	Reisen

Tabelle 6.4 Beiträge und Kategorien

Im folgenden ToDo weisen Sie den vorhandenen Beiträgen Kategorien zu.

> **ToDo: Den Beiträgen Kategorien zuweisen**
> 1. Öffnen Sie die Seite BEITRÄGE • ALLE BEITRÄGE.
> 2. Bearbeiten Sie die Kategorien der Beiträge mit der Funktion QUICKEDIT. Für die Beispiel-Site finden Sie eine mögliche Zuordnung von Beiträgen und Kategorien in Tabelle 6.4.
> 3. Rufen Sie das Frontend auf, und filtern Sie die Beiträge mit einem Klick auf die Kategorien in der Sidebar.

> **Die Standardkategorie definieren Sie in »Einstellungen • Schreiben«**
> Wenn Sie selbst keine Kategorien zuweisen, bekommt ein Beitrag die Standardkategorie. Im Menü EINSTELLUNGEN • SCHREIBEN können Sie festlegen, welche Kategorie die Standardkategorie sein soll.

6.10.4 Archivseiten für Kategorien haben einen eigenen Permalink

Ein Klick auf einen Kategorie-Link generiert eine Archivseite mit allen Beiträgen aus dieser Kategorie. Abbildung 6.20 zeigt die Archivseite mit Beiträgen aus der Kategorie *WordPress*:

- In der Adresszeile des Browsers sehen Sie in der URL das Wort */thema/*, das Sie in Abschnitt 4.6.2, »›Gebräuchliche Einstellungen‹ für Permalinks in WordPress«, als Kategorie-Basis konfiguriert haben.
- Am Ende der URL folgt die Titelform der Kategorie, also */wordpress/*.
- Oberhalb der Beiträge steht im Kopfbereich der Seite die Überschrift KATEGORIE: WORDPRESS.

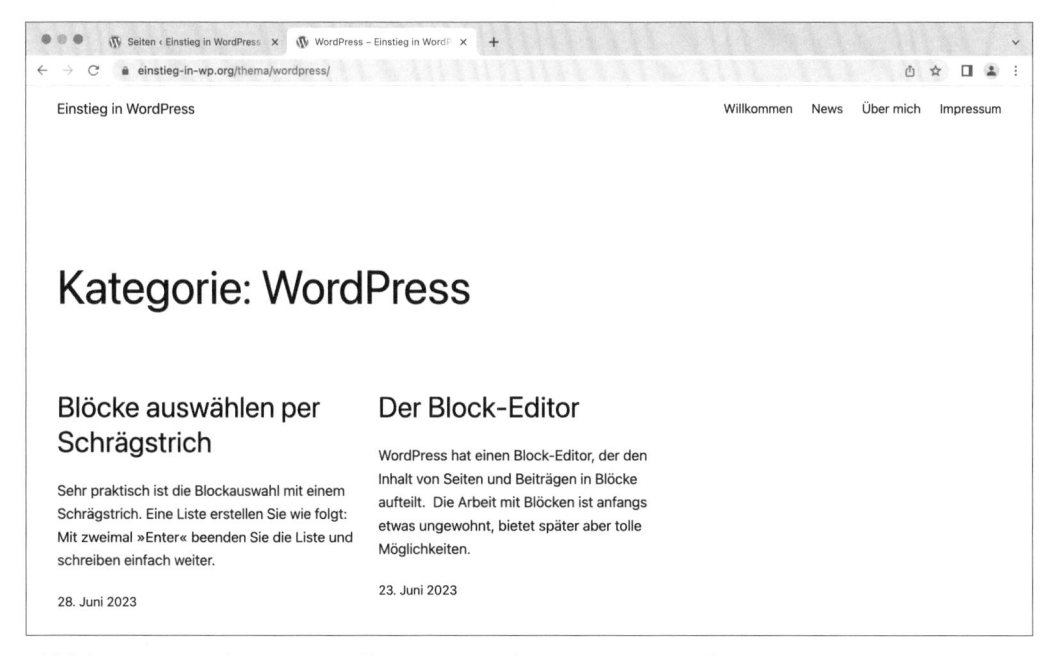

Abbildung 6.20 Archivseite mit allen Beiträgen der Kategorie »WordPress«

Falls Sie in der Überschrift das Wort *Kategorie* wie in den Permalinks durch das Wort *Thema* ersetzen möchten, hilft das im folgenden Kasten vorgestellte Plugin *Custom Archive Titles*.

> **Plugin »Custom Archive Titles« – Titel von Archivseiten ändern**
>
> Archivseiten werden automatisch generiert, und deshalb können Sie deren Titel normalerweise nicht ändern. Das kleine, aber feine Plugin *Custom Archive Titles* vom WordPress-Entwickler Thomas Weichselbaumer (aka *ThemeZee*) macht das aber möglich:
>
> ▶ Custom Archive Titles
> *de.wordpress.org/plugins/custom-archive-titles/*
>
> Mit dem Plugin können Sie die Titel nicht nur für Kategorien, sondern auch für andere Archive wie *Schlagwort* oder *Autor* ändern.

6.11 Schlagwörter erstellen und verwalten

Im englischen WordPress-Original heißen *Schlagwörter* einfach nur *Tags*. Das bedeutet wörtlich übersetzt *Etikett*, und daher haben viele Themes als Symbol vor den Schlagwörtern ein kleines Etikett.

Schlagwörter sind in gewisser Weise die perfekte Ergänzung zu Kategorien. Während Kategorien eher die wichtigsten Themen Ihres Blogs beschreiben, ermöglichen Schlagwörter eine Gruppierung von Beiträgen jenseits der Kategorien.

6.11.1 Schlagwörter für Beiträge erstellen und zuweisen

Zur Arbeit mit Schlagwörtern gehen Sie zur Abwechslung nicht in die Verwaltungszentrale BEITRÄGE • SCHLAGWÖRTER, sondern rufen die Beiträge zunächst einmal im Block-Editor auf, um ihnen dort ein paar Schlagwörter zuzuweisen.

Abbildung 6.21 zeigt einen Beitrag im Editor und in der Seitenleiste DOKUMENT rechts daneben den Bereich SCHLAGWÖRTER. Hier können Sie für jeden Beitrag neue Schlagwörter hinzufügen, wobei Sie die Eingabe eines Schlagwortes mit ⏎ bestätigen müssen. Bei der Eingabe werden häufig genutzte Schlagwörter bereits angezeigt, wodurch eine konsistente Rechtschreibung erleichtert wird. Bereits vorhandene Schlagwörter können Sie mit einem Klick auf das kleine × entfernen.

Abbildung 6.21 Schlagwörter bearbeiten im Block-Editor

Wissenswert ist, dass auch falsch geschriebene und mit einem Klick auf das kleine × sofort wieder entfernte Schlagwörter im Hintergrund gespeichert werden. Sie können nur auf der in Abschnitt 6.11.3 vorgestellten Seite BEITRÄGE • SCHLAGWÖRTER wieder entfernt werden.

Tabelle 6.5 zeigt eine Übersicht der Beiträge mit einigen Vorschlägen für die Verschlagwortung der Beiträge aus dem Beispielblog.

Die beiden ersten Beiträge gehören zur Kategorie *WordPress*, und innerhalb dieses Themas handelt es sich bei beiden um Grundlagenartikel, die die Arbeit im Editor beschreiben. In der Kategorie *WordPress* könnte es z. B. noch weitere Beiträge über die Arbeit mit Seiten in WordPress geben, die dann entsprechend andere Schlagwörter hätten.

Beiträge	Kategorie	Vorschläge für Schlagwörter
Der Block-Editor	WordPress	Block-Editor, Grundlagen
Blöcke auswählen per Schrägstrich	WordPress	Block-Editor, Grundlagen
Lorem Ipsum unterwegs	Reisen	Abenteuer, Blindtext

Tabelle 6.5 Beiträge, Kategorien und Ideen für Schlagwörter

Bei einem Beitrag mit Fülltext wie *Lorem Ipsum unterwegs* ist die inhaltliche Verschlagwortung etwas schwieriger, da es ja eigentlich keinen richtigen Inhalt gibt. Hier reichen vorerst die Schlagwörter *Blindtext* und *Abenteuer*.

Die konkrete Arbeit mit Schlagwörtern ist im Alltag stark von der inhaltlichen Ausrichtung des Blogs und von persönlichen Vorlieben abhängig. Im folgenden ToDo weisen Sie den vorhandenen Beiträgen zur Übung einige Schlagwörter zu.

> **ToDo: Den Beiträgen Schlagwörter zuweisen**
> 1. Öffnen Sie die Seite BEITRÄGE • ALLE BEITRÄGE.
> 2. Öffnen Sie einen Beitrag zur Bearbeitung im Block-Editor, und fügen Sie einige Schlagwörter hinzu. Für die Übungswebsite finden Sie in Tabelle 6.5 einige Vorschläge.
> 3. Vergessen Sie nicht, die Änderungen mit der Schaltfläche AKTUALISIEREN zu speichern.
> 4. Wiederholen Sie diesen Vorgang für die anderen Beiträge.
> 5. Rufen Sie danach das Frontend auf, und prüfen Sie, ob und wo die Schlagwörter dort erscheinen.

Nach diesem ToDo zeigt Abbildung 6.22, dass die zugewiesenen Schlagwörter in Twenty Twenty-Three in der Einzelansicht unterhalb des Beitrags erscheinen.

Abbildung 6.22 Die Schlagwörter für einen Beitrag sind anklickbar.

Ein Besucher kann die Beiträge in Ihrem Blog jetzt mit den Links in den Metadaten nach Kategorien oder Schlagwörtern filtern:

- Mit einem Klick auf eine Kategorie sieht er nur noch Beiträge aus dieser Kategorie, egal, welche Schlagwörter sie haben.
- Ein Klick auf ein Schlagwort zeigt alle Beiträge mit diesem Schlagwort an, egal, zu welcher Kategorie sie gehören.

Mit Kategorien und Schlagwörtern bietet WordPress für Beiträge sehr ausgefeilte und vielseitige Möglichkeiten zur Sortierung und Anzeige. Je mehr Beiträge Sie schreiben, desto wichtiger wird der überlegte Umgang mit Kategorien und Schlagwörtern.

6.11.2 Die Alternative: Schlagwörter zuweisen mit der Funktion »QuickEdit«

Im vorherigen Abschnitt haben Sie die Schlagwörter direkt im Block-Editor erstellt und zugewiesen, aber genau wie Kategorien können Sie auch Schlagwörter im QuickEdit zuweisen.

Abbildung 6.23 zeigt die Seite ALLE BEITRÄGE mit der Funktion QUICKEDIT aus der Beitragsübersicht, mit der Sie ebenfalls Schlagwörter hinzufügen oder entfernen können. Änderungen speichern Sie mit einem Klick auf AKTUALISIEREN.

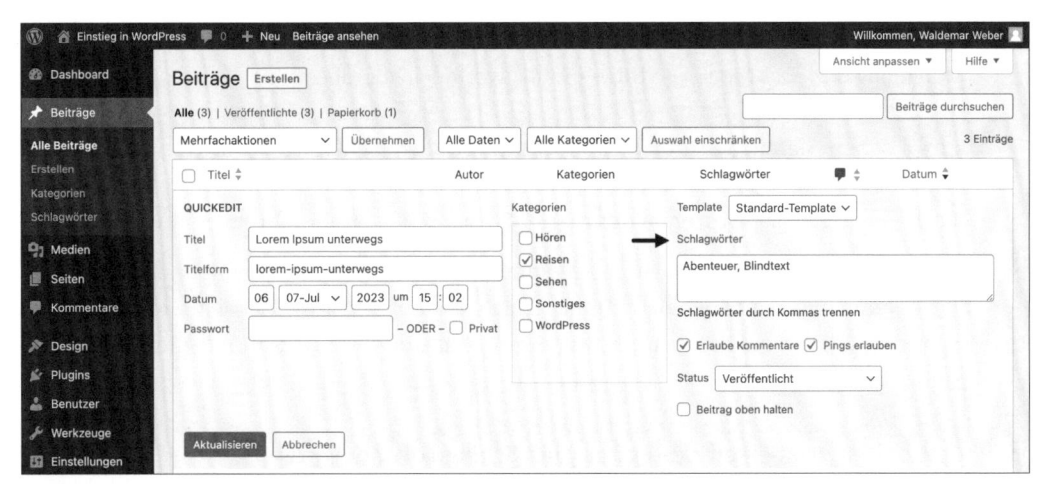

Abbildung 6.23 Schlagwörter für einen Beitrag mit »QuickEdit« bearbeiten

6.11.3 Schlagwörter verwalten: Das Menü »Beiträge • Schlagwörter«

Abbildung 6.24 zeigt das Menü BEITRÄGE • SCHLAGWÖRTER zur Verwaltung der Schlagwörter.

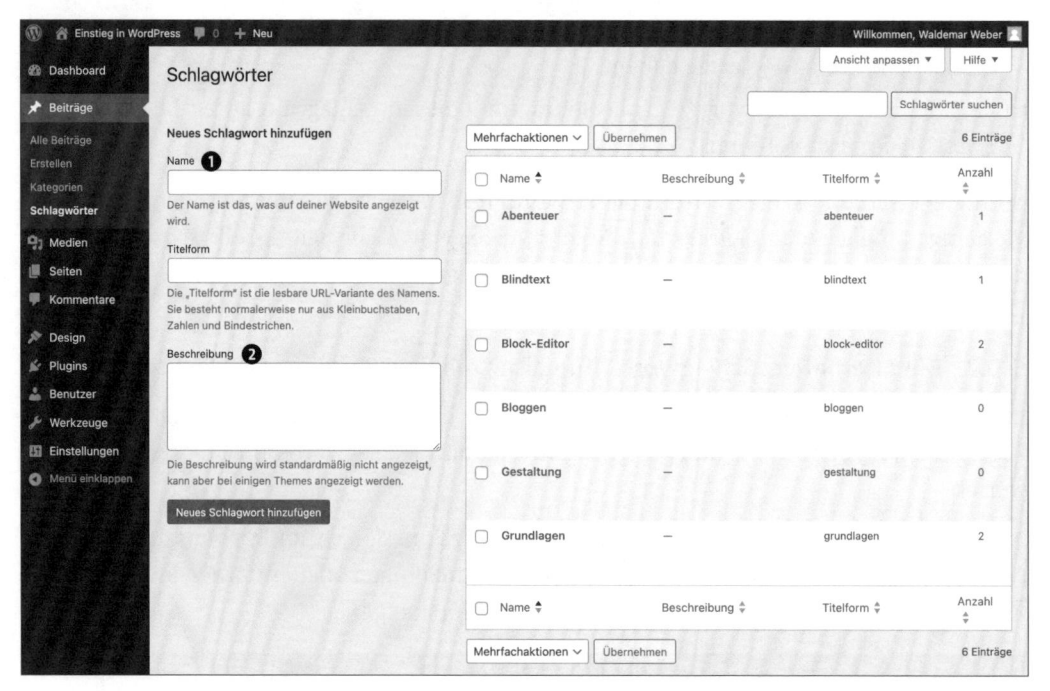

Abbildung 6.24 Das Menü »Beiträge • Schlagwörter« in der Übersicht

Links sehen Sie ein Formular zur Erstellung neuer Schlagwörter ❶ mit den Feldern Name, Titelform und Beschreibung, rechts ist eine Übersicht zur Verwaltung bereits vorhandener Schlagwörter, in der man z. B. eine kurze Beschreibung ergänzen kann ❷.

Das Menü Schlagwörter ist gut geeignet zur Verwaltung bestehender Schlagwörter. Sie können hier zwar auch neue Schlagwörter erstellen, aber das ist, wie weiter oben beschrieben, direkt bei der Bearbeitung der Beiträge oder im QuickEdit meist einfacher und schneller.

> **WordPress hat einen »Kategorie- und Schlagwort-Konverter«**
>
> Im Alltag verändern sich manchmal die Schwerpunkte eines Blogs, und dabei kann es vorkommen, dass man ein Schlagwort in eine Kategorie umwandeln möchte oder umgekehrt.
>
> WordPress hat zu diesem Zweck ein gut verstecktes Werkzeug namens Kategorie- und Schlagwort-Konverter, das Sie zunächst installieren müssen:
>
> 1. Öffnen Sie das Menü Werkzeuge • Daten importieren.
> 2. Suchen Sie in der Liste den Eintrag Kategorie- und Schlagwort-Konverter.

3. Klicken Sie auf JETZT INSTALLIEREN, um den Konverter zu installieren.
4. Nach der Installation erscheint der Link IMPORTER AUSFÜHREN.

Der Konverter wird nach der Installation im Menü PLUGINS mit dem schönen Namen *Categories to Tags Converter Importer* gelistet. Dort können Sie ihn bei Bedarf auch deaktivieren oder löschen.

6.12 Auf einen Blick

Die wichtigsten Themen noch einmal im Überblick:

- Für das Schreiben im Web gelten einige besondere Regeln:
  - Menschen lesen Texte nicht Buchstabe für Buchstabe.
  - Webseiten werden nicht gelesen, sondern überflogen.
  - Zwischenüberschriften und kurze Absätze lockern einen Text auf.
- WordPress hat einen *Block-Editor*, der den Inhalt von Beiträgen und Seiten in Blöcke aufteilt, die einzeln bearbeitet werden können.
- Die obere Werkzeugleiste enthält zahlreiche wichtige Werkzeuge.
- Es gibt zwei Arten von Hyperlinks:
  - Externe Hyperlinks führen weg von der eigenen Website.
  - Interne Hyperlinks verlinken Seiten innerhalb der eigenen Website.
- Besonders für längere Dokumente gibt es hilfreiche Werkzeuge:
  - Die *Listenansicht* zeigt alle Blöcke im aktuellen Dokument als Liste.
  - Die *Gliederung* zeigt Statistiken und die Struktur der Überschriften.
  - Der Modus *Auswählen* ermöglicht das Löschen von einzelnen Blöcken und die schnelle Navigation durch das Dokument.
- Revisionen sind ältere Versionen von Beiträgen und Seiten, die bei Bedarf wiederhergestellt werden können.
- Taxonomien dienen zur Einordnung in ein System. WordPress kennt mit *Kategorien* und *Schlagwörtern* standardmäßig zwei Taxonomien zur Klassifizierung und Gruppierung von Beiträgen.
- Kategorien sind die wichtigsten Themen eines Blogs:
  - Sie können im Block-Editor oder per QUICKEDIT zugewiesen werden.
  - Jeder Beitrag gehört zu mindestens einer Kategorie.

- Beiträge können nach Kategorien gefiltert werden.
- Kategorien werden im Menü BEITRÄGE • KATEGORIEN verwaltet.
- Kategorien können auch Unterkategorien haben.

▶ Kategorien können optional durch Schlagwörter ergänzt werden.
- Sie können im Block-Editor oder per QUICKEDIT zugewiesen werden.
- Jeder Beitrag kann beliebig viele Schlagwörter haben.
- Beiträge können nach Schlagwörtern gefiltert werden.
- Schlagwörter werden in BEITRÄGE • SCHLAGWÖRTER verwaltet.

Kapitel 7
Die Mediathek: Bilder und Galerien einfügen

Worin es um das Einfügen und Optimieren von Bildern, die Mediathek von WordPress und den Umgang mit Beitragsbildern und Galerien geht.

Die Themen im Überblick:

- Schnelldurchgang: Ein Bild auf »Über mich« einfügen
- Bilder sollten vor dem Hochladen optimiert werden
- Die Mediathek von WordPress im Überblick
- Ein Bild aus der Mediathek im Block-Editor einfügen
- Die Block-Werkzeugleiste für den Bild-Block im Detail
- Beitragsbilder sind ganz besondere Bilder
- Mehrere Bilder: Eine Galerie hinzufügen und bearbeiten
- Bilder online in der Mediathek bearbeiten
- Auf einen Blick

Die Mediathek von WordPress dient zur Verwaltung von Bildern und anderen Medien, wie z. B. Audio-, Video- und PDF-Dateien. In diesem Kapitel geht es darum, wie Sie Bilder optimieren, im Block-Editor einfügen und in der Mediathek verwalten. Außerdem lernen Sie Beitragsbilder und Galerien kennen. Audio und Videos folgen im nächsten Kapitel.

Die in diesem Kapitel verwendeten Bilder sind in den Übungsdateien enthalten, die Sie auf der Verlagsseite zum Buch oder auf *einstieg-in-wp.de* herunterladen können. Zum Durcharbeiten dieses Kapitels dürfen Sie diese Bilder gerne nutzen.

7.1 Schnelldurchgang: Ein Bild auf »Über mich« einfügen

Dieser Schnelldurchgang zeigt die Schritte zum Einfügen eines Bildes auf der Seite *Über mich* in aller Kürze. Abbildung 7.1 zeigt die fertige Seite.

Abbildung 7.1 Die Seite »Über mich« mit einem eingefügten Bild

Nach einer Vorbereitung mit der Prüfung der Einstellungen für die Mediathek sind dazu nur drei Schritte nötig:

1. Sie fügen auf der Seite einen Block BILD hinzu.
2. Sie laden das Bild direkt von Ihrer Festplatte hoch und fügen es ein.
3. Sie passen in der Seitenleiste einige Einstellungen für das Bild an.

In diesem Schnelldurchlauf geht es nur um die allerwichtigsten Aktionen. Die Optimierung von Bildern, die Mediathek und die Optionen in der Block-Werkzeugleiste lernen Sie dann in den nächsten Abschnitten kennen.

7.1.1 Vorbereitung: »Einstellungen • Medien«: Die Bildgrößen überprüfen

WordPress erzeugt für jedes hochgeladene Bild automatisch mehrere Versionen und speichert diese auf dem Webspace im Upload-Ordner. Im Menü EINSTELLUNGEN werden die dafür verwendeten Bildgrößen definiert. Bevor Sie Bilder hochladen, sollten Sie also einen kurzen Blick ins Menü EINSTELLUNGEN • MEDIEN werfen und sich die dort eingetragenen Werte anschauen (Abbildung 7.2).

Abbildung 7.2 zeigt im Bereich BILDGRÖSSE folgende Einstellungen, die völlig in Ordnung sind und nicht geändert werden müssen:

▸ Die Option VORSCHAUBILDER steht auf maximal 150 × 150 Pixel. Die Option DAS VORSCHAUBILD AUF DIE EXAKTE GRÖSSE BESCHNEIDEN ist aktiviert und erstellt, ausgehend von der Mitte des Bildes, quadratische Vorschaubilder.

- Die Option MITTELGROSS steht auf maximal 300 × 300 Pixel.
- Die Option GROSS steht auf maximal 1.024 × 1.024 Pixel.

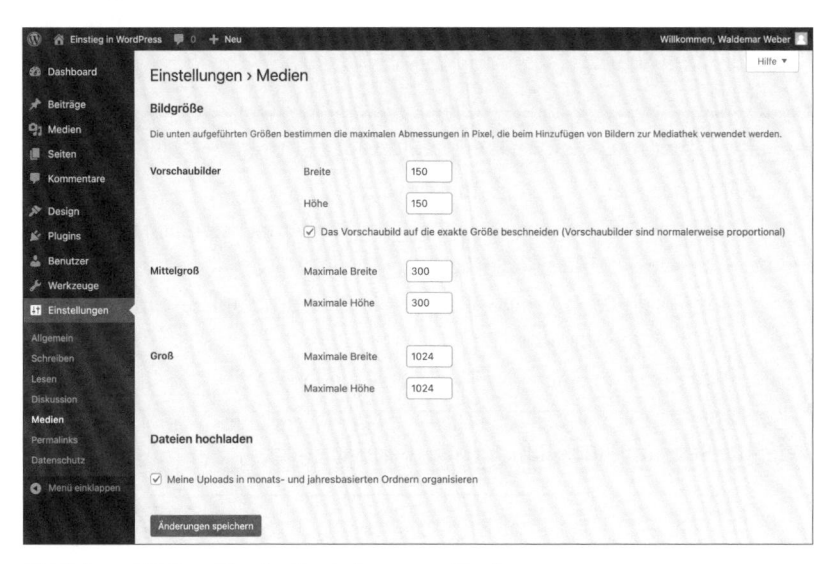

Abbildung 7.2 Das Menü »Einstellungen • Medien«

Im Bereich DATEIEN HOCHLADEN ist die einzige Option, MEINE UPLOADS IN MONATS- UND JAHRESBASIERTEN ORDNERN ORGANISIEREN, aktiviert. WordPress speichert standardmäßig alle hochgeladenen Dateien im Ordner */wp-content/uploads/*, und diese Option bewirkt, dass für jeden Monat ein Unterordner erstellt wird. Im August 2023 hochgeladene Bilder werden dann im Ordner */wp-content/uploads/2023/08/* aufbewahrt. Diese Einstellung gilt aber nur für die Ordner auf dem Webspace, und mit denen haben Sie normalerweise nicht viel Kontakt, denn in der Mediathek werden die Mediendateien komplett ohne Ordner verwaltet, sondern standardmäßig nur rückwärts chronologisch aufgelistet.

> **Eine Änderung der Einstellungen gilt nicht für schon vorhandene Bilder**
>
> Wenn sich die Einstellungen für die Bildgrößen z. B. durch einen Theme-Wechsel ändern, gilt das nur für Bilder, die danach hochgeladen werden. Falls bereits hochgeladene Bilder nachträglich geändert werden müssen, hilft das Plugin *Regenerate Thumbnails*:
>
> - de.wordpress.org/plugins/regenerate-thumbnails/
>
> Wie man Plugins installiert, erfahren Sie in Kapitel 15, »WordPress erweitern mit Plugins«.

7.1.2 Schritt 1: Einen Block »Bild« einfügen auf der Seite »Über mich«

Im Block-Editor von WordPress gibt es zum Einfügen eines einzelnen Bildes den Block BILD, und in diesem ersten Schritt fügen Sie auf der Seite *Über mich* einen Bild-Block ein. Das Bild selbst folgt dann in Schritt 2.

> **ToDo: Auf der Seite »Über mich« einen leeren Bild-Block einfügen**
> 1. Öffnen Sie die Seite *Über mich* zur Bearbeitung im Editor.
> 2. Fügen Sie direkt nach dem Titel einen neuen Block ein. Am einfachsten platzieren Sie den Cursor dazu am Ende des Titels und drücken ⏎.
> 3. Geben Sie im leeren Absatz-Block »/bild« ein, um die Blockauswahl aufzurufen und den Block BILD in der Liste auszuwählen.
> 4. Drücken Sie die Taste ⏎, um einen Bild-Block einzufügen.

Abbildung 7.3 zeigt die Seite im Block-Editor nach diesem Schritt.

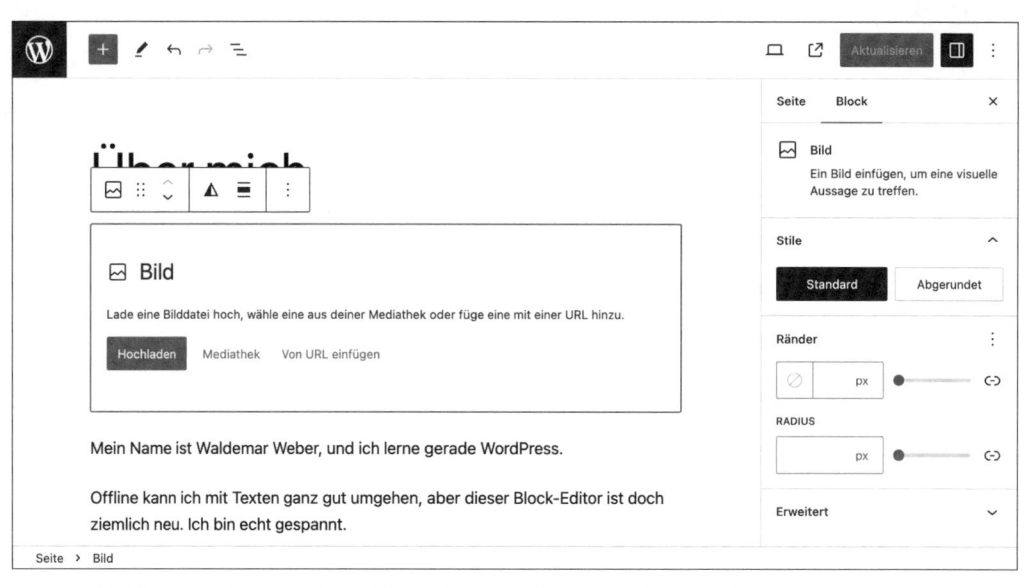

Abbildung 7.3 Ein markierter Block »Bild« auf der Seite »Über mich«

7.1.3 Schritt 2: Ein Bild einfügen mit dem Block »Bild«

Abbildung 7.3 zeigt, dass Sie mit dem Block BILD Bilder aus verschiedenen Quellen einfügen können:

- Direkt von Ihrer Festplatte. Das geht mit der Schaltfläche HOCHLADEN oder per *Drag & Drop*, indem Sie die Bilddatei einfach mit der Maus auf den Bild-Block ziehen.
- Aus der MEDIATHEK (siehe Abschnitt 7.3). Falls das einzufügende Bild noch nicht in der Mediathek sein sollte, können Sie es erst in die Mediathek hochladen und dann von dort einfügen. Das hat den Vorteil, dass Sie diverse Detailinfos sofort eingeben können.
- VON URL EINFÜGEN lädt ein Bild direkt von einer anderen Website. Dazu sollten Sie das Einverständnis des Betreibers der Website haben.

Im folgenden ToDo laden Sie ein Bild direkt von Ihrer Festplatte hoch, entweder per Drag & Drop oder mit der Schaltfläche HOCHLADEN. In beiden Fällen wird das Bild im Dokument eingefügt und im Hintergrund automatisch in der Mediathek gespeichert.

> **ToDo: Eine Grafikdatei mit dem Block »Bild« hochladen und einfügen**
> 1. Öffnen Sie gegebenenfalls die Seite *Über mich* zur Bearbeitung im Editor.
> 2. Klicken Sie auf den im vorherigen Schritt eingefügten Block BILD.
> 3. Klicken Sie auf die Schaltfläche HOCHLADEN, und suchen Sie die gewünschte Datei, oder ziehen Sie die gewünschte Datei vom Explorer oder Finder mit der Maus auf den Bild-Block.
> 4. Speichern Sie die Änderungen mit einem Klick auf AKTUALISIEREN.

Nach diesem ToDo ist das Bild eingefügt, sieht aber noch nicht wirklich gut aus (Abbildung 7.4).

Werkzeuge zum Anpassen des Bildes finden Sie auf dem Register BLOCK in der rechten Seitenleiste und in der Block-Werkzeugleiste über dem Bild. Im nächsten Schritt lernen Sie zunächst die Optionen in der Seitenleiste kennen. Die Block-Werkzeugleiste wird weiter unten in Abschnitt 7.5 vorgestellt.

> **Die Detailinfos zum Bild in der Mediathek fehlen noch**
>
> Ein mit der Schaltfläche HOCHLADEN oder per Drag & Drop eingefügtes Bild wird automatisch zur Mediathek hinzugefügt. Das ist sehr praktisch, aber viele in der Mediathek vorhandene Felder mit nützlichen Detailinfos zum Bild werden dabei nicht ausgefüllt.
>
> Das Ausfüllen dieser Detailinfos in der Mediathek sollten Sie auf jeden Fall nachholen. Mehr dazu erfahren Sie in Abschnitt 7.3.4, »Detailinfos für Bilder: Titel, Alt-Text, Beschriftung und Beschreibung«.

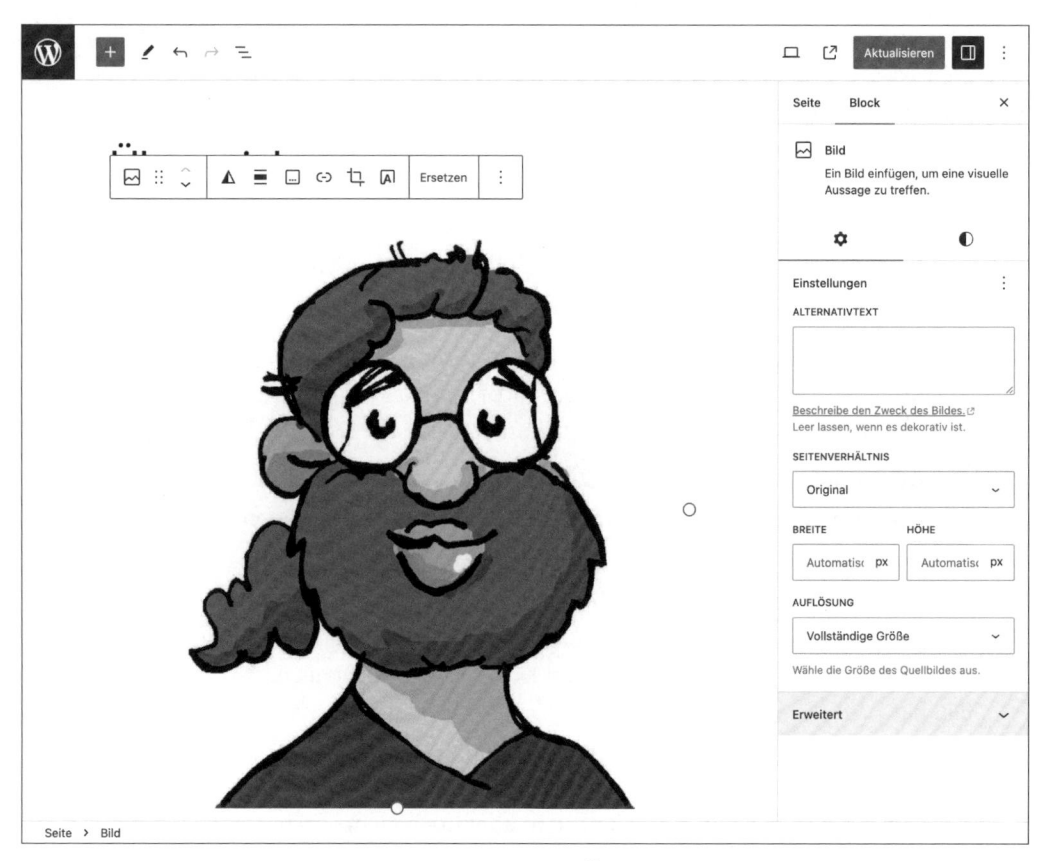

Abbildung 7.4 Das eingefügte Bild auf der Seite »Über mich«

7.1.4 Schritt 3: Die Optionen in der Seitenleiste »Einstellungen«

In diesem Schritt ändern Sie die Einstellungen für den gerade eingefügten Bild-Block in der Seitenleiste EINSTELLUNGEN mit den beiden Registern EINSTELLUNGEN ✿ und STILE ◐.

Los geht es mit den Optionen auf dem Register EINSTELLUNGEN:

▶ Der ALTERNATIVTEXT ist noch leer, sollte aber unbedingt ausgefüllt werden. Hier geben Sie eine kurze Beschreibung des Bildes ein, die für sehbehinderte Nutzende und Suchmaschinen hilfreich ist. Wenn Sie in diesem Feld etwas eintragen, gilt der Text nur für diese Verwendung des Bildes und wird nicht in die Mediathek übernommen. Mehr dazu erfahren Sie in Abschnitt 7.3.4 beim Ausfüllen der Detailinfos für Bilder in der Mediathek.

- Seitenverhältnis (engl. *Aspect Ratio*) bestimmt das Verhältnis von Breite und Höhe des Bildes. Der Standardwert Original ist eine gute Wahl.
- Die Eingabefelder Breite und Höhe zeigen die aktuelle Größe des Bildes in Pixel. Standardwert ist Automatisch. Am einfachsten ist das Verändern der Größe mit der Maus und den runden Anfassern direkt beim Bild, aber Sie können hier auch individuelle Werte eingeben. Wichtig: Pixelbilder kann man nur verkleinern, denn sie werden unscharf, wenn sie über die ursprüngliche Bildgröße hinaus vergrößert werden.
- Mit Auflösung (engl. *Resolution*) wählen Sie eine vorgegebene Standardgröße aus. Hier gibt es die Optionen Vorschaubild, Mittel und Vollständige Grösse, die sich auf die weiter oben in Einstellungen • Medien gezeigten Bildgrößen beziehen (siehe Abbildung 7.2).

Mit dem 3-Punkte-Menü rechts oben neben dem Wort Einstellungen können Sie alle geänderten Einstellungen wieder auf ihren Standardwert zurücksetzen.

Im folgenden ToDo bearbeiten Sie zunächst die Bild-Einstellungen und ändern dann auf dem Register Stile den Stil zu Abgerundet.

> **ToDo: »Bild-Einstellungen« und Stil für das eingefügte Bild anpassen**
> 1. Klicken Sie falls nötig auf den Block Bild, um ihn zu markieren.
> 2. Öffnen Sie rechts in der Seitenleiste das Register Block, und fügen Sie auf dem Register Einstellungen den Alt-Text »Porträt von Waldemar Weber« ein.
> 3. Lassen Sie die Optionen Seitenverhältnis und Bildabmessungen unverändert.
> 4. Wählen Sie als Bildgrösse die Option Vorschaubild.
> 5. Wechseln Sie auf das Register Stile, und aktivieren Sie die Option Abgerundet. Ein rechteckiges Bild wird dadurch zu einem Oval, ein quadratisches zu einem Kreis.
> 6. Speichern Sie die Änderungen mit einem Klick auf Aktualisieren.

Nach diesem ToDo sieht das Bild auf der Seite *Über mich* etwa so aus wie in Abbildung 7.5.

Abbildung 7.5 zeigt in der Seitenleiste das Register Stile mit diversen Optionen, die Sie einfach ausprobieren können. Auch hier kann man alle Einstellungen über das 3-Punkte-Menü rechts neben dem Namen des jeweiligen Bedienfeldes zurücksetzen.

Notiz am Rande: Der von WordPress im Hintergrund erzeugte Quelltext sorgt automatisch dafür, dass die eingefügten Bilder auch auf hochauflösenden Bildschirmen immer scharf dargestellt werden.

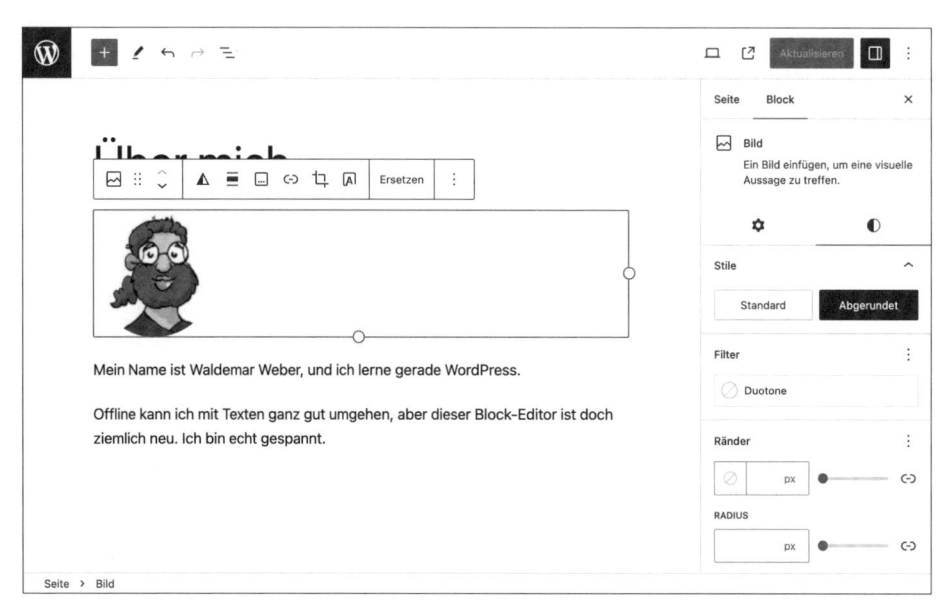

Abbildung 7.5 Das eingefügte Bild mit den bearbeiteten Bild-Einstellungen

7.2 Bilder sollten vor dem Hochladen optimiert werden

Fotos aus Digitalkamera oder Smartphone sind mit ihren Megapixeln unbearbeitet für eine Verwendung im Web viel zu groß und sollten vor der Einbindung unbedingt optimiert werden.

In diesem Abschnitt möchte ich Ihnen am Beispiel eines Fotos aus einer Digitalkamera die Optimierung von Bildern beispielhaft zeigen, denn nicht optimierte Bilder beanspruchen unnötigen Speicherplatz auf Ihrem Webspace und verlangsamen die Übertragung Ihrer Webseiten. Die Performance einer Seite zählt auch beim Ranking auf den Ergebnisseiten der Suchmaschinen.

> **Rechtliches zu Bildern und Quellen für lizenzfreie Bilder**
>
> Auf die Gefahr hin, Eulen nach Athen zu tragen: Sie dürfen Bilder nicht einfach aus dem Internet, z. B. aus der Google-Bildersuche, abspeichern und dann auf Ihrer Website veröffentlichen. Um Abmahnungen zu vermeiden, ist es eine gute Idee, sich zumindest grundlegend über die rechtliche Situation zu informieren. Eine gute Quelle dafür ist der Blog *rechtambild.de*.
>
> Lizenzfreie Bilder finden Sie z. B. auf *pixabay.de* oder *openverse.org/de*. Openverse ist eine Meta-Suchmaschine, die Websites mit lizenzfreien Bildern durchsucht. Openverse

ist Teil des WordPress-Projekts und sowohl als Website im Browser als auch direkt im Block-Editor abrufbar (siehe Abschnitt 7.4.3).

7.2.1 Bilder optimieren: Dateiname, Bildausschnitt, Bild- und Dateigröße

Wenn Sie ein Bild direkt von einem Smartphone oder Tablet in die Mediathek hochladen, verkleinert WordPress das unbearbeitete Bild so, dass die längere Seite maximal 2.560 Pixel misst. Dadurch verhindert WordPress, dass versehentlich riesengroße Bilder in Beiträge und Seiten eingefügt werden.

Die riesige Originaldatei wird dabei aber nicht gelöscht, sondern bleibt im Upload-Ordner auf Ihrem Webspace liegen und belegt dort Speicherplatz.

Besser wäre es also, Bilddateien bereits *vor* dem Hochladen zu verkleinern, und in diesem Abschnitt möchte ich Ihnen kurz zeigen, wie das geht.

Die Optimierung einer Grafikdatei besteht aus den folgenden Schritten:

1. **Umbenennen: Einen informativen Dateinamen wählen**
   Ein Dateiname wie *IMG_4206.JPG* ist nichtssagend, kann aber *nach dem Hochladen* der Bilddatei mit Bordmitteln nicht mehr geändert werden. Ein aussagekräftiger Dateiname erleichtert das Finden in der Mediathek und gibt Suchmaschinen einen Hinweis auf den Inhalt des Bildes.

2. **Zuschneiden: Den Bildausschnitt optimieren**
   Nehmen Sie nur den Bildausschnitt, den Sie wirklich benötigen, und schneiden Sie mit einem Programm wie IrfanView oder GIMP alles andere weg. Unter macOS geht das auch mit der Vorschau. Durch das Zuschneiden hat die Datei auch von vornherein weniger Pixel und Kilobyte.

3. **Skalieren: Die Bildgröße optimieren (weniger Pixel)**
   Die Bildgröße ist die Größe des Bildes in Pixel. Die ideale Bildgröße hängt vom Layout ab, aber mehr als ca. 2.000 Pixel für die längere Seite werden Sie im Web selten benötigen.

4. **Komprimieren: Die Dateigröße optimieren (weniger Kilobyte)**
   Die Dateigröße ist die Größe der Datei in Kilobyte. Komprimieren Sie das Bild mit Spezialtools, um die Dateigröße so weit wie möglich zu reduzieren. Es lohnt sich in den meisten Fällen wirklich.

Idealerweise passiert die Optimierung der Grafiken bereits *vor* dem Hochladen in die Mediathek, ich werde im Folgenden aber für jeden Schritt auch eine Möglichkeit zur

Optimierung *nach* dem Hochladen zeigen. Wirklich wichtig ist letztlich nur, dass die Grafiken optimiert werden.

7.2.2 Die Ausgangssituation: Das Übungsfoto für die Optimierung

Abbildung 7.6 zeigt das in diesem Abschnitt verwendete Foto aus den Übungsdateien mit den wichtigsten Metadaten.

Abbildung 7.6 Die Originalgrafik mit den wichtigsten Metadaten

Im Folgenden möchte ich Ihnen zeigen, wie Sie ein solches Foto Schritt für Schritt optimieren können. Das Übungsfoto purzelte aus einer Digitalkamera direkt auf die Festplatte und hatte dabei folgende Werte:

- Dateiname: *IMG_4206.JPG*
- Dateigröße: 5,90 MB
- Bildgröße: 4.272 × 2.848 Pixel

Das Zuschneiden und Anpassen des Bildausschnitts entfällt für das Übungsfoto, da es sich um ein Panoramabild handelt. Bleiben noch Umbenennung, Skalierung und Komprimierung.

> **Bilder bearbeiten: Immer zuerst eine Kopie erstellen**
>
> Eine Grundregel bei der Bearbeitung von Bildern ist, dass Sie zunächst immer eine Kopie der Datei erstellen. Falls dann bei der Optimierung der Datei etwas schiefgehen sollte, bleibt das Original unverändert.

7.2.3 Umbenennen – dem Bild einen informativen Dateinamen geben

Sie beginnen die Optimierung mit der eventuellen Anpassung des Dateinamens. Ein guter Dateiname beschreibt den Inhalt der Grafik, ohne dass man sie sieht, und enthält weder Leerstellen noch Umlaute.

Der aktuelle Dateiname *IMG_4206.JPG* wurde von der Kamera automatisch vergeben. Er enthält zwar keine Leerstellen oder Umlaute, sagt aber nichts über den Inhalt des Bildes.

Das Übungsfoto zeigt die Altstadt von Porto in der Dämmerung, und ein passender Dateiname wäre z. B. *porto-altstadt-daemmerung.jpg*.

Dieser Dateiname sagt etwas über den Inhalt des Fotos und enthält mögliche Suchbegriffe, sodass das Foto in Suchmaschinen bei einer Suche nach »Porto« oder »Altstadt« schon mit in den Auswahltopf für die Ergebnisseiten kommt.

Auch in der Mediathek finden Sie das Bild mit einem guten Dateinamen leichter wieder. Dort können (und sollten) Sie nach dem Hochladen des Bildes auch noch weitere Details wie z. B. einen Titel, eine Bildunterschrift und eine Beschreibung eingeben (siehe Abschnitt 7.3.4).

> **Dateien umbenennen in der Mediathek**
>
> Falls es nötig sein sollte, den Dateinamen nach dem Hochladen in die Mediathek zu ändern, benötigen Sie dazu ein Plugin wie z. B. das folgende:
>
> ▶ Phoenix Media Rename
> *de.wordpress.org/plugins/phoenix-media-rename/*
>
> Wie man Plugins installiert, erfahren Sie in Kapitel 15.

7.2.4 Skalieren – die Bildgröße reduzieren (weniger Pixel)

Das Übungsfoto ist 4.272 Pixel breit und 2.848 Pixel hoch, und in diesem Schritt werden diese Abmessungen mit einer beliebigen Bildbearbeitung verkleinert:

▶ Falls Sie das Einsatzgebiet des Bildes und die benötigte Pixelbreite bereits genau kennen, können Sie das Bild entsprechend dimensionieren.

▶ Falls Sie noch nicht genau wissen, wo und wie das Bild zum Einsatz kommen wird, reduzieren Sie es so, dass es auf der längeren Seite etwa 2.000 Pixel hat.

Das erscheint zunächst vielleicht immer noch sehr viel, aber damit ist das Bild im Web für fast alle denkbaren Situationen ausreichend dimensioniert. WordPress benutzt das große Bild als Basis und erzeugt automatisch kleinere Versionen, die dann in Beiträgen und Seiten eingebunden werden können.

> **Bildgröße ändern nach dem Hochladen in die Mediathek**
>
> Man kann das Bild auch nach dem Hochladen in die Mediathek noch zuschneiden und skalieren. Das geht sowohl in der Mediathek (siehe Abschnitt 7.8.2) als auch im Block-Editor in der Block-Werkzeugleiste für Bilder (siehe Abschnitt 7.5.1).

7.2.5 Komprimieren – die Dateigröße reduzieren (weniger KB)

Nach der Optimierung der Bildgröße wird dem Foto noch eine Schlankheitskur verordnet. Spezielle Dienste sind beim Komprimieren von Fotos meist effektiver als die Funktion FÜR WEB SPEICHERN UNTER ... in einer Bildbearbeitung.

Mit Online-Tools können Sie das Bild im Web einfach hochladen und komprimieren lassen. Hier ein paar Beispiele:

▶ *tinyjpg.com* (auch für PNG und WebP geeignet)
▶ *shrinkme.app*
▶ *compress-or-die.com*

Offline gibt es Programme wie JPEGmini (*jpegmini.com*, Windows und macOS).

> **Dateigröße reduzieren nach dem Hochladen in die Mediathek**
> Es gibt Plugins zum Komprimieren der Bilder nach dem Hochladen in die Mediathek, direkt auf dem Webspace. In Abschnitt 17.5 lernen Sie WP Optimize kennen, das diese Funktion auch bereitstellt.

7.2.6 Das Übungsfoto nach der Optimierung

Abbildung 7.7 zeigt, dass das optimierte Bild statt 5,9 MB nur noch 249 KB hat, also noch ungefähr 5 % der ursprünglichen Größe.

Abbildung 7.7 Die optimierte Grafik mit den wichtigsten Metadaten

Tabelle 7.1 listet die wichtigsten Charakteristika für das Übungsfoto vor und nach der Optimierung auf. Fazit: Das hat sich gelohnt.

	Vorher	Nachher
Dateiname	IMG_4206.JPG	porto_altstadt_daemmerung.jpg

Tabelle 7.1 Das Übungsfoto vor und nach der Optimierung

	Vorher	Nachher
Bildgröße	4.272 × 2.848 Pixel	2.048 × 1.365 Pixel
Dateigröße	5,90 MB	249 KB

Tabelle 7.1 Das Übungsfoto vor und nach der Optimierung (Forts.)

7.3 Die Mediathek von WordPress im Überblick

Die Mediathek dient zur Verwaltung der hochgeladenen Mediendateien. In diesem Abschnitt lernen Sie verschiedene Ansichten kennen, laden eine Bilddatei hoch und sehen, wie Sie zusätzliche Detailinformationen eingeben.

> **Die Mediathek wird in Gutenberg Phase 3 überarbeitet**
>
> Im Rahmen der Phase 3 des in Abschnitt 1.4 erwähnten Projekts Gutenberg wird auch die etwas in die Jahre gekommene WordPress-Mediathek überarbeitet.
>
> Falls die Mediathek also etwas anders aussieht als auf den Abbildungen in diesem Abschnitt, schauen Sie mal auf der Website zum Buch vorbei:
>
> ▶ einstieg-in-wp.de/links-fuer-leser/
>
> Dort halte ich Sie über die wichtigsten Neuerungen auf dem Laufenden.

7.3.1 Dateien hochladen direkt in der Mediathek

In diesem Abschnitt zeige ich Ihnen zunächst das Hochladen einer Datei direkt in der Mediathek im Backend-Menü MEDIEN, ohne dass gerade eine Seite oder ein Beitrag bearbeitet wird.

Öffnen Sie dazu die Seite MEDIEN • DATEI HINZUFÜGEN, entweder über die Menüleiste oder über die Admin-Leiste mit dem Befehl NEU • MEDIEN. Auf der daraufhin erscheinenden Seite NEUE MEDIEN HOCHLADEN haben Sie zwei Möglichkeiten zum Upload der Dateien (siehe Abbildung 7.8):

▶ *Drag & Drop* ❶: Sie können die Dateien mit der Maus direkt in den Bereich mit der gestrichelten Umrandung ziehen.

▶ DATEIEN AUSWÄHLEN ❷: Mit dieser Schaltfläche können Sie die gewünschte(n) Datei(en) in einem Dialogfeld auswählen.

Hochgeladene Dateien werden nach dem Upload unterhalb des gestrichelten Bereichs gelistet ❸. Der Link BEARBEITEN rechts außen führt zur Seite DATEI BEARBEITEN, die etwas weiter unten in Abschnitt 7.3.4 vorgestellt wird. Außerdem gibt es noch die Schaltfläche URL IN ZWISCHENABLAGE KOPIEREN, falls Sie die URL des Bildes woanders benötigen sollten.

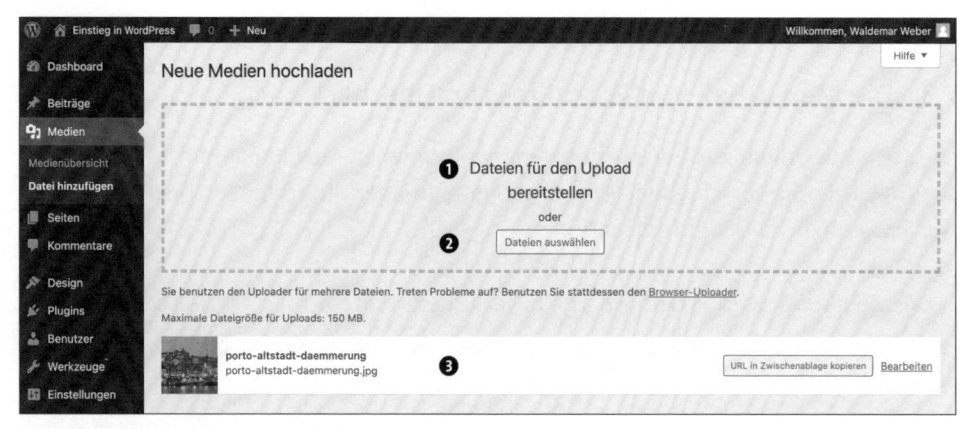

Abbildung 7.8 Neue Dateien hochladen in die Mediathek

7.3.2 Kleine Vorschau, viel Info: Die Medienübersicht in der Listenansicht

Wenn Sie links in der schwarzen Menüleiste den Menüpunkt MEDIEN anklicken, landen Sie direkt auf der Seite MEDIATHEK, auf der die Medien entweder als *Liste* in Tabellenform oder als *Grid* mit gekachelten Vorschaubildern dargestellt werden.

Abbildung 7.9 zeigt die Medienübersicht als Liste. Diese Ansicht erinnert an die Übersichten für Beiträge und Seiten und zeigt zu jeder Datei ausführliche Informationen an.

Mit den Optionen in der oberen weißen Zeile können Sie …

- … zwischen Listen- und Gridansicht umschalten ❶.
- … die angezeigten Dateien nach MEDIEN oder DATEN filtern ❷.
- … nach MEDIEN SUCHEN ❸.

Die Übersichtstabelle der Listenansicht darunter hat folgende Spalten:

- DATEI ❹: Hier steht der Titel der Datei. Standardmäßig ist das der Dateiname ohne die Endung. Mit dem Menü, das bei Mausberührung erscheint, können Sie die Datei BEARBEITEN, ENDGÜLTIG LÖSCHEN, auf einer automatisch erzeugten Anhang-Seite ANSCHAUEN oder die URL IN DIE ZWISCHENABLAGE KOPIEREN.
- AUTOR ❺ gibt an, welcher WordPress-Benutzer die Datei hochgeladen hat.

▶ HOCHGELADEN ZU ❻ zeigt den Beitrag oder die Seite, in der die Datei verwendet wird. Das ist aber nicht sehr zuverlässig, denn wenn die Datei in mehreren Beiträgen oder Seiten eingebunden sein sollte, wird hier nur die erste Fundstelle angezeigt.

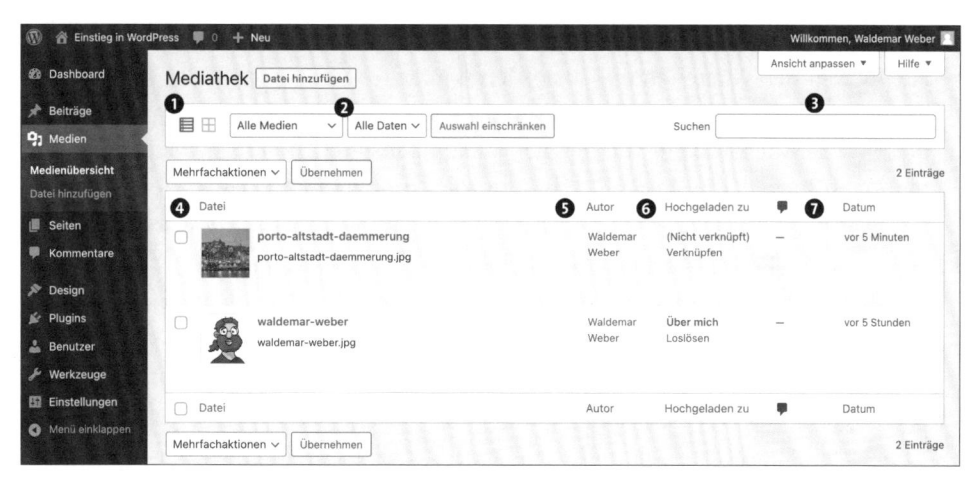

Abbildung 7.9 Die Medienübersicht als Liste

Die Spalte mit der Sprechblase ❼ listet die Anzahl der auf der Anhang-Seite für diese Datei vorhandenen Kommentare, und das DATUM zeigt an, wann die Datei hochgeladen wurde.

7.3.3 Nur die Vorschaubilder: Die Medienübersicht in der Gridansicht

Abbildung 7.10 zeigt die Dateien als Grid (Raster). Diese Darstellung spielt ihren Charme aber erst richtig aus, wenn viele Bilder in der Mediathek sind. Sie enthält weniger Informationen als die Listenansicht, ist bei Bildern aber hübscher und übersichtlicher.

Abbildung 7.10 Die Medienübersicht als Grid (Raster)

7.3.4 Detailinfos für Bilder: Titel, Alt-Text, Beschriftung und Beschreibung

Die in diesem Abschnitt vorgestellten Detailinformationen für Bilder sind ein kleiner, aber wichtiger Baustein in der Optimierung der Webseiten für Suchmaschinen und für sehbehinderte Benutzer:

- Suchmaschinen verstehen und analysieren in erster Linie Text. Bilder werden zwar gesammelt, aber Maschinen wissen oft nicht, was darauf zu sehen ist, und versuchen diese Wissenslücke so gut wie möglich zu kompensieren, indem sie nach Textinformationen suchen, die sie der Grafik zuordnen können. Dabei helfen Details wie der *Dateiname*, eine *Beschriftung*, der *Alt-Text* oder eine ausführliche *Beschreibung*.
- Für sehbehinderte Menschen sind die Detailinfos ebenfalls eine große Hilfe. Sie benutzen oft einen Screenreader, einen akustischen Browser, der die Webseite vorliest, statt sie in einem Browserfenster anzuzeigen. Bei Bildern verarbeiten Screenreader den alternativen Text, sodass die Nutzer eine Vorstellung davon bekommen, was darauf zu sehen ist.

Kurzum: Das Ausfüllen der Detailinfos für Bilder ist vielleicht mühsam, aber es lohnt sich.

7.3.5 Die Detailinfos sind in Listen- und Gridansicht leicht unterschiedlich

Bei der Bearbeitung der Detailinfos für Bilder in der Listenansicht und der Gridansicht werden leicht unterschiedliche Seiten aufgerufen:

- In der Listenansicht führt ein Klick auf das Bild, auf den Titel oder auf den Link BEARBEITEN im Hover-Menü zur in Abbildung 7.11 gezeigten Seite DATEI BEARBEITEN.
- In der Gridansicht landen Sie nach einem Klick auf das Bild auf der Seite ANHANG-DETAILS (siehe Abbildung 7.12 weiter unten).

Da die Seite DATEI BEARBEITEN etwas übersichtlicher ist, zeige ich Ihnen zunächst die Detailinfos in der Listenansicht. Abbildung 7.11 zeigt das in diesem Abschnitt hochgeladene Foto mit bereits ausgefüllten Feldern.

Im Folgenden stelle ich die einzelnen Formularfelder kurz vor:

- Der TITEL ❶ basiert nach dem Hochladen wie gesagt zunächst auf dem Dateinamen. Er ist nur für den internen Gebrauch und erscheint in der Listenansicht der Medienübersicht und je nach Theme als Überschrift auf der für jedes Bild automatisch erzeugten Anhang-Seite.
- Unterhalb des Titels sieht man das Bild mit einer Schaltfläche BILD BEARBEITEN ❷, die das Bild in der internen Bildbearbeitung von WordPress öffnet.

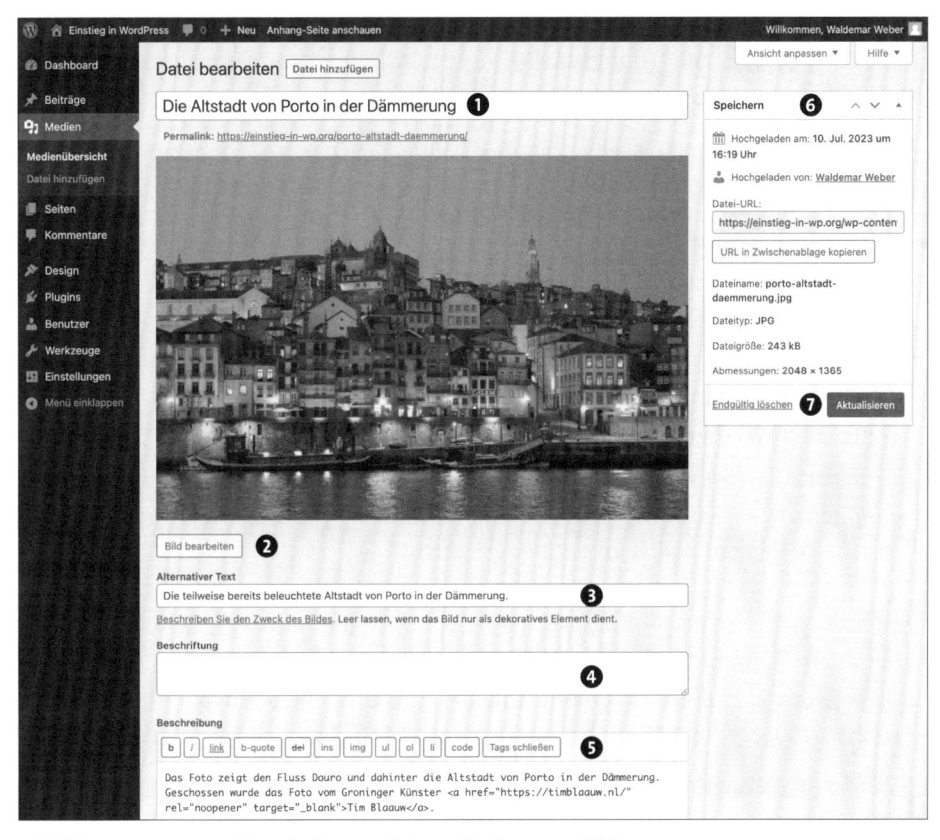

Abbildung 7.11 »Datei bearbeiten« mit Detailinfos zum Bild

- ALTERNATIVER TEXT ❸ wird im Quelltext einer Webseite ausgegeben und wird sichtbar, wenn oder solange das Bild nicht dargestellt wird. Suchmaschinen und sehbehinderte Benutzer mögen diesen Alt-Text, da er einen Hinweis gibt, was auf dem Bild zu sehen ist. Ein guter Alt-Text beschreibt das Bild für jemanden, der es nicht sieht.
- Die BESCHRIFTUNG ❹ ist optional. Was Sie hier eingeben, erscheint im Beitrag oder auf der Seite direkt unter dem Bild als Beschriftung. Sie können das Feld hier auch leer lassen. Es ist nicht sinnvoll, hier den alternativen Text einfach zu wiederholen.
- Die BESCHREIBUNG ❺ ist ebenfalls optional und erscheint z. B. auf der im nächsten Abschnitt beschriebenen Anhang-Seite als ausführliche Textbeschreibung eines Bildes. Sie können die Beschreibung mit den Schaltflächen darüber formatieren, aber erschrecken Sie beim Ausprobieren nicht, denn die Beschreibung wird hier im Backend als Quelltext angezeigt, und die HTML-Anweisungen für die angewählten Optionen sind sichtbar.

7 Die Mediathek: Bilder und Galerien einfügen

▸ Der Bereich SPEICHERN ❻ zeigt einige Informationen zur Datei und enthält einen Link ENDGÜLTIG LÖSCHEN ❼ sowie die Schaltfläche AKTUALISIEREN zum Speichern der Änderungen.

Im folgenden ToDo geben Sie die Detailinfos für alle in der Mediathek vorhandenen Bilder ein.

ToDo: Die Detailinfos für die Bilder in der Mediathek bearbeiten

1. Wechseln Sie in der Mediathek in die Listenansicht.
2. Klicken Sie auf den Dateinamen des hochgeladenen Bildes, um es zu bearbeiten.
3. Füllen Sie nacheinander die gewünschten Felder aus.
4. Klicken Sie auf AKTUALISIEREN, um die Infos zu speichern.
5. Gehen Sie zurück in die MEDIENÜBERSICHT.
6. Prüfen und ergänzen Sie die Detailinfos auch für alle anderen Bilder, die sich bereits in der Mediathek befinden.

Abbildung 7.12 zeigt der Vollständigkeit halber noch die Seite ANHANG-DETAILS. Diese Seite sehen Sie, wenn Sie in der Gridansicht auf ein Bild klicken. Sie enthält dieselben Eingabefelder, aber diese sitzen etwas gedrängt rechts in der Sidebar, und im Feld BESCHREIBUNG fehlt die Formatierungsleiste für HTML-Befehle.

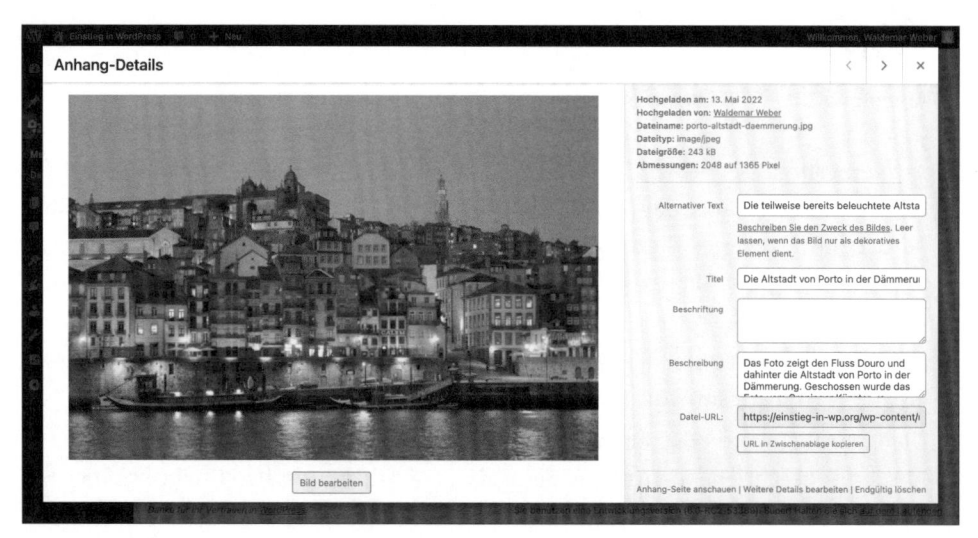

Abbildung 7.12 Die Seite »Anhang-Details« mit den Detailinfos zum Bild

7.3.6 WordPress erzeugt für jede Mediendatei eine Anhang-Seite

Für jede hochgeladene Mediendatei erstellt WordPress automatisch eine Anhang-Seite. Um die Anhang-Seite für eine Datei im Browser zu sehen, fahren Sie in der Listenansicht mit der Maus auf die gewünschte Datei und klicken im Hover-Menü auf den Link ANSCHAUEN.

Abbildung 7.13 zeigt die Anhang-Seite für das Übungsfoto:

- Die Anhang-Seite hat eine eigene URL, und der Permalink basiert auf dem Dateinamen.
- Der Titel aus den Detailinfos zum Bild wird als Überschrift verwendet.
- Das Foto wird relativ klein dargestellt, aber ein Klick darauf zeigt die große Originaldatei. Darunter erscheinen, sofern vorhanden, die Beschriftung und die Beschreibung aus den Detailinfos.

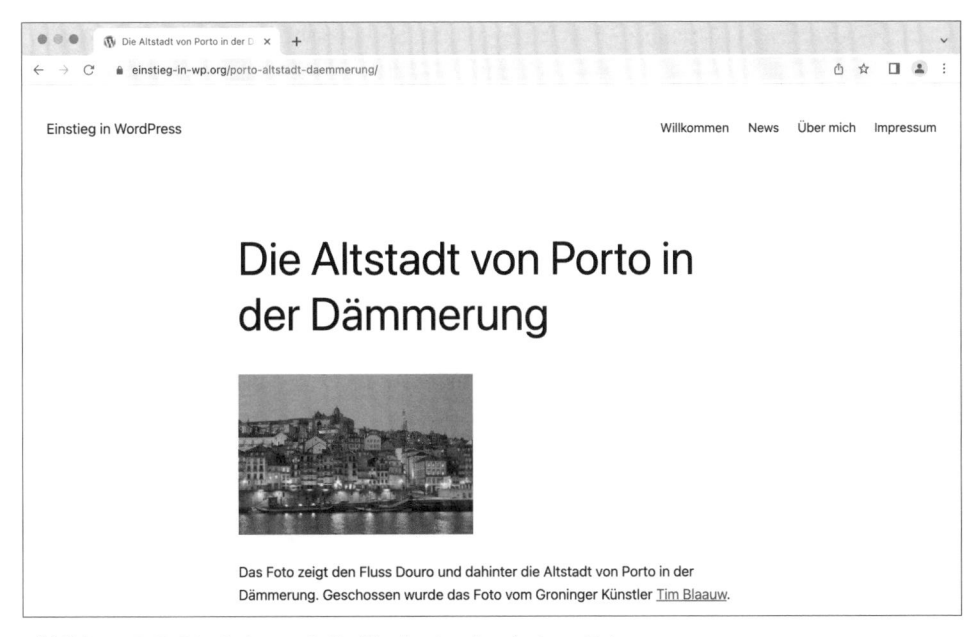

Abbildung 7.13 Die Anhang-Seite für das hochgeladene Foto

Das genaue Aussehen einer Anhang-Seite ist abhängig vom verwendeten Theme, aber die in der Mediathek eingegebenen Detailinfos werden dort eigentlich immer dargestellt.

7.4 Ein Bild aus der Mediathek im Block-Editor einfügen

In Abschnitt 7.1 haben Sie im Schnelldurchlauf auf der Seite *Über mich* ein Bild direkt von Ihrer Festplatte eingebunden. Das Bild wurde dabei im Hintergrund automatisch in der Mediathek gespeichert.

In diesem Abschnitt fügen Sie das in Abschnitt 7.3 hochgeladene optimierte Übungsbild direkt aus der Mediathek in einen Beitrag ein. Das hat unter anderem den Vorteil, dass die für das Bild eingegebenen Detailinfos wie z. B. der Alt-Text bereits vorhanden sind. Dazu gibt es zwei verschiedene Vorgehensweisen:

- Zunächst zeige ich den klassischen Weg, bei dem Sie einen Bild-Block einfügen und dann in der Mediathek das gewünschte Bild suchen.
- Danach sehen Sie einen relativ neuen Weg zum Einfügen von Bildern, bei dem Sie das Bild auf dem Register MEDIEN im Block-Inserter auswählen.

Bevor es losgeht, erstellen Sie aber – Übung macht den Meister – einen neuen Beitrag.

7.4.1 Schritt 1: Einen neuen Beitrag mit einem Block »Bild« erstellen

Im folgenden ToDo erstellen Sie zunächst einen kurzen Beitrag mit ein bisschen Text und einem Block für ein Bild.

ToDo: Einen neuen Beitrag mit einem Block »Bild« erstellen

1. Erstellen Sie einen neuen Beitrag.
2. Geben Sie einen Titel ein, z. B. »Porto in Portugal«.
3. Fügen Sie im Editorfenster ein paar Absätze Text ein. Fülltexte finden Sie bei Bedarf z. B. auf *blindtextgenerator.de*.
4. Fügen Sie nach dem ersten Absatz einen Block BILD ein, wählen Sie aber noch kein Bild aus.
5. Weisen Sie dem Beitrag eine Kategorie zu, z. B. *Reisen*, und speichern Sie ihn als Entwurf.

Abbildung 7.14 zeigt den als Entwurf gespeicherten Beitrag mit einem noch leeren Bild-Block und der Kategorie *Reisen*.

Abbildung 7.14 Ein Beitragsentwurf mit noch leerem Bild-Block

7.4.2 Schritt 2: »Medien hinzufügen« – ein Bild aus der Mediathek einfügen

Im Block BILD können Sie, wie im Schnelldurchgang gesehen, auswählen, aus welcher Quelle das Bild stammen soll, und in diesem Abschnitt fügen Sie ein Bild aus der MEDIATHEK ein.

Nach einem Klick auf den Link MEDIATHEK erscheint im Browserfenster das in Abbildung 7.15 dargestellte Dialogfeld MEDIUM WÄHLEN ODER HOCHLADEN, das die in der MEDIATHEK verfügbaren Dateien in einer Gridansicht zeigt.

Momentan ist die Mediathek noch recht übersichtlich, aber wenn es hier voller ist, sind die beiden Suchmöglichkeiten sehr praktisch:

- Im Feld MEDIEN FILTERN können Sie die Dateien nach Datum filtern.
- Im Eingabefeld SUCHEN können Sie Suchbegriffe eingeben. Je vollständiger die Detailinfos sind, desto effektiver ist diese Suche.

Das Übungsfoto von Porto in der Dämmerung wurde in Abbildung 7.15 mit einem Klick markiert, und rechts in der Sidebar sehen Sie im Bereich ANHANG-DETAILS diverse Infos und Optionen zum Bild, die Sie in Abschnitt 7.3.4, »Detailinfos für Bilder: Titel, Alt-Text, Beschriftung und Beschreibung«, eingegeben haben.

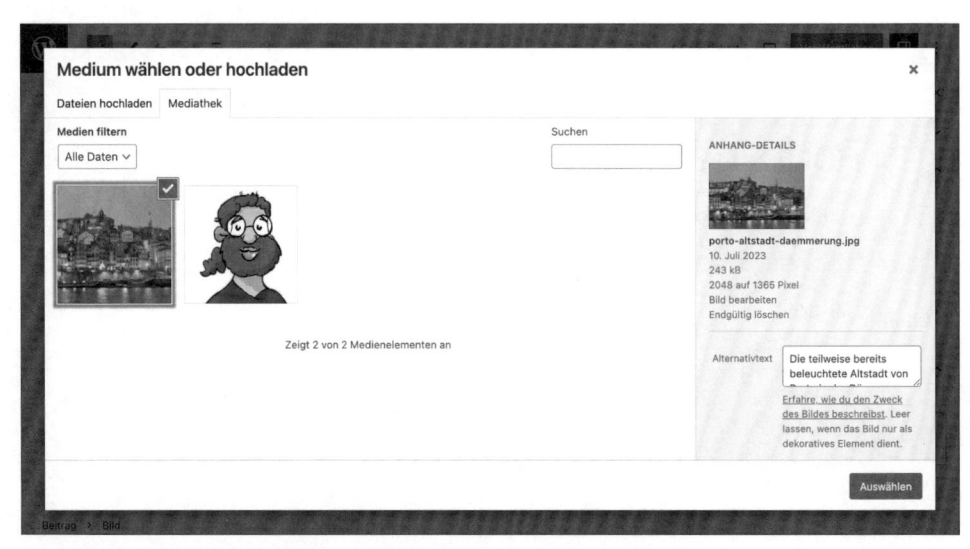

Abbildung 7.15 Das Dialogfeld »Medium wählen oder hochladen«

Im folgenden ToDo fügen Sie das Bild zum Beitrag hinzu.

> **ToDo: Ein Bild aus der Mediathek einfügen**
> 1. Markieren Sie im Block-Editor den Block BILD, und klicken Sie auf den Link MEDIATHEK.
> 2. Markieren Sie in der Mediathek die gewünschte Datei mit einem Klick. Falls die Datei noch nicht in der Mediathek ist, können Sie an Ort und Stelle DATEIEN HOCHLADEN (und dann auch gleich die Detailinfos ausfüllen).
> 3. Überprüfen Sie die Informationen in den ANHANG-DETAILS, und korrigieren Sie sie gegebenenfalls.
> 4. Wenn alles okay ist, klicken Sie auf die Schaltfläche AUSWÄHLEN, um das Bild in den Beitrag einzufügen.

Speichern Sie die Änderungen am Beitrag mit einem Klick auf den Link SPEICHERN. Der Beitrag ist nach wie vor ein Entwurf und noch nicht veröffentlicht. Nach diesem ToDo ist im Beitrag zwischen den beiden Absätzen das eingefügte Bild zu sehen (Abbildung 7.16).

Abbildung 7.16 Ein Bild aus der Mediathek im Beitrag

7.4.3 Die Alternative: Bilder einfügen mit dem Block-Inserter

Wenn ein Bild bereits in der Mediathek vorhanden ist, gibt es mit dem Register MEDIEN im BLOCK-INSERTER noch einen weiteren Weg zum Einfügen eines Bildes in einen Beitrag oder eine Seite:

- Fügen Sie im Dokument an der Stelle, an der das Bild eingefügt werden soll, einen leeren Absatz-Block ein, und platzieren Sie den Cursor darin.
- Öffnen Sie den BLOCK-INSERTER ❶.
- Wechseln Sie auf das Register MEDIEN ❷.
- Klicken Sie auf das Menü für BILDER ❸.
- Suchen Sie in der Liste rechts neben der Seitenleiste das gewünschte Bild ❹.
- Klicken Sie auf das gewünschte Bild, um es an der Cursor-Position im Dokument einzufügen.

Abbildung 7.17 zeigt diesen Vorgang auf einen Blick.

Abbildung 7.17 Ein Bild einfügen mit dem Block-Inserter

Die Menüpunkte VIDEOS und AUDIO erscheinen nur, wenn mindestens eine entsprechende Datei in der Mediathek vorhanden ist, und der Link MEDIATHEK ÖFFNEN ganz unten öffnet die Mediathek, ohne dass Sie erst den Block-Editor verlassen müssen.

Der Menüpunkt OPENVERSE zeigt Bilder aus der in Abschnitt 7.2 erwähnten Meta-Suchmaschine *openverse.org*. Das klingt phantastisch, aber die Integration im Block-Editor erscheint noch nicht wirklich ausgereift:

- Vor dem Einfügen gibt es keinerlei Infos über das Bild. So bleiben Details zu Quelle, Lizenz, Bildgröße oder Dateigröße unklar.
- WordPress speichert ein Openverse-Bild in der Mediathek unter dem nicht sehr informativen Dateinamen *image.jpeg* und nummeriert weitere Bilder einfach durch.
- Die Suchmaschine zum Suchen von Bildern funktioniert nur *in Englisch*, und man kann die Sprache anders als auf der Website *openverse.org* nicht ändern.

Immerhin werden Quelle und Lizenz des Bildes in der Beschriftung gespeichert, die nach dem Einfügen unter dem Bild angezeigt wird. Alles in allem ist es aber einfacher, zu *openverse.org* zu surfen, dort nach passenden Bildern zu suchen und diese dann in die Mediathek hochzuladen.

7.5 Die Block-Werkzeugleiste für den Bild-Block im Detail

Nach dem Einfügen im Block-Editor können Sie ein Bild anpassen. Dazu gibt es die Einstellungen in der rechten Seitenleiste, die Sie im Schnelldurchgang in Abschnitt 7.1.4 bereits kennengelernt haben, und die Optionen in der Block-Werkzeugleiste direkt beim Bild, um die es in diesem Abschnitt geht.

7.5.1 Die Block-Werkzeugleiste für Bilder auf einen Blick

Wenn ein Bild-Block markiert ist, erscheint die Block-Werkzeugleiste mit diversen Optionen zur Bearbeitung des Bildes (Abbildung 7.18).

Abbildung 7.18 Ein markierter Block »Bild« mit Block-Werkzeugleiste

Die ersten drei Symbole zum Ändern des Block-Typs und zum Verschieben des Blocks sind in allen Block-Werkzeugleisten ähnlich und bereits bekannt. Tabelle 7.2 zeigt die Symbole rechts davon auf einen Blick.

Icon	Name	Beschreibung
▲	DUOTONE-FILTER	Legt einen Zwei-Farbton-Filter über das Bild. Einfach ausprobieren.
≡	AUSRICHTUNG	Standard ist KEINE. Die weiteren Optionen werden in Abschnitt 7.5.2 beschrieben.
⌑	BESCHRIFTUNG HINZUFÜGEN	Blendet unter dem Bild eine Zeile für die Bildbeschriftung ein bzw. aus.

Tabelle 7.2 Optionen in der Block-Werkzeugleiste für einen Bild-Block

7 Die Mediathek: Bilder und Galerien einfügen

Icon	Name	Beschreibung
⊖	LINK BEARBEITEN	Optionen zur Art der Verlinkung (siehe Abschnitt 7.5.3)
⊡	ZUSCHNEIDEN	Optionen zum Zuschneiden des Bildes (siehe Abschnitt 7.5.4)
Ⓐ	TEXT ÜBER DAS BILD	Wandelt den Block BILD in einen Block COVER (siehe Abschnitt 9.3) um.

Tabelle 7.2 Optionen in der Block-Werkzeugleiste für einen Bild-Block (Forts.)

Bleiben noch die Optionen ganz rechts: Mit der Schaltfläche ERSETZEN können Sie das eingefügte Bild durch ein anderes ersetzen, ohne den Bild-Block zu löschen, und mit dem 3-Punkte-Menü erhalten Sie weitere Befehle wie z. B. DUPLIZIEREN, STILE KOPIEREN bzw. STILE EINFÜGEN oder BILD ENTFERNEN.

7.5.2 Die Optionen zur »Ausrichtung« von Bildern

Ein Klick auf das Symbol AUSRICHTUNG ▤ öffnet ein Dropdown-Menü mit den möglichen Optionen zur Ausrichtung von Bildern (Abbildung 7.19).

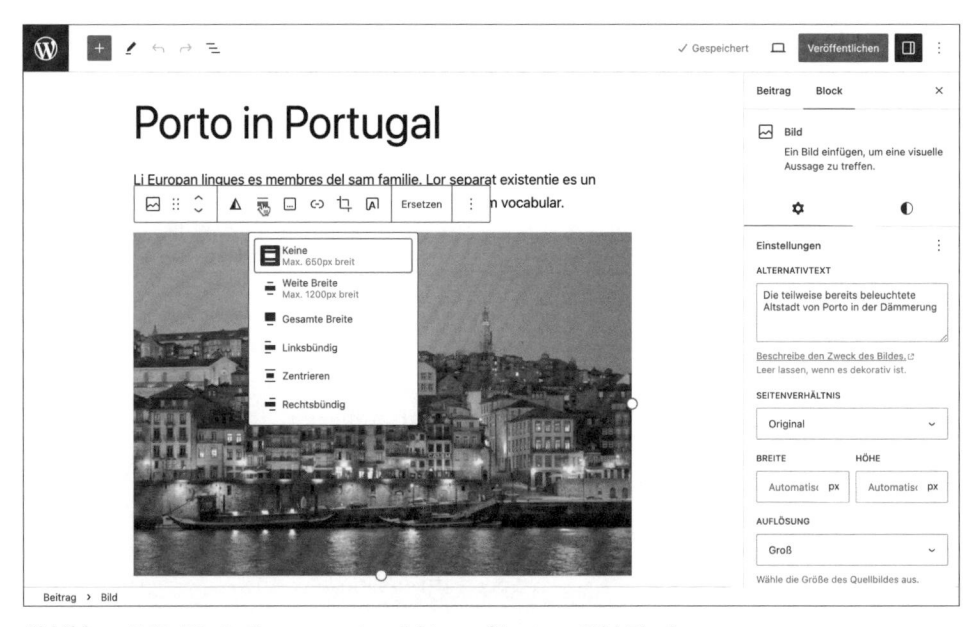

Abbildung 7.19 Die Optionen zur Ausrichtung für einen Bild-Block

Die folgende Liste zeigt die Optionen auf einen Blick:

- Keine ist die Standardeinstellung und gibt dem Bild keinerlei spezielle Ausrichtung mit auf den Weg. Das Bild wird nicht breiter als die Spalte mit dem Inhalt. Deren maximale Breite wird vom Theme bestimmt.
- Weite Breite macht das Bild etwas breiter als die Inhaltsspalte. Die genaue Breite dieser Option ist abhängig vom Theme.
- Gesamte Breite bewirkt, dass das Bild sich vom linken bis zum rechten Rand über die gesamte Breite der Seite erstreckt.
- Die Optionen Linksbündig, Zentrieren und Rechtsbündig haben nur sichtbare Auswirkungen, wenn das Bild schmaler ist als die Inhaltsspalte. Falls Sie vorhaben, Bilder links- oder rechtsbündig auszurichten, lesen Sie bitte den Hinweiskasten etwas weiter unten.

Abbildung 7.20 zeigt das Übungsbild mit der Option Weite Breite im Frontend. Das Bild ist links und rechts breiter als die Inhaltsspalte und bekommt so etwas mehr Aufmerksamkeit.

Abbildung 7.20 Das Übungsbild mit der Option »Weite Breite«

> **Vorsicht mit den Optionen »Linksbündig« und »Rechtsbündig«**
>
> In der Block-Werkzeugleiste gibt es zur Ausrichtung eines Bildes die Optionen LINKSBÜNDIG und RECHTSBÜNDIG. Wenn das Bild schmaler ist als die Inhaltsspalte, schwebt das Bild mit diesen Optionen nach links oder rechts. Nachfolgender Text wird daneben angezeigt und fließt, falls er lang genug ist, unter dem Bild weiter.
>
> Diese Optionen werden gerne benutzt, um Text neben ein Bild zu stellen. Auf einem breiten Bildschirm sieht das oft auch noch ganz okay aus, aber auf schmalen Bildschirmen passt oft nur noch sehr wenig Text neben das Bild, und das sieht dann eher seltsam aus.
>
> Zum Layouten von Text und Bildern sind die in Kapitel 9 vorgestellten Blöcke wie SPALTEN oder MEDIEN UND TEXT besser geeignet.

7.5.3 Die »Link-Einstellungen« für ein Bild anpassen

Ein Bild ist nach dem Einfügen nicht verlinkt, aber in der Block-Werkzeugleiste können Sie das mit einem Klick auf das Symbol [⊖] ändern:

▶ Im Feld URL EINFÜGEN ODER ZUM SUCHEN TIPPEN können Sie das Bild mit einer beliebigen URL und einem Beitrag oder einer Seite verlinken.

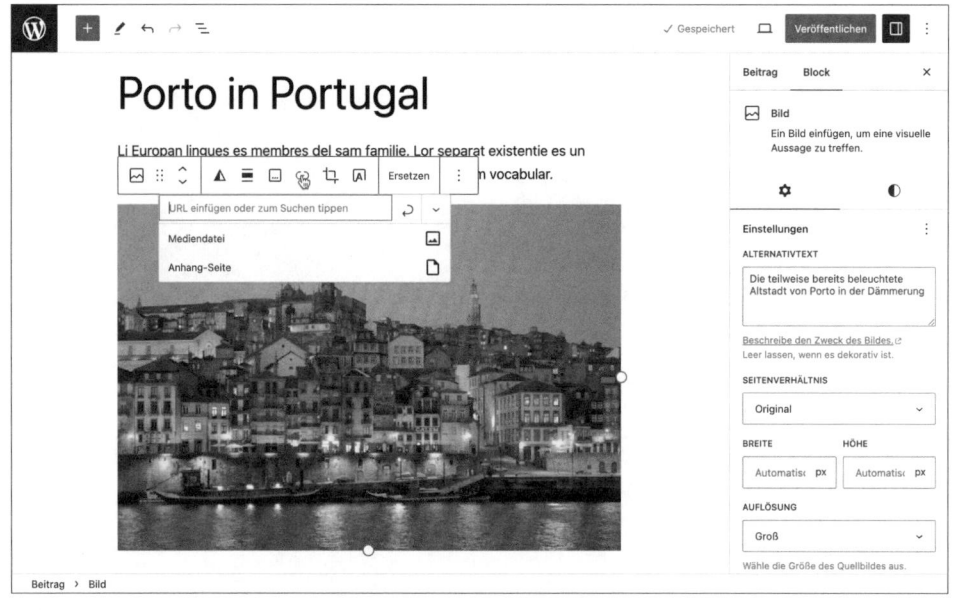

Abbildung 7.21 Ein markierter Bild-Block im Editor

- Ein Link zur MEDIENDATEI ruft die Originalgrafik im selben Browserfenster auf. Viele Lightbox-Plugins basieren auf der Verlinkung zur Mediendatei (siehe Abschnitt 15.1, »Ein Plugin installieren: ›Lightbox for Gallery & Image Block‹«).
- Mit der Option ANHANG-SEITE erstellen Sie einen Link zur in Abschnitt 7.3.6 beschriebenen automatisch erstellten Anhang-Seite.

Wenn das Bild verlinkt ist, können Sie in den LINK-EINSTELLUNGEN unter anderem festlegen, ob sich das Bild IN EINEM NEUEN TAB ÖFFNEN soll. Abbildung 7.22 zeigt das Dialogfeld mit den LINK-EINSTELLUNGEN für ein zur MEDIENDATEI verlinktes Bild.

Abbildung 7.22 Die »Link-Einstellungen« für ein verlinktes Bild

Im folgenden ToDo geben Sie zunächst eine Beschriftung für das Bild ein und passen dann die Link-Einstellungen für das eingefügte Bild an.

ToDo: Bildbeschriftung eingeben und »Link-Einstellungen« anpassen

1. Öffnen Sie den Beitrag mit dem Bild im Editor, und markieren Sie den Bild-Block mit einem Klick.
2. Fügen Sie eine Beschriftung hinzu, z. B. »Die Altstadt von Porto in der Dämmerung«.
3. Wählen Sie in der Block-Werkzeugleiste das gewünschte Linkziel, z. B. MEDIENDATEI.
4. Speichern Sie die Änderungen, und VERÖFFENTLICHEN Sie den Beitrag.
5. Betrachten Sie den Beitrag mit dem Übungsbild im Frontend.

7.5.4 »Zuschneiden«: Ein Bild bearbeiten mit der Block-Werkzeugleiste

Die Optionen zum Bearbeiten eines Bildes direkt im Block-Editor können sehr praktisch sein, und deswegen möchte ich sie hier kurz vorstellen.

Abbildung 7.23 zeigt die Block-Werkzeugleiste nach einem Klick auf das Symbol Zuschneiden. Etwas verwirrend isst anfangs, dass das Symbol selbst nach dem Klick ausgeblendet und durch zwei neue Gruppen ersetzt wird:

- In der ersten Gruppe gibt es Symbole für Zoomen, Seitenverhältnis und Drehen, also zum Bearbeiten des Bildes.
- In der zweiten Gruppe können Sie die Änderungen Übernehmen oder die Bearbeitung des Bildes Abbrechen.

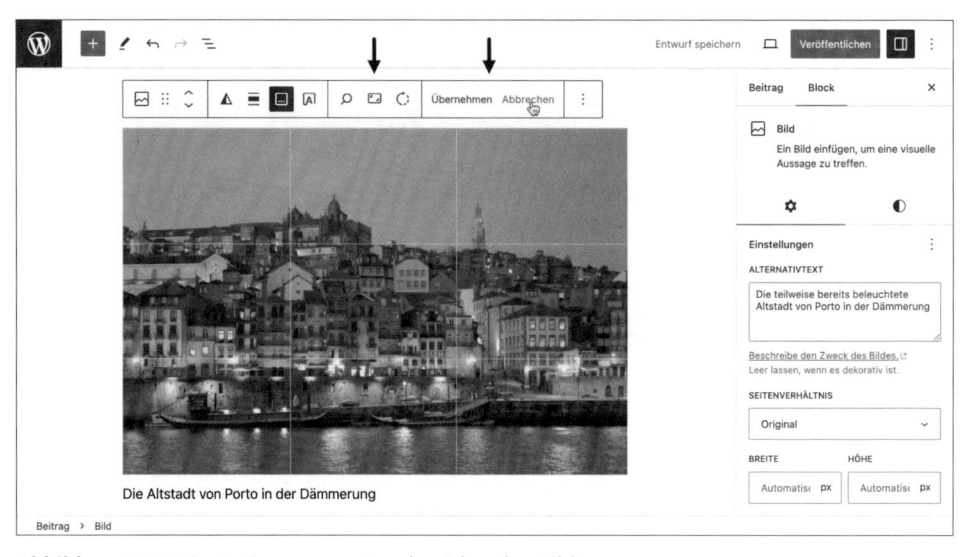

Abbildung 7.23 Die Optionen zum Zuschneiden des Bildes

Experimentieren Sie ein bisschen mit diesen Optionen. Zoomen Sie hinein, ändern Sie das Seitenverhältnis, oder Drehen Sie das Bild.

Gewöhnungsbedürftig ist, dass das Symbol in der Werkzeugleiste zwar *Zuschneiden* heißt, aber keine direkte Option zum Beschneiden des Bildes bietet. Das geht nur durch Zoomen und anschließendes Verschieben des Bildausschnitts.

Nach dem Experimentieren können Sie den Vorgang Abbrechen oder die Änderungen mit einem Klick auf Übernehmen speichern. Wenn Sie die Änderungen übernehmen, wird das bearbeitete Bild in der Mediathek als neue Datei gespeichert und der Dateiname mit dem Zusatz *-edited* versehen.

Das ursprünglich eingefügte Bild bleibt in der Mediathek erhalten. Falls Sie also später doch lieber wieder das Originalbild hätten, können Sie es mit dem Link ERSETZEN in der Block-Werkzeugleiste einfügen.

> **Alternative: Bilder bearbeiten in der Mediathek**
>
> Falls Ihnen die Optionen zur Bearbeitung des Bildes direkt im Block-Editor nicht ausreichen, können Sie Bilddateien auch in der Mediathek zuschneiden, drehen, spiegeln und sogar skalieren. Wie das geht, erfahren Sie in Abschnitt 7.8.

7.6 Beitragsbilder sind ganz besondere Bilder

Beitragsbilder hießen in früheren WordPress-Versionen *Artikelbilder* und firmieren im englischen Original als *Featured Image*. Alle diese Begriffe meinen dasselbe: ein Bild, das einem Beitrag oder einer Seite zugeordnet ist, aber nicht im Inhaltsbereich des Block-Editors erscheint.

7.6.1 Beitragsbilder erscheinen nicht im Inhaltsbereich des Editors

Im Block-Editor gibt es in der Seitenleiste EINSTELLUNGEN auf dem Register BEITRAG bzw. SEITE einen Bereich namens BEITRAGSBILD. In diesem Bereich gibt es einen Link mit der Beschriftung BEITRAGSBILD FESTLEGEN, ein Klick darauf bringt Sie in die Mediathek. Dort können Sie ein Bild auswählen und dann als Beitragsbild definieren. Wo und wie ein Beitragsbild im Frontend dargestellt wird, ist von Theme zu Theme sehr unterschiedlich.

Abbildung 7.24 zeigt einen Beitrag im Block-Editor mit einem Beitragsbild.

Abbildung 7.24 Der Bereich »Beitragsbild« mit einem Beitragsbild

7.6.2 Ein Beitragsbild für einen Beitrag festlegen

Am besten probieren Sie die Sache mit dem Beitragsbild einfach einmal aus, und genau das machen Sie im folgenden ToDo.

> **ToDo: Ein Beitragsbild für einen Beitrag festlegen**
>
> 1. Erstellen Sie einen Beitrag mit dem Titel »Das Beitragsbild«, und fügen Sie etwas Text ein (siehe Abbildung 7.24).
> 2. Geben Sie in der Seitenleiste EINSTELLUNGEN auf dem Register BEITRAG als Kategorie *WordPress* und als Schlagwörter z. B. *Block-Editor* und *Bilder* ein.
> 3. Öffnen Sie den Bereich BEITRAGSBILD, und klicken Sie auf den Link BEITRAGSBILD FESTLEGEN.
> 4. Suchen Sie in der Mediathek ein passendes Bild, oder laden Sie eines hoch. Das Bild sollte ca. 2.000 Pixel breit sein. Das in den Abbildungen verwendete Bild mit der Straßenbahn finden Sie in den Übungsdateien für dieses Buch.
> 5. Markieren Sie das gewünschte Bild, und klicken Sie auf die Schaltfläche AUSWÄHLEN.
> 6. Im Bedienfeld BEITRAGSBILD rechts neben dem Editor sehen Sie jetzt eine Vorschau des Bildes (siehe Abbildung 7.24).
> 7. Wenn alles so weit stimmt, können Sie den Beitrag VERÖFFENTLICHEN.
> 8. Klicken Sie auf das Symbol für BEITRAG ANSEHEN in der oberen Werkzeugleiste, um den Beitrag im Frontend zu sehen.

Im Theme Twenty Twenty-Three erscheint das Beitragsbild in der Einzelansicht für einen Beitrag etwas abgedunkelt. Wie Sie das ändern können, steht im Hinweiskasten weiter unten.

Wenn Sie auf die Seite *News* wechseln, sehen Sie, dass Beitragsbilder auch in der Beitragsübersicht oberhalb des Beitragstitels erscheinen (Abbildung 7.25).

Dabei wird auch schon deutlich, dass für Beitragsbilder das Motto *Konsistenz ist eine Tugend* gilt: Die Beitragsübersicht sieht wahrscheinlich besser aus, wenn entweder alle Beiträge ein Beitragsbild haben oder wenn die Beitragsbilder in der Übersicht nicht dargestellt werden. Ersteres ist reine Fleißarbeit, Letzteres lernen Sie beim Anpassen von Twenty Twenty-Three in Kapitel 12 kennen.

Abbildung 7.25 Ein Beitragsbild auf der Beitragsseite

> **Twenty Twenty-Three: Beitragsbild in der Einzelansicht abgedunkelt**
>
> Beim Standardtheme Twenty Twenty-Three wird ein Beitragsbild in der Einzelansicht eines Beitrags mit einem *Overlay* etwas abgedunkelt. Mit dem in Kapitel 11 vorgestellten Website-Editor zur Anpassung von Block-Themes können Sie das ändern. Der folgende Support-Beitrag beschreibt den Vorgang:
>
> ▶ wordpress.org/support/topic/how-to-remove-color-overlays-from-featured-images/

7.7 Mehrere Bilder: Eine Galerie hinzufügen und bearbeiten

Der Block-Editor in WordPress stellt einen Block zur Erstellung einer Bildergalerie zur Verfügung, den Sie in diesem Abschnitt kennenlernen.

7.7.1 Schritt 1: Einen neuen Beitrag mit einem Block »Galerie« erstellen

Um den Block GALERIE kennenzulernen, erstellen Sie zunächst einen neuen Beitrag. Im folgenden ToDo erledigen Sie das und fügen dann an der gewünschten Stelle den Block GALERIE ein.

> **ToDo: Einen neuen Beitrag mit einem Block »Galerie« erstellen**
> 1. Erstellen Sie einen Beitrag mit dem Titel »Die Galerie«, und fügen Sie etwas Text ein. Fülltexte finden Sie z. B. auf *blindtextgenerator.de*.
> 2. Fügen Sie nach dem ersten Absatz einen Block GALERIE ein, wählen Sie aber noch keine Bilder aus.
> 3. Weisen Sie dem Beitrag die Kategorie *WordPress* zu, und vergeben Sie Schlagwörter wie z. B. *Block-Editor* und *Bilder*.
> 4. Speichern Sie den Beitrag als Entwurf.

Abbildung 7.26 zeigt einen Beitrag mit einem (noch leeren) Block GALERIE.

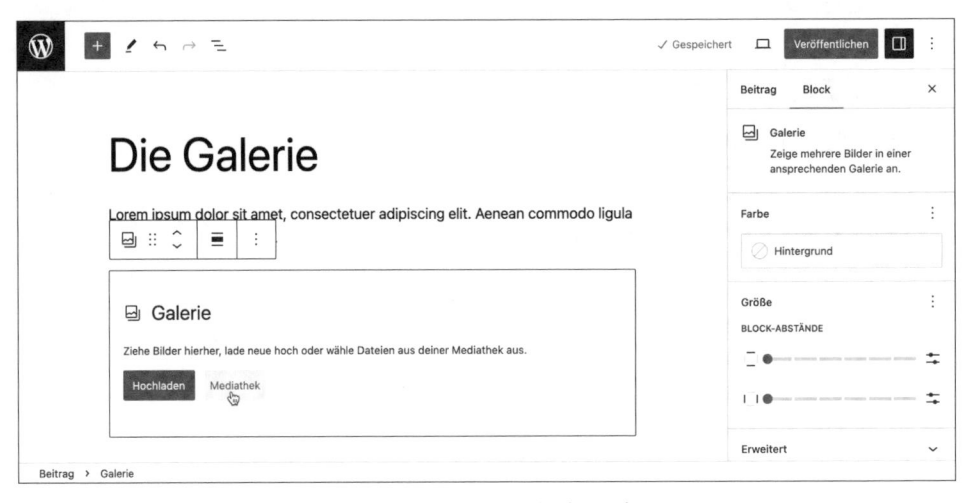

Abbildung 7.26 Ein Beitrag mit einem noch leeren Block »Galerie«

7.7.2 Schritt 2: Bilder zur Galerie hinzufügen

Wenn Sie im Block GALERIE auf die Schaltfläche MEDIATHEK klicken, gelangen Sie auf die Seite NEUE GALERIE ERSTELLEN (siehe Abbildung 7.27). Hier wählen Sie die Bilder für die Galerie aus. Das Ergebnis ist am besten, wenn alle Bilder ein ähnliches Format haben, also nicht z. B. Hoch- und Querformat gemischt.

Ganz oben steht, dass Sie auf der Seite GALERIE ERSTELLEN ❶ sind. Darunter markieren Sie alle Bilder, die Sie der Galerie hinzufügen möchten ❷. Die markierten Bilder bekommen rechts oben ein Häkchen, das zuletzt angeklickte wird zudem blau umrandet. Für dieses Bild werden rechts im Bereich ANHANG-DETAILS ❸ die Detailinfos angezeigt.

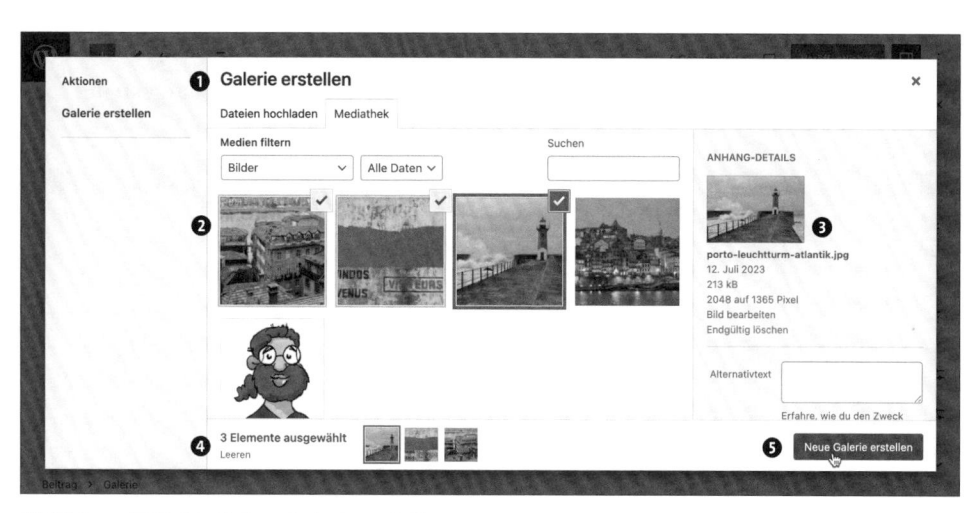

Abbildung 7.27 Die Seite »Galerie erstellen«

Ganz unten auf der Seite gibt es eine Übersicht ❹ der ausgewählten Bilder, in der Sie mit dem Link LEEREN bei Bedarf wieder alle Bilder aus der Galerie entfernen können. Wenn alle gewünschten Bilder in der Übersicht sind, klicken Sie auf die Schaltfläche NEUE GALERIE ERSTELLEN ❺.

Und genau das machen Sie im folgenden ToDo.

ToDo: Eine neue Galerie erstellen

1. Markieren Sie in dem weiter oben erstellten Beitrag »Die Galerie« mit einem Klick darauf den noch leeren Block GALERIE.
2. Klicken Sie auf die Schaltfläche MEDIATHEK, um die Mediathek aufzurufen.
3. Wählen Sie in der Mediathek alle Bilder, die in der Galerie erscheinen sollen. Falls die gewünschten Bilder noch nicht in der Mediathek sind, können Sie das mit dem Register DATEIEN HOCHLADEN nachholen.
4. Überprüfen Sie für jedes Bild kurz die ANHANG-DETAILS, und korrigieren Sie sie, falls nötig.
5. Klicken Sie auf die Schaltfläche NEUE GALERIE ERSTELLEN, um eine Galerie zu erstellen.

Noch ist die Galerie nicht im Beitrag. Zunächst ändern Sie im nächsten Schritt noch die Reihenfolge der Bilder.

7.7.3 Schritt 3: »Galerie bearbeiten« – die Reihenfolge der Bilder ändern

Nach der Erstellung der Galerie wird automatisch die in Abbildung 7.28 dargestellte Seite GALERIE BEARBEITEN aufgerufen.

Abbildung 7.28 »Galerie bearbeiten« – die Bildreihenfolge ändern

Die Seite GALERIE BEARBEITEN bietet folgende Möglichkeiten:

- Mit dem Link ZUR GALERIE HINZUFÜGEN links in der Seitenleiste können Sie nachträglich noch weitere Bilder der Galerie hinzufügen.
- Im mittleren Bereich können Sie per Drag & Drop die Reihenfolge der Bilder ändern.

Wenn alles okay ist, wird die Galerie mit der Schaltfläche GALERIE EINFÜGEN in den Beitrag oder die Seite eingefügt, und das erledigen Sie im folgenden ToDo.

> **ToDo: »Galerie bearbeiten« – die Reihenfolge der Bilder ändern**
> 1. Überprüfen Sie auf der Seite GALERIE BEARBEITEN, ob die Reihenfolge der Bilder Ihren Wünschen entspricht, und ändern Sie sie gegebenenfalls.
> 2. Klicken Sie auf die Schaltfläche GALERIE EINFÜGEN, um die Galerie tatsächlich in den Beitrag einzufügen.
> 3. Speichern Sie den Beitrag als Entwurf.

Abbildung 7.29 zeigt die Galerie nach diesem ToDo im Beitrag.

Eine Galerie ist eine Sammlung einzelner Bilder, die auch einzeln bearbeitet werden können. In Abbildung 7.29 ist das erste Bild markiert, und in der Block-Werkzeugleiste und in der Seitenleiste *Einstellungen* finden Sie weitgehend dieselben Optionen wie beim Einfügen eines einzelnen Bildes mit dem Bild-Block.

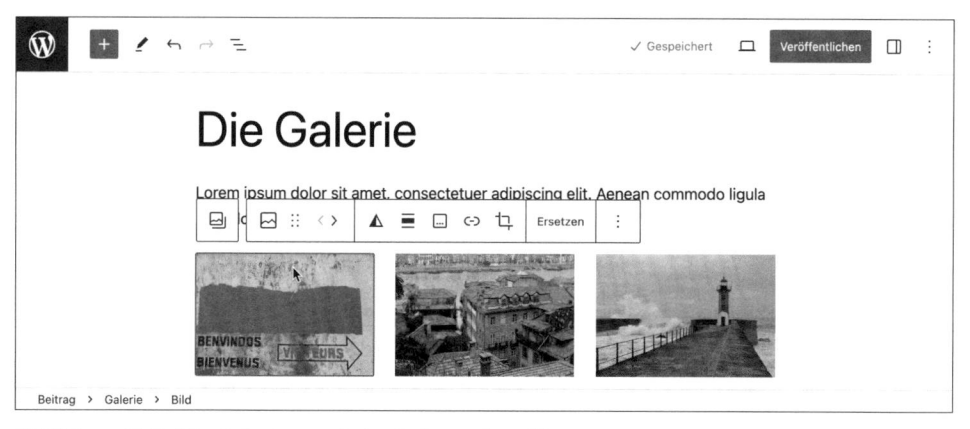

Abbildung 7.29 Die Galerie wurde im Beitrag eingefügt.

Die Reihenfolge der Bilder können Sie direkt im Galerie-Block ändern, indem Sie das gewünschte Bild markieren und dann in der Block-Werkzeugleiste auf die Symbole zum Verschieben nach links oder rechts klicken.

7.7.4 Schritt 4: Die Einstellungen für den Block »Galerie« anpassen

Um die Einstellungen für die Galerie als Ganzes anzupassen, markieren Sie zunächst die Galerie selbst. Dazu klicken Sie in der Block-Werkzeugleiste ganz links außen auf das Icon GALERIE AUSWÄHLEN oder unten in der Statuszeile im *Block-Breadcrumb* auf den Eintrag GALERIE. Abbildung 7.30 zeigt die markierte Galerie mit der Block-Werkzeugleiste und der Seitenleiste EINSTELLUNGEN • BLOCK.

In der Block-Werkzeugleiste können Sie der Galerie mit dem Symbol AUSRICHTUNG mehr Platz in der Breite geben, z. B. mit der Option WEITE BREITE.

Falls Sie die Galerie um weitere Bilder erweitern möchten, klicken Sie auf das +-Zeichen und wählen dann in der Mediathek die gewünschten Bilder aus.

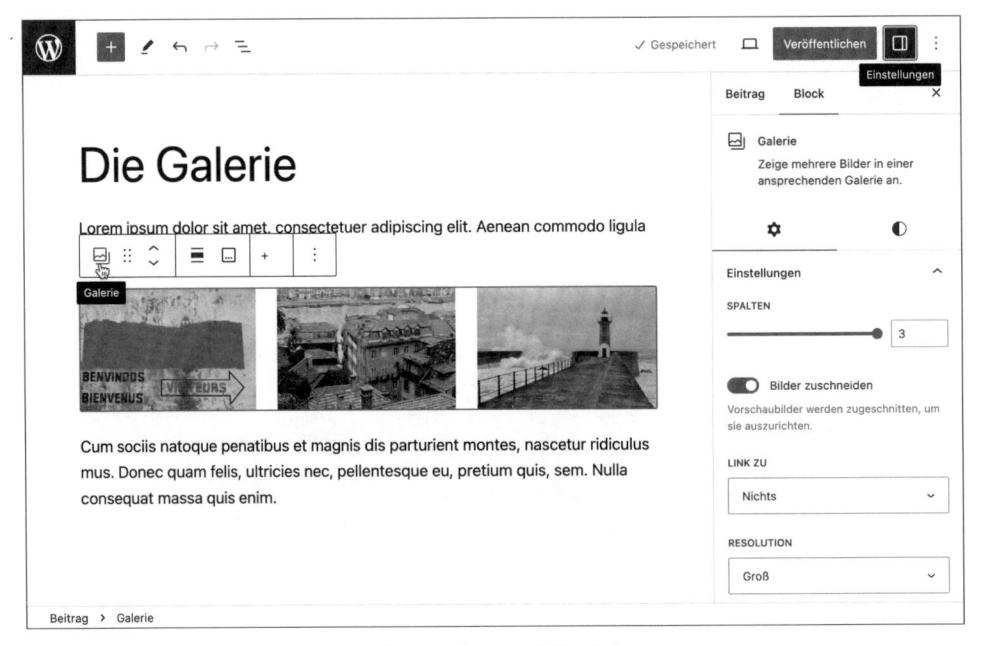

Abbildung 7.30 Die Galerie mit Werkzeugleiste und Einstellungen

Rechts in der Seitenleiste finden Sie im Block-Inspektor auf dem Register Einstellungen ⚙ die folgenden Optionen:

- Bei Spalten können Sie die Anzahl der gewünschten Spalten in der Galerie einstellen, also die Anzahl der Bilder, die nebeneinander in einer Zeile stehen.
- Bilder zuschneiden ist standardmäßig aktiviert. Wenn man z. B. Bilder im Hoch- und Querformat zusammen in einer Galerie hat, sorgt diese Option dafür, dass die Vorschaubilder pro Zeile alle dasselbe Format bekommen. Man hat aber keinen Einfluss darauf, ob WordPress sich für Hoch- oder Querformat entscheidet.
- Bei Link zu können Sie zwischen den Optionen Anhang-Seite, Mediendatei oder Nichts wählen. Eine benutzerdefinierte URL gibt es hier nicht.
- Bei Bildgrösse kann die Standardeinstellung Gross in den meisten Fällen so bleiben. Die Bilder sind dann maximal 1.024 px hoch bzw. breit (siehe Abschnitt 7.1.1), und das reicht für die Vorschaubilder der Galerie.

Auf dem Register Stile ◐ können Sie der Galerie eine Hintergrundfarbe geben sowie die horizontalen und vertikalen Abstände zwischen den Bildern definieren.

Im folgenden ToDo verlinken Sie die Bilder der Galerie zur Mediendatei. Das ist eine sinnvolle Option, um beim Klick auf ein Galeriebild eine große Version des Bildes anzuzeigen.

> **ToDo: Die Galeriebilder mit einem Link zur Mediendatei versehen**
> 1. Markieren Sie den Galerie-Block im Editor, sodass in der Seitenleiste die Einstellungen für den Block GALERIE angezeigt werden.
> 2. Ändern Sie die Ausrichtung für die Galerie zu WEITE BREITE.
> 3. Wählen Sie im Bereich LINK ZU die Option MEDIENDATEI.
> 4. Wenn die Galerie so weit okay ist, können Sie den Beitrag VERÖFFENTLICHEN.

7.7.5 Schritt 5: Die Galerie im Frontend aufrufen und überprüfen

Abbildung 7.31 zeigt die Galerie im Frontend. Alle drei Bilder stehen in einer Zeile nebeneinander, und die Option WEITE BREITE lässt die Galerie breiter werden als die Textspalte. Ein Klick auf ein Bild ruft die Mediendatei auf, und mit einem Klick auf die ZURÜCK-Schaltfläche des Browsers kommt man wieder zurück zum Beitrag.

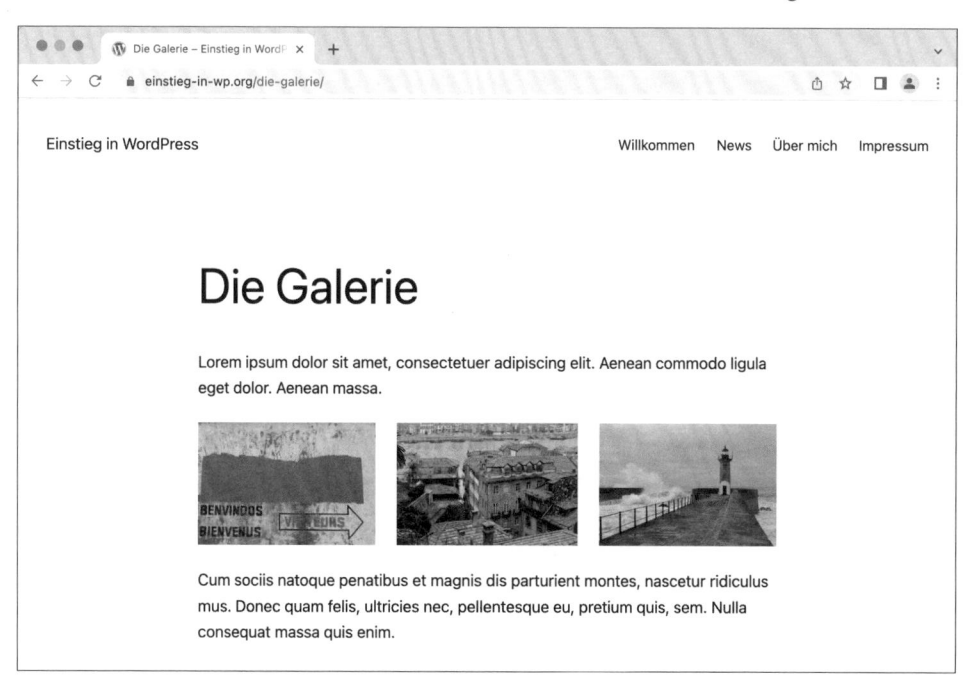

Abbildung 7.31 Die Galerie im Frontend mit der Option »Weite Breite«

> **Wenn Sie für Ihre Galerien mehr Optionen haben möchten ...**
> Wer gern mehr Funktionen und Variationen für seine Galerien hätte, wird im Plugin-Verzeichnis von WordPress fündig. Sehr beliebt ist z. B. die *FooGallery*:
>
> ▶ de.wordpress.org/plugins/foogallery/
>
> Wie man Plugins installiert, erfahren Sie in Kapitel 15.

7.8 Bilder online in der Mediathek bearbeiten

Sie können Bilddateien in der Mediathek von WordPress skalieren und beschneiden, sollten das aber wie gesagt so weit wie möglich bereits vor dem Hochladen der Bilder erledigen.

> **Die Bearbeitung eines Bildes sollte bereits vor dem Hochladen erfolgen**
> Die Bearbeitung und Optimierung des Bildes ist im Idealfall, wie in Abschnitt 7.2.4 beschrieben, bereits vor dem Hochladen des Bildes passiert. Für die Online-Bearbeitung von Bildern direkt in der Mediathek benötigt WordPress viel Arbeitsspeicher auf dem Servercomputer, was auf einem nicht optimal konfigurierten Webspace zu Problemen führen kann.

7.8.1 Die Seite »Dateianhang-Details« zum Bearbeiten eines Bildes

Zum Bearbeiten eines Bildes können Sie in der Listen- oder Gridansicht mit der Schaltfläche BILD BEARBEITEN eine einfache Bildbearbeitung aufrufen:

1. Öffnen Sie die Mediathek mit der Listen- oder Gridansicht.
2. Klicken Sie auf das gewünschte Vorschaubild.
3. Klicken Sie auf die Schaltfläche BILD BEARBEITEN unterhalb des Bildes.

Anschließend sehen Sie die Seite ANHANG-DETAILS (Abbildung 7.32).

Oberhalb des Bildes gibt es diverse Schaltflächen:

▶ ZUSCHNEIDEN dient zum Ändern des Bildausschnitts.

▶ SKALIERUNG dient zur Änderung der Bildgröße.

▶ BILDDREHUNG zeigt diverse Optionen zum Drehen des Bildes.

▶ RÜCKGÄNGIG machen bzw. WIEDERHOLEN der letzten Aktionen
▶ BEARBEITUNG ABBRECHEN bricht die Bearbeitung ab.
▶ BEARBEITUNGEN SPEICHERN speichert alle gemachten Änderungen.

Abbildung 7.32 Mediathek – Bild bearbeiten auf der Seite »Anhang-Details«

7.8.2 »Skalieren«: Zuerst die Bildgröße verändern

Wenn Sie die Schaltfläche SKALIERUNG anklicken, erscheinen neben dem Bild ein paar Infos zum Bild, zwei Eingabefelder für die neuen Abmessungen und die Schaltfläche SKALIERUNG (Abbildung 7.33).

Rechts neben den Worten BILD SKALIEREN steht ein kleines Fragezeichen, und ein Klick auf dieses Fragezeichen blendet folgenden Text ein:

> Du kannst das Originalbild proportional skalieren. Für das beste Ergebnis sollte die Skalierung gemacht werden, bevor du das Bild zuschneidest, spiegelst oder drehst. Bilder können nur nach unten, nicht nach oben skaliert werden.

Falls das Bild also noch skaliert werden muss, sollte das *vor* den weiteren Aktionen gemacht werden. Wenn alles klappt, erzeugt WordPress in der Mediathek eine neue Datei mit neuen Abmessungen und neuem Dateinamen.

Abbildung 7.33 Bild bearbeiten – Skalierung

7.8.3 »Zuschneiden«: Einen Teil des Bildes entfernen

Beim Zuschneiden des Bildes arbeiten die Symbole über dem Bild, die Markierung auf dem Bild und der Bereich BILD ZUSCHNEIDEN rechts neben dem Bild eng zusammen:

- Klicken Sie zunächst auf den Button ZUSCHNEIDEN. Dadurch erscheint über dem Bild eine Markierung (auch *Auswahl* genannt).
- Sie können die Größe dieser Markierung mit den Ziehpunkten verändern und sie mit der Maus verschieben.

In Abbildung 7.34 ist das Bild so markiert, dass unten ein Stück abgeschnitten wird.

Das Feintuning für die Markierung auf dem Bild kann mit den Optionen im Bereich BILD ZUSCHNEIDEN rechts neben dem Bild erfolgen:

- BILDFORMAT: Hier können Sie die Proportionen der Markierung in Zahlen festlegen. Quadratisch ist 1:1, verbreitet sind 16:9 oder 4:3. Eine eventuell bereits erzeugte Markierung auf dem Bild wird an das hier eingegebene Format angepasst.
- AUSWAHL zeigt die Größe der Auswahl auf dem Bild in Pixeln an, aber es funktioniert auch umgekehrt. Wenn Sie also hier die Zahlen ändern, passt sich die Markierung auf dem Bild an.
- STARTKOORDINATEN zeigt, wo die Koordinaten der Markierung beginnen.

Abbildung 7.34 Im Bild ist ein Ausschnitt ausgewählt.

Der Umgang mit den beiden Optionen BILDFORMAT und AUSWAHL ist ein wenig gewöhnungsbedürftig, denn es gilt immer die zuletzt ausgewählte Aktion. Probieren Sie es einfach aus. Übung macht den Meister.

Wenn die Markierung stimmt, klicken Sie auf die Schaltfläche ZUSCHNITT ANWENDEN, und dann wird das Bild zugeschnitten. Wenn Ihnen die Änderungen nicht gefallen, können Sie sie RÜCKGÄNGIG machen. Ist alles okay, können Sie die BEARBEITUNGEN SPEICHERN.

> **Gut zu wissen: Sie können das Originalbild später wiederherstellen**
>
> Falls Sie ein Bild skalieren oder zuschneiden, zeigt WordPress in der Mediathek nur noch das bearbeitete Bild, löscht das Originalbild aber nicht vom Webspace. Falls Sie das Originalbild wiederherstellen möchten, öffnen Sie das Bild zur Bearbeitung.
>
> Ist das Bild bereits bearbeitet, finden Sie nach dem Öffnen des Bildes in der Bildbearbeitung die Option ORIGINALBILD WIEDERHERSTELLEN. Die zuvor bearbeiteten Versionen des Bildes sind danach zwar in der Mediathek nicht mehr erreichbar, werden auf dem Webspace aber nicht gelöscht.

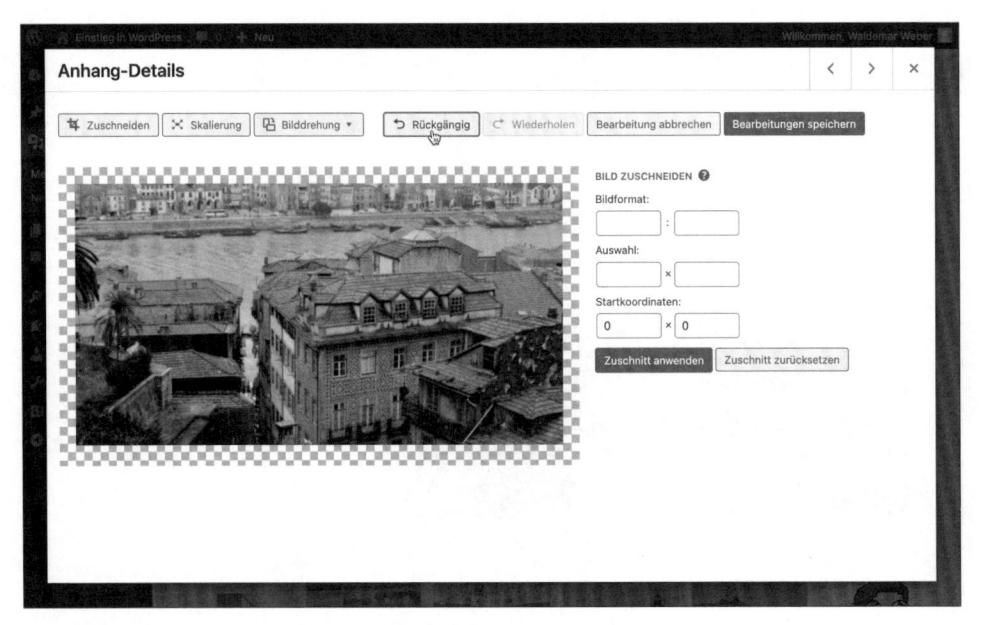

Abbildung 7.35 Das Bild nach einem Klick auf »Zuschnitt anwenden«

7.9 Auf einen Blick

Die wichtigsten Themen noch einmal im Überblick:

- Die Mediathek dient zur Aufbewahrung von Bildern und anderen Medien wie Audio-, Video- oder PDF-Dateien.
- Im Menü EINSTELLUNGEN • MEDIEN werden drei Bildgrößen definiert, die WordPress im Hintergrund von jedem hochgeladenen Bild erzeugt.
- Bilder sollten vor dem Hochladen in die Mediathek optimiert werden.
- Dateien können im Backend-Menü MEDIEN in der Mediathek oder im Block-Editor mit dem Block BILD auf den Webspace hochgeladen werden.
- In der Mediathek gibt es eine Listenansicht und eine Gridansicht, die beide unterschiedliche Einsatzgebiete und Vorteile haben.
- Für jede Mediendatei sollten Sie in der Mediathek Detailinformationen wie Titel, alternativen Text, Beschriftung und Beschreibung eingeben.
- Für jede Mediendatei erzeugt WordPress eine Anhang-Seite mit einer eigenen URL, die auch als Linkziel definiert werden kann.

- In WordPress hochgeladene Bilder können noch bearbeitet werden:
  - Im Block-Editor geht das mit dem Werkzeug Zuschneiden in der Block-Werkzeugleiste.
  - In der Mediathek gibt es dazu die Schaltfläche Bild bearbeiten.
- Beiträge und Seiten können ein Beitragsbild haben, das dem Beitrag bzw. der Seite fest zugeordnet wird, aber nicht im Inhaltsbereich des Block-Editors erscheint.
- Zum Erstellen von Galerien gibt es in WordPress den Block Galerie.

Kapitel 8
Multimedia: Audio und Videos einfügen

Worin Sie zunächst Audio- und Videodateien aus der Mediathek einbinden, bevor Sie sehen, wie Sie Medien von anderen Websites datenschutzkonform einbetten können.

Die Themen im Überblick:

- Audiodateien aus der Mediathek einbinden
- Videodateien aus der Mediathek einbinden
- Externe Medien datenschutzkonform einbetten
- Auf einen Blick

In diesem Kapitel dreht sich alles um Multimedia. WordPress hat einen Medien-Player an Bord, der viele Audio- und Videoformate unterstützt, sodass man zum Abspielen von Medien kein zusätzliches Plugin benötigen.

Einfacher als das Einbinden von Mediendateien aus der Mediathek ist nur das Einbetten von externen Medien, aber das verstößt oft gegen die europäische Datenschutz-Grundverordnung (DSGVO). Doch es gibt Abhilfe, z. B. mit dem in diesem Kapitel vorgestellten Plugin *Embed Privacy*.

Die in diesem Kapitel verwendeten Audio- und Videodateien sind in den Übungsdateien enthalten, die Sie auf der Verlagsseite zum Buch oder auf *einstieg-in-wp.de* herunterladen können. Zum Durcharbeiten der Beispiele in diesem Kapitel dürfen Sie diese gerne verwenden.

8.1 Audiodateien aus der Mediathek einbinden

WordPress hat einen integrierten Medien-Player zum Abspielen diverser Audio- und Videoformate direkt im Browser, der in allen modernen Browsern funktioniert.

8 Multimedia: Audio und Videos einfügen

In diesem Abschnitt erstellen Sie einen Beitrag mit einer MP3-Datei, die man im Browser per Mausklick abspielen kann (Abbildung 8.1).

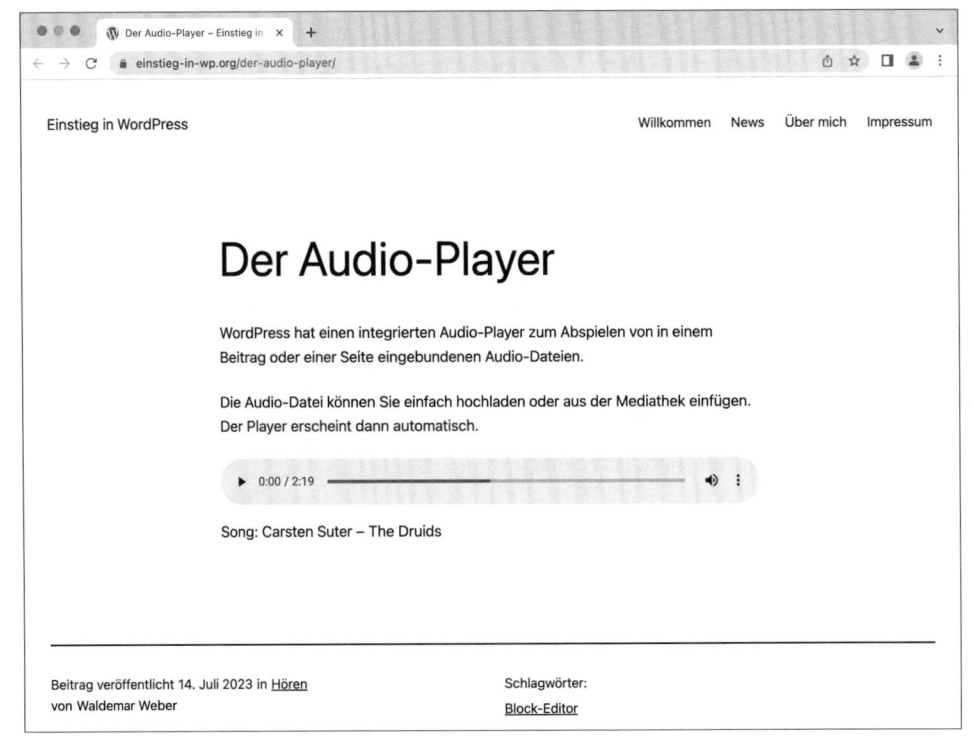

Abbildung 8.1 Der integrierte Audio-Player von WordPress im Browser

Damit Besuchende die Audiodatei abspielen können, müssen sowohl ihre Audio-Player als auch der Browser das gewählte Audioformat unterstützen. Der Audio-Player unterstützt die Formate MP3, M4A, OGG und WAV, und die meisten modernen Browser verstehen inzwischen MP3 und M4A.

8.1.1 Schritt 1: Einen Beitrag mit dem Block »Audio« erstellen

Im folgenden ToDo erstellen Sie zunächst einen kurzen Beitrag, in den Sie dann einen Audio-Block einfügen.

> **ToDo: Einen Beitrag mit dem Block »Audio« erstellen**
> 1. Erstellen Sie einen neuen Beitrag.
> 2. Fügen Sie einen Titel ein, im Beispiel ist das »Der Audio-Player«.

3. Geben Sie im Inhaltsbereich etwas Text ein.
4. Fügen Sie unterhalb des Textes einen Block AUDIO ein. Dazu können Sie z. B. in einem leeren Absatz-Block einfach »/audio« eingeben.
5. Weisen Sie dem Beitrag eine Kategorie wie z. B. *Hören* zu, und vergeben Sie, falls gewünscht, Schlagwörter wie z. B. *Block-Editor*.
6. Speichern Sie den Beitrag als Entwurf.

Abbildung 8.2 zeigt den Beitrag nach diesem ToDo im Block-Editor.

Abbildung 8.2 Der Beitrag mit einem noch leeren Block »Audio«

8.1.2 Schritt 2: Eine MP3-Datei in einen Audio-Block hochladen

Der Block AUDIO bietet drei Optionen zum Einbinden einer Audiodatei:

- Mit der Schaltfläche HOCHLADEN können Sie eine Audiodatei direkt von Ihrer Festplatte einfügen.
- Falls die gewünschte Datei bereits in der Mediathek ist, klicken Sie auf den Link MEDIATHEK.
- VON URL EINFÜGEN lädt eine Datei direkt von einer anderen Website. Dazu sollten Sie das Einverständnis des Betreibers der Website haben.

Im folgenden ToDo laden Sie eine Audiodatei hoch und fügen diese dann in einen Beitrag ein. Auf Seiten funktioniert das genauso.

> **ToDo: MP3-Datei hochladen und im Block »Audio« einbinden**
> 1. Öffnen Sie den Beitrag *Der Audio-Player,* und markieren Sie den Audio-Block.
> 2. Klicken Sie im Audio-Block auf die Schaltfläche Hochladen.
> 3. Suchen Sie auf Ihrer Festplatte eine passende Datei, und laden Sie sie hoch. Alternativ ziehen Sie die Datei mit der Maus aus dem Explorer oder Finder auf den Block.
> 4. WordPress speichert die Audiodatei im Hintergrund in der Mediathek und zeigt automatisch den Player zum Abspielen der Datei. Falls Sie dabei eine Meldung bekommen, dass die Datei größer sei als das Upload-Limit auf Ihrem Webspace, lesen Sie die Tipps im Kasten weiter unten.
> 5. Speichern Sie die Änderungen, veröffentlichen Sie den Beitrag, und prüfen Sie ihn im Frontend.

Nach diesem ToDo ist der Audio-Player im Beitrag zu sehen (Abbildung 8.3). Mit dem Symbol Beschriftung in der Block-Werkzeugleiste können Sie unter dem Block Audio Details zur Datei notieren.

Abbildung 8.3 Der Block »Audio« mit Audiodatei im Block-Editor

Normalerweise wird die Audiodatei nach einem Klick auf den Play-Button nur einmal abgespielt. Rechts in der Seitenleiste können Sie in den Einstellungen für den Block Audio festlegen, ob die Datei stattdessen als Automatische Wiedergabe oder als Schleife abgespielt werden soll, aber diese Optionen sind für Besuchende eher nervig.

> **Das Upload-Limit für die Mediathek**
>
> Beim Hochladen einer Mediendatei steht unter der Schaltfläche Dateien auswählen ein Hinweis auf die Maximale Dateigrösse für Uploads.
>
> Falls die dort angegebene Zahl kleiner ist als die hochzuladende Datei, müssen Sie zunächst das *Upload-Limit* erhöhen. Wie man das macht, beschreibt folgender Beitrag:
>
> ▶ einstieg-in-wp.de/wordpress-upload-limit-erhoehen
>
> Ein direktes Hochladen von Mediendateien auf den Webspace funktioniert nicht, da per FTP hochgeladene Dateien nicht in der Mediathek erscheinen.

8.1.3 Audiodateien aus der Mediathek einbinden mit dem Block-Inserter

Wenn eine Audiodatei bereits in der Mediathek vorhanden ist, gibt es mit dem Register Medien im Block-Inserter noch einen weiteren Weg zum Einfügen einer Audiodatei:

▶ Fügen Sie im Dokument an der Stelle, an der die Datei eingefügt werden soll, einen leeren Absatz-Block ein, und platzieren Sie den Cursor darin.

▶ Öffnen Sie den Block-Inserter.

▶ Wechseln Sie auf das Register Medien.

▶ Klicken Sie auf das Menü für Audio.

▶ Klicken Sie auf die gewünschte Datei, um sie an der Cursor-Position im Dokument einzufügen.

Abbildung 8.4 zeigt diesen Vorgang auf einen Blick. Falls in der Mediathek bereits eine Beschriftung für die Audiodatei vorhanden ist, wird diese automatisch unterhalb des Audio-Players angezeigt.

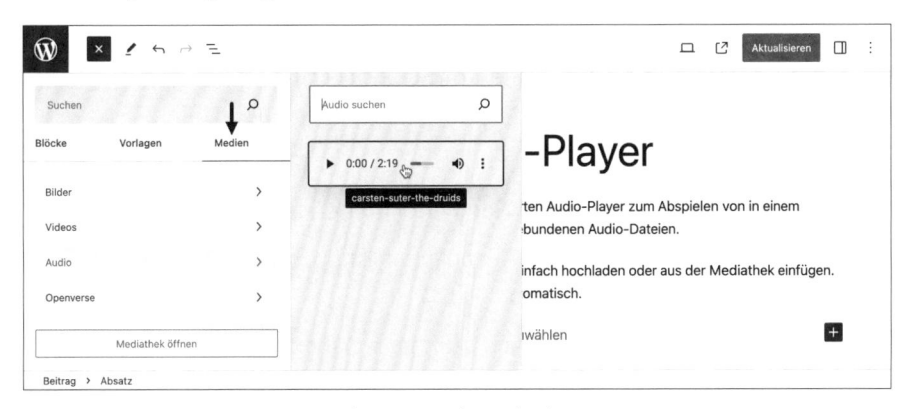

Abbildung 8.4 Audiodateien einfügen mit dem Block-Inserter

8.2 Videodateien aus der Mediathek einbinden

Der integrierte Medien-Player von WordPress kann auch Videos abspielen, sodass Sie z. B. mit einer Digitalkamera oder einem Smartphone aufgenommene Videos ganz einfach einbinden können (Abbildung 8.5).

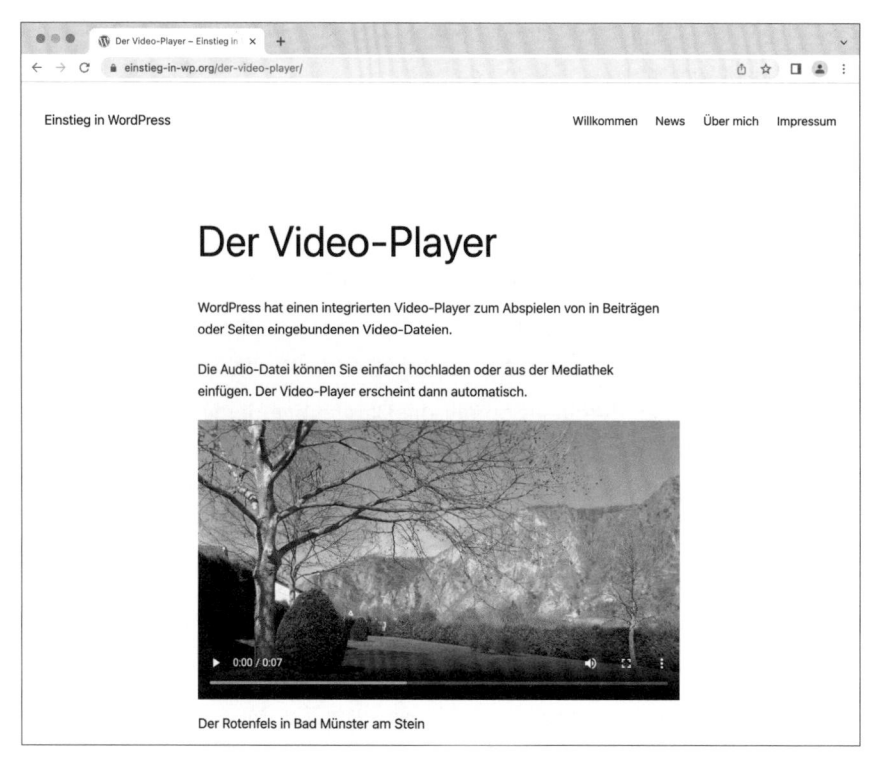

Abbildung 8.5 Der integrierte Video-Player von WordPress im Browser

Damit Besuchende die Videodatei in ihrem Browser abspielen können, müssen sowohl der Video-Player von WordPress als auch der Browser das Videoformat unterstützen. Die besten Chancen haben Sie dabei mit dem Videoformat MP4 (H.264).

8.2.1 Eine Videodatei mit dem Block »Video« hochladen und einfügen

Die Vorgehensweise zur Einbindung von Videodateien ist im Prinzip genau dieselbe wie weiter oben für Audiodateien beschrieben.

Falls Sie gerade keine geeignete Videodatei zur Hand haben, finden Sie eine in den Übungsdateien zu diesem Buch, die Sie für dieses Beispiel verwenden können. Das folgende ToDo gibt Ihnen eine Schritt-für-Schritt-Anleitung.

8.2 Videodateien aus der Mediathek einbinden

> **ToDo: Eine Videodatei hochladen und in einen Beitrag einbinden**
>
> 1. Erstellen Sie einen neuen Beitrag, und vergeben Sie einen Titel, im Beispiel ist das »Der Video-Player«.
> 2. Weisen Sie dem Beitrag in der Seitenleiste EINSTELLUNGEN die Kategorien *Hören* und *Sehen* zu, und vergeben Sie optional Schlagwörter wie *Block-Editor*.
> 3. Geben Sie im Inhaltsbereich ein bisschen Text ein.
> 4. Fügen Sie unterhalb des Textes einen Block VIDEO ein.
> 5. Klicken Sie in diesem Block auf die Schaltfläche HOCHLADEN.
> 6. Wählen Sie die gewünschte Videodatei aus, und laden Sie sie hoch. Oder ziehen Sie die Datei mit der Maus aus dem Explorer oder Finder auf den Video-Block. Falls die Datei größer ist als das Upload-Limit auf Ihrem Webspace, lesen Sie die Tipps im Kasten zum Upload-Limit weiter oben.
> 7. WordPress speichert das hochgeladene Video in der Mediathek und zeigt es im Block-Editor im Video-Player an.
> 8. Speichern Sie die Änderungen, veröffentlichen Sie den Beitrag, und prüfen Sie ihn im Frontend.

Abbildung 8.6 zeigt ein Video nach diesem ToDo im Block-Editor. Mit dem Symbol BESCHRIFTUNG in der Block-Werkzeugleiste können Sie unter dem Block Details zum Video notieren.

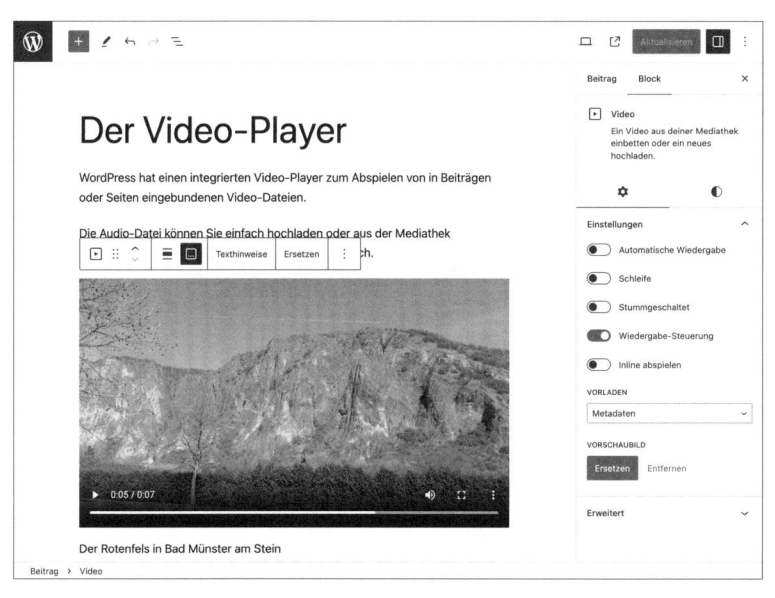

Abbildung 8.6 Der Block »Video« mit einer Videodatei im Block-Editor

Normalerweise wird das Video mit einem Klick auf den Play-Button gestartet, und der Sound ist an. In der Seitenleiste können Sie diverse Optionen anpassen, z. B. ob die Datei stattdessen als Automatische Wiedergabe, Schleife oder Stummgeschaltet abgespielt werden soll.

Hier die weiteren Optionen in Kurzform:

- Wiedergabe-Steuerung ist aktiviert und blendet die Bedienelemente für den Video-Player ein.
- Mit der Option Inline abspielen können Sie einstellen, dass das Video auf Mobilgeräten nicht als Vollbild, sondern innerhalb der Seite abgespielt wird.
- Die Option Vorladen bewirkt, dass der Browser das Video im Hintergrund bereits vor dem Abspielen lädt. Die Voreinstellung ist Metadaten, sodass nur Infos zum Video vorgeladen werden, aber nicht das Video selbst.
- Mit der Option Vorschaubild können Sie schließlich ein Vorschaubild hochladen, das im Browser zu sehen ist, bevor das Video abgespielt wird.

8.2.2 Videodateien aus der Mediathek einbinden mit dem Block-Inserter

Falls die Videodatei bereits in der Mediathek ist, können Sie das Video genau wie Bild- oder Audiodateien auch mit dem Register Medien im Block-Inserter einfügen.

Abbildung 8.7 zeigt das auf einen Blick. Wenn in der Mediathek eine Beschriftung für die Videodatei vorhanden ist, wird diese automatisch unterhalb des Video-Players angezeigt.

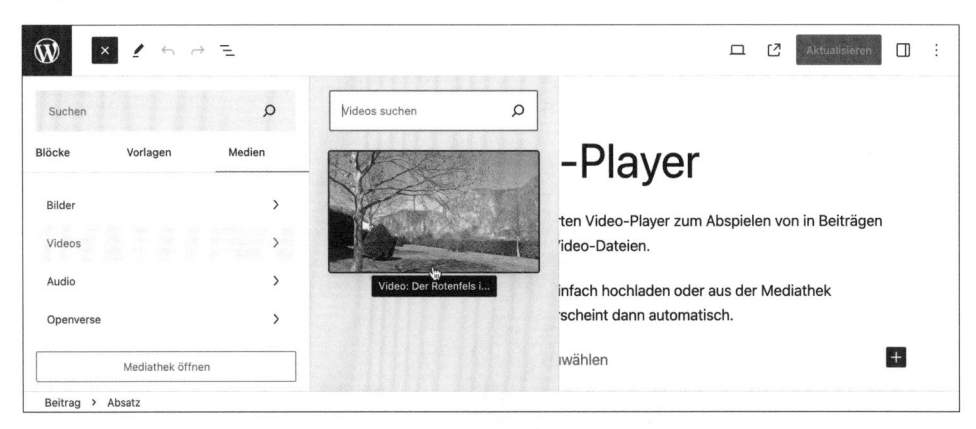

Abbildung 8.7 Eine Videodatei einbinden mit dem Block-Inserter

8.3 Externe Medien datenschutzkonform einbetten

WordPress macht das Einfügen von Medien sehr leicht, aber die wahrscheinlich bequemste Art zur Einbindung von Medien sind EINBETTUNGEN. Die Blöcke aus diesem Bereich helfen dabei, Inhalte von anderen Websites in eigene Beiträge einzubinden, und es gibt sie für rund dreißig Webdienste wie z. B. YouTube, Vimeo oder Spotify (Abbildung 8.8).

Abbildung 8.8 Der Bereich »Einbettungen« stellt zahlreiche Blöcke bereit.

8.3.1 Einbettungen in WordPress – extrem bequem und ein Problem

Technisch funktioniert das Einbetten von Inhalten aus YouTube und anderen Diensten wie folgt:

1. Webseite mit dem gewünschten Medium im Browser aufrufen.
2. URL für das Video, den Tweet, den Song etc. kopieren.
3. URL im Editor von WordPress einfügen.
4. Fertig.

Sie müssen also vorher nicht einmal den entsprechenden Block einfügen, denn WordPress erkennt anhand der URL automatisch, um welche Art von Inhalt es sich handelt, fügt automatisch den passenden Block ein und präsentiert darin die eingebetteten Medien, sowohl im Block-Editor als auch im Frontend.

Die URL *https://youtube.com/watch?v=ClClOJqEb5c* sieht nach dem Einfügen im Block-Editor so aus wie in Abbildung 8.9.

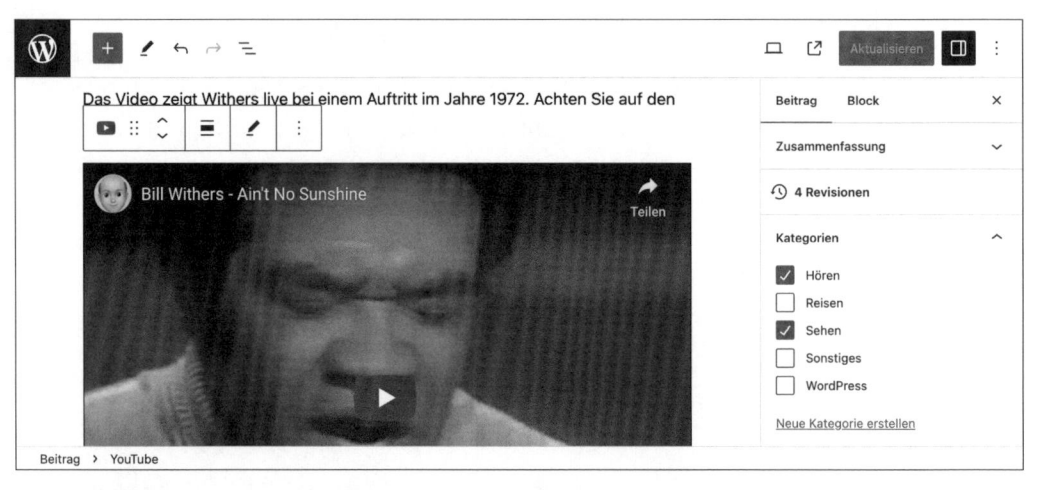

Abbildung 8.9 Ein eingebettetes YouTube-Video im Block-Editor

Einfacher geht es kaum, aber leider hat die Sache einen Haken: Bei vielen Diensten wird bereits beim Aufrufen der Seite mit dem eingebetteten Video ohne Zustimmung der Besuchenden deren IP-Adresse an Google übermittelt, und das ist laut Datenschutz-Grundverordnung (DSGVO) nicht erlaubt.

Im folgenden Abschnitt möchte ich Ihnen daher zeigen, wie Sie externe Medien in WordPress einbetten können, ohne dabei geltendes Datenschutzrecht zu verletzen.

8.3.2 Die Lösung: Ein Plugin wie »Embed Privacy«

Das Einbetten von Inhalten ist also zwar sehr bequem, aber datenschutzrechtlich nicht erlaubt. Einen Ausweg aus diesem Dilemma bietet ein Plugin wie *Embed Privacy* von der deutschen Softwareschmiede Epiphyt, das das ungefragte Laden der eingebetteten Inhalte verhindert. Das funktioniert nicht nur für YouTube, sondern auch für viele andere Dienste wie Vimeo oder Spotify.

Auf der Website zu diesem Buch gibt es einen Beitrag zu diesem tollen Plugin:

▶ *einstieg-in-wp.de/embed-privacy/*

Nach der Installation des Plugins wird nach dem Laden der Webseite mit einer Einbettung zunächst ein Platzhalter gezeigt, in dem Besuchende dann explizit ihre Zustimmung zum Laden der Inhalte geben können (siehe Abbildung 8.10).

Abbildung 8.10 »Embed Privacy« zeigt Besuchern einen Platzhalter.

> **Ein Link zu einem Medium auf einer anderen Website ist erlaubt**
>
> Eine Verlinkung der entsprechenden Seite stellt datenschutzrechtlich kein Problem dar, denn bei einem Hyperlink werden beim Laden der Webseite keinerlei Daten übertragen.
>
> Statt Medien also per URL automatisch einzubetten, kann man z. B. den Text als Zitat-Block einfügen und den Link zum Inhalt als Quelle hinterlegen.

8.4 Auf einen Blick

Die wichtigsten Themen noch einmal im Überblick:

- Audio- und Videodateien können in die Mediathek hochgeladen und dort verwaltet werden.
- WordPress hat einen integrierten Media-Player zum Abspielen von diversen Audio- und Videoformaten direkt im Browser.
- Der Media-Player kennt diverse Formate, die auch von modernen Browsern unterstützt werden. Für Audiodateien sind MP3 und M4A empfehlenswert, für Videodateien MP4 (H.264).

- Die Einbettung von Medien von Diensten wie YouTube nur durch das Einfügen der entsprechenden URL ist sehr bequem, verstößt aber gegen die Datenschutz-Grundverordnung (DSGVO).
- Abhilfe schafft ein Plugin wie *Embed Privacy*. Es zeigt nach dem Laden der Webseite zunächst einen Platzhalter, in dem Besuchende dem Laden der Inhalte per Klick explizit zustimmen.

Kapitel 9
Inhalte gestalten mit dem Block-Editor

Worin Sie interessante Blöcke und Blockvorlagen zum Gestalten von Inhalten im Block-Editor kennenlernen und sehen, warum wiederverwendbare Blöcke sehr nützlich sein können.

Die Themen im Überblick:

- Die Design-Werkzeuge in der Seitenleiste »Einstellungen«
- Mehrere Blöcke gestalten mit dem Block »Gruppe«
- Blickfang: Text auf einem Bild mit dem Block »Cover«
- Nebeneinander: Der Block »Medien und Text«
- Eine Aufforderung für Besucher: Der Block »Buttons«
- Layouts erstellen mit den Blöcken »Spalten« und »Gruppe«
- Vorgefertigte Bausteine: »Vorlagen« für Blöcke erkunden
- Das »Vorlagen«-Verzeichnis auf WordPress.org
- Eigene »Vorlagen« erstellen
- »Synchronisierte Vorlagen« sind wiederverwendbare Blöcke
- Auf einen Blick

In diesem Kapitel geht es um das Gestalten von Inhalten im Block-Editor, und dabei lernen Sie einige Blöcke kennen, die in erster Linie zur Gestaltung der Inhalte dienen und in jeder WordPress-Installation vorhanden sind. Außerdem sehen Sie, wie man Vorlagen einfügen, erstellen und synchronisieren kann.

> **Das Block-System von WordPress wird ständig weiterentwickelt**
>
> Die Standardblöcke von WordPress werden ständig weiterentwickelt, und wenn Sie diese Zeilen lesen, haben einige Blöcke wahrscheinlich bereits neue Optionen. Auf der Website zu diesem Buch halte ich Sie auf dem Laufenden:
>
> - *einstieg-in-wp.de/links-fuer-leser/*
>
> Falls ein Block also in diesem Buch nicht erwähnt wird oder inzwischen anders aussieht, schauen Sie dort einmal vorbei.

9.1 Die Design-Werkzeuge in der Seitenleiste »Einstellungen«

Im Block-Editor gibt es auf der Seitenleiste EINSTELLUNGEN auf dem Register BLOCK diverse *Design-Werkzeuge*, mit denen man die Blöcke im Inhaltsbereich gestalten kann:

- FARBE
- TYPOGRAFIE
- GRÖSSE
- RÄNDER
- LAYOUT
- DUOTONE

Nicht jedes Design-Werkzeug ist bei jedem Block vorhanden, aber sie haben alle den gleichen Aufbau, und am Beispiel von FARBE möchte ich Ihnen im Folgenden zeigen, wie man mit einem Design-Werkzeug gestaltet, Änderungen rückgängig machen und nicht sichtbare Werkzeuge einblenden kann.

9.1.1 Der Bereich »Farbe« enthält die Werkzeuge »Text« und »Hintergrund«

Rechts neben der Überschrift FARBEN sehen Sie ein 3-Punkte-Menü für weitere Optionen und darunter die beiden Werkzeuge TEXT und HINTERGRUND zur Gestaltung von Schrift- bzw. Hintergrundfarbe.

Abbildung 9.1 zeigt, dass es nach einem Klick auf das Werkzeug HINTERGRUND in der Farbauswahl zwei Paletten gibt:

- THEME zeigt vom Theme definierte Farben, die man bei Block-Themes im Website-Editor anpassen kann (siehe Abschnitt 12.1).
- STANDARD enthält zwölf fest im Block-Editor integrierte Farben, die nicht geändert werden können.

In Abbildung 9.1 wird dem Absatz-Block ein *Helles Cyanblau* aus der Standardpalette des Block-Editors als Hintergrundfarbe zugewiesen. Beachten Sie, dass um den Absatz-Block herum automatisch ein kleiner *Innenabstand* eingefügt wurde, damit die Buchstaben nicht am Rand sitzen.

> **Hexadezimale Farbangaben wie #8ED1FC**
>
> Die Zeichen #8ED1FC oben in der Farbauswahl sind der hexadezimale Wert für die Farbe *Helles Cyanblau*. Falls Sie mehr darüber wissen möchten, finden Sie z. B. in der Wikipedia weitere Informationen dazu:
>
> - de.wikipedia.org/wiki/Hexadezimale_Farbdefinition

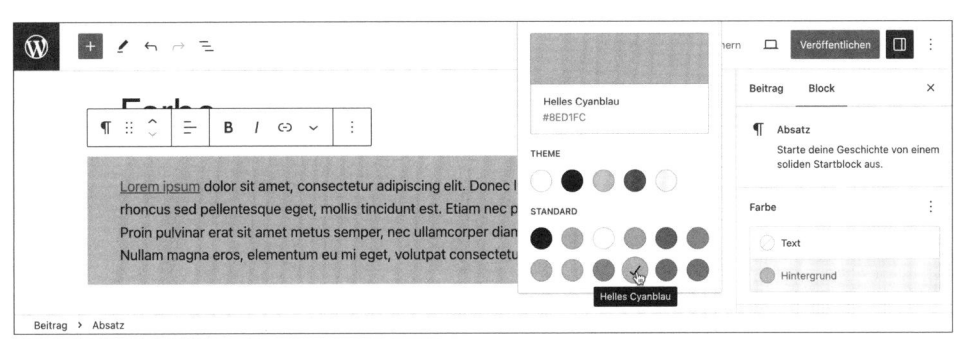

Abbildung 9.1 Die Hintergrundfarbe gilt für den gesamten Block.

9.1.2 Das 3-Punkte-Menü, Teil 1: Geänderte Einstellungen zurücksetzen

Das Design-Werkzeug FARBE hat ein 3-Punkte-Menü mit zwei Funktionen:

- Zurücksetzen von geänderten Optionen auf die Standardeinstellung
- Einblenden von seltener genutzten Werkzeugen, die der Übersichtlichkeit halber standardmäßig nicht angezeigt werden

Das Einblenden von zusätzlichen Werkzeugen folgt im nächsten Abschnitt. In diesem Abschnitt sehen Sie, wie man geänderte Einstellungen zurücksetzen kann, denn das ist beim Ausprobieren und Experimentieren bei der Gestaltung von Inhalten sehr nützlich.

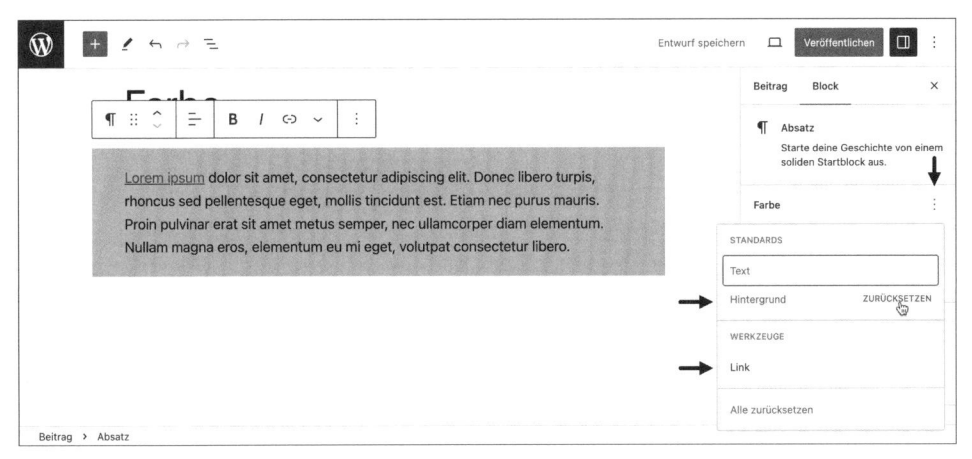

Abbildung 9.2 Das 3-Punkte-Menü dient zum Zurücksetzen von Änderungen.

Zum Zurücksetzen der Einstellungen platzieren Sie zunächst den Cursor im gewünschten Block und klicken dann im Abschnitt FARBE auf das 3-Punkte-Menü. Abbildung 9.2

253

zeigt das daraufhin erscheinende Menü mit den Bereichen STANDARDS und WERK-ZEUGE.

Da die Hintergrundfarbe geändert wurde, erscheint rechts neben dem Wort HINTERGRUND ein Link zum ZURÜCKSETZEN. Ein Klick auf diesen Link setzt die Hintergrundfarbe auf die Standardeinstellung des Themes zurück. In Abbildung 9.2 zeigt der Mauszeiger zwar auf diesen Link, aber es wurde noch nicht geklickt.

Ganz unten gibt es noch den Link ALLE ZURÜCKSETZEN, mit dem Sie alle im Bereich FARBE geänderten Einstellungen mit einem Klick auf die Standardeinstellungen zurücksetzen können.

9.1.3 Das 3-Punkte-Menü, Teil 2: Zusätzliche Werkzeuge einblenden

Die Farbe von Links wird vom Theme vorgegeben und kann wie in Kapitel 11 beschrieben im Website-Editor im Bereich STILE geändert werden. Manchmal möchte man aber, z. B. nach dem Hinzufügen einer Hintergrundfarbe, die Linkfarbe nur für einen Block ändern.

Dazu gibt es das weiter oben in Abbildung 9.2 gezeigte Werkzeug LINK, das zum Ändern der Linkfarbe für den markierten Block dient, standardmäßig aber ausgeblendet ist.

Zum Einblenden dieses Werkzeugs klicken Sie auf das Wort LINK und dann noch einmal auf das 3-Punkte-Menü, um dieses wieder zu schließen. Abbildung 9.3 zeigt, dass bei FARBE jetzt zusätzlich das Werkzeug LINK vorhanden ist, mit dem Sie die Linkfarbe für den *aktuellen* Block ändern können.

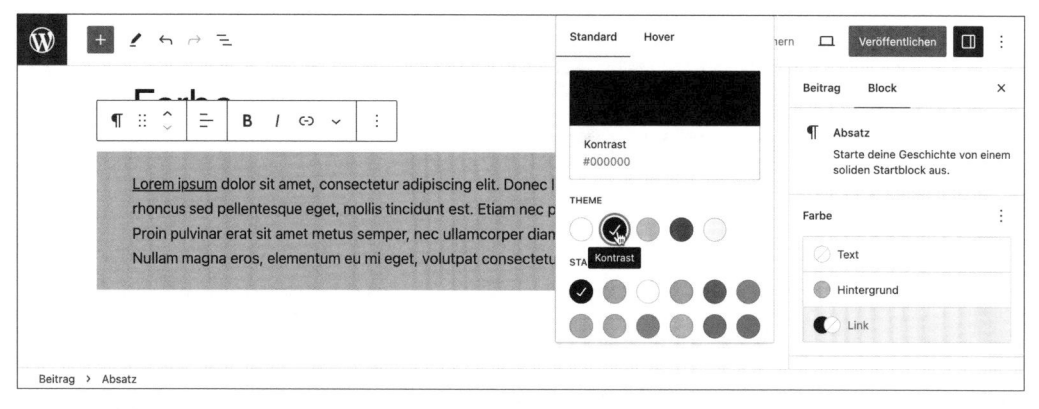

Abbildung 9.3 Zusätzliche Werkzeuge einblenden mit dem 3-Punkte-Menü

> **Effektiv: Gestaltung kopieren und weiteren Blöcken zuweisen**
>
> Wenn Sie einen Block gestaltet haben, gibt es im 3-Punkte-Menü in der Block-Werkzeugleiste den Befehl STILE KOPIEREN, mit dem Sie die Gestaltung kopieren und dann anderen Blöcken zuweisen können.
>
> Dazu markieren Sie nach dem Kopieren einen anderen Block, wählen dann im 3-Punkte-Menü in der Block-Werkzeugleiste den Befehl STILE EINFÜGEN und klicken auf die erscheinende Schaltfläche EINSETZEN.

9.2 Mehrere Blöcke gestalten mit dem Block »Gruppe«

Wenn Sie zwei oder mehr Blöcke zusammen gestalten und z. B. mit einer gemeinsamen Hintergrundfarbe versehen möchten, hilft der Block GRUPPE.

Zum Kennenlernen möchte ich Ihnen zeigen, wie man mit dem Gruppe-Block eine Überschrift und ein bisschen Text mit einer gemeinsamen Hintergrundfarbe und einem Rand versehen kann. Abbildung 9.4 zeigt das Ergebnis auf einen Blick.

Gestalten mit »Gruppe«

Ein wichtiger Block zum Gestalten von Inhalten ist der Block *Gruppe*.

Der Gruppe-Block

Lorem ipsum dolor sit amet, consectetur adipiscing elit, sed do eiusmod tempor incididunt ut labore et dolore magna aliqua. Ut enim ad minim veniam, quis nostrud exercitation ullamco laboris nisi ut aliquip ex ea commodo consequat.

Duis aute irure dolor in reprehenderit in voluptate velit esse cillum dolore eu fugiat nulla pariatur. Excepteur sint occaecat cupidatat non proident, sunt in culpa qui officia deserunt mollit anim id est laborum.

Abbildung 9.4 Ein Gruppe-Block mit Hintergrundfarbe und Rand

9.2.1 Schritt 1: Die zu gestaltenden Blöcke gruppieren

Im ersten Schritt müssen Sie die zu gestaltenden Blöcke gruppieren, sodass der Gruppe-Block die Überschrift und die Absätze umschließt. Dazu blenden Sie zunächst die Listenansicht ein, die bei der Arbeit mit verschachtelten Blöcken eine unentbehrliche Hilfe ist:

1. Blenden Sie links die Seitenleiste mit der LISTENANSICHT ein.
2. Klicken Sie in der Listenansicht auf die Überschrift DER GRUPPE-BLOCK.
3. Halten Sie die ⇧-Taste gedrückt, und klicken Sie auf den unteren Absatz-Block. Jetzt sind alle drei Blöcke markiert.
4. Klicken Sie auf das 3-Punkte-Menü neben der Überschrift.
5. Wählen Sie im Menü den Befehl GRUPPIEREN.

Abbildung 9.5 zeigt diesen Vorgang auf einen Blick.

Abbildung 9.5 Überschrift und Absätze gruppieren in der Listenansicht

9.2.2 Schritt 2: Der Gruppe Hintergrundfarbe und Innenabstand zuweisen

Der Gruppe-Block enthält jetzt die Blöcke ÜBERSCHRIFT und ABSATZ, und in diesem Abschnitt weisen Sie ihm eine Hintergrundfarbe und einen Innenabstand zu (Abbildung 9.6):

❶ Markieren Sie links in der Listenansicht den Block GRUPPE.

❷ Wählen Sie rechts in den Block-Einstellungen mit dem Werkzeug HINTERGRUND eine Hintergrundfarbe.

❸ Weisen Sie dem Gruppe-Block im Bereich Grösse rundherum einen Innenabstand zu.

Die Regler zur Definition für den Innenabstand sind anfangs vielleicht etwas gewöhnungsbedürftig, bieten aber sehr flexible Einstellmöglichkeiten:

▶ Der erste Schieberegler bestimmt den Innenabstand für oben und unten.

- Der zweite Regler ist für den Innenabstand links und rechts.
- Individuelle Innenabstände können Sie mit dem Vier-Seiten-Symbol rechts neben dem Wort INNENABSTAND einstellen.

Abbildung 9.6 Der Gruppe-Block mit Hintergrundfarbe und Innenabstand

Sie sollten sich beim Zuweisen des Innenabstands möglichst auf die im Schieberegler vorgegebenen Stufen beschränken, denn mit diesen wird der Innenabstand im Hintergrund so berechnet, dass er sowohl auf kleinen als auch auf großen Bildschirmen gut aussieht.

9.2.3 Schritt 3: Einen Rand um die Gruppe festlegen

Hintergrundfarbe und Innenabstand sind zugewiesen, jetzt fehlen nur noch die farbigen Rahmenlinien drumherum, die in WordPress RÄNDER genannt werden:

1. Markieren Sie in der Listenansicht den Block GRUPPE.
2. Suchen Sie in den Block-Einstellungen den Bereich RÄNDER.
3. Weisen Sie dem Rand eine Farbe zu (z. B. *Kräftiges Cyanblau*).
4. Definieren Sie die Breite der Rahmenlinie. Dazu können Sie im Eingabefeld eine Zahl eingeben und die Einheit auswählen oder die Breite mit dem Schieberegler daneben festlegen.

Abbildung 9.7 zeigt den fertigen Gruppe-Block im Block-Editor.

Abbildung 9.7 Farbige Ränder um einen Gruppe-Block

> **Der Gruppe-Block hat zwei Varianten namens »Zeile« und »Stapel«**
>
> Man kann eine Gruppe im Block-Inspektor in der Seitenleiste EINSTELLUNGEN per Mausklick in eine ZEILE oder einen STAPEL umwandeln:
>
> - ZEILE (engl. *row*) stellt die enthaltenen Blöcke *nebeneinander*.
> - STAPEL (engl. *stack*) stellt die enthaltenen Blöcke untereinander.
>
> Beide Blöcke bieten neue Möglichkeiten zur Ausrichtung der enthaltenen Blöcke, und auf *learn.wordpress.org* gibt es ein schönes Video dazu:
>
> - *learn.wordpress.org/tutorial/designing-with-row-and-stack-blocks/*
>
> Falls Sie CSS kennen: Die Blöcke ZEILE und STAPEL erstellen einen *Flex Formatting Context*, besser bekannt als *Flexbox*.

9.3 Blickfang: Text auf einem Bild mit dem Block »Cover«

In einem Cover-Block können Sie Text in einem farbigen Overlay über ein Bild oder ein Video legen. Ein Cover-Block ist laut der Beschreibung im Block-Inspektor *ideal für Header* und ein echter Blickfang.

In diesem Abschnitt ergänzen Sie den Beitrag *Lorem Ipsum unterwegs* um einen Cover-Block, und zwar direkt unterhalb des Titels (Abbildung 9.8).

Abbildung 9.8 Ein Cover-Block mit Hintergrundbild, Overlay und Text

Im ersten Schritt fügen Sie den Cover-Block mit Bild und Text ein, danach gestalten Sie zunächst das Bild und dann den Text.

9.3.1 Schritt 1: Einen Cover-Block mit Bild und Text hinzufügen

Im folgenden ToDo fügen Sie einen Cover-Block ein, holen ein Bild aus der Mediathek und schreiben zwei Textblöcke.

ToDo: Cover-Block einfügen und den Text gestalten

1. Öffnen Sie den Beitrag *Lorem Ipsum unterwegs* im Block-Editor.
2. Platzieren Sie den Cursor in einem leeren Absatzblock unterhalb des Titels.
3. Fügen Sie einen Cover-Block ein, z. B. indem Sie im leeren Absatz »/cover« eingeben und die Blockauswahl mit ⏎ bestätigen.
4. Klicken Sie im eingefügten Block auf HOCHLADEN oder auf MEDIATHEK, um ein geeignetes Bild einzufügen. Das Bild erscheint im Editor leicht abgedunkelt, aber das können Sie im nächsten Schritt beim Overlay ändern.
5. Der Cover-Block enthält einen zentrierten Block vom Typ ABSATZ. Wandeln Sie den Absatz-Block in eine H2-Überschrift um, zentrieren Sie die Überschrift, geben Sie etwas Text ein, und ändern Sie die Textfarbe zu Weiß.

6. Fügen Sie darunter einen zentrierten Absatz-Block mit einem kurzen Text ein, und ändern Sie die Textfarbe zu Weiß.
7. Wenn alles okay ist, klicken Sie auf AKTUALISIEREN, um die Änderungen zu speichern.

Nach diesem ToDo sieht der Cover-Block etwa so aus wie in Abbildung 9.9.

Abbildung 9.9 Der Cover-Block mit Hintergrundbild und Text

9.3.2 Schritt 2: Die Einstellungen für den Cover-Block anpassen

In diesem Schritt lernen Sie die Möglichkeiten zur Gestaltung des Cover-Blocks kennen, die Sie in der Block-Werkzeugleiste und in der Seitenleiste im Block-Inspektor finden (Abbildung 9.9).

In der Block-Werkzeugleiste ist die AUSRICHTUNG mit der Option WEITE BREITE besonders interessant, denn sie macht den Block etwas breiter als die Inhaltsspalte.

In der Seitenleiste gibt es im Block-Inspektor zwei wichtige Bereiche:

▶ Auf dem Register EINSTELLUNGEN 🛠 finden Sie die MEDIEN-EINSTELLUNGEN, die das Bild selbst gestalten. HINTERGRUND FIXIERT bewirkt, dass das Bild beim Scrollen stehenbleibt (*Parallax-Effekt*). Mit der FOKUSPUNKT-AUSWAHL und den Eingabefeldern für die horizontale und vertikale Position können Sie den Bildausschnitt verschieben. Diese Optionen stehen nur zur Verfügung, wenn das Bild nicht fixiert ist.

▶ Auf dem Register STILE 🎨 enthält der Bereich OVERLAY Optionen zur Gestaltung des über dem Bild liegenden Overlays. Als FARBE ist z. B. Schwarz gut geeignet, die DECK-

KRAFT ist 50 %. Mit einem Wert von 100 % ist das Overlay einfarbig und bedeckt das Bild, mit einem Wert von 0 % ist das Overlay vollständig transparent. Probieren Sie einfach aus, welcher Wert Ihnen am besten gefällt.

Die richtigen Block-Einstellungen sind in der Regel immer ein Kompromiss zwischen der Wirkung des Bildes und der Lesbarkeit des Textes. Nach dem folgenden ToDo könnte der Cover-Block so aussehen wie weiter oben in Abbildung 9.8.

> **ToDo: Die Einstellungen für den Cover-Block vornehmen**
> 1. Markieren Sie den weiter oben eingefügten Cover-Block.
> 2. Experimentieren Sie mit den Optionen der Werkzeugleiste. Testen Sie insbesondere die WEITE BREITE, und betrachten Sie das Ergebnis auch in der VORSCHAU in einem neuen Tab.
> 3. Probieren Sie in der Seitenleiste mit den Block-Einstellungen aus, wie sich die Optionen HINTERGRUND FIXIERT und DECKKRAFT auswirken.
> 4. Wenn alles nach Wunsch ist, klicken Sie auf AKTUALISIEREN, um die Änderungen zu speichern.

9.3.3 »Sperren«: Blöcke vor Verschieben und Entfernen schützen

Wenn Sie eine Block-Struktur fertig gestaltet haben, können Sie sie *sperren* und so gegen versehentliches oder absichtliches Verschieben bzw. Löschen schützen. Am Beispiel des im vorherigen Abschnitt gestalteten Cover-Blocks würde das so aussehen (Abbildung 9.10):

1. Markieren Sie den zu sperrenden Block.
2. Klicken Sie in der Block-Werkzeugleiste auf das 3-Punkte-Menü.
3. Wählen Sie im Dropdown-Menü den Befehl SPERREN.

Im daraufhin erscheinenden Dialogfeld können Sie festlegen, ob der Block gegen Verschieben (BEWEGEN DEAKTIVIEREN), gegen Löschen (ENTFERNEN VERHINDERN) oder beides (ALLE SPERREN) geschützt werden soll. Die Option INNERHALB ALLER BLÖCKE VERWENDEN bewirkt, dass die Einstellungen bei verschachtelten Blöcken auch für alle inneren Blöcke gelten.

Nach einem Klick auf die Schaltfläche ÜBERNEHMEN verschwinden in der Block-Werkzeugleiste die Symbole zum Verschieben und im 3-Punkte-Menü der Befehl zum ENTFERNEN des Blocks. Stattdessen sehen Sie in der Block-Werkzeugleiste ein Schloss, und im 3-Punkte-Menü erscheint der Befehl FREISCHALTEN (Abbildung 9.11). Mit einem Klick auf das Schloss bzw. den Befehl können Sie die Sperre wieder aufheben.

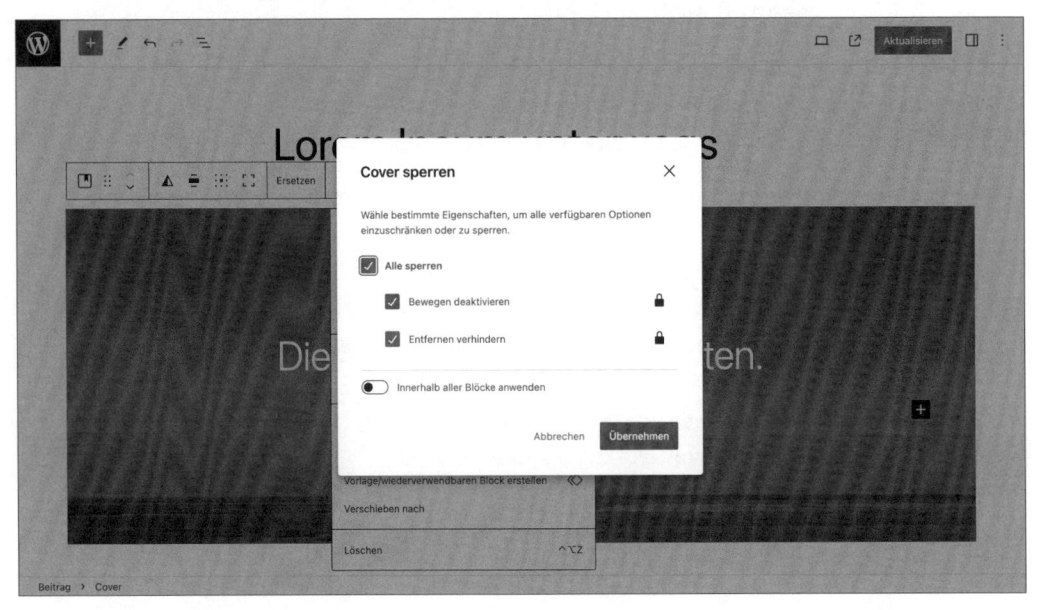

Abbildung 9.10 Einen Block sperren

Abbildung 9.11 Einen gesperrten Block wieder freischalten

9.4 Nebeneinander: Der Block »Medien und Text«

Der Block MEDIEN UND TEXT erstellt ein einfaches zweispaltiges Layout: In der einen Spalte ist ein Medium (Bild oder Video), in der anderen sind meist ein oder mehrere Text-Blöcke (Absatz, Überschrift, Liste und Button), auch wenn im Prinzip alle Blöcke erlaubt sind.

Abbildung 9.12 zeigt den Block MEDIEN UND TEXT mit einigen Standardeinstellungen und möglichen Optionen:

- In der Block-Symbolleiste kann man z. B. die AUSRICHTUNG ändern (Standard ist WEITE BREITE), die VERTIKALE AUSRICHTUNG ÄNDERN (OBEN, MITTIG oder UNTEN AUSRICHTEN), die Spalten vertauschen (Standard ist MEDIUM LINKS) und das Bild verlinken.
- Mit dem blauen Ziehpunkt in der Mitte des Blocks lässt sich die Medienbreite verändern. Die Option MEDIENBREITE in der Seitenleiste ermöglicht dasselbe (Standard ist 50).
- In der Seitenleiste ist auf dem Register EINSTELLUNGEN ⚙ die Option AUF MOBILGERÄTEN STAPELN aktiviert, sodass die beiden Spalten auf schmalen Bildschirmen untereinanderstehen.
- Auf dem Register STILE ◐ können Sie den Block gestalten und z. B. eine FARBE für TEXT und HINTERGRUND wählen.

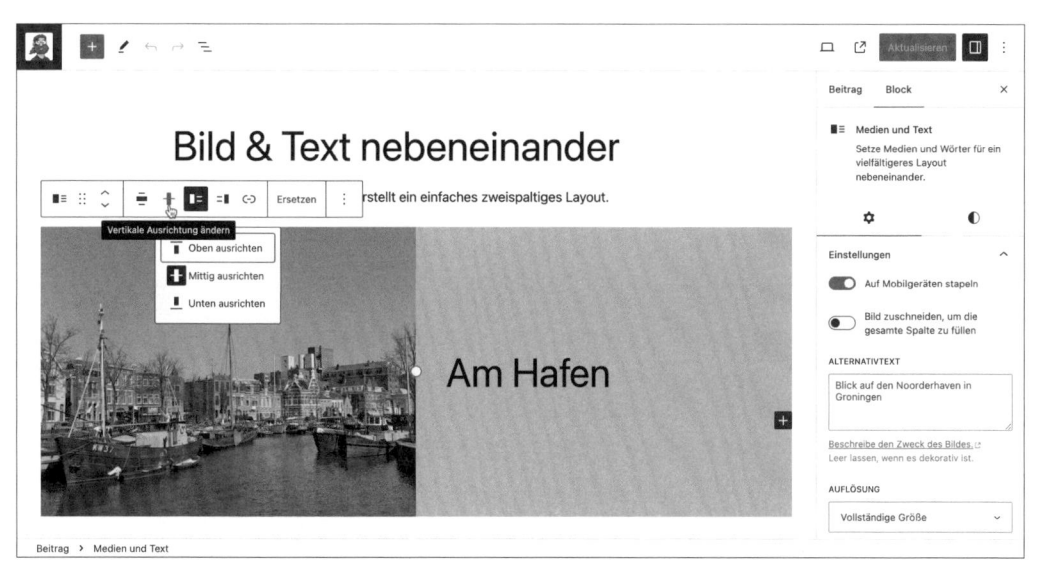

Abbildung 9.12 Der Block »Medien und Text« im Block-Editor

> **Dieses Layout kann man auch mit dem Block »Spalten« erstellen**
> Mit dem weiter unten vorgestellten Block SPALTEN kann man optisch dasselbe Layout erreichen, aber die Umsetzung ist etwas aufwendiger, da man unter anderem selbst die Innenabstände entfernen und die Textspalte vertikal mittig ausrichten muss.

9.5 Eine Aufforderung für Besucher: Der Block »Buttons«

Mit dem Block BUTTONS können Sie einen oder mehrere Buttons in Ihr Dokument einfügen. Ein Button ist eine Handlungsaufforderung für Besuchende und somit, wie es im Englischen so schön heißt, ein *Call-to-Action*.

Technisch gesehen ist ein Button wenig mehr als ein hübscher Hyperlink, und in der Beschreibung des Blocks in der Seitenleiste heißt es dann auch passend: »Besucher mit einem Link im Button-Stil auffordern, aktiv zu werden.«

9.5.1 Der Block »Buttons« enthält den Block »Button«

Der Block BUTTONS (Plural) ist ein Container, eine umgebende Hülle, der nach dem Einfügen im Dokument immer zunächst einmal einen Block BUTTON (Singular) enthält. Abbildung 9.13 zeigt diese Verschachtelung:

- Zunächst fügen Sie einen Block BUTTONS hinzu, z. B. mit »/buttons«. Das ist der umgebende Container.
- Der Block-Editor fügt in diesen Container automatisch einen farbig hinterlegten BUTTON mit der Aufforderung TEXT HINZUFÜGEN … ein.
- In der linken Seitenleiste wurde die LISTENANSICHT eingeblendet, die die Verschachtelung der Blöcke zeigt.
- In der rechten Seitenleiste sehen Sie die Block-Einstellungen für den Block BUTTON.

Wenn Sie einen Buttons-Block hinzufügen, ist danach also der Button-Block markiert. Solange der Cursor darin blinkt, ist dieser Button schwarz, wenn der Button nicht mehr markiert ist, bekommt er in Twenty Twenty-Three die primäre Theme-Farbe, und das ist ein wirklich grelles Grün.

Diese Verschachtelung sollten Sie im Hinterkopf behalten, denn beim Beschriften und Gestalten von Buttons ist es wichtig, zunächst den richtigen Block zu markieren:

- Um einen einzelnen Button zu beschriften oder zu gestalten, klicken Sie in der Listenansicht auf den Block BUTTON, den Sie beschriften oder gestalten möchten.

9.5 Eine Aufforderung für Besucher: Der Block »Buttons«

▶ Um einen weiteren Button hinzuzufügen oder um die Anordnung von Buttons zu ändern, wählen Sie den übergeordneten Block BUTTONS aus.

Abbildung 9.13 Der Block »Buttons« enthält einen Block »Button«.

In Abbildung 9.14 wurde in der Listenansicht der umgebende Block BUTTONS ausgewählt. Im Inhaltsbereich sehen Sie die Block-Werkzeugleiste für den Block BUTTONS und in der rechten Seitenleiste die entsprechenden Block-Einstellungen. Der Block selbst hat eine blaue Umrandung, und rechts unten erscheint darin ein Plus-Zeichen, mit dem Sie innerhalb dieses Blocks einen BUTTON HINZUFÜGEN können.

Abbildung 9.14 Der übergeordnete Block »Buttons« ist markiert.

> **Blöcke auswählen per Tastatur geht auch in verschachtelten Blöcken**
>
> Der in Abschnitt 6.7 vorgestellte Auswahlmodus mit ⎡Esc⎤ funktioniert auch in verschachtelten Blöcken sehr gut. Probieren Sie es einfach einmal aus:

> - Platzieren Sie den Cursor im Block BUTTON.
> - Um den Block BUTTON selbst zu markieren, drücken Sie `Esc`.
> - Um dann den übergeordneten Block BUTTONS anzusteuern, drücken Sie `←`.
> - Mit `→` kommen Sie in umgekehrter Richtung von einem umgebenden Block zu einem inneren Block.
> - Mit `↵` kommen Sie wie gewohnt zurück in den Modus BEARBEITEN.
>
> Anfangs ist das ungewohnt, auf Dauer aber schneller als die schnellste Maus von Mexiko.

9.5.2 Der Block »Button«: Einen Button beschriften und gestalten

Abbildung 9.15 zeigt einen ausgewählten Block BUTTON im Editor: Der Block enthält Text, den der Besucher sieht, und eine komplette URL (inklusive `http://` bzw. `https://` am Anfang), die beim Anklicken des Buttons aufgerufen wird. Wenn Sie die URL gerade nicht parat haben, geben Sie als Platzhalter für den Link einfache eine Raute # ein.

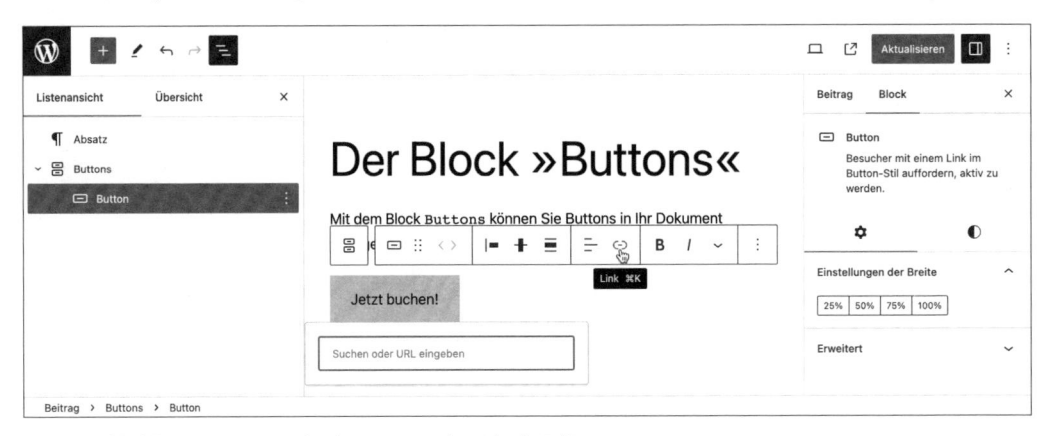

Abbildung 9.15 Der Block »Button« im Block-Editor

Die grundlegende Gestaltung der Buttons wird vom Theme vorgegeben, aber in der Block-Symbolleiste und in den Block-Einstellungen gibt es diverse Optionen zur Gestaltung von Buttons und Text:

- In der Block-Symbolleiste können Sie unter anderem sehr gezielt die Ausrichtung der Buttons gestalten.
- In den Block-Einstellungen beziehen sich die Prozentzahlen für EINSTELLUNGEN DER BREITE auf die Breite des übergeordneten Blocks BUTTONS.

▶ Auf dem Register STILE 🌓 kann jeder Button eine FARBE für TEXT und HINTERGRUND bekommen. Außerdem können Sie dort die TYPOGRAFIE ändern, den INNENABSTAND festlegen und RÄNDER gestalten.

> **Buttons gestalten mit dem Website-Editor**
> Die Gestaltung des Buttons hier vor Ort im Block-Editor ist einfach und schnell erledigt, aber wenn Sie noch mehr Buttons auf Ihren Webseiten haben, ist die zentrale Gestaltung der Buttons im Website-Editor effektiver (siehe Kapitel 12).

9.5.3 Der Block »Buttons« kann mehrere Buttons enthalten

Der Buttons-Block kann wie gesagt mehrere Buttons enthalten, die dann neben- oder untereinanderstehen können:

1. Markieren Sie den umgebenden Block BUTTONS.
2. Klicken Sie auf das Plus-Zeichen zum Hinzufügen eines Buttons.
3. Beschriften und gestalten Sie den neuen Button nach Wunsch.

Abbildung 9.16 zeigt den Block BUTTONS mit zwei Buttons. Der linke Button hat den Stil STANDARD, der rechte Button den Stil KONTUR.

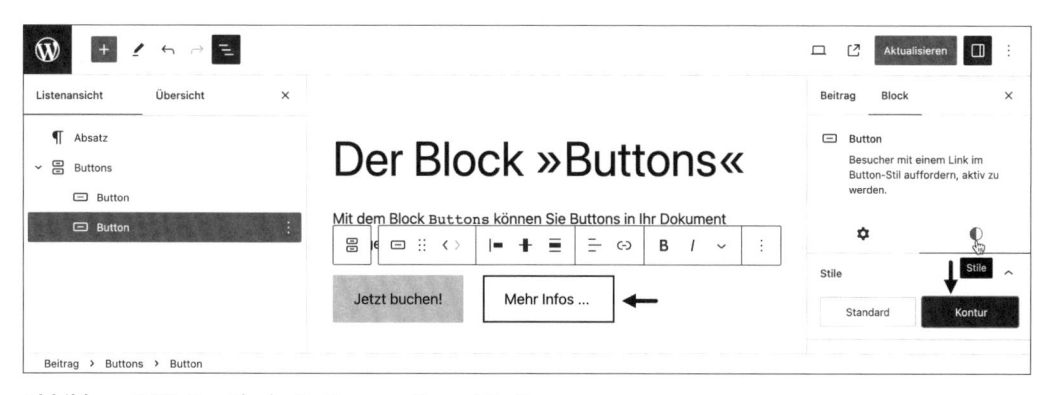

Abbildung 9.16 Der Block »Buttons« mit zwei Buttons

9.5.4 Buttons können auch in anderen Blöcken verwendet werden

Sie können den Block BUTTONS natürlich in anderen Blöcken einbauen. Abbildung 9.17 zeigt als Beispiel einen Button in der Textspalte eines Blocks MEDIEN UND TEXT.

Abbildung 9.17 Ein Button in einem Block »Medien und Text«

9.6 Layouts erstellen mit den Blöcken »Spalten« und »Gruppe«

In diesem Abschnitt möchte ich Ihnen ein etwas komplexeres Beispiel zur Gestaltung von Inhalten zeigen. Dabei spielen die Blöcke SPALTEN und GRUPPE, die im Block-Inserter im Bereich DESIGN zu finden sind, die Hauptrolle. Mit einer Kombination dieser Blöcke erstellen Sie das Beispiel aus Abbildung 9.18.

Abbildung 9.18 Ein Spalten-Block mit zwei Spalten und darin Gruppen

In der Listenansicht sehen Sie die Block-Struktur des fertigen Layouts:

▶ Der Spalten-Block hat zwei Spalten und einen hellgrauen Hintergrund.
▶ In jeder Spalte gibt es einen Gruppe-Block mit weißem Hintergrund.

9.6 Layouts erstellen mit den Blöcken »Spalten« und »Gruppe«

Bei den Farben nutze ich die Theme-Farben, und in Kapitel 12 bei der Anpassung von Block-Themes sehen Sie, wie man die Theme-Palette mit wenigen Klicks ändern kann.

Im Folgenden zeige ich Ihnen Schritt für Schritt, wie man dieses Layout erstellt. Los geht's mit dem Inhalt.

9.6.1 Schritt 1: Ein paar Blöcke mit Inhalt erstellen und gruppieren

Abbildung 9.19 zeigt den ersten Schritt: einen Gruppe-Block mit einer Überschrift, einem Absatz, einem Bild und zwei Buttons.

Abbildung 9.19 Eine Gruppe mit Überschrift, Absatz, Bild und Buttons

Hier die Kurzanleitung:

1. Erstellen Sie die Überschrift, den Absatz, das Bild und die Buttons.
2. Markieren Sie die zu gruppierenden Blöcke, entweder mit gedrückter Maustaste direkt im Inhaltsbereich oder bequem in der Listenansicht mit ⇧ und Mausklick.
3. Klicken Sie in der Listenansicht (oder in der Block-Werkzeugleiste) rechts außen auf das 3-Punkte-Menü, und wählen Sie im Dropdown-Menü den Befehl GRUPPIEREN.
4. Markieren Sie in der Listenansicht den Gruppe-Block, und gestalten Sie in den Block-Einstellungen TEXT, HINTERGRUND und INNENABSTAND.

> **Im Block-Editor führen fast immer mehrere Wege zum Ziel**
>
> Im Block-Editor gibt es wie im Leben oft mehrere Möglichkeiten:
>
> - In diesem Abschnitt haben Sie zunächst die Inhalte erstellt und diese dann gruppiert.
> - Sie könnten aber auch zuerst den Block Gruppe einfügen und diesen dann mit Inhalten füllen. Probieren Sie einfach aus, was Ihnen am besten gefällt.
>
> Und Sie könnten statt einer Gruppe auch einen Cover-Block verwenden: Hintergrundfarbe zuweisen, Inhaltsblöcke einfügen, fertig. Wie gesagt: Viele Wege führen zum Ziel.

9.6.2 Schritt 2: Den Gruppe-Block mit Inhalten duplizieren und bearbeiten

In diesem Abschnitt lernen Sie den praktischen Befehl DUPLIZIEREN kennen. Damit erstellen Sie von bestehenden Blöcken eine Kopie, die Sie dann ändern können:

1. Markieren Sie die im vorigen Abschnitt erstellte GRUPPE.
2. Klicken Sie in der Block-Werkzeugleiste über dem markierten Block rechts außen auf das Drei-Punkte-Menü.
3. Wählen Sie im Dropdown-Menü den Befehl DUPLIZIEREN. Danach stehen im Editor zwei identische Gruppen direkt untereinander.
4. Ändern Sie in der unteren GRUPPE den Inhalt.

Die zweite Gruppe könnte nach der Bearbeitung so aussehen wie in Abbildung 9.20.

Abbildung 9.20 Die zweite Gruppe mit bearbeiteten Inhalten

9.6 Layouts erstellen mit den Blöcken »Spalten« und »Gruppe«

Nach diesem Schritt haben Sie zwei untereinanderstehende Gruppe-Blöcke, die Sie im nächsten Schritt mit dem Block SPALTEN nebeneinanderstellen.

9.6.3 Schritt 3: Die Gruppen nebeneinanderstellen mit dem Block »Spalten«

In diesem Abschnitt markieren Sie die beiden Gruppen und platzieren sie mit dem Spalten-Block in wenigen Klicks nebeneinander (Abbildung 9.22).

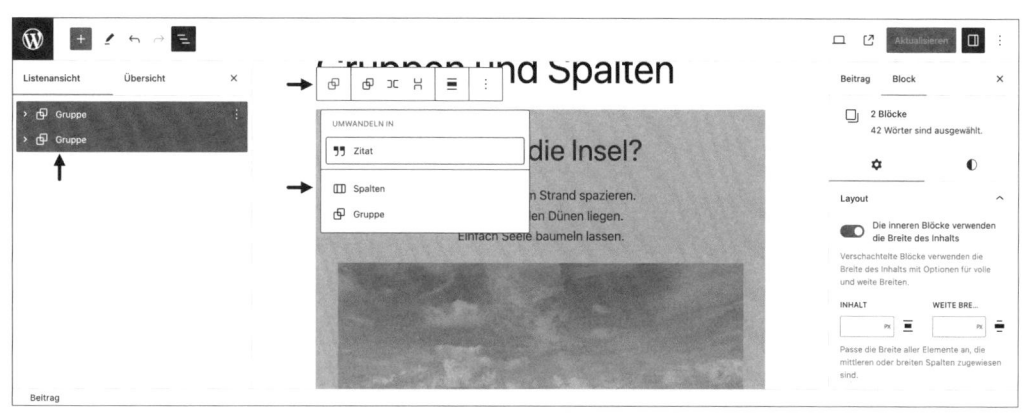

Abbildung 9.21 Zwei markierte Gruppen umwandeln in »Spalten«

Abbildung 9.22 Die beiden Gruppen stehen nebeneinander.

Hier die Schritt-für-Schritt-Anleitung:

1. Klappen Sie in der Listenansicht die beiden Gruppe-Blöcke ein, sodass die darin enthaltenen Blöcke nicht zu sehen sind und die beiden Gruppen direkt untereinanderstehen.
2. Markieren Sie die zwei Gruppe-Blöcke mit ⇧ und Mausklick.
3. Klicken Sie in der Block-Werkzeugleiste für die markierten Blöcke links außen auf das allererste Symbol zum Ändern der Block-Typen.
4. Wählen Sie im Dropdown-Menü den Befehl SPALTEN.

Der Block-Editor erstellt für jeden markierten Gruppe-Block eine Spalte, sodass die beiden Gruppen nebeneinanderstehen (Abbildung 9.22).

9.6.4 Schritt 4: Den Spalten-Block und die beiden Gruppen gestalten

Im letzten Schritt geht es um das Feintuning:

- Der Spalten-Block bekommt in der Seitenleiste im Block-Inspektor einen hellgrauen HINTERGRUND und etwas INNENABSTAND.
- In der Block-Werkzeugleiste wird dem Spalten-Block eine WEITE BREITE zugewiesen, sodass die beiden Gruppen etwas mehr Platz haben.
- Die beiden Gruppe-Blöcke bekommen einen weißen Hintergrund.

Abbildung 9.23 zeigt das Ergebnis. Der Block SPALTEN ist übrigens standardmäßig responsiv, sodass die Spalten auf einem schmalen Bildschirm untereinanderstehen.

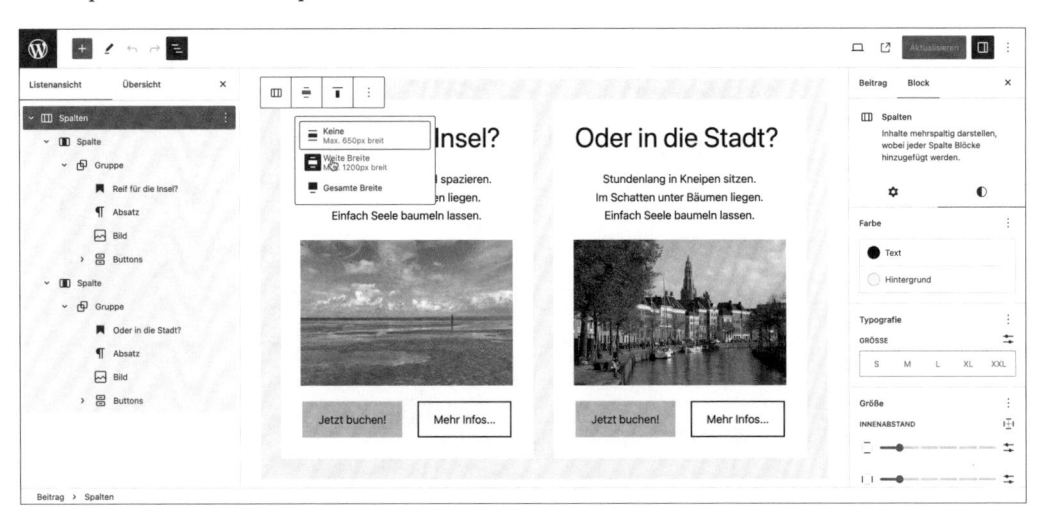

Abbildung 9.23 Das fertige Beispiel im Block-Editor

9.7 Vorgefertigte Bausteine: »Vorlagen« für Blöcke erkunden

In der Block-Bibliothek von WordPress gibt es ein eigenes Register namens VORLAGEN (engl. *patterns*), die ich in diesem Buch der Deutlichkeit halber oft *Blockvorlagen* nennen werde. Blockvorlagen haben mehrere Funktionen:

- Sie sparen Zeit beim Erstellen von interessanten Layouts für Inhalte.
- Sie bieten Inspiration auf der Suche nach interessanten Layoutideen.
- Man kann damit lernen, wie man im Block-Editor selbst Layouts erstellt.

Es gibt mehrere Quellen für Vorlagen, die ich Ihnen kurz vorstellen möchte:

- bei WordPress mitgelieferte Vorlagen
- das Vorlagen-Verzeichnis auf WordPress.org
- Vorlagen von Plugins
- Vorlagen von Themes
- von Ihnen selbst erstellte Vorlagen

Diese Quellen möchte ich Ihnen im Folgenden kurz vorstellen.

9.7.1 Die Blockvorlagen von WordPress

Die momentan bei Ihnen im Block-Inserter vorhandenen Blockvorlagen kommen zunächst einmal von WordPress selbst. Schauen Sie sich ruhig einmal kurz um:

1. Klicken Sie in der oberen Werkzeugleiste auf den BLOCK-INSERTER.
2. Klicken Sie auf das Register VORLAGEN.
3. Dort sehen Sie eine Liste mit Kategorien. Ein Klick auf eine Kategorie zeigt rechts daneben eine einspaltige Auflistung aller Vorlagen dieser Kategorie.
4. Übersichtlicher ist das Erkunden der Vorlagen mit dem Button ALLE VORLAGEN ERKUNDEN, der ein bildschirmfüllendes Overlay-Fenster aufruft, in dem mehrere Vorlagen nebeneinander gezeigt werden.

Abbildung 9.24 zeigt das Overlay zum Erkunden der Vorlagen nach einem Klick auf die Kategorie HERVORGEHOBEN (engl. *Featured*).

> **»Header« und »Footer« sind im Website-Editor sinnvoller als im Inhalt**
> Die Kategorien HEADER und FOOTER enthalten Vorlagen, die im Inhaltsbereich von Beiträgen und Seiten nur begrenzt sinnvoll sind. Bei der Anpassung von Block-Themes im Website-Editor werden sie wichtiger (siehe Kapitel 12).

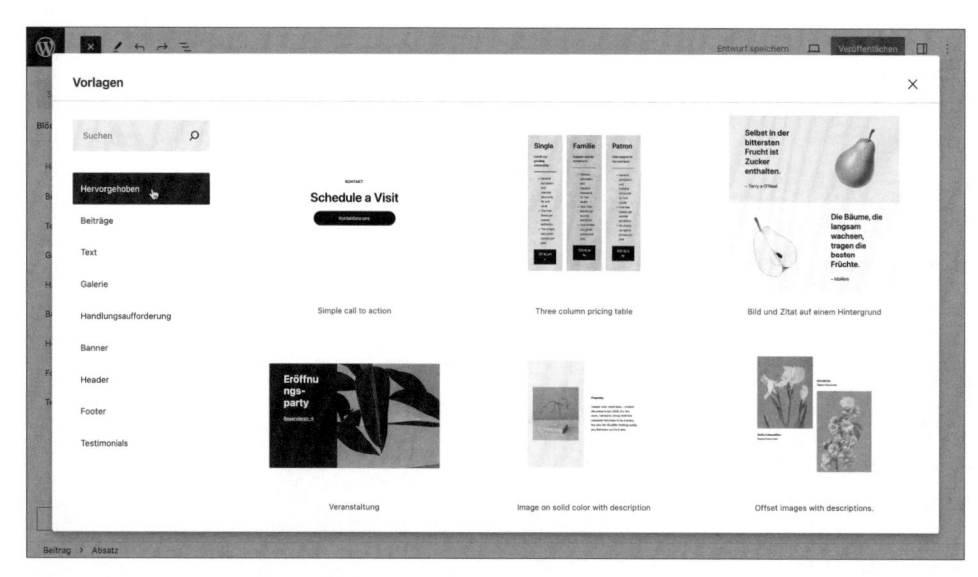

Abbildung 9.24 Block-Bibliothek • Vorlagen erkunden • Hervorgehoben

9.7.2 Blockvorlagen von Plugins wie »Twentig«

Das in Kapitel 15 vorgestellte Plugin Twentig bringt z. B. über einhundert wirklich brauchbare Blockvorlagen mit, die Sie sich ganz in Ruhe anschauen sollten (Abbildung 9.25).

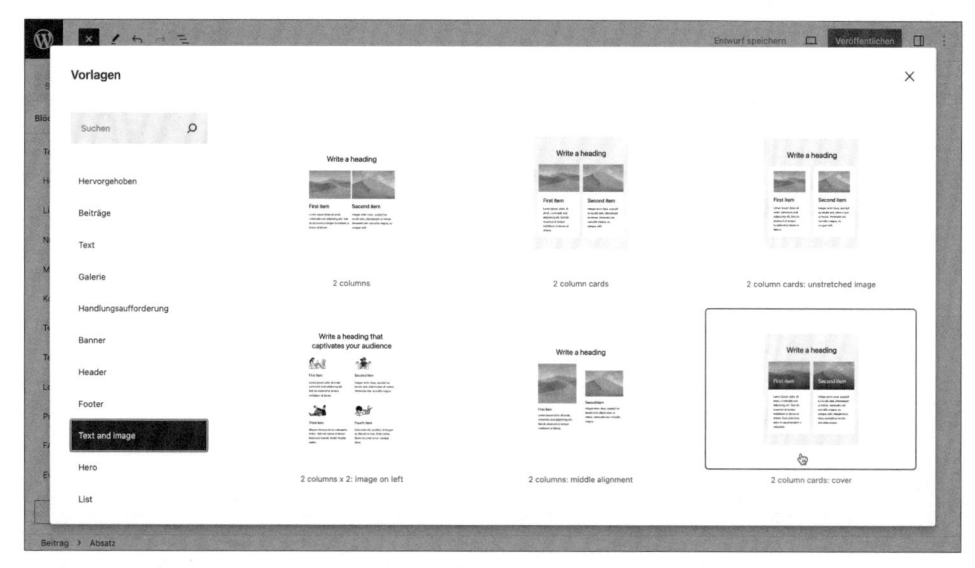

Abbildung 9.25 Einige Blockvorlagen von »Twentig«

Viele der Twentig-Vorlagen vereinfachen das Erstellen von Layouts für Inhalte enorm, und falls Sie Twentig installiert haben, lohnt es sich definitiv, hier ab und an mal reinzuschauen und die Vorlagen auszuprobieren.

9.7.3 Viele Block-Themes bringen eigene Vorlagen mit

Viele Block-Themes bringen eigene Vorlagen mit, und Sie können sich im Theme-Verzeichnis von WordPress bereits vor der Installation anschauen, welche Vorlagen zum Theme gehören. Abbildung 9.26 zeigt einige der Vorlagen, die beim wirklich guten Block-Theme *Frost* mitgeliefert werden:

- de.wordpress.org/themes/frost/

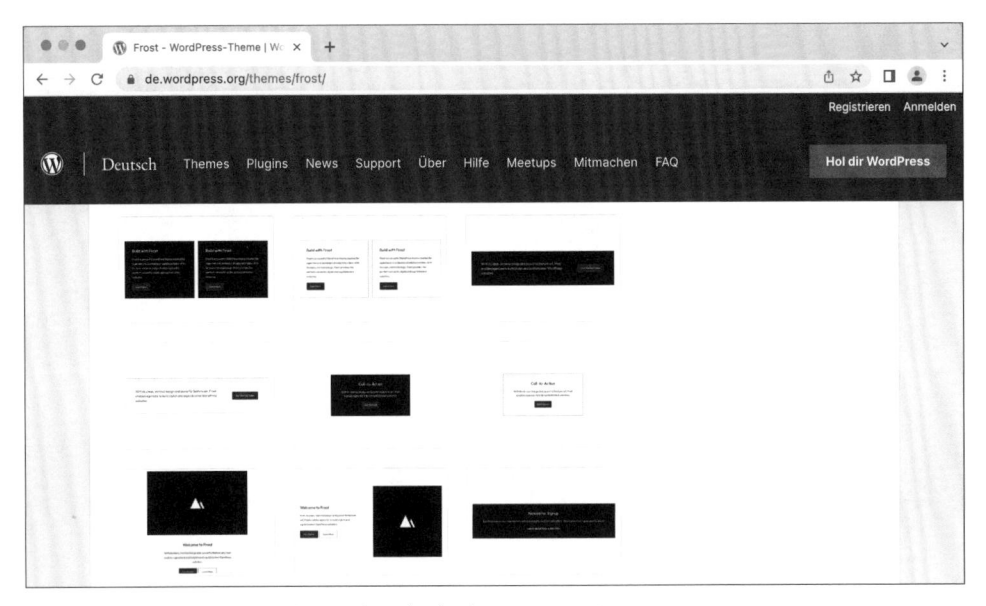

Abbildung 9.26 Einige Vorlagen des Block-Themes »Frost«

9.8 Das »Vorlagen«-Verzeichnis auf WordPress.org

Auf WordPress.org gibt es ein Online-Verzeichnis von Vorlagen, die vom WordPress-Team oder der WordPress-Community erstellt wurden (Abbildung 9.27):

- de.wordpress.org/patterns/

Achten Sie beim Stöbern darauf, dass man die Vorlagen nach der Quelle filtern kann. Die Standardeinstellung KURATIERT zeigt nur Vorlagen vom WordPress-Team, COMMUNITY auch die von allen anderen Autoren.

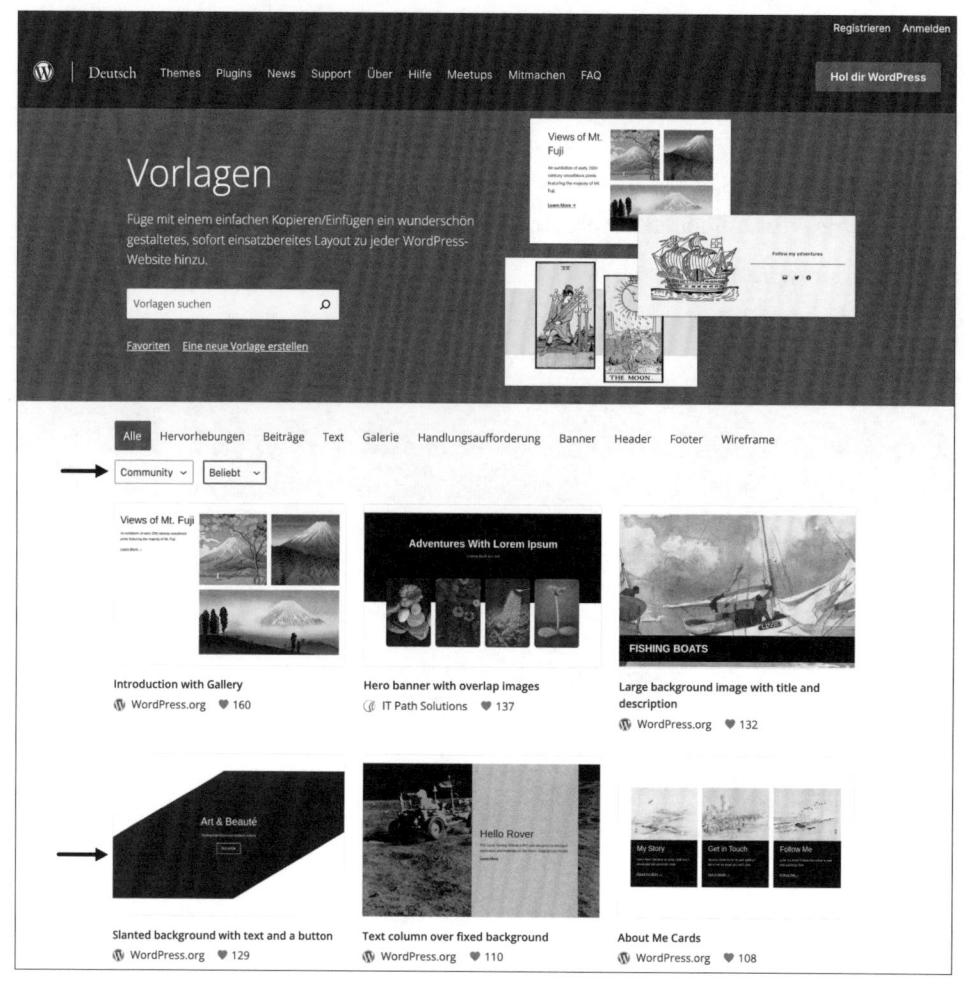

Abbildung 9.27 Das Vorlagen-Verzeichnis auf WordPress.org

9.8.1 Schritt 1: Eine Vorlage im Vorlagen-Verzeichnis testen und kopieren

Die Nutzung dieser Vorlagen ist geradezu phänomenal einfach: kopieren, einfügen, anpassen, fertig.

Wenn Sie eine Vorlage gefunden haben, die Ihnen gefällt, gelangen Sie mit einem Klick in die Einzelansicht der Vorlage (Abbildung 9.28).

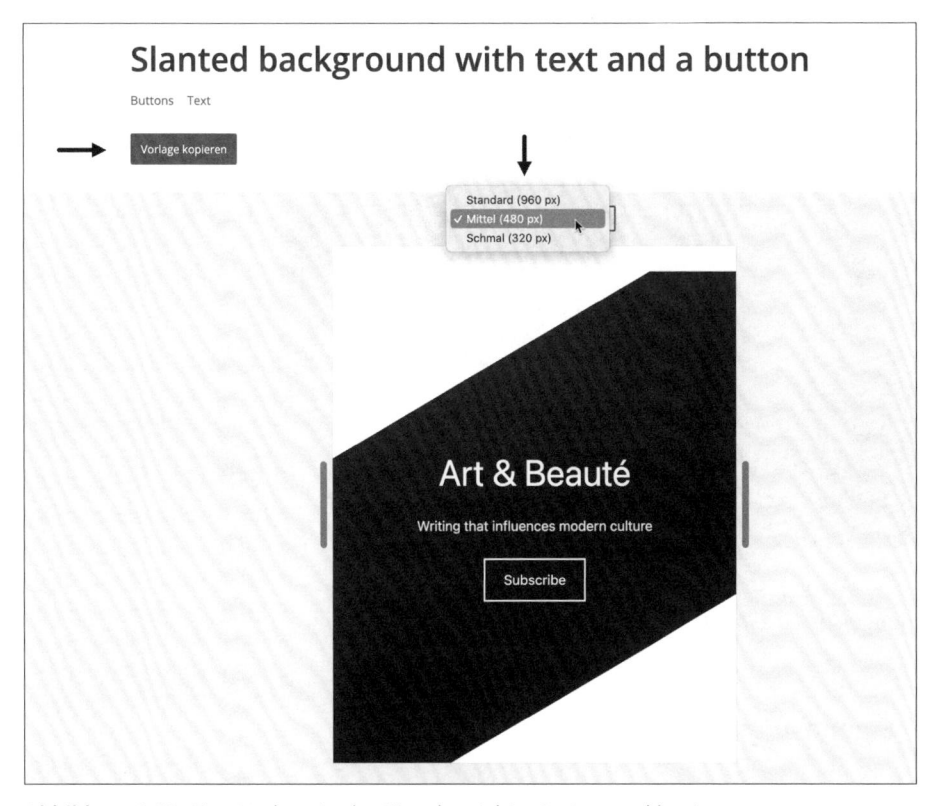

Abbildung 9.28 Eine Vorlage in der Einzelansicht – testen und kopieren

Hier können Sie testen, wie die Vorlage auf schmaleren Bildschirmen aussieht, und das sollten Sie unbedingt tun, denn nicht alle gelisteten Vorlagen sind responsiv. Wenn Ihnen die Vorlage dann immer noch gefällt, klicken Sie auf VORLAGE KOPIEREN, um sie in die Zwischenablage zu kopieren.

9.8.2 Schritt 2: Die kopierte Vorlage im Block-Editor einfügen und anpassen

Nach dem Kopieren der Vorlage können Sie diese im Block-Editor einfügen und nach Belieben anpassen. Abbildung 9.29 zeigt die weiter oben kopierte Vorlage in einem Beitrag mit geänderter Ausrichtung und anderem Text.

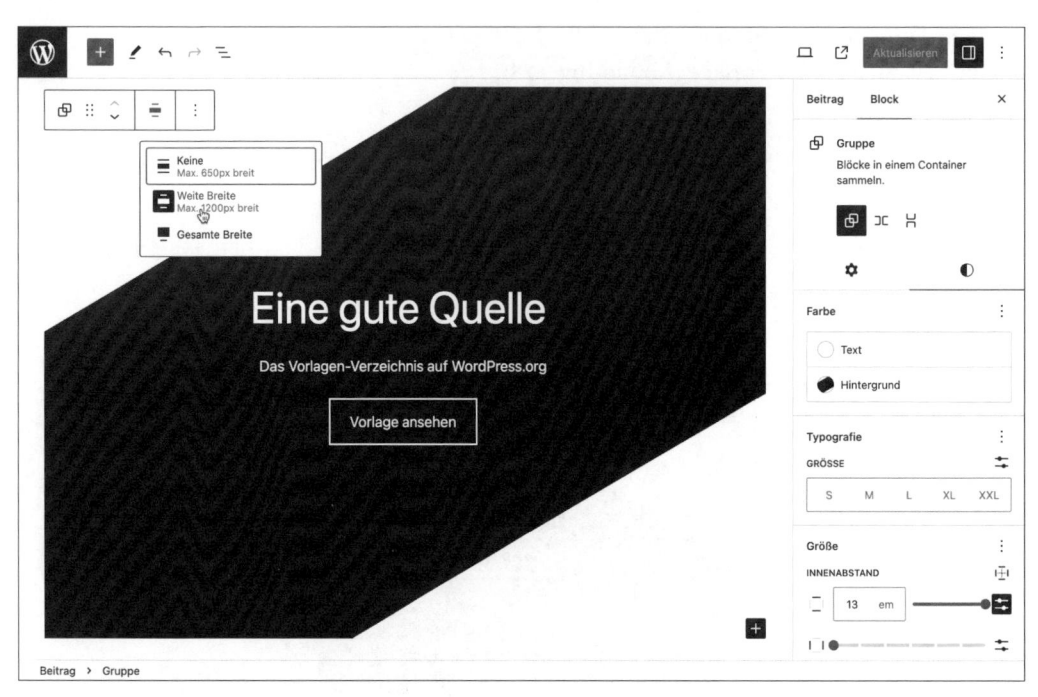

Abbildung 9.29 Eine im Block-Editor angepasste Vorlage

9.9 Eigene »Vorlagen« erstellen

Ein ausgesprochen nützliches Feature des Block-Editors ist die Möglichkeit, eigene Vorlagen zu erstellen, zumal das wirklich sehr einfach ist.

9.9.1 Schritt 1: Ein eigenes Layout als Vorlage abspeichern

Zum Kennenlernen dieses Features speichern Sie das weiter oben in Abschnitt 9.6 erstellte zweispaltige Layout als Vorlage, sodass Sie es jederzeit mit wenigen Klicks wieder einfügen und anpassen können:

1. Öffnen Sie den Beitrag oder die Seite mit dem gewünschten Layout, z. B. das in Abbildung 9.30 gezeigte Beispiel aus Abschnitt 9.6.
2. Markieren Sie im Beispiel den umgebenden Spalten-Block.
3. Klicken Sie in der Block-Werkzeugleiste auf das 3-Punkte-Menü.
4. Wählen Sie den Befehl VORLAGE/WIEDERVERWENDBAREN BLOCK ERSTELLEN.

5. Geben Sie dem Layout einen sprechenden Namen.
6. Klicken Sie auf die Schaltfläche ERSTELLEN.

Abbildung 9.30 Eine eigene Vorlage erstellen

9.9.2 Schritt 2: Eine selbst erstellte Vorlage einfügen und anpassen

Selbst erstellte Vorlagen werden in WordPress in der Kategorie MEINE VORLAGEN gespeichert und können von dort mit wenigen Klicks eingefügt werden:

1. Platzieren Sie den Cursor an der gewünschten Stelle im Dokument.
2. Klicken Sie in der oberen Werkzeugleiste auf den BLOCK-INSERTER.
3. Wechseln Sie auf das Register VORLAGEN.
4. Nach einem Klick auf die Kategorie MEINE VORLAGEN sehen Sie die von Ihnen gespeicherten Vorlagen.
5. Klicken Sie auf die Vorlage, um sie an der Cursorposition einzufügen.

Abbildung 9.31 zeigt diesen Vorgang auf einen Blick.

Abbildung 9.31 Eine selbst erstellte Vorlage einfügen

Nach dem Einfügen können Sie die Vorlage nach Belieben anpassen. Die Blöcke haben keinerlei Verbindung mehr mit der abgespeicherten Vorlage.

> **Selbst erstellte Vorlagen verwalten**
>
> Um selbst erstellte Vorlagen zu verwalten, klicken Sie in der oberen Werkzeugleiste auf das 3-Punkte-Menü rechts außen und wählen dann den Befehl VORLAGEN VERWALTEN:
>
> ▶ In einem Block-Theme landen Sie dann im WEBSITE-EDITOR im Bereich VORLAGEN.
> ▶ In einem klassischen Theme wird eine Backend-Seite namens VORLAGEN aufgerufen.
>
> In beiden Fällen können Sie Ihre selbst erstellten Vorlagen bearbeiten oder löschen.

9.10 »Synchronisierte Vorlagen« sind wiederverwendbare Blöcke

Das Erstellen von eigenen Vorlagen ist eine wirklich praktische Sache, aber manchmal hätte man gerne eine Vorlage, die man in beliebig vielen Dokumenten einfügen und zentral verwalten kann. Ändert man dann den Inhalt der zentralen Vorlage, soll sich der Inhalt bei allen anderen eingefügten Instanzen ebenfalls ändern. In früheren Word-Press-Versionen hieß diese Funktion *Wiederverwendbare Blöcke*, jetzt werden sie als *synchronisierte Vorlage* bezeichnet.

9.10.1 Schritt 1: Eine synchronisierte Vorlage erstellen

In diesem Schritt erstellen Sie eine synchronisierte Vorlage, die aus einer Gruppe mit zwei Textabsätzen besteht:

9.10 »Synchronisierte Vorlagen« sind wiederverwendbare Blöcke

Dies ist eine synchronisierte Vorlage, die man in beliebig vielen Dokumenten einfügen kann.

Ändert man die Vorlage, werden alle bereits eingefügten Kopien ebenfalls aktualisiert.

Fügen Sie diese Absätze in einem Beitrag oder einer Seite ein, gruppieren Sie die Absätze, und geben Sie der Gruppe eine helle Hintergrundfarbe, etwas Innenabstand und einen Rand, damit man sie gut als Gruppe erkennen kann.

Die Erstellung einer synchronisierten Vorlage geht fast genau wie die Erstellung einer eigenen Vorlage. Sie müssen nur ein Kontrollkästchen aktivieren:

1. Markieren Sie die Gruppe.
2. Klicken Sie in der Block-Symbolleiste auf das Drei-Punkte-Menü.
3. Wählen Sie den Befehl VORLAGE/WIEDERVERWENDBAREN BLOCK ERSTELLEN.
4. Geben Sie dem Layout einen sprechenden Namen.
5. Aktivieren Sie das Kontrollkästchen SYNCHRONISIERT.
6. Klicken Sie auf die Schaltfläche ERSTELLEN.

Abbildung 9.32 zeigt diesen Vorgang auf einen Blick.

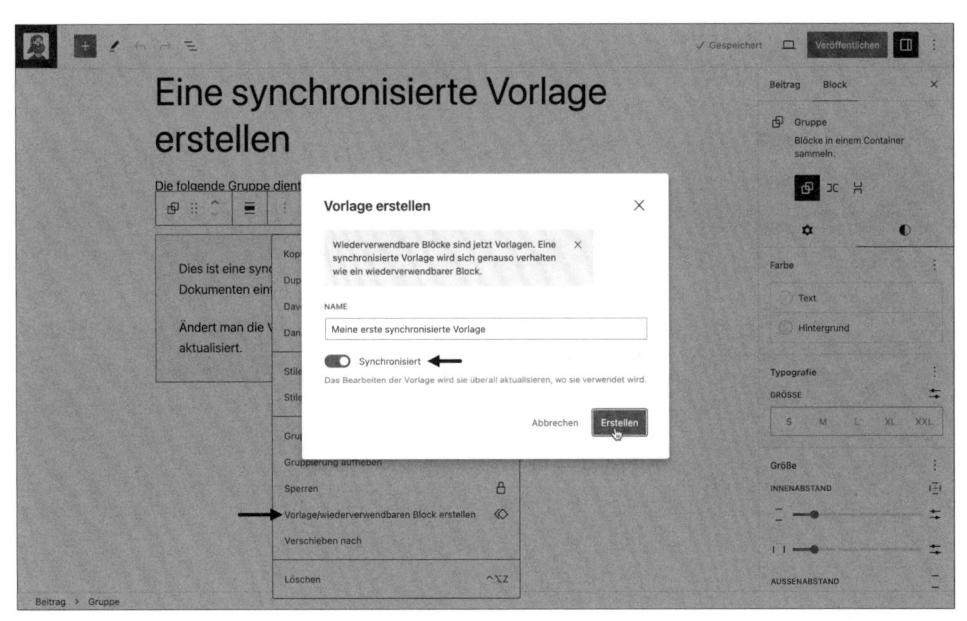

Abbildung 9.32 Eine synchronisierte Vorlage erstellen

Jetzt haben Sie eine synchronisierte Vorlage erstellt, die Sie in beliebig viele Seiten und Beiträge einfügen können.

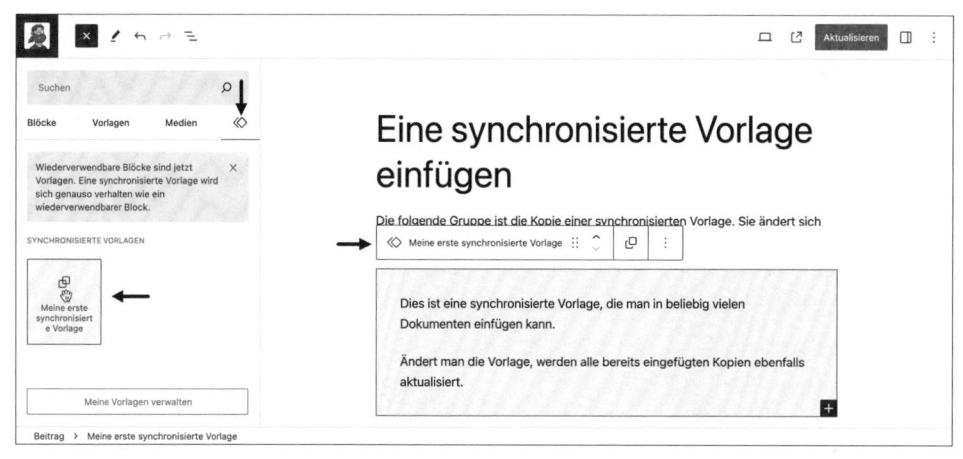

9.10.2 Schritt 2: Eine synchronisierte Vorlage in ein Dokument einfügen

Nach dem Erstellen erscheinen synchronisierte Vorlagen in der Block-Bibliothek auf einem eigenen Register und können wie jede andere Vorlage in einem Dokument eingefügt werden:

1. Öffnen Sie in der oberen Werkzeugleiste den BLOCK-INSERTER.
2. Klicken Sie auf das Register für SYNCHRONISIERTE VORLAGEN.
3. Wenn Sie mit der Maus auf eine Vorlage zeigen, erscheint rechts neben dem Register eine Vorschau.
4. Klicken Sie auf die gewünschte Vorlage, um sie an der Cursorposition im Dokument einzufügen.

Abbildung 9.33 zeigt den Block-Inserter mit dem Register SYNCHRONISIERTE VORLAGEN und eine eingefügte synchronisierte Vorlage im Dokument. Wenn eine synchronisierte Vorlage im Dokument markiert ist, steht ihr Name links am Anfang der Block-Werkzeugleiste.

Abbildung 9.33 Eine synchronisierte Vorlage in ein Dokument einfügen

> **Alle synchronisierten Vorlagen haben ein lila Icon**
>
> Getreu dem Motto »Die schönsten Patterns sind li-la« haben alle synchronisierten Vorlagen ein lilafarbenes Symbol. Wenn Sie im Backend also ein lila Icon sehen, deutet das darauf hin, dass hier synchronisiert wird.

9.10.3 Schritt 3: Eine synchronisierte Vorlage nachträglich ändern

Richtig praktisch werden synchronisierte Vorlagen durch die Möglichkeit, sie nachträglich ändern zu können, und das geht sehr einfach:

1. Öffnen Sie ein Dokument mit der zu ändernden synchronisierten Vorlage.
2. Klicken Sie in die synchronisierte Vorlage.
3. Ändern Sie die Vorlage. Fügen Sie z. B. eine H2-Überschrift hinzu.
4. Bestätigen Sie die Änderungen mit einem Klick auf die Schaltfläche AKTUALISIEREN... in der oberen Werkzeugleiste.

Abbildung 9.34 zeigt diesen Vorgang auf einen Blick. Der weiße Punkt in der Schaltfläche AKTUALISIEREN... deutet an, dass nicht nur der Beitrag aktualisiert wird, sondern auch die synchronisierte Vorlage. Das müssen Sie nach einem Klick auf AKTUALISIEREN... auch noch gesondert bestätigen.

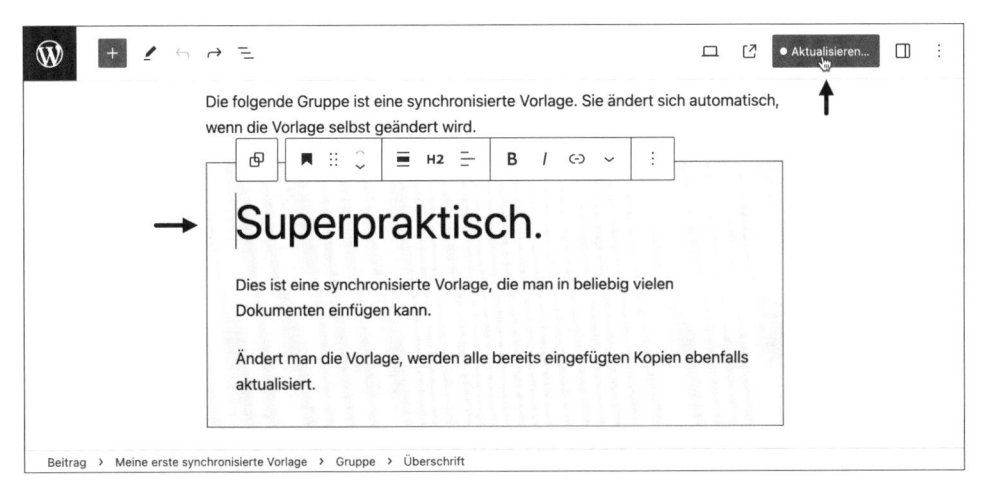

Abbildung 9.34 Eine synchronisierte Vorlage nachträglich bearbeiten

Die Änderungen werden nicht nur in diesem Dokument, sondern auch in der synchronisierten Vorlage gespeichert, und alle anderen mit der Vorlage verbundenen Kopien werden ebenfalls aktualisiert.

> **Synchronisierte Vorlagen zentral verwalten**
>
> Zum Ändern einer Vorlage können Sie auch im Block-Editor den Befehl VORLAGEN VERWALTEN aufrufen, den Sie z. B. in der oberen Werkzeugleiste rechts außen im 3-Punkte-Menü finden.

> In einem Block-Theme landen Sie dann im WEBSITE-EDITOR im Bereich VORLAGEN. In einem klassischen Theme wird eine Backend-Seite namens VORLAGEN aufgerufen. In beiden Fällen können Sie die Vorlage verwalten.

9.10.4 »Vorlage loslösen«: Synchronisierte Vorlage in normale Blöcke umwandeln

Perfekt werden synchronisierte Vorlagen durch die Möglichkeit, die Verbindung einer eingefügten Kopie zur zentralen Vorlage zu trennen und sie in normale Blöcke umzuwandeln. Auf diese Weise wirken sich darauffolgende Änderungen an den Blöcken nur an dieser einen Stelle aus:

1. Öffnen Sie ein Dokument mit einer synchronisierten Vorlage.
2. Markieren Sie die synchronisierte Vorlage selbst.
3. Klicken Sie in der Block-Werkzeugleiste auf das 3-Punkte-Menü.
4. Wählen Sie den Befehl VORLAGE LOSLÖSEN (*Detach pattern*).

Abbildung 9.35 zeigt diesen Vorgang auf einen Blick.

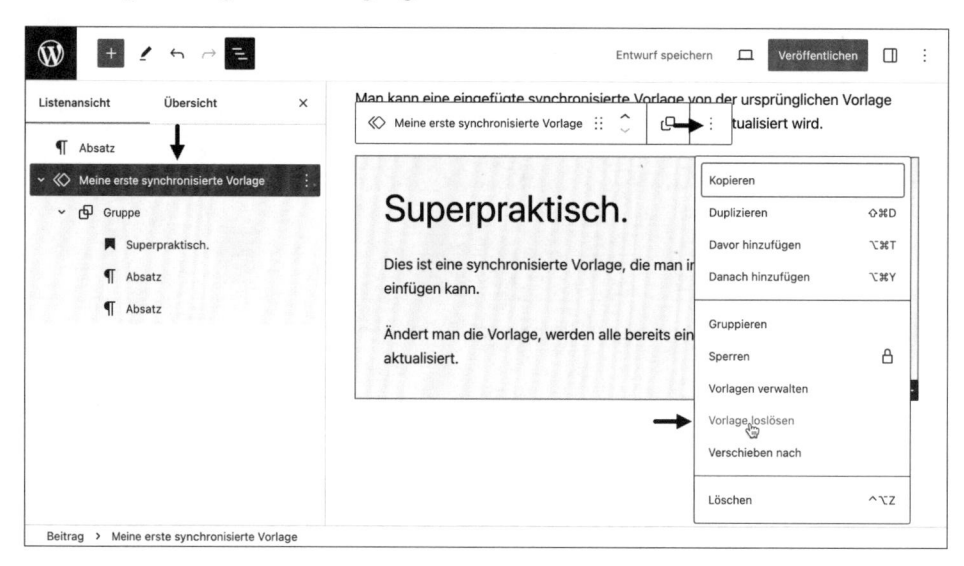

Abbildung 9.35 Eine synchronisierte Vorlage in normale Blöcke umwandeln

Mit dem Befehl VORLAGE LOSLÖSEN wird die markierte Kopie von der synchronisierten Vorlage getrennt und in normale Blöcke umgewandelt. Im Beispiel gibt es dann nur noch eine ganz normale Gruppe mit einer Überschrift und zwei Absatzblöcken.

9.11 Auf einen Blick

Die wichtigsten Themen noch einmal im Überblick:

- Im Block-Editor gibt es für viele Blöcke in der Seitenleiste EINSTELLUNGEN die Bereiche FARBE und TYPOGRAFIE.
- Mit dem Block GRUPPE kann man andere Blöcke zur gemeinsamen Gestaltung gruppieren.
- Der Block COVER enthält ein Hintergrundbild mit Text-Blöcken und dient als Blickfang.
- Man kann Blöcke sperren. Gesperrte Blöcke können je nach Art der Sperre nicht mehr verschoben und/oder entfernt werden.
- Der Block MEDIEN UND TEXT dient zum schnellen Nebeneinanderstellen von Bild oder Video und Text-Blöcken.
- Der Block BUTTONS enthält speziell gestaltete Links.
- Mit dem Block SPALTEN lassen sich mehrspaltige Layouts im Inhaltsbereich realisieren.
- VORLAGEN sind vorgefertigte Block-Strukturen und sehr praktisch.
- Auf WordPress.org gibt es ein Vorlagen-Verzeichnis, in dem man Vorlagen einfach kopieren und dann in einem Dokument einfügen kann.
- Man kann auch eigene Vorlagen erstellen, speichern und einfügen.
- Eine *synchronisierte Vorlage* kann als zentraler Textbaustein eingesetzt werden. Man kann sie in beliebig vielen Dokumenten einfügen, und im Falle einer Änderung werden alle mit der Vorlage verbundenen Kopien ebenfalls aktualisiert.

Kapitel 10
Kommentare: Interaktion mit Besuchern

Worin Sie die Kommentarfunktion von WordPress kennenlernen und erfahren, was es mit Pingbacks auf sich hat.

Die Themen im Überblick:

- Die Kommentarfunktion kennenlernen
- Kommentare verwalten: Genehmigen, löschen etc.
- Das Menü »Einstellungen • Diskussion«
- Kommentare für einzelne Seiten oder Beiträge deaktivieren
- Die Kommentarfunktion von WordPress deaktivieren
- Pingbacks – Vernetzung mit anderen Blogs
- Auf einen Blick

WordPress erleichtert die Interaktion mit Besuchern, anderen Websites und Suchmaschinen. In diesem Kapitel geht es dabei um die Interaktion mit Besuchern, insbesondere um Kommentare, und um die Vernetzung mit anderen Websites mithilfe von sogenannten Pingbacks.

Ein Kontaktformular erstellen Sie in Abschnitt 15.3, und der Interaktion mit Suchmaschinen ist Kapitel 16, »SEO – die Optimierung für Suchmaschinen«, gewidmet.

10.1 Die Kommentarfunktion kennenlernen

Die Interaktion mit Besuchenden Ihrer Website basiert auf Formularen, und zwar auf Kommentar- und Kontaktformularen. Ein Kommentarformular sieht auf den ersten Blick fast genauso aus wie ein Kontaktformular, aber die beiden sollten nicht verwechselt werden:

- Ein *Kommentarformular* steht unterhalb eines Beitrags oder einer Seite und hat einen Titel wie SCHREIBE EINEN KOMMENTAR. Ein hier eingegebener Kommentar wird auf der Website unter dem Beitrag bzw. der Seite veröffentlicht, ist also für alle sichtbar, sobald er freigeschaltet wurde, auch für Suchmaschinen.

- Ein *Kontaktformular* steht meist auf einer eigenen Seite, und die eingegebenen Daten werden per E-Mail an den Administrator verschickt und nicht auf der Website veröffentlicht.

In diesem Abschnitt betrachten Sie Ihre Website zunächst als ganz normaler Besucher und erstellen einen Kommentar zu einem Beitrag.

10.1.1 Einen neuen Kommentar erstellen

Zum Kennenlernen der Kommentarfunktion erstellen Sie zunächst einen Kommentar in Ihrem eigenen Blog. Dazu melden Sie sich übungshalber am Backend ab und betrachten Ihr Blog aus der Besucherperspektive. Oder Sie starten einfach einen anderen Browser und rufen darin den zu kommentierenden Beitrag auf.

Abbildung 10.1 zeigt das ausgefüllte Kommentarformular unterhalb des in Abschnitt 8.3 erstellten Beitrags mit dem YouTube-Video von Bill Withers.

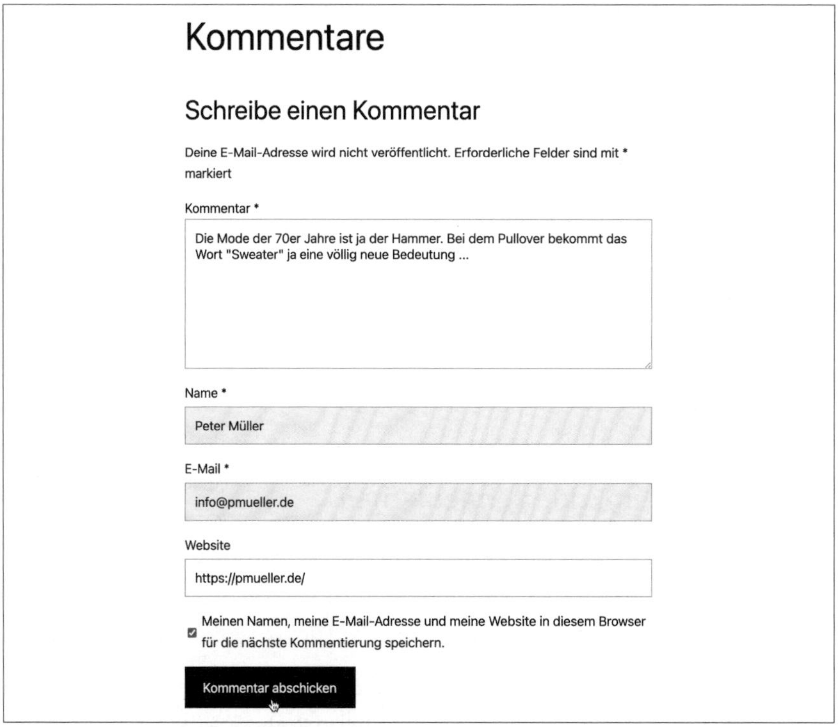

Abbildung 10.1 Einen Kommentar schreiben

Pflichtfelder sind durch ein Sternchen gekennzeichnet. Die hier eingegebene E-Mail-Adresse wird nicht im Frontend veröffentlicht und ist nur im Backend einsehbar, damit der Website-Betreiber bei Bedarf, z. B. aus rechtlichen Gründen, Kontakt aufnehmen kann.

Die WEBSITE ist zwar kein Pflichtfeld, aber es spricht nichts dagegen, das Feld auszufüllen. Im Frontend wird die Adresse der Website meist nicht wie im Formular als eigene Zeile dargestellt, sondern als Verlinkung für den Namen des Kommentierenden hinterlegt. Auf diese Weise geben Sie anderen die Möglichkeit, bei Interesse mehr über Sie zu erfahren.

Im folgenden ToDo melden Sie sich als Administrator am Backend ab und erstellen einen Kommentar zu einem der Beiträge. Weiter unten in diesem Kapitel lernen Sie dann, wie Sie diesen Kommentar moderieren, freischalten und wieder löschen.

ToDo: Einen Kommentar erstellen

1. Melden Sie sich am Backend von WordPress ab.
2. Rufen Sie das Frontend Ihres Blogs auf.
3. Suchen Sie sich einen Beitrag, den Sie gerne kommentieren würden. Im Beispiel ist das das YouTube-Video von Bill Withers.
4. Füllen Sie alle Felder des Kommentarformulars aus.
5. Schicken Sie den Kommentar mit einem Klick auf die Schaltfläche KOMMENTAR ABSCHICKEN auf die Reise.

Nach diesem ToDo sehen Sie in Abbildung 10.2 den soeben von Ihnen erstellten Kommentar im Frontend, und zwar mit dem unscheinbaren Vermerk *Dein Kommentar wartet auf Freischaltung*. Kommentar und Hinweis sieht nur der Absender so.

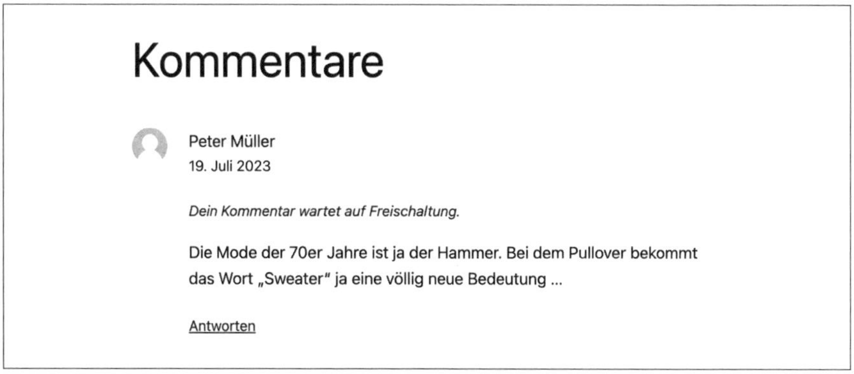

Kommentare

Peter Müller
19. Juli 2023

Dein Kommentar wartet auf Freischaltung.

Die Mode der 70er Jahre ist ja der Hammer. Bei dem Pullover bekommt das Wort „Sweater" ja eine völlig neue Bedeutung …

Antworten

Abbildung 10.2 Der Kommentar wartet auf Freigabe.

Andere Besucher sehen den Kommentar noch gar nicht, denn er ist noch in der Warteschlange und wartet darauf, geprüft und freigegeben zu werden. Deshalb steht in der Überschrift auch noch *0 Antworten*.

Die meisten Kommentare werden in WordPress standardmäßig nicht sofort auf der Seite sichtbar, sondern müssen erst vom Administrator der Website genehmigt und freigeschaltet werden. Auf diese Weise wird verhindert, dass unerwünschte Kommentare und Spam sofort im Frontend erscheinen. In Abschnitt 10.3, »Das Menü ›Einstellungen • Diskussion‹«, sehen Sie, wie Sie die Einstellungen für Kommentare an Ihre Bedürfnisse anpassen können.

Falls die E-Mail-Adresse des Kommentators mit einem Profil auf *gravatar.com* verknüpft ist, erscheint bei einer WordPress-Site standardmäßig das Profilbild neben dem Kommentar. Auch diese Einstellung können (und sollten) Sie als Administrator ändern (siehe Abschnitt 10.3.3, »›Einstellungen • Diskussion‹, Teil 3: Avatare«).

In der Übersetzung von WordPress wird diese Überprüfung und Genehmigung oder Zurückweisung eines Kommentars momentan *Freischaltung* genannt, ein anderer weit verbreiteter Begriff dafür ist *Moderation*.

10.1.2 Neuer Kommentar – Benachrichtigung per E-Mail

Damit ist die Übung als Besucher Ihres eigenen Blogs vorerst erledigt, und Sie können sich wieder den Administratorenhut aufsetzen.

Inzwischen sollten Sie in Ihrer Eigenschaft als Administrator eine E-Mail bekommen haben, denn wenn ein neuer Kommentar eingeht oder auf Freischaltung wartet, werden Sie als Administrator benachrichtigt. Abbildung 10.3 zeigt eine solche E-Mail von WordPress mit der Bitte um Moderation.

```
Ein neuer Kommentar zum Beitrag „Ain't No Sunshine" wartet auf deine Freigabe
https://einstieg-in-wp.org/bill-withers-sunshine/

Autor: Peter Müller (IP-Adresse: 217.62.52.110, 217-62-52-110.cable.dynamic.v4.ziggo.nl)
E-Mail: info@pmueller.de
URL: https://pmueller.de/
Kommentar:
Die Mode der 70er Jahre ist ja der Hammer. Bei dem Pullover bekommt das Wort "Sweater" ja eine völlig neue Bedeutung ...

Genehmigen: https://einstieg-in-wp.org/wp-admin/comment.php?action=approve&c=2#wpbody-content
In den Papierkorb legen: https://einstieg-in-wp.org/wp-admin/comment.php?action=trash&c=2#wpbody-content
Spam: https://einstieg-in-wp.org/wp-admin/comment.php?action=spam&c=2#wpbody-content
Zurzeit wartet 1 Kommentar auf Freigabe. Bitte gehe zur Moderationsansicht:
https://einstieg-in-wp.org/wp-admin/edit-comments.php?comment_status=moderated#wpbody-content
```

Abbildung 10.3 E-Mail-Benachrichtigung zwecks Moderation

Die E-Mail ist wie folgt aufgebaut:

- *Absender und Betreff*: Absender ist WordPress, Empfänger die E-Mail-Adresse des Administrators, und im Betreff werden Blog- und Beitragstitel genannt.
- *Link zum Beitrag*: Die E-Mail beginnt mit einem Link zum Beitrag, für den ein Kommentar erstellt wurde, sodass Sie ihn sich per Klick anschauen können.
- *Informationen zum Kommentar*: Hier stehen Informationen zum Autor des Kommentars sowie der vollständige Kommentartext.
- *Aktionslinks*: Hier können Sie den Kommentar per Klick genehmigen, löschen oder als Spam deklarieren. Auch die Moderationsansicht im Backend ist nur einen Klick entfernt.

Da es aber viele Spammer und Phishing-Betrüger gibt, die ähnlich aussehende Mails verschicken, sollten Sie den Kommentar nicht direkt von der E-Mail aus moderieren, sondern sich auf jeden Fall im Backend anmelden und die Kommentare dann im Backend-Menü KOMMENTARE bearbeiten.

Ich möchte Ihnen aber im folgenden Abschnitt erst einmal zeigen, wie die Benachrichtigung für neue Kommentare im Backend aussieht.

> **Die E-Mail-Benachrichtigung für Kommentare kann man abstellen**
> Im Menü EINSTELLUNGEN • DISKUSSION können Sie die E-Mail-Benachrichtigung für Kommentare auch deaktivieren (siehe Abschnitt 10.3.1, »›Einstellungen • Diskussion‹, Teil 1: Grundlegende Einstellungen«). Das sollten Sie aber nur tun, wenn Sie den Blog sowieso regelmäßig auf Kommentare hin kontrollieren.

10.1.3 Neue Kommentare – Benachrichtigung im Backend

Wenn Sie sich als Administrator am Backend anmelden und neue Kommentare vorhanden sind, werden Sie an verschiedenen Stellen darauf hingewiesen (Abbildung 10.4).

Nach der Anmeldung sehen Sie diverse Hinweise auf neue Kommentare:

- Die Sprechblase oben in der Admin-Leiste: Die Zahl rechts neben der Sprechblase zeigt, wie viele neue Kommentare vorhanden sind. Ein Klick darauf bringt Sie direkt ins Menü KOMMENTARE.
- Menü KOMMENTARE: Rechts neben dem Menü KOMMENTARE gibt ein roter Kreis mit einer weißen Zahl an, wie viele neue Kommentare vorhanden sind.

- Im DASHBOARD gibt es gleich zwei Hinweise:
  - Im Bereich AUF EINEN BLICK: Hier sehen Sie, wie viele Kommentare vorhanden sind und wie viele noch moderiert werden müssen.
  - Im Bereich AKTIVITÄT sehen Sie unter anderem eine Übersicht der Kommentare und deren Status.

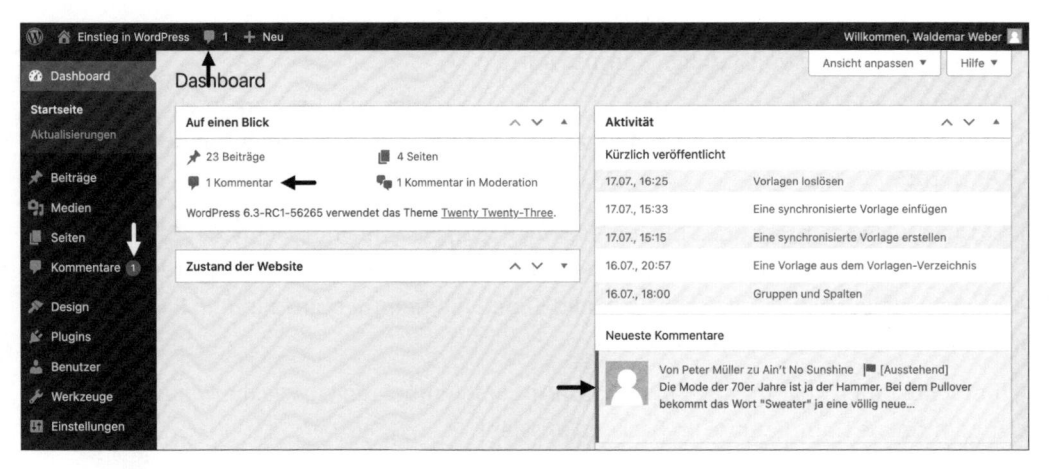

Abbildung 10.4 Ein neuer Kommentar im Backend auf der »Startseite«

So viel zum Erstellen von Kommentaren und zur Benachrichtigung per E-Mail und im Backend. Im folgenden Abschnitt sehen Sie, wie Sie neue (und alte) Kommentare im Backend verwalten.

10.2 Kommentare verwalten: Genehmigen, löschen etc.

Sie haben als Besucher einen Kommentar erstellt und sind als Administrator benachrichtigt worden, dass es einen neuen Kommentar gibt, der auf Moderation wartet. In diesem Abschnitt sehen Sie, wie man Kommentare in WordPress verwaltet.

10.2.1 Das Menü »Kommentare« im Überblick: Die Verwaltungszentrale

Das Menü KOMMENTARE zeigt eine tabellarische Übersicht der Kommentare, die ähnlich aussieht wie bei Beiträgen, Seiten oder in der Listenansicht der Mediathek.

Abbildung 10.5 zeigt, dass in der Spalte AUTOR unterhalb der Namen auch die Website, die E-Mail-Adresse und die IP-Adresse gelistet werden.

10.2 Kommentare verwalten: Genehmigen, löschen etc.

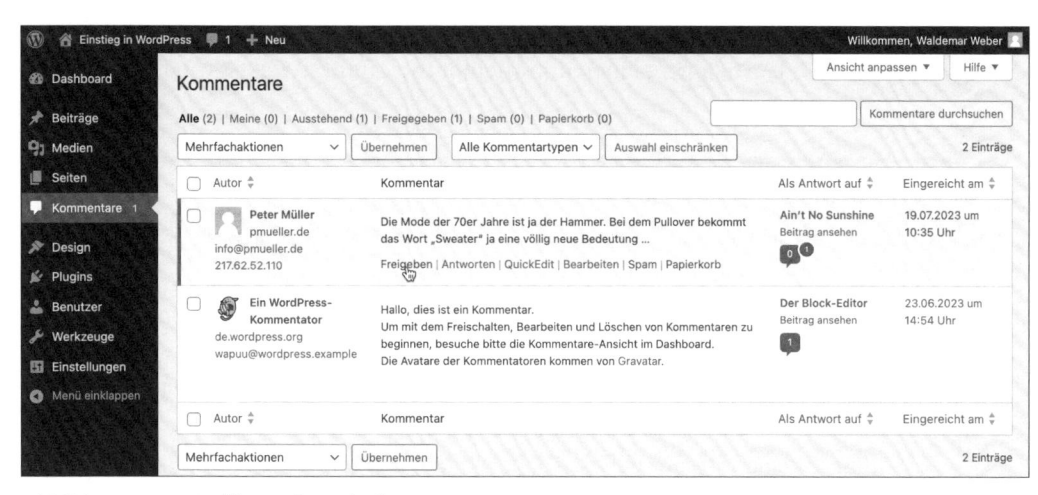

Abbildung 10.5 Die Übersichtstabelle im Menü »Kommentare«

Wenn Sie einen Kommentar mit der Maus berühren, erscheint in der Spalte KOMMENTAR ein Menü mit den folgenden Befehlen:

- FREIGEBEN bzw. ZURÜCKWEISEN: Ein Klick auf FREIGEBEN gibt den Kommentar frei, und dadurch wird er für alle Besuchenden und Suchmaschinen im Frontend sichtbar. Bei genehmigten Kommentaren heißt der Link ZURÜCKWEISEN. Ein Klick darauf stellt den Kommentar wieder in die Warteschlange.
- ANTWORTEN lässt Sie als Administrator direkt im Backend auf einen Kommentar reagieren. Ihre Antwort erscheint im Frontend leicht eingerückt unterhalb des Kommentars.
- QUICKEDIT öffnet Namen, E-Mail-Adresse, URL und Kommentartext zur schnellen Bearbeitung in einem Formular.
- BEARBEITEN ruft den Kommentar zur Bearbeitung auf. Der Bearbeitungsmodus ist etwas übersichtlicher als QUICKEDIT und lässt Sie auch den Status des Kommentars ändern.
- SPAM markiert den Kommentar als Spam. Er erscheint dann nicht mehr im Frontend. Als Spam markierte Kommentare können Sie sich mit einem Klick auf den Link SPAM oberhalb der Tabelle anzeigen lassen und dort unwiderruflich löschen.
- PAPIERKORB verschiebt den Kommentar in den Papierkorb. Gelöschte Kommentare können Sie sich mit einem Klick auf den Link PAPIERKORB oberhalb der Tabelle anzeigen lassen und dann wiederherstellen oder endgültig löschen.

Im folgenden ToDo löschen Sie den bei der Installation automatisch erstellten Kommentar und genehmigen den weiter oben von Ihnen selbst erstellten Kommentar. Falls es gerade keinen Kommentar gibt, der genehmigt werden muss, erstellen Sie einfach schnell einen, oder stellen Sie einen Kommentar mit ZURÜCKWEISEN wieder in die Warteschlage.

> **ToDo: Kommentare im Backend löschen und genehmigen**
> 1. Melden Sie sich als Administrator am Backend von WordPress an.
> 2. Rufen Sie das Menü KOMMENTARE auf.
> 3. Suchen Sie den Kommentar von *Mr. WordPress*, der bei der Installation von WordPress automatisch erstellt wurde.
> 4. Berühren Sie den Kommentar mit der Maus, und klicken Sie auf den Link PAPIERKORB. Der Kommentar wird in den Papierkorb verschoben.
> 5. Suchen Sie einen farblich hervorgehobenen Kommentar, der auf eine Genehmigung wartet.
> 6. Berühren Sie den Kommentar mit der Maus, und klicken Sie auf den Link FREIGEBEN.

Abbildung 10.6 zeigt den freigeschalteten Kommentar im Frontend. Falls irgendwo ein Block zur Anzeige der neuesten Kommentare aktiv ist, wird der neue Kommentar dort automatisch gelistet.

Abbildung 10.6 Der freigeschaltete Kommentar im Frontend

Im nächsten Abschnitt erfahren Sie, was es mit der Schaltfläche ANTWORTEN unterhalb des Kommentars so auf sich hat.

10.2.2 Kommentare kommentieren: Auf einen Kommentar antworten

Besucher können im Frontend auf bereits vorhandene Kommentare antworten, Sie als Administrator tun das in der Regel im Backend.

10.2 Kommentare verwalten: Genehmigen, löschen etc.

Im folgenden ToDo erstellen Sie im Backend eine Antwort auf den Kommentar eines Besuchers.

> **ToDo: Einen Kommentar im Backend beantworten**
> 1. Melden Sie sich, falls nötig, am Backend an.
> 2. Rufen Sie das Menü KOMMENTARE auf.
> 3. Berühren Sie den zu beantwortenden Kommentar mit der Maus, und klicken Sie auf den Link ANTWORTEN. Die weiteren Felder werden automatisch aus Ihrem Benutzerprofil übernommen.
> 4. Schreiben Sie Ihre Antwort auf den Kommentar. Dabei können Sie die Befehle oberhalb des Formularfeldes benutzen, um den Text zu formatieren oder um Links zu erstellen.
> 5. Klicken Sie auf die Schaltfläche ANTWORTEN.

Abbildung 10.7 zeigt eine Antwort auf einen Kommentar, die in den meisten Themes leicht eingerückt erscheint.

Kommentare

2 Antworten zu „Ain't No Sunshine"

Peter Müller
19. Juli 2023   Bearbeiten

Die Mode der 70er Jahre ist ja der Hammer. Bei dem Pullover bekommt das Wort „Sweater" ja eine völlig neue Bedeutung …

Antworten

Waldemar Weber
19. Juli 2023   Bearbeiten

Ja, das stimmt. Der Gute schwitzt wirklich ziemlich.

Antworten

Abbildung 10.7 Eine Antwort auf einen neuen Kommentar

So viel zu den wichtigsten Verwaltungsaufgaben bei der Arbeit mit Kommentaren. Im folgenden Abschnitt werfen Sie einen Blick auf die für Kommentare relevanten Einstellungen.

> **Eine Antwort auf einen Kommentar schaltet ihn auch gleich frei**
> Wenn Sie auf einen Kommentar antworten möchten, müssen Sie ihn nicht extra vorher freischalten. Das passiert mit dem Absenden der Antwort automatisch, was einige Klicks spart und wirklich praktisch ist.

10.3 Das Menü »Einstellungen • Diskussion«

In diesem Abschnitt lernen Sie das Menü EINSTELLUNGEN • DISKUSSION kennen, in dem sich die wichtigsten Einstellungen für Interaktionen verbergen. Auf dieser Seite gibt es drei große Themenbereiche:

- grundlegende Einstellungen für Kommentare
- Einstellungen zur Moderation von Kommentaren
- Einstellungen für Avatare bei den Kommentaren

Los geht's mit den grundlegenden Einstellungen für Kommentare.

10.3.1 »Einstellungen • Diskussion«, Teil 1: Grundlegende Einstellungen

Abbildung 10.8 zeigt den oberen Teil der Seite im Überblick mit den grundlegenden Einstellungen für Kommentare.

In den STANDARDEINSTELLUNGEN FÜR BEITRÄGE ❶ gibt es drei Optionen, von denen sich die ersten beiden mit Ping- und Trackbacks und der automatischen Interaktion zwischen Weblogs beschäftigen. Genauer erklärt werden die beiden Begriffe in Abschnitt 10.6, hier zunächst einmal die Optionen:

- VERSUCHT, ALLE BLOGS ZU BENACHRICHTIGEN, DIE MIT DEM BEITRAG VERLINKT SIND – ist diese Option aktiviert, versucht WordPress, jedes verlinkte Blog anzupingen. Ist diese Option deaktiviert (Standardeinstellung), sendet Ihr WordPress keine Pings.
- Die zweite Option, LINK-BENACHRICHTIGUNGEN VON ANDEREN BLOGS (PINGBACKS UND TRACKBACKS) ZU NEUEN BEITRÄGEN ERLAUBEN, ist hingegen standardmäßig aktiviert. Diese Option bewirkt, dass WordPress Pings von einem Blogsystem akzeptiert und zwischen den Kommentaren einfügt. Mehr zu Pingbacks und Trackbacks erfahren Sie weiter unten in Abschnitt 10.6.

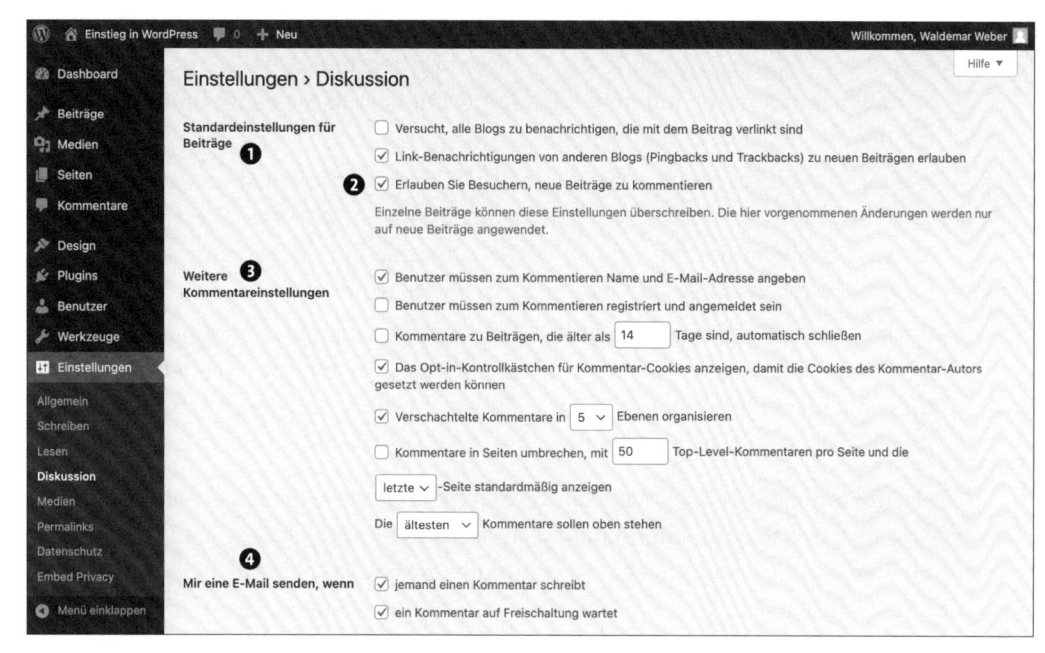

Abbildung 10.8 Der obere Teil des Menüs »Einstellungen • Diskussion«

Die dritte Option erlaubt es, die Kommentarfunktion für neue Beiträge und Seiten zu deaktivieren:

- ERLAUBEN SIE BESUCHERN, NEUE BEITRÄGE ZU KOMMENTIEREN ❷ – wenn Sie diese Option ausstellen, ist die Kommentarfunktion für alle in Zukunft veröffentlichten Beiträge (und Seiten) deaktiviert.

Für einzelne Beiträge oder Seiten können Sie diese Optionen unabhängig von den hier gemachten Einstellungen ein- oder ausschalten (siehe Abschnitt 10.4).

Die Einstellungen im Bereich WEITERE KOMMENTAREINSTELLUNGEN ❸ sind recht sinnvoll gewählt, und wenn es keinen konkreten Grund zur Änderung gibt, sollten sie ruhig so bleiben, wie sie sind:

- BENUTZER MÜSSEN ZUM KOMMENTIEREN NAME UND E-MAIL-ADRESSE ANGEBEN erhöht die Hürde für Spammer etwas, auch wenn weder Name noch E-Mail-Adresse wirklich überprüft werden, und ist die übliche Variante.
- BENUTZER MÜSSEN ZUM KOMMENTIEREN REGISTRIERT UND ANGEMELDET SEIN bewirkt, dass Besucher sich erst in Ihrem Blog registrieren und ein Benutzerkonto anlegen müssen. Das verhindert zwar sehr effektiv Spam, schreckt aber meist auch Besucher ab und ist nicht üblich.

- **Kommentare zu Beiträgen, die älter als XX Tage sind, automatisch schliessen** ist standardmäßig aus. Diese Option verhindert, dass ältere Beiträge von Spambots mit Kommentaren bombardiert werden. Falls Sie damit Probleme haben, können Sie diese Option aktivieren.
- **Das Opt-in-Kontrollkästchen für Kommentar-Cookies anzeigen, damit die Cookies des Kommentar-Autors gesetzt werden können.** Diese Option sollte aktiviert bleiben und zeigt gemäß DSGVO unterhalb des Kommentarformulars ein Kontrollkästchen zur Deaktivierung durch die Besucher.
- **Verschachtelte Kommentare in X Ebenen organisieren** ist standardmäßig aktiviert und rückt Antworten auf Kommentare etwas ein. Das verwendete Theme muss die hier eingestellte Verschachtelungstiefe auch tatsächlich unterstützen. Im Zweifelsfall einfach ausprobieren.

Die letzte Option im Bereich WEITERE KOMMENTAREINSTELLUNGEN erzeugt nach einer bestimmten Anzahl von Kommentaren automatisch eine neue Seite (*Paginierung*) und ist nur interessant, wenn Sie sehr viele Kommentare bekommen. Mit dieser Option können Sie festlegen, wie viele Kommentare auf einer Seite stehen sollen und in welcher Reihenfolge Kommentarseiten und Kommentare angezeigt werden. Üblicherweise stehen die neuesten Kommentare oben.

Mit den beiden Optionen im Bereich MIR EINE E-MAIL SENDEN, WENN ❹ können Sie einstellen, ob Sie E-Mail-Benachrichtigungen erhalten möchten, und zwar entweder für jeden Kommentar oder nur für Kommentare, die moderiert werden müssen. Die Optionen zur Moderation von Kommentaren folgen im nächsten Abschnitt.

10.3.2 »Einstellungen • Diskussion«, Teil 2: Moderation von Kommentaren und Spam

Abbildung 10.9 zeigt die Optionen zur Moderation von Kommentaren im mittleren Bereich der Seite EINSTELLUNGEN • DISKUSSION.

Im ersten Bereich, BEVOR EIN KOMMENTAR ERSCHEINT ❶, gibt es zwei Optionen:

- **muss der Kommentar manuell freigegeben werden** ist standardmäßig deaktiviert. Wenn diese Option aktiviert wird, muss jeder Kommentar manuell begutachtet und bestätigt werden, und das ist oft eine gute Idee.
- **muss der Autor bereits einen freigegebenen Kommentar geschrieben haben** ist standardmäßig aktiviert. Ein Kommentar wird direkt freigeschaltet, wenn die E-Mail-Adresse des Autors bei einem bereits genehmigten Kommentar auf dieser Website gefunden wird.

Abbildung 10.9 Mittlerer Bereich des Menüs »Einstellungen • Diskussion«

Ein Kommentar mit sehr vielen Links ist typisch für Spam, und mit der Option EINEN KOMMENTAR IN DIE WARTESCHLANGE SCHIEBEN, WENN ER X ODER MEHR LINKS ENTHÄLT ❷ können Sie entsprechende Kommentare gleich aussortieren. Die meisten echten Kommentare enthalten nicht mehr als zwei Links.

In den beiden großen Formularfeldern zur KOMMENTARMODERATION ❸ und zur KOMMENTAR-SPERRLISTE ❹ können Sie eine Liste mit Wörtern oder Werten (IP-Adressen, URLs, E-Mail-Adressen etc.) notieren, und zwar einen pro Zeile. Tauchen diese Wörter oder Werte in einem Kommentar auf, werden sie in die Warteschlange zur Moderation verschoben ❸ oder als Spam markiert.

> **Plugins zum Schutz vor Kommentarspam**
> Spammer betrachten jede interaktive Funktion einer Website als Einladung, sie für ihre eigenen Zwecke zu missbrauchen. In Abschnitt 15.5 lernen Sie Plugins kennen, die bei der Bekämpfung von Kommentarspam helfen.

10.3.3 »Einstellungen • Diskussion«, Teil 3: Avatare

Im dritten und letzten Teil des Menüs EINSTELLUNGEN • DISKUSSION geht es um Avatare (Abbildung 10.10).

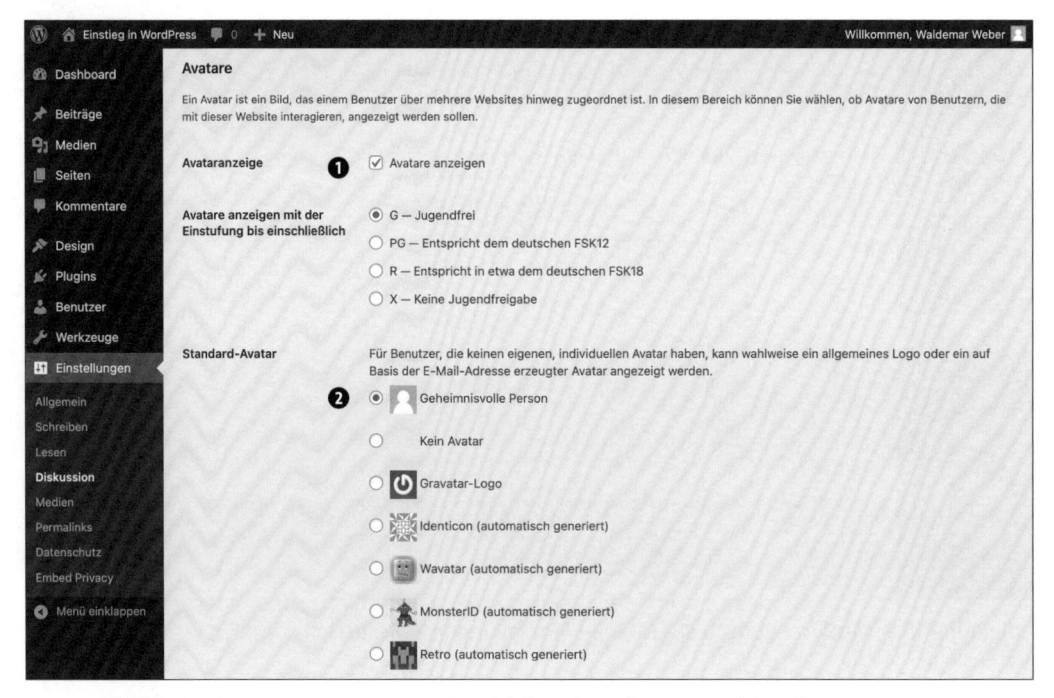

Abbildung 10.10 Avatare – unterer Bereich in »Einstellungen • Diskussion«

Ein Avatar ist eine einem Benutzer zugeordnete Grafik, also in gewisser Weise ein Online-Erscheinungsbild für diesen Benutzer, und die Option AVATARE ANZEIGEN ist nach der Installation standardmäßig aktiviert ❶.

Avatare finden in WordPress an zwei Stellen Verwendung:

▶ Im Benutzerprofil wird der Standard-Avatar als Profilbild verwendet.
▶ Bei Kommentaren auf der Website wird der Avatar eines Benutzers neben seinem Kommentar angezeigt.

Die Profilbilder und die Kommentare sind also wie in Social Media eng miteinander verbunden.

In Abschnitt 4.7.3, »›Kontaktinfo‹, ›Über Dich‹ und Passwort ändern«, haben Sie gesehen, dass WordPress als Profilbild den hier definierten Standard-Avatar verwendet, und nach der Installation ist automatisch der erste mit dem schönen Namen GEHEIMNISVOLLE PERSON ausgewählt ❷.

Zur Änderung des Profilbildes im Menü BENUTZER nutzt WordPress immer den Dienst *gravatar.com*. Dieser Dienst wird von der Firma Automattic betrieben, und Voraussetzung für die Nutzung ist ein Konto auf WordPress.com.

Ein solcher *Gravatar* ist in vielerlei Hinsicht ein ganz besonderer Avatar. Das Kürzel steht für *Globally Recognized Avatar*, übersetzt als *weltweit wiedererkennbarer Avatar*, und die Idee dahinter ist einfach:

- Anstatt überall und immer wieder auf Websites irgendwelche Bilder für einen Avatar hochzuladen, surfen Sie zu *gravatar.com*.
- Dort melden Sie sich mit einem WordPress.com-Konto an und erstellen ein Gravatar-Profil, bei dem Sie Ihre E-Mail-Adresse mit einem Bild verknüpfen.
- Wenn Sie in einem gravatarfähigen Forum oder Blog irgendwo im Web diese E-Mail-Adresse verwenden, wird automatisch der damit verknüpfte Gravatar angezeigt.

Das ist eigentlich eine sehr schöne Idee, denn es bietet einen gewissen Wiedererkennungswert und macht das Kommentieren unter Blogbeiträgen im gesamten Web persönlicher.

Aber die Sache mit dem Avatar hat einen Haken, denn wenn die Option AVATARE ANZEIGEN aktiviert ist, passiert Folgendes:

1. Ihr WordPress schickt die E-Mail-Adresse eines Besuchers, der einen Kommentar schreibt, als Teil der URL an einen Server von *gravatar.com*.
2. Gravatar.com überprüft, ob diese Mailadresse dort bekannt ist.
3. Falls ja, stellt Gravatar.com das damit verknüpfte Gravatar-Bild zur Verfügung, und Ihr WordPress nutzt dieses Bild.
4. Ist die Adresse nicht bekannt, nimmt Ihr WordPress den Standard-Avatar.

Ihre WordPress-Installation nimmt also jedes Mal, wenn ein Kommentar geschrieben wird, Kontakt mit einem Server von *gravatar.com* auf und schickt ihm Informationen über den Kommentierenden.

Diese Vorgehensweise hat gleich zwei grundlegende Datenschutzprobleme:

- Das Versenden der Mailadresse übers Netz erfolgt zwar verschlüsselt, aber der verwendete Algorithmus MD5 kann relativ leicht entschlüsselt werden, sodass das Spamrisiko für diese Mailadresse steigt.
- Gravatar.com bekommt Infos wie IP-Adresse, Browser etc. über jeden Besucher einer WordPress-Website, der einen Kommentar schreibt, auch wenn dieser bei Gravatar überhaupt kein Konto hat.

Um WordPress also datenschutzkonform zu betreiben, ist es am sichersten, die Option AVATARE ANZEIGEN zu deaktivieren, und das machen Sie im folgenden ToDo.

> **ToDo: Die Option »Avatare anzeigen« deaktivieren**
> 1. Rufen Sie im Backend das Menü EINSTELLUNGEN • DISKUSSION auf.
> 2. Deaktivieren Sie ziemlich weit unten auf der Seite die Option AVATARE ANZEIGEN.
> 3. Speichern Sie die Einstellungen mit einem Klick auf die Schaltfläche ÄNDERUNGEN SPEICHERN.

Nach diesem ToDo werden im Backend und bei den Kommentaren keine Profilbilder mehr angezeigt.

> **Das Plugin »Avatar Privacy« ermöglicht »Gravatar mit Datenschutz«**
> Falls Sie Avatare gerne anzeigen würden und trotzdem den Datenschutz nicht außer Acht lassen möchten, gibt es dafür ein passendes Plugin namens *Avatar Privacy*. Auf der Website zum Buch finden Sie einen Beitrag, der das Plugin kurz vorstellt:
>
> ▶ *einstieg-in-wp.de/avatar-privacy/*
>
> Wenn Sie Avatare anzeigen möchten, sollten Sie Ihre Datenschutzerklärung auf jeden Fall um einen Abschnitt zur Verwendung von Gravatar.com ergänzen.

10.4 Kommentare für einzelne Seiten oder Beiträge deaktivieren

Sie können in WordPress für jede Seite und jeden Beitrag einzeln festlegen, ob Kommentare möglich sein sollen. Das geht zum einen über die Funktion QUICKEDIT in der Seiten- bzw. Beitragsliste und zum anderen über den Bereich DISKUSSION beim Bearbeiten der Seite oder des Beitrags; ich möchte Ihnen im Folgenden beide Möglichkeiten zeigen.

Am Ende dieses Abschnitts erfahren Sie dann noch, wie Sie die Kommentarfunktion auch komplett deaktivieren können.

10.4.1 Für einzelne Beiträge oder Seiten mit der Funktion »QuickEdit«

Die Funktion QUICKEDIT in der Seiten- bzw. Beitragsliste enthält die Option ERLAUBE KOMMENTARE (Abbildung 10.11). Für Beiträge gibt es zusätzlich noch die Option PINGS ERLAUBEN. Dazu erfahren Sie gleich mehr in Abschnitt 10.6.

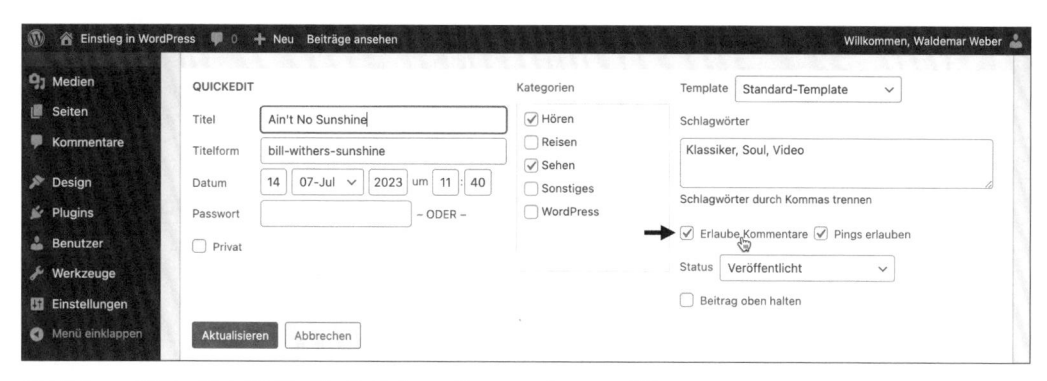

Abbildung 10.11 »QuickEdit« für Beiträge – Kommentare und Pings

10.4.2 Für einzelne Beiträge oder Seiten im Bereich »Diskussion« im Editor

Sie können Kommentare und Pings auch beim Bearbeiten eines Beitrags oder einer Seite erlauben bzw. verbieten. Abbildung 10.12 zeigt den Bereich DISKUSSION in der Seitenleiste neben dem Editor, und zwar ziemlich weit unten im Register BEITRAG bzw. SEITE.

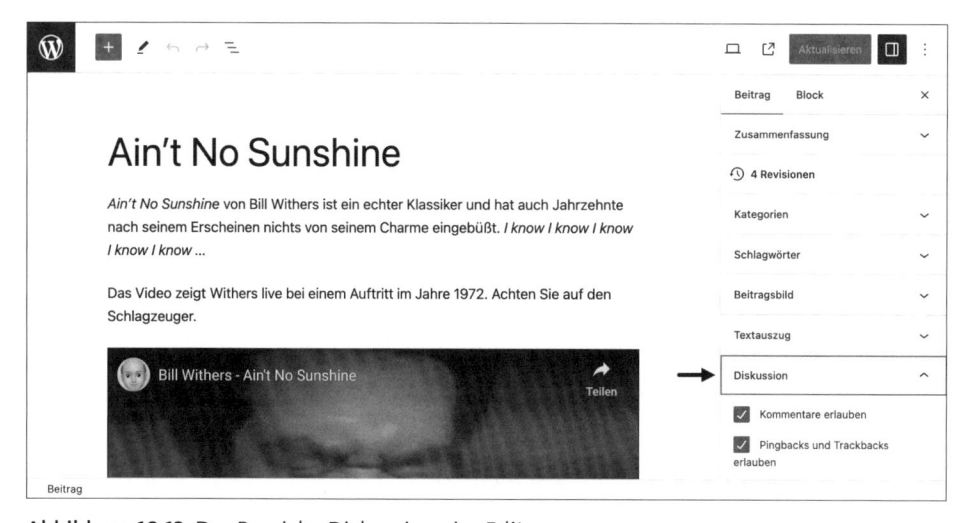

Abbildung 10.12 Der Bereich »Diskussion« im Editor

10.5 Die Kommentarfunktion von WordPress deaktivieren

Das Kommentarsystem von WordPress bietet eine sehr schöne Möglichkeit, mit seinen Leserinnen und Lesern zu interagieren, aber es bedeutet auch eine gewisse Mehrarbeit und bietet Möglichkeiten zum Missbrauch, sodass einige WordPress-Nutzer diese Funktion lieber deaktivieren.

Falls Sie die Kommentarfunktion deaktivieren möchten, können Sie diverse Optionen so kombinieren, dass es einem Ausschalten recht nahe kommt:

1. Im Menü EINSTELLUNGEN • DISKUSSION gibt es zunächst die Option BESUCHERN ERLAUBEN, NEUE BEITRÄGE ZU KOMMENTIEREN. Wenn Sie diese Option deaktivieren, haben *neue* Beiträge und Seiten keine Kommentarfunktion mehr. Alte Beiträge und Seiten sind davon nicht betroffen.
2. Aktivieren Sie die Option BENUTZER MÜSSEN ZUM KOMMENTIEREN REGISTRIERT UND ANGEMELDET SEIN. Danach können nur noch Benutzer kommentieren, die in Ihrer WordPress-Installation angemeldet sind.
3. Alte Beiträge und Seiten sind von dieser Maßnahme nicht betroffen, aber mit der Option KOMMENTARE ZU BEITRÄGEN, DIE ÄLTER ALS XX TAGE SIND, AUTOMATISCH SCHLIESSEN können Sie die Kommentarfunktion automatisch schließen. Das gilt auch für bereits bestehende Beiträge und Seiten.

10.6 Pingbacks – Vernetzung mit anderen Blogs

Pingbacks, manchmal auch einfach als *Pings* abgekürzt, sind eine automatisierte Vernetzung zwischen zwei Blogs (siehe Abbildung 10.13):

- ❶ schreibt einen Beitrag mit einer bestimmten URL ❶.
- ❷ nimmt in einem Blogbeitrag ❷ Bezug auf den Beitrag von ❶ und fügt einen Link zum Beitrag von ❶ ein ❸.
- Das Blogsystem von ❷ sendet daraufhin ein *Ping* genanntes Signal an das Blog von ❶, um mitzuteilen, dass die URL des Beitrags im Blog von ❷ verwendet wurde.
- Wenn im Blogsystem von ❶ für diesen Beitrag Pings erlaubt sind, wird der Pingback unterhalb des Beitrags zwischen den Kommentaren eingefügt ❹.

Abbildung 10.13 stellt diesen Vorgang bildlich dar.

Ein Pingback ist also eine automatisch erstellte Benachrichtigung von einem anderen Blogsystem, und es geht dabei um die Vernetzung zwischen Blogs und deren Beiträgen. Solche Links, die von anderen Websites auf Ihre Beiträge oder Seiten zeigen, werden *Backlinks* genannt, und sie können für das Ranking auf den Ergebnisseiten der Suchmaschinen von Bedeutung sein.

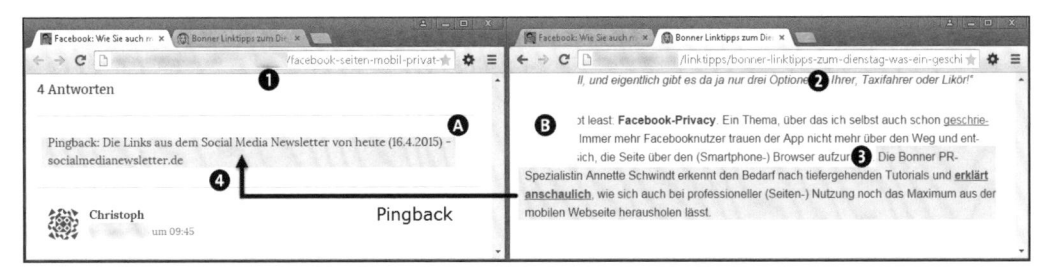

Abbildung 10.13 Ein Pingback in Aktion – Interaktion zwischen zwei Blogs

> **Trackbacks sind eine ältere Form von Pingbacks**
>
> Trackbacks waren die erste Form der Interaktion zwischen Blogs. Sie werden manuell erstellt, enthalten im Gegensatz zu Pingbacks einen Textausschnitt und sind etwas aus der Mode gekommen, da sie häufig für Spam missbraucht werden.
>
> Falls Sie noch mehr über Trackbacks wissen möchten, hat Michaela Steidl das in einem Blogbeitrag wunderbar erklärt:
>
> ▸ wp-bistro.de/was-sind-eigentlich-trackbacks-und-pingbacks/

10.7 Auf einen Blick

Die wichtigsten Themen noch einmal im Überblick:

▸ Die Interaktion mit den Besuchern basiert auf Formularen:
  – Kommentarformulare stehen unter einem Beitrag. Der Kommentar wird auf der Website veröffentlicht.
  – Kontaktformulare stehen auf einer eigenen Seite. Die Eingabe wird per E-Mail verschickt und nicht auf der Website veröffentlicht.
▸ Kommentare können moderiert oder automatisch sofort freigeschaltet werden.
▸ Kommentare werden im Menü KOMMENTARE verwaltet:
  – FREIGEBEN oder ZURÜCKWEISEN
  – ANTWORTEN oder BEARBEITEN
  – LÖSCHEN oder als SPAM deklarieren
▸ Die Optionen zur Konfiguration von Kommentaren finden Sie im Menü EINSTELLUNGEN • DISKUSSION.

- Kommentare können über die Funktion QUICKEDIT oder im Block-Editor in der rechten Seitenleiste für einzelne Seiten oder Beiträge deaktiviert werden.
- Pingbacks sind eine automatische Interaktion zwischen zwei Blogs. Trackbacks sind eine ältere Form von Pingbacks.

TEIL III
Themes: Das Design Ihrer Website

Kapitel 11
Block-Themes anpassen, Teil 1: Website-Editor und Navigation

Worin der Unterschied zwischen Block-Themes und klassischen Themes erläutert wird. Danach lernen Sie den Website-Editor zur Anpassung von Block-Themes kennen und ändern damit die Navigation.

Die Kapitelthemen im Überblick:

- Warum Block-Themes erfunden wurden
- Überblick: Die Übungswebsite nach der Anpassung
- Den Website-Editor für Block-Themes kennenlernen
- Die Hauptnavigation im Website-Editor anpassen
- Die Navigation mit den Pflichtlinks im Footer einfügen
- Auf einen Blick

In diesem Kapitel zeige ich Ihnen zunächst, wie sich Block-Themes von klassischen Themes unterscheiden. Danach lernen Sie den Website-Editor für Block-Themes kennen und sehen am Beispiel des Standardthemes *Twenty Twenty-Three*, wie man in einem Block-Theme die Navigation anpassen kann.

11.1 Warum Block-Themes erfunden wurden

Im Theme-Verzeichnis von WordPress gibt es zwei grundlegend verschiedene Arten von Themes: traditionelle WordPress-Themes, die inzwischen als *klassische Themes* bezeichnet werden, und die noch recht neuen *Block-Themes*.

Klassische Themes haben im Menü DESIGN zur Anpassung einen Customizer, den Sie in Kapitel 13 kennenlernen. Dabei gibt es aber diverse Einschränkungen, denn vereinfacht gesagt kann man ohne Eingriffe in den Code nur Optionen ändern, die im Customizer angeboten werden. Viele WordPress-User fühlten sich dadurch manchmal »gefangen im Theme«, wie es ein Leser ausgedrückt hat, weil man fast immer gerne etwas anpassen würde, das ohne Programmierkenntnisse nicht möglich ist.

Block-Themes heben diese Beschränkungen auf und ermöglichen die Bearbeitung der gesamten Website ohne Codeberührung nur mithilfe von Blöcken. *Full Site Editing* wird das auf Englisch genannt. Das Werkzeug zur Anpassung von Block-Themes ist der Website-Editor im Menü DESIGN, den Sie in diesem Kapitel und dem nächsten ausführlich kennenlernen.

Abbildung 11.1 Der Website-Editor im Menü »Design«

Block-Themes wie Twenty Twenty-Three ermöglichen also die Kontrolle über *alle* Aspekte einer WordPress-Website, und um das möglich zu machen, gibt es in Block-Themes einige grundlegende Neuerungen:

- Blöcke können überall eingefügt werden, auch im Header und Footer.
- Blöcke können im Bereich *Stile* für die ganze Website gestaltet werden.
- Templates, eine Art Schablone, die WordPress zur Erstellung von Webseiten nutzt, können in Block-Themes ohne Programmierkenntnisse nur mit Blöcken angepasst werden.
- Automatisch generierte Seitentypen, wie die *Beitragsseite*, die *Einzelansicht für Beiträge* oder die *Archivseiten,* können so nach Belieben angepasst werden.

Im Hintergrund wurden dazu wie gesagt sehr grundlegende Änderungen durchgeführt, und WordPress wurde im Rahmen des Projekts Gutenberg seit Jahren Schritt für Schritt auf diese Änderungen vorbereitet.

11.2 Überblick: Die Übungswebsite nach der Anpassung

Damit Sie wissen, wohin die Reise geht, möchte ich Ihnen kurz die wichtigsten Anpassungen zeigen, die Sie in diesem und im nächsten Kapitel mit dem Website-Editor umsetzen.

Abbildung 11.2 zeigt die Startseite am Ende von Kapitel 12, aber die Änderungen gelten für alle Seiten der Website:

- Im Header werden ein Website-Logo und der Untertitel der Website eingefügt.
- In der Hauptnavigation rechts oben stehen nur die wichtigsten Links.
- Header und Footer bekommen eine Hintergrundfarbe.
- Im Footer wird der WordPress-Slogan durch eine Navigation mit den rechtlichen Pflichtlinks ersetzt.

Abbildung 11.2 Die Startseite nach der Anpassung

Auf der Beitragsseite wird im Inhaltsbereich die vorhandene Überschrift *Mindblown: a blog about philosophy* durch *News* ersetzt. Außerdem wird die Ausgabe der Beiträge geändert und der Abschnitt zum Zusenden von Buchempfehlungen entfernt (Abbildung 11.3).

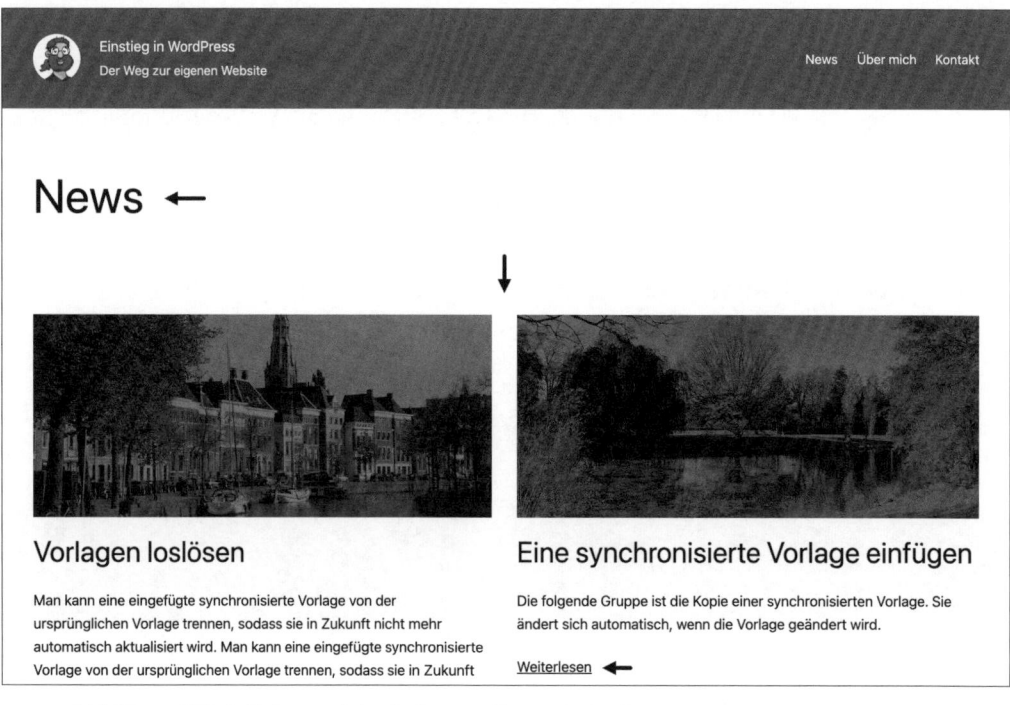

Abbildung 11.3 Beiträge auf der Beitragsseite nach der Anpassung

In der Einzelansicht eines Beitrags erscheint das Beitragsbild in Twenty Twenty-Three sehr groß und mit einem Overlay-Filter, der es abdunkelt. Die Beitragsbilder dienen auf der Übungswebsite in erster Linie als Blickfang in der Übersicht auf der Beitragsseite, und sie werden auf der Einzelansicht komplett entfernt (Abbildung 11.4).

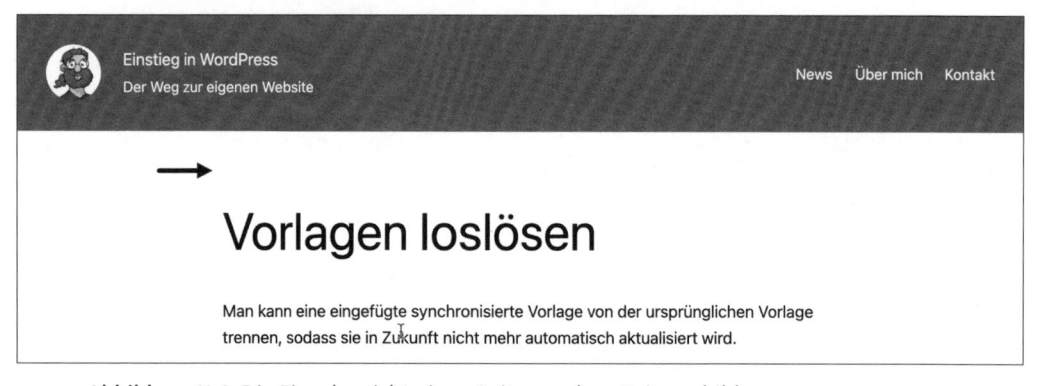

Abbildung 11.4 Die Einzelansicht eines Beitrags ohne Beitragsbild

Diese Anpassungen werden hübsch der Reihe nach umgesetzt:

1. In diesem Kapitel lernen Sie zunächst den Website-Editor kennen, passen dann die Hauptnavigation rechts oben im Header an und erstellen eine Navigation mit den rechtlichen Pflichtlinks im Footer.
2. In Kapitel 12 geht es los mit dem Bereich *Stile* zur Gestaltung der Website, und dann ändern Sie den Header auf der gesamten Website mithilfe einer fertigen Vorlage. Zum Abschluss passen Sie die Templates zur Ausgabe der Beiträge an.

Ihre Website kann dabei natürlich ganz anders aussehen, denn mit dem Website-Editor können Sie ein Block-Theme fast nach Belieben anpassen.

11.3 Den Website-Editor für Block-Themes kennenlernen

Anfangs etwas gewöhnungsbedürftig ist die Tatsache, dass es in Block-Themes momentan *zwei* Editoren gibt, die sich auch noch ähnlich sehen:

- Der Block-Editor, der bei der Erstellung oder Gestaltung von Inhalten in den Menüs BEITRÄGE und SEITEN genutzt wird. Dinge wie Navigation, Header, Footer oder automatisch generierte Seiten kann man hier nicht bearbeiten.
- Der Website-Editor im Menü DESIGN dient zur Anpassung von Block-Themes, und mit ihm können Sie alle Blockarten gestalten und auch Header, Footer und Templates anpassen.

Den Block-Editor für Inhalte kennen Sie bereits. In diesem und dem nächsten Kapitel geht es um den WEBSITE-EDITOR im Menü DESIGN.

> **Der Website-Editor wird sich auch weiterhin ändern**
>
> Der Website-Editor ist immer noch recht neu, und die Benutzeroberfläche wird in den nächsten WordPress-Versionen verfeinert, um die Bedienung zu vereinfachen und einsteigerfreundlicher zu machen.
>
> Wenn Sie diese Zeilen lesen, stimmen einige Abbildungen in diesem Kapitel also eventuell nicht mehr, und auch beschriebene Klickwege können sich geändert haben. Auf *einstieg-in-wp.de* halte ich Sie auf dem Laufenden.
>
> Die in diesem Kapitel beschriebenen Funktionsprinzipien wie *Navigation*, *Stile*, *Vorlagen* und *Templates* werden aber ziemlich sicher bleiben.

11.3.1 Der Website-Editor ist nach dem Start im »Browse-Modus«

Nach dem Starten sieht der Website-Editor etwa so aus wie in Abbildung 11.5. Er befindet sich in einem sogenannten *Browse-Modus*, in dem man sich in aller Ruhe umschauen kann. Dieser Browse-Modus ist eine dunkle Seite, auf der es links eine Seitenleiste mit diversen Bedienelementen gibt und rechts eine Live-Vorschau des Templates für die Startseite.

Abbildung 11.5 Der Website-Editor ist nach dem Start im »Browse-Modus«.

Zunächst zu den Bedienelementen im dunklen Bereich ganz oben links ❶:

- Das WordPress-Logo 🅦 bringt Sie zurück ins Dashboard.
- Der Titel der Website rechts daneben ist nicht verlinkt und soll Sie nur daran erinnern, welche Website Sie gerade anpassen.
- Wenn Sie mit dem Mauszeiger links neben die Lupe fahren, erscheint dort der Link Die Website anzeigen, der das Frontend der Website in einem neuen Tab aufruft. Praktisch, aber gut versteckt.
- Die Lupe öffnet die *Befehlspalette*. Das ist ein Eingabefeld für Befehle, mit denen man sich sehr schnell im Website-Editor bewegen kann. Die Befehlspalette können Sie mit `Strg` + `K` bzw. `cmd` + `K` überall im Website-Editor aufrufen. Einfach zwischendurch mal probieren.

Unterhalb dieser Elemente steht die Überschrift Design ❷. Ein Klick auf das Kleiner-als-Zeichen davor bringt Sie zurück ins Dashboard.

11.3 Den Website-Editor für Block-Themes kennenlernen

Darunter gibt es die fünf Bereiche NAVIGATION, STILE, SEITEN, TEMPLATES und VORLAGEN, die die wichtigsten Werkzeuge zur Anpassung der Website enthalten, und ganz unten zeigt der Hinweis GESPEICHERT, dass momentan im Website-Editor keine ungespeicherten Änderungen vorhanden sind.

In der Live-Vorschau rechts neben diesen Bedienelementen ❸ sehen Sie das Template für die Startseite. Die Größe der Live-Vorschau können Sie ändern, indem Sie mit dem Mauszeiger auf den linken Rand der Vorschau fahren und das Fenster dann mit gedrückter Maustaste verkleinern oder vergrößern. So bekommen Sie einen guten Eindruck davon, wie die Seiten auf schmaleren oder breiteren Bildschirmen aussehen.

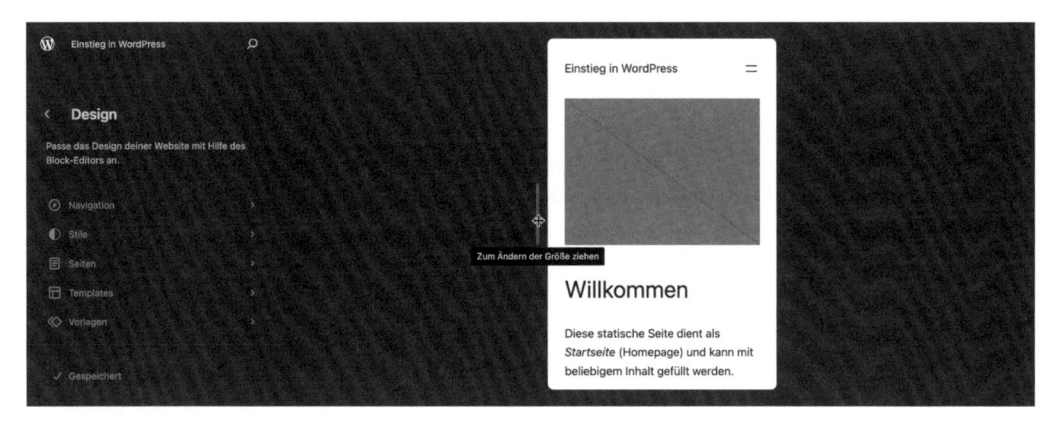

Abbildung 11.6 Die Größe der Live-Vorschau im Website-Editor ändern

11.3.2 Der Website-Editor im »Bearbeiten-Modus« zum Bearbeiten einer Seite

Im Gegensatz zum Block-Editor sehen Sie im Bearbeiten-Modus des Website-Editors die ganze Webseite einer Seite oder eines Beitrags. Dort können Sie entweder die Inhalte oder das dazugehörige Template bearbeiten, also die Schablone für die jeweilige Webseite.

Wenn Sie im *Browse-Modus* irgendwo auf die Live-Vorschau klicken, wechselt der Website-Editor in den *Bearbeiten-Modus*, in dem Sie dann zunächst die Inhalte der angezeigten Seite bearbeiten können. Die Bearbeitung der Templates folgt gleich in Abschnitt 11.3.3.

Abbildung 11.7 zeigt den Website-Editor im Bearbeiten-Modus, der auf den ersten Blick genauso aussieht wie der Block-Editor für Inhalte. Auf den zweiten Blick gibt es aber einige Unterschiede:

▶ Die obere Werkzeugleiste zeigt in der Mitte, dass die Seite WILLKOMMEN im Editor geöffnet ist.

- Ganz rechts gibt es einen neuen Bereich STILE für die globale Gestaltung der Website. Das Symbol ◐ gibt es im Website-Editor also doppelt:
    - im Block-Inspektor in der Seitenleiste EINSTELLUNGEN zur Gestaltung einzelner Blöcke
    - hier in der oberen Werkzeugleiste zur *globalen* Gestaltung der gesamten Website
- In der Seitenleiste EINSTELLUNGEN sehen Sie auf dem Register SEITE zwei neue Bereiche namens INHALT und TEMPLATE.

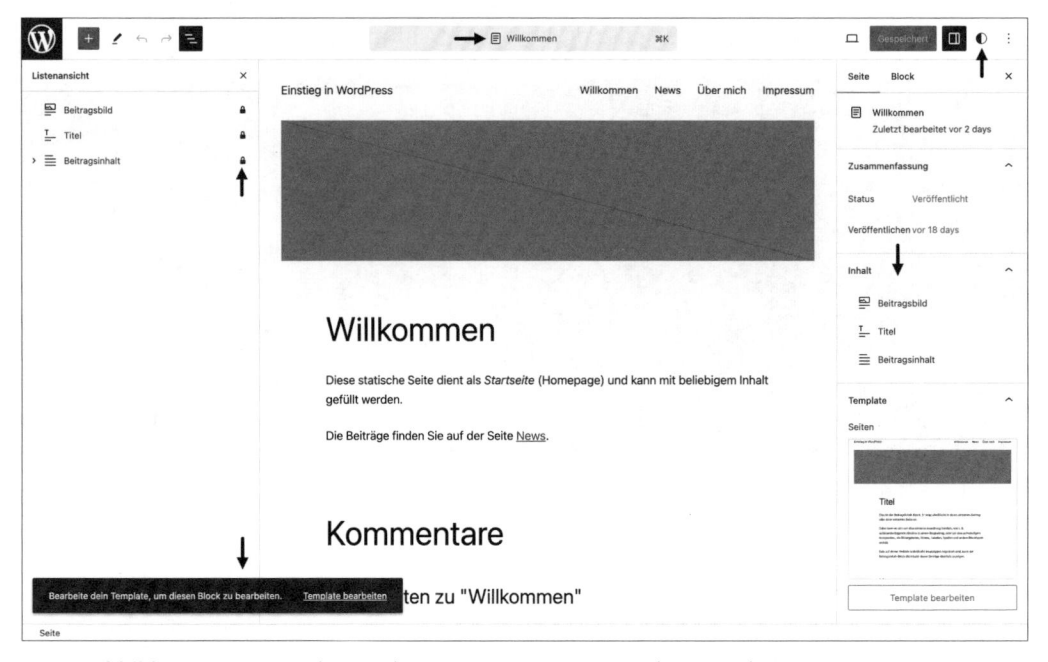

Abbildung 11.7 Der Website-Editor mit Startseite im Modus »Bearbeiten«

Auch im Inhaltsbereich des Editors gibt es Unterschiede, denn im Website-Editor sieht man die gesamte Seite:

- Oben ist der HEADER mit dem Titel der Website und einer Navigation.
- Darunter erscheint der Inhalt, der aus den Blöcken BEITRAGSBILD, TITEL und BEITRAGSINHALT besteht.
- Unterhalb des Inhalts sehen Sie einen Abschnitt für KOMMENTARE, der im Frontend nur auftaucht, wenn man im Backend-Menü SEITEN für diese Seite die Kommentarfunktion aktiviert.
- Und ganz unten (nicht im Bild) ist auch noch der Footer.

Header, Footer und Kommentar-Abschnitt können Sie in dieser Ansicht nicht bearbeiten. Falls Sie z. B. zur Bearbeitung auf den Header klicken, erscheint unten links der schwarz hinterlegte Hinweis *Bearbeite dein Template, um diesen Block zu bearbeiten* und der Link TEMPLATE BEARBEITEN (Abbildung 11.7). Zu Templates lesen Sie gleich mehr in Abschnitt 11.3.3.

Die Blöcke BEITRAGSBILD, TITEL und BEITRAGSINHALT enthalten die Inhalte, die im Block-Editor im Backend-Menü SEITEN gespeichert wurden:

- Der Block BEITRAGSBILD ist ein grauer Platzhalter, denn dieser Seite wurde kein Beitragsbild zugewiesen. Falls für diese Seite ein Beitragsbild definiert wird, erscheint es hier an Stelle des Platzhalters.
- Der Block TITEL enthält den Titel der Seite. *Willkommen*.
- Der Block BEITRAGSINHALT enthält den im Block-Editor eingegebenen Inhalt für diese Seite. Den Block gibt es trotz seines Namens übrigens für den Inhalt von Beiträgen *und* Seiten.

Diese drei Blöcke sind, wie Sie links in der Listenansicht sehen können, gesperrt, sodass sie nicht versehentlich gelöscht werden können.

Die Inhalte dieser Blöcke lassen sich hier im Website-Editor aber problemlos bearbeiten. Sie können also ein Beitragsbild einfügen, den Titel der Seite ändern und den Text im Block BEITRAGSINHALT ändern oder um weitere Blöcke ergänzen. Diese Änderungen werden in der Datenbank gespeichert und sind auch im Block-Editor im Menü SEITEN vorhanden.

11.3.3 Vorsicht: Ein »Template« im Website-Editor bearbeiten

Bei der bisher gesehenen Bearbeitung des Inhalts macht der Website-Editor im Grunde dasselbe wie der Block-Editor in den Backend-Menüs SEITEN und BEITRÄGE. Man sieht im Website-Editor die gesamte Seite, aber die eigentliche Stärke des Website-Editors ist die Bearbeitung von Templates ohne Codeberührung. Diese Templates sind wie gesagt eine Art Schablone, die WordPress bei der Erzeugung von Webseiten nutzt (siehe Abschnitt 12.4).

Abbildung 11.8 zeigt den Website-Editor nach einem Klick auf den Link TEMPLATE BEARBEITEN rechts unten in der Seitenleiste EINSTELLUNGEN mit eingeblendeter Listenansicht. Darin sehen Sie, dass es keine gesperrten Blöcke mehr gibt und alle Blöcke bearbeitet oder gelöscht werden können.

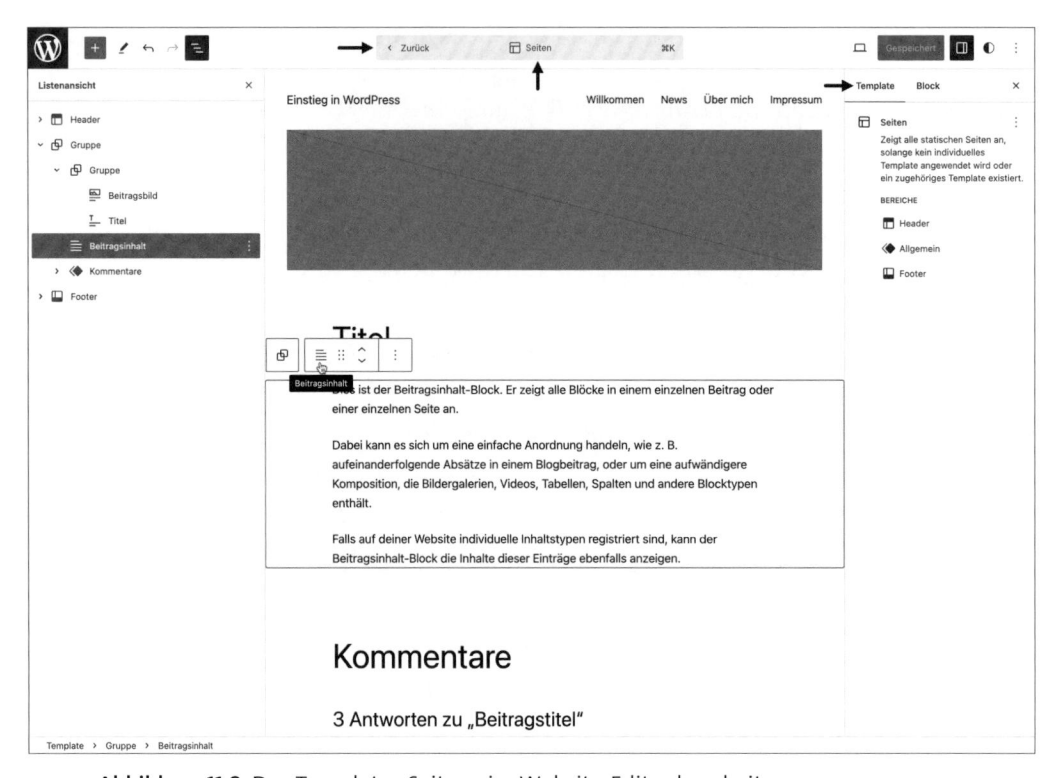

Abbildung 11.8 Das Template »Seiten« im Website-Editor bearbeiten

Mit dem Link < Zurück in der oberen Werkzeugleiste kommen Sie zurück zur inhaltlichen Bearbeitung der Seite *Willkommen*. Rechts daneben steht unscheinbar das Wort Seiten mit einem neuen Symbol davor, und in der rechten Seitenleiste gibt es ein Register namens Template.

Diese Änderungen kann man leicht übersehen, aber auch wenn es vielleicht nicht so aussieht – der Klick auf den Link Template bearbeiten hat Sie buchstäblich in eine andere Dimension gebracht:

- Vor dem Klick haben Sie den Inhalt der *Seite Willkommen* im Website-Editor bearbeitet. Alle Änderungen galten nur für diese Seite.
- Jetzt bearbeiten Sie ein *Template* namens *Seiten*. Dieses Template ist die Schablone, auf der standardmäßig *alle* im Menü Seiten erstellten Seiten basieren (mehr zu Templates erfahren Sie in Abschnitt 12.4).

Im Klartext: Eine Änderung an diesem Template hat Auswirkungen auf *alle* Seiten, nicht nur auf die Seite *Willkommen*. Änderungen an einem Template können also Konsequenzen haben, die man nicht sofort durchschaut und erst später bemerkt. Ein einfaches Beispiel:

- Der in Abbildung 11.8 markierte Block BEITRAGSINHALT holt die Inhalte einer Seite aus der Datenbank und stellt sie im Frontend dar.
- Wenn Sie diesen Block hier im Website-Editor löschen und das Template speichern, werden im Frontend auf allen statischen Seiten überhaupt keine Inhalte mehr angezeigt.

Gleiches gilt für alle anderen Blöcke wie z. B. BEITRAGSBILD, TITEL oder den Abschnitt für KOMMENTARE: Wenn Sie diese Blöcke hier absichtlich oder versehentlich löschen, sind deren Inhalte im Frontend nicht mehr vorhanden.

Aber keine Bange. Erstens können Sie alles wieder rückgängig machen (siehe unten), und zweitens arbeiten Sie im Website-Editor nicht die ganze Zeit direkt am offenen Herzen der Templates.

In diesem Kapitel passen Sie zunächst die Navigation an, und in Kapitel 12 geht es zunächst um Stile, Header und Footer. Templates kommen erst in Abschnitt 12.4 an die Reihe.

11.3.4 Praktisch: Änderungen an Templates kann man rückgängig machen

Das Bearbeiten von Templates im Website-Editor ist vergleichbar mit einer Kettensäge: in der Hand eines Profis ein sehr effektives Werkzeug, in der Hand eines Laien ein gefährliches.

Die gute Nachricht ist, dass man im Website-Editor, anders als bei einer Kettensäge, alle Unfälle mit wenigen Klicks rückgängig machen kann.

Falls es bei der Bearbeitung eines Templates im Website-Editor einen Betriebsunfall gab, hilft die folgende Anleitung:

1. Klicken Sie in der oberen Werkzeugleiste links außen auf das WordPress-Symbol, um in den Browse-Modus des Website-Editors zu wechseln.
2. Öffnen Sie im Browse-Modus den Bereich TEMPLATES.
3. Klicken Sie ganz unten auf den Link ALLE TEMPLATES VERWALTEN.
4. Ein Template, in dem etwas geändert wurde, hat den Zusatz ANGEPASST. In Abbildung 11.9 ist das beim Template SEITEN der Fall.
5. Mit einem Klick auf das 3-Punkte-Menü rechts daneben können Sie alle ANPASSUNGEN ENTFERNEN.

Mit diesem Klick wird das Template auf den Auslieferungszustand zurückgesetzt, alle Änderungen werden entfernt, und Sie können den nächsten Versuch starten.

Abbildung 11.9 Alle Anpassungen für das Template »Seiten« entfernen

11.4 Die Hauptnavigation im Website-Editor anpassen

Standardmäßig steht die Hauptnavigation bei Twenty Twenty-Three auf allen Webseiten rechts oben im Header und zeigt eine Liste aller veröffentlichten Seiten, die die Reihenfolge vom Backend-Menü SEITEN übernehmen.

Ziel der Anpassung in diesem Abschnitt ist es, dass die Hauptnavigation nicht mehr alle veröffentlichten Seiten, sondern nur noch die Links *News*, *Über mich* und *Kontakt* zeigt. Ein Link zur Startseite ist hier nicht zwingend erforderlich, denn der findet sich ohnehin im *Titel der Website*. Die rechtlichen Pflichtlinks zu den Seiten *Datenschutzerklärung* und *Impressum* werden dann in Abschnitt 11.5 rechts unten im Footer eingefügt.

11.4.1 Vorbereitung: Alle gewünschten Seiten erstellen und veröffentlichen

Bevor Sie die Links in der Hauptnavigation bearbeiten, erstellen und veröffentlichen Sie zunächst alle für die Website benötigten Seiten. Momentan ist die Seite zur *Datenschutzerklärung* noch ein Entwurf, und die Seite *Kontakt* gibt es noch gar nicht. Das wird im folgenden ToDo geändert.

> **ToDo: Alle benötigten Seiten erstellen und veröffentlichen**
> 1. Wechseln Sie ins Backend-Menü SEITEN.
> 2. Öffnen Sie für die Seite *Datenschutzerklärung* das QUICKEDIT.
> 3. Ändern Sie den STATUS in VERÖFFENTLICHT, und speichern Sie die Änderung mit einem Klick auf AKTUALISIEREN.

4. Erstellen Sie eine neue Seite.
5. Geben Sie als Titel »Kontakt« ein, und ändern Sie in der Seitenleiste EINSTELLUNGEN auf dem Register SEITE im Bereich SEITENATTRIBUTE die REIHENFOLGE zu »30«.
6. Veröffentlichen Sie die Seite.

In Abbildung 11.10 sieht man, dass die Hauptnavigation jetzt alle veröffentlichten Seiten anzeigt.

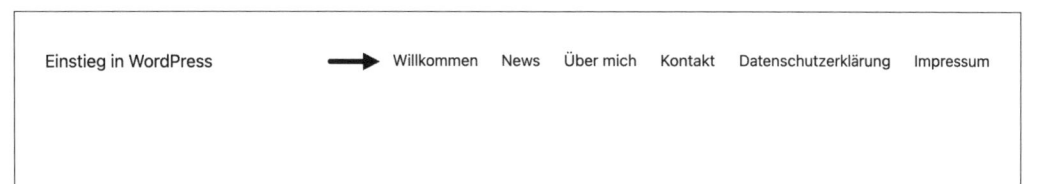

Einstieg in WordPress   ➡   Willkommen   News   Über mich   Kontakt   Datenschutzerklärung   Impressum

Willkommen

Abbildung 11.10 Die Hauptnavigation mit allen veröffentlichten Seiten

11.4.2 Eine Navigation besteht aus einem Block »Navigation« und einem Menü

In einem Block-Theme besteht eine Navigation immer aus zwei Teilen:

1. einem Block vom Typ *Navigation*, kurz *Navigationsblock* genannt
2. einem Menü mit Links, das mit vollem Namen *Navigationsmenü* heißt

Ein *Navigationsblock* kann im Website-Editor im Prinzip an einer beliebigen Stelle eingefügt werden, aber in Twenty Twenty-Three steht der Navigationsblock für die Hauptnavigation standardmäßig rechts oben im Header.

Ein *Navigationsmenü* enthält die Links für die Navigation und wird einem Navigationsblock zugewiesen. Navigationsmenüs werden im Browse-Modus des Website-Editors im Bereich NAVIGATION verwaltet und werden wie gesagt manchmal auch einfach nur kurz *Menü* genannt.

11.4.3 Schritt 1: Das bereits vorhandene Navigationsmenü umbenennen

Der Bereich NAVIGATION im Website-Editor dient zur Verwaltung der Navigationsmenüs. Wenn es nur ein Menü gibt, wird es hier sofort angezeigt. Gibt es mehrere Navigationsmenüs, werden sie hier gelistet, und Sie können dann auswählen, welches Sie anpassen möchten.

Abbildung 11.11 zeigt den Website-Editor mit dem geöffneten Bereich NAVIGATION, der ein Navigationsmenü namens *Navigation* mit einer Liste aller veröffentlichten Seiten enthält. Dieses Navigationsmenü wurde von WordPress automatisch erstellt und wurde dem Navigationsblock rechts oben im Header zugewiesen.

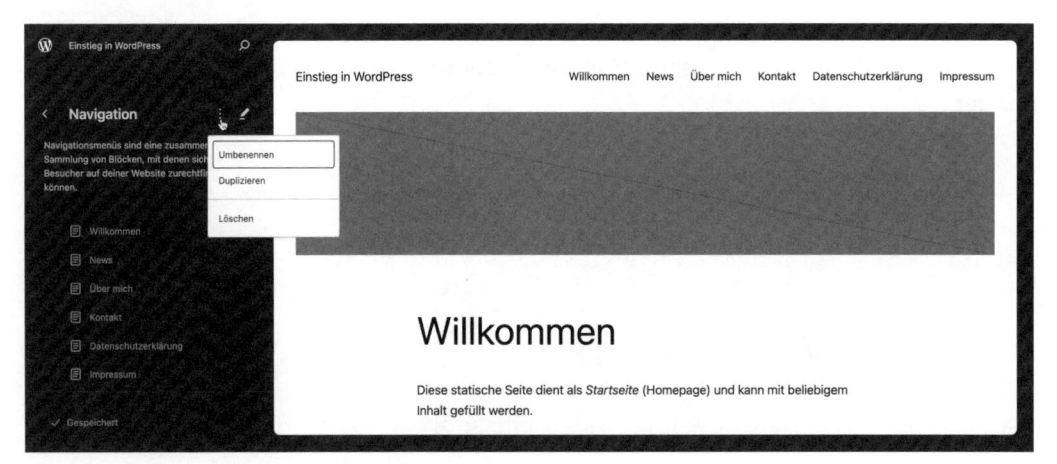

Abbildung 11.11 Der Bereich »Navigation« zur Anpassung von Menüs

Mit dem 3-Punkte-Menü können Sie das Navigationsmenü UMBENENNEN, DUPLIZIEREN oder LÖSCHEN, mit dem Bleistift rechts daneben lässt es sich BEARBEITEN.

Um den Unterschied zwischen dem Bereich NAVIGATION und dem gleichnamigen Navigationsmenü deutlicher zu machen, benennen Sie das Navigationsmenü im folgenden ToDo um in *Hauptnavigation*.

ToDo: Ein Navigationsmenü umbenennen

1. Öffnen Sie im Website-Editor den Bereich NAVIGATION.
2. Klicken Sie auf das 3-Punkte-Menü (Abbildung 11.11).
3. Klicken Sie auf den Befehl UMBENENNEN.
4. Geben Sie im Eingabefeld den Namen »Hauptnavigation« ein, und klicken Sie auf SPEICHERN.
5. Im Website-Editor erscheint jetzt der neue Name HAUPTNAVIGATION.

Abbildung 11.12 zeigt den Website-Editor mit dem geöffneten Bereich NAVIGATION, der jetzt ein Navigationsmenü namens HAUPTNAVIGATION enthält und die darin enthaltenen Links anzeigt.

Abbildung 11.12 Das Navigationsmenü heißt jetzt »Hauptnavigation«.

11.4.4 Schritt 2: Die vorhandenen Links aus dem Navigationsmenü entfernen

Die Liste mit den Links zu allen veröffentlichten Seiten in der Hauptnavigation wird von einem Block namens SEITENLISTE generiert, den Sie in diesem Schritt entfernen und dann im nächsten mit einzelnen Links ersetzen.

Nach einem Klick auf den Bleistift zum BEARBEITEN des Navigationsmenüs HAUPTNAVIGATION wechselt der Website-Editor in den Bearbeiten-Modus (Abbildung 11.13):

▶ Die obere Werkzeugleiste zeigt in der Mitte den Namen des gerade bearbeiteten Navigationsmenüs an.

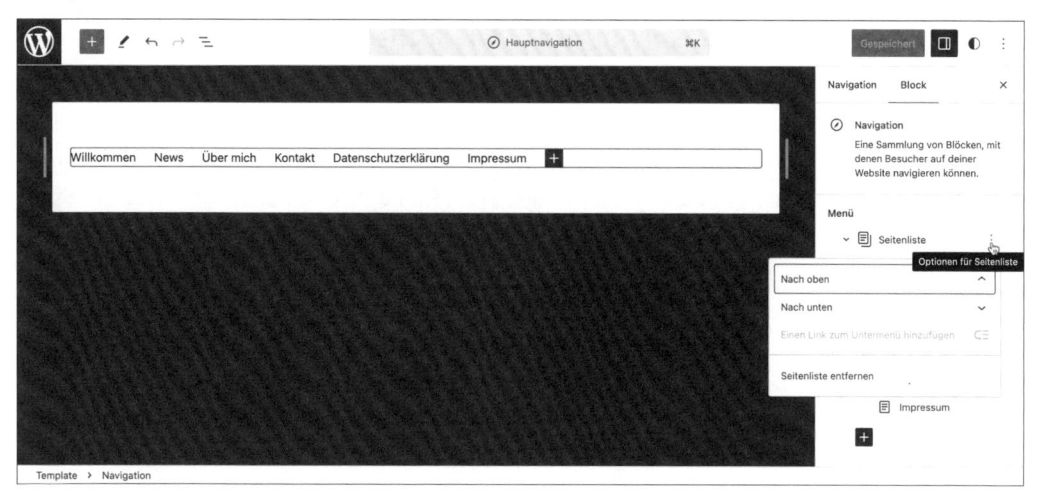

Abbildung 11.13 Der Navigationsblock mit seinem Navigationsmenü

- Unterhalb der oberen Werkzeugleiste ist das Editorfenster, in dem in Abbildung 11.13 ein Navigationsblock zur Bearbeitung geöffnet ist.
- Rechts daneben zeigt die Seitenleiste EINSTELLUNGEN mit dem Register BLOCK das Navigationsmenü für den im Editor ausgewählten Block.

Im folgenden ToDo entfernen Sie zunächst den Block SEITENLISTE. Im nächsten Schritt fügen Sie dann die gewünschten Seitenlinks hinzu.

ToDo: Den Block »Seitenliste« aus der Hauptnavigation entfernen

1. Öffnen Sie im Website-Editor den Bereich NAVIGATION.
2. Klicken Sie rechts neben der HAUPTNAVIGATION auf den Bleistift, um das Menü zu bearbeiten.
3. Klicken Sie in der rechten Seitenleiste auf dem Register BLOCK neben SEITENLISTE auf das 3-Punkte-Menü.
4. Klicken Sie im Menü auf den Befehl SEITENLISTE ENTFERNEN. Danach ist das Navigationsmenü leer.
5. Speichern Sie die Änderungen, und lassen Sie den Editor geöffnet.

Weiter geht's mit dem Hinzufügen der gewünschten Seitenlinks.

11.4.5 Schritt 3: Die wichtigsten Seitenlinks zum Menü hinzufügen

Im letzten Schritt fügen Sie dem momentan leeren Navigationsmenü die gewünschten Seitenlinks hinzu. Abbildung 11.14 zeigt, dass man in einem Navigationsmenü diverse Blöcke wie SEITENLINK, INDIVIDUELLER LINK, SUCHEN und SOCIAL ICONS hinzufügen kann. Momentan geht es erst einmal um die Seitenlinks.

Im folgenden ToDo fügen Sie dem Navigationsmenü die gewünschten Seitenlinks hinzu. Ein Link zur Startseite *Willkommen* ist dabei nicht mehr üblich, da der Titel der Website (und das weiter unten eingefügte Website-Logo) ebenfalls einen Link zur Startseite enthalten.

ToDo: Die wichtigsten Seitenlinks zum Navigationsmenü hinzufügen

1. Klicken Sie in der rechten Seitenleiste im Register BLOCK auf das Pluszeichen im Bereich MENÜ, um eine Auswahl der Blöcke anzuzeigen, die man in einem Navigationsmenü hinzufügen kann.

11.4 Die Hauptnavigation im Website-Editor anpassen

2. Klicken Sie auf den Block SEITENLINK.
3. Suchen Sie die Seite *News*, und fügen Sie sie mit einem Klick hinzu.
4. Klicken Sie erneut auf den Block SEITENLINK, und fügen Sie einen Link zur Seite *Über mich* hinzu.
5. Wiederholen Sie diese Schritte für die Seite *Kontakt*.
6. Speichern Sie die Änderungen.
7. Schließen Sie den Modus *Bearbeiten* des Website-Editors mit einem Klick auf das WordPress-Logo links außen in der oberen Werkzeugleiste.

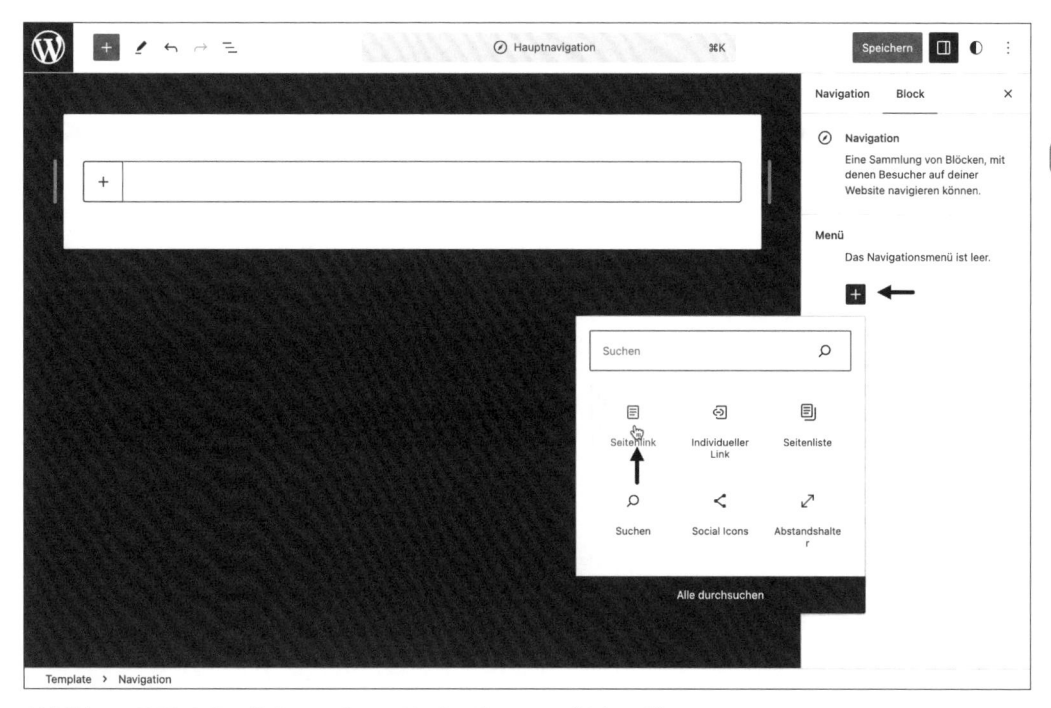

Abbildung 11.14 Seitenlinks zu einem Navigationsmenü hinzufügen

Abbildung 11.15 zeigt den Website-Editor im Browse-Modus. Links im Bereich NAVIGATION und rechts in der Live-Vorschau sehen Sie das neue Navigationsmenü mit den Seitenlinks in Aktion.

Abbildung 11.15 Die Hauptnavigation mit den gewünschten Seitenlinks

11.4.6 Praktisch: Alle Änderungen am Header wieder zurücksetzen

Falls bei der Bearbeitung der Hauptnavigation im Website-Editor etwas schiefgeht, können Sie alle am Header gemachten Änderungen wieder zurücksetzen (Abbildung 11.16):

1. Öffnen Sie im Browse-Modus den Bereich VORLAGEN. Der Header ist ein sogenanntes *Template-Teil*, das in diesem Bereich verwaltet wird.
2. Scrollen Sie nach unten zum Link ALLE TEMPLATE-TEILE VERWALTEN, und klicken Sie auf den Link.
3. Rechts erscheint dann eine Liste aller Template-Teile. Wenn wie beim Header etwas geändert wurde, bekommt das Template-Teil den Zusatz ANGEPASST.
4. Mit einem Klick auf das 3-Punkte-Menü rechts daneben können Sie alle ANPASSUNGEN ENTFERNEN.

Abbildung 11.16 Alle Anpassungen für »Header« entfernen

Mit diesem Klick wird das Template auf den Auslieferungszustand zurückgesetzt. Alle Änderungen werden entfernt, im Header erscheint wieder die Liste der veröffentlichten Seiten, und Sie können den nächsten Versuch starten.

11.5 Die Navigation mit den Pflichtlinks im Footer einfügen

Die Hauptnavigation im Header ist so weit okay, in diesem Abschnitt fügen Sie die rechtlichen Pflichtlinks zu den Seiten *Datenschutzerklärung* und *Impressum* rechts unten im Footer ein.

11.5.1 Schritt 1: Den Footer zur Bearbeitung im Website-Editor öffnen

Der Footer ist genau wie der Header ein sogenanntes *Template-Teil*. Das sind kleine Module, die in mehreren Templates verwendet werden können und die im Website-Editor im Bereich VORLAGEN verwaltet werden.

Im folgenden ToDo öffnen Sie den Footer zur Bearbeitung im Website-Editor.

> **ToDo: Den Footer zur Bearbeitung im Website-Editor öffnen**
> 1. Öffnen Sie im Browse-Modus des Website-Editors den Bereich VORLAGEN.
> 2. Scrollen Sie nach unten zum Bereich TEMPLATE-TEILE, und klicken Sie auf das Template-Teil FOOTER. Daraufhin werden rechts alle zur Verfügung stehenden Footer angezeigt. Momentan ist das nur einer.
> 3. Klicken Sie auf den FOOTER, der daraufhin in einer Einzelansicht erscheint.
> 4. Klicken Sie in der Einzelansicht auf den Bleistift, um den Footer im Website-Editor zur Bearbeitung zu öffnen.
> 5. Öffnen Sie die LISTENANSICHT.
> 6. Öffnen Sie alle verschachtelten Blöcke mit einem Klick auf das Größer-als-Zeichen vor dem Blocknamen, um die Block-Struktur des Footers zu sehen (Abbildung 11.17).

Nach diesem ToDo ist der Footer im Website-Editor fertig zur Bearbeitung. In Abbildung 11.17 sehen Sie links die LISTENANSICHT mit der Block-Struktur. In der oberen Werkzeugleiste und rechts in der Seitenleiste steht, dass Sie im Editor gerade das Template-Teil FOOTER bearbeiten.

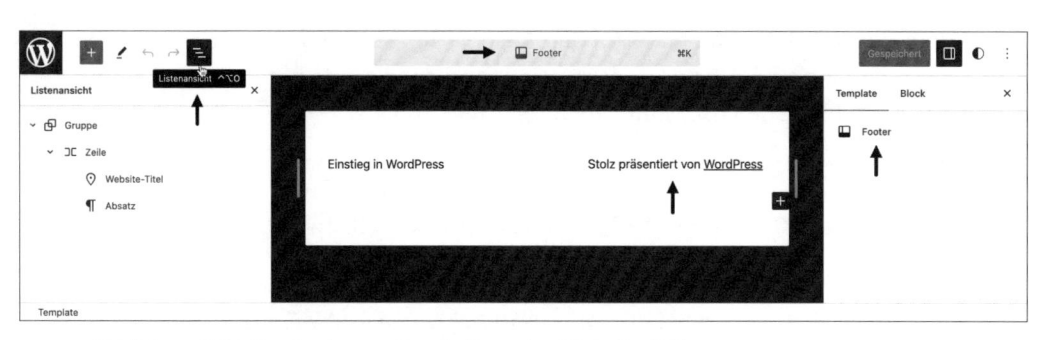

Abbildung 11.17 Der Footer zur Bearbeitung im Website-Editor

11.5.2 Schritt 2: Einen Navigationsblock im Footer einfügen

Der Footer ist zur Bearbeitung im Website-Editor geöffnet. Im folgenden ToDo ersetzen Sie den Absatz *Stolz präsentiert von WordPress* mit einem Navigationsblock.

> **ToDo: Einen Navigationsblock im Footer einfügen**
> 1. Klicken Sie im Editorfenster irgendwo in den Absatz *Stolz präsentiert von WordPress*.
> 2. Markieren Sie den Text im Absatz, und löschen Sie ihn.
> 3. Geben Sie im leeren Absatz die Zeichen »/nav« ein. Im Editor erscheint daraufhin eine Blockauswahl mit dem markierten Block NAVIGATION.
> 4. Bestätigen Sie das Einfügen mit ⏎.

In Abbildung 11.18 sehen Sie, dass WordPress im Navigationsblock automatisch das Menü *Hauptnavigation* hinzufügt, da es momentan nur dieses eine Menü gibt. Das ändern Sie gleich im nächsten Schritt.

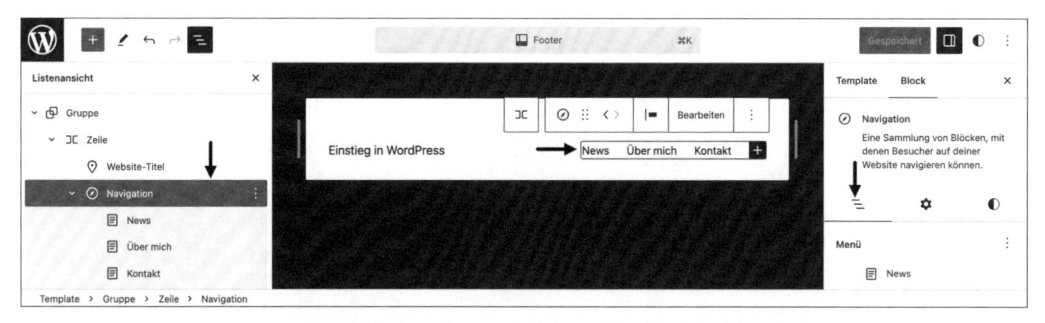

Abbildung 11.18 Der Navigationsblock im Footer – mit dem falschen Menü

11.5.3 Schritt 3: Ein Navigationsmenü mit den Pflichtlinks erstellen

Falls Sie die Hauptnavigation im Footer einfach noch einmal wiederholen möchten, sind Sie an dieser Stelle fertig.

Zum Einfügen der rechtlichen Pflichtlinks benötigen Sie aber ein neues Navigationsmenü, das Sie dann dem Navigationsblock im Footer zuweisen. Im folgenden ToDo wird dieses Menü erstellt und so konfiguriert, dass es auch auf mobilen Geräten immer zu sehen ist und die Links wie rechtlich erforderlich mit einem Klick erreichbar sind.

> **ToDo: Ein Navigationsmenü mit den Pflichtlinks erstellen**
> 1. Öffnen Sie g gebenenfalls den Footer zur Bearbeitung im Website-Editor.
> 2. Öffnen Sie in der *rechten* Seitenleiste auf dem Register BLOCK die LISTENANSICHT, und markieren Sie den Block NAVIGATION.
> 3. Klicken Sie rechts vom Wort MENÜ auf das 3-Punkte-Menü.
> 4. Klicken Sie im Menü auf den Link NEUES MENÜ ERSTELLEN.
> 5. Fügen Sie jeweils einen SEITENLINK zu den Seiten *Datenschutzerklärung* und *Impressum* hinzu.
> 6. Klicken Sie im Bereich MENÜ auf den Link DATENSCHUTZERKLÄRUNG, um ihn umzubenennen.
> 7. Ändern Sie den Eintrag im Feld LABEL zu »Datenschutz«.
> 8. Markieren Sie links in der Listenansicht den Block NAVIGATION.
> 9. Wechseln Sie auf das Register EINSTELLUNGEN (Zahnrad).
> 10. Wählen Sie im Bereich DARSTELLUNG für das OVERLAY-MENÜ die Option AUS, damit die Menülinks auch auf mobilen Geräten sichtbar bleiben.
> 11. Speichern Sie alle Änderungen.

Abbildung 11.19 zeigt das fertige Menü mit den Pflichtlinks im Footer.

Abbildung 11.19 Das Menü mit den Pflichtlinks im Footer

11.5.4 Schritt 4: Das neue Navigationsmenü umbenennen in »Pflichtlinks«

Im Browse-Modus des Website-Editors sehen Sie im Bereich NAVIGATION, dass WordPress dem neuen Navigationsmenü automatisch den Namen *Navigation* zugewiesen hat. Der Deutlichkeit halber benennen Sie dieses Menü im folgenden ToDo um in *Pflichtlinks*.

> **ToDo: Das neue Navigationsmenü umbenennen in »Pflichtlinks«**
> 1. Öffnen Sie im Browse-Modus des Website-Editors den Bereich NAVIGATION.
> 2. Öffnen Sie das Navigationsmenü NAVIGATION mit den Pflichtlinks.
> 3. Klicken Sie auf das 3-Punkte-Menü und dann auf UMBENENNEN.
> 4. Geben Sie im Eingabefeld den Namen »Pflichtlinks« ein.
> 5. Klicken Sie auf SPEICHERN.
> 6. Im Website-Editor erscheint jetzt der neue Name PFLICHTLINKS.

Abbildung 11.20 zeigt den Bereich NAVIGATION mit zwei Navigationsmenüs.

Abbildung 11.20 Der Bereich »Navigation« mit zwei Navigationsmenüs

> **Praktisch: Sie können alle Änderungen am Footer wieder zurücksetzen**
>
> Falls bei der Erstellung der Navigation im Footer etwas schiefgeht, können Sie wie (fast) immer im Website-Editor alles wieder rückgängig machen.
>
> Die Schritt-für-Schritt-Anleitung finden Sie in Abschnitt 11.4.6, »Praktisch: Alle Änderungen am Header wieder zurücksetzen«, wobei Sie in diesem Fall natürlich den *Footer* zurücksetzen.

11.6 Auf einen Blick

Die wichtigsten Themen noch einmal im Überblick:

- Block-Themes ermöglichen die Anpassung aller Aspekte einer WordPress-Website ohne Codeberührung nur mit Blöcken.
- Das Standardtheme *Twenty Twenty-Three* ist ein Block-Theme.
- Das Werkzeug zur Anpassung von Block-Themes ist der *Website-Editor*.
- Der Website-Editor startet in einem dunklen *Browse-Modus*, in dem es links Bereiche mit Bedienelementen und rechts eine Live-Vorschau gibt.
- Zur Bearbeitung von Seiten, Stilen, Vorlagen und Templates wechselt man in den *Bearbeiten-Modus*, in dem der Website-Editor dem Block-Editor für Inhalte ähnelt.
- Alle Seiten von WordPress werden auf der Basis eines Templates erzeugt. Diese Templates kann man im Website-Editor ohne Code bearbeiten.
- Header und Footer sind sogenannte Template-Teile. Das sind kleine Module, die in mehreren Templates eingesetzt werden können.
- Man kann alle Änderungen an Templates und Template-Teilen wieder rückgängig machen.
- Eine *Navigation* besteht in einem Block-Theme aus einem Navigationsblock und dem Navigationsmenü, das die Links enthält.

Kapitel 12
Block-Themes anpassen, Teil 2: Stile, Vorlagen und Templates

Worin Sie sehen, wie man Block-Themes im Website-Editor mit Stilen, Vorlagen und Templates anpassen kann.

Die Kapitelthemen im Überblick:

- »Stile« kennenlernen: Website gestalten ohne Code
- »Stile« in Aktion: Header und Footer farblich gestalten
- ›Vorlagen‹: Header mit Logo, Titel und Untertitel
- »Templates« anpassen mit dem Website-Editor
- Der Website-Editor ist ein echtes Powertool
- Auf einen Blick

In Kapitel 11 haben Sie den Website-Editor kennengelernt und die Navigation in Header und Footer angepasst. In diesem Kapitel geht es bei der Anpassung von Block-Themes weiter mit Stilen, Vorlagen und Templates.

12.1 »Stile« kennenlernen: Website gestalten ohne Code

Die *Stile* hießen auf Englisch ursprünglich *Global Styles*, was dann zu *Styles* verkürzt und als *Stile* übersetzt wurde. *Global* bedeutet in diesem Falle *für die gesamte Website*. Die Optionen in der Abteilung STILE dienen also zur Gestaltung der *gesamten* Website.

Mithilfe von Stilen können Sie Schriften, Farben, Layoutabstände und das Aussehen von Blöcken zentral für die gesamte Website definieren, um eine konsistente Gestaltung Ihrer Website sicherzustellen.

12.1.1 Der Bereich »Stile« im Browse-Modus

Im Browse-Modus des Website-Editors gibt es einen Bereich namens STILE, und ein Klick darauf zeigt mit aktiviertem Twenty Twenty-Three insgesamt elf Stilkombinationen für die Theme-Stile. Eine solche Stil-Variante hat dasselbe Layout wie das Original, bringt aber andere Einstellungen für Typografie, Farben und Layout mit.

Nach einem Klick auf eine Stil-Variante sehen Sie rechts eine Live-Vorschau. In Abbildung 12.1 sehen Sie eine Stil-Variante namens BRAUSE.

Abbildung 12.1 Einige fertige Stilkombinationen für Theme-Stile

Falls Ihnen eine Variante gefällt, klicken Sie auf SPEICHERN und schauen sich die Website dann im Frontend an, aber dieses Kapitel basiert auf der STANDARD-Variante.

Oben im Bereich STILE gibt es noch die Links STILBUCH und STILE BEARBEITEN. Das Stilbuch lernen Sie in Abschnitt 12.1.6 kennen, das Bearbeiten der Stile gleich im nächsten Abschnitt.

12.1.2 Die Seitenleiste »Stile« im Bearbeiten-Modus

Nach einem Klick auf den Link STILE BEARBEITEN landen Sie im Bearbeitungsmodus des Website-Editors. In Abbildung 12.2 sehen Sie links die Seite *Willkommen* und rechts daneben die bereits geöffnete Seitenleiste STILE.

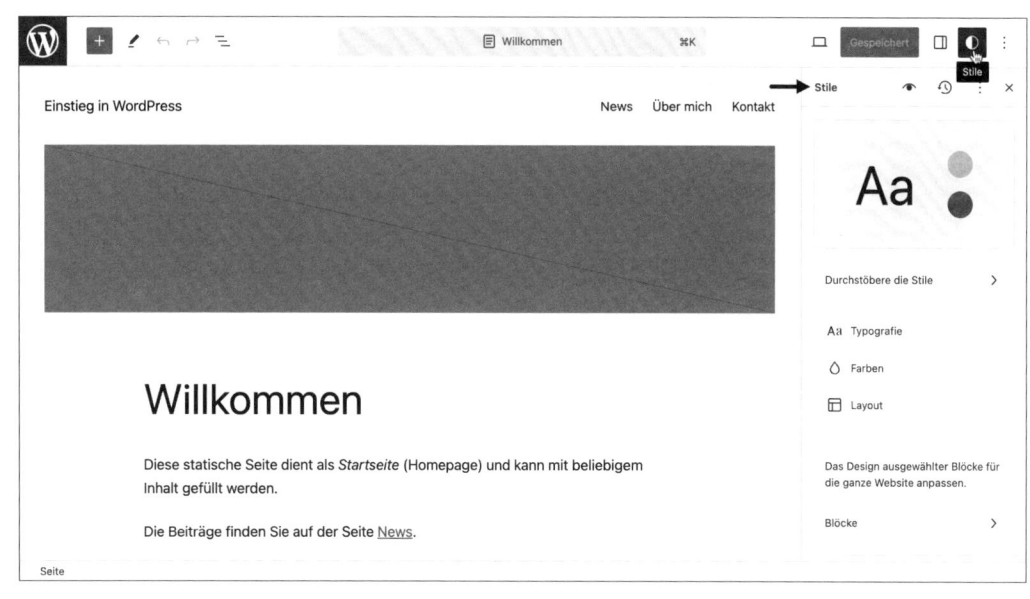

Abbildung 12.2 Die Seitenleiste »Stile« rechts außen im Website-Editor

Ganz oben in der obersten Zeile der Seitenleiste STILE gibt es drei Symbole:

- Das Auge ruft das STILBUCH auf (siehe Abschnitt 12.1.6).
- Die rückwärts laufende Uhr enthält die REVISIONEN und die Option AUF STANDARDEINSTELLUNGEN ZURÜCKSETZEN.
- Das 3-Punkte-Menü führt zum WILLKOMMENS-GUIDE und enthält eine Möglichkeit, ZUSÄTZLICHES CSS zu speichern, das für die gesamte Website gilt.

Die Vorschau darunter zeigt einen Groß- und einen Kleinbuchstaben in der momentan eingestellten Farbe für TEXT und daneben zwei farbige Punkte mit den in der Theme-Palette definierten Farben PRIMÄR und SEKUNDÄR. Der Link DURCHSTÖBERE DIE STILE darunter zeigt die Stil-Varianten, die Sie weiter oben bereits gesehen haben.

Interessanter sind die drei Bereiche TYPOGRAFIE, FARBEN und LAYOUT sowie der Bereich BLÖCKE, in dem Sie einzelne Blöcke zentral gestalten können. Diese Bereiche stelle ich Ihnen im Folgenden der Reihe nach vor.

12.1.3 »Stile • Typografie«: Schrift für Elemente global gestalten

Abbildung 12.3 zeigt den Bereich TYPOGRAFIE in der Seitenleiste STILE.

Abbildung 12.3 Der Bereich »Stile • Typografie«

Hier können Sie die Schrift für die folgenden Elemente zentral gestalten:

- TEXT ist der Fließtext in Absätzen, Listen, Zitaten und dergleichen.
- LINKS gestaltet die Hyperlinks im Inhaltsbereich.
- ÜBERSCHRIFTEN definiert die Schrift für alle Überschriften.
- BESCHRIFTUNGEN gilt für die Beschriftung in Bildern und Galerien.
- BUTTONS gestaltet die Schrift für die Buttons auf der gesamten Website.

Falls Sie die Schrift für einen bestimmten Block gestalten möchten, können Sie das im Bereich BLÖCKE erledigen (Abschnitt 12.1.6).

> **Neue Schriftarten hinzufügen? Momentan nur mit einem Plugin.**
>
> Neue Schriftarten hinzufügen geht momentan nur mit Plugins wie diesen:
>
> - Block-Theme erstellen (engl. *Create Block Theme*)
>   *de.wordpress.org/plugins/create-block-theme/*
> - Twentig
>   *de.wordpress.org/plugins/twentig/*
>
> Bei der Einbettung von Google Fonts sollten Sie darauf achten, dass diese DSGVO-konform offline gespeichert werden. Wenn Sie diese Zeile lesen, ist das Hinzufügen von Schriften ja vielleicht auch bereits Teil des Website-Editors.

12.1.4 »Stile • Farben«: Paletten und Farben für Elemente global gestalten

Abbildung 12.4 zeigt den Bereich FARBEN in der Seitenleiste STILE.

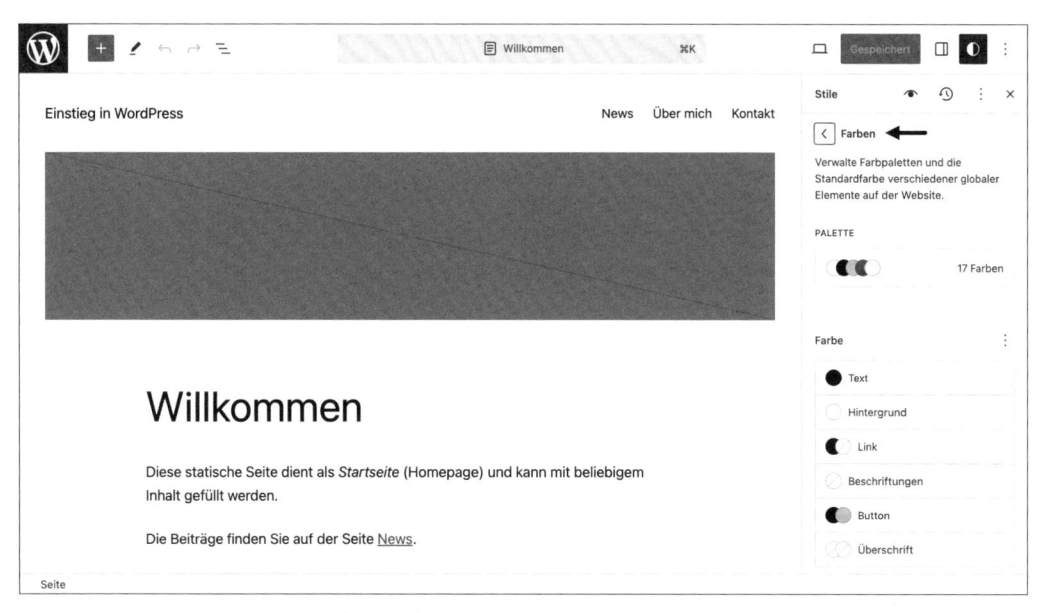

Abbildung 12.4 Der Bereich »Stile • Farben«

Die Verwaltung der Farbpaletten im Bereich PALETTE wird in Abschnitt 12.1.7 ausführlicher vorgestellt.

Die Elemente im Bereich FARBE entsprechen denen aus dem Bereich TYPOGRAFIE. Zusätzlich gibt es hier allerdings noch das Element HINTERGRUND, das die Hintergrundfarbe für die Webseiten definiert. Im 3-Punkte-Menü können Sie wie immer alle Optionen zurücksetzen und Werkzeuge zur farblichen Gestaltung der sechs Überschriftebenen einblenden. Falls Sie also gerne knallgrüne H2-Überschriften hätten, geht das hier ganz einfach.

12.1.5 »Stile • Layout«: Breite für Inhalte und Innenabstände global gestalten

Abbildung 12.5 zeigt den Bereich LAYOUT in der Seitenleiste STILE.

Layout klingt sehr vielversprechend, aber der Bereich enthält nur den Bereich GRÖSSE mit einigen Optionen zur Gestaltung von Breiten und Abständen:

- INHALT definiert die Breite für die Inhaltsspalte. Falls Sie 650 Pixel zu schmal finden, ist hier der Hebel zum Verbreitern der Inhaltsspalte.
- WEITE BREITE definiert die Breite für die Option WEITE BREITE, die Sie in diversen Block-Werkzeugleisten auswählen können.

- INNENABSTAND gestaltet den Innenabstand um die gesamte Seite herum. Der obere und untere Innenabstand ist mit Stufe 2 recht großzügig bemessen ist.
- BLOCK-ABSTÄNDE definiert vertikale und in einigen Blöcken auch horizontale Außenabstände. Diesen Wert sollten Sie wenn überhaupt nur sehr vorsichtig ändern, da die genauen Auswirkungen manchmal erst später deutlich werden.

Abbildung 12.5 Der Bereich »Stile • Layout«

Im 3-Punkte-Menü im Bereich LAYOUT können Sie alle Optionen auf die Standardeinstellung des Themes zurücksetzen. Versteckte Werkzeuge gibt es hier nicht.

12.1.6 »Stil • Blöcke« und »Stilbuch«: Einzelne Blöcke global gestalten

Abbildung 12.6 zeigt, dass der Bereiche BLÖCKE ein Suchfeld und eine lange Liste aller zur Verfügung stehenden Blöcke enthält.

Der Bereich BLÖCKE dient zur globalen Gestaltung einzelner Blöcke. Wenn Sie hier Optionen ändern, wird das für diesen Typ Block auf der gesamten Website übernommen, sodass Sie immer ein konsistentes Design haben.

Ebenfalls zur globalen Gestaltung einzelner Blöcke dient das STILBUCH, allerdings ist die Arbeit mit dem Stilbuch etwas visueller, denn Sie sehen bei der Gestaltung eine Live-Vorschau (Abbildung 12.7).

12.1 »Stile« kennenlernen: Website gestalten ohne Code

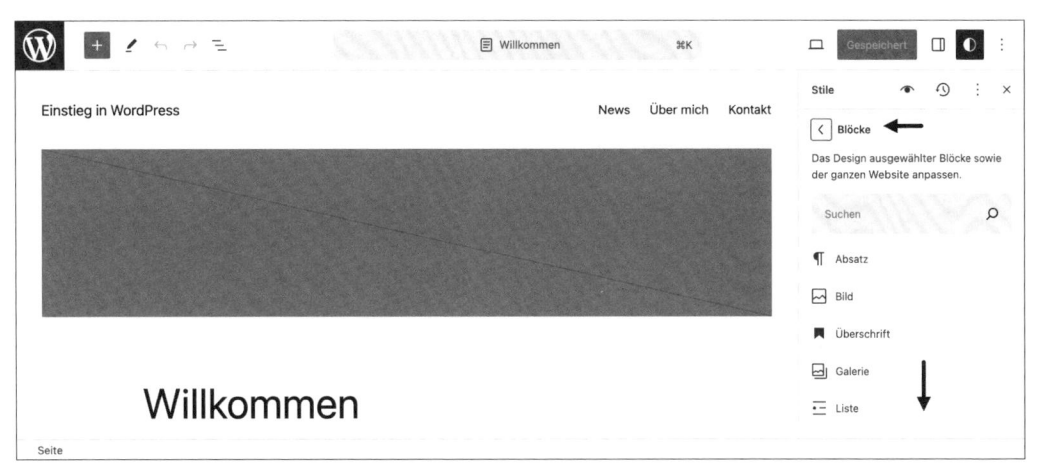

Abbildung 12.6 Der Bereich »Stile • Blöcke«

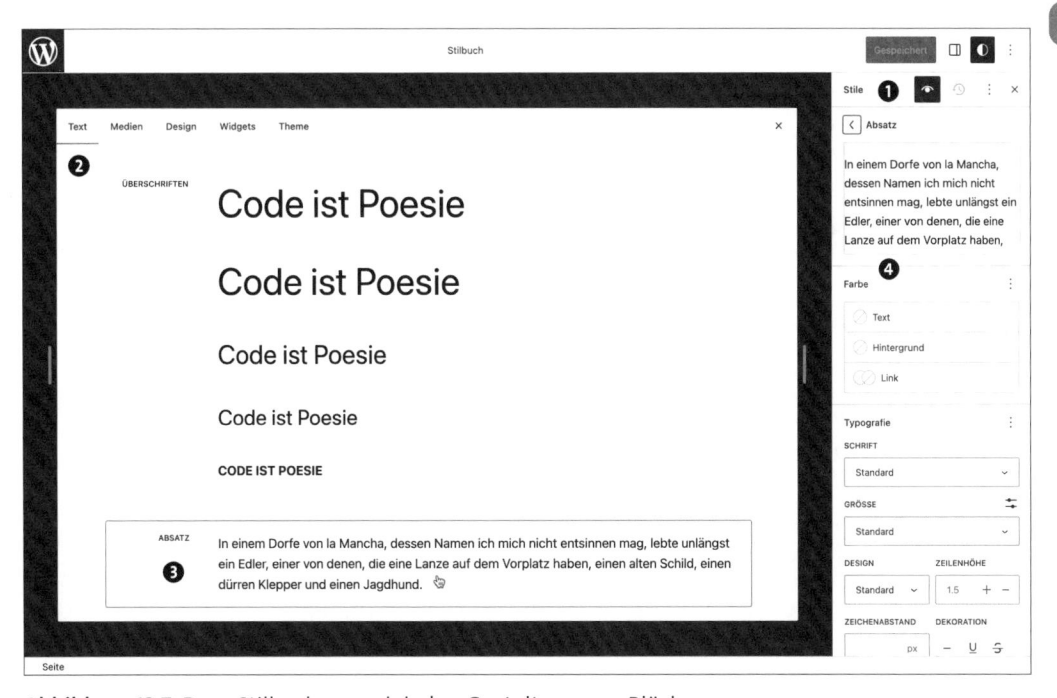

Abbildung 12.7 Das »Stilbuch« zur globalen Gestaltung von Blöcken

Abbildung 12.7 zeigt das STILBUCH nach dem Start mit dem Auge-Symbol oben in der Seitenleiste STILE ❶. Links erscheint ein großes Overlay-Fenster mit einer Liste von

Block-Kategorien ❷, die Sie aus dem Block-Inserter kennen. Wenn Sie im Stilbuch auf einen Block wie z. B. Absatz klicken ❸, dann erscheinen rechts in der Seitenleiste automatisch die Optionen zur Gestaltung dieses Block-Typs ❹. Eventuelle Änderungen werden im Stilbuch live angezeigt.

12.1.7 »Stile • Farben • Palette«: Block-Themes haben drei Farbpaletten

Das Farbschema der Website wird mit den Farbpaletten definiert, die Sie im Bereich Stile • Farben • Palette finden (Abbildung 12.8). Diese Farben werden bei der Farbauswahl in vielen Design-Werkzeugen angezeigt.

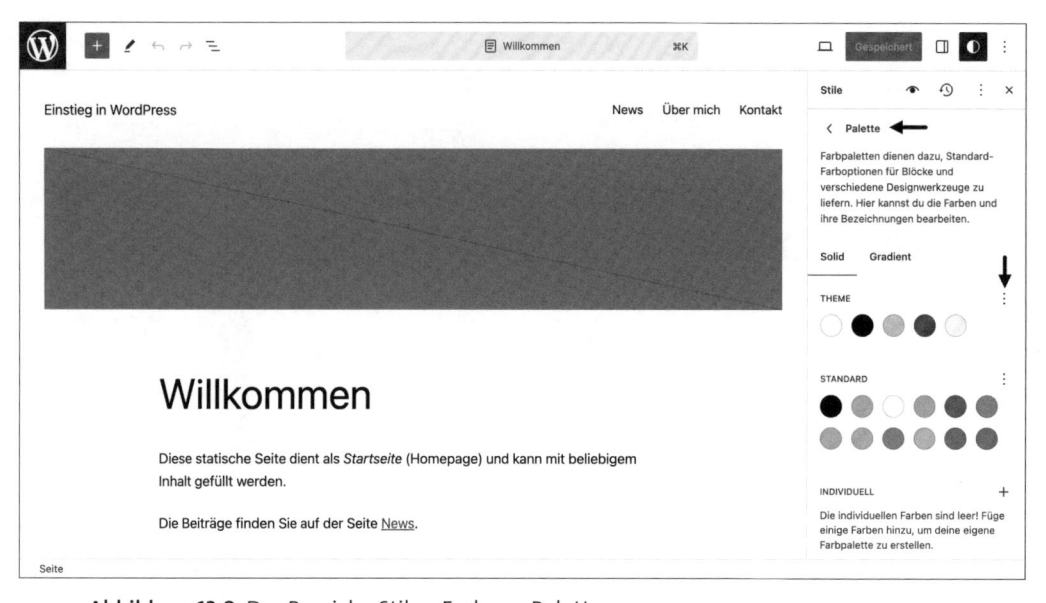

Abbildung 12.8 Der Bereich »Stile • Farben • Palette«

In einem Block-Theme gibt es drei Paletten mit unterschiedlichen Funktionen:

▶ Die Palette Theme hat in Twenty Twenty-Three fünf Farben, deren Namen unabhängig vom Farbwert sind (siehe Abschnitt 12.1.8). Die Farbwerte der Theme-Palette können Sie ändern, die Farbnamen nicht. Die Farbwerte werden von der aktiven Stil-Variante festgelegt (siehe Abschnitt 12.1.1).

▶ Die Standard-Palette besteht aus zwölf Farben, die von WordPress vorgegeben werden. Hier kann man weder Farbwerte noch Farbnamen ändern. Ein Theme-Autor kann diese Palette ausblenden, aber die Farben bleiben im Hintergrund trotzdem vorhanden.

- Die Palette INDIVIDUELL ist von Haus aus leer. Hier können Sie sowohl Farbwerte als auch deren Namen frei bestimmen und nach Belieben eine eigene Farbpalette erstellen.

Im nächsten Abschnitt lernen Sie die Farben der Theme-Palette kennen.

12.1.8 »Theme-Palette«: Das Farbschema für die gesamte Website ändern

In der Theme-Palette von Twenty Twenty-Three gibt es wie gesagt fünf Farben, deren Namen unabhängig vom Farbwert sind und die Funktion der Farbe beschreiben:

- BASIS ist die Basisfarbe, die für den Hintergrund der Seiten verwendet wird. Standardeinstellung von Twenty Twenty-Three ist Weiß.
- KONTRAST ist eine Farbe, die einen deutlichen Kontrast zur Basisfarbe bildet und z. B. für den Text zum Einsatz kommt. Standardeinstellung in Twenty Twenty-Three ist Schwarz.
- PRIMÄR ist eine Farbe, die einen deutlichen Akzent setzt. In Twenty Twenty-Three ist das ein grelles Grün, das z. B. als Hintergrundfarbe für Buttons dient.
- SEKUNDÄR ist in Twenty Twenty-Three ein dunkles Grün, das z. B. für die Links im Inhaltsbereich eingesetzt wird.
- TERTIÄR ist in Twenty Twenty-Three ein helles Grau, das man z. B. als Hintergrundfarbe in Layoutblöcken wie Gruppe oder Spalten verwenden kann.

Im folgenden ToDo ändern Sie in der Theme-Palette für die Übungswebsite die Farben PRIMÄR, SEKUNDÄR und TERTIÄR.

ToDo: Die Theme-Palette von Twenty Twenty-Three ändern

1. Öffnen Sie den Bereich STILE • FARBEN • PALETTE.
2. Klicken Sie auf die Farbe PRIMÄR, und wählen Sie als Farbwert einen hellen Blauton wie z. B. #22BBFF.
3. Klicken Sie auf die Farbe SEKUNDÄR, und wählen Sie als Farbwert einen etwas dunkleren Blauton wie z. B. #0077BB.
4. Klicken Sie auf die Farbe TERTIÄR, und wählen Sie als Farbwert ein helles Grau, das etwas dunkler ist als der Standardwert, wie z. B. #EEEEEE.
5. Speichern Sie die Änderungen.

Abbildung 12.9 zeigt die drei geänderten Farben nach diesem ToDo.

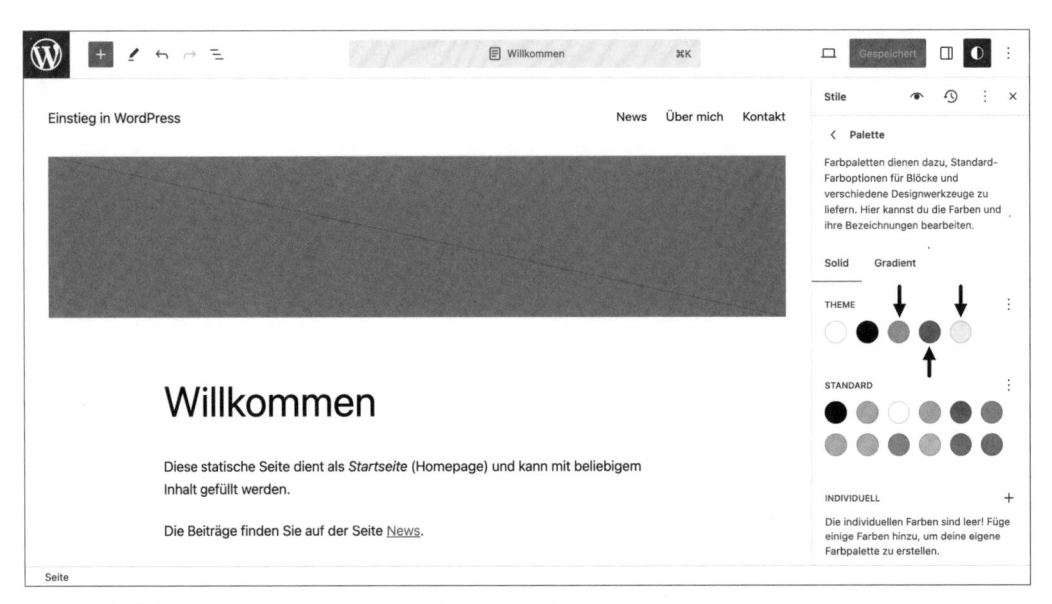

Abbildung 12.9 Drei geänderte Farben in der Theme-Palette

Die neuen in der Theme-Palette definierten Farbwerte werden automatisch auf der gesamten Website eingesetzt.

Abbildung 12.10 Die Theme-Palette in Aktion

Abbildung 12.10 zeigt als Beispiel das Layout mit Spalten und Gruppen aus Abschnitt 9.6, in dem alle Farbwerte genutzt werden:

- Der umgebende Spalten-Block hat die Hintergrundfarbe *Tertiär*.
- In jeder Spalte gibt es eine Gruppe mit der Hintergrundfarbe *Basis*.
- Der Text hat die Farbe *Kontrast*.
- Der Link im Text hat die Farbe *Sekundär*.
- Die Standard-Buttons haben den Hintergrund *Primär*.
- Die Kontur-Buttons haben als Randfarbe *Kontrast*.

12.2 »Stile« in Aktion: Header und Footer farblich gestalten

Die Theme-Farbpalette wurde geändert, und in diesem Abschnitt geht es jetzt um die farbliche Gestaltung von Header und Footer.

12.2.1 Schritt 1: Den Header farblich gestalten

Im folgenden ToDo ändern Sie diverse Farbwerte für Elemente im Header.

ToDo: Dem Header eine Text- und Hintergrundfarbe zuweisen

1. Öffnen Sie im Bereich VORLAGEN • TEMPLATE-TEILE den HEADER in der Einzelansicht und dann zur Bearbeitung im Website-Editor.
2. Markieren Sie in der Listenansicht den umgebenden Gruppe-Block.
3. Öffnen Sie in der Seitenleiste mit den Block-Einstellungen das Register STILE.
4. Wählen Sie für das Element TEXT aus der Theme-Palette die Farbe BASIS.
5. Wählen Sie für das Element HINTERGRUND die Farbe SEKUNDÄR.
6. Wählen Sie für das Element LINK die Farbe BASIS.
7. Blenden Sie im Bereich INNENABSTAND mit einem Klick auf das Vier-Seiten-Symbol das Werkzeug für den INNENABSTAND OBEN ein.
8. Schieben Sie den Regler auf Stufe 1.
9. Markieren Sie in der Listenansicht den Zeile-Block, und setzen Sie den INNENABSTAND UNTEN gegebenenfalls auf Stufe 1.
10. Speichern Sie die Änderungen.

Abbildung 12.11 zeigt den Header nach diesem ToDo mit weißem Text, aber oberhalb des Headers gibt es noch einen weißen Rand, der im nächsten Schritt entfernt wird.

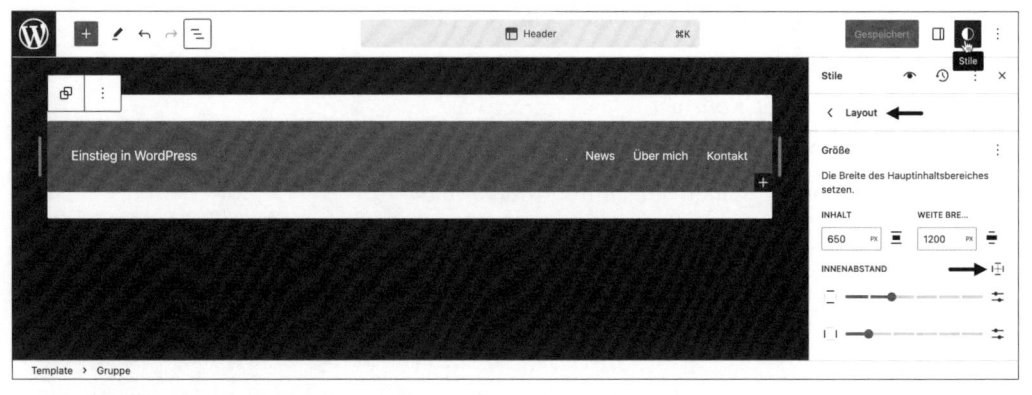

Abbildung 12.11 Der Header mit neuen Farben – fast fertig

12.2.2 Schritt 2: Den Abstand oberhalb des Headers entfernen

Der weiße Rand oberhalb des Headers fällt erst auf, wenn er eine Hintergrundfarbe hat. Dieser weiße Rand wird vom Innenabstand erzeugt, der um die ganze Seite geht, und entfernen kann man ihn in STILE • LAYOUT mit der Option INNENABSTAND.

Da Sie nur den oberen Innenabstand entfernen möchten, holen Sie im folgenden ToDo zunächst das passende Design-Werkzeug aus dem Werkzeugkasten, denn mit den standardmäßig vorhandenen Werkzeugen können Sie den oberen und unteren Innenabstand nur zusammen ändern.

> **ToDo: Den weißen Abstand oberhalb des Headers entfernen**
> 1. Öffnen Sie gegebenenfalls den Header zur Bearbeitung im Website-Editor.
> 2. Öffnen Sie die Seitenleiste STILE.
> 3. Wechseln Sie in den Bereich LAYOUT.
> 4. Klicken Sie auf das Vier-Seiten-Symbol neben dem Wort INNENABSTAND.
> 5. Wählen Sie das Design-Werkzeug für OBEN.
> 6. Ändern Sie den INNENABSTAND OBEN mit dem Schieberegler auf 0.
> 7. Speichern Sie die Änderungen.

Abbildung 12.12 zeigt, dass der Header nach diesem ToDo nach oben keinen Abstand mehr hat.

Abbildung 12.12 Der farbige Header ohne weißen Abstand darüber

12.2.3 Schritt 3: Den Footer farblich gestalten

Die Gestaltung des Footers funktioniert im Prinzip genauso, nur die Abstände werden ein bisschen anders definiert. Nach dem folgenden ToDo haben Sie einen farbigen Footer.

ToDo: Den Footer gestalten

1. Öffnen Sie im Bereich VORLAGEN • TEMPLATE-TEILE den FOOTER in der Einzelansicht und dann zur Bearbeitung im Website-Editor.
2. Markieren Sie in der Listenansicht den umgebenden Gruppe-Block.
3. Öffnen Sie in der Seitenleiste mit dem Block-Inspektor das Register STILE.
4. Wählen Sie für das Element TEXT aus der Theme-Palette die Farbe BASIS und für den HINTERGRUND die Farbe SEKUNDÄR.
5. Markieren Sie den Zeile-Block, und setzen Sie den INNENABSTAND OBEN gegebenenfalls auf Stufe 1.
6. Öffnen Sie die Seitenleiste STILE, und wechseln Sie in den Bereich LAYOUT.
7. Klicken Sie auf das Vier-Seiten-Symbol neben dem Wort INNENABSTAND.
8. Wählen Sie das Design-Werkzeug für UNTEN.
9. Ändern Sie den INNENABSTAND UNTEN mit dem Schieberegler auf 0.
10. Speichern Sie die Änderungen.

Abbildung 12.13 zeigt den Footer nach diesem ToDo.

Abbildung 12.13 Der Footer mit Farbe

12.2.4 Praktisch: Änderungen an den Stilen rückgängig machen

Genau wie bei Templates und Template-Teilen können Sie auch in der Abteilung STILE alle Änderungen wieder rückgängig machen. Abbildung 12.14 zeigt das Menü REVISIONEN, in dem es für die Stile sogar zwei Möglichkeiten gibt:

- Der REVISIONSVERLAUF zeigt eine Zeitleiste mit allen Änderungen. Wenn Sie eine Änderung markieren, zeigt WordPress links live den Stand der Website zu diesen Zeitpunkt. In Abbildung 12.14 ist zu Demonstrationszwecken eine Revision markiert, bei der der weiße Abstand oberhalb des Header noch sichtbar war.

- Die Option AUF STANDARDEINSTELLUNGEN ZURÜCKSETZEN ist der Notschalter und macht genau das, was es sagt. Alle Änderungen an den Stilen werden rückgängig gemacht, und alle Werte werden auf die Standardeinstellungen des Themes zurückgesetzt.

Abbildung 12.14 Änderungen rückgängig machen mit den »Revisionen«

12.3 »Vorlagen«: Header mit Logo, Titel und Untertitel

Header und Footer werden in Block-Themes wie erwähnt als *Template-Teile* bezeichnet, weil sie wie kleine Bausteine in mehreren Templates eingebaut werden.

In diesem Abschnitt zeige ich Ihnen, wie Sie im Header eine neue Blockvorlage mit Website-Logo und Untertitel der Website einfügen:

Zunächst suchen Sie eine passende Vorlage, die Sie dann im Website-Editor im Header einfügen. Dieser neuen Vorlage müssen Sie wieder das passende Navigationsmenü und die gewünschten Farben zuweisen. Zum Abschluss fügen Sie im Header ein Website-Logo ein und definieren das auch gleich als Website-Icon. Der neue Header erscheint automatisch auf allen Seiten der Website.

> **Sie können alle Änderungen am Header rückgängig machen**
> Falls bei der Anpassung des Headers in diesem Abschnitt etwas schiefgeht, können Sie alles wieder rückgängig machen. Die Schritt-für-Schritt-Anleitung dazu finden Sie in Abschnitt 11.4.6.

12.3.1 Schritt 1: Eine passende Header-Vorlage suchen

Bevor Sie sich an die Anpassung des Headers machen, schauen Sie sich noch einmal kurz die zur Verfügung stehenden Vorlagen an. Die Vorlage soll die in Abschnitt 11.2 beschriebenen Bedingungen erfüllen:

- Ganz links steht ein abgerundetes Website-Logo.
- Rechts daneben stehen untereinander Titel und Untertitel der Website.
- Rechts außen gibt es die Hauptnavigation.

Um die vorhandenen Vorlagen zu sehen, klicken Sie in der oberen Werkzeugleiste auf den BLOCK-INSERTER und wechseln dann auf das Register VORLAGEN. Dort gibt es eine Kategorie namens HEADER, in der es diverse Vorlagen gibt.

Abbildung 12.15 zeigt einen Teil der bestehenden Header-Vorlagen mit und ohne Hintergrundgrafiken. Schauen Sie sich diese Vorlagen einmal in Ruhe an und achten Sie darauf, welche Blöcke enthalten sind und wie sie dargestellt werden.

Die Vorlage Simple header with tagline (auf Deutsch Einfacher Header mit Untertitel) erfüllt alle oben genannten Bedingungen und wird in den nächsten Schritten eingefügt.

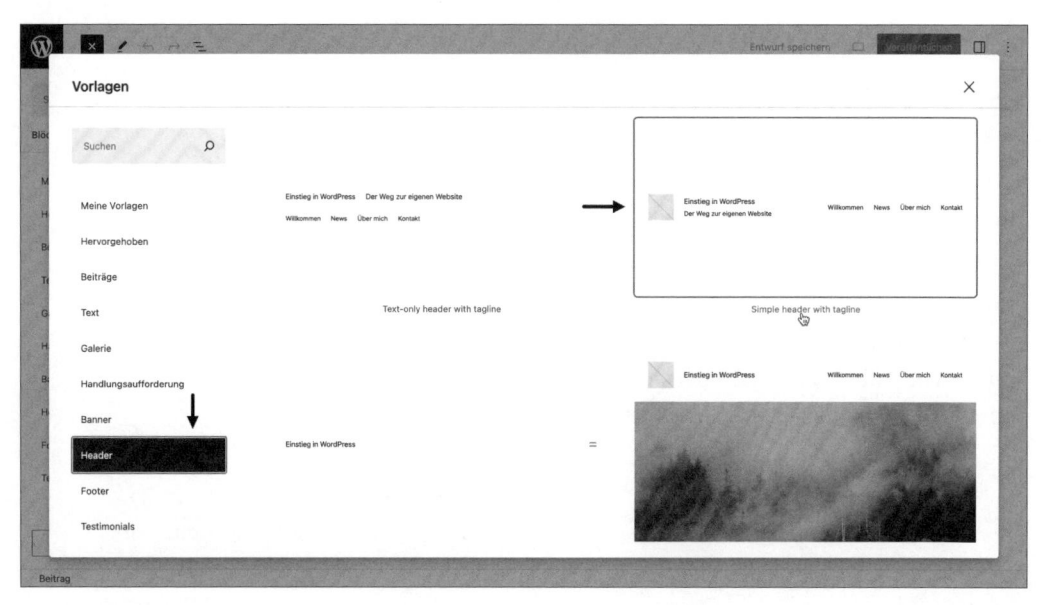

Abbildung 12.15 Eine Header-Vorlage mit Website-Logo und Untertitel

12.3.2 Schritt 2: Das Template-Teil »Header« zur Bearbeitung öffnen

Der Header ist wie erwähnt ein Template-Teil, das im Website-Editor im Browse-Modus im Bereich VORLAGEN verwaltet wird (Abbildung 12.16).

Der Bereich VORLAGEN ist auf den ersten Blick etwas unübersichtlich, aber vielleicht wird sich das in der nächsten WordPress-Version schon wieder ändern. Momentan stehen die Template-Teile ganz unten, Sie müssen sie eventuell erst einmal ins Blickfeld scrollen:

- Die erste Option heißt MEINE VORLAGEN und enthält die von Ihnen selbst erstellten Vorlagen.
- Die Bereiche darunter zeigen, geordnet nach Kategorien, die momentan im Theme genutzten Vorlagen. Die Kategorien sind mit einem Schloss versehen, da die Vorlagen hier nicht geändert werden können. Die Zahl dahinter zeigt an, wie viele Vorlagen aus einer Kategorie genutzt werden.
- Weiter unten gibt es den Bereich TEMPLATE-TEILE. Template-Teile sind technisch gesehen eine Sonderform der synchronisierten Vorlagen und haben wie diese ein lila Symbol. Änderungen innerhalb des Headers wirken sich also auf alle Instanzen aus.

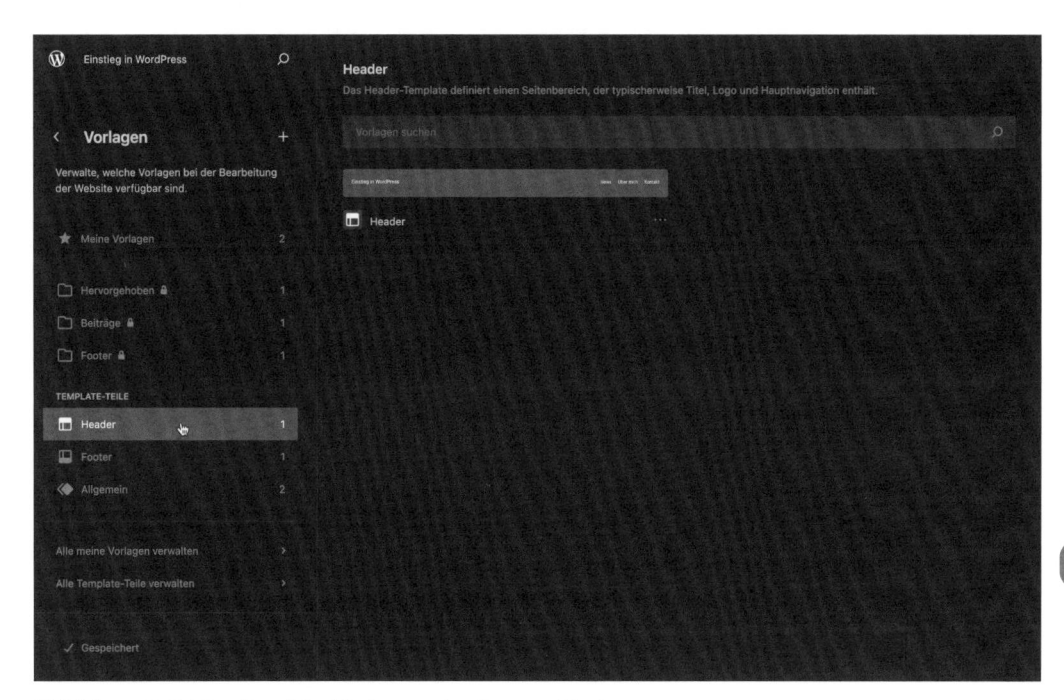

Abbildung 12.16 Der Bereich »Vorlagen« im Browse-Modus

Bei den Template-Teilen gibt es die Kategorien HEADER und FOOTER, die jeweils ein Element enthalten, und ALLGEMEIN mit zwei Elementen: Das Template-Teil BEITRAGS-META enthält die Metadaten der Beiträge, und das Template-Teil KOMMENTARE stellt ein Kommentarformular und eventuell vorhandene Kommentare dar. Beide werden in der Einzelansicht der Beiträge verwendet.

Im folgenden ToDo öffnen Sie das Template-Teil HEADER zur Bearbeitung im Website-Editor.

> **ToDo: Den Header zur Bearbeitung im Website-Editor öffnen**
>
> 1. Öffnen Sie im Browse-Modus des Website-Editors den Bereich VORLAGEN, und scrollen Sie, falls nötig, um den Bereich TEMPLATE-TEILE zu sehen.
> 2. Klicken Sie unten im Bereich TEMPLATE-TEILE auf HEADER. Daraufhin werden rechts alle zur Verfügung stehenden Header angezeigt. Momentan ist das nur einer.
> 3. Klicken Sie auf den Header, der daraufhin in einer Einzelansicht erscheint, in der auch die Navigationslinks gelistet werden.

4. Klicken Sie in der Einzelansicht auf den Bleistift, um den Header im Website-Editor zur Bearbeitung zu öffnen.
5. Öffnen Sie die Listenansicht, und schauen Sie sich die Block-Struktur im Header an.

Nach diesem ToDo ist der Header mit der Hintergrundfarbe im Website-Editor fertig zur Bearbeitung. Abbildung 12.17 zeigt die Listenansicht mit einem markierten Gruppe-Block.

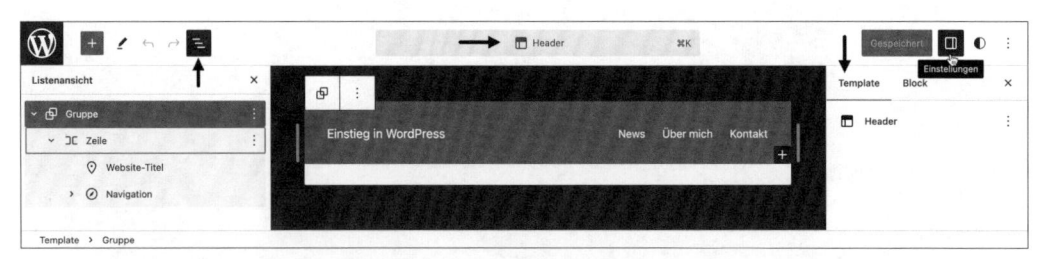

Abbildung 12.17 Der aktuelle Header im Website-Editor

12.3.3 Schritt 3: Die neue Vorlage im Header einfügen

Im folgenden ToDo löschen Sie den vorhandenen Block GRUPPE im Header und ersetzen ihn durch die neue Vorlage. Danach weisen Sie dem Navigationsblock im Header erneut das Menü *Hauptnavigation* zu.

> **ToDo: Die neue Vorlage im Header einfügen**
>
> 1. Öffnen Sie gegebenenfalls den Header zur Bearbeitung im Website-Editor.
> 2. Blenden Sie links die LISTENANSICHT mit der Block-Struktur ein.
> 3. Markieren Sie in der Listenansicht den Block GRUPPE, und löschen Sie ihn.
> 4. Klicken Sie auf den BLOCK-INSERTER ➕ in der oberen Werkzeugleiste.
> 5. Wechseln Sie auf das Register VORLAGEN.
> 6. Öffnen Sie die Kategorie HEADER.
> 7. Suchen Sie die in Abschnitt 12.3.1 gezeigte Vorlage, oder wählen Sie eine andere für Sie passende Vorlage.
> 8. Klicken Sie auf die gewünschte Vorlage, um sie einzufügen.
> 9. Markieren Sie den Navigationsblock im Header.
> 10. Wechseln Sie in der Seitenleiste EINSTELLUNGEN auf den Block-Inspektor.
> 11. Weisen Sie dem Navigationsblock mit dem Drei-Punkte-Menü in der Listenansicht für die Navigation das Menü HAUPTNAVIGATION zu.
> 12. Schließen Sie den BLOCK-INSERTER, und speichern Sie alle Änderungen.

Abbildung 12.18 zeigt den Header mit der neuen Vorlage im Website-Editor. Links sehen Sie einen Platzhalter für das Website-Logo, daneben stehen der Titel und der Untertitel der Website untereinander, und rechts wird die Hauptnavigation angezeigt. Aber leider ist die Hintergrundfarbe verschwunden.

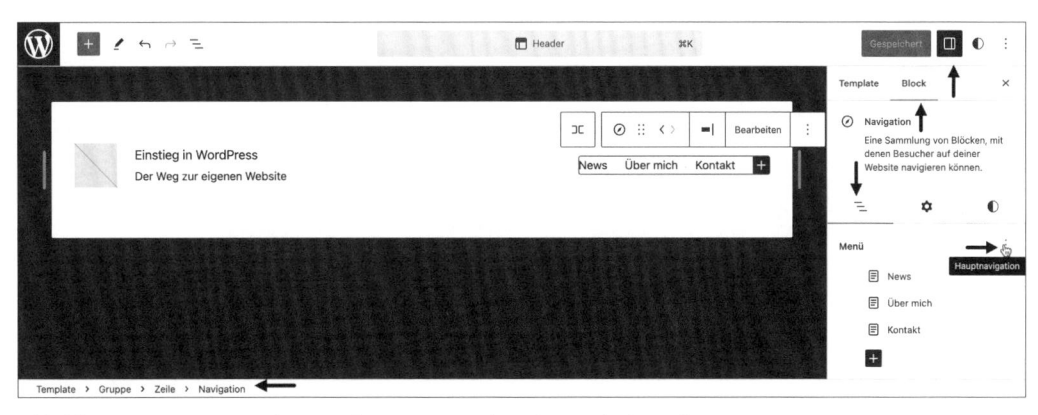

Abbildung 12.18 Der Header mit der neuen Vorlage im Website-Editor

12.3.4 Schritt 4: Farben für die neue Header-Vorlage zuweisen

Durch das Einfügen der neuen Vorlage hat der Header keine Hintergrundfarbe mehr, aber Übung macht den Meister, und im folgenden ToDo steht Schritt für Schritt, wie das gemacht wird.

> **ToDo: Dem Header wieder eine Hintergrundfarbe zuweisen**
> 1. Öffnen Sie gegebenenfalls den HEADER zur Bearbeitung im Website-Editor.
> 2. Markieren Sie in der Listenansicht den umgebenden Gruppe-Block.
> 3. Öffnen Sie in der Seitenleiste mit dem Block-Inspektor das Register STILE.
> 4. Wählen Sie als TEXT aus der Theme-Palette die Farbe BASIS.
> 5. Wählen Sie als HINTERGRUND aus der THEME-PALETTE die Farbe SEKUNDÄR.
> 6. Wählen Sie für das Element LINK die Farbe BASIS.
> 7. Um die Schrift des Website-Titels weiß zu machen, markieren Sie den Block WEBSITE-TITEL.
> 8. Wechseln Sie im Block-Inspektor auf das Register STILE.
> 9. Wählen Sie für das Element LINK die Farbe BASIS.
> 10. Speichern Sie alle Änderungen.

Nach diesem ToDo ist der Header wieder blau, und der Text und alle Links sind weiß (Abbildung 12.19).

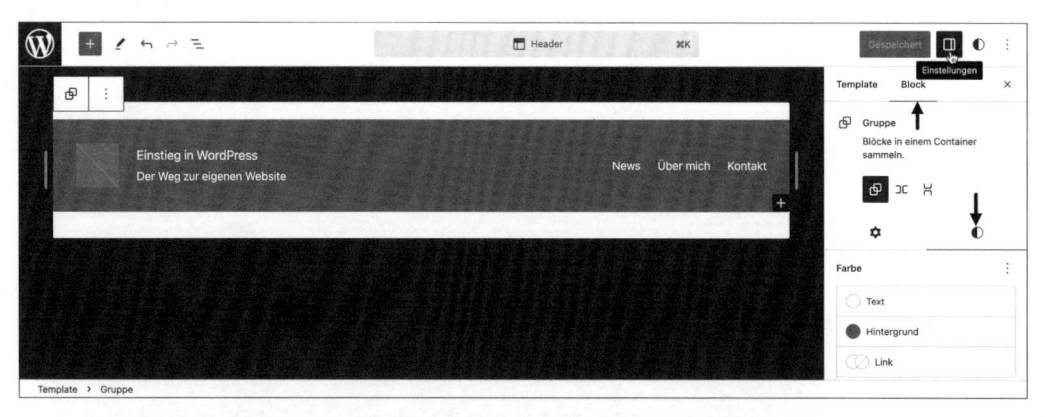

Abbildung 12.19 Die neue Header-Vorlage mit den richtigen Farben

12.3.5 Schritt 5: Website-Logo und Website-Icon einfügen

In diesem Schritt fügen Sie eine Grafik ein, die als Website-Logo und Website-Icon dient:

- Das Website-Logo erscheint im Header vor Titel und Untertitel der Website. Das Logo sollte mindestens doppelt so breit sein, wie es im Header dargestellt wird, damit es auch auf hochauflösenden Bildschirmen scharf dargestellt wird.
- Website-Icons werden in Browser-Tabs, Lesezeichenleisten und in den mobilen WordPress-Apps benutzt. Die Grafik für das Website-Icon sollte quadratisch und mindestens 512 × 512 Pixel groß sein.

Im folgenden ToDo nutzen Sie für Website-Logo und Website-Icon dieselbe Grafik.

ToDo: Website-Logo und Website-Icon einfügen

1. Öffnen Sie gegebenenfalls den HEADER zur Bearbeitung im Website-Editor.
2. Markieren Sie den Block WEBSITE-LOGO.
3. Klicken Sie auf das blaue Symbol WEBSITE-LOGO HINZUFÜGEN.
4. Wählen Sie in der Mediathek ein passendes Bild.
5. Passen Sie falls gewünscht die Breite des Bildes an, z. B. auf 60 Pixel.
6. Prüfen Sie, ob darunter die Option ALS WEBSITE-ICON VERWENDEN aktiviert ist.
7. Wechseln Sie in der Seitenleiste auf das Register STILE.

8. Wählen Sie im Bereich STILE die Option ABGERUNDET.
9. Speichern Sie alle Änderungen für ICON, LOGO und HEADER.
10. Schließen Sie den Bearbeiten-Modus mit einem Klick links außen in der oberen Werkzeugleiste.

Abbildung 12.20 zeigt das Website-Logo im Header, und das Website-Icon ersetzt im Website-Editor das WordPress-Logo ganz links oben. Falls das Website-Icon noch nicht zu sehen ist, schließen Sie den Website-Editor einmal und öffnen ihn dann erneut.

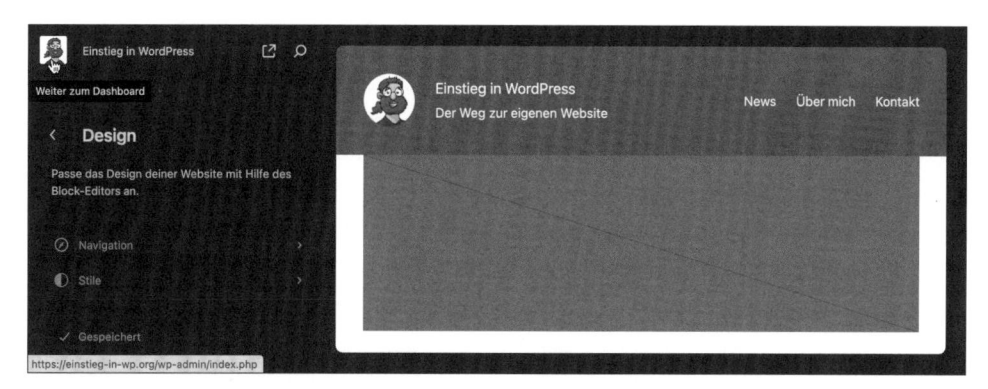

Abbildung 12.20 Browse-Modus mit Website-Icon und Website-Logo

> **Eine andere Grafik als Website-Icon definieren**
>
> Falls sich Ihr Website-Logo nicht als Website-Icon eignet, können Sie für beide Funktionen auch getrennte Grafiken definieren:
>
> 1. Öffnen Sie den HEADER zur Bearbeitung im Website-Editor.
> 2. Markieren Sie den Block WEBSITE-LOGO.
> 3. Klicken Sie in den Block-Einstellungen auf den Link WEBSITE-ICON-EINSTELLUNGEN, um eine getrennte Grafik für das Website-Icon auswählen zu können.
>
> Momentan wird dazu noch der Customizer geöffnet, aber diese Funktion wird bestimmt auch bald in den Website-Editor integriert.

12.4 »Templates« anpassen mit dem Website-Editor

Die Navigation ist angepasst, das Farbschema geändert, und Header und Footer sind erst einmal fertig. Jetzt wird es Zeit, die Arbeit mit den Templates kennenzulernen, und dazu passen Sie nach einer kurzen Einführung die Templates für die Beitragsseite, die Archivseiten und die Einzelansicht von Beiträgen an.

> **Beruhigend: Alle Änderungen an Templates kann man zurücksetzen**
>
> Beim ersten Kennenlernen des Website-Editors haben Sie in Abschnitt 11.3.4 bereits gesehen, wie man alle Änderungen an Templates rückgängig machen kann.
>
> Wenn Sie im Folgenden also die ersten Gehversuche mit der Bearbeitung von Templates machen, denken Sie dran, dass eigentlich nichts wirklich kaputt gehen kann, denn alle Anpassungen lassen sich wieder rückgängig machen.

12.4.1 Der Bereich »Templates« zeigt eine Liste aller verfügbaren Templates

Nach dem Starten des Website-Editors gibt es im Browse-Modus den Bereich TEMPLATES. Nach einem Klick darauf sehen Sie wie in Abbildung 12.21 eine alphabetische Liste der zur Verfügung stehenden Templates und ganz unten den Link ALLE TEMPLATES VERWALTEN.

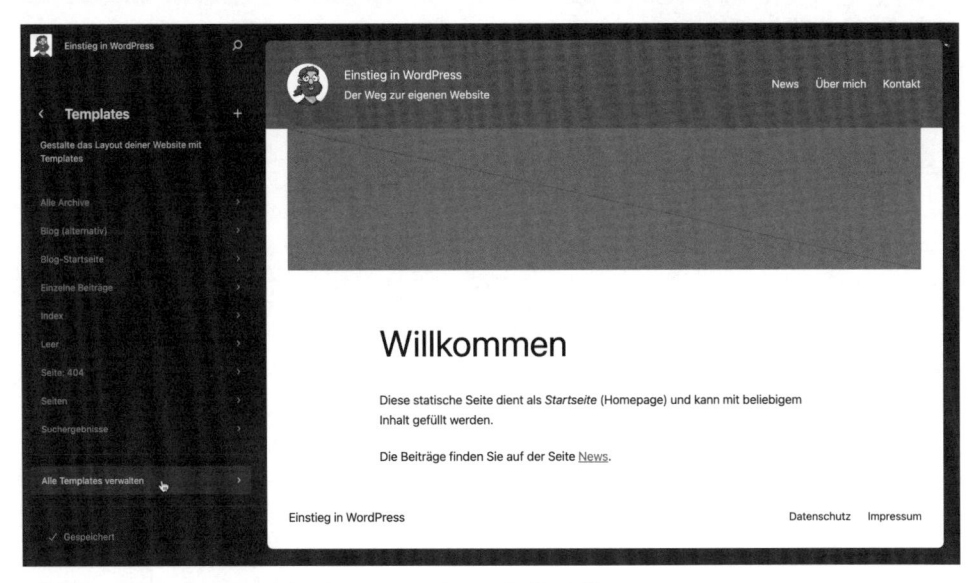

Abbildung 12.21 Der Bereich »Templates« im Website-Editor

Tabelle 12.1 enthält eine kurze Beschreibung der in dieser Liste gezeigten Templates.

12.4 »Templates« anpassen mit dem Website-Editor

Template	Beschreibung
ALLE ARCHIVE	Gilt automatisch für alle Archivseiten, solange keine spezielleren Templates z. B. für einzelne Kategorien erstellt wurden.
BLOG (ALTERNATIV)	Enthält eine andere Ausgabe für Beiträge. Muss einer Seite explizit zugewiesen werden (siehe Abschnitt 5.3.9).
BLOG-STARTSEITE	Gilt für die Seite mit der Ausgabe der neuesten Beiträge. Nach der Installation ist das die STARTSEITE, wenn in EINSTELLUNGEN • LESEN aber eine statische Seite als Startseite definiert wurde, ist das die BEITRAGSSEITE.
EINZELNE BEITRÄGE	Gilt automatisch für die Einzelansicht von Beiträgen, solange einem Beitrag kein spezielles Template zugewiesen wurde.
INDEX	Wird automatisch als Fallback genutzt, falls es für eine Seite kein spezielles Template gibt.
LEER	Für individuell gestaltete Seiten, die weder Header noch Footer haben (z. B. *Landing Pages*). Muss einer Seite explizit zugewiesen werden (siehe Abschnitt 5.3.9).
SEITE: 404	Wird automatisch angezeigt, wenn die angeforderte URL nicht existiert.
SEITEN	Gilt automatisch für *alle* statischen Seiten, solange einer Seite kein spezielles Template zugewiesen wurde.
SUCHERGEBNISSE	Gilt automatisch für die Suchergebnisseite.

Tabelle 12.1 Die wichtigsten Templates auf einen Blick

Die meisten Templates gelten also automatisch für einen der in Abschnitt 5.11 beschriebenen Seitentypen von WordPress. Zwei konkrete Beispiele:

▶ Wenn Sie die Überschrift und die Ausgabe der Beiträge auf der Beitragsseite *News* anpassen möchten, müssen Sie das Template *Blog-Startseite* bearbeiten.

▶ Wenn Sie in der Einzelansicht von Beiträgen das Beitragsbild nicht ausgeben möchten, müssen Sie im Template *Einzelne Beiträge* den entsprechenden Block entfernen.

Zum Kennenlernen der Arbeit mit Templates in diesem Abschnitt passen Sie die Ausgabe der Beiträge auf der Beitragsseite an, und in der Einzelansicht entfernen Sie das Beitragsbild. Dabei spielen die Templates BLOG-STARTSEITE, ALLE ARCHIVE und EINZELNE BEITRÄGE die Hauptrolle.

> **Die Template-Hierarchie von WordPress im Detail**
>
> Das Template-System von WordPress ist etwas komplexer als in dieser kurzen Einführung beschrieben. Sie können bei Bedarf sogar für einzelne Seiten, Kategorien oder Beiträge spezielle Templates erstellen. Wie genau das dann mit den Templates funktioniert, zeigt der folgende Beitrag:
>
> ▸ developer.wordpress.org/themes/basics/template-hierarchy/
>
> Dort wird geschildert und visuell dargestellt, welches Template WordPress unter welchen Umständen nutzt.

12.4.2 Die Ausgangssituation: Beitragsausgabe mit Beitragsbildern

Die Beitragsseite der Übungswebsite sieht mit Beitragsbildern momentan so aus wie in Abbildung 12.22. Die Beitragsbilder sind auf der Beitragsseite in Twenty Twenty-Three immer so breit wie die Spalte, in der sie stehen. Die Höhe ist aber flexibel und abhängig von der Höhe des Browserfensters.

Abbildung 12.22 Die Beitragsseite der Übungswebsite jetzt

In diesem Abschnitt sollen die folgenden Dinge geändert werden:

1. Die Überschrift der Beitragsseite in Twenty Twenty-Three lautet *Mindblown: a blog about philosophy* und soll in diesem Abschnitt in ein einfaches *News* umbenannt werden.
2. Die Beiträge sollen in zwei Spalten ausgegeben werden, und zwischen den Spalten-Blöcken soll etwas mehr Abstand sein.
3. Der Text unter dem Titel des Beitrags soll gekürzt werden und einen Weiterlesen-Link enthalten.
4. Der Spalten-Block mit dem Call-to-Action für eine Buchempfehlung (nicht im Bild) ganz unten auf der Seite soll entfernt werden.

Los geht es aber zunächst mit einem Blick auf die Detail-Ansicht des Templates BLOG-STARTSEITE.

12.4.3 Schritt 1: Das Template »Blog-Startseite« in der Detail-Ansicht

Die Beitragsseite basiert wie gesagt auf dem Template BLOG-STARTSEITE. Wenn Sie im Browse-Modus des Website-Editors auf das Template BLOG-STARTSEITE klicken, wird es in einer Detail-Ansicht geöffnet (Abbildung 12.23).

Abbildung 12.23 Die Detail-Ansicht für das Template »Blog-Startseite«

Nach einer kurzen Beschreibung können Sie hier verschiedene Details anpassen, die Sie allesamt von anderen Backend-Menüs her kennen:

- Der BLOG-TITEL erscheint laut Beschreibung *in den Suchergebnissen und wenn die Seite in sozialen Medien geteilt wird*. Das ist schlicht und einfach der Titel der Beitragsseite, den Sie im Backend-Menü SEITEN festgelegt haben (siehe Abschnitt 5.9).
- BEITRÄGE PRO SEITE ist der im Backend-Menü EINSTELLUNGEN • LESEN definierte Wert (siehe Abschnitt 4.5). Da die Ausgabe weiter unten auf zweispaltig geändert wird, ist der Standardwert 10 okay. Bei einer dreispaltigen Ausgabe wären 6, 9 oder 12 definitiv die bessere Wahl, da diese Werte durch 3 teilbar sind.
- DISKUSSION ist die im Backend-Menü EINSTELLUNGEN • DISKUSSION festgelegte Option ERLAUBEN SIE BESUCHERN, NEUE BEITRÄGE ZU KOMMENTIEREN (siehe Abschnitt 10.3).

Die ganz unten in BEREICHE gezeigten Links zu HEADER und FOOTER sind Abkürzungen zum Bearbeiten dieser Template-Teile.

12.4.4 Schritt 2: »Blog-Startseite« – Überschrift ändern und Abschnitt löschen

Im folgenden ToDo öffnen Sie das Template BLOG-STARTSEITE zur Bearbeitung im Website-Editor, ändern die Überschrift oben auf der Seite und entfernen den Call-to-Action im Spalten-Block mit der Frage *Hast du irgendwelche Buchempfehlungen?*, der waagerechten Linie daneben und dem Button *Kontakt aufnehmen* oberhalb des Footers.

ToDo: Überschrift ändern und Call-to-Action entfernen

1. Klicken Sie in der Detail-Ansicht des Templates BLOG-STARTSEITE auf den Bleistift neben dem Template-Namen oder irgendwo auf die Live-Vorschau, um das Template zu bearbeiten.
2. Blenden Sie links die LISTENANSICHT ein, und markieren Sie den Block für die ÜBERSCHRIFT *Mindblown: a blog about philosophy*.
3. Ändern Sie die Überschrift zu »News«.
4. Markieren Sie weiter unten auf der Seite den Block ABSTANDSHALTER und den Spalten-Block mit dem Call-to-Action.
5. Löschen Sie die Blöcke.
6. Speichern Sie alle Änderungen, und prüfen Sie, ob die Änderungen alle im Frontend zu sehen sind.

12.4 »Templates« anpassen mit dem Website-Editor

Abbildung 12.24 zeigt den oberen Teil der Beitragsseite nach diesem ToDo.

Abbildung 12.24 Die Beitragsseite mit der geänderten Überschrift »News«

12.4.5 Schritt 3: »Beitrags-Template« – Spaltenanzahl und Abstände ändern

Die Anzahl der Spalten für die Ausgabe der Beiträge wird mit dem Block BEITRAGS-TEMPLATE festgelegt. Dieser Block enthält alle Blöcke, die für die Ausgabe eines Beitrags verwendet werden, z. B. BEITRAGSBILD, TITEL, TEXTAUSZUG, BEITRAGSDATUM und eventuell noch andere.

Abbildung 12.25 zeigt links in der Listenansicht den markierten Block BEITRAGS-TEMPLATE und rechts in den Block-Einstellungen die Anzahl der SPALTEN für die Ausgabe. Die Abstände zwischen den Spalten definieren Sie auf dem Register STILE direkt daneben.

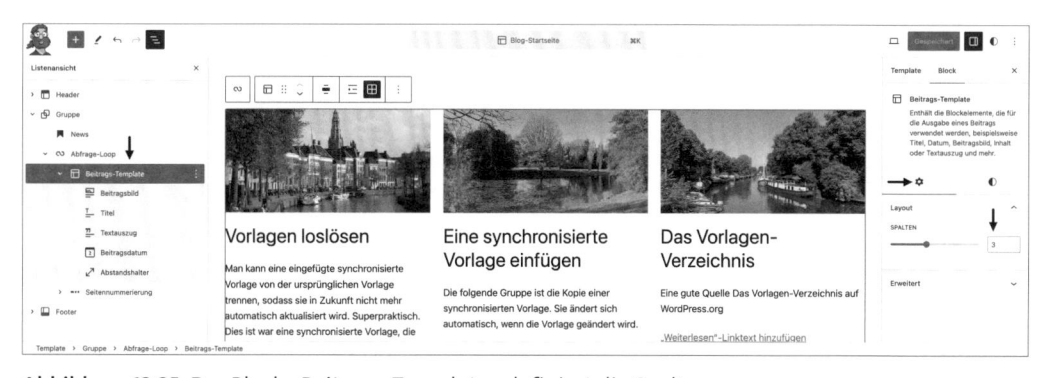

Abbildung 12.25 Der Block »Beitrags-Template« definiert die Spalten.

Im folgenden ToDo ändern Sie die Spaltenanzahl und die Abstände zwischen den Spalten.

> **ToDo: »Beitrags-Template« – Spaltenanzahl und -abstände anpassen**
> 1. Suchen Sie in der Listenansicht den Block Beitrags-Template, und markieren Sie ihn.
> 2. Ändern Sie rechts in der Seitenleiste mit den Block-Einstellungen auf dem Register Einstellungen (Zahnradsymbol) die Anzahl der Spalten auf 2.
> 3. Wechseln Sie auf das Register Stile, und ändern Sie im Bereich Grösse die Block-Abstände auf Stufe 1 oder 2. Probieren Sie, was Ihnen gefällt.
> 4. Speichern Sie die Änderungen, und prüfen Sie die Seiten im Frontend.

Abbildung 12.26 zeigt die zweispaltige Ausgabe und die größeren Block-Abstände im Website-Editor.

Abbildung 12.26 Eine zweispaltige Beitragsausgabe mit mehr Abstand

12.4.6 Schritt 4: »Alle Archive« – Archivseiten sind noch dreispaltig

Die Anpassungen im Template Blog-Startseite gelten wie gesagt nur für die Beitragsseite. Archivseiten z. B. für *Kategorien* oder *Schlagwörter* wissen nichts von diesen Anpassungen, denn sie basieren auf dem Template Alle Archive.

Klicken Sie zum Testen in der Einzelansicht eines Beitrags einfach einmal auf einen Kategorie- oder Schlagwort-Link. Abbildung 12.27 zeigt, dass die Archivseite Schlagwort: Blockvorlagen noch immer dreispaltig ist.

Die einfachste und ungefährlichste Lösung ist es, das Template Alle Archive zur Bearbeitung im Website-Editor zu öffnen und dann die Schritte zur Anpassung des Templates Blog-Startseite zu wiederholen.

Abbildung 12.27 Auf Archivseiten ist die Beitragsausgabe unverändert.

12.4.7 Schritt 5: Weitere Ideen zur Anpassung der Beitragsausgabe

Der Block BEITRAGS-TEMPLATE enthält in Twenty Twenty-Three unter anderem die Blöcke BEITRAGSBILD und TEXTAUSZUG. Als Grundlage für Ideen zur weiteren Anpassung der Beitragsausgabe können Sie einfach diese Blöcke markieren und deren Optionen in der Seitenleiste mit den Block-Einstellungen studieren. Hier ein paar Ideen:

- Der Block BEITRAGSBILD hat auf dem Register STILE den Bereich DUOTONE. Hier können Sie einen zweifarbigen Filter definieren, mit dem man die Beitragsbilder farblich angleichen kann. Als Kombination bieten sich Schwarz und die Farben TERTIÄR (hellgrau) bzw. PRIMÄR (hellblau) aus der Theme-Palette an.

- Der Block TEXTAUSZUG gibt den im Block-Editor für Inhalte in der Seitenleiste EINSTELLUNGEN auf dem Register BEITRAG im Abschnitt TEXTAUSZUG eingegebenen Text aus. Da dieses Feld oft leer gelassen wird, gibt er als Plan B den Anfang des Beitrags aus.

In den Block-Einstellungen können Sie festlegen, wie lang der Textauszug sein soll. Standard ist 55 Zeichen, aber probieren Sie mal etwas weniger, 20 oder so.

Außerdem kann man im Block selbst den Text für den Weiterlesen-Link festlegen. Ein Platzhalter dafür ist bereits vorhanden. Einfach den Block Textauszug markieren und dann das Wort »Weiterlesen« eingeben.

Abbildung 12.28 zeigt die Beitragsseite im Frontend mit diesen Ideen.

Abbildung 12.28 Die Beitragsseite mit den Beispielen zur Anpassung

12.4.8 »Einzelne Beiträge«: Das Beitragsbild aus der Einzelansicht entfernen

In Twenty Twenty-Three wird das Beitragsbild bei der Ausgabe eines einzelnen Beitrags mit einem Overlay-Filter direkt unterhalb des Headers ausgegeben.

Im folgenden ToDo entfernen Sie das Beitragsbild aus der Einzelansicht. Dazu genügen wenige Klicks im Template Einzelne Beiträge.

> **ToDo: Das Beitragsbild aus der Einzelansicht entfernen**
> 1. Öffnen Sie das Template Einzelne Beiträge zur Bearbeitung.
> 2. Suchen Sie in der Listenansicht den Block Beitragsbild, und markieren Sie ihn.

3. Löschen Sie den markierten Block BEITRAGSBILD.
4. Speichern Sie die Anpassungen, und schließen Sie den Bearbeitungsmodus.

Abbildung 12.29 zeigt den oberen Teil der Einzelansicht nach diesem ToDo.

Abbildung 12.29 Die Einzelansicht eines Beitrags ohne Beitragsbild

12.5 Der Website-Editor ist ein echtes Powertool

Der Website-Editor ist ein sehr mächtiges Powertool, und es gibt noch sehr viele Funktionen, die bisher gar nicht oder nur am Rande erwähnt wurden. Hier zwei Beispiele:

▶ Die in Abschnitt 11.3.1 erwähnte *Befehlspalette* kürzt Klickwege ab. Damit können Sie z. B. per Tastatur Templates, Vorlagen, Seiten oder Beiträge zur Bearbeitung im Website-Editor öffnen oder Bedienelemente der Benutzeroberfläche aufrufen. Strg + K bzw. cmd + K drücken, Befehl eingeben, ↵ drücken, fertig.

▶ Der Bereich SEITEN zeigt die zuletzt bearbeiteten Seiten und ermöglicht die Bearbeitung von Seiten direkt im Editor. Sie können hier auch neue Seiten erstellen und veröffentlichen. Der Link ALLE SEITEN VERWALTEN führt momentan noch zum Backend-Menü SEITEN, aber vielleicht wird die Verwaltung der Seiten irgendwann auch im Website-Editor möglich sein.

Vielleicht kann man schon bald auch Inhalte im Website-Editor erstellen und gestalten, sodass der Block-Editor in den Menüs BEITRÄGE und SEITEN nicht mehr benötigt wird. Aber das ist (noch) Zukunftsmusik.

Powertools wie der Website-Editor sind für Poweruser eine tolle Sache. Für Einsteigende sieht das unter Umständen aber etwas anders aus, denn zur Anpassung von Block-Themes im Website-Editor braucht es doch einige Voraussetzungen:

- Sicherer Umgang mit verschachtelten Blöcken. Die Listenansicht ist im Website-Editor ein unentbehrliches Werkzeug zum Verstehen von Block-Strukturen und zum Markieren und Bearbeiten von Blöcken.
- Detailliertes Verständnis der Blöcke aus dem Bereich THEME. Sie werden bei Inhalten kaum genutzt, spielen bei der Anpassung von Templates im Website-Editor aber eine wichtige Rolle.
- Grundlegendes Verständnis des Template-Systems von WordPress, denn im Website-Editor bearbeiten Sie nicht nur Seiten, sondern auch Templates und Template-Teile.

Für Poweruser ist das alles kein Thema, aber Einsteigerinnen und Einsteiger fühlen sich vielleicht mit einem einfacheren Werkzeug wie dem in Kapitel 13 beschriebenen Customizer von klassischen Themes wohler und vor allem sicherer. Auch wenn man damit weniger Möglichkeiten hat.

Probieren Sie es einfach aus.

12.6 Auf einen Blick

Die wichtigsten Themen noch einmal im Überblick:

- Block-Themes ermöglichen die Anpassung aller Aspekte einer WordPress-Website ohne Codeberührung.
- Das Standardtheme *Twenty Twenty-Three* ist ein Block-Theme.
- Das Werkzeug zur Anpassung von Block-Themes ist der *Website-Editor*.
- *Stile* ermöglichen die globale Gestaltung der Website.
- Mit *Vorlagen* kann man Header oder Footer für die gesamte Website mit wenigen Klicks ändern.
- Im Website-Editor kann man *Templates* ohne Code und nur mit Blöcken ändern und so das Layout der Webseiten beliebig anpassen.

Kapitel 13
Klassische Themes anpassen mit dem »Customizer«

Worin Sie sehen, wie man klassische Themes mit dem Customizer anpassen kann. Am Beispiel von »Twenty Twenty« ändern Sie Website-Informationen, passen Farben und Theme-Optionen an, erstellen Menüs und verwalten Widgets.

Die Themen im Überblick:

- Das Standardtheme »Twenty Twenty«
- »Live-Vorschau«: Twenty Twenty im Customizer
- Die »Website-Informationen« anpassen
- »Farben« und »Theme-Optionen« anpassen
- »Menüs« – eine Navigation für die Website erstellen
- »Widgets« sind vielseitige kleine Schnipsel
- Den Customizer mit der »Live-Vorschau« beenden
- Auf einen Blick

In diesem Kapitel zeige ich Ihnen, wie Sie mit dem *Customizer* ein klassisches Theme anpassen können, ohne selbst Code zu schreiben. Sie fügen unter anderem ein Website-Icon hinzu, ändern Farben, erstellen Menüs und passen Widgets an.

Twenty Twenty ist ein sehr flexibles Standardtheme und eine gute Basis für viele Websites. Daher bekommt es den Vorzug gegenüber dem etwas neueren Twenty Twenty-One und dient in diesem Kapitel als Beispiel für die Anpassung von klassischen Themes mit dem Customizer. Die gezeigten Techniken lassen sich aber leicht auf andere klassische Themes übertragen.

13.1 Das Standardtheme »Twenty Twenty« installieren

Im Backend-Menü Design • Themes sind standardmäßig die jeweils neuesten drei Standardthemes installiert, und daher müssen Sie Twenty Twenty im folgenden ToDo vor dem Kennenlernen zunächst installieren.

Durch die Installation eines Themes werden die Theme-Dateien auf den Webspace kopiert. Das Aussehen der Website ändert sich durch die Installation nicht, da das Frontend immer vom aktiven Theme erzeugt wird. Sie können beliebig viele Themes installiert haben, aber es kann nur ein Theme aktiv sein.

> **ToDo: Das Standardtheme »Twenty Twenty« installieren**
> 1. Wechseln Sie ins Backend-Menü Design • Themes.
> 2. Klicken Sie auf die Schaltfläche Theme installieren oben im Inhaltsbereich.
> 3. Geben Sie im Suchfeld Themes durchsuchen die Worte »Twenty Twenty« ein.
> 4. Fahren Sie in den Suchergebnissen mit der Maus auf das Vorschaubild für Twenty Twenty, und klicken Sie auf die Schaltfläche Installieren.
> 5. Wechseln Sie zurück ins Backend-Menü Design • Themes.

Abbildung 13.1 zeigt, dass Twenty Twenty installiert ist, dass Twenty Twenty-Three aber nach wie vor das aktive Theme ist.

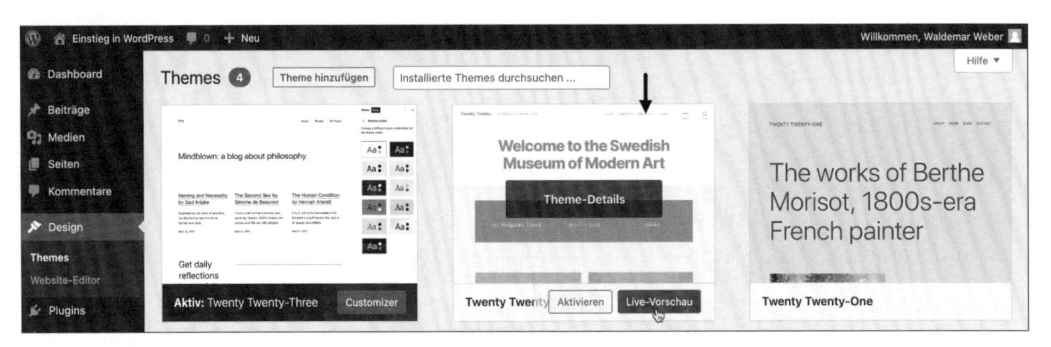

Abbildung 13.1 Das Theme »Twenty Twenty« ist installiert, aber nicht aktiv.

Nach der Installation eines Themes haben Sie zwei Möglichkeiten:

- Aktivieren bewirkt, dass das Theme die Erzeugung des Frontends übernimmt und Ihre Website auch für Besuchende in einem neuen Gewand erscheint. Das sollten Sie nur tun, wenn Sie sich Ihrer Sache sehr sicher sind.

- Live-Vorschau ist die ideale Möglichkeit, ein Theme kennenzulernen. Damit können Sie das Theme in aller Ruhe und ohne Auswirkungen auf die Website im Frontend ausprobieren, anpassen und schauen, ob es Ihnen gefällt.

Die Live-Vorschau gibt es sowohl für klassische als auch für Block-Themes. Die Vorschau für klassische Themes wird im Customizer geladen, die für Block-Themes im Website-Editor.

Um ein installiertes Theme wieder zu löschen, rufen Sie die Theme-Details auf. In dem daraufhin erscheinenden Overlay-Fenster finden Sie rechts unten einen Link zum Löschen.

> **Weiterführende Links zu Twenty Twenty**
>
> Falls Sie sich genauer über Twenty Twenty informieren möchten, helfen die folgenden Links:
>
> - Das Theme im offiziellen Theme-Verzeichnis:
>   *de.wordpress.org/themes/twentytwenty/*
> - Online-Demo mit ein paar Seiten, Beiträgen und Medien:
>   *2020.wordpress.net*
> - Ausführlicher Beitrag auf der Website zum Buch:
>   *einstieg-in-wp.de/gestatten-twenty-twenty/*

13.2 »Live-Vorschau«: Twenty Twenty im Customizer

In diesem Kapitel erforschen Sie das Theme Twenty Twenty mit der Live-Vorschau. Das Frontend ändert sich dabei überhaupt nicht. Nach dem Ausprobieren entscheiden Sie dann in Abschnitt 13.7, ob Sie das Theme aktivieren möchten oder nicht.

Nach einem Klick auf die Schaltfläche Live-Vorschau sehen Sie das Theme mit der Struktur und den Inhalten *Ihrer* Website und können darin ganz normal navigieren und von einer Seite zur anderen wechseln.

In der Live-Vorschau der Website mit Twenty Twenty in Abbildung 13.2 fallen unter anderem zwei Dinge auf:

- Als Hauptnavigation erscheint eine Liste der veröffentlichten Seiten, nicht das in Abschnitt 11.4 erstellte Navigationsmenü. In Abschnitt 13.5 erstellen Sie eine neue Hauptnavigation.

▶ Links oben fehlt neben dem Website-Logo der Titel der Website. Warum das so ist, erfahren Sie gleich weiter unten in Abschnitt 13.3.

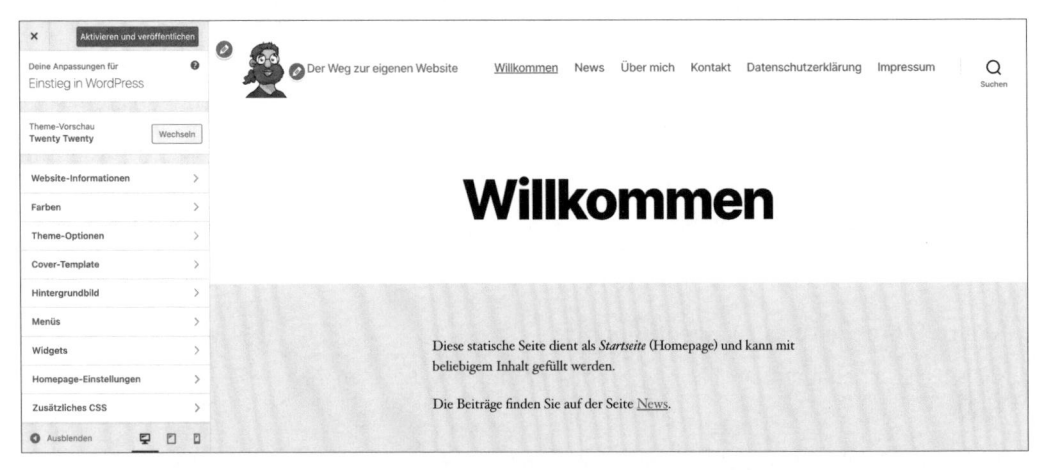

Abbildung 13.2 Twenty Twenty im Customizer in der »Live-Vorschau«

In der Anpassungsleiste auf der linken Seite können Sie die vom Theme angebotenen Optionen ausprobieren und unter anderem Farben, Menüs oder Widgets ändern. Alle Änderungen werden rechts auf der Website sofort angezeigt. Das Frontend ändert sich wie gesagt nicht.

Bevor Sie weiter unten die wichtigsten Optionen zur Anpassung kennenlernen, noch ein paar allgemeine Hinweise zur Bedienung:

▶ Ein Klick auf das X links oben im Customizer bricht die Live-Vorschau ab, beendet den Flirt mit dem neuen Theme und kehrt ohne jegliche Änderungen zurück ins Backend.

▶ Ein Klick auf AKTIVIEREN UND VERÖFFENTLICHEN hingegen aktiviert das Theme und veröffentlicht alle Anpassungen. Ab dem Moment ist das Theme auch im Frontend sichtbar.

▶ Ganz unten links gibt es die Schaltfläche AUSBLENDEN. Damit sehen Sie die Live-Vorschau in der normalen Bildschirmgröße und ohne die Anpassungsleiste.

▶ Die Symbole für Desktop, Tablet und Smartphone rechts daneben geben eine ungefähre Vorschau, wie die Website auf anderen Geräten aussehen könnte.

▶ In der Live-Vorschau rechts gibt es bei einigen Elementen kleine Bleistift-Symbole. Ein Klick darauf öffnet die Option zur Bearbeitung des Elements in der Anpassungsleiste.

Für Experimentierfreudige: Mit der Schaltfläche WECHSELN können Sie ein anderes Theme in der Live-Vorschau laden. Dabei haben Sie direkten Zugriff auf das gesamte Theme-Verzeichnis von WordPress.org.

13.3 Die »Website-Informationen« anpassen

Der erste Bereich im Customizer heißt WEBSITE-INFORMATIONEN. Hier können Sie das LOGO, den TITEL DER WEBSITE, den UNTERTITEL und das WEBSITE-ICON anpassen.

Abbildung 13.3 zeigt den oberen Teil dieses Bereichs. Zurück ins Hauptmenü kommen Sie mit dem nach links zeigenden < neben *Deine Anpassungen für Website-Informationen*.

Abbildung 13.3 »Website-Informationen« im Customizer – obere Hälfte

13.3.1 Website-Logo und Website-Icon definieren

In der Anpassungsleiste wird das in Abschnitt 12.3 hinzugefügte Bild als LOGO übernommen, und darunter stehen Eingabefelder mit dem TITEL DER WEBSITE und dem UNTERTITEL.

Rechts in der Live-Vorschau erscheint aber wie gesagt nur das Logo und der Untertitel. Der Titel der Website fehlt, denn in Twenty Twenty *ersetzt* das Website-Logo im Frontend den Titel der Website.

Das ist kein Bug, das ist ein Feature, wie man so schön sagt: Das Website-Logo sollte für Twenty Twenty also so konzipiert sein, dass es die Anzeige des Titels der Website im Header überflüssig macht.

In Ermangelung eines passenden Logos bleibt Ihnen momentan nur ein Klick auf die Schaltfläche ENTFERNEN. Danach erscheint rechts in der Live-Vorschau der Titel der Website. In Abbildung 13.4 stehen Titel und Untertitel untereinander, und die Navigation läuft über zwei Zeilen, aber der Header von Twenty Twenty passt sich dem zur Verfügung stehenden Platz automatisch an. Wenn der Bildschirm breit genug ist, stehen Titel, Untertitel und Navigation in einer Zeile nebeneinander.

Abbildung 13.4 Ohne Website-Logo erscheint der Titel der Website wieder.

Weiter unten im Bereich WEBSITE-INFORMATIONEN können Sie ein WEBSITE-ICON definieren. Das Website-Icon wurde beim Theme-Wechsel übernommen und kann so bleiben.

13.3.2 Die Grenzen der Anpassung von klassischen Themes

Das Verhalten des Website-Logos in Twenty Twenty verdeutlicht den Unterschied zwischen klassischen und Block-Themes:

▶ Im klassischen Theme Twenty Twenty können Sie wählen, ob Sie das Website-Logo *oder* den Titel der Website anzeigen möchten.

- In einem Block-Theme könnten Sie den Header nach Wunsch anpassen, auch wenn *nach Wunsch anpassen* nicht immer so einfach ist, wie es klingt.

Bei einem klassischen Theme ist das anders. Wenn der Customizer eine gewünschte Option nicht anbietet, gibt es im Prinzip die folgenden Möglichkeiten:

- akzeptieren und nicht das Theme anpassen, sondern die Wünsche
- ein anderes Theme suchen, das die Anpassungen ermöglicht
- ein zusätzliches Plugin suchen, das die Änderungen umsetzt
- zusätzliches CSS zur Gestaltung schreiben (oder schreiben lassen)
- den Code der Templates anpassen (lassen)

Wenn es kein passendes Theme oder Plugin gibt, kommt man bei einem klassischen Theme ohne Programmierkenntnisse oder WordPress-Entwickler meist nicht ganz weit.

13.4 »Farben« und »Theme-Optionen« anpassen

In diesem Abschnitt geht es um die Anpassung von Farben in Twenty Twenty und um die Theme-Optionen.

13.4.1 »Farben«: Hintergrundfarben und Akzentfarbe anpassen

Bei klassischen Themes ist die Verwaltung der Farben komplett dem Theme überlassen. Bei Twenty Twenty gibt es im CUSTOMIZER • FARBEN drei Bereiche (Abbildung 13.5):

- HINTERGRUNDFARBE definiert die Hintergrundfarbe für die ganze Seite. Standardwert ist ein Beigeton mit dem Hex-Wert `#f5efe0`.
- HINTERGRUNDFARBE FÜR HEADER UND FOOTER definiert eine Farbe für Header, Seitentitel und Footer, die sich über die Hintergrundfarbe für die ganze Seite legt. Die Standardvorgabe ist Weiß (`#ffffff`).
- AKZENTFARBE ist die Farbe für Links, Buttons und das Overlay für Beitragsbilder mit dem Cover-Template. Hier gibt es die Optionen STANDARD und INDIVIDUELL, die die Auswahl einer anderen Akzentfarbe mit Schieberegler anbietet. Standard ist ein kräftiges Magenta (`#e22658`), das für Links auch in anderen Nuancen genutzt wird (`#d61347` und `#cd2653`).

Abbildung 13.5 Die Optionen im Bereich »Farben«

> **Das Plugin »Twentig« bietet zusätzliche Farboptionen**
>
> Das in Abschnitt 15.2 vorgestellte Plugin Twentig ergänzt den Customizer-Bereich FARBEN von Twenty Twenty um weitere Optionen. So können Sie unter anderem dem Footer eine eigene Hintergrundfarbe zuweisen und die Akzentfarbe nicht nur mit dem Schieberegler definieren, sondern mit einem eigenen Hex-Wert.

13.4.2 Die »Theme-Optionen« anpassen

Abbildung 13.6 zeigt die bei Twenty Twenty verfügbaren Theme-Optionen.

Abbildung 13.6 Die »Theme-Optionen« von Twenty Twenty

Die Optionen im Einzelnen:

- SUCHFELD IM HEADER ANZEIGEN ist standardmäßig aktiviert und zeigt außen im Header eine Lupe zum Aufrufen der Suche. Am Desktop steht es rechts, auf schmaleren Bildschirmen rutscht es nach links.
- AUTOR-BIOGRAFIE ANZEIGEN ist standardmäßig aktiviert und zeigt in der Einzelansicht unterhalb des Beitrags die im Benutzerprofil eingegebenen biografischen Daten (siehe Abschnitt 4.7.3, »›Kontaktinfo‹, ›Über Dich‹ und Passwort ändern«).

Die Option ZEIGE AUF ARCHIVSEITEN, BEITRÄGEN bietet zwei Möglichkeiten:

- VOLLSTÄNDIGEN TEXT zeigt auf der Beitragsseite und auf Archivseiten den gesamten Beitrag oder, wenn Sie einen Mehr-Block eingefügt haben, den Teaser mit einem Weiterlesen-Link.
- ZUSAMMENFASSUNG zeigt wie in Twenty Twenty-Three einen im Editor definierten Textauszug (engl. *excerpt*). Falls das Feld TEXTAUSZUG leer ist, nimmt Twenty Twenty den Anfang des Artikels, der dann nach einer bestimmten Anzahl Zeichen abgeschnitten wird.

> **Die Optionen für »Cover-Template« und »Hintergrund«**
>
> Den Bereich COVER-TEMPLATE können Sie hier in der Live-Vorschau nicht ausprobieren, denn dazu müssten Sie einem Beitrag im Block-Editor für Inhalte das Cover-Template zuweisen, und das geht in der Live-Vorschau nicht. Das Cover-Template zeigt das Beitragsbild bildschirmfüllend und mit einem farbigen Overlay an, das Sie hier gestalten können.
>
> Ein HINTERGRUNDBILD überlagert die in Abschnitt 13.4 definierte Hintergrundfarbe für die gesamte Seite, die im Inhaltsbereich zwischen Header und Footer sichtbar wird. Dadurch könnte man dem Inhaltsbereich statt einer einfachen Farbe z. B. etwas Struktur geben, aber wenn Sie ein Hintergrundbild einbinden, sollten Sie unbedingt darauf achten, dass der Text im Inhaltsbereich lesbar bleibt.

13.5   »Menüs« – eine Navigation für die Website erstellen

Auf der Übungswebsite gibt es bereits eine Navigation, in der automatisch alle veröffentlichten Seiten in der im Backend festgelegten Reihenfolge angezeigt werden.

In diesem Abschnitt erstellen Sie eine neue Hauptnavigation. Außerdem bekommt die Site ein Footer-Menü mit den rechtlichen Pflichtlinks zu Datenschutz und Impressum sowie ein Social-Media-Menü (Abbildung 13.7).

Abbildung 13.7 Mit Hauptnavigation, Pflichtlinks und Social-Media-Links

13.5.1 Übersicht: Menüs erstellen in klassischen Themes

Der Customizer hat eine sehr flexible Menüfunktion, mit der die Erstellung einer benutzerfreundlichen Navigation für Ihre Website fast zum Vergnügen wird.

Die grundlegende Vorgehensweise ist in klassischen Themes wie folgt:

1. *Menü erstellen:* Zunächst erstellen Sie ein Menü und speichern es unter einem Namen, wie z. B. *Hauptmenü*.

2. *Position zuweisen:* In klassischen Themes können Menüs nur an bestimmten Stellen eingebunden werden. Welche Menüpositionen es gibt, ist von Theme zu Theme unterschiedlich, aber *Twenty Twenty* kennt gleich fünf davon (siehe Abschnitt 13.5.5).

Die Menülinks können wie bei einem Block-Theme zu Seiten, Beiträgen, individuellen Links, Kategorien und Schlagwörtern führen und beliebig kombiniert werden.

13.5.2 Schritt 1: Das Hauptmenü erstellen und veröffentlichen

Im folgenden ToDo wird Schritt für Schritt gezeigt, wie Sie das Hauptmenü erstellen, ihm eine Position zuweisen und es mit Menüeinträgen füllen.

Abbildung 13.8 zeigt die wichtigsten Einstellungen auf einen Blick.

13.5 »Menüs« – eine Navigation für die Website erstellen

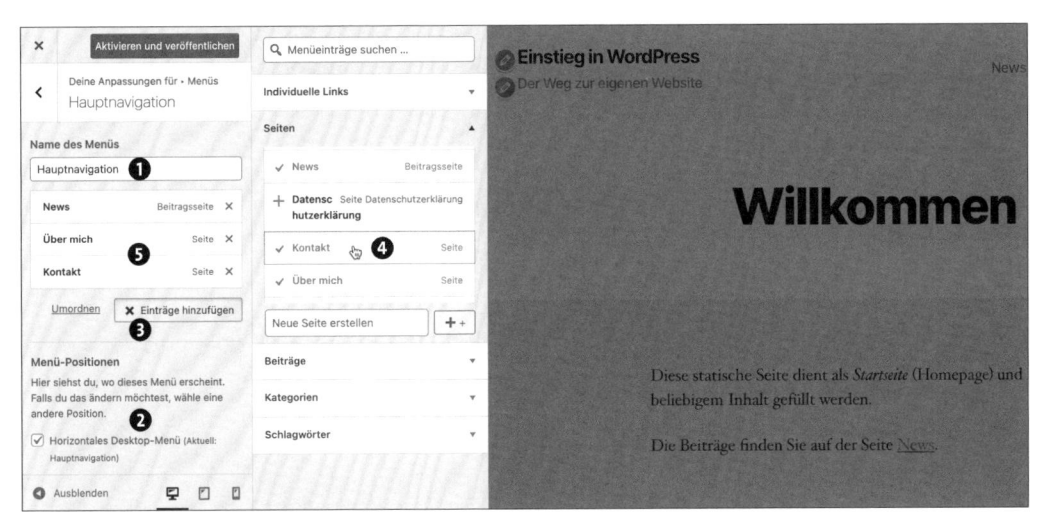

Abbildung 13.8 Das Hauptmenü erstellen im Customizer

ToDo: Das Hauptmenü erstellen und ihm eine Position zuweisen

1. Öffnen Sie im Customizer den Bereich Menüs.
2. Klicken Sie auf die Schaltfläche Neues Menü erstellen.
3. Geben Sie im Feld Name des Menüs einen beschreibenden Namen ein, z. B. »Hauptnavigation«.
4. Aktivieren Sie im Bereich Menü-Positionen die Option Horizontales Desktop-Menü.
5. Klicken Sie auf die Schaltfläche Weiter. Abbildung 13.8 zeigt die sich daraufhin öffnende Seite, in der Sie das Hauptmenü ❶ erstellen. Im Bereich Menü-Positionen wurde die Option Horizontales Desktop-Menü ❷ aus dem vorherigen Schritt übernommen.
6. Klicken Sie auf die Schaltfläche + Einträge hinzufügen ❸. Rechts öffnet sich eine Übersicht der möglichen Einträge, die Sie hinzufügen können.
7. Öffnen Sie den Bereich Seiten ❹, und klicken Sie nacheinander auf News (Beitragsseite), Über mich und Kontakt.
8. Die hinzugefügten Seiten erscheinen links unter Hauptnavigation ❺.
9. Beenden Sie das Hinzufügen der Seiten mit einem Klick auf die Schaltfläche + Einträge hinzufügen ❸.

Nach diesem ToDo ist das Menü veröffentlicht und erscheint rechts oben in der Live-Vorschau (Abbildung 13.9).

Abbildung 13.9 Die Startseite mit dem Hauptmenü in der Live-Vorschau

13.5.3 Schritt 2: Ein Footer-Menü mit den rechtlichen Pflichtlinks

Im folgenden ToDo erstellen Sie analog zur Hauptnavigation das Menü PFLICHTLINKS und weisen es der Menüposition FOOTER-MENÜ zu.

> **ToDo: Das Footer-Menü erstellen und ihm eine Position zuweisen**
> 1. Öffnen Sie im CUSTOMIZER den Bereich MENÜS.
> 2. Klicken Sie auf die Schaltfläche NEUES MENÜ ERSTELLEN.
> 3. Geben Sie im Feld NAME DES MENÜS den Namen »Pflichtlinks« ein.
> 4. Aktivieren Sie im Bereich MENÜ-POSITIONEN die Option FOOTER-MENÜ.
> 5. Klicken Sie auf die Schaltfläche WEITER.
> 6. Klicken Sie auf die Schaltfläche + EINTRÄGE HINZUFÜGEN, und fügen Sie die Seiten DATENSCHUTZERKLÄRUNG und IMPRESSUM hinzu.
> 7. Beenden Sie das Hinzufügen der Seiten mit einem Klick auf die Schaltfläche + EINTRÄGE HINZUFÜGEN.
> 8. Klicken Sie beim Link zur DATENSCHUTZERKLÄRUNG auf den kleinen Pfeil nach unten rechts neben dem Wort, um den Eintrag zu bearbeiten.
> 9. Ändern Sie den Wert im Feld ANGEZEIGTER NAME zu »Datenschutz«.
> 10. Schließen Sie den Link mit einem Klick auf den kleinen Pfeil nach oben.

Abbildung 13.10 zeigt die Startseite mit dem Footer-Menü. Die beiden Links sind an der Stelle recht prominent, aber mit dem Plugin Twentig kann man sie nach ganz unten in

13.5 »Menüs« – eine Navigation für die Website erstellen

die Fußzeile verschieben, wo sie nicht so auffallen (siehe Kasten am Ende dieses Abschnitts).

Abbildung 13.10 Das Footer-Menü mit den rechtlichen Pflichtlinks

13.5.4 Schritt 3: Ein Social-Media-Menü mit Icons erstellen

Sofern Sie bei LinkedIn, Mastodon oder anderen Diensten ein persönliches Profil oder eine offizielle Seite haben, können Sie im Backend ein spezielles Menü erstellen und dort die Links zu Ihren Social-Media-Präsenzen eingeben (Abbildung 13.11).

Abbildung 13.11 Ein Social-Media-Menü im Überblick

Falls Sie ein Social-Media-Menü erstellen möchten:

1. Erstellen Sie ein Menü, das Sie z. B. *Social-Media-Profile* nennen.
2. Weisen Sie dem Menü die Position SOCIAL-MEDIA-MENÜ zu.
3. Klicken Sie auf die Schaltfläche EINTRÄGE HINZUFÜGEN.
4. Öffnen Sie den Bereich INDIVIDUELLE LINKS.
5. Geben Sie im Feld URL die komplette Adresse zum gewünschten Social-Media-Profil ein, also z. B. *https://linkedin.com/in/ihr-profil*. WordPress weist dem Menüeintrag anhand der URL automatisch ein Icon zu.
6. Im Feld LINK-TEXT geben Sie den Namen des Dienstes an, z. B. LinkedIn, Mastodon, Instagram oder Facebook. Dieser Name erscheint im Backend bei der Verwaltung des Menüs. Im Frontend wird er durch das entsprechende Symbol ersetzt.
7. Klicken Sie auf die Schaltfläche ZUM MENÜ HINZUFÜGEN.
8. Die hinzugefügten Links erscheinen links in der Menüstruktur als Text und in der Live-Vorschau unter dem Inhaltsbereich als Icons. Sortieren Sie die Links wie gewünscht, und wenn alle Links hinzugefügt sind, klicken Sie auf EINTRÄGE HINZUFÜGEN, um den Bereich zu schließen.
9. Speichern Sie das Menü mit einem Klick auf VERÖFFENTLICHEN.

WordPress erkennt eine Menge Dienste wie Facebook, YouTube, LinkedIn, Vimeo, Pinterest, Flickr, Instagram und viele andere automatisch, für alle anderen wird ein Standardsymbol verwendet.

13.5.5 Alle fünf Menüpositionen von Twenty Twenty auf einen Blick

Bisher haben Sie das horizontale Desktop-Menü, das Footer-Menü und das Social-Media-Menü kennengelernt, aber Twenty Twenty hat insgesamt fünf verschiedene Menüpositionen.

Die ersten drei Menüpositionen sind für die Hauptnavigation im Header:

- HORIZONTALES DESKTOP-MENÜ ist wie gesehen das normale Hauptmenü. Hyperlinks erscheinen ganz rechts oben im Header nebeneinander und bekommen die Akzentfarbe.
- ERWEITERTES DESKTOP-MENÜ ist optional. Falls Sie dieser Position ein Menü zuweisen, erscheint es rechts neben dem horizontalen Desktop-Menü und wird durch drei horizontale Punkte mit dem Wort MENÜ darunter dargestellt (wie das mobile Menü auf schmalen Bildschirmen).

- Mobile-Menü ist für schmale Bildschirme. Wenn Sie kein spezielles mobiles Menü erstellen, werden im mobilen Menü die Links von den Desktop-Menüs übernommen. Ganz unten im mobilen Menü erscheinen die Icons aus dem Social-Media-Menü.

Bleiben noch das Footer-Menü und das Social-Media-Menü, die beide zwischen Inhalts- und Widgetbereich angezeigt werden:

- Das Footer-Menü bietet wie gesehen Platz für ein Menü *Pflichtlinks* mit Links zu *Datenschutz* und *Impressum*. In breiten Viewports stehen die Links nebeneinander, mobil untereinander. Im eigentlichen Footer, ganz unten auf der Seite, ist keine Menüposition vorgesehen.
- Das Social-Media-Menü verwandelt wie in Abschnitt 13.5.4 gesehen die Links zu den Profilen anhand der eingegebenen URL in das entsprechende Symbol.

> **Mit »Twentig« erhalten Sie weitere Menüoptionen**
>
> Mit dem in Abschnitt 15.2 vorgestellten Plugin *Twentig* erhalten Sie im Customizer noch weitere sehr nützliche Menüoptionen:
>
> - Die Positionierung der *Social-Media-Links* wird durch Twentig sehr flexibel. So können die Icons dann z. B. auch oben rechts neben dem horizontalen Desktop-Menü erscheinen.
> - *Footer-Menü* und *Social-Media-Menü* können auch *unter* den Widgets im Fußbereich ganz unten auf der Seite angezeigt werden. Besonders für die rechtlichen Pflichtlinks ist das angenehm, weil sie dann nicht so auffallen.

13.6 »Widgets« sind vielseitige kleine Schnipsel

Widget heißt wörtlich übersetzt so viel wie *Dingsbums* und wird *widschett* gesprochen. Vereinfacht gesagt sind Widgets kleine Schnipsel, die auf einer Webseite eingebunden werden, um dynamische Informationen zu präsentieren, ohne dass man selbst programmieren muss.

Typische Widget-Beispiele sind die Blöcke Neueste Beiträge oder Neueste Kommentare. Sie erscheinen auf allen Seiten an derselben Stelle und generieren eine stets aktuelle Liste mit Links zu den neuesten Beiträgen bzw. Kommentaren.

Widgets finden Sie als Blöcke im Block-Inserter im Bereich Widgets. In Block-Themes können Sie diese Blöcke überall einfügen, in klassischen Themes nur im Inhaltsbereich und in speziellen Widget-Bereichen.

> **»Legacy Widgets« sind traditionelle Widgets mit einer Blockhülle**
> Falls es in Ihrem WordPress z. B. von einem Plugin noch alte Widgets gibt, die nicht als Block zur Verfügung stehen, wurden diese automatisch mit einer Blockhülle versehen und als sogenanntes *Legacy Widget* eingebunden. *Legacy* meint hier so viel wie *Altlasten*.

13.6.1 Die Widgets im Footer von Twenty Twenty

Zwischen der Zeile mit dem Social-Media-Menü und der Fußzeile ganz unten gibt es in Twenty Twenty zwei Widget-Bereiche, die am Desktop und auf dem Tablet neben- und mobil untereinanderstehen. Die Links der Widgets kommen allesamt recht auffällig fett und in der im Customizer eingestellten Aktzentfarbe daher (Abbildung 13.12).

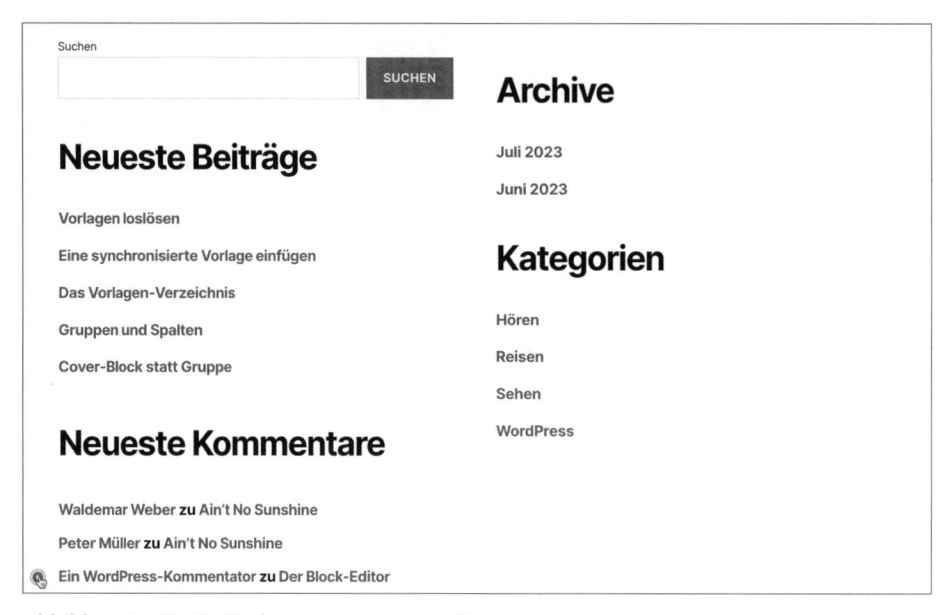

Abbildung 13.12 Die Widgets im Footer von Twenty Twenty

Hier eine kleine Übersicht der in Twenty Twenty standardmäßig eingebundenen Widgets und eine kurze Erklärung ihrer jeweiligen Funktion. In Abbildung 13.12 sehen Sie im linken Widget-Bereich, der im Backend FOOTER #1 heißt, drei Widgets:

- SUCHE stellt eine Suchfunktion zur Verfügung, mit der ein Besucher die auf Seiten und Beiträgen veröffentlichten Inhalte durchsuchen kann. Den Titel des Widgets kann man anpassen.

- Neueste Beiträge zeigt die Titel der zuletzt veröffentlichten Beiträge. Man kann den Widget-Titel ändern, die Anzahl der Beiträge, die angezeigt werden, festlegen und das jeweilige Veröffentlichungsdatum ausgeben.
- Neueste Kommentare zeigt die neuesten Kommentare. Optional kann man den Titel des Widgets ändern und die Anzahl der Kommentare festlegen, die angezeigt werden sollen.

Im Widget-Bereich rechts daneben (Footer #2) gibt es folgende Widgets:

- Archive zeigt ein monatliches Archiv der Beiträge. Dieses kann als Linkliste oder als Dropdown-Menü dargestellt werden und auf Wunsch die Anzahl der Beiträge für jeden Monat anzeigen.
- Kategorien erzeugt eine Linkliste der Kategorien, die mindestens einen Beitrag haben. Wenn es Unterkategorien gibt, kann auch die Hierarchie der Kategorien dargestellt werden.

13.6.2 Widgets in einen anderen Widget-Bereich verschieben

Die vorhandenen Widgets können Sie sehr leicht in einen anderen Widget-Bereich verschieben. So verschieben Sie z. B. die *Suche* aus der rechten in die linken Spalte:

1. Klicken Sie in der Live-Vorschau auf das Bleistift-Symbol vor Suchen.
2. Der Customizer öffnet automatisch den richtigen Widget-Bereich und markiert das Widget.
3. Klicken Sie in der Block-Werkzeugleiste auf den geschwungenen Pfeil.
4. Wählen Sie im Menü den gewünschten Widget-Bereich.

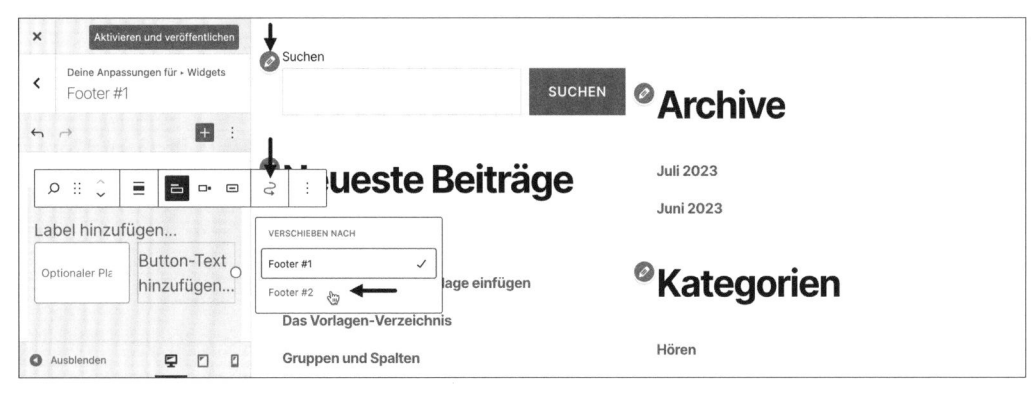

Abbildung 13.13 Ein Widget in einen anderen Bereich verschieben

WordPress wechselt in der Anpassungsleiste automatisch in den Zielbereich und fügt das Widget ganz unten ein. Um es innerhalb des Bereichs zu verschieben, können Sie es wie jeden Block mit den Pfeilen nach oben bzw. nach unten auf der Block-Werkzeugleiste bewegen.

13.6.3 Weitere Widget-Blöcke aus dem Block-Inserter einfügen

Wenn Sie in der Anpassungsleiste in einem Widget-Bereich oben auf das ➕ klicken, öffnet sich rechts daneben der Block-Inserter. Dort scrollen Sie ein bisschen nach unten, um den Bereich WIDGETS zu sehen (Abbildung 13.14).

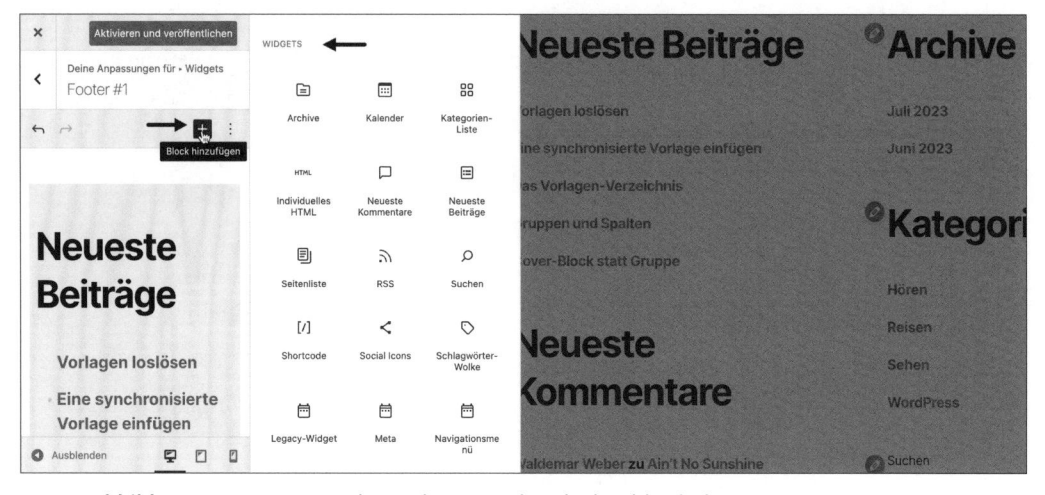

Abbildung 13.14 Der Bereich »Widgets« in der Block-Bibliothek

Alle diese Blöcke waren früher einmal ein Widget:

- *Schlagwörter-Wolke* zeigt eine Wortwolke der in Ihrem Blog meistgenutzten Schlagwörter.
- *Social Icons* erstellt eine Icon-Liste mit Links zu Ihren Social-Media-Profilen. Vorgehensweise und Ergebnis ähneln dem Social-Media-Menü aus Abschnitt 13.5.4, aber hier ist es ein Block und kein Menü.
- *Navigationsmenü* dient dazu, ein in WordPress erstelltes Menü in einem Widget-Bereich einzubinden.
- *Shortcode*. Ein Shortcode ist ein in eckigen Klammern stehendes Kürzel wie [contact-form], das von WordPress in reguläres HTML umgewandelt wird. Shortcodes werden häufig von Plugins erzeugt und waren früher sehr beliebt, werden aber zusehends

durch Blöcke ersetzt. Falls ein Plugin Ihnen also einen Shortcode anbieten sollte, dann können Sie ihn mit diesem Widget-Block einbinden.

- Das Widget *Legacy Widgets* ermöglicht es, eventuell vorhandene traditionelle Widgets (z. B. von einem Plugin) in einer Block-Umgebung einzubinden.

Last, but not least gibt es ein sehr praktisches Widget mit dem schönen Namen *Widget-Gruppe*. Blockbasierte Widgets bestehen oft aus einer Überschrift und dem eigentlichen Widget. Die *Widget-Gruppe* erspart Ihnen beim Hinzufügen von Widgets die manuelle Gruppierung, aber die Überschrift wird in manchen Themes anders formatiert als manuell hinzugefügte H2-Überschriften, sodass sie etwas kleiner wirkt.

> **Weitere Widgets im Kurzüberblick**
>
> Die folgenden Widgets gehören zum Lieferumfang von WordPress, werden aber von Einsteigerinnen und Einsteigern wahrscheinlicher eher selten benötigt:
>
> - *Individuelles HTML*. Mit diesem Widget kann man in einem Widget- Bereich beliebigen HTML-Code ausgeben.
> - *Meta* liefert einen Block mit Links zur Anmeldung, zu WordPress.org und zu den RSS-Feeds für Beiträge und Kommentare.
> - *RSS* zeigt Einträge von einem beliebigen RSS- oder Atom-Feed an. Sie benötigen dazu nur die Feed-URL.
> - *Seitenliste* zeigt eine Liste der veröffentlichten Seiten an. Man kann diese Liste nach verschiedenen Kriterien sortieren lassen und einzelne Seiten ausschließen.
> - *Kalender*. Das Widget dient nicht dem Eintragen von Terminen, sondern zeigt in einer Monatsübersicht, an welchen Tagen Beiträge veröffentlicht wurden.
>
> Viele Themes und Plugins bringen eigene Widgets mit, sodass es nach einem Theme-Wechsel oder einer Plugin-Installation durchaus auch noch weitere Widgets geben kann.

13.7 Den Customizer mit der »Live-Vorschau« beenden

Nach dem Ausprobieren der verschiedenen Customizer-Bereiche in der Live-Vorschau stellt sich irgendwann die Frage, wie Sie den Customizer beenden möchten:

- Wenn Ihnen das Theme nach dem Ausprobieren nicht gefällt, brechen Sie das Ausprobieren einfach ab. Dann war das ein Satz mit X, und das finden Sie ganz oben links im Customizer.

- Wenn Ihnen das Theme zusagt, klicken Sie auf AKTIVIEREN UND VERÖFFENTLICHEN. Damit aktivieren Sie das Theme und veröffentlichen alle beim Ausprobieren gemachten Anpassungen.

Nach einem Theme-Wechsel sollten Sie sich einmal gründlich in der ganzen Website umschauen, denn ein bisschen Feintuning wird dabei fast immer fällig. Die Zuweisung der Menüs haben Sie bereits im Customizer gemacht, aber bei den Inhalten in Seiten und Beiträgen gibt es bestimmt was zum Nachbessern.

13.8 Auf einen Blick

Die wichtigsten Themen noch einmal im Überblick:

- Ein guter Ausgangspunkt zum Kennenlernen eines Themes ist seine offizielle Demo. Hier werden alle wichtigen Features vorgestellt.
- Für jedes installierte Theme gibt es im Menü DESIGN • THEMES diverse THEME-DETAILS.
- Im Customizer können Sie ein Theme in einer Live-Vorschau anpassen. Das Frontend ändert sich erst nach der Veröffentlichung der Änderungen.
- Im Customizer können Sie im Bereich MENÜS ein oder mehrere Navigationsmenüs erstellen:
  - Ein Menü kann aus Seiten, Kategorien, individuellen Links und anderen Dingen bestehen, auch gemischt.
  - Ein Menü wird einer Menüposition zugewiesen.
- Widgets sind Blöcke, die auch im Block-Editor für Inhalte eingesetzt werden können. Andersherum können in Widget-Bereichen auch alle Blöcke genutzt werden.

Kapitel 14
Auf der Suche nach dem richtigen Theme

Worin Sie zunächst etwas über Pagebuilder und Themes erfahren und worauf Sie bei der Auswahl von Themes achten sollten. Danach lernen Sie ein paar Themes kennen, die Sie kostenlos installieren und ausprobieren können. Zum Abschluss zeige ich Ihnen noch ein paar kommerzielle Anbieter und einen Marktplatz für Mehrzweck-Themes.

Die Themen im Überblick:

- WordPress, »Pagebuilder« und Themes
- Wissenswertes zu WordPress-Themes
- Das Theme-Verzeichnis auf WordPress.org
- Block-Themes: Alternativen zu Twenty Twenty-Three
- Klassische Freemium-Themes: Erst testen, dann kaufen
- Jenseits vom Theme-Verzeichnis: Erst kaufen, dann installieren
- Auf einen Blick

WordPress-Themes zu finden ist einfach, das *richtige* Theme zu finden hingegen nicht unbedingt. In diesem Kapitel möchte ich Ihnen ein paar Tipps zur Auswahl eines Themes geben und einige Themes und Theme-Anbieter vorstellen.

Ich wünsche Ihnen viel Spaß und vor allem Erfolg bei Ihren Streifzügen durch die ewigen Theme-Gründe.

14.1 WordPress, »Pagebuilder« und Themes

Bevor Sie sich den Themes zuwenden, noch ein paar Worte zum Begriff *Pagebuilder*, denn der wird Ihnen früher oder später begegnen.

14.1.1 Der »Classic Editor« von WordPress 4 konnte nicht layouten

Bis inklusive Version 4.9 hatte WordPress einen Editor namens TinyMCE. Dieser Editor funktionierte so ähnlich wie Microsoft Word und war zum Schreiben von einfachen Texten gut geeignet, aber das Gestalten und Erstellen von Layouts war damit fast unmöglich.

Abbildung 14.1 Der »Classic Editor« von WordPress

Diese Lücke begünstigte die Entstehung von Tools, die sich auf die Erstellung von Layouts in WordPress spezialisiert haben und die inzwischen mit dem Begriff *Pagebuilder* bezeichnet werden.

Wer mit WordPress 4 ansprechende Layouts für seine Inhalte erstellen wollte, kam an zusätzlichen Tools wie Shortcodes oder einem solchen Pagebuilder praktisch nicht vorbei.

14.1.2 »Pagebuilder« ersetzen den Editor für das betreffende Dokument

Pagebuilder sind in den letzten knapp zehn Jahren wie Pilze aus dem Boden geschossen, und der Begriff wird in verschiedenen Zusammenhängen für unterschiedliche Dinge gebraucht. Aber es gibt einen grundlegenden Unterschied:

- Pagebuilder-Tools wie *Elementor* und Pagebuilder-Themes wie *Avada* oder *Divi* setzen ihren eigenen Editor an die Stelle des Block-Editors.

▶ Pagebuilder-Blocksammlungen wie *Kadence Blocks* oder *Otter Blocks* erweitern den Block-Editor von WordPress.

In diesem Abschnitt sind mit Pagebuilder die Tools gemeint, die ihren eigenen Editor nutzen. Abbildung 14.2 zeigt als Beispiel einen Beitrag in Elementor.

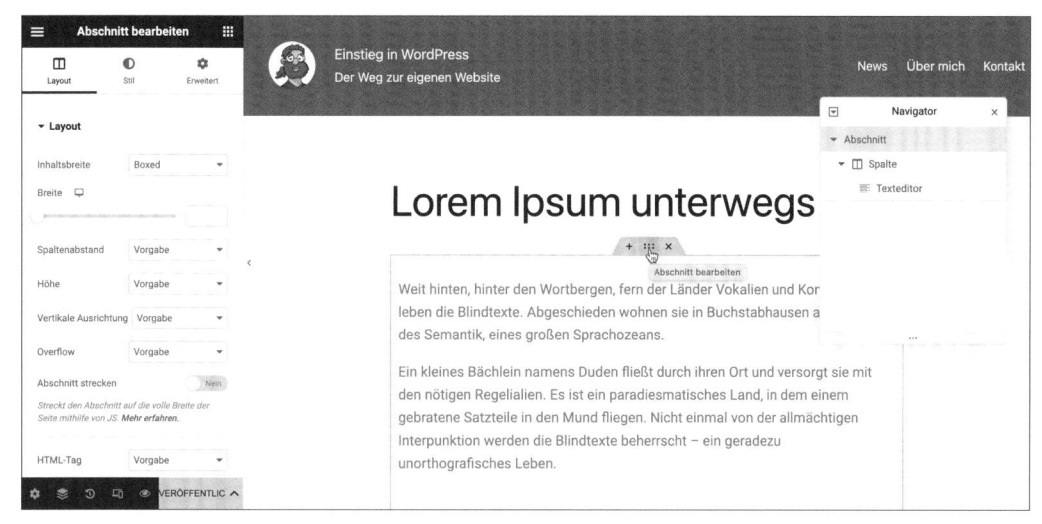

Abbildung 14.2 Ein Beitrag im Pagebuilder »Elementor«

Pagebuilder-Tools funktionieren sehr unterschiedlich, aber allen gemein ist wie gesagt, dass sie den Block-Editor für die betreffende Seite oder den betreffenden Beitrag ersetzen. Inhalte wie Texte und Grafiken werden dann nicht mehr mit dem Block-Editor bearbeitet, sondern mit dem Pagebuilder.

Problematisch ist dabei unter anderem, dass die Pagebuilder verschiedener Hersteller nicht kompatibel sind und ein nachträglicher Wechsel dadurch fast unmöglich wird. Bei manchen Pagebuildern verliert man dann nicht nur das Layout, sondern den kompletten Inhalt.

> **»Pagebuilder« und »Websitebuilder«**
>
> Mit Pagebuildern bearbeitete man ursprünglich nur den Inhalt von Beiträgen und Seiten. Viele Pagebuilder sind aber inzwischen zu Websitebuildern herangewachsen, mit denen man auch Header, Footer und den Rest der Website bearbeiten kann. Das ist also so ähnlich wie der Unterschied zwischen dem Block-Editor für Inhalte und dem Website-Editor zur Anpassung von Block-Themes.

14.1.3 Der »Block-Editor« ist inzwischen für viele Websites mehr als genug

Aber nichts ist so beständig wie der Wandel. Seit WordPress 5.0 gibt es mit dem Prinzip der Blöcke und dem Block-Editor eine standardisierte Lösung zur Erstellung und Gestaltung von Inhalten, die im Laufe der letzten Jahre immer weiter gereift ist. Abbildung 14.3 zeigt einen Beitrag im Block-Editor.

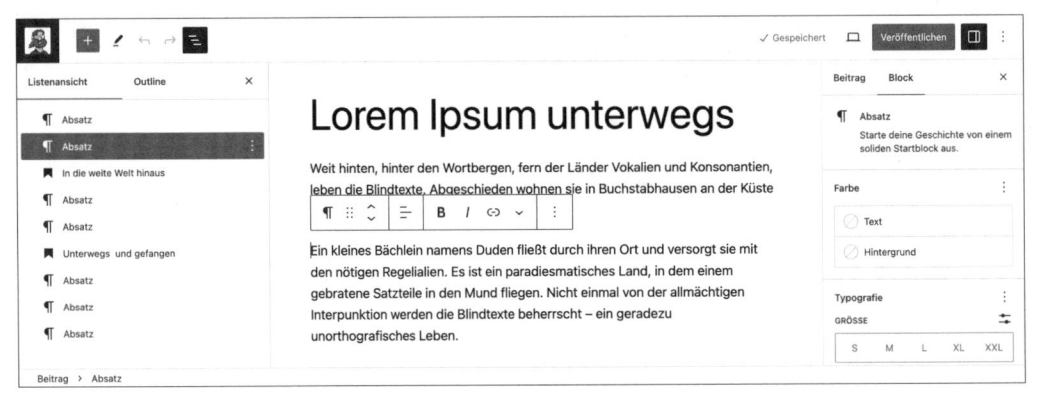

Abbildung 14.3 Ein Beitrag im Block-Editor von WordPress

Pagebuilder sind zum Teil wirklich gute Werkzeuge, haben aber durch diese Entwicklung für viele Sites an Bedeutung verloren. Während man früher schon für relativ simple Layouts in irgendeiner Form einen Pagebuilder benötigte, sind heute in vielen Fällen der Block-Editor und die Standardblöcke von WordPress mehr als genug.

Die Frage ist für viele angehende Website-Betreibende heute also nicht mehr, *welchen* Pagebuilder man nehmen sollte, sondern *ob* man überhaupt einen braucht.

Probieren Sie es aus. Falls es nicht reicht, können Sie immer noch umsteigen.

14.1.4 Fazit: Ein Theme ist ein schlankes Fundament für die Website

Lange Zeit war es also eine wichtige Aufgabe für ein Theme, die reibungslose Zusammenarbeit mit einem Pagebuilder zu garantieren oder einen integrierten Pagebuilder zur Verfügung zu stellen.

In der wunderbaren Welt der Blöcke ist die wichtigste Aufgabe eines Themes aber, ein schnelles und schlankes Fundament für die Website zu liefern. Die Inhalte werden mit dem Block-Editor erstellt und gestaltet.

Websites mit Block-Themes oder den in Abschnitt 14.5 vorgestellten schlanken klassischen Themes haben in der Regel eine deutlich bessere Performance als Websites mit Pagebuilder-Tools oder Pagebuilder-Themes. Eine schnell geladene Website ist wichtig für Besuchende und Suchmaschinen.

14.2 Wissenswertes zu WordPress-Themes

Stellen Sie sich vor, Sie könnten auf der Suche nach dem passenden Theme in Google einfach »wordpress theme« eingeben, die Suche um ein paar beschreibende Begriffe wie »Band«, »Fotograf«, »Restaurant« oder was auch immer ergänzen und würden dann bei dem für Sie perfekten WordPress-Theme landen.

Klappt nicht. Wahrscheinlicher ist es, dass die Wahl bei der Suche nach dem richtigen Theme sehr bald zur Qual wird, und deshalb möchte ich Ihnen zunächst ein paar grundlegende Gedanken zur Auswahl von Themes mit auf den Weg geben, die Ihnen helfen sollen, die Spreu vom Weizen zu trennen.

14.2.1 Worauf Sie bei Themes achten sollten

Das Wichtigste vorweg: Lassen Sie sich bei der Beurteilung eines Themes nicht von den meist wunderbaren Fotos verführen. Das ist zwar leichter gesagt als getan, aber überlegen Sie beim Betrachten, welche Fotos Sie statt der Fotos in den Demos zur Verfügung hätten. Achten Sie lieber darauf, wie übersichtlich das Design ist und wie die verschiedenen Layoutbereiche genutzt werden.

Hier eine kleine Auswahl von Dingen, auf die Sie vor der Entscheidung für ein Theme achten sollten:

- **Block-Theme** oder **klassisches Theme**. In Kapitel 11 bis 13 haben Sie beide Arten von Themes kennengelernt. Der Unterschied liegt in der Art der Anpassung: Block-Themes haben den Website-Editor, klassische Themes den Customizer.
- **Aktualisierung.** Suchen Sie nach einem Hinweis, wann das Theme zuletzt aktualisiert worden ist. Wird das Theme regelmäßig weiterentwickelt und angepasst? Auf der Detailseite eines Themes im Theme-Verzeichnis von WordPress ist das leicht herauszufinden (siehe Abschnitt 14.3).
- **Bewertungen.** Gibt es Bewertungen von Leuten, die das Theme ausprobiert haben? Achten Sie bei schlechten Bewertungen auch darauf, ob der eine Stern einen echten Grund hat oder eher auf die schlechte Laune des Rezensenten zurückzuführen ist.

- **Dokumentation.** Gibt es schriftliche Informationen zur Benutzung des Themes? Ohne eine gute Dokumentation müssen Sie selbst ausprobieren, welche Optionen es gibt und wie genau sie umgesetzt werden.
- **Performance.** Die Ladezeit einer Website ist für Ihre Besucher und auch für Suchmaschinen ein wichtiges Kriterium, und das Theme ist dabei ein wichtiger Faktor.
- **Suchmaschinen.** Viele Besucher werden Ihre Website über Suchmaschinen finden, und das Theme sollte das so leicht wie möglich machen.
- **Features.** Unterstützt das Theme alle von Ihnen gewünschten Funktionen? Nicht jede Funktion muss gleich eingebaut sein, aber falls Sie unentbehrliche Plugins haben, sollte das Theme damit zusammenarbeiten. Fragen Sie einfach im Supportforum.
- **Mobilgeräte.** Das sollte heute eigentlich selbstverständlich sein, aber testen Sie, ob das Theme responsiv ist, ob die Website also auf allen Bildschirmen funktioniert und Layout und Navigation sich anpassen.
- **Support.** Gibt es eine Möglichkeit, bei Problemen mit dem Theme Hilfe vom Hersteller oder anderen Benutzern zu erhalten? Wenn ja, in welcher Form? E-Mail, Forum oder Chat-Kanal? Und für wie lange gilt das Angebot?
- **Lizenz.** Dürfen Sie das Theme auf einer oder auf mehreren Websites einsetzen? Wie lange bekommen Sie kostenlose Updates? Was kostet eine Vertragsverlängerung?

Informationen zu diesen und anderen Punkten finden Sie unter anderem auf der Website des jeweiligen Themes.

14.2.2 WordPress-Themes haben unterschiedliche Vertriebsmodelle

Die meisten WordPress-Themes fallen in eine der folgenden Kategorien:

- **Kostenlose Themes** finden Sie im Theme-Verzeichnis mit dem Filter COMMUNITY. Für diese Themes gibt es keine Premium-Optionen und abgesehen vom Supportforum auf WordPress.org keine Unterstützung. Anders ausgedrückt: Die Autorin oder der Autor hat viel Zeit und Mühe in die Entwicklung des Themes gesteckt und stellt das Ergebnis ohne geldlichen Gegenwert zur Verfügung. Die Anpassung ist dann in erster Linie Ihre Aufgabe. Beispiele sind die Standardthemes oder die wirklich guten Themes von Anders Norén.
- **Freemium-Themes** finden Sie im Theme-Verzeichnis mit dem Filter KOMMERZIELL. Sie funktionieren nach dem Motto *Erst testen, dann kaufen*. Diese Themes können Sie kostenlos aus dem Theme-Verzeichnis heraus installieren, ausprobieren und zeitlich

unbegrenzt nutzen, aber es gibt eine kostenpflichtige Version mit zusätzlichen Features und professionellem Support, die im Namen oft den Zusatz *Pro* oder *Premium* trägt. Beispiele sind Themes wie *Kadence*, *GeneratePress* oder *Astra* (siehe Abschnitt 14.5).

- **Kommerzielle Mehrzweck-Themes** gibt es auf Marktplätzen wie *ThemeForest* (siehe Abschnitt 14.6). Sie können meist erst *nach* dem Kauf installieren und ausprobieren. Es gibt zwar eine Live-Demo, aber in gewisser Weise kaufen Sie die Katze im Sack. Der Kauf erlaubt Ihnen die Nutzung des Themes und gibt, meist für einen beschränkten Zeitraum von z. B. 6 oder 12 Monaten, das Recht auf Updates und professionellen Support.

Einige Theme-Anbieter wie *Divi* haben sich für eine andere Vertriebsform entschieden: Sie verkaufen ihre Themes nicht einzeln, sondern bieten eine kostenpflichtige **Mitgliedschaft** an, die meistens jährlich abgerechnet wird. Mitglieder können dann alle verfügbaren Themes nutzen und einen professionellen Support in Anspruch nehmen.

> **Vorsicht: Themes nur von vertrauenswürdigen Quellen hinzufügen**
>
> Beim Hinzufügen eines Themes werden Dateien auf Ihren Webspace übertragen. Diese Dateien bestehen neben sicherheitstechnisch unbedenklichem HTML und CSS auch aus Programmcode in den Sprachen JavaScript und PHP und können somit auch Sicherheitslücken oder sogar Schadcode enthalten.
>
> Sie sollten Themes also nur aus vertrauenswürdigen Quellen verwenden. Einige davon lernen Sie in diesem Kapitel kennen.

14.2.3 Die Antwort auf die Frage »Welches Theme ist das?«

Wenn Sie eine tolle Website sehen und wissen wollen, ob das WordPress ist und falls ja, welches Theme im Einsatz ist, geht das am bequemsten mit Tools wie den folgenden:

- *WP Theme Detector* auf *wpthemedetector.com* (siehe Abbildung 14.4)
- *What WP Theme is That?* auf *whatwpthemeisthat.com*

Auf diesen Websites geben Sie nur den Domain-Namen der fraglichen Website ein. Wenn die Website mit WordPress betrieben wird, erhalten Sie wenig später eine Antwort auf Ihre Frage »Welches Theme ist das?«. Meist bekommen Sie auch noch zusätzliche Informationen, einen direkten Link zur Website des Themes und Infos über die installierten Plugins.

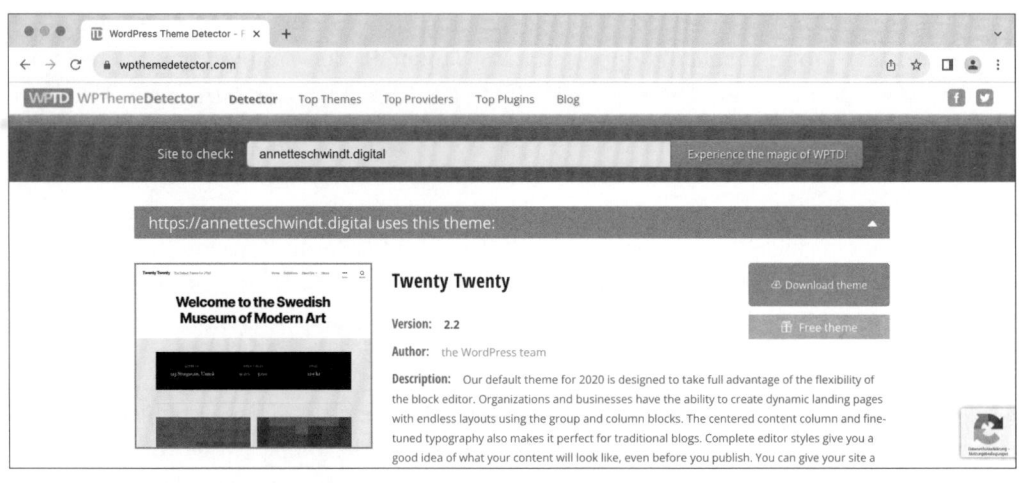

Abbildung 14.4 Der »wpthemedetector.com« in Aktion

14.3 Das Theme-Verzeichnis auf WordPress.org

Erste Anlaufstelle für Einsteigerinnen und Einsteiger auf der Suche nach einem WordPress-Theme ist das Theme-Verzeichnis auf WordPress.org, wo es eine riesige Auswahl an kostenlosen Themes gibt:

- *de.wordpress.org/themes*

Nach dem Aufrufen der Seite sehen Sie die Rubrik POPULÄR, in der die beliebtesten Themes angezeigt werden. Weitere Filter sind:

- NEUESTE ordnet die Themes so, dass die neuesten Einträge zuerst erscheinen.
- KOMMERZIELL zeigt nur Themes von kommerziellen Anbietern an. Diese Themes können Sie kostenlos installieren, aber es gibt meist bezahlte Premium-Optionen für Support, zusätzliche Features oder weitere Möglichkeiten zur Anpassung.
- COMMUNITY zeigt nur Themes, die von enthusiastischen Entwicklerinnen und Entwicklern der WordPress Community erstellt wurden, die ihre Arbeit kostenlos zur Verfügung stellen.
- BLOCK-THEMES filtert alle Block-Themes heraus, die *Full Site Editing* ermöglichen und zur Anpassung den Website-Editor nutzen.

Mit dem Link NACH FUNKTIONEN FILTERN können Sie Themes nach bestimmten Kriterien filtern und mit dem Suchfeld THEMES DURCHSUCHEN... das Verzeichnis nach Stichwörtern durchsuchen, z. B. nach dem Namen eines Themes.

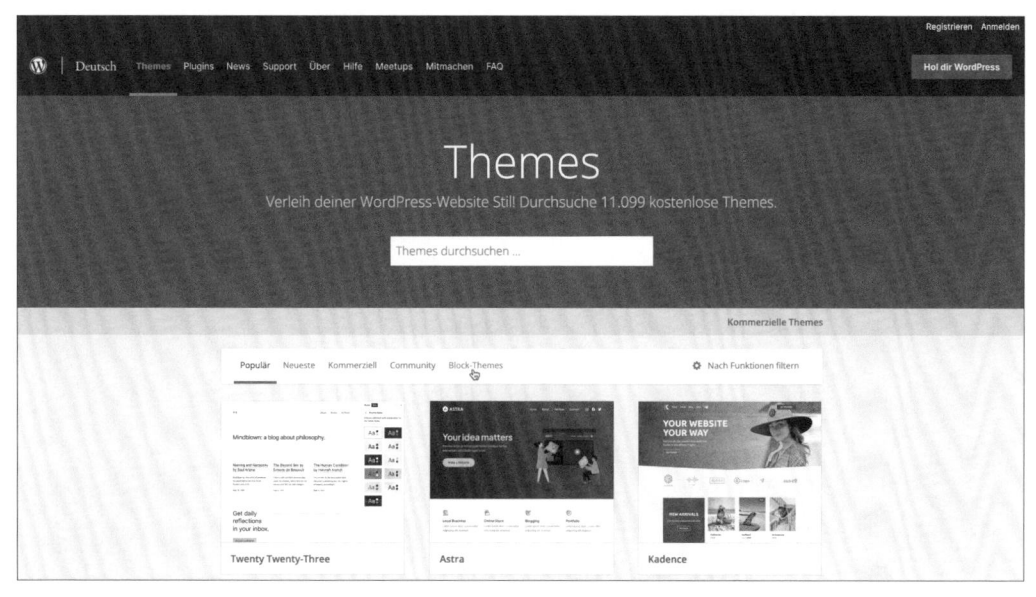

Abbildung 14.5 Das Theme-Verzeichnis auf »de.wordpress.org/themes«

14.3.1 Die Detailseite eines Themes im Theme-Verzeichnis, Teil 1

Im Theme-Verzeichnis hat jedes Theme eine Detailseite mit Links und Infos zum Theme. Abbildung 14.6 zeigt die Seite für das Standardtheme *Twenty Twenty-Three*, auf dem die Übungswebsite basiert.

- *de.wordpress.org/themes/twentytwentythree*

Die Detailseiten zeigen nützliche Informationen zum jeweiligen Theme:

- Oben finden Sie ein kleines Vorschaubild und darunter eine kurze Beschreibung des Themes. Bei Block-Themes sieht man dazwischen noch die zum Theme gehörenden STIL-VARIANTEN. Ein Klick darauf zeigt das Vorschaubild mit dieser Stil-Variante.
- Rechts daneben steht, dass Twenty Twenty-Three ein COMMUNITY-THEME ist.
- Die Schaltfläche VORSCHAU darunter führt zu einer navigierbaren Theme-Vorschau, die einen ersten Eindruck vermittelt, aber meist nicht sonderlich aussagekräftig ist.
- Der DOWNLOAD rechts daneben ermöglicht das Herunterladen eines ZIP-Archivs, was aber selten nötig ist, da alle Themes im Backend-Menü DESIGN • THEMES installiert werden können.

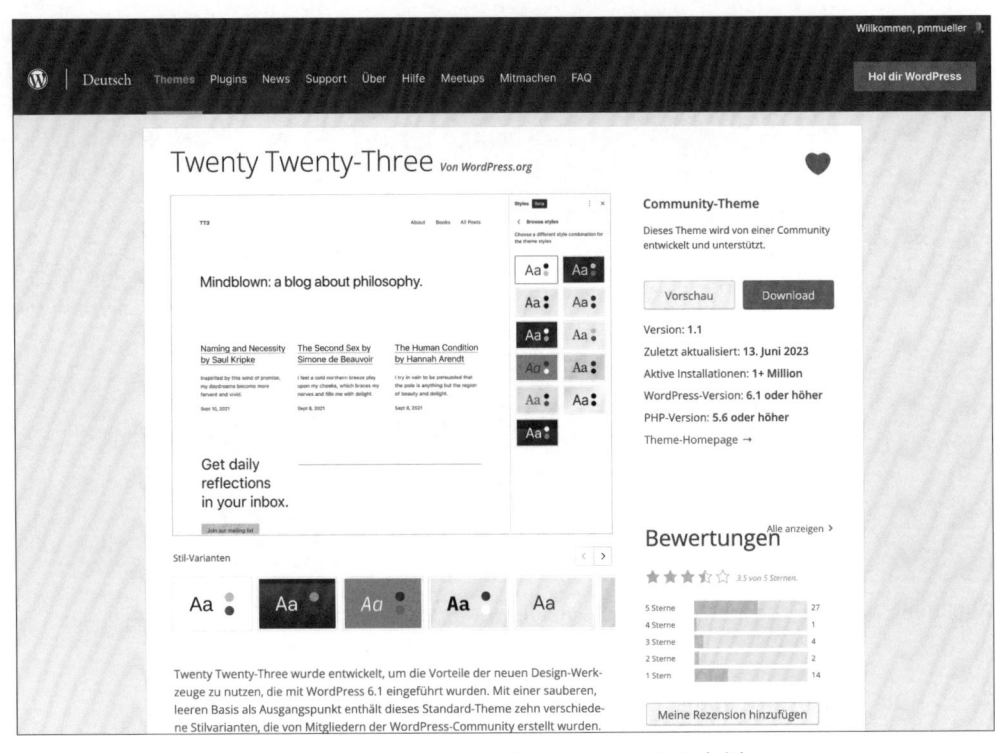

Abbildung 14.6 Twenty Twenty-Three im Theme-Verzeichnis (1/2)

- Version zeigt die aktuelle Versionsnummer des Themes und Zuletzt aktualisiert das Datum des letzten Updates. Ein relativ aktuelles Datum deutet darauf hin, dass das Theme aktiv entwickelt wird, was wie schon erwähnt ein wichtiges Kriterium für ein gutes Theme ist.
- Aktive Installationen gibt an, auf wie vielen Websites *Twenty Twenty-Three* installiert ist, und der Link Theme-Homepage darunter führt zur Website des Themes. Für WordPress-Standardthemes ist das diese Detailseite im Theme-Verzeichnis, bei anderen Themes führt der Link zu einer zusätzlichen Infoseite.
- Im Bereich Bewertungen sehen Sie Rezensionen von Theme-Benutzern. Der Link Alle anzeigen zeigt alle Bewertungen, ein Klick auf einen der fünf Balken nur die Bewertungen mit der entsprechenden Anzahl Sterne.

14.3.2 Die Detailseite eines Themes im Theme-Verzeichnis, Teil 2

Abbildung 14.7 zeigt die untere Hälfte der Detailseite zu *Twenty Twenty-Three*.

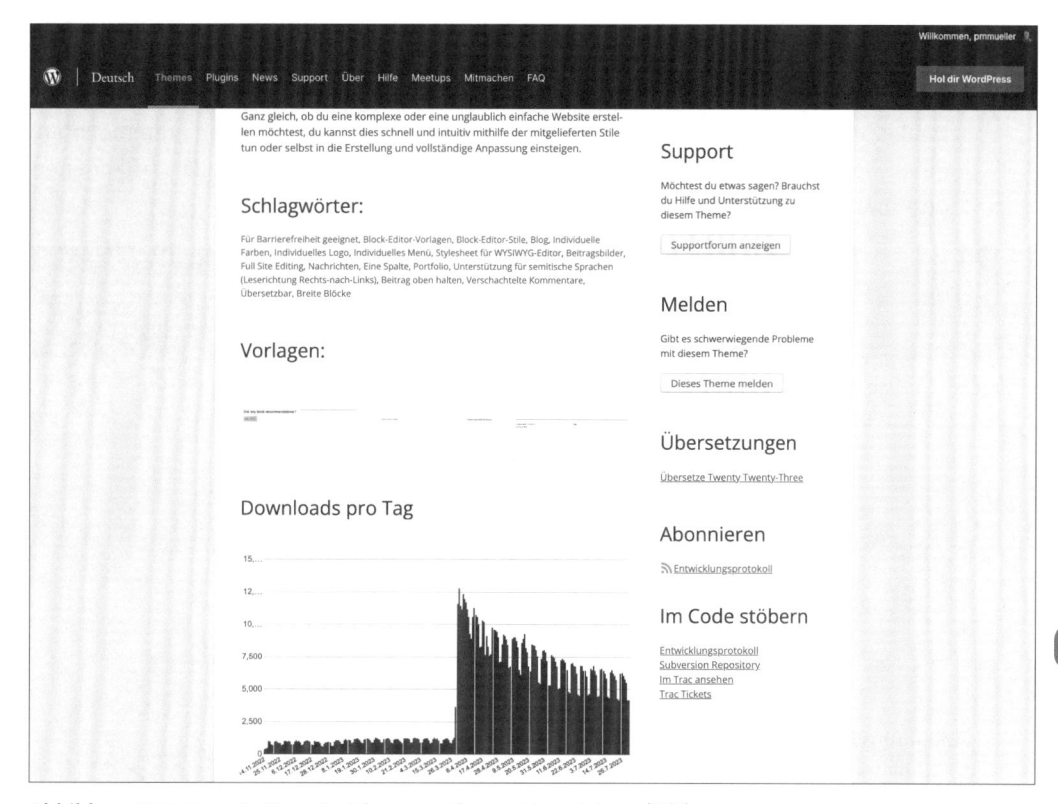

Abbildung 14.7 Twenty Twenty-Three im Theme-Verzeichnis (2/2)

- Unterhalb der Beschreibung sehen Sie eine Reihe verlinkter SCHLAGWÖRTER, die dieses Theme beschreiben.
- Bei Block-Themes werden mitgelieferte VORLAGEN angezeigt. Ein Klick auf eine Vorlage zeigt sie in der weiter oben erwähnten Vorschau.
- Unten auf der Seite ist eine Statistik mit der Anzahl der DOWNLOADS PRO TAG für dieses Theme, ein erstes Indiz für dessen Popularität.
- Im Bereich SUPPORT können Sie über die Schaltfläche SUPPORTFORUM ANZEIGEN direkt zu einem (englischsprachigen) Forumsbereich zu diesem Theme springen. Das ist der ideale Platz für Fragen zum Theme.

So viel zu den Detailseiten im Theme-Verzeichnis auf WordPress.org.

14.4 Block-Themes: Alternativen zu Twenty Twenty-Three

Twenty Twenty-Three ist zumindest für kleinere Websites eine solide und wirklich sehr schnelle Grundlage, aber falls Sie mal ein anderes Block-Theme ausprobieren möchten, können Sie sich im Theme-Verzeichnis mit dem Filter BLOCK-THEMES alle vorhandenen Block-Themes anzeigen lassen (Abbildung 14.8).

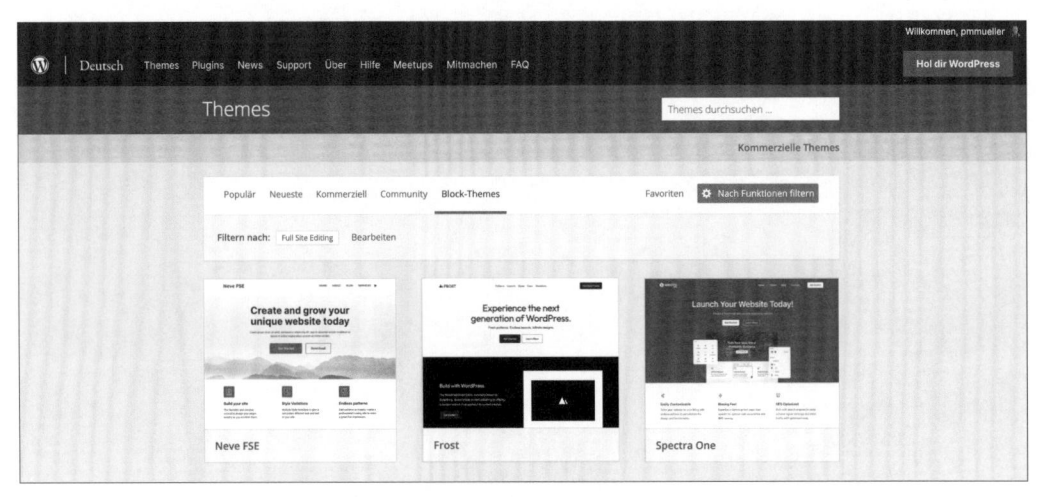

Abbildung 14.8 Einige Block-Themes im Theme-Verzeichnis von WordPress

Einige beliebte Block-Theme-Kandidaten aus dem Theme-Verzeichnis sind:

- Frost von WP Engine:
  de.wordpress.org/themes/frost/
- Spectra One von Brainstorm Force
  de.wordpress.org/themes/spectra-one
- Neve FSE von ThemeIsle:
  de.wordpress.org/themes/neve-fse

Ein weiteres vielversprechendes Block-Theme ist *Ollie*, das momentan (im August 2023) noch nicht im Theme-Verzeichnis gelistet ist, aber tolle Vorlagen und einen interessanten Setup-Assistenten hat:

- Ollie WP von Mike McAllister
  olliewp.com

Momentan gibt es noch keine kommerziellen Block-Themes mit Premium-Optionen z. B. für zusätzlichen Support, aber das kann sich ja ändern.

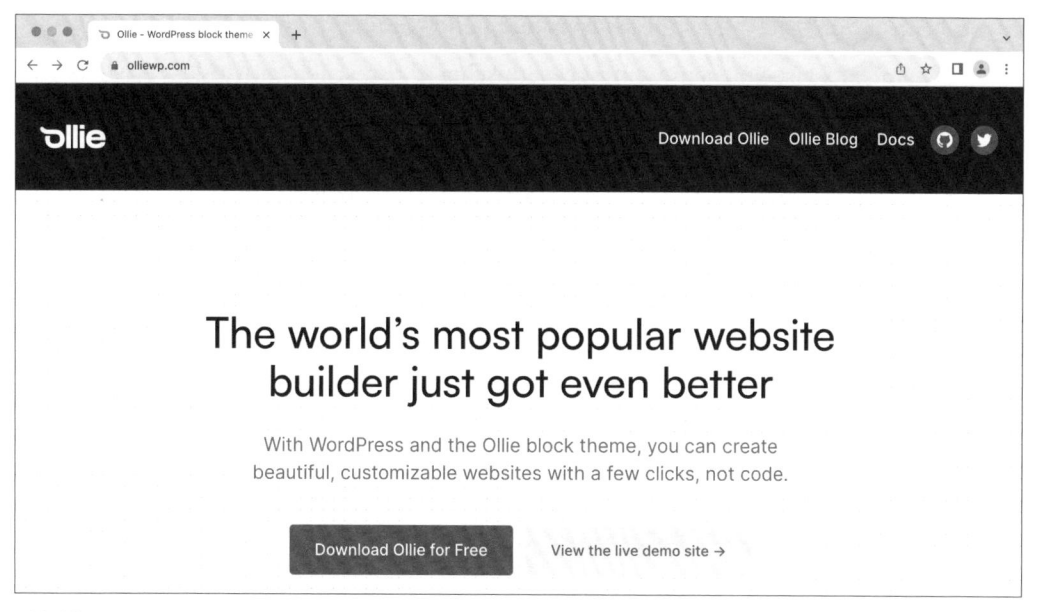

Abbildung 14.9 Die Website des Ollie-Themes von Mike McAllister

14.5 Klassische Freemium-Themes: Erst testen, dann kaufen

Mit *Freemium-Themes* sind wie gesagt Themes gemeint, die im Theme-Verzeichnis eine kostenlose Basisversion bereitstellen, gegen Bezahlung aber zusätzliche Features und professionellen Support anbieten.

Die Basisversionen dieser Themes können Sie im Backend im Menü DESIGN • THEMES nach einem Klick auf die Schaltfläche THEME HINZUFÜGEN direkt aus dem Theme-Verzeichnis heraus installieren und in der Live-Vorschau testen.

In diesem Abschnitt möchte ich Ihnen einige der beliebtesten Themes kurz vorstellen, wobei die Reihenfolge der Vorstellung keine Wertung bedeutet.

> **Für viele Themes gibt es Blocksammlungen als Plugin vom selben Hersteller**
>
> Für viele Freemium-Themes gibt es vom selben Hersteller Blocksammlungen als Plugin. So macht GeneratePress die *GenerateBlocks*, Kadence die *Kadence Blocks*, Brainstorm Face (Astra) das Plugin *Spectra* und ThemeIsle (Neve) die *Otter Blocks*. Diese Plugins stelle ich in Abschnitt 18.2 kurz vor.

14.5.1 »GeneratePress«: Schlank, schnell und stabil

GeneratePress ist ein Theme vom sympathischen kanadischen Entwickler Tom Usborne. Das Theme gibt es bereits seit über acht Jahren, und es hat inzwischen mehr als 600.000 aktive Installationen:

- Theme-Verzeichnis: *de.wordpress.org/themes/generatepress*
- Theme-Startseite: *generatepress.com*

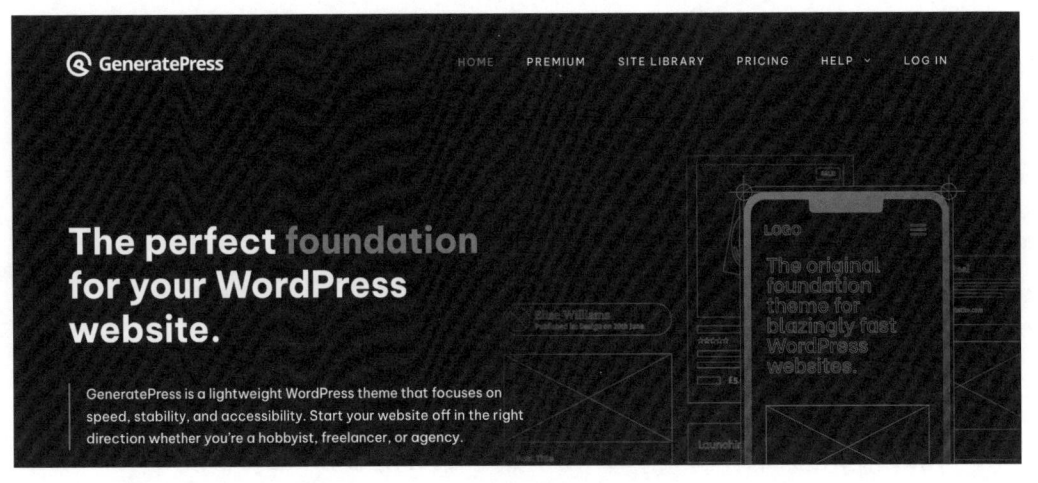

Abbildung 14.10 Die Website von »GeneratePress«

GeneratePress ist ein schlankes Theme, das den Benutzer nicht mit einer Vielfalt von Features und Optionen erschlägt, sondern ein stabiles und vor allem pfeilschnelles Fundament für eine WordPress-Website bietet.

GeneratePress hat zahlreiche Widget-Bereiche in der *Top Bar* (oberhalb des Headers), im Header selbst, in den Seitenleisten, im Footer (drei nebeneinander) und noch eine zusätzliche Fußzeile darunter. Dadurch sind auch in der kostenlosen Version sehr flexible Layouts möglich.

Die Dokumentation auf *docs.generatepress.com* ist vorbildlich und die Hilfsbereitschaft von Tom und seinem Team im Supportforum fast schon legendär. In Social-Media-Gruppen helfen sich die User noch dazu weltweit gegenseitig.

14.5.2 »Astra«: Eine gute Basis für die Arbeit mit Blöcken

Das Theme *Astra* hat die WordPress-Welt seit seinem Erscheinen im Jahre 2017 im Sturm erobert und inzwischen mehr als 1 Million aktive Installationen (Abbildung 14.11):

- Theme-Verzeichnis: *de.wordpress.org/themes/astra/*
- Theme-Startseite: *wpastra.com*

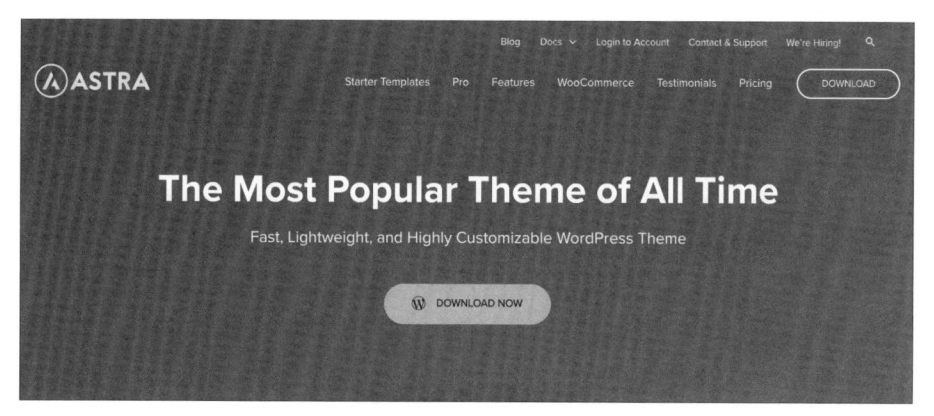

Abbildung 14.11 Die Website von »Astra«

Astra ist ein schnelles Theme und bietet im Customizer zahlreiche und übersichtlich organisierte Optionen zur Anpassung des Themes. Im Menü DESIGN • ASTRA-OPTIONEN erhält man außerdem eine ausführliche Übersicht über die möglichen kostenlosen und bezahlten Erweiterungen.

14.5.3 »Kadence«: Jede Menge Features auch in der kostenlosen Version

Kadence ist seit vielen Jahren eines der beliebtesten WordPress-Themes und recht einfach anzupassen (Abbildung 14.12):

- Theme-Verzeichnis: *de.wordpress.org/themes/kadence*
- Theme-Startseite: *kadencewp.com*

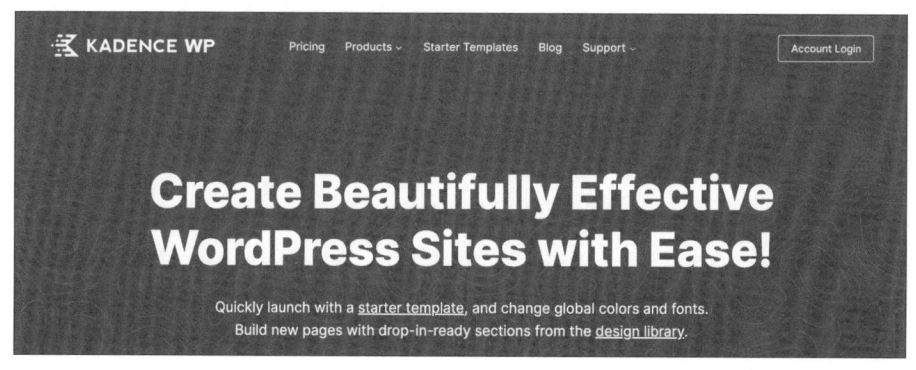

Abbildung 14.12 Die Website von »Kadence WP«

Kadence verfügt unter anderem über einen wirklich einfach zu bedienenden Drag-and-Drop-Header- und -Footer-Builder, mit dem man in wenigen Minuten die unterschiedlichsten Header und Footer erstellen kann.

> **Weitere wirklich gute Freemium-Themes auf einen Blick**
>
> Es gibt so viele gute Themes, dass eine Auswahl wirklich schwerfällt, aber die folgenden Kandidaten sollen nicht unerwähnt bleiben:
>
> - Neve: *de.wordpress.org/themes/neve*
> - Blocksy: *de.wordpress.org/themes/blocksy*
> - OceanWP: *de.wordpress.org/themes/oceanwp*
>
> Und das ist nur eine kleine Auswahl. Es gibt noch jede Menge mehr ...

14.6 Jenseits vom Theme-Verzeichnis: Erst kaufen, dann installieren

Erste Anlaufstelle für Einsteiger ist die kommerzielle Abteilung im Theme-Verzeichnis auf *wordpress.org*, aber auch jenseits davon gibt es unzählige WordPress-Themes von kommerziellen Anbietern. In diesem Abschnitt stelle ich Anbieter wie *Divi* oder *StudioPress* und Marktplätze wie *themeforest.net* vor.

> **WordPress basiert auf der Lizenz »GPL«**
>
> Die Nutzung von Software unterliegt einer Lizenz. WordPress steht als freie Software ähnlich wie Linux unter der *General Public License*, abgekürzt GPL. GPL steht unter anderem dafür, dass Sie WordPress kommerziell nutzen und auf beliebig vielen Sites einsetzen dürfen. Das *frei* in *freie Software* bedeutet nicht, dass alles rund um die Software kostenlos ist, und ist mehr wie in *freie Rede* zu verstehen, nicht so sehr wie in *Freibier*.
>
> Idealerweise sollten Themes und Plugins genau wie WordPress selbst der GPL unterliegen, denn bei dieser Lizenz sind Sie auch bei kommerzieller Nutzung immer auf der sicheren Seite.

14.6.1 »GPL-Themes mit kommerziellem Support« auf WordPress.org

Im Theme-Verzeichnis auf WordPress.org gibt es unterhalb des Headers den Link KOMMERZIELLE THEMES, der zu einem speziellen Bereich für kommerzielle Theme-Anbieter führt, die ihre Themes unter der Lizenz GPL veröffentlichen (Abbildung 14.13):

- *de.wordpress.org/themes/commercial*

GPL-Themes mit kommerziellem Support

Unser Theme-Verzeichnis hier bietet bereits viele tolle Themes an. Doch manchmal benötigt man einfach mehr: Unterstützung durch ein Support-Team, für das man gerne bezahlt. Die GPL-Lizenz bedeutet nicht, dass alles kostenlos sein muss, sondern dass deine Freiheiten in der Nutzung nicht eingeschränkt werden, wenn du die Software erhältst.

In diesem Sinne befindet sich hier eine Sammlung von Anbietern, die GPL-lizenzierte Themes zusammen mit zusätzlichen kostenpflichtigen Dienstleistungen anbieten. Bei einigen zahlst du für den Zugriff auf den Download, andere sind kostenpflichtige Mitgliedschafts-Seiten und wiederum andere geben Themes kostenlos ab, dafür bezahlst du für den Support. Was sie alle gemeinsam haben, sind Menschen dahinter, die Open Source (quelloffene Software), WordPress und dessen GPL-Lizenz unterstützen.

Abbildung 14.13 Kommerzielle Theme-Anbieter auf WordPress.org (GPL)

Die Seite *GPL-Themes mit kommerziellem Support* listet trotz ihres Namens wohlgemerkt nicht einzelne Themes, sondern *Theme-Anbieter*, deren Themes zwar der GPL unterliegen, aber nicht kostenlos sind. Die Bezahlmodelle sind dabei ganz unterschiedlich, und die Palette reicht von Theme-Abonnements bis zu bezahltem Support- und Update-Service.

14.6.2 »Divi« und »Genesis«: GPL, aber nicht auf WordPress.org

Zwei weitere bekannte Theme-Anbieter, die sich an der GPL orientieren, sind z. B. *Elegant Themes* und *StudioPress*. Beide bieten ihre Produkte nicht im Theme-Verzeichnis auf WordPress.org an, sondern auf ihren jeweils eigenen Websites.

»Divi« von Elegant Themes (elegantthemes.com)

Das Paradepferd von Elegant Themes ist *Divi*, das mit dem integrierten Divi-Builder als eines der besten Mehrzweck-Themes gilt und wohl eines der meistgenutzten WordPress-Themes überhaupt ist. Angeblich gibt es nichts, was man damit nicht bauen kann, aber man lernt es auch nicht mal so nebenbei. Die Themes sind GPL, die mitgelieferten Mediendateien nicht.

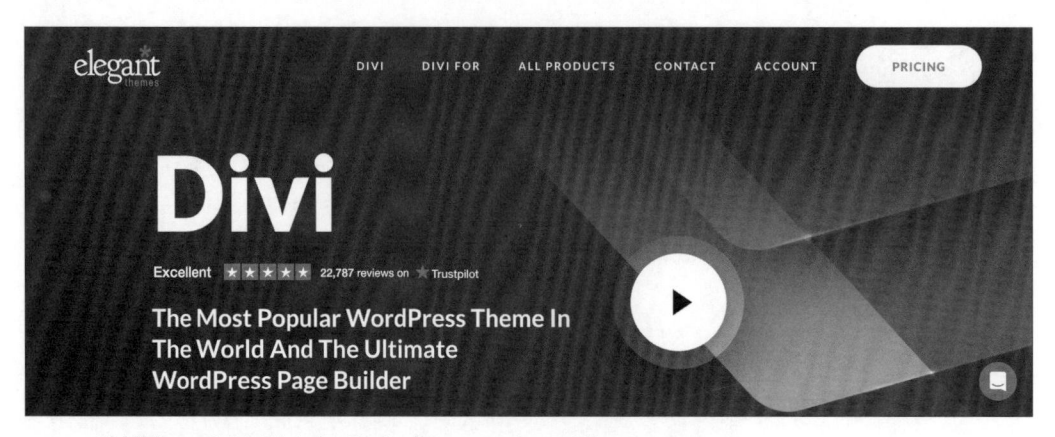

Abbildung 14.14 Divi, der Bestseller von »elegantthemes.com«

»Genesis« von StudioPress (studiopress.com)

StudioPress wurde vom Webhoster WP Engine gekauft und ist bekannt für sein *Genesis Framework*. Alle Themes von StudioPress sind technisch gesehen Child-Themes des Genesis Frameworks. Auf der Website wird das so umschrieben: *WordPress* ist der Motor, das *Genesis Framework* entspricht Fahrwerk und Karosserie, und die Themes sind dann wie der Lack auf dem Blech.

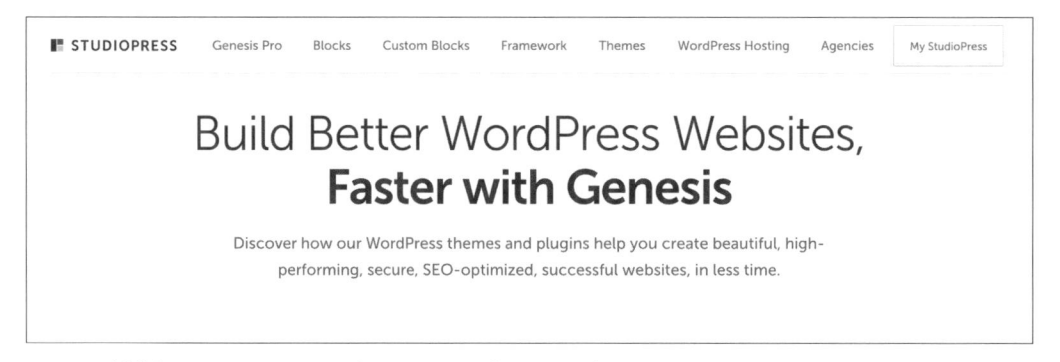

Abbildung 14.15 Genesis, das Framework von StudioPress

14.6.3 Themes von einem Marktplatz wie »ThemeForest«

Die meisten der bisher genannten Themes und Theme-Anbieter folgen der Empfehlung des WordPress-Teams und unterstehen zum großen Teil der Lizenz GPL. Bei den folgenden Themes ist dies nicht immer der Fall, und Sie sollten sich vor einem Kauf die Lizenzbedingungen gründlich anschauen, um herauszufinden, was erlaubt ist und was nicht.

14.6 Jenseits vom Theme-Verzeichnis: Erst kaufen, dann installieren

Der wohl bekannteste Marktplatz für Themes aller Art ist *ThemeForest*, und die WordPress-Abteilung finden Sie dort unter folgender Adresse:

- *themeforest.net/category/wordpress*

Abbildung 14.16 zeigt die Bestseller der WordPress-Themes (in der ersten Augustwoche 2023).

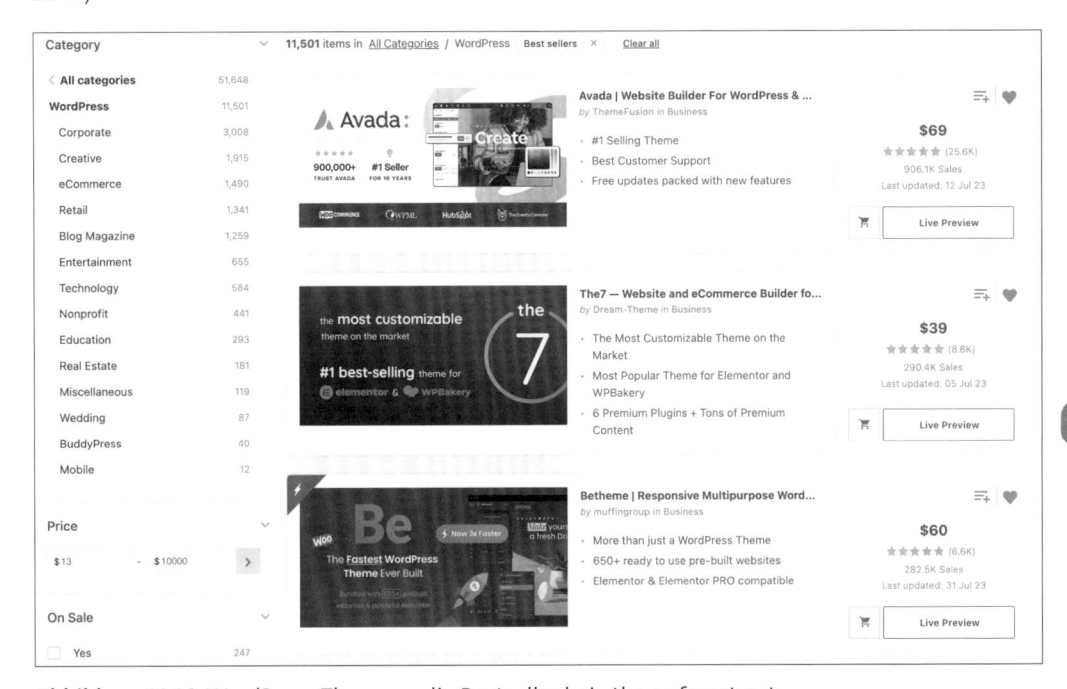

Abbildung 14.16 WordPress-Themes – die Bestseller bei »themeforest.net«

Viele dieser ThemeForest-Bestseller sind *Mehrzweck-Themes* (engl. *Multi-Purpose Themes*), und sie versuchen im Gegensatz zu den eher schlanken Freemium-Themes und branchenspezifischen Lösungen, alle Arten von Websites zu ermöglichen. Mehrzweck-Themes sind so etwas wie die sprichwörtliche *eierlegende Wollmilchsau*.

Mehrzweck-Themes erweitern WordPress um zahlreiche neue Funktionen und bringen häufig integrierte Pagebuilder und vorgefertigte Websites mit. Viele Nutzerinnen und Nutzer finden das praktisch, weil es die Suche nach und die Installation von diversen Plugins erspart, aber dieser Komfort hat auch Nachteile: Durch die an das Theme gebundene Funktionalität wird ein späterer Theme-Wechsel fast unmöglich. Außerdem sind diese Themes aufgrund ihrer Funktionsfülle manchmal recht komplex und eher langsam.

Sie können die meisten dieser kommerziellen Themes wie gesagt nicht vor dem Kauf auf Ihrer Website installieren und ausprobieren, aber es gibt fast immer eine Live-Demo, und Sie können sich in den Reviews und Supportforen für die einzelnen Themes anschauen, wie zufrieden die Benutzer damit sind.

14.7 Auf einen Blick

Die wichtigsten Themen noch einmal im Überblick:

- Der klassische Editor von WordPress 4 konnte nicht layouten.
- Pagebuilder-Tools haben diese Lücke gefüllt und den Editor ersetzt, und eine wichtige Aufgabe für Themes war es, die reibungslose Zusammenarbeit mit einem Pagebuilder-Tool zu garantieren (oder einen integrierten Pagebuilder zur Verfügung zu stellen).
- Der Block-Editor von WordPress macht Pagebuilder-Tools für viele Websites überflüssig, und die Aufgabe von Themes ist es dabei, ein schlankes und schnelles Fundament für die Website zu erstellen.
- Themes sollten Sie nur von vertrauenswürdigen Quellen installieren.
- Im Theme-Verzeichnis auf WordPress.org hat jedes Theme eine Detailseite mit Vorschau, Bewertungen und weiteren Informationen.
- Community-Themes aus dem Theme-Verzeichnis sind kostenlos.
- Kommerzielle Themes aus dem Theme-Verzeichnis können Sie vor dem Kauf installieren und testen. Sie bieten eine Bezahlversion mit zusätzlichen Features und Support.
- Für Themes auf kommerziellen Marktplätzen jenseits des Theme-Verzeichnisses lautet das Motto oft »Erst kaufen, dann installieren«. Es gibt aber meist eine Live-Demo.
- WordPress unterliegt der sehr freien GPL-Lizenz, und idealerweise gilt das auch für von Ihnen verwendete Themes und Plugins. Auf Marktplätzen wie ThemeForest sollten Sie auf jeden Fall die Lizenz prüfen, bevor Sie ein Theme kaufen.

TEIL IV
Plugins, SEO und Systemverwaltung

Kapitel 15
WordPress erweitern mit Plugins

Worin Sie das Wichtigste zu Plugins erfahren, das Menü »Plugins« im Backend entdecken und dann einige nützliche Plugins installieren, aktivieren und kennenlernen.

Die Themen im Überblick:

- Ein Plugin installieren: ›Lightbox for Gallery & Image Block‹
- »Twentig« – der Werkzeugkasten für Block-Themes
- E-Mail-Button, Anrufen-Button und Kontaktformular
- Weitersagen: Beiträge teilen mit »Shariff Wrapper«
- Müllvermeidung: »Antispam Bee« gegen Kommentarspam
- Besucherstatistiken mit »Burst Statistics«
- Einen Cookie-Hinweis erstellen mit »Complianz«
- Auf einen Blick

Ein Grund für die weltweite Beliebtheit von WordPress ist die Möglichkeit, den Funktionsumfang mit Plugins fast beliebig erweitern zu können. In diesem Kapitel lernen Sie an einem konkreten Beispiel das Wichtigste zum Installieren und Aktivieren von Plugins und fügen dann einige nützliche Plugins hinzu.

15.1 Ein Plugin installieren: »Lightbox for Gallery & Image Block«

Auf vielen Websites erscheint ein Bild nach dem Anklicken in einem sogenannten Overlay-Fenster und schwebt darin scheinbar über der im Hintergrund abgedunkelten Webseite (Abbildung 15.1).

Abbildung 15.1 Ein Foto in einer Lightbox

Der Sammelbegriff für Effekte dieser Art ist *Lightbox*, und sie basieren allesamt auf JavaScript-Programmen. Solange WordPress diese Funktion noch nicht im Kern integriert hat, benötigen Sie dazu ein Plugin.

In diesem Abschnitt möchte ich Ihnen das offizielle Plugin-Verzeichnis auf WordPress.org vorstellen und zeigen, worauf Sie bei der Auswahl von Plugins achten sollten. Als Beispiel installieren und aktivieren Sie dann das Plugin *Lightbox for Gallery & Image Block* von Johannes Kinast, das eine solche Lightbox-Funktion ermöglicht.

15.1.1 Das Plugin-Verzeichnis auf WordPress.org

Die offizielle Quelle für Plugins aller Art ist wie gesagt das Plugin-Verzeichnis auf WordPress.org (Abbildung 15.2):

- *de.wordpress.org/plugins/*

> **Vorsicht: Plugins nur von vertrauenswürdigen Quellen installieren**
> Plugins sind kleine Programme und können daher genau wie Themes unbeabsichtigte Sicherheitslücken oder gar bösartigen Code enthalten. Die im Plugin-Verzeichnis gelisteten Plugins wurden vor der Veröffentlichung allesamt geprüft, was zwar keine hundertprozentige Garantie ist, aber doch wesentlich besser als ein Plugin aus einer unbekannten oder ungeprüften Quelle.

Abbildung 15.2 Das Plugin-Verzeichnis auf WordPress.org

15.1.2 Worauf Sie bei einem Plugin achten sollten

Jedes Plugin hat im Plugin-Verzeichnis eine Detailseite, auf der es ausführlich vorgestellt wird. Hier ein Beispiel:

- de.wordpress.org/plugins/gallery-block-lightbox/

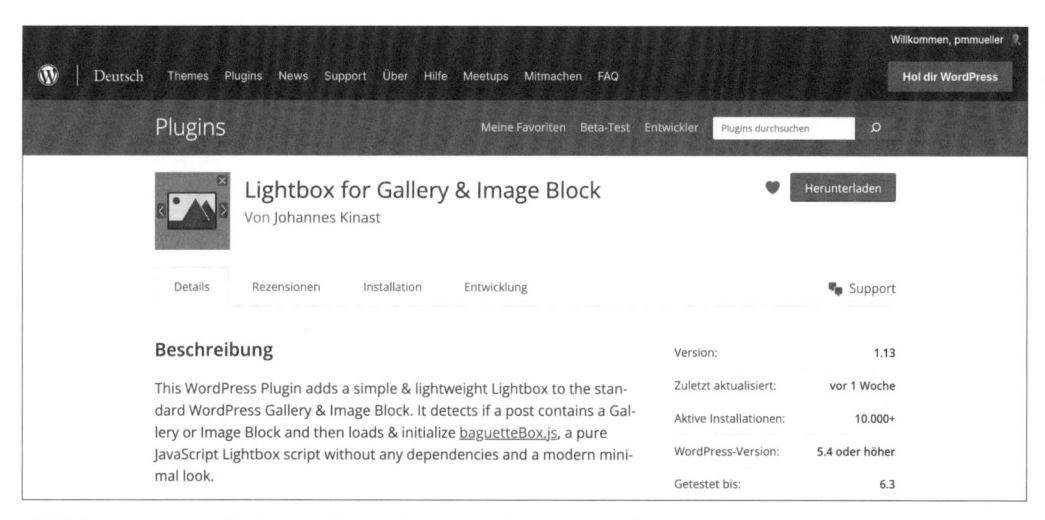

Abbildung 15.3 Detailseite zu einem Plugin im Plugin-Verzeichnis

Auf der Plugin-Seite sehen Sie ganz oben einen Header mit einer Grafik, dem Titel des Plugins und einem Link zum Autor. Darunter ist eine Navigation mit diversen Registern. Auf dem Register DETAILS gibt es eine ausführliche BESCHREIBUNG, in der steht, dass das Plugin sehr leichtgewichtig ist und keine weiteren Bibliotheken lädt. Die anderen Register führen zu den REZENSIONEN, Hinweisen zur INSTALLATION und Informationen zur ENTWICKLUNG des Plugins.

In der Seitenleiste rechts finden Sie diverse Detailinfos zum Plugin:

- Die VERSION ist die aktuelle Versionsnummer des Plugins.
- ZULETZT AKTUALISIERT ist das Datum des letzten Plugin-Updates. Dieses Datum ist ein Indiz dafür, ob das Plugin regelmäßig aktualisiert wird.
- AKTIVE INSTALLATIONEN ist ein Indiz für die Beliebtheit des Plugins.
- WORDPRESS-VERSION gibt an, welche Version für dieses Plugin minimal installiert sein muss. Idealerweise steht hier die aktuelle, von Ihnen installierte WordPress-Version.
- GETESTET BIS sagt, bis zu welcher WordPress-Version das Plugin definitiv funktioniert. Idealerweise sollte hier die aktuelle WordPress-Version stehen.

Darunter gibt es noch BEWERTUNGEN, die für dieses Plugin ausnahmslos positiv sind, und die Schaltfläche SUPPORT, die ins Supportforum führt. Dort kann man Fragen zum Plugin stellen oder schauen, ob andere damit Probleme haben.

Kurzum: Auf der Detailseite eines Plugins bekommen Sie schon *vor* der Installation einen guten ersten Eindruck davon.

15.1.3 Das Backend-Menü »Plugins • Installierte Plugins«

In Ihrer WordPress-Installation sind eventuell bereits einige Plugins vorhanden, die Sie nicht selbst installiert haben, denn viele Webhoster geben standardmäßig diverse Plugins mit auf den Weg, die sie für sinnvoll halten.

Sollten die Plugins *Akismet* und *Hello Dolly* installiert sein, können Sie diese bedenkenlos löschen, da Sie sie nicht benötigen. Bei allen anderen eventuell bereits vorhandenen Plugins fragen Sie vor dem Deaktivieren und Löschen bitte erst Ihren Webhoster.

Wenn keine Plugins installiert sind, sieht die Seite PLUGINS so aus wie in Abbildung 15.4.

Abbildung 15.4 Das leere Menü »Plugins«

15.1.4 Ein Plug-in installieren

Der bequemste Weg zu einem neuen Plugin ist die Installation über das Menü PLUGINS • INSTALLIEREN direkt aus dem Backend heraus.

Auf der in Abbildung 15.5 gezeigten Seite PLUGINS HINZUFÜGEN greifen Sie direkt auf das WordPress-Plugin-Verzeichnis zu, und rechts oben gibt es ein Suchformular. Da es sehr viele Lightbox-Plugins gibt, fügen Sie bei der Suche am besten noch den Namen des Autors hinzu.

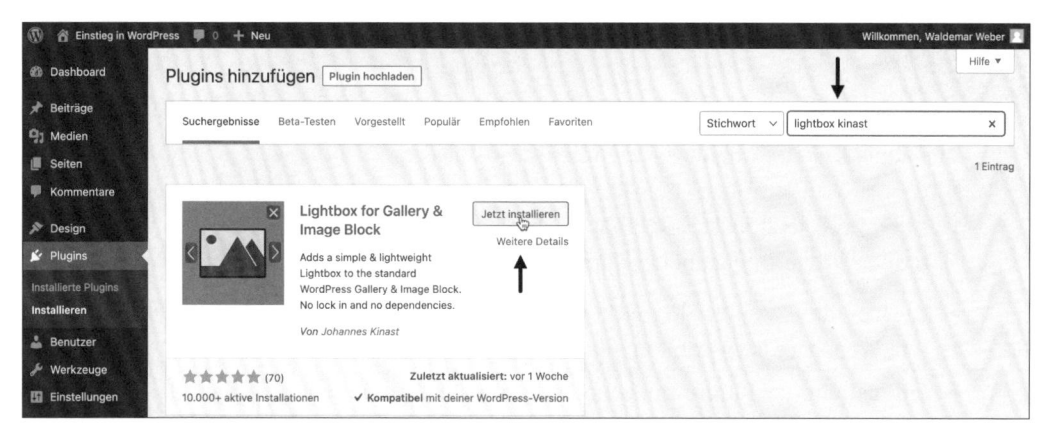

Abbildung 15.5 Die Seite »Plugins hinzufügen« mit einem Suchergebnis

15.1.5 Das Plugin »Lightbox for Gallery & Image Block« installieren

Hier eine kurze allgemeine Installationsanleitung, die für alle Plugins gilt:

1. Öffnen Sie das Backend-Menü PLUGINS • INSTALLIEREN. Die Seite PLUGINS HINZUFÜGEN zeigt dann Plugins aus dem WordPress-Plugin-Verzeichnis.
2. Finden Sie das gewünschte Plugin. Das geht am einfachsten über das Suchformular rechts oben.
3. Um die Installation zu starten, klicken Sie bei den Suchergebnissen in der Beschreibung des Plugins auf die Schaltfläche JETZT INSTALLIEREN.

Jetzt kopiert WordPress die neueste Version des Plugins auf Ihren Webspace, entpackt das ZIP-Archiv und kopiert die Dateien in den richtigen Ordner.

Danach wird die hellgraue Schaltfläche JETZT INSTALLIEREN durch die blaue Schaltfläche AKTIVIEREN ersetzt (Abbildung 15.6). Das bedeutet auch gleichzeitig, dass die Installation reibungslos geklappt hat.

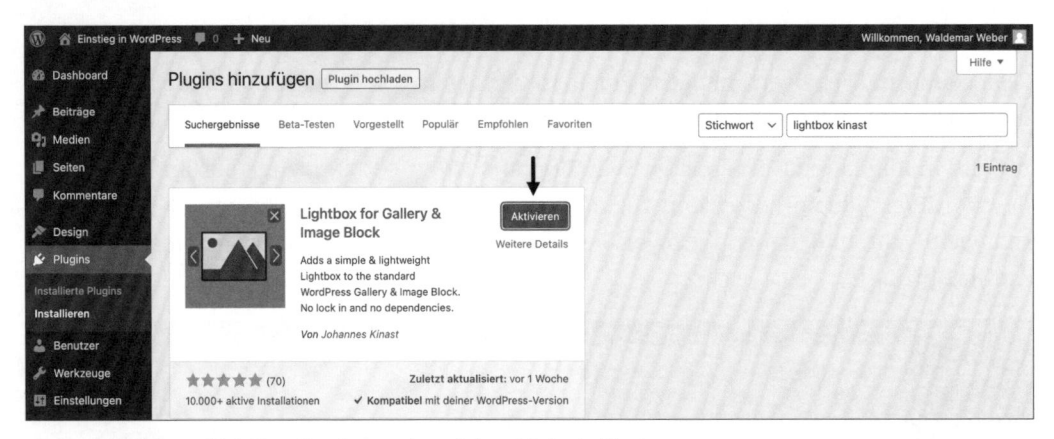

Abbildung 15.6 Das Plugin wurde erfolgreich installiert.

Das Plugin ist jetzt *installiert*, aber noch nicht *aktiviert*. Das Grundprinzip von Installation und Aktivierung ist bei Plugins genau wie bei Themes:

- Die Installation eines Plugins kopiert die Dateien in einen bestimmten Ordner auf Ihrem Webspace (*/wp-content/plugins/plugin-name*).
- Ein installiertes Plugin muss nach der Installation *aktiviert* werden, damit es buchstäblich in Aktion treten kann.

Die Trennung zwischen Installation und Aktivierung ist eine sehr praktische Sache, denn so müssen Sie ein Plugin, das Sie vorübergehend nicht benötigen, nicht gleich *deinstallieren*, sondern können es *deaktivieren*. Dann spielt es in WordPress nicht mehr mit, bleibt aber auf dem Webspace erhalten und kann schnell wieder aktiviert werden.

> **Plugin nicht im Plugin-Verzeichnis? Installation mit »Plugin hochladen«.**
>
> Wenn ein Plugin nicht im Plugin-Verzeichnis auf WordPress.org gelistet ist, geht die Installation wie folgt:
>
> 1. Laden Sie das ZIP-Archiv für das Plugin von der Website des Herstellers herunter, und speichern Sie es auf Ihrer Festplatte.
> 2. Wechseln Sie auf die Seite PLUGINS HINZUFÜGEN.
> 3. Klicken Sie oben auf die Schaltfläche PLUGIN HOCHLADEN.
> 4. Klicken Sie auf die Schaltfläche DATEI AUSWÄHLEN, und wählen Sie das heruntergeladene ZIP-Archiv für das Plugin aus.
> 5. Mit einem Klick auf JETZT INSTALLIEREN wird das Plugin installiert.
>
> Anschließend können Sie das neue Plugin aktivieren.

15.1.6 Das installierte Plugin aktivieren

Sie können das Plugin mit der nach der Installation erscheinenden blauen Schaltfläche AKTIVIEREN sofort nach der Installation aktivieren (siehe Abbildung 15.6).

Die meisten Plugins zeigen nach der Aktivierung die Seite PLUGINS • INSTALLIERTE PLUGINS mit der Übersicht aller installierten Plugins, die jetzt so aussieht wie in Abbildung 15.7.

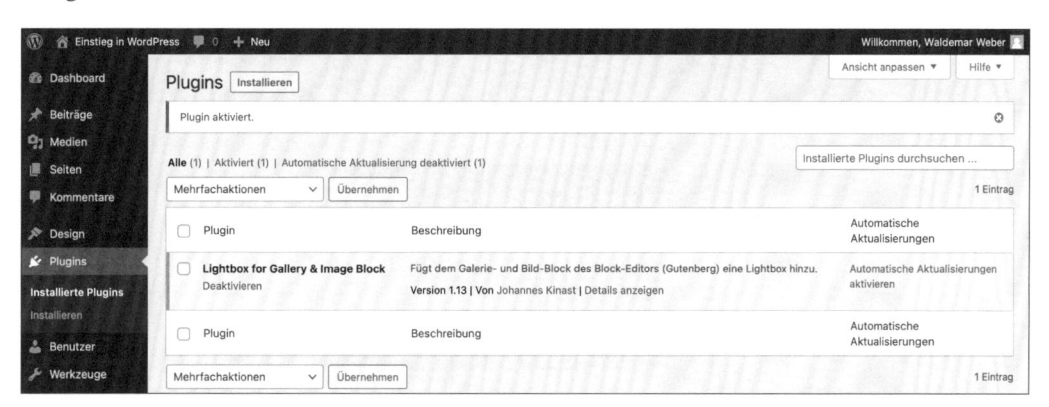

Abbildung 15.7 Das Plugin ist installiert und aktiviert.

Nach der Aktivierung des Plugins werden automatisch alle Bilder, bei denen in den Block-Einstellungen LINK ZUR MEDIEN-DATEI eingestellt ist, im Frontend nach einem Klick in einer Lightbox dargestellt. Falls Sie auf einer Seite keine Lightbox haben möchten, ändern Sie einfach die Link-Option zu NICHTS oder ANHANG-SEITE.

Mit dem Link DEAKTIVIEREN können Sie das Plugin bei Bedarf deaktivieren und danach auch löschen. Außerdem gibt es die Möglichkeit, Plugins automatisch aktualisieren zu lassen. Dazu erfahren Sie mehr in Abschnitt 17.3, »Updates: WordPress, Themes und Plugins aktualisieren«.

> **Bei Plugins gilt: »So viel wie nötig, so wenig wie möglich«**
>
> Bevor Sie ein Plugin installieren, sollten Sie überlegen, ob Sie es wirklich benötigen, denn jedes installierte Plugin braucht Ressourcen auf dem Server-Computer und ist möglicherweise ein Sicherheitsrisiko.
>
> Anders ausgedrückt: Jedes nicht installierte Plugin macht die Website ein klein bisschen schneller und sicherer.

15.2 »Twentig« – der Werkzeugkasten für Block-Themes

Das Plugin *Twentig* gibt es im Plugin-Verzeichnis auf WordPress.org, und auf der Detailseite zum Plugin können Sie sich ausführlich darüber informieren:

▸ *de.wordpress.org/plugins/twentig*

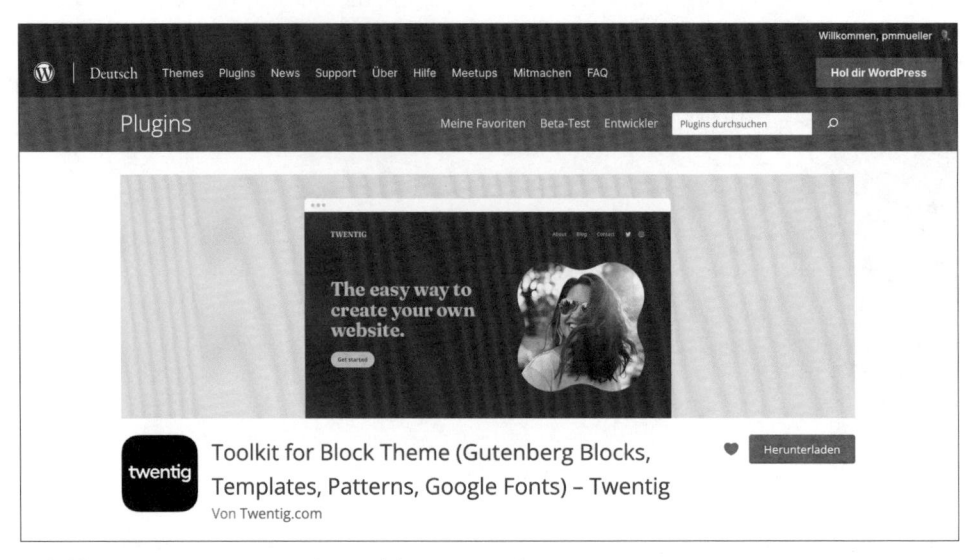

Abbildung 15.8 »Twentig« – der perfekte Partner für u. a. Twenty Twenty

Aus dem Titel *Toolkit for Block Theme* wird schon deutlich, dass Twentig sich als eine Art Werkzeugkasten für alle Block-Themes sieht.

15.2.1 »Twentig« installieren und aktivieren

Um Twentig nutzen zu können, müssen Sie es zunächst installieren und aktivieren, und das erledigen Sie im folgenden ToDo.

> **ToDo: »Twentig« installieren und aktivieren**
> 1. Öffnen Sie im Backend das Menü Plugins.
> 2. Klicken Sie oben auf der Seite auf die Schaltfläche Installieren.
> 3. Suchen Sie nach dem Plugin »Twentig«.
> 4. Wenn das Plugin gefunden wurde, klicken Sie beim Plugin auf die Schaltfläche Jetzt installieren.
> 5. Klicken Sie nach erfolgreicher Installation auf die Schaltfläche Aktivieren.

Nach Installation und Aktivierung gibt es in der Menüleiste relativ weit unten einen neuen Menüpunkt namens TWENTIG, der die beiden Untermenüs HOME und SETTINGS hat. Abbildung 15.9 zeigt die Seite HOME, die einige praktische Links enthält.

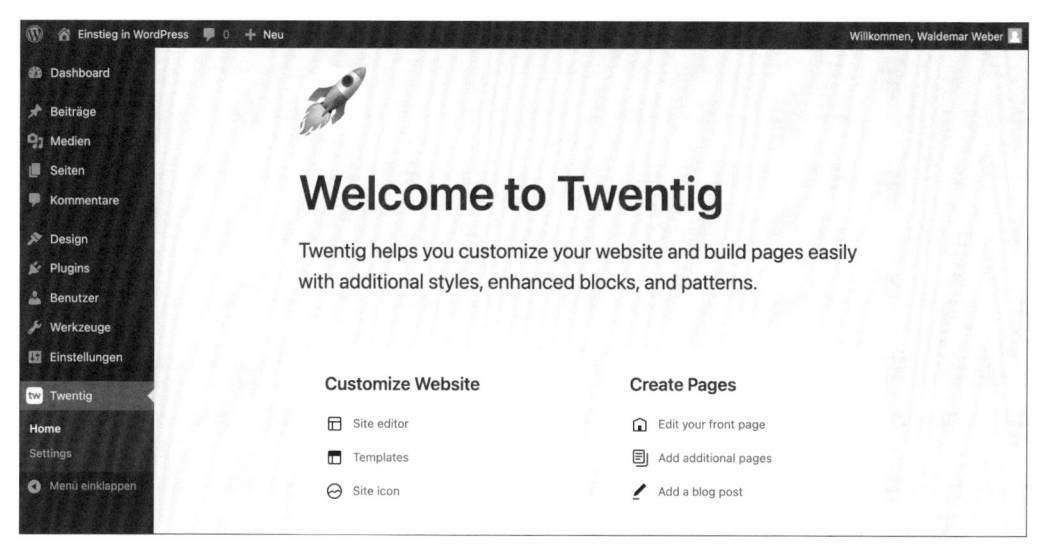

Abbildung 15.9 »Welcome to Twentig«

Twentig erweitert WordPress um zahlreiche Funktionen, und einige davon stelle ich Ihnen in den folgenden Abschnitten kurz vor. Eine komplette Liste finden Sie auf der Detailseite von Twentig im Theme-Verzeichnis, und auf der Website zum Plugin gibt es einen ausführliche Quickstart Guide:

- *twentig.com/quickstart-guide/*

> **Twentig war zuerst für »Twenty Twenty« und »Twenty Twenty-One«**
> Twentig arbeitet wunderbar mit Block-Themes zusammen, wurde aber ursprünglich für die klassischen Standardthemes *Twenty Twenty* und *Twenty Twenty-One* konzipiert. Weitere Infos zur Zusammenarbeit von Twentig mit den klassischen Standardthemes finden Sie auf der Website zum Plugin:
>
> - *twentig.com/quickstart-guide-classic-themes/*

15.2.2 Die »Twentig Settings« haben nur wenige Optionen

Bevor ich Ihnen zeige, wie Sie die Übungswebsite mit Twentig optimieren können, gibt es erst noch einen kurzen Ausflug in die SETTINGS von Twentig (Abbildung 15.10).

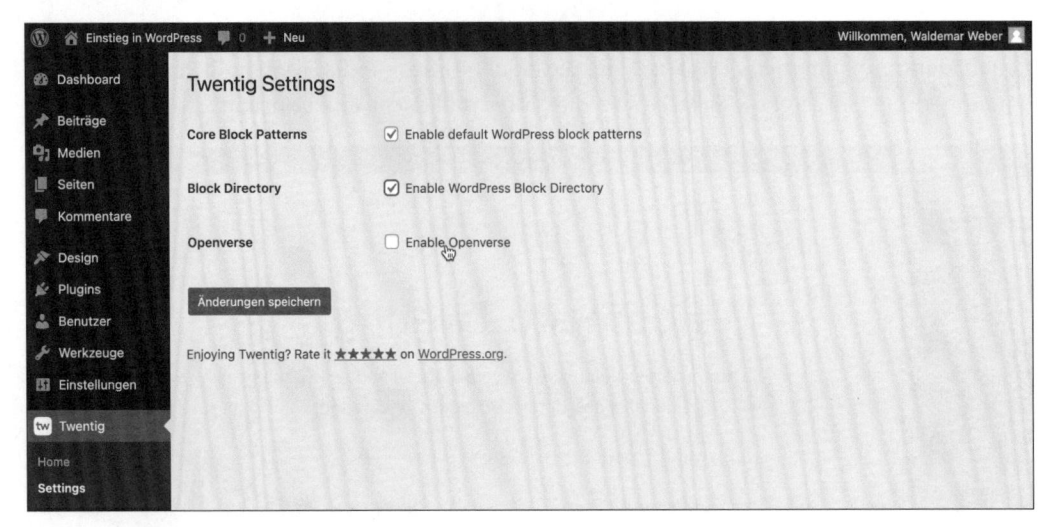

Abbildung 15.10 Die Optionen von »Twentig« auf einen Blick

Auch wenn das Menü TWENTIG • SETTINGS heißt, können Sie mit diesen Optionen *WordPress*-Funktionen abstellen:

- CORE BLOCK PATTERNS. Die Option ist standardmäßig aktiviert, und dann werden die von WordPress mitgelieferten Blockvorlagen angezeigt. Wenn Sie diese bisher nicht genutzt haben, können Sie sie zum Kennenlernen der Twentig-Vorlagen ausblenden und die Option deaktivieren. Bei Bedarf können Sie sie später jederzeit wieder aktivieren.
- BLOCK DIRECTORY. Bei einer Suche in der Block-Bibliothek wird auch das Block-Verzeichnis auf *wordpress.org* durchsucht (siehe Abschnitt 6.3.3, »Die Suche im Block-Inserter sucht auch auf ›wordpress.org‹«). Wenn Sie die Option deaktivieren, wird diese Suche ausgeschaltet.
- OPENVERSE. Dabei geht es um die in Abschnitt 7.4.3 erwähnte und standardmäßig aktivierte Integration von Openverse in den Block-Inserter. In Abbildung 15.10 habe ich diese Option ausgeschaltet und damit die Integration von Openverse entfernt, da ich die aktuelle Umsetzung nicht so gut finde.

15.2.3 Twentig erweitert WordPress um zahlreiche neue Vorlagen

Twentig erweitert die Block-Bibliothek um über einhundert neue Blockvorlagen (Abbildung 15.11).

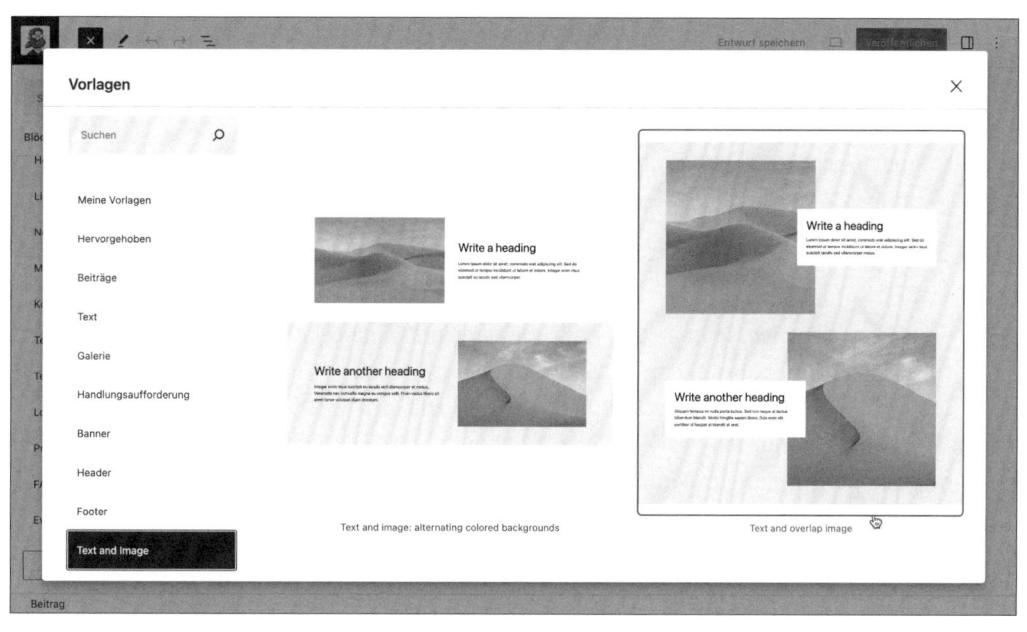

Abbildung 15.11 Vorlagen von Twentig aus der Kategorie »Text and Image«

Viele dieser Vorlagen vereinfachen das Erstellen von Layouts für Inhalte enorm, und es lohnt sich definitiv, hier ab und an mal reinzuschauen und die Vorlagen auszuprobieren.

Abbildung 15.12 zeigt als Beispiel die Vorlage *Text and overlap image* mit einem anderen Foto und geänderter Überschrift im Block-Editor.

Abbildung 15.12 Die angepasste Twentig-Vorlage »Text and overlap image«

15.2.4 Twentig bringt neue Optionen in den Block-Einstellungen

Im Block-Editor gibt es in der Seitenleiste EINSTELLUNGEN auf dem Register BLOCK viele neue Optionen, die sich in zwei Gruppen einteilen lassen:

- Im Bereich STILE gibt es neue Optionen mit Schatten, Rahmenlinien und dergleichen mehr.
- Im Bereich TWENTIG SETTINGS gibt es je nach Block-Typ sehr unterschiedliche Optionen mit völlig neuen Gestaltungsmöglichkeiten.

So gibt es z. B. diverse neue STILE für die Blöcke *Trennzeichen*, *Tabellen* und besonders für *Listen*. Diese können dank Twentig in allen möglichen Variationen erscheinen: mit *Dash* (Bindestrich), mit *Checkmark* (Häkchen), mit *Arrow* (Pfeil), mit *Border* oder *Inner Border* (Rahmenlinien), als *Table* (Tabelle), ganz ohne Aufzählungszeichen (*No bullet*) oder *Inline* mit hängendem Einzug. Abbildung 15.13 zeigt die Option CHECKMARK für eine Liste im Block-Editor.

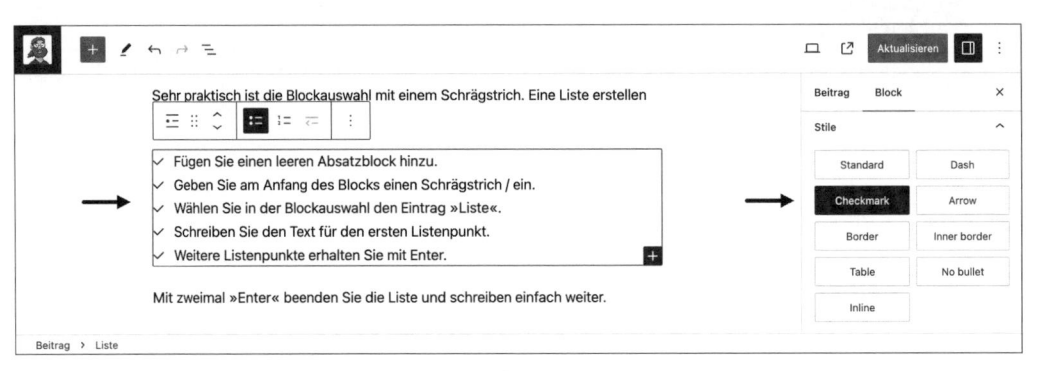

Abbildung 15.13 Eine Liste mit »Checkmark«

Auch der Bild-Block z. B. bietet mit Twentig neue Möglichkeiten. Zunächst einmal gibt es mehr STILE, die unter anderem leicht abgerundete Ecken (*Rounded corner*), einen dezenten Schatten (*Shadow*) oder einen sehr deutlichen Schatten (*Hard shadow*) ermöglichen.

Im Bereich TWENTIG SETTINGS weiter unten in der Seitenleiste bietet die Option SHAPE die Möglichkeit, Bildern verschiedene Formen zuzuweisen. Abbildung 15.14 zeigt in der ersten Reihe Shapes mit den schönen Namen *Diamond*, *Squircle* (eine Mischung aus Square und Circle) und *Organic Circle 1*. In der zweiten Reihe sehen Sie *Organic Square*, *Star 1* und *Organic Circle 4* in Aktion. Probieren Sie es einfach einmal aus.

Abbildung 15.14 Bilder mit ungewöhnlichen Formen per »Shape«

> **Im Abschnitt »Erweitert« gibt es »margin« und vordefinierte CSS-Klassen**
>
> Twentig bietet in der Seitenleiste EINSTELLUNGEN auf dem Register BLOCK ganz unten im Bereich ERWEITERT einige gut versteckte Einstellungen, die besonders für Nutzerinnen und Nutzer mit HTML- und CSS-Kenntnissen interessant sein dürften:
>
> ▶ Im Bereich MARGIN können Sie die Außenabstände für den betreffenden Block definieren.
>
> ▶ Beim Eingabefeld für CSS-KLASSEN gibt es ein kleines Plus-Symbol, das per Klick vordefinierte CSS-Klassen zur Auswahl stellt.
>
> Außerdem können Sie den betreffenden Block mit den Optionen HIDE ON DESKTOP/TABLET/MOBILE auf bestimmten Geräten ausblenden.

15.2.5 Mit »Twentig« die Links in der Navigation gestalten

In Twenty Twenty-Three wird in der Navigation der aktuelle Menüpunkt nicht hervorgehoben. Twentig bietet gut versteckt die sehr praktische Möglichkeit, die Links in einem Navigationsblock zu gestalten und ihnen einen HOVER STYLE (bei Mauskontakt) und einen ACTIVE STYLE (aktueller Menüpunkt) zuzuweisen (Abbildung 15.15).

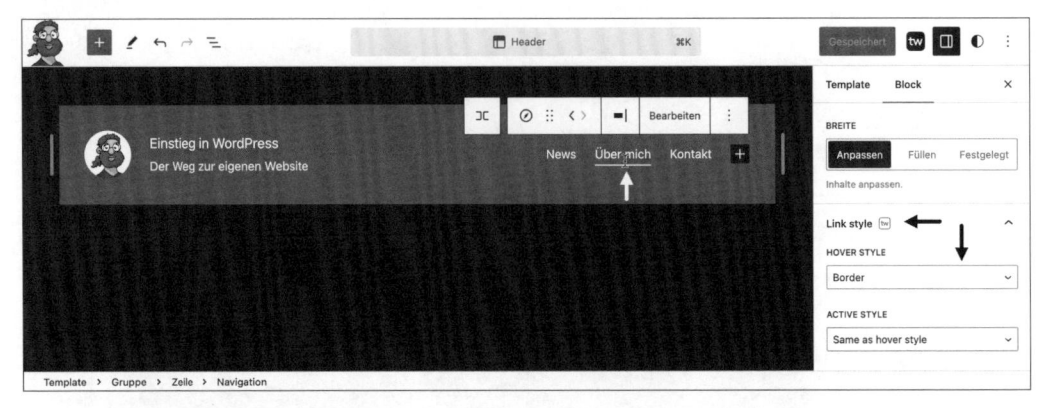

Abbildung 15.15 Die Gestaltung der Links in der Navigation mit »Twentig«

Im folgenden ToDo gestalten Sie die Navigationslinks für die Hauptnavigation im Header und die Pflichtlinks im Footer und weisen ihnen den Style BORDER zu, der die Links unterstreicht, aber etwas eleganter aussieht als eine normale Unterstreichung. Sie können aber natürlich auch gerne eine andere Gestaltung wählen.

> **ToDo: Die Links in der Navigation gestalten mit »Twentig«**
> 1. Öffnen Sie im Browse-Modus des Website-Editors den Bereich VORLAGEN, und scrollen Sie, falls nötig, um den Bereich TEMPLATE-TEILE sehen.
> 2. Klicken Sie unten im Bereich TEMPLATE-TEILE auf HEADER. Daraufhin werden rechts alle zur Verfügung stehenden Header angezeigt. Momentan ist das nur einer.
> 3. Klicken Sie auf den Header, der daraufhin in einer Einzelansicht erscheint, in der auch die Navigationslinks gelistet werden.
> 4. Klicken Sie in der Einzelansicht auf den Bleistift, um den Header im Website-Editor zur Bearbeitung zu öffnen.
> 5. Markieren Sie den Block NAVIGATION.
> 6. Wechseln Sie auf der Seite EINSTELLUNGEN im Block-Inspektor auf das Register STILE.
> 7. Scrollen Sie ganz nach unten, bis Sie den Twentig-Bereich LINK STYLE sehen.
> 8. Definieren Sie einen HOVER STYLE und einen ACTIVE STYLE. Probieren Sie verschiedene Variationen aus. In diesem Abschnitt wurde für beide die Option BORDER gewählt.
> 9. Speichern Sie alle Änderungen, und prüfen Sie die Gestaltung der Navigationslinks im Frontend.
> 10. Wenn alles geklappt hat, wiederholen Sie diese Schritte für den Navigationsblock mit den Pflichtlinks im Footer.

Nach diesem ToDo sieht die Hauptnavigation so aus wie in Abbildung 15.16. Der aktuelle Menüpunkt *Über mich* hat eine untere Rahmenlinie.

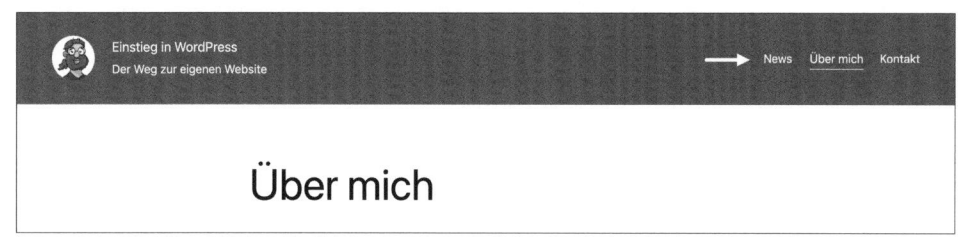

Abbildung 15.16 Mit der Option »Border« gestaltete Navigationslinks

15.3 E-Mail-Button, Anrufen-Button und Kontaktformular

Abbildung 15.17 zeigt die fertige Kontaktseite am Ende dieses Abschnitts mit zwei Buttons zum Schreiben einer E-Mail bzw. zum Telefonieren in voller Breite und mit einem mit dem Plugin *Form Block* erstellten Kontaktformular.

Abbildung 15.17 E-Mail-Button, Anrufen-Button und Kontaktformular

15.3.1 Schritt 1: Buttons für E-Mail und Anrufen eingeben

Zunächst fügen Sie im folgenden ToDo auf der Kontaktseite im Block-Editor einen kurzen einleitenden Absatz und die beiden Buttons ein. Danach sieht die Seite so aus wie in Abbildung 15.18.

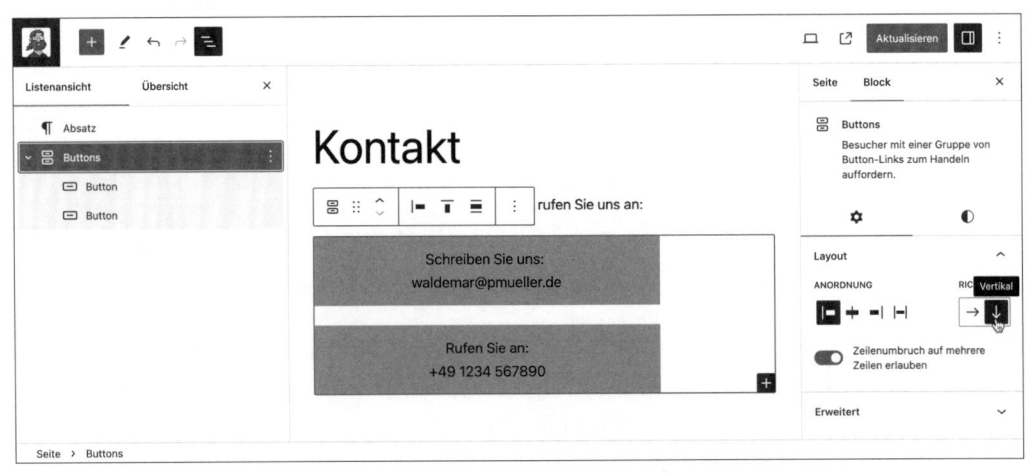

Abbildung 15.18 Die Kontaktseite mit Buttons für E-Mail und Anrufen

Die Buttons zum E-Mail-Schreiben und Anrufen sind Links, die mit einem speziellen Kürzel beginnen:

- `mailto:ihre-email@domain.de`

  Die URL für einen E-Mail-Link fängt mit dem Schlüsselwort `mailto:` an und geht mit der E-Mail-Adresse weiter.

- `tel:+491234567890`

  Die URL für Anrufen-Links beginnt mit `tel:`, gefolgt von der Telefonnummer ohne Leerzeichen. Im World Wide Web am besten in der internationalen Schreibweise.

Im folgenden ToDo setzen Sie diese Schritte um.

ToDo: Buttons für E-Mail und Anrufen einfügen

1. Öffnen Sie im Backend-Menü SEITEN die Seite KONTAKT im Block-Editor.
2. Fügen Sie einen kurzen einleitenden Absatz ein.
3. Fügen Sie einen Buttons-Block mit zwei Buttons ein.
4. Richten Sie den Buttons-Block im Block-Inspektor auf der Seitenleiste EINSTELLUNGEN vertikal aus.

5. Definieren Sie, falls gewünscht, die Breite der Buttons. In Abbildung 15.17 haben sie eine Breite von 100 %.
6. Markieren Sie den ersten Button, und beschriften Sie ihn (siehe Abbildung 15.18). Einen Zeilenumbruch erhalten Sie mit ⇧ + ↵.
7. Klicken Sie in der Block-Werkzeugleiste auf das Symbol zum Einfügen eines Links, und geben Sie als URL `mailto:` plus E-Mail-Adresse ein, und zwar ohne Leerzeichen.
8. Markieren Sie den zweiten Button, beschriften Sie ihn, und hinterlegen Sie als URL `tel:`, ohne Leerzeichen gefolgt von Ihrer Telefonnummer.
9. Speichern Sie alle Änderungen.

Wenn man im Frontend die Buttons aktiviert, wird das auf dem Gerät installierte Standard-E-Mail-Programm gestartet bzw. die hinterlegte Telefonnummer angerufen. Sofern das Gerät telefonieren kann. Probieren Sie es aus.

15.3.2 Schritt 2: Das Plugin »Form Block« installieren und aktivieren

In diesem Schritt installieren Sie ein kostenloses Plugin namens *Form Block* von Epiphyt, den Machern des in Abschnitt 8.3 vorgestellten Plugins *Embed Privacy*. Das damit erstellte Kontaktformular funktioniert ohne komplizierte Konfiguration, enthält alle benötigten Formularfelder und ist standardmäßig bereits DSGVO-konform.

Abbildung 15.19 zeigt das Plugin im Backend von WordPress. Da es sehr viele Formular-Plugins gibt, fügen Sie bei der Suche am besten noch den Namen des Autors hinzu.

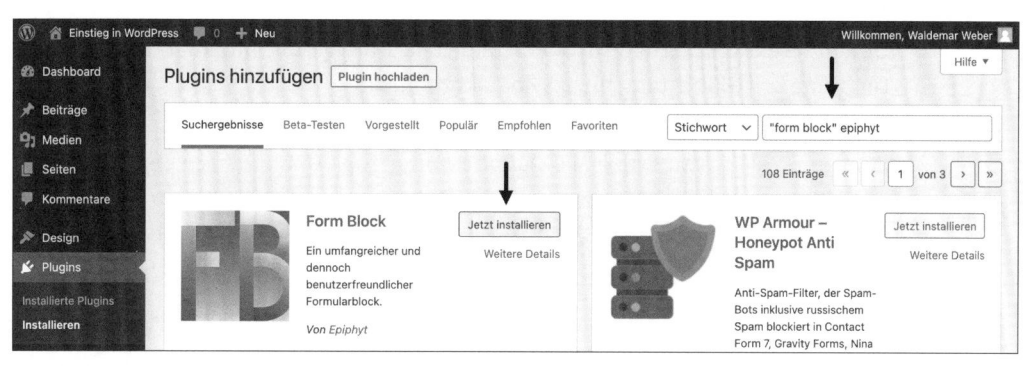

Abbildung 15.19 Das Plugin »Form Block« von Epiphyt

Wenn Sie das Plugin gefunden haben, klicken Sie auf JETZT INSTALLIEREN und AKTIVIEREN es dann.

15.3.3 Schritt 3: Ein Kontaktformular einfügen, anpassen und gestalten

Nach der Aktivierung des Plugins gibt es im Block-Editor einen neuen Block namens FORMULAR. Wenn Sie den Block eingefügt haben, erscheint im Block-Editor eine Auswahl, in der Sie den gewünschten FORMULARTYP auswählen können (Abbildung 15.20).

Abbildung 15.20 Die Auswahl des Formulartyps vom Block »Formular«

Im folgenden ToDo fügen Sie mit dem Formular-Block ein einfaches Kontaktformular hinzu, entfernen dann das Formularfeld für die Telefonnummer, passen falls gewünscht den Text für die DSGVO-Checkbox an und gestalten es mit einem umgebenden Gruppe-Block.

ToDo: Ein Kontaktformular einfügen, anpassen und gestalten

1. Öffnen Sie die Kontaktseite im Block-Editor, und schreiben Sie unterhalb des E-Mail-Links eine kurze Einleitung für das Kontaktformular.
2. Fügen Sie darunter in einem leeren Absatz den Block FORMULAR ein.
3. Wählen Sie als FORMULARTYP die Option KONTAKTFORMULAR. Danach erscheint das komplette Kontaktformular im Block-Editor.
4. Öffnen Sie die LISTENANSICHT, und klicken Sie im Block-Editor in das Feld TELEFON.
5. Wählen Sie in der Block-Werkzeugleiste im 3-Punkte-Menü den Befehl LÖSCHEN.
6. Aktivieren Sie im Block-Editor für das Feld NACHRICHT den Schalter ERFORDERLICH.
7. Passen Sie, falls gewünscht, den Text für die DSGVO-Checkbox an.
8. Markieren Sie in der Listenansicht den Block FORMULAR, und wählen Sie im 3-Punkte-Menü den Befehl GRUPPIEREN.
9. Markieren Sie in der Listenansicht den Block GRUPPE, und wechseln Sie zur Gestaltung des Blocks in der rechten Seitenleiste auf das Register STILE.

10. Wählen Sie im Bereich Farbe als HINTERGRUND aus der Theme-Palette die Farbe TERTIÄR.
11. Erhöhen Sie im Bereich GRÖSSE den INNENABSTAND auf Stufe 1.
12. Speichern Sie alle Änderungen.

Nach diesem ToDo sieht das Formular etwa so aus wie in Abbildung 15.21.

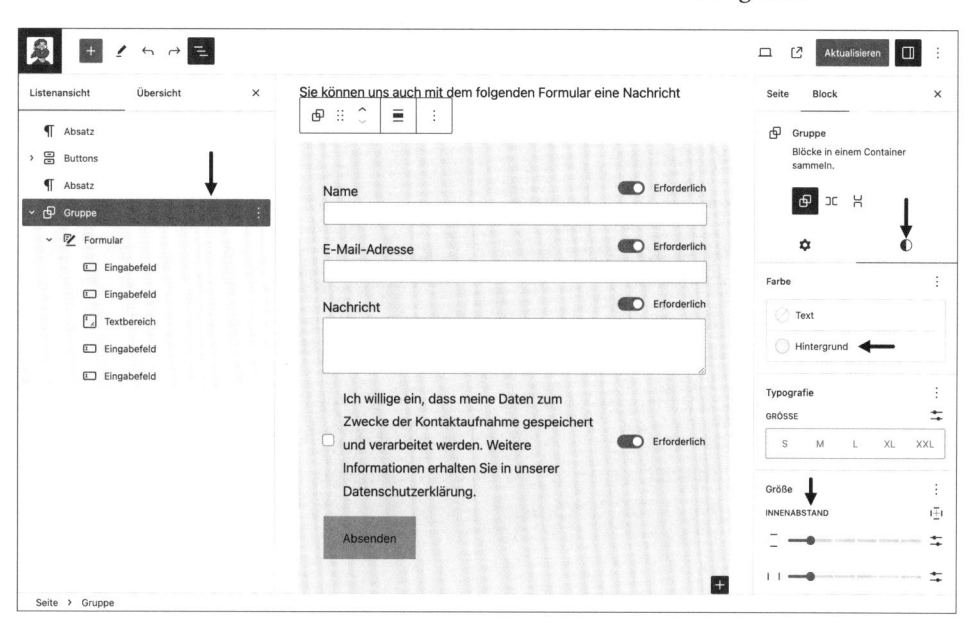

Abbildung 15.21 Das fertige Kontaktformular im Block-Editor

15.3.4 Schritt 4: Das Kontaktformular testen

Das Kontaktformular ist jetzt nicht nur gestaltet, sondern auch bereits funktionsfähig:

- Alle als ERFORDERLICH gekennzeichneten Formularfelder werden bereits während der Eingabe überprüft.
- Sind nicht alle erforderlichen Formularfelder ausgefüllt, gibt es bei einem Klick auf ABSENDEN unter dem Feld einen entsprechenden Hinweis.
- Ist das Formular korrekt ausgefüllt, werden die Formulardaten nach einem Klick auf ABSENDEN an die für den Administrator der WordPress-Installation eingetragene E-Mail-Adresse gesendet.

Nach der Erstellung sollten Sie das Formular ausgiebig testen. Falls die E-Mail nicht im Administrator-Posteingang landet, prüfen Sie auch Ihren Spam-Ordner.

Falls es Probleme mit dem Versenden der Formular-Mails gibt oder die Mails permanent in Ihrem Spam-Ordner landen, hilft das folgende Plugin vielleicht weiter:

- *WP Mail SMTP*
  de.wordpress.org/plugins/wp-mail-smtp/

Dieses Plugin ersetzt die standardmäßig von WordPress zum Versenden von E-Mails verwendete Mail-Funktion mit einem richtigen SMTP-Server.

> **Viele Formular-Plugins für WordPress sind recht teuer**
>
> Formular-Plugins für WordPress gibt es mehr als genug. Die folgende URL durchsucht das Plugin-Verzeichnis nach dem Wort »form«:
>
> - de.wordpress.org/plugins/search/form/
>
> Kandidaten wie *WPForms*, *Ninja Forms* oder *Formidable Forms* sind gute Plugins, werden aber jenseits der Light-Version recht schnell recht teuer und haben eine eher undurchsichtige Preisgestaltung mit Sternchen. Der optisch auffällige Rabattpreis gilt z. B. oft nur für das erste Jahr.
>
> Wenn Sie für Anmeldungen oder Bestellungen auf Ihrer Website komplexere Formulare benötigen, die Ihnen beim Geldverdienen helfen, ist das vielleicht kein Hindernis, aber für einfache Formulare reicht der *Form Block*. Der hat übrigens auch noch einen großen Bruder namens *Form Block Pro* (29 Euro/Jahr).

15.4 Weitersagen: Beiträge teilen mit »Shariff Wrapper«

Sie sehen sich ähnlich, werden oft verwechselt und sind doch grundverschieden:

Social Icons, die Sie z. B. mit dem Social-Media-Menü in Twenty Twenty (siehe Abschnitt 13.5) oder dem Social-Icons-Block von WordPress erstellen, sind Wegweiser zu den Social-Media-Präsenzen der Website-Betreiber. Mehr dazu finden Sie im folgenden Beitrag auf der Website zu diesem Buch:

- *einstieg-in-wp.de/share-buttons-und-social-icons/*

Share-Buttons, die Sie in diesem Abschnitt mit Shariff Wrapper einbinden, ermöglichen das Weitersagen von Inhalten über die Social-Media-Profile des Nutzers/Besuchers.

Mit dem Plugin *Shariff Wrapper* erstellen Sie solche *Share-Buttons* und erleichtern es den Besuchenden, Beiträge zu teilen:

- *de.wordpress.org/plugins/shariff/*

15.4 Weitersagen: Beiträge teilen mit »Shariff Wrapper«

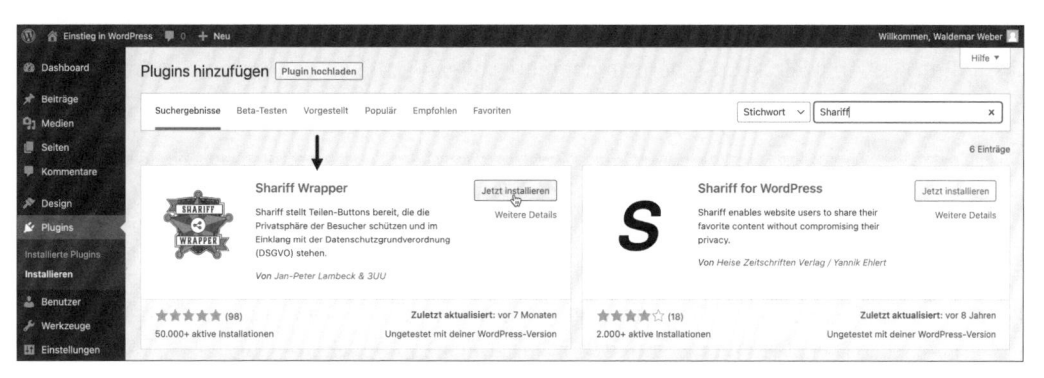

Abbildung 15.22 Das Plugin »Shariff Wrapper« für Share-Buttons

Das Plugin Shariff Wrapper bindet die Teilen-Buttons dabei so ein, dass sie dem europäischen Datenschutzrecht entsprechen, das in der DSGVO geregelt wird:

- *Shariff* basiert auf dem Wort *Sharing* und wird wie das englische Wort *Sheriff* gesprochen.
- *Wrapper* bedeutet, dass das ursprünglich von der Computerzeitschrift c't entwickelte Shariff-Konzept bildlich gesprochen mit einer Hülle versehen wurde, sodass es auch in WordPress funktioniert.

So weit zur Bedeutung des Namens, los geht es mit der Konfiguration.

Nach Installation und Aktivierung von Shariff Wrapper gibt es im Menü EINSTELLUNGEN einen neuen Unterpunkt SHARIFF, in dem das Plugin konfiguriert werden kann (Abbildung 15.23).

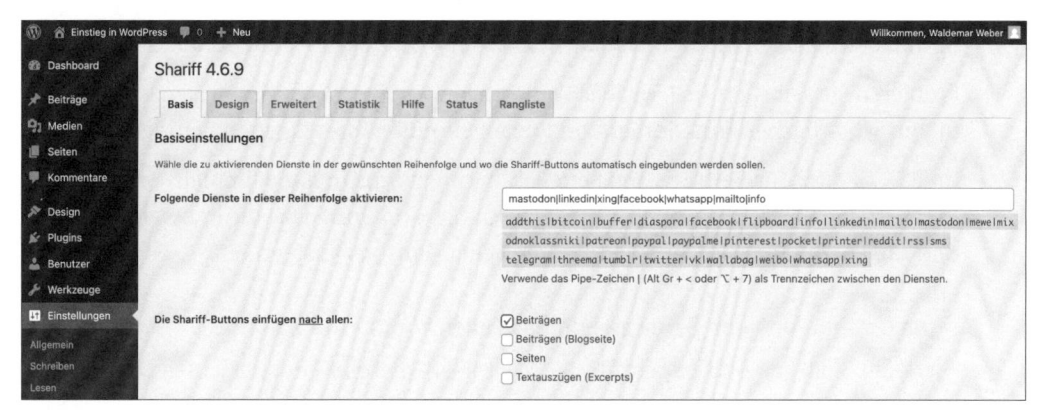

Abbildung 15.23 Das Register »Basis« im Menü »Einstellungen • Shariff«

Im folgenden ToDo erfahren Sie, wie Sie im Register BASIS definieren, welche Share-Buttons an welchen Stellen erscheinen sollen. Danach definieren Sie im Register DESIGN deren Aussehen.

> **ToDo: Die Basiseinstellungen für »Shariff Wrapper« konfigurieren**
> 1. Öffnen Sie das Menü EINSTELLUNGEN • SHARIFF (siehe Abbildung 15.23).
> 2. Aktivieren Sie gegebenenfalls das Register BASIS.
> 3. Im Feld FOLGENDE DIENSTE IN DIESER REIHENFOLGE AKTIVIEREN können Sie nach Belieben Dienste einfügen. *Info* ist ein Link zum ursprünglichen c't-Artikel.
> 4. Wählen Sie bei den folgenden Optionen, wo die Share-Buttons erscheinen sollen. Eine gute Option ist *nach* den BEITRÄGEN.
> 5. Bestätigen Sie die Einstellungen mit der Schaltfläche ÄNDERUNGEN SPEICHERN ganz unten auf der Seite.
> 6. Wechseln Sie auf das Register DESIGN.
> 7. Wählen Sie im Bereich DESIGN DER SHARIFF-BUTTONS z. B. ROUND.
> 8. Tragen Sie, falls gewünscht, im Bereich ÜBERSCHRIFT ÜBER ALLEN SHARIFF-BUTTONS einen Text wie »<hr>Diesen Beitrag weitersagen« ein. Das HTML-Element <hr> erzeugt im Frontend eine horizontale Linie oberhalb des Textes. Falls Sie keine Linie möchten, lassen Sie diese vier Zeichen einfach weg.
> 9. Speichern Sie die Einstellungen mit ÄNDERUNGEN SPEICHERN.
> 10. Rufen Sie einen Beitrag im Frontend auf, und prüfen Sie, ob die Share-Buttons unterhalb des Beitrags eingefügt wurden.

Nach diesem ToDo sehen Sie in einem Beitrag unter dem Inhalt die runden Teilen-Buttons von Shariff, mit denen man den Beitrag weitersagen kann (Abbildung 15.24).

Probieren Sie selbst einmal, wie das Weitersagen von Beiträgen mit diesen frisch eingefügten Schaltflächen funktioniert, und teilen Sie einen Ihrer eigenen Beiträge.

Im Block-Editor für Beiträge und Seiten gibt es übrigens in der Seitenleiste im Register BEITRAG den Bereich SHARIFF-EINSTELLUNGEN. Dort können Sie die BASISEINSTELLUNGEN für jeden Beitrag ändern und z. B. die Teilen-Buttons ausblenden.

> **Die Optimierung von Beiträgen für das Teilen kommt in Kapitel 16**
> Wie Sie Beiträge und Seiten für das Weitersagen vorbereiten, erfahren Sie in Abschnitt 16.5.

Abbildung 15.24 »Shariff Wrapper« mit runden Teilen-Buttons

15.5 Müllvermeidung: »Antispam Bee« gegen Kommentarspam

WordPress erleichtert die Interaktion mit Besuchern mithilfe der in Kapitel 10 beschriebenen Kommentarfunktion, und das ist eine tolle Sache, aber wenn etwas *gebraucht* werden kann, dann kann es auch *missbraucht* werden.

Sie kennen Spam wahrscheinlich als unerwünschte Werbung in E-Mails, aber Spam gibt es auch bei Formularen. Automatisierte, *Spambots* genannte Programme füllen Kommentarformulare aus und versuchen so z. B., Links zu dubiosen Websites zu platzieren.

Je sichtbarer Sie werden und je bekannter Ihre Website wird, desto wahrscheinlicher ist es, dass Sie Kommentarspam bekommen. Das ist an sich eine normale Erscheinung und kein Grund zur Panik und nicht direkt gefährlich, kann aber doch sehr lästig sein. In diesem Abschnitt möchte ich Ihnen daher zeigen, wie Sie sich gegen Kommentarspam schützen können.

Das Plugin *Antispam Bee* (*Biene*) und hat sich im Laufe der Jahre zu einem echten Klassiker entwickelt (Abbildung 15.25):

- de.wordpress.org/plugins/antispam-bee

Auf der Detailseite im Plugin-Verzeichnis auf *wordpress.org* wird das Plugin wie folgt beschrieben:

> *Sag »Auf Wiedersehen« zu Kommentar-Spam auf deiner WordPress-Installation. Antispam Bee blockiert Spam-Kommentare und -Trackbacks effektiv, ohne Captchas*

und ohne personenbezogene Daten an Dienste von Dritten zu versenden. Es ist kostenlos, werbefrei und 100 % DSGVO-konform.

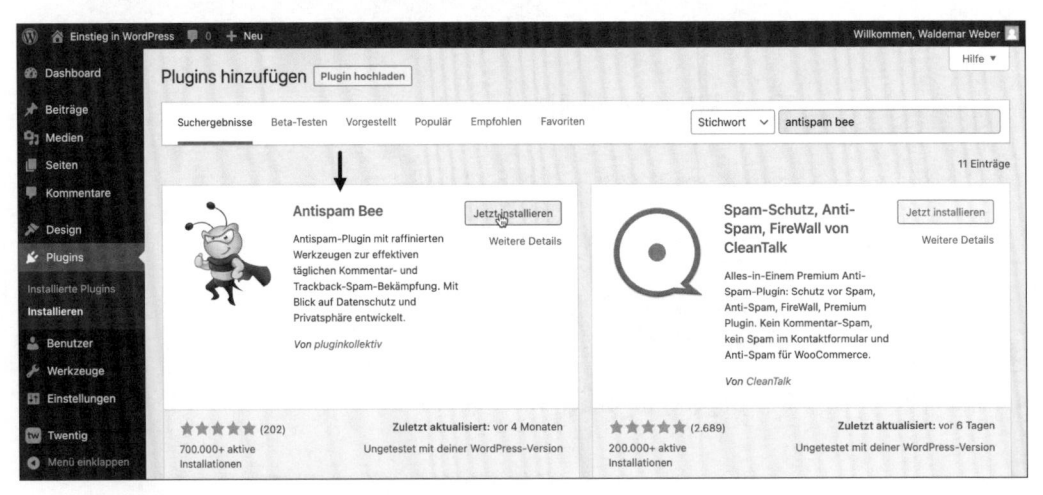

Abbildung 15.25 Das Plugin »Antispam Bee« kurz vor der Installation

Und das fasst es gut zusammen. *Antispam Bee* ist schnell, effektiv und auch für kommerzielle Websites kostenlos.

Die Installation ist wie immer mit wenigen Klicks erledigt, und nach der Aktivierung sollten Sie sicherheitshalber einmal kurz kontrollieren, ob das Kommentarformular wie gewohnt funktioniert.

Erkannter Spam wird im Menü KOMMENTARE • SPAM aufbewahrt und kann dort begutachtet, bearbeitet und gelöscht werden.

Bei der Plugin-Konfiguration auf der Seite EINSTELLUNGEN • ANTISPAM BEE gibt es drei große Bereiche:

- ANTISPAM-REGELN ❶: In diesem Bereich sehen Sie die Filter zur Spambehandlung, die Sie einzeln ein- und ausstellen können.
- ERWEITERT ❷ regelt, was mit dem Spam passieren soll und wie Sie benachrichtigt werden. Hier sollten Sie zwei Optionen prüfen:
  - Prüfen Sie, ob die Option BEI SPAM PER E-MAIL BENACHRICHTIGEN deaktiviert ist. Das kann sonst ziemlich nerven.
  - Ändern Sie VORHANDENEN SPAM NACH 0 TAGEN LÖSCHEN in z. B. NACH 30 TAGEN LÖSCHEN, und aktivieren Sie die Option ❸.
- SONSTIGES ❹ listet noch ein paar weniger relevante Optionen auf.

15.5 Müllvermeidung: »Antispam Bee« gegen Kommentarspam

Zum Speichern von Änderungen gibt es rechts unten eine Schaltfläche mit dem treffenden Namen ÄNDERUNGEN SPEICHERN ❺. Abbildung 15.26 zeigt die Einstellungen von *Antispam Bee* im Überblick.

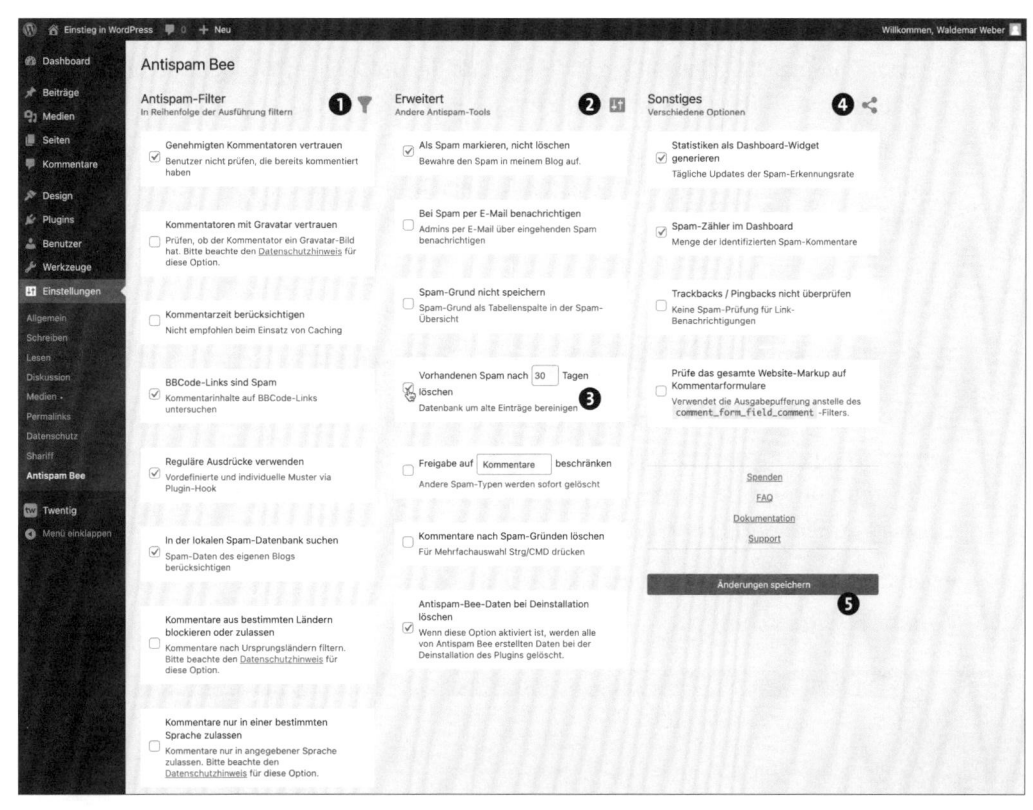

Abbildung 15.26 Die Einstellungen für die »Antispam Bee«

Ansonsten gilt: Lassen Sie die Standardeinstellungen so, wie sie sind, und ändern Sie sie nur, wenn Sie einen Grund dazu haben. Sie können sich vorher in der detaillierten, deutschsprachigen Beschreibung im Onlinehandbuch von *Antispam Bee* informieren:

▶ *github.com/pluginkollektiv/antispam-bee/wiki/de-Home*

Bei Bedarf schauen Sie dort einmal vorbei, um die Einstellungen genauer zu studieren.

> **Der Klassiker aus den USA: »Akismet«**
>
> *Akismet* ist von Automattic, der Firma hinter WordPress.com, und häufig bereits vorinstalliert. Das Plugin wäre eine wahrscheinlich ziemlich perfekte Waffe gegen Spam aus Kommentar- und Kontaktformularen, hat aber zwei Nachteile:

> ▶ **Datenschutz**: Akismet erfüllt die Bedingungen der DSGVO nicht, da die Formulardaten und IP-Adressen ohne Wissen der Besucher auf den Servern von Akismet gespeichert werden, und von daher sollte es nicht eingesetzt werden.
> ▶ **Kosten**: Akismet ist nur für den persönlichen Gebrauch kostenlos, also »For personal, non-commercial sites and blogs«, wie es auf der Website im Wortlaut heißt. Für alle anderen Websites ist es kostenpflichtig.
>
> Bei den Kosten können Sie selbst entscheiden, ob Akismet Ihnen das Geld wert ist oder nicht, aber beim Datenschutz nicht. Wenn Sie, wie in der deutschen Beschreibung von Akismet empfohlen, die Antispam Bee einsetzen, können Sie Akismet löschen.

15.6 Besucherstatistiken mit »Burst Statistics«

Eine datenschutzrechtlich unbedenkliche Lösung zur Erstellung von Besucherstatistiken liefert das Plugin *Burst Statistics*, das nur auf die WordPress-eigene Datenbank zugreift und vom im nächsten Abschnitt vorgestellten Complianz automatisch für das Cookie-Banner konfiguriert wird (Abbildung 15.27):

▶ *de.wordpress.org/plugins/burst*

▶ *burst-statistics.com*

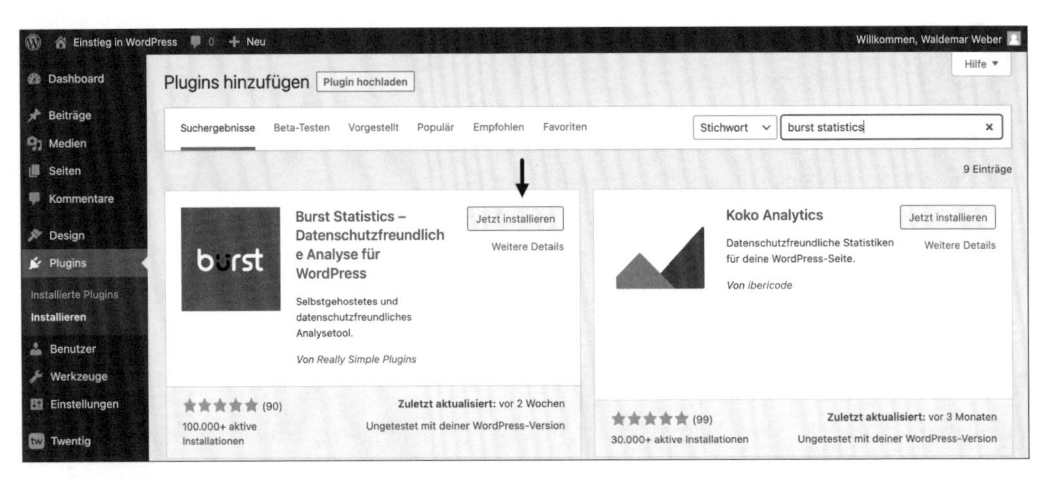

Abbildung 15.27 »Burst Statistics«

Nach Installation und Aktivierung gibt es im Dashboard auf der Startseite ein neues Widget, aber die Einstellungen für das Plugin und die Statistiken selbst finden Sie im

Menü DASHBOARD • STATISTICS. Dort können Sie wählen zwischen dem DASHBOARD (von *Burst Statistics*) und den eigentlichen STATISTIKEN (Abbildung 15.28).

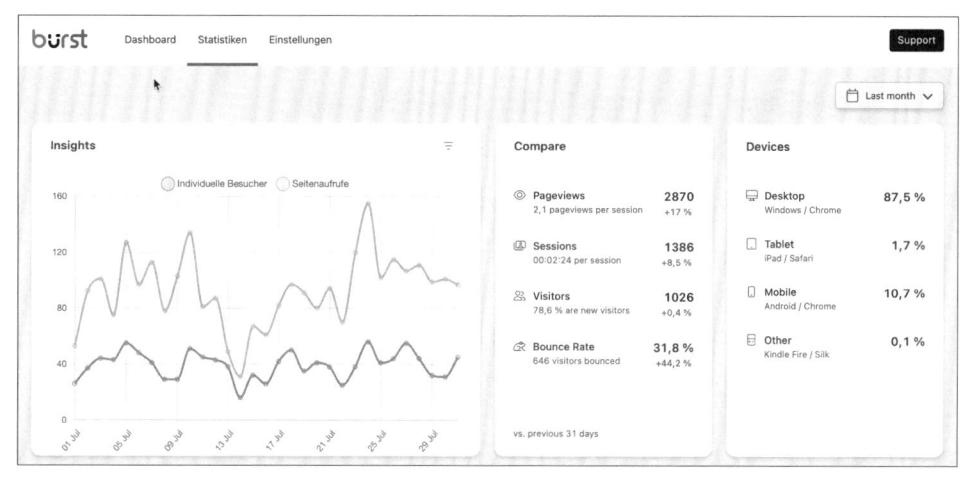

Abbildung 15.28 Eine von »Burst Statistics« erstellte Statistik

Außerdem fügt Burst in den Übersichtstabellen in den Backend-Menüs SEITEN und BEI-TRÄGE eine Spalte namens SEITENAUFRUFE hinzu, in der die Zahl der Aufrufe angezeigt wird. Diese Spalte können Sie mit der Funktion ANSICHT ANPASSEN bei Bedarf auch wieder ausblenden (siehe Abschnitt 4.2.3).

> **Jenseits von »Burst«: »Matomo« und »Google Analytics«**
>
> Wenn Sie mit der Zeit mehr Besucher bekommen und Sie gerne mehr Informationen darüber hätten, schauen Sie sich einmal *Matomo* an (das früher *Piwik* hieß). Die Software wird auf dem eigenen Server installiert und kann DSGVO-konform betrieben werden:
>
> ▶ *matomo.org*
>
> Google Analytics hingegen gibt sehr detaillierte Informationen über Ihre Besucher, aber man muss einige Klimmzüge unternehmen, um es datenschutzkonform zu betreiben:
>
> ▶ *analytics.google.com*

15.7 Einen Cookie-Hinweis erstellen mit »Complianz«

Falls in den Browsern Ihrer Besucherinnen und Besucher Cookies gespeichert werden, müssen Sie sie darauf hinweisen und *vor* dem Speichern der Cookies deren Zustimmung einholen.

Diese in einer EU-Richtlinie formulierte und an sich gut gemeinte Idee führt dazu, dass man auf unzähligen Websites einen mehr oder weniger aufwendig konfigurierten Cookie-Hinweis bekommt, der auch als Cookie-Banner bezeichnet wird.

15.7.1 »Complianz« – das Plugin für den Cookie-Hinweis

Ein gutes Plugin zur Umsetzung dieser Cookie-Hinweise ist *Complianz*:

- *de.wordpress.org/plugins/complianz-gdpr*
- *complianz.io*

Das Plugin der Software-Schmiede *Really Simple Plugins* aus dem niederländischen Groningen macht die Erstellung eines Cookie-Hinweises zwar nicht zum Vergnügen, erleichtert die Aufgabe aber deutlich. Abbildung 15.29 zeigt ein von Complianz erstelltes Cookie-Banner.

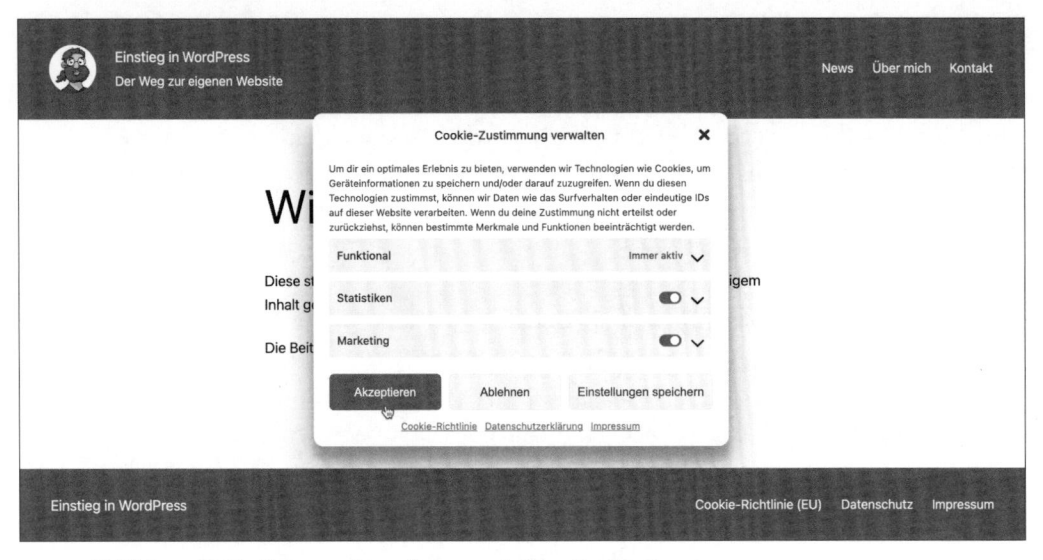

Abbildung 15.29 Ein von »Complianz« erstelltes Cookie-Banner

Complianz hat einen komfortablen Assistenten, der Sie bei der Einrichtung des Cookie-Banners und der Erstellung einer Cookie-Richtlinie unterstützt. Das Plugin informiert auch nach der ersten Einrichtung über datenschutzrechtlich relevante Änderungen an Ihrem System (z. B. bei neuen oder gelöschten Plugins) oder an der Gesetzgebung. Sie können dann die entsprechenden Schritte im Assistenten erneut durchlaufen, und Complianz passt die Cookie-Richtlinie entsprechend an.

> **Das Plugin »Burst Statistics« am besten vorher installieren**
>
> Der Assistent von Complianz wird Sie Schritt für Schritt durch die Erstellung des Cookie-Banners führen und Sie in Schritt 2 unter anderem fragen, ob Sie Besucherstatistiken erstellen möchten.
>
> Wenn Sie das möchten, können Sie – falls noch nicht geschehen – vorher noch schnell das in Abschnitt 15.6 vorgestellte Plugin *Burst Statistics* aus dem gleichen Hause installieren, denn dann wird es von *Complianz* automatisch erkannt und datenschutzkonform konfiguriert.

15.7.2 Der Assistent von Complianz hilft beim Erstellen des Cookie-Banners

Nach der Installation und Aktivierung werden Sie auf der Plugin-Seite automatisch willkommen geheißen. Mit einem Klick auf den Button Nächste können Sie eine kleine Einführung in das Plugin starten und springen dann direkt in das neue Backend-Menü Complianz mit dem in Abbildung 15.30 gezeigten Dashboard. Die Tour geht dann weiter durch die Complianz-Menüs Assistent, Cookie-Banner, Integrationen und Einverständniserklärung.

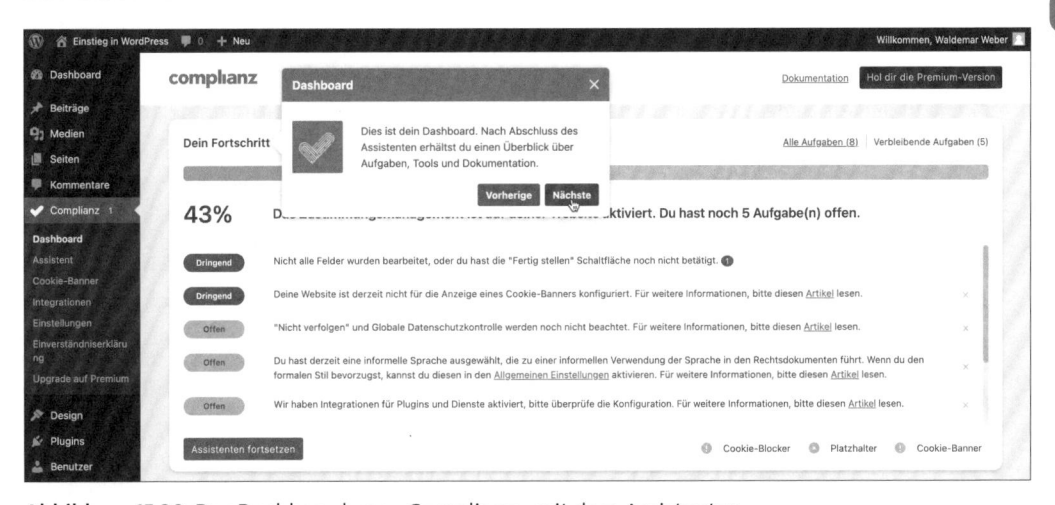

Abbildung 15.30 Das Dashboard von »Complianz« mit dem Assistenten

Nach dieser Einführung geht es weiter mit dem Assistenten. Einige Aufgaben wurden bereits direkt nach der Aktivierung erledigt, sodass der Fortschrittsbalken in Abbildung 15.30 nicht mehr auf 0 steht. Der Assistent führt Sie durch die im Folgenden beschriebenen Schritte.

15.7.3 Schritt 1: Allgemein (Infos zur Website und zum Betreiber)

Im ersten Schritt geht es um allgemeine Informationen zu den folgenden Bereichen:

- **Besucher**. Hier wählen Sie das Datenschutzgesetz (wahrscheinlich *DSGVO*) und beantworten die Fragen, ob Sie Besucher aus Deutschland, Österreich, Belgien und/oder Spanien erwarten (wahrscheinlich *Ja*, in diesen Ländern ist eine Zustimmung für Statistiken erforderlich, auch wenn die Daten anonymisiert sind) und ob Sie einen Login-Zugang zu einem eingeschränkten Bereich der Website anbieten (wahrscheinlich *Nein*).

- **Dokumente**. Complianz benötigt Infos zur *Cookie-Richtlinie* (VON COMPLIANZ ERSTELLT) sowie zur *Datenschutzerklärung* und zum *Impressum* (beide mit LINK ZUR BENUTZERDEFINIERTEN SEITE, die es ja schon gibt).

- **Website**. Hier geben Sie einen Namen, eine Postadresse, eine E-Mail-Adresse und eine Telefonnummer ein, an die Ihre Besucher sich bei Fragen zum Datenschutz bezüglich Ihrer Website wenden können.

- **Sicherheit & Zustimmung**. Neben Optionen, die die Pro-Version von Complianz erfordern, werden Sie gefragt, ob Sie Browser-Einstellungen bezüglich *Nicht verfolgen* (engl. *Do Not Track*) und *Globale Datenschutzkontrolle* (engl. *Global Privacy Control*, GPC) respektieren. Wenn Sie hier Ja sagen, wird Browsern, die diese Signale senden, kein Cookie-Banner gezeigt, da nichts mehr getrackt wird.

Die in diesem Schritt gesammelten Informationen werden in Schritt 3 bei der Erstellung der Cookie-Richtlinie verarbeitet.

> **Global Privacy Control ist eine gute Sache**
>
> Die globale Datenschutzkontrolle (GPC) wurde von Publishern, Tech-Unternehmen und Entwicklern entwickelt, um uns die Möglichkeit zu geben, Wünsche bezüglich der Weitergabe von Daten direkt über den Browser an die besuchten Websites zu übermitteln. Weitere Infos dazu finden Sie auf
>
> - *globalprivacycontrol.org*
>
> Auf Nutzerseite benötigen Sie dazu in Ihrem Browser entsprechende Einstellungen oder Plugins.

15.7.4 Schritt 2: Einwilligung (Cookies und Plugins sammeln)

Im zweiten Schritt sammelt der Assistent Informationen darüber, welche Cookies, Dienste und Plugins auf Ihrer Website genutzt werden:

- **Cookie-Scandurchlauf**. Complianz scannt Ihre Website auf Cookies und zeigt im ersten Schritt alle gefundenen Cookies auf. Vollautomatisch.
- **Statistiken**. Wenn Sie das empfohlene Plugin *Burst Statistics* einsetzen möchten (siehe Abschnitt 15.6), kreuzen Sie darunter die Option JA, ABER NICHT MIT EINEM DER OBEN GENANNTEN DIENSTE an. Auf der nächsten Seite beantworten Sie die Frage, ob Sie eine Einwilligung einholen möchten, mit JA. Das Skript-Center darunter können Sie ignorieren, denn *Burst* wird automatisch konfiguriert.
- **Dienstleistungen**. Complianz möchte unter anderem wissen, welche Drittanbieterdienste (Google Maps, YouTube, Vimeo etc.) Sie auf der Website nutzen.
- **Plugins**. Complianz prüft, welche für die Cookie-Richtlinie relevanten Plugins installiert sind, und zeigt diese hier an.
- **Cookie- und Dienstbeschreibungen**. Zum Abschluss erstellt Complianz Beschreibungen für die gefundenen Cookies und die ausgewählten Dienste und Plugins.

Die in diesem Schritt gesammelten Informationen dienen im nächsten Schritt zur Erstellung der Cookie-Richtlinie.

15.7.5 Schritt 3: Dokumente (Cookie-Richtlinie erstellen und einbinden)

Complianz erstellt mit den in Schritt 1 und 2 gesammelten Informationen den Text für die Cookie-Richtlinie und fügt diesen auf einer WordPress-Seite mit dem passenden Namen *Cookie-Richtlinie (EU)* ein, die Sie hier automatisch erstellen lassen können.

Anschließend wählen Sie aus, in welchem Menü der Link zur Cookie-Richtlinie erscheinen soll. Für die Übungswebsite bietet sich das Menü *Pflichtlinks* an, in dem die Links zu *Datenschutz* und *Impressum* bereits vorhanden sind. Lesen Sie dazu auch den Hinweiskasten etwas weiter unten.

15.7.6 Schritt 4: Fertigstellen (Cookie-Banner und Cookie-Blocker)

Im letzten Schritt des Assistenten gibt es nur noch zwei Optionen:

- COOKIE-BANNER EINSCHALTEN aktiviert ein Cookie-Banner.
- COOKIE-BLOCKER AKTIVIEREN blockiert alle konfigurierten Tracking- und Drittanbieter-Skripte.

Bei beiden Optionen ist jeweils das JA voreingestellt. Sie beenden den Assistenten mit einem Klick auf die Schaltfläche COOKIE-BANNER SPEICHERN UND GESTALTEN und machen dann weiter mit dem nächsten Schritt.

15.7.7 Schritt 5: Cookie-Banner gestalten

Nach der Beendigung des Assistenten landen Sie automatisch im Menü COMPLIANZ • COOKIE-BANNER, in dem Sie das Cookie-Banner nach Belieben gestalten können:

- Im Bereich AUSSEHEN prüfen Sie zwei Dinge:
  - POSITION: Standardeinstellung ist UNTEN RECHTS, beliebter ist ZENTRUM.
  - KATEGORIEN: Wählen Sie die Option ANNEHMEN – ABLEHNEN – PRÄFERENZEN SPEICHERN aus. Dann werden die möglichen Voreinstellungen für Besuchende im Cookie-Banner offen angezeigt.
- Im Bereich ANPASSUNG ändern Sie bei UMSCHALTUNG die Farbe für INAKTIV vom vorgegebenen Orange (#F56E28) zu einem hellen Grauton (z. B. #EEEEEE). Dann ist für Besuchende deutlicher, dass der Button nicht aktiv ist.

Nach dem Speichern aller Optionen wird Besuchenden im Frontend jetzt das neu erstellte Cookie-Banner angezeigt.

> **Feintuning zur Seite »Cookie-Richtlinie (EU)«**
>
> Complianz hat die Seite *Cookie-Richtlinie (EU)* automatisch erstellt, aber es gibt noch ein paar Kleinigkeiten zu erledigen:
>
> - Im Menü SEITEN • ALLE SEITEN sollten Sie der Seite im QUICKEDIT noch die richtige Reihenfolge geben, sodass sie vor der *Datenschutzerklärung* und dem *Impressum* steht.
> - Bei Block-Themes funktioniert das automatische Hinzufügen der Seite zum Menü *Pflichtlinks* momentan noch nicht, sodass Sie manuell nachhelfen müssen. Das Impressum sollte dabei immer zuletzt stehen. In Abschnitt 11.5 steht, wie man das Menü im Footer anpasst.

15.8 Auf einen Blick

Die wichtigsten Themen noch einmal im Überblick:

- Plugins sind kleine Programme, die WordPress funktional erweitern. Sie sollten, genau wie Themes, nur von vertrauenswürdigen Quellen installiert werden wie dem Plugin-Verzeichnis auf WordPress.org:
  de.wordpress.org/plugins/
- Plugins werden im Backend-Menü PLUGINS verwaltet. Genau wie Themes können Plugins direkt im Backend installiert werden und müssen anschließend aktiviert werden.

- Das Plugin *Lightbox for Gallery & Image Block* ermöglicht es, ein Bild nach dem Anklicken in einem Overlay-Fenster darzustellen.
- Das Plugin *Twentig* ist ein *Toolkit für Block-Themes* und erweitert WordPress um zahlreiche nützliche Optionen.
- Ein E-Mail-Link beginnt mit `mailto:` und startet das auf dem Gerät gestartete E-Mail-Programm.
- Ein Anrufen-Link beginnt mit `tel:` und ruft die angegebene Nummer an.
- Ein Kontaktformular bietet Besuchenden die Möglichkeit, ohne E-Mail-Programm eine Nachricht zu schicken.
- Das Plugin *Form Block* ist die wahrscheinlich einfachste Art, ein Kontaktformular einzufügen.
- Das Plugin *Shariff Wrapper* integriert Schaltflächen zum Weitersagen von Beiträgen oder Seiten in Social-Media-Diensten wie Mastodon, LinkedIn, Facebook, WhatsApp und Co.
- Ein Klassiker zur Vermeidung von Kommentarspam ist das Plugin *Antispam Bee*.
- Mit dem Plugin *Burst* bekommen Sie eine datenschutzfreundliche einfache Besucherstatistik direkt im Dashboard.
- Das Plugin *Complianz* hilft beim Erstellen eines korrekten Cookie-Hinweises.

Kapitel 16
SEO – die Optimierung für Suchmaschinen

Worin Sie erfahren, wie Texte im Web von Maschinen gelesen werden, was eine XML-Sitemap ist und warum ein Plugin zur Optimierung Ihrer Webseiten für Suchmaschinen und Social Media eine gute Idee ist.

Die Themen im Überblick:

- Schreiben im Web für Maschinen
- »Ranking«: Die Reihenfolge der Suchergebnisse
- Das Plugin »The SEO Framework« konfigurieren
- Die Darstellung Ihrer Inhalte in Suchmaschinen optimieren
- Seiten und Beiträge fürs Teilen in Social Media vorbereiten
- »XML-Sitemap«: Die Liste mit Inhalten für Suchmaschinen
- Auf einen Blick

Die Optimierung von Webseiten für Suchmaschinen und Social Media ist in den letzten Jahren wichtig geworden und die Abkürzung *SEO* (*Search Engine Optimization*) im Weballtag fest verankert. Meist wird SEO als ein Wort ausgesprochen (*seoh*), aber alle Buchstaben einzeln geht auch (*s-e-o*).

Die Optimierung für Suchmaschinen ist natürlich wichtig, aber der Satz »Was gut ist für die Besucherinnen und Besucher, ist auch gut für Suchmaschinen« hat sich als guter Leitfaden im Alltag etabliert. Suchmaschinen und Besuchende tragen beide das »Suchen« im Namen, und beide *suchen* dasselbe, nämlich relevanten Inhalt.

Um Ihre Webseiten für Suchmaschinen zu optimieren, benötigen Sie nur ein bisschen Grundlagenwissen und ein gutes Plugin zur Umsetzung. Beides finden Sie in diesem Kapitel.

> **Dürfen Suchmaschinen diese Website indexieren?**
> Denken Sie daran, dass Sie vor der Freischaltung der Website im Backend-Menü EINSTELLUNGEN • LESEN die Option SUCHMASCHINEN DAVON ABHALTEN, DIESE WEBSITE ZU INDEXIEREN deaktivieren (siehe Abschnitt 4.5), damit die Suchmaschinen die optimierten Inhalte auch wirklich indexieren dürfen.

16.1 Schreiben im Web für Maschinen

Webseiten werden nicht nur von Menschen gelesen, sondern auch von Maschinen, insbesondere von Suchmaschinen. Wichtig ist dabei zunächst Folgendes:

1. *Keine* Suchmaschine durchsucht live das Web. Das geht nicht, weil das Web über Zigmillionen Servercomputer verteilt ist, und die kann man nicht jedes Mal alle abklappern.
2. Suchmaschinen haben *Robots* genannte Programme, die eine Liste mit URLs bekommen und anhand dieser Liste rund um die Uhr durchs Web surfen.
3. Die Robots machen Kopien vom Quelltext der besuchten Webseiten und speichern diese Kopien in der Datenbank der Suchmaschine.
4. Die Suchmaschine durchsucht nur diese Datenbank.
5. *Keine* Suchmaschine hat das gesamte Web in ihrer Datenbank.

Diese Punkte gelten für *alle* Suchmaschinen, auch für Google.

16.1.1 Suchmaschinen denken nicht, sie vergleichen Zeichen

Das Faszinierende an Suchmaschinen ist zum einen das Tempo, in dem das Suchergebnis bei uns eintrifft, und zum anderen, dass auf der Ergebnisseite überhaupt nützliche Treffer angezeigt werden, denn eine Suchmaschine kann nicht denken und versteht keine thematischen Zusammenhänge. Sie kann nur *Zeichen vergleichen*.

Die folgende Google-Suche verdeutlicht dies beispielhaft:

```
"ägyptische Pyramiden" wunderwerke
```

Mit dieser Suche wird Google beauftragt, Seiten zu finden, auf denen die Wörter "ägyptische Pyramiden" und wunderwerke vorkommen. Die Anführungszeichen bewirken, dass *ägyptische Pyramiden* in genau dieser Reihenfolge und direkt hintereinander auf der Seite vorkommen müssen.

Google legt daraufhin los und präsentiert ein Ergebnis, das eventuell etwas überrascht, denn in den Suchergebnissen tauchen etwas weiter unten auf der ersten Seite diverse Referenzen zum Manifest der Kommunistischen Partei von Karl Marx auf (Abbildung 16.1).

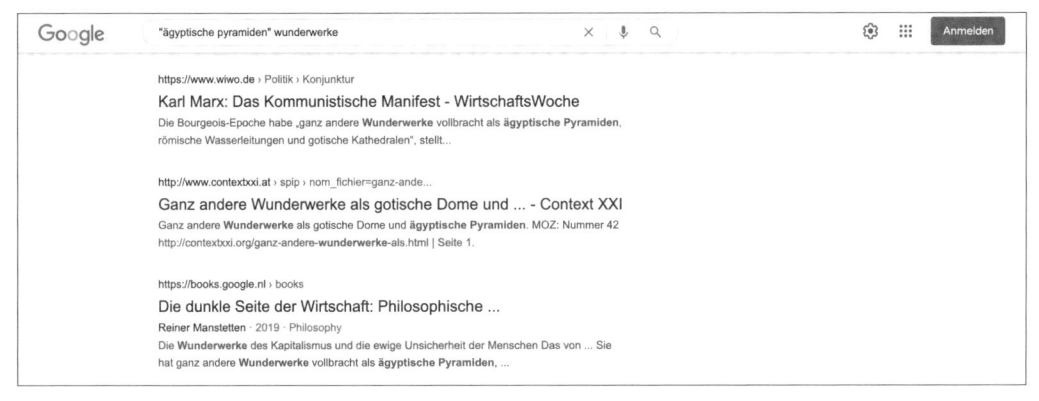

Abbildung 16.1 Ägyptische Pyramiden und das Kommunistische Manifest

Der Grund für dieses Suchergebnis ist nicht eine Unterwanderung von Google, sondern dass im »Manifest der Kommunistischen Partei« folgender Satz steht:

Sie hat ganz andere **Wunderwerke** *vollbracht als* **ägyptische Pyramiden**, *römische Wasserleitungen und gotische Kathedralen, [...]*

Wunderwerke und *ägyptische Pyramiden*. Der Satz enthält alle Suchbegriffe und erfüllt auch die durch die Anführungsstriche definierte Suchbedingung.

Für eine Zeichen vergleichende Suchmaschine ist dieser Satz ein absoluter Volltreffer, und damit wird die Webseite, auf der er steht, in der Ergebnisliste angezeigt. Suchmaschinen vergleichen Zeichen. Sie wissen nicht, dass das Kommunistische Manifest *thematisch* mit ägyptischen Pyramiden eher weniger zu tun hat.

Was bedeutet das jetzt für Ihre Webseiten? Wenn Sie unter einem bestimmten Suchbegriff gefunden werden wollen, dann muss dieser irgendwo als Text auf Ihren Seiten stehen.

Beim Schreiben eines Beitrags sollten Sie sich also vorstellen, welche Suchbegriffe der gewünschte Leser benutzen würde, um diesen Beitrag zu finden, und genau diese Begriffe sollten im Text vorkommen.

> **Ägyptische Pyramiden, Suchmaschinen und der Zahn der Zeit**
>
> Pyramiden sind schon sehr alt, und der Zahn der Zeit hat erstaunlich wenig daran genagt. Das Web hingegen ist sehr viel jünger und verändert sich ständig. Das Suchbeispiel ist nicht gestellt, aber der Datenbestand im Web ändert sich fortlaufend, und der Suchalgorithmus von Google wird kontinuierlich verbessert. Kurzum: Wenn Sie die Beispielsuche mit den ägyptischen Pyramiden ausprobieren, kann es gut sein, dass Sie ein anderes Ergebnis bekommen.

16.1.2 Die Robots der Suchmaschinen können nicht lesen

In diesem Abschnitt möchte ich Ihnen kurz zeigen, wie Webseiten aus der Sicht von Suchmaschinen aussehen, denn die Robots der Suchmaschinen können nicht lesen, nicht hören, nicht denken und nicht klicken, und es ist ihnen ebenfalls völlig egal, ob eine Webseite ein tolles Design hat.

Die Robots der Suchmaschinen sehen eine Webseite eher so wie in Abbildung 16.2. Wenn Sie genau hinschauen, erkennen Sie die Startseite der Website zum Buch. Dieser Text wird zusammen mit der URL in der Datenbank der Suchmaschine gespeichert.

```
Spidered Text :
Einstieg in WordPress | Der Weg zur eigenen Website mit WordPress Direkt zum Inhalt wechseln Suchen Einstieg in
WordPressDer Weg zur eigenen Website mit WordPress Menü BlogWP kennenlernenInhalte erstellenThemesPluginsTipps &
TricksLinks für LeserUpdates und ErrataDer Block-Editor heuteLinks aus dem BuchDie BeispieldateienBuch bestellen
Suchen Suche nach: Suche schließen Menü schließen StartseiteBlog .sub-menu" data-toggle-type="slidetoggle" data-toggle-
duration="250" aria-expanded="false">Untermenü anzeigenWordPress kennenlernenInhalte
erstellenThemesPluginsSystemverwaltung und Tipps & TricksLinks für Leser .sub-menu" data-toggle-type="slidetoggle"
data-toggle-duration="250" aria-expanded="false">Untermenü anzeigenUpdates und ErrataDer Block-Editor heuteLinks aus
dem Buch zum AnklickenDie BeispieldateienBuch bestellenKontakt ⌨Twitter (@EinstieginWP)LinkedInRSS-Feed
```

Abbildung 16.2 So ungefähr sieht ein Suchmaschinen-Robot eine Webseite.

> **Links zu Suchmaschinensimulatoren**
>
> Falls Sie einen solchen *Search Engine Simulator* einmal ausprobieren möchten, hier ein paar URLs:
>
> - *webconfs.com/search-engine-spider-simulator.php* (siehe Abbildung 16.2)
> - *totheweb.com/learning_center/tools-search-engine-simulator*
>
> Für weitere Tools googeln Sie nach »search engine simulator«.

16.1.3 Suchmaschinen analysieren den »head«-Bereich im Quelltext

Jede Webseite besteht aus Quelltext, und dieser Quelltext lässt sich in zwei große Bereiche unterteilen:

- Der *Head* ist eine Art Vorspann, der im Quelltext zwischen <head> und </head> liegt. In diesem Bereich gibt es Elemente, wie z. B. den *Titel* (title) und die *Beschreibung* (meta description), die unter anderem für die Darstellung in den Ergebnissen der Suchmaschinen verwendet werden.
- Der *Body* zwischen <body> und </body> ist der im Browserfenster sichtbare Teil des Quelltextes, der oft in Layoutbereiche wie Kopf-, Navigations-, Inhalts- und Fußbereich eingeteilt wird.

Auch wenn menschliche Besucher den Quelltext meist nicht zu Gesicht bekommen, die Programme unter den Besuchern interessieren sich sehr dafür. Während Menschen meist nur den im Browserfenster sichtbaren body betrachten, analysieren Suchmaschinen-Robots immer auch den unsichtbaren head-Bereich. Abbildung 16.3 zeigt den Quelltext einer Beispielseite mit markiertem head ❶ und body ❷.

```
1  <!doctype html>
2  <html lang="de" id="top" class="no-js">
3
4    <head>
5      <meta charset="utf-8">
6      <meta name="viewport" content="width=device-width, initial-scale=1.0">
7
8      <title>Startseite - Einstieg in HTML + CSS</title>
9      <meta name="description" content="Beschreibung für diese Webseite">
10
11     <link href="css/style.css" rel="stylesheet">
12
13     <script>
14       document.documentElement.classList.remove('no-js');
15       document.documentElement.classList.add('js');
16     </script>
17
18   </head>
19
20   <body class="startseite">
21     <header class="site-header">
22       <div class="inside">
23         <h1><img src="bilder/html-und-css-logo-222.png"
24                  srcset="bilder/html-und-css-logo-444.png 2x"
25                  alt="HTML und CSS"
26                  width="222"
27                  height="36"></h1>
28         <p>Webseiten erstellen und gestalten</p>
29       </div>
30     </header>
```

Abbildung 16.3 »head« und »body« im Quelltext einer Webseite

Besonders der Titel der Seite zwischen <title> und </title> ❸ und die Beschreibung im <meta name="description">-Tag sind für Suchmaschinen wichtig, wie Sie im folgenden Abschnitt sehen werden.

16.1.4 Suchergebnisseiten: URL, Titel der Webseite und Beschreibung

Im `head`-Bereich des Quelltextes gibt es wie gesehen zwei Elemente, die für das Erscheinungsbild der Seite in den Suchmaschinen von besonderer Bedeutung sind (Abbildung 16.4):

- Der *Titel der Seite* steht zwischen `<title>` und `</title>`. Er enthält einen kurzen Text, der auf den Ergebnisseiten der Suchmaschinen meist als dicker blauer Hyperlink oberhalb eines Suchergebnisses benutzt wird.

  Ein guter Seitentitel ist kurz (ca. 60 Zeichen) und beschreibt mit ein paar wichtigen Begriffen den Inhalt der Webseite, wenn man diese *nicht* sieht. Der Titel des Dokuments plus der Titel der Website sind ein guter Ausgangspunkt.

- Die *Beschreibung* (`<meta name="description">`) ist ein kurzer Text, den Google und andere Suchmaschinen zur Beschreibung eines Suchergebnisses verwenden *können*. Sie sollte max. 160 Zeichen lang sein und die Suchenden zu einem Besuch einladen. Machen Sie in der Beschreibung Werbung für die Seite, kurz und knackig.

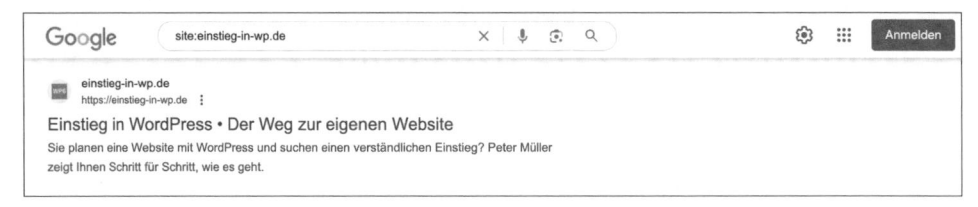

Abbildung 16.4 Seitentitel und Seitenbeschreibung bei Google

Auf den Ergebnisseiten von Google steht oberhalb vom Seitentitel noch ein eventuelles Website-Icon, der Domain-Name und die URL der Seite.

> **Titel und Beschreibung können Sie mit einem SEO-Plugin anpassen**
>
> Der Titel und die Beschreibung bestimmen das Erscheinungsbild von Seiten und Beiträgen in den Suchmaschinen, und in Abschnitt 16.4 sehen Sie, wie Sie sie in WordPress optimieren können.

16.2 »Ranking«: Die Reihenfolge der Suchergebnisse

Um bei einer bestimmten Suche in den Topf mit den Suchergebnissen zu kommen, müssen die eingegebenen Suchbegriffe also auf Ihren Webseiten stehen. Aber wie legen die Suchmaschinen dann die Reihenfolge der Treffer fest?

Dieser Prozess heißt *Ranking*, und dabei spielen Hunderte von Faktoren eine Rolle, die zum großen Teil nicht veröffentlicht und von den Suchmaschinen auch regelmäßig wieder geändert werden. Aber Suchmaschinen lieben Hyperlinks und schnelle Webseiten mit interessanten Inhalten, die sicher übertragen werden und für Mobilgeräte optimiert wurden.

16.2.1 Der Kern der Sache: Google mag Hyperlinks ...

Das Besondere am World Wide Web sind Hyperlinks. Im Rahmen einer inzwischen online leider nicht mehr verfügbaren Einführung hat Google selbst das einmal so ausgedrückt:

> *Das Herz unserer Software ist PageRank$^{(TM)}$, ein System der Beurteilung von Webseiten, das von den Gründern von Google, Larry Page und Sergey Brin, an der Universität von Stanford entwickelt wurde. [...]*

> *PageRank verlässt sich auf die einzigartige demokratische Natur des World Wide Webs, indem es die weitverzweigte Link-Struktur als einen Indikator für die individuelle Einschätzung der Qualität einer Seite nimmt. Der Kern ist dabei, dass Google einen Link von Seite A zu Seite B als ein ›Votum‹ von Seite A für Seite B interpretiert.*

Mit »einzigartige demokratische Struktur des World Wide Webs« ist gemeint, dass Google schaut, wie viele Hyperlinks auf eine bestimmte Seite zeigen. Jeder dieser eingehenden Links wird als Stimme gewertet, und je mehr Stimmen sie hat, desto wichtiger ist eine Seite.

Gleichzeitig schaut Google aber auch, ob die Stimme von einer ihrerseits wichtigen Seite kommt, denn dann zählt sie mehr:

> *Das Votum von einer Seite, die selber ›wichtig‹ ist, zählt mehr und hilft, andere Seiten wichtig zu machen.*

Wer selber wichtig ist, hat mehr Stimmen. So viel also zu Google und der *demokratischen* Struktur des World Wide Webs.

16.2.2 »Backlinks« und »Social Signals«: Links, die auf Ihre Webseiten zeigen

Die simple Tatsache, dass Google Hyperlinks mag, hat weitreichende Folgen, denn um eine Seite bei Google auf den Ergebnisseiten nach oben zu bringen, helfen Links, die auf Ihre Seiten zeigen, sogenannte *Backlinks*.

Um Backlinks zu bekommen, gehen einige Site-Betreiber weite und zum Teil auch nicht ganz legale Wege. Sie sollten aber keinesfalls auf Backlink-Angebote eingehen, die Sie eventuell per E-Mail erhalten. Google bewertet Backlinks von bekannten schwarzen Schafen nämlich negativ.

Was die Backlinks betrifft: Je aktiver Sie im Web sind und je mehr Beiträge von wichtigen Websites über Sie veröffentlicht wurden und auf Ihre Webseiten zeigen, desto eher werden Sie belohnt. Das Zauberwort heißt *Vernetzung*.

Besonders Backlinks aus Social Networks, die auch als *Social Signals* bezeichnet werden, sind beim Ranking wichtig. Deshalb ist es eine ziemlich gute Idee, regelmäßig neue Beiträge zu veröffentlichen, Share-Buttons einzubauen (siehe Abschnitt 15.4 zu *Shariff Wrapper*) und die Beiträge für das Teilen in Social Networks vorzubereiten (siehe weiter unten, Abschnitt 16.5). Je mehr Gespräche im Netz über Sie stattfinden, desto mehr *Social Signals* gibt es.

Aber denken Sie daran, dass die Suchmaschinen die Besucher nur auf Ihre Webseiten verweisen. Wenn es dort nichts Interessantes zu lesen oder zu gucken gibt, sind sie auch ganz schnell wieder weg. Der Inhalt Ihrer Site sollte also einen Besuch wert sein, sonst lohnt sich die ganze Optimierung nicht.

16.2.3   »Mobile friendly«: Ist die Seite responsiv?

Google berücksichtigt beim Ranking außerdem, ob Webseiten responsiv sind und für mobile Geräte optimiert wurden. Auf der folgenden Seite können Sie beliebige URLs auf ihre Mobiltauglichkeit hin testen:

► *search.google.com/test/mobile-friendly*

Abbildung 16.5 zeigt, dass die Startseite von *einstieg-in-wp.de* auf Mobilgeräten problemlos nutzbar ist.

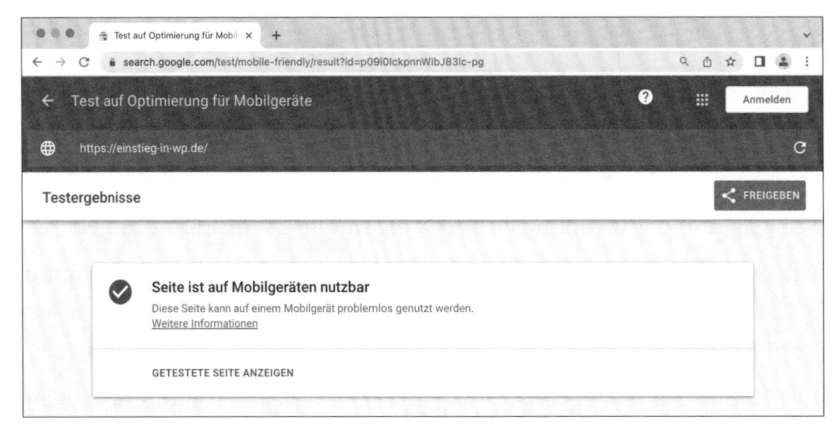

Abbildung 16.5 Der »Mobile friendly«-Test von Google

16.2.4 »Performance«: Werden die Webseiten schnell geladen?

Ein weiterer Faktor für die Bewertung von Webseiten durch Suchmaschinen ist die Performance, also die Geschwindigkeit, mit der die Webseiten beim Besucher eintreffen und dargestellt werden.

Die goldene Regel lautet, dass die Seite geladen sein muss, bevor der Besucher wieder weg ist. Leider weiß man vorher nicht, wie lange das sein wird, und Kaufinteressierte warten auf die Startseite von Amazon sicherlich länger als Otto Normalsurfer auf irgendeine ihm noch unbekannte Seite, die er über eine Suchmaschine gefunden und vorher noch nie gesehen hat.

Fazit: *Zu schnell* kann eine Seite eigentlich nicht sein, zu langsam hingegen sehr wohl. Hier ein paar Links zu Tools, mit denen Sie die Performance Ihrer Seiten messen können:

- *pagespeed.web.dev* (siehe Abbildung 16.6)
- *tools.pingdom.com*
- *gtmetrix.com*

Vor dem Testen sollten Sie das Plugin für den Cookie-Hinweis vorübergehend deaktivieren.

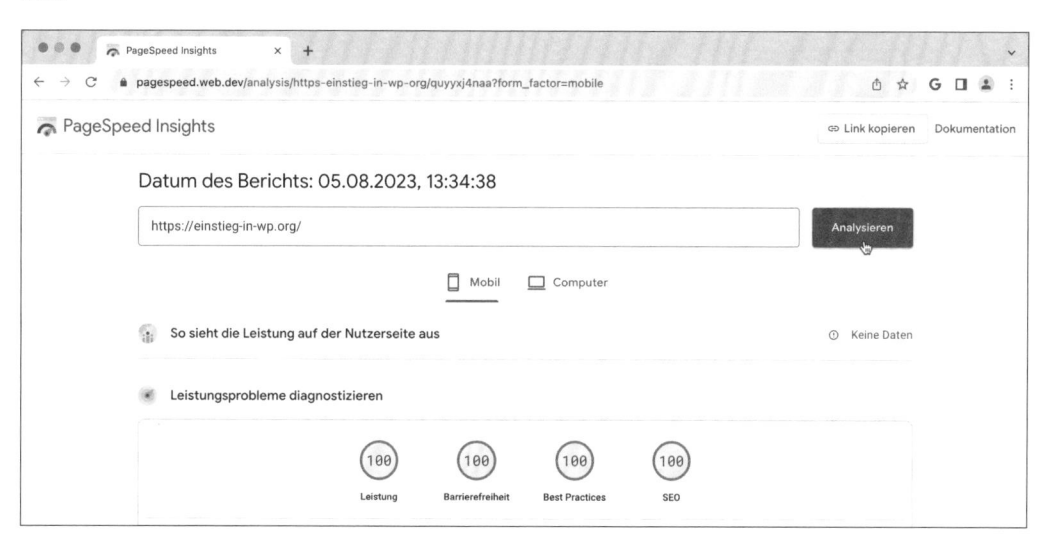

Abbildung 16.6 Google PageSpeed Insights in Aktion (»pagespeed.web.dev«)

In Abschnitt 17.5, »›WP-Optimize‹: Datenbank, Bilder und Cache«, finden Sie Tipps zur Optimierung der Ladezeit Ihrer Webseiten.

> **Für Google ist auch HTTPS ein Rankingfaktor**
>
> Das Web basiert auf dem *HyperText Transfer Protocol* (HTTP), bei dem Daten unverschlüsselt übertragen werden. Die verschlüsselte Übertragung mit sicherem HTTP (HTTPS) muss mit einem SSL-Zertifikat zwar eigens eingerichtet werden, ist inzwischen aber Standard (siehe Abschnitt 2.7.1).
>
> Auch Google setzt HTTPS seit einiger Zeit als Rankingfaktor ein. Eine Seite mit HTTPS wird also besser bewertet als eine mit normalem HTTP. HTTPS ist somit nicht nur aus Sicherheitsgründen empfehlenswert, sondern auch zur Optimierung für Suchmaschinen.

16.3 Das Plugin »The SEO Framework« konfigurieren

Die Optimierung Ihrer Webseiten für Suchmaschinen und Social Networks besteht für den Einstieg aus drei Bereichen:

1. Die Bearbeitung von Titel und Beschreibung für Beiträge und Seiten, um die Darstellung in den Ergebnissen der Suchmaschinen zu optimieren.
2. Die Vorbereitung von Beiträgen für das Teilen in Social Media.
3. Die Erzeugung einer XML-Sitemap als Inhaltsverzeichnis der Website für die Robots der Suchmaschinen.

WordPress erzeugt eine einfache XML-Sitemap (siehe Abschnitt 16.6), aber zur Bearbeitung von Titel und Beschreibung und zum Vorbereiten der Beiträge für das Teilen in Social Networks brauchen Sie ein Plugin.

In diesem Abschnitt möchte ich Ihnen *The SEO Framework* vorstellen, das oft einfach kurz *TSF* genannt wird. Im Plugin-Verzeichnis finden Sie das Plugin unter der folgenden URL (Abbildung 16.7):

- *de.wordpress.org/plugins/autodescription/*

> **Alternativen sind »Yoast SEO«, »Rank Math« oder »AIOSEO«**
>
> Die folgenden SEO-Plugins sind weit verbreitet:
>
> - *Yoast SEO*
>   *de.wordpress.org/plugins/wordpress-seo*
>   Yoast ist der Klassiker und auf Millionen von Websites aktiviert, ist aber aufgrund seines Funktionsumfangs manchmal ein bisschen unübersichtlich.
> - *Rank Math SEO*
>   *de.wordpress.org/plugins/seo-by-rank-math*

Rank Math hat schon in der kostenlosen Version einen enormen Funktionsumfang, ist aber auch mindestens genauso komplex wie Yoast.

▶ All in One SEO (AIOSEO)
de.wordpress.org/plugins/all-in-one-seo-pack
Ebenfalls ein sehr umfangreiches Plugin, aber seit es 2020 von Syed Balkhi übernommen und weiterentwickelt wurde, ist es im Backend ausgesprochen präsent und aufdringlich.

Diese Plugins sind sehr leistungsfähig, für den Einstieg in vielen Fällen aber etwas überdimensioniert. Falls Ihnen *The SEO Framework* also nicht ausreicht (oder nicht gefällt), probieren Sie einfach eins.

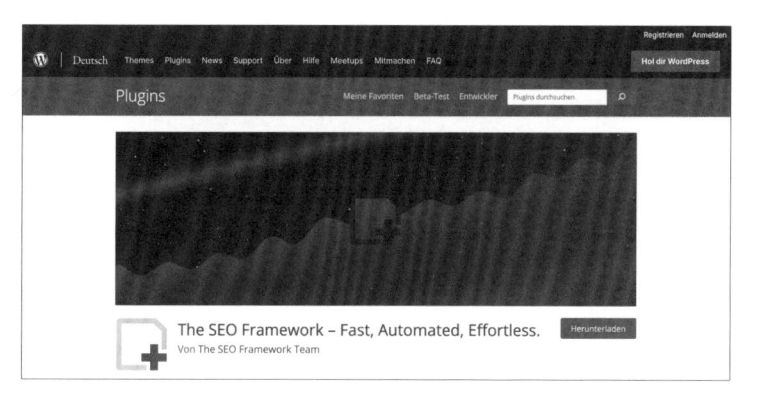

Abbildung 16.7 »The SEO Framework« im Plugin-Verzeichnis

16.3.1 Das Plugin »The SEO Framework« installieren und aktivieren

Im folgenden ToDo installieren und aktivieren Sie das Plugin The SEO Framework (Abbildung 16.8).

ToDo: Das Plugin »The SEO Framework« installieren und aktivieren

1. Öffnen Sie im Backend die Seite PLUGINS • INSTALLIEREN.
2. Geben Sie rechts oben bei PLUGINS SUCHEN »The SEO Framework« ein.
3. Daraufhin sollte das Plugin *The SEO Framework* angezeigt werden.
4. Klicken Sie beim Plugin auf die Schaltfläche JETZT INSTALLIEREN.
5. Klicken Sie nach der Installation auf AKTIVIEREN.

Nach Installation und Aktivierung ist es Zeit für einen kleinen Rundgang, um zu schauen, was das Plugin im Backend alles geändert hat.

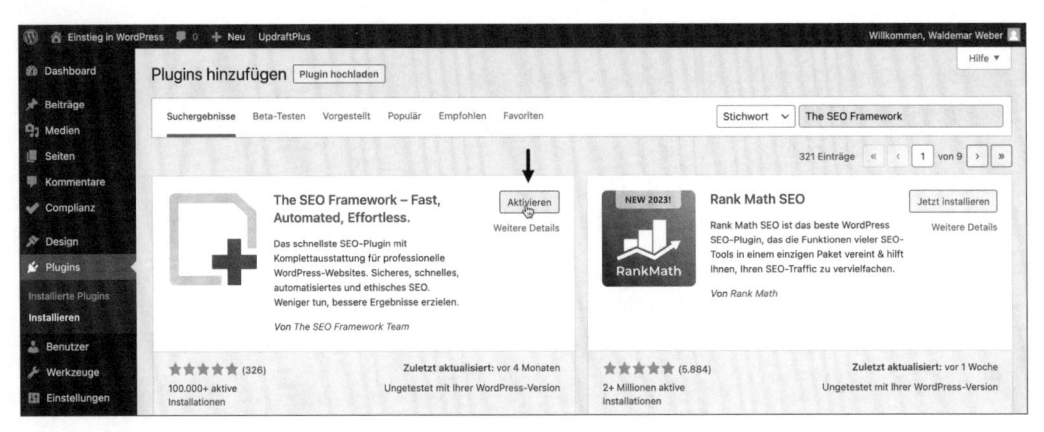

Abbildung 16.8 Das Plugin »The SEO Framework« im Backend

16.3.2 Das Backend-Menü »SEO« enthält die »SEO-Einstellungen«

Nach der Aktivierung gibt es im Backend-Menü relativ weit unten das unauffällige Menü SEO mit einer kleinen Lupe davor. Ein Klick auf diesen Menüpunkt öffnet die Seite SEO-EINSTELLUNGEN mit den auf diverse Meta-Boxen verteilten Einstellungen für *The SEO Framework*. In Abbildung 16.9 wurden die Meta-Boxen der Übersichtlichkeit halber allesamt eingeklappt.

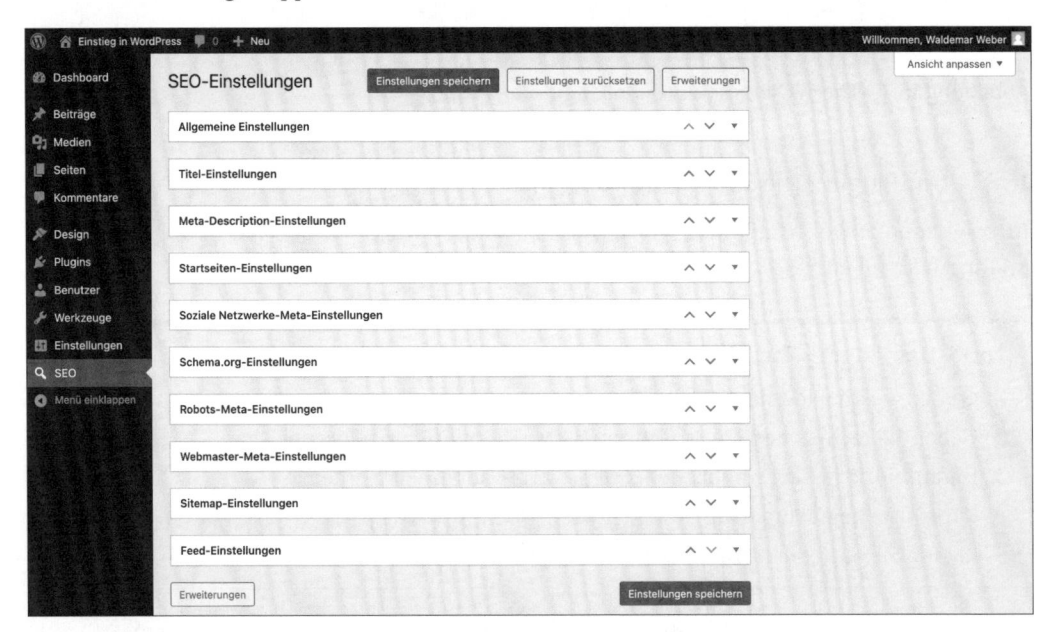

Abbildung 16.9 Die Einstellungen für »The SEO Framework«

Nach der Aktivierung hat das Plugin einen großen Teil der nötigen Einstellungen bereits automatisch so konfiguriert, dass sie für die meisten Websites passen. Im Folgenden überprüfen Sie kurz die Einstellungen für die Startseite und definieren ein Standardbild für das Teilen in Social Media.

16.3.3 »Startseiten-Einstellungen«: Titel und Beschreibung für die Startseite

Bei den STARTSEITEN-EINSTELLUNGEN gibt es auf dem Register ALLGEMEIN zwei Einträge, die Sie in Abschnitt 16.1.4 bereits kennengelernt haben und hier kurz prüfen sollten (siehe Abbildung 16.10):

- Der META-TITEL ist ein kurzer Text, der auf den Ergebnisseiten der Suchmaschinen und beim Teilen in Social-Media-Diensten oft recht prominent dargestellt wird. Für die Startseite schlägt The SEO Framework Titel und Untertitel der Website vor, getrennt durch einen Bindestrich.
- Die META-BESCHREIBUNG sollte einladend und informativ sein. Suchmaschinen und Social-Media-Dienste nutzen die Beschreibung häufig als Ergänzung des Titels. The SEO Framework macht einen Vorschlag, den Sie prüfen und gegebenenfalls korrigieren sollten.

Bei beiden Feldern sollte der *Pixelzähler* genannte dünne Streifen oberhalb der Eingabefelder grün bleiben, da die Einträge sonst auf den Ergebnisseiten der Suchmaschinen eventuell abgeschnitten werden (Abbildung 16.10).

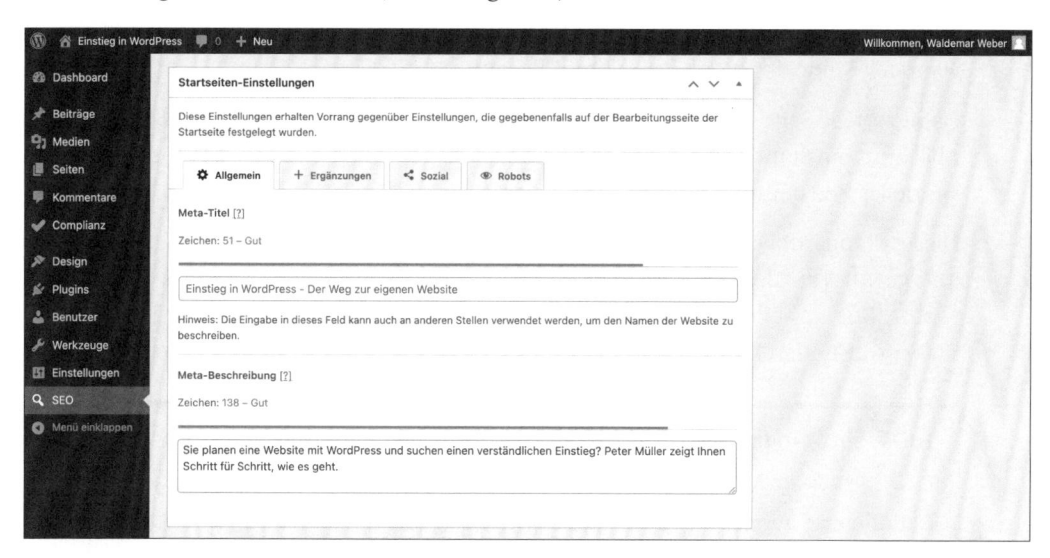

Abbildung 16.10 Die SEO-Einstellungen für die Startseite

> **ToDo: Die »Startseiten-Einstellungen« in The SEO Framework**
> 1. Öffnen Sie im Menü SEO die Meta-Box STARTSEITEN-EINSTELLUNGEN.
> 2. Prüfen Sie auf dem Register ALLGEMEIN den META-TITEL. Standardmäßig werden hier Titel und Untertitel der Website angezeigt.
> 3. Prüfen Sie die META-BESCHREIBUNG, und korrigieren Sie sie gegebenenfalls.
> 4. Speichern Sie alle Änderungen mit der Schaltfläche EINSTELLUNGEN SPEICHERN oben auf der Seite.

Auf dem Register SOZIAL können Sie speziell für die Startseite ein hübsches, einladendes und hochauflösendes Bild hinterlegen, das beim Teilen der Startseite in sozialen Netzwerken genutzt wird. Wenn Sie hier kein Bild wählen, wird das im nächsten Schritt definierte Standardbild genommen.

> **Das Trennzeichen im »Meta-Titel« ändern**
> In Abbildung 16.10 wird als Trennzeichen zwischen dem ersten und zweiten Teil des Meta-Titels ein Bindestrich verwendet. In der Meta-Box TITEL-EINSTELLUNGEN können Sie auf dem Register ALLGEMEIN auch ein anderes Trennzeichen wählen.

16.3.4 »Soziale Netzwerke-Meta-Einstellungen«: Ein Standardbild zum Teilen

Beim Weitersagen und Teilen von Beiträgen oder Seiten in Social Media ist ein Bild im wahrsten Sinne des Wortes ein guter Blickfang.

Da nicht jede Seite und jeder Beitrag ein passendes Bild mitbringt, legen Sie in diesem Abschnitt ein Standardbild fest, das immer dann verwendet wird, wenn ansonsten kein spezielles Bild definiert wurde.

Dieses Standardbild definieren Sie in der Meta-Box für SOZIALE NETZWERKE-META-EINSTELLUNGEN auf dem Register ALLGEMEIN im Bereich EINSTELLUNGEN FÜR DAS SOCIAL-MEDIA-BILD (Abbildung 16.11). Das Bild sollte ziemlich groß sein, sich optisch an Ihrer Website orientieren und Betrachtern einen gewissen Wiedererkennungswert bieten.

> **ToDo: Ein Standardbild zum Teilen in Social Media**
> 1. Öffnen Sie im Menü SEO die Meta-Box SOZIALE NETZWERKE-META-EINSTELLUNGEN.
> 2. Prüfen Sie auf dem Register ALLGEMEIN, ob bei den EINSTELLUNGEN FÜR DAS SOCIAL-MEDIA-BILD ein passendes Bild als AUSWEICH-URL eingetragen wurde.

3. Falls nicht, klicken Sie auf BILD ÄNDERN, um ein passendes Bild zu wählen.
4. Speichern Sie alle Änderungen mit der Schaltfläche EINSTELLUNGEN SPEICHERN oben auf der Seite.

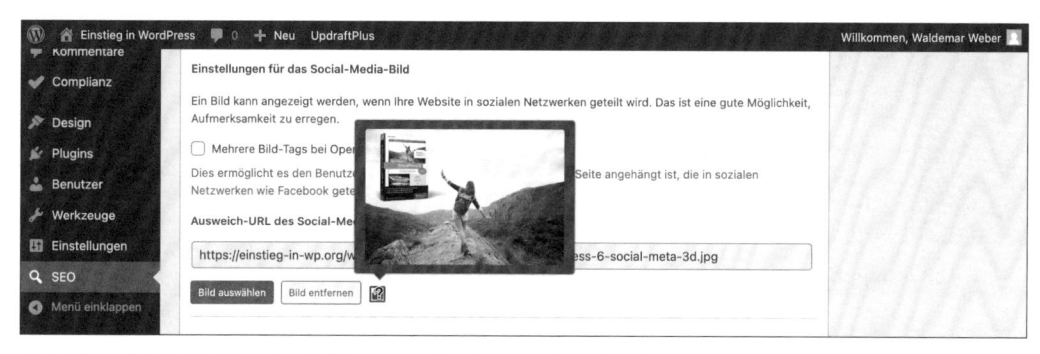

Abbildung 16.11 Ein Standardbild zum Teilen in Social Media definieren

Damit sind die wichtigsten Schritte zur Konfiguration von The SEO Framework bereits abgeschlossen.

16.4 Die Darstellung Ihrer Inhalte in Suchmaschinen optimieren

Außer im Menü SEO werden Sie *The SEO Framework* im Backend an zwei Stellen begegnen: in den Übersichtstabellen der Menüs SEITEN und BEITRÄGE und im Block-Editor in den Meta-Boxen unterhalb des Inhaltsbereichs.

In beiden Bereichen können Sie das Erscheinungsbild in den Suchergebnissen der Suchmaschinen für die Inhalte optimieren und bestimmen, wie und ob Seiten in den Suchmaschinen indexiert werden.

16.4.1 Die »SEO-Leiste« in der Übersichtstabelle für »Seiten« und »Beiträge«

In den Übersichtstabellen für Seiten und Beiträge fügt The SEO Framework eine Spalte namens SEO hinzu, in der die sogenannte *SEO-Leiste* für jedes Dokument auf einen Blick den aktuellen Stand der wichtigsten SEO-Einstellungen zeigt (Abbildung 16.12).

Die in der SEO-Leiste gezeigten Einstellungen können Sie an zwei Stellen ändern: im *QuickEdit* für das Dokument (siehe Abschnitt 16.4.2) und im Block-Editor unterhalb des Inhaltsbereichs (siehe Abschnitt 16.4.3).

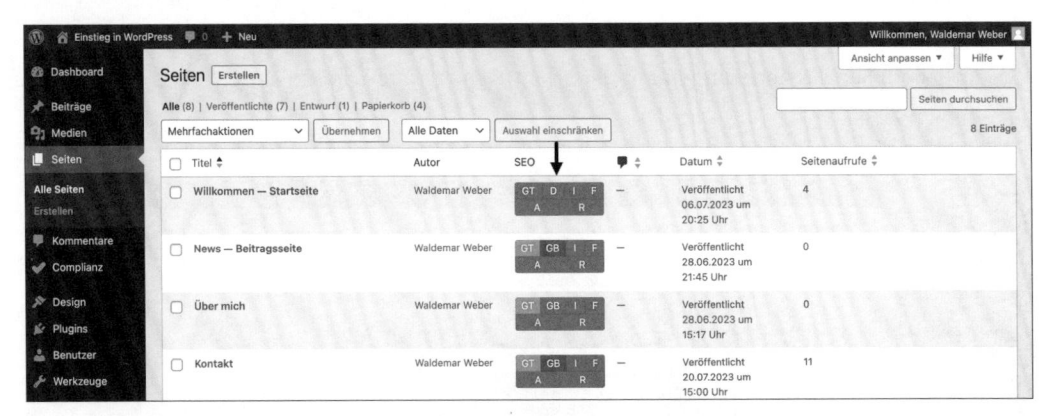

Abbildung 16.12 Die »SEO-Leiste« in der Übersichtstabelle für Seiten

Die Buchstaben in den Feldern der SEO-Leiste stehen für SEO-Begriffe:

- Im ersten Feld geht es um den *Titel*. Hier steht GT (*generierter Titel*), wenn der Titel aus verschiedenen Einstellungen automatisch generiert wurde, und T, wenn er manuell definiert wurde.
- Das zweite Feld zeigt die *Beschreibung*. Hier steht D (engl. *Description*) für eine manuell erstellte Beschreibung oder GB für eine automatisch *generierte Beschreibung*.
- I für *Indexierung* zeigt an, ob das Dokument von den Suchmaschinen indexiert werden darf.
- F für *Link-Verfolgung* (engl. *Follow*) signalisiert den Suchmaschinen, ob sie den Links in diesem Dokument folgen dürfen oder nicht.
- A für *Archivierung* teilt den Suchmaschinen-Robots mit, ob sie von diesem Dokument zwischengespeicherte Kopien erstellen dürfen.
- R für *Redirection* (dt. *Weiterleitung*) kennzeichnet Dokumente mit einer Weiterleitung, die von Suchmaschinen nicht indexiert werden. Deshalb werden die anderen fünf Felder nicht angezeigt, sodass Dokumente mit Weiterleitung nur noch ein großes blaues Feld mit einem R darin haben.

Jedes dieser Felder hat neben den Buchstaben auch eine farbliche Kodierung:

- *Grün* ist *alles in Ordnung*. Die Einstellung kann so bleiben.
- *Orange* bedeutet *okay, aber nicht optimal*. Diese Optionen kann man sich bei Gelegenheit mal genauer anschauen.
- Rot steht für *nicht okay* und signalisiert Handlungsbedarf.

16.4 Die Darstellung Ihrer Inhalte in Suchmaschinen optimieren

Die Felder *Indexierung*, *Verfolgung* oder *Archivierung* erscheinen in Blau, wenn sie deaktiviert wurden, und wenn eine Option komplett leer ist, wird sie grau hinterlegt.

Es ist also nicht immer Ziel der SEO-Leiste, alle Felder grün zu färben, denn z. B. für Seiten wie *Cookie-Hinweis*, *Datenschutz* oder *Impressum* sind blaue Felder für eine deaktivierte Indexierung völlig okay. Die müssen ja nicht unbedingt in die Suchmaschinen.

> **Sie können die »SEO-Leiste« auch ausblenden**
>
> Die SEO-Leiste zeigt unaufdringlich und informativ den aktuellen Stand für wichtige SEO-Einstellungen, aber falls Sie sie ausblenden möchten, geht das auch. Im Backend-Menü SEO können Sie in der Meta-Box ALLGEMEINE EINSTELLUNGEN auf dem Register GESTALTUNG festlegen, wo und wie die SEO-Leiste angezeigt werden soll.

16.4.2 Die Optionen von der SEO-Leiste kann man im »QuickEdit« ändern

In Abbildung 16.12 ist für die Seite *News* das Feld für den generierten Titel (GT) orange und das für die generierte Beschreibung (GB) rot. Bei Mausberührung mit einen Feld erscheint ein Hinweis, in dem steht, dass der Titel *zu kurz* und die Beschreibung *viel zu kurz* ist. Diese Einstellungen kann man wie gesagt im QUICKEDIT für das jeweilige Dokument ändern (Abbildung 16.13).

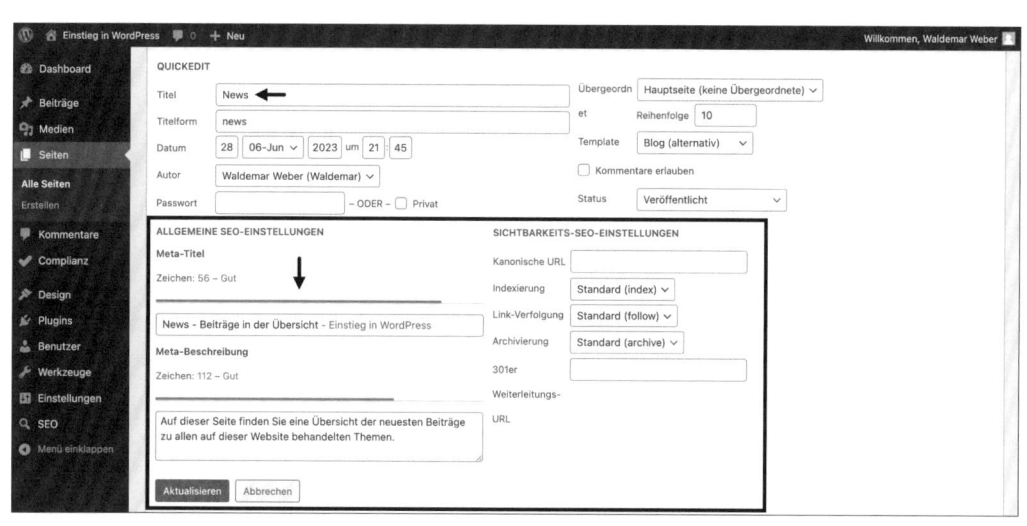

Abbildung 16.13 Die wichtigsten SEO-Einstellungen im QuickEdit

In der linken Spalte namens ALLGEMEINE SEO-EINSTELLUNGEN sehen Sie den META-TITEL und die META-BESCHREIBUNG, in der rechten Spalte stehen die SICHTBARKEITS-SEO-EINSTELLUNGEN mit den verbleibenden Optionen.

In Abbildung 16.13 wurden der META-TITEL und die META-BESCHREIBUNG bereits optimiert, sodass die Pixelzähler für beide Felder im grünen Bereich sind.

Nach dem Speichern der Änderungen mit AKTUALISIEREN zeigt Abbildung 16.14, dass jetzt auch in der SEO-Leiste in der Übersichtstabelle beide Felder grün sind. Die Buchstaben T und D besagen wie erwähnt, dass Titel und Beschreibung manuell optimiert und nicht automatisch generiert wurden.

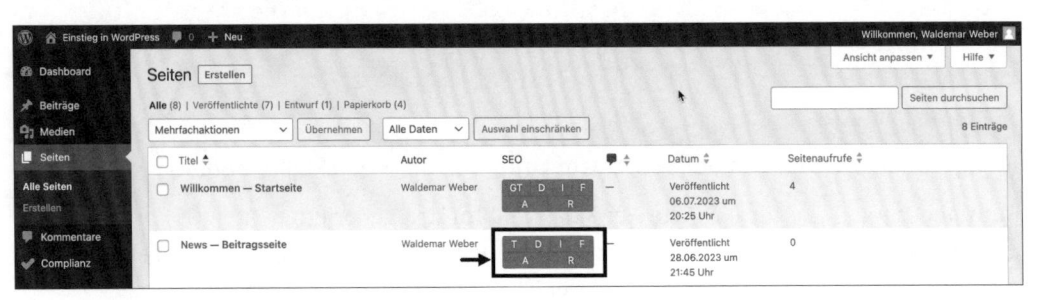

Abbildung 16.14 Die SEO-Einstellungen für die Seite »News«

16.4.3 Die »SEO-Einstellungen« im Block-Editor unter dem Inhaltsbereich

Im Block-Editor gibt es unterhalb des Inhalts einen neuen Bereich namens SEO-EINSTELLUNGEN (siehe Abbildung 16.15).

Die Register ALLGEMEIN und SICHTBARKEIT stelle ich Ihnen in diesem Abschnitt kurz vor, das mittlere Register SOZIAL folgt ausführlich in Abschnitt 16.5.

Auf dem Register ALLGEMEIN steht genau wie weiter oben im QuickEdit der Meta-Titel und die Meta-Beschreibung. Neu ist hier die Option WEBSITE-TITEL ENTFERNEN?, die das Trennzeichen und den Website-Titel entfernt. Diese Option ist sinnvoll, wenn Sie einen individuellen Meta-Titel ohne Trennzeichen und Website-Titel vergeben möchten.

Auf dem Register SICHTBARKEIT finden Sie die anderen Optionen aus der SEO-Leiste (Abbildung 16.16).

So weit zu den wichtigsten Einstellungen. Der Rest ist, wie man so schön sagt, harte Arbeit, denn Sie können (und sollten) für jede Seite und für jeden Beitrag festlegen, wie diese auf den Ergebnisseiten der Suchmaschinen aussehen.

16.4 Die Darstellung Ihrer Inhalte in Suchmaschinen optimieren

Abbildung 16.15 »SEO-Einstellungen • Allgemein« im Block-Editor

Abbildung 16.16 »SEO-Einstellungen • Sichtbarkeit« im Block-Editor

Das lohnt sich, auch wenn es keine Garantie gibt, dass die Seite in Google wirklich genauso aussieht, wie Sie sich das hier im Backend gewünscht haben. Die Suchmaschinen nehmen den Titel und die Beschreibung als Grundlage für die Darstellung auf den Ergebnisseiten, können aber durchaus davon abweichen.

> **Die SEO-Leiste in der Meta-Box im Block-Editor einblenden**
>
> Sie können die SEO-Leiste mit der farbigen Übersicht der aktuellen Einstellungen auch im Block-Editor einblenden:
>
> - Öffnen Sie im Backend-Menü SEO in der Meta-Box ALLGEMEINE EINSTELLUNGEN das Register GESTALTUNG.
> - Im Bereich SEO-LEISTEN-EINSTELLUNGEN gibt es die Option DIE SEO-LEISTE IN DER SEO-EINSTELLUNGEN-METABOX ANZEIGEN?.
>
> Wenn Sie diese Option aktivieren und die Einstellungen speichern, erscheint die SEO-Leiste auch unterhalb des Block-Editors.

16.5 Seiten und Beiträge fürs Teilen in Social Media vorbereiten

In Abschnitt 16.4 haben Sie gesehen, wie Sie die Darstellung Ihrer Seiten und Beiträge in den Suchmaschinen beeinflussen können, in diesem Abschnitt geht es um das Erscheinungsbild beim Weitersagen in den Social-Media-Kanälen. Ziel dieses Abschnitts ist es, dass die beim Teilen weitergegebene URL in allen Diensten hübsch und aussagekräftig beim Benutzer ankommt.

> **»Messenger-Apps« sind auch »Social Networks«**
>
> Als Social-Media-Kanäle zum Teilen von Inhalten gelten nicht nur die einschlägigen Dienste wie z. B. *Facebook*, *Instagram* oder *LinkedIn*, sondern auch Messenger-Apps wie *WhatsApp*, *Facebook-Messenger* oder Apples *Nachrichten*-App (aka *iMessage*).

16.5.1 Open Graph: Metadaten für Facebook & Co.

Im Modul SOCIAL NETWORKS werden Ihnen häufiger die Worte *Open Graph* begegnen, manchmal auch abgekürzt *OG*.

Open Graph ist ein ursprünglich von Facebook entwickeltes Protokoll, das auf einer Webseite Metadaten für die Integration eines Beitrags in Social-Media-Diensten bereitstellt. Andere Dienste wie LinkedIn und Google haben Open Graph übernommen und mit entwickelt, sodass *OG* heute als Standard zur Strukturierung von Metadaten für Social Networks gilt.

Da der Begriff *Metadaten* sehr abstrakt klingt, folgt hier ein konkretes Beispiel:

16.5 Seiten und Beiträge fürs Teilen in Social Media vorbereiten

- Beim Teilen eines Beitrags möchten die Social Networks unter anderem wissen, welchen Titel er bekommen soll und welches Bild dazugehört.
- Dazu fügt man im Quelltext der Webseite sogenannte *Meta-Elemente* ein, die diese Informationen bereitstellen:

```
<meta property="og:title" content="Titel des Beitrags">
<meta property="og:image" content="pfad-zum-bild.jpg">
```

Das erste Meta-Element mit `og:title` gibt Infos zum Titel des Beitrags, das zweite mit `og:image` sagt, welches Bild angezeigt werden soll.

Verschiedene Dienste haben Open Graph etwas unterschiedlich implementiert. Deshalb gibt es in *The SEO Framework* mit OPEN GRAPH und TWITTER zwei Bereiche, in denen die jeweils wichtigsten Einstellungen abgefragt werden. Alle Dienste greifen auf eine dieser beiden Methoden zurück.

16.5.2 Die Einstellungen zum Teilen von Seiten und Beiträgen im Block-Editor

Im Block-Editor gibt es im Bereich SEO-EINSTELLUNGEN unterhalb des Inhalts das Register SOZIAL, in dem die Einstellungen für das Teilen in sozialen Netzwerken definiert werden (Abbildung 16.17).

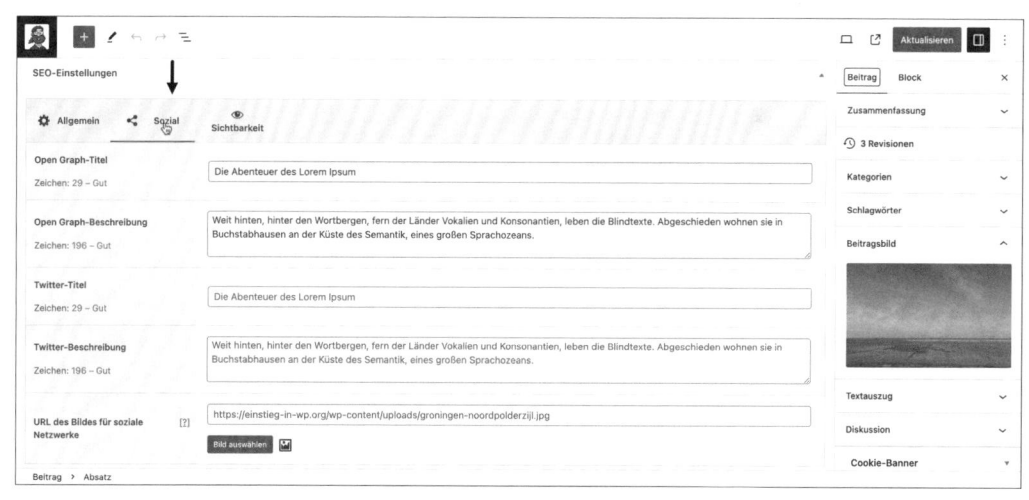

Abbildung 16.17 Die Einstellungen für das Teilen in sozialen Netzwerken

Dass die Einstellungen für OPEN GRAPH und für TWITTER doppelt existieren, hat wie gesagt technische Gründe, aber in der Regel haben sie dieselben Inhalte, und wenn Sie oben die Open-Graph-Einstellungen eingeben, ergänzt The SEO Framework unten die für Twitter automatisch.

Besonders wichtig ist ganz unten die URL DES BILDES FÜR SOZIALE NETZWERKE. *The SEO Framework* hat hier automatisch das Beitragsbild eingetragen, mit der Schaltfläche BILD AUSWÄHLEN können Sie aber, falls gewünscht, ein anderes Bild wählen.

Abbildung 16.18 zeigt den Beitrag beim Teilen in Facebook.

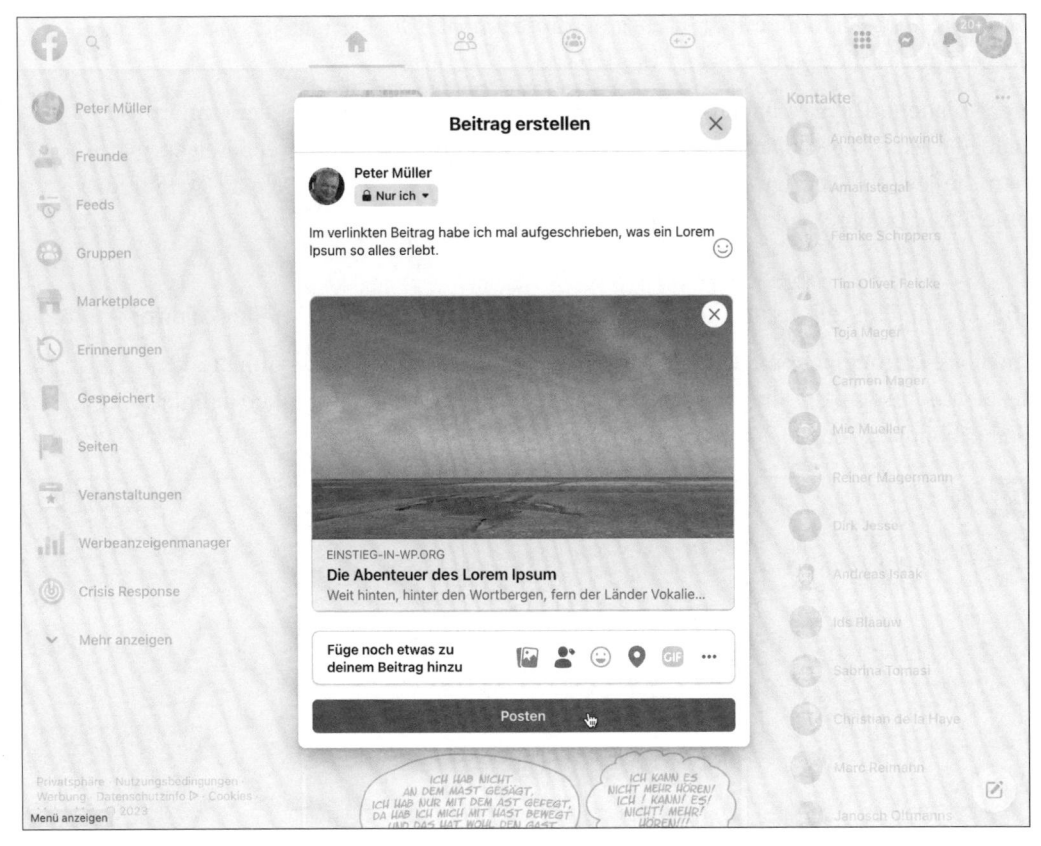

Abbildung 16.18 Beitrag mit Bild, Titel und Beschreibung in Facebook

> **Wenn ein Dienst die Einstellungen nicht übernimmt ...**
>
> Falls etwas beim Testen mit der Vorschau der URLs nicht klappen will, gibt es bei vielen Dienste für angemeldete Benutzer hilfreiche Tools:
>
> ▶ Facebook-Sharing-Debugger
> *developers.facebook.com/tools/debug/*

- LinkedIn-Post-Inspector
  linkedin.com/post-inspector
- Twitter-Card-Validator
  cards-dev.twitter.com/validator

Voraussetzung ist ein Account beim jeweiligen Dienst, und die Vorgehensweise ist immer gleich: Sie melden sich im Browser an, rufen das Tool auf und geben die zu prüfende URL ein. Manchmal muss man den Vorgang auch mehrfach wiederholen.

16.6 »XML-Sitemap«: Die Liste mit Inhalten für Suchmaschinen

Mit einer XML-Sitemap geben Sie den Robots der Suchmaschinen ein Inhaltsverzeichnis Ihrer Website mit auf den Weg, sodass diese genau wissen, welche Seiten in die Datenbank der Suchmaschine aufgenommen werden sollen.

16.6.1 WordPress erzeugt automatisch eine einfache XML-Sitemap

Seit Version 5.5 hat WordPress eine einfache XML-Sitemap bereits eingebaut. Sie können sich diese Sitemap im Browser anschauen, wenn Sie in der Adressleiste des Browsers nach dem Domain-Namen einfach den Dateinamen */wp-sitemap.xml* eingeben:

- *ihre-domain.de/wp-sitemap.xml*

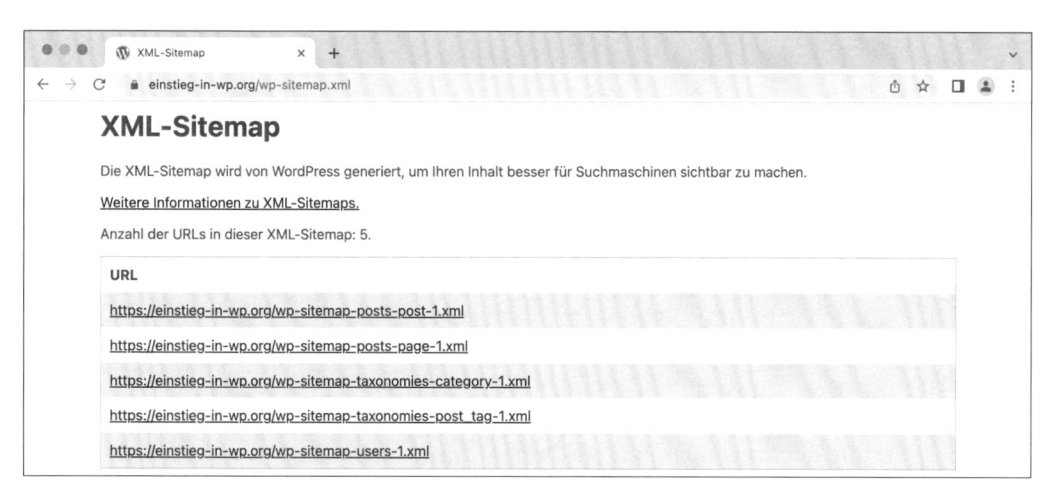

Abbildung 16.19 Die von WordPress generierte XML-Sitemap

Falls beim Testen statt der Sitemap eine 404-Fehlermeldung angezeigt wird, ist in Einstellungen • Lesen eventuell noch die Option Suchmaschinen davon abhalten, diese Website zu indexieren aktiv (siehe Abschnitt 4.5). WordPress generiert die XML-Sitemap nur, wenn diese Option deaktiviert ist.

16.6.2 »The SEO Framework« bringt eine eigene XML-Sitemap mit

The SEO Framework ersetzt die WordPress-Sitemap mit einer eigenen Sitemap, deren Einstellungen und Erscheinungsbild Sie im Backend-Menü SEO • Sitemap-Einstellungen konfigurieren können.

Die XML-Sitemap von The SEO Framework ersetzt die Sitemap von WordPress und hat die folgende URL (Abbildung 16.20):

▶ *ihre-domain.de/sitemap.xml*

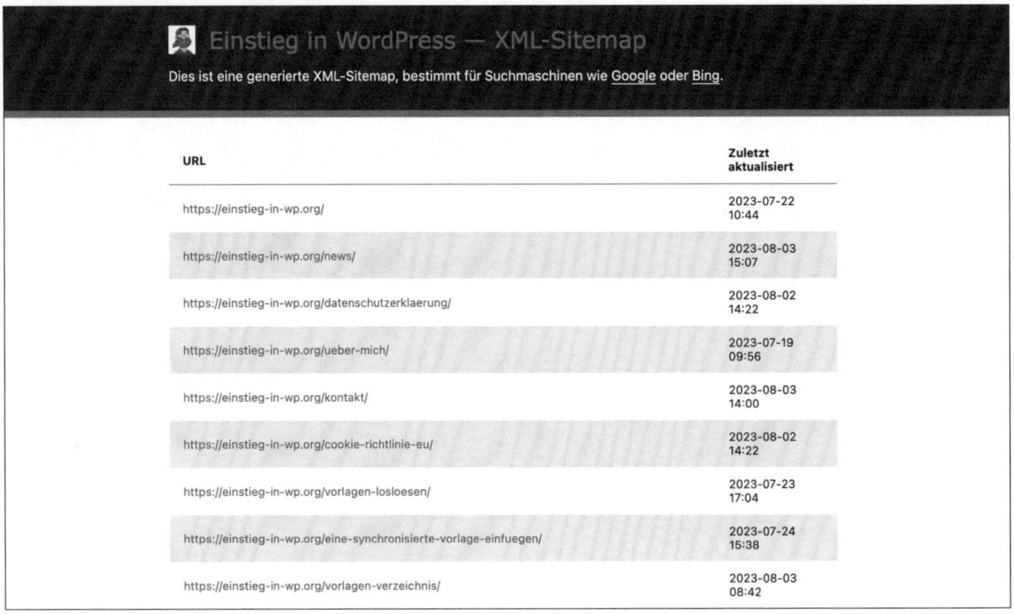

Abbildung 16.20 Die von »The SEO Framework« generierte XML-Sitemap

Bei jeder Änderung an der Sitemap sendet das Plugin ein Signal an Google und Bing, sodass die ihre Robots vorbeischicken können, um die neuen Inhalte zu indexieren.

16.6.3 Ihre Webseiten im Index von Google: »site:ihre-domain.de«

Bis der Google-Bot Ihre Webseiten indexiert hat und sie das erste Mal bei Google erscheinen, kann es schon ein paar Tage bis Wochen dauern. Sie können aber mit einer ganz normalen Google-Suche sehen, welche Seiten bereits indexiert sind und wie diese auf der Ergebnisseite aussehen.

Dazu benutzen Sie das Such-Zauberwort `site:` und schreiben ohne Leerzeichen den gewünschten Domain-Namen dahinter. Hier ein Beispiel:

```
site:einstieg-in-wp.de
```

Abbildung 16.21 zeigt, dass Google von der Domain *einstieg-in-wp.de* zum Zeitpunkt der Suche 144 Seiten in der Datenbank hatte.

Sie können eine solche Suche auch mit anderen Suchbegriffen kombinieren und so Websites nach einem bestimmten Suchbegriff durchsuchen, z. B. »site:einstieg-in-wp.de plugins«.

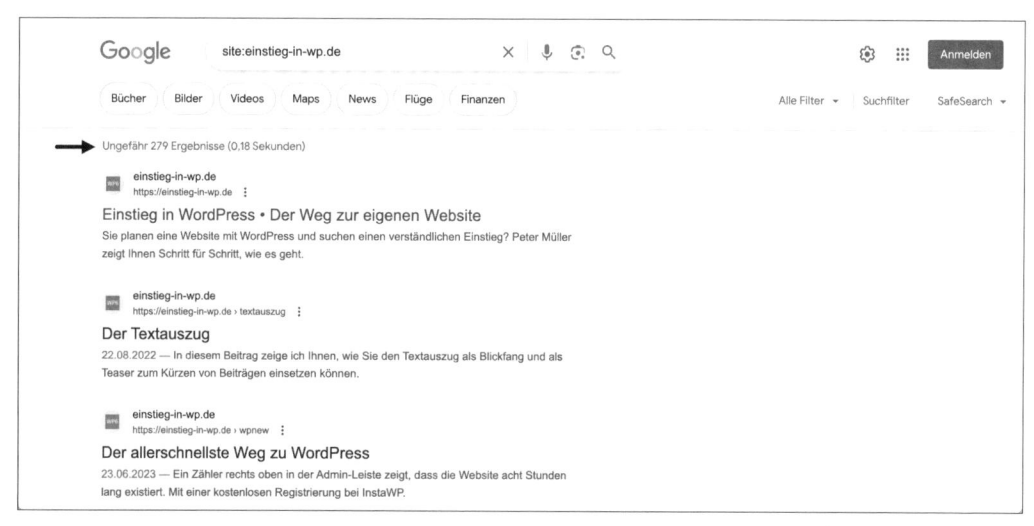

Abbildung 16.21 »site:domain.de« zeigt die bei Google indexierten Seiten

> **Die Google Search Console und die XML-Sitemap**
>
> Die *Google Search Console*, früher bekannt als *Google Webmaster-Tools*, ist ein mächtiges Werkzeug, mit dem Sie sich Ihre Webseiten aus der Sicht von Google anschauen und unter anderem eine XML-Sitemap einreichen können:
>
> ▶ *google.com/webmasters/*

16 SEO – die Optimierung für Suchmaschinen

> In der Search Console müssen Sie nachweisen, dass die Domain Ihnen gehört. Dazu bekommen Sie eventuell einen *Verifizierungscode*, den Sie im Backend-Menü SEO • WEBMASTER-META-EINSTELLUNGEN eintragen können.

16.7 Auf einen Blick

Die wichtigsten Themen noch einmal im Überblick:

- Suchmaschinen-Robots sammeln den Quelltext der Webseiten ein und kopieren ihn in die Datenbank der Suchmaschine.
- Suchmaschinen analysieren den Quelltext und lesen auch den unsichtbaren head-Bereich einer Webseite.
- Suchmaschinen benutzen zur Darstellung einer Webseite in den Suchergebnissen den Seitentitel, die URL und die Seitenbeschreibung.
- Die Reihenfolge der Suchergebnisse (*Ranking*) wird durch Hunderte von Faktoren festgelegt, aber Suchmaschinen mögen Hyperlinks und schnelle Webseiten mit interessanten Inhalten, die sicher übertragen werden und für Mobilgeräte optimiert wurden.
- Mit einem SEO-Plugin wie *The SEO Framework* können (und sollten) Sie für Seiten und Beiträge einen *Meta-Titel* und eine *Meta-Beschreibung* eingeben, um das Erscheinungsbild auf den Ergebnisseiten der Suchmaschinen zu optimieren.
- Ein SEO-Plugin ermöglicht das Vorbereiten von Seiten und Beiträgen zum Weitersagen und Teilen in Social-Media-Kanälen.
- Mit einer *XML-Sitemap* geben Sie den Robots der Suchmaschinen ein Inhaltsverzeichnis für die Indexierung Ihrer Website.

Kapitel 17
Systemverwaltung: Backups, Updates und Optimierung

Worin Sie Backups erstellen und Ihre Installation mit Updates aktuell halten. Außerdem optimieren Sie die Website, lernen ein Sicherheits-Plugin kennen und werfen einen Blick auf die Benutzerverwaltung sowie die Tools zum Exportieren und Importieren von WordPress-Daten.

Die Themen im Überblick:

- Sicher ist sicher: Backups erstellen mit »UpdraftPlus«
- Notfall: Backup wiederherstellen mit »UpdraftPlus«
- Updates: WordPress, Themes und Plugins aktualisieren
- Der Gesundheitscheck: »Werkzeuge • Website-Zustand«
- »WP-Optimize«: Datenbank, Bilder und Cache
- Zusätzliche Sicherheit für WordPress: »WP Security«
- Weitere Tools zur Systemverwaltung
- Auf einen Blick

In diesem Kapitel geht es um Backups zur Sicherung Ihrer Daten und Dateien und um Updates für WordPress, Themes und Plugins sowie um Plugins zur Optimierung von Performance und Sicherheit.

17.1 Sicher ist sicher: Backups erstellen mit »UpdraftPlus«

Backups, auf Deutsch auch *Sicherungen* oder *Sicherungskopien* genannt, zu erstellen ist eine gute Angewohnheit, denn bei digitalen Daten gilt der Satz »weg ist weg«, und das Gefühl, eine aktuelle Kopie davon zu haben, ist beruhigend.

In diesem Abschnitt möchte ich Ihnen einen kurzen Überblick über mögliche Wege zum Backup geben und Ihnen dann mit *UpdraftPlus* ein Plugin vorstellen, das die Erstellung eines Backups und auch die Wiederherstellung im Ernstfall wesentlich erleichtert.

17.1.1 Backup erstellen: Vom Webhoster, von Hand oder per Plugin

Eine WordPress-Website besteht aus zwei Komponenten:

- einer Datenbank mit darin gespeicherten Daten
- den Ordnern und Dateien von WordPress auf Ihrem Webspace

Bei einem Backup müssen unbedingt immer beide Komponenten gesichert werden, und in diesem Abschnitt möchte ich Ihnen die verschiedenen Möglichkeiten zur Erstellung eines Backups kurz vorstellen.

Zunächst einmal sollten Sie Ihren Webhoster fragen, ob er Webspace und Datenbank regelmäßig sichert und wie man im Ernstfall darauf zugreifen kann. Dazu können Sie die FAQ des Webhosters lesen oder eine E-Mail an den Support schreiben.

Das Backup des Webhosters entbindet Sie aber nicht von der Pflicht, selbst auch eines anzulegen. Doppelt hält besser, und außerdem arbeiten auch bei Webhosting-Firmen nur Menschen, und Menschen machen manchmal Fehler.

Zur Erstellung eines eigenen Backups gibt es folgende Möglichkeiten:

- Manuell und ohne Plugin: Sie können die Dateien per FTP auf Ihre Festplatte herunterladen und die Daten aus der Datenbank exportieren, aber das ist mühsam, kostet viel Zeit und ist eher etwas für technisch versierte Anwender.
- Bezahlte Dienstleistungen wie *BackupBuddy* von iThemes oder das *Jetpack Backup* von Automattic vereinfachen ein Backup und bieten bequeme Optionen zur Wiederherstellung.
- Plugins wie *UpdraftPlus*, *Duplicator* oder *BackWPup* sind ein guter Kompromiss: komfortabler als ein manuelles Backup, günstiger als viele bezahlte Dienstleistungen.

In den folgenden Abschnitten möchte ich Ihnen das in der Basisversion kostenlose und millionenfach bewährte Plugin *UpdraftPlus* vorstellen. Es ermöglicht die Erstellung eines Backups mit wenigen Klicks und bietet dazu im Gegensatz zu vielen anderen kostenlosen Plugins auch eine Funktion zur Wiederherstellung der Website im Ernstfall (Abbildung 17.1):

- *de.wordpress.org/plugins/updraftplus/*

UpdraftPlus ermöglicht, Backups entweder manuell durchzuführen oder zeitlich zu planen, und kann die Backup-Dateien bei Bedarf auch gleich in der Cloud speichern (Dropbox, Google Drive etc.). In diesem Abschnitt erstellen Sie ein manuelles Backup, das Sie anschließend auf Ihrer eigenen Festplatte speichern.

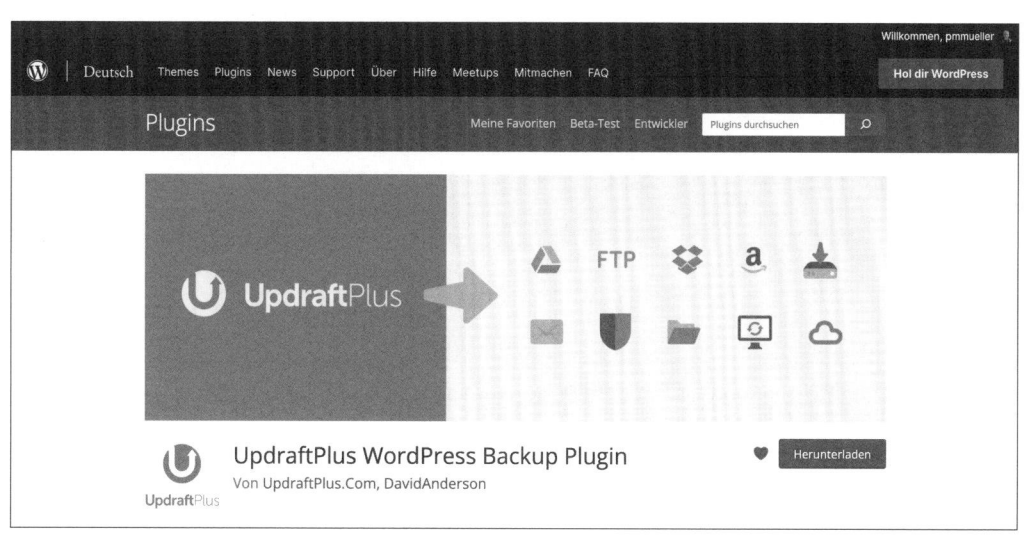

Abbildung 17.1 »UpdraftPlus« für WordPress-Backups

17.1.2 Schritt 1: UpdraftPlus installieren und aktivieren

Im folgenden ToDo installieren und aktivieren Sie zunächst das Plugin.

> **ToDo: UpdraftPlus installieren und aktivieren**
> 1. Öffnen Sie das Menü PLUGINS • INSTALLIEREN.
> 2. Geben Sie in das Suchfeld »UpdraftPlus« ein.
> 3. Wenn das Plugin erscheint, klicken Sie auf JETZT INSTALLIEREN.
> 4. Klicken Sie nach der Installation auf AKTIVIEREN.

Nach diesem ToDo gibt es oben in der Admin-Toolbar einen neuen Menüpunkt namens UPDRAFTPLUS und im Menü EINSTELLUNGEN ein neues Untermenü UPDRAFTPLUS SICHERUNGEN. Verschiedene kleine Hinweisfenster führen Sie in einer kleinen Tour einmal durch das Programm.

Nach der Tour wechseln Sie am besten auf die in Abbildung 17.2 gezeigte Seite UPDRAFTPLUS BACKUP/RESTORE, auf der es die Schaltfläche JETZT SICHERN gibt.

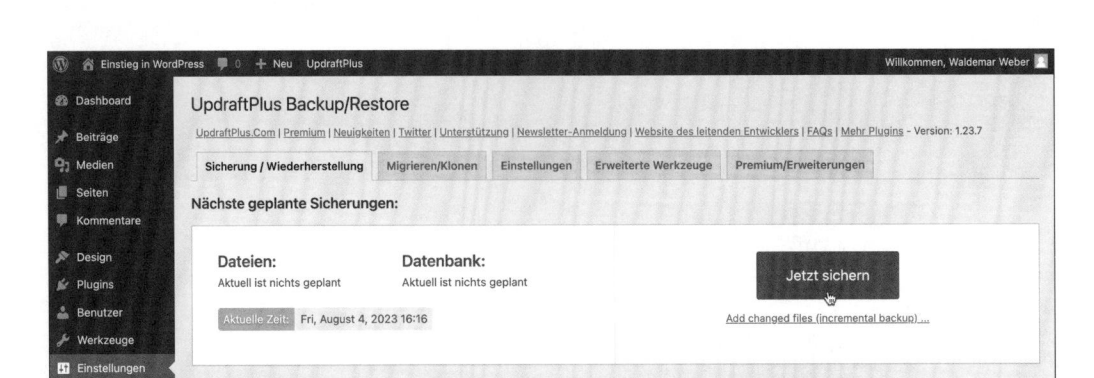

Abbildung 17.2 UpdraftPlus mit dem Button »Jetzt sichern«

17.1.3 Schritt 2: »Jetzt sichern« – ein manuelles Backup erstellen

In diesem Abschnitt erstellen Sie mit wenigen Klicks ein manuelles Backup. *Manuell* bedeutet in diesem Zusammenhang, dass Sie selbst klicken und das Backup nicht automatisiert nach einem Zeitplan erstellt wird.

Nach einem Klick auf die Schaltfläche JETZT SICHERN erscheint das Dialogfeld aus Abbildung 17.3, in dem die beiden Optionen zur Sicherung von Datenbank und Dateien bereits angekreuzt sind.

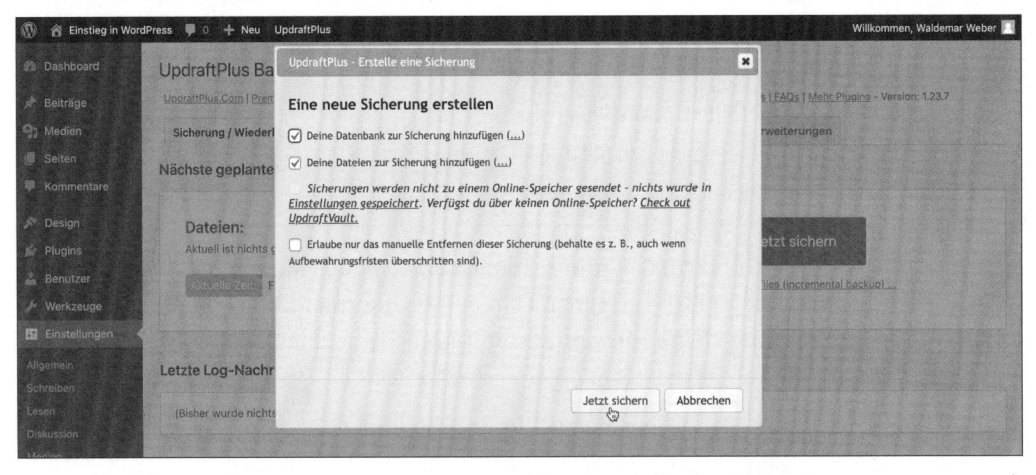

Abbildung 17.3 Backup-Optionen zur Auswahl von Datenbank und Dateien

Im folgenden ToDo erstellen Sie ein manuelles Backup mit *UpdraftPlus*.

17.1 Sicher ist sicher: Backups erstellen mit »UpdraftPlus«

> **ToDo: Ein manuelles Backup mit UpdraftPlus erstellen**
> 1. Öffnen Sie im Menü EINSTELLUNGEN • UPDRAFTPLUS SICHERUNGEN das Register SICHERUNG/WIEDERHERSTELLUNG.
> 2. Klicken Sie auf die Schaltfläche JETZT SICHERN.
> 3. Prüfen Sie im folgenden Dialogfeld, ob die beiden Optionen zur Sicherung von Datenbank *und* Dateien aktiviert sind (siehe Abbildung 17.3).
> 4. Klicken Sie im Dialogfeld unten auf die Schaltfläche JETZT SICHERN.

UpdraftPlus zeigt während der Erstellung des Backups einen Fortschrittsbalken. Wenn das Backup fertig ist, erscheint kurz ein Hinweisbildschirm. Sie können ihn mit einem Klick schließen, aber er verschwindet auch von selbst.

Danach sehen Sie im Bereich LETZTE LOG-NACHRICHT die Meldung DIE SICHERUNG WAR OFFENBAR ERFOLGREICH UND IST NUN VOLLSTÄNDIG (Abbildung 17.4).

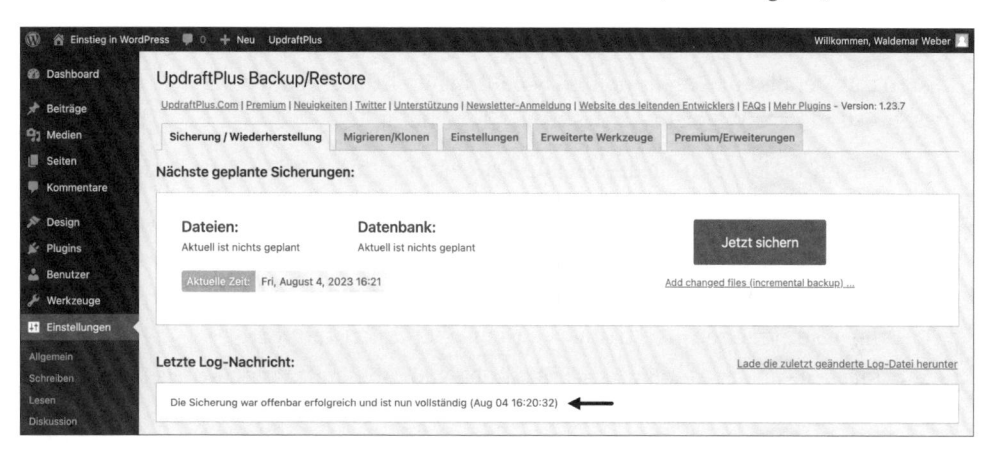

Abbildung 17.4 Das Backup wurde erfolgreich erstellt.

Die Backup-Dateien liegen in diesem Moment auf Ihrem Webspace. Ein Backup auf dem Webspace ist zwar besser als gar kein Backup, aber am besten kopieren Sie die Backup-Dateien, wie im nächsten Schritt gezeigt, auf den eigenen Computer oder eine externe Festplatte.

17.1.4 Schritt 3: Das Backup herunterladen

Unterhalb von LETZTE LOG-NACHRICHT aus Abbildung 17.4 gibt es den Abschnitt VORHANDENE SICHERUNGEN ❶, in dem Sie sich vorhandene Backups anschauen und die dazugehörigen Backup-Dateien herunterladen können (Abbildung 17.5).

Abbildung 17.5 Der Abschnitt »Vorhandene Sicherungen« im Überblick

In Abbildung 17.5 hat *UpdraftPlus* ein aus mehreren Backup-Dateien bestehendes Backup erstellt, und für jede Datei gibt es eine Schaltfläche zum Herunterladen ❷: DATENBANK, PLUGINS, THEMES, UPLOADS und ANDERE.

Die Schaltfläche DATENBANK wurde bereits angeklickt, sodass darüber ein umrahmter Kasten mit Details zur Datei und den Schaltflächen AUF IHREN COMPUTER HERUNTERLADEN ❸ und VOM WEBSERVER LÖSCHEN ❹ erscheint.

Im folgenden ToDo laden Sie die Backup-Dateien herunter und speichern sie auf Ihrem eigenen Computer.

> **ToDo: Die Backup-Dateien herunterladen und speichern**
>
> 1. Öffnen Sie die Seite EINSTELLUNGEN • UPDRAFTPLUS SICHERUNGEN.
> 2. Scrollen Sie im Register BACKUP/RESTORE bis zum Abschnitt VORHANDENE SICHERUNGEN ❶ (siehe Abbildung 17.5).
> 3. Klicken Sie auf die Schaltfläche DATENBANK ❷.
> 4. Sobald *UpdraftPlus* die Datei bereitgestellt hat, klicken Sie auf die Schaltfläche AUF IHREN COMPUTER HERUNTERLADEN ❸.
> 5. Speichern Sie die Datei in einem geeigneten Ordner.
> 6. Falls der Speicherplatz auf Ihrem Webspace knapp ist, können Sie die Datei danach VOM WEBSERVER LÖSCHEN ❹.
> 7. Wiederholen Sie diesen Vorgang mit den anderen vier Schaltflächen PLUGINS, THEMES, UPLOADS und ANDERE.

Nach diesem ToDo haben Sie ein Backup der wichtigsten Dateien Ihrer WordPress-Installation erstellt und auf Ihren Computer kopiert. Abbildung 17.6 zeigt die komprimierten Backup-Dateien nach dem Herunterladen.

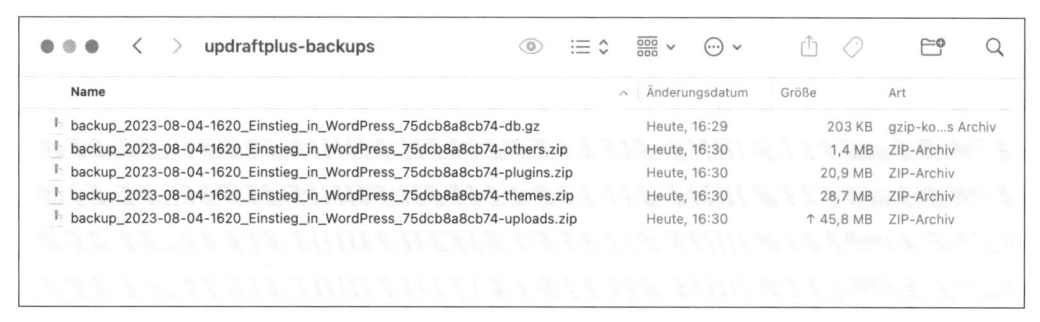

Abbildung 17.6 Die Backup-Dateien nach dem Herunterladen

17.1.5 Überblick: Was UpdraftPlus alles sichert (und was nicht)

UpdraftPlus hat recht sinnvolle Standardeinstellungen und sichert außer der Datenbank nur vier wirklich wichtige Bereiche:

- PLUGINS enthält die Dateien und Unterordner der installierten Plugins. Online werden sie im Ordner *wp-content/plugins/* gespeichert.
- DESIGNS enthält die Dateien und Unterordner für die installierten Themes, die online im Ordner *wp-content/themes/* liegen.
- UPLOADS enthält alle hochgeladenen Dateien und Medien. Online sind diese im Ordner *wp-content/uploads/* zu finden.
- ANDERE VERZEICHNISSE enthält alle anderen Ordner, die unterhalb von *wp-content* gespeichert werden, z. B. die Sprachdateien.

UpdraftPlus verzichtet also darauf, den Kern von WordPress zu sichern. Weder der WordPress-Hauptordner mit der Konfigurationsdatei *wp-config.php* noch die Ordner *wp-admin* und *wp-includes* sind in den Backup-Dateien enthalten.

Das klingt auf den ersten Blick seltsam, ist in der Praxis aber durchaus sinnvoll: Das Backup von *UpdraftPlus* enthält alle Daten und Dateien, die Ihre WordPress-Installation von einer Standardinstallation unterscheiden. Dadurch ist ein Backup schnell erledigt und bleibt übersichtlich.

> **Vollautomatisch: Zeitlich geplante Backups in der Cloud speichern**
>
> Sie können mit *UpdraftPlus* auch ein automatisiertes Backup einrichten, das die Backup-Dateien z. B. in der Dropbox oder einem anderen Cloud-Service (*Remote-Speicher*) speichert. Automatisierte Backups richten Sie in *UpdraftPlus* im Register EINSTELLUNGEN ein.

17.2 Notfall: Backup wiederherstellen mit »UpdraftPlus«

Falls der Notfall eintritt und die Wiederherstellung eines Backups notwendig wird, ist es am allerwichtigsten, Ruhe zu bewahren:

- Keine Panik. Sie haben ein aktuelles Backup!
- Die erfolgreiche Wiederherstellung ist »nur« eine Frage der Zeit.

Natürlich ist man genervt, wenn etwas so grundlegend schiefläuft, dass man ein Backup wiederherstellen muss. Aber oft entstehen die wirklich schlimmen Fehler erst durch überhastete und unüberlegte Versuche, etwas schnell wieder geradezubiegen.

Okay? Tief durchatmen, und los geht's. Bei der Wiederherstellung eines Backups gibt es zwei mögliche Szenarien:

1. Das Backend von WordPress funktioniert noch.
2. Das Backend ist kaputt oder nicht zugänglich.

Diese beiden Varianten werden im Folgenden beschrieben.

> **»Wiederherstellen« ist immer mit derselben Domain**
>
> Die Wiederherstellung eines Backups erfolgt immer mit derselben Domain. Eine Wiederherstellung mit einer anderen Domain und somit mit einer anderen Adresse nennt man *Migration* oder *Umzug*. Mehr dazu erfahren Sie z. B. in folgendem Beitrag:
>
> - *einstieg-in-wp.de/wordpress-umzug/*
>
> UpdraftPlus kann ein Backup wiederherstellen, eine Migration des UpdraftPlus-Backups auf eine andere Domain ist nur mit einer kostenpflichtigen Erweiterung möglich.

17.2.1 Option 1: Wiederherstellen mit funktionierendem WordPress-Backend

Falls WordPress noch funktioniert und Sie einen oder mehrere der fünf gesicherten Bereiche wiederherstellen möchten:

1. Lesen Sie den folgenden Artikel gründlich durch:
   updraftplus.com/faqs/restore-site-updraftplus/
2. Öffnen Sie die Seite EINSTELLUNGEN • UPDRAFT SICHERUNGEN.
3. Scrollen Sie zum Abschnitt VORHANDENE SICHERUNGEN.
4. Prüfen Sie, ob das gewünschte Backup auf dem Webspace liegt. Falls nicht, laden Sie die Backup-Dateien von Ihrer Festplatte auf den Webspace hoch.

5. Klicken Sie neben dem gewünschten Backup auf WIEDERHERSTELLEN (siehe Abbildung 17.5 weiter oben).
6. Im darauffolgenden Dialogfeld können Sie auswählen, welche Dateien wiederhergestellt werden sollen: PLUGINS, THEMES, UPLOADS, ANDERE und DATENBANK.
7. Klicken Sie nach der Auswahl der gewünschten Bereiche unten im Dialogfeld auf die Schaltfläche NEXT, auf dem Dialogfeld auf WIEDERHERSTELLEN.

UpdraftPlus versucht jetzt, die Backup-Dateien auf dem Webspace wiederherzustellen. Probieren Sie ruhig erst einmal, *alle* gewünschten Bereiche wiederherzustellen. Falls das nicht klappt und es ein Time-out gibt, lesen Sie den folgenden Hinweiskasten zu Time-outs. Wenn es hingegen klappt, sehen Sie die Erfolgsmeldung aus Abbildung 17.7.

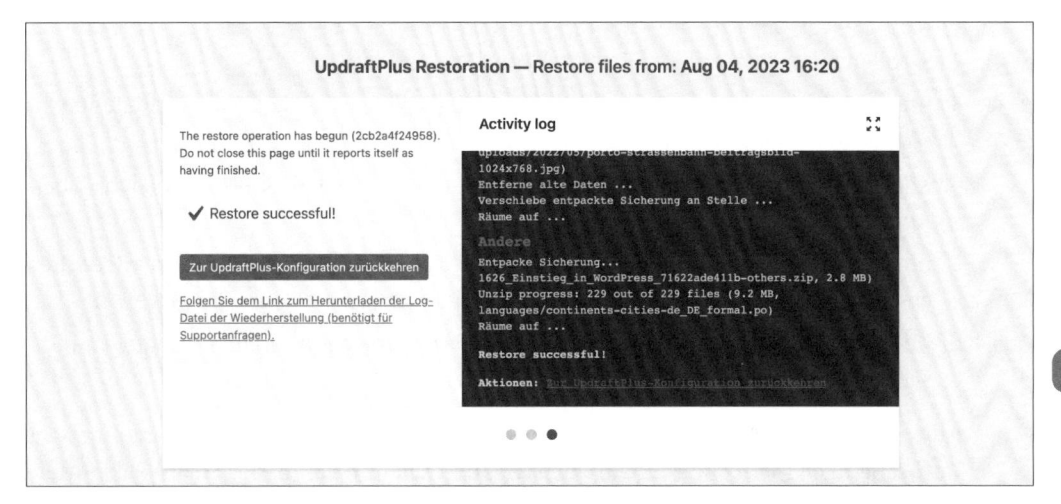

Abbildung 17.7 »Restore successful« – alles wieder in Ordnung

> **Time-out? Probieren Sie, die Bereiche einzeln wiederherzustellen.**
>
> Das größte Risiko bei der Wiederherstellung mehrerer Bereiche auf einmal ist ein *Time-out*. Auf den meisten Webservercomputern liegen viele hundert Websites, die sich die Rechenleistung der Hardware teilen. Jede Website hat deshalb nur eine bestimmte Zeit an einem Stück zur Verfügung, bevor die anderen wieder dran sind.
>
> Ist diese Zeit um, gibt es ein *Time-out*, und die Wiederherstellung wird abgebrochen. Sollte es also ein Time-out geben, stellen Sie die Bereiche einzeln wieder her und nicht mehrere auf einmal.

17.2.2 Option 2: Wiederherstellen, wenn das Backend nicht mehr funktioniert

Falls der Kern von WordPress kaputt ist und Sie nicht mehr im Backend, auch bekannt als *WP Admin*, arbeiten können, wird die Wiederherstellung etwas aufwendiger, denn Sie müssen zunächst ein neues WordPress installieren:

- Lesen Sie den folgenden Artikel gründlich durch: *tinyurl.com/restore-site-without-wp-admin*
- Installieren Sie ein frisches WordPress auf Ihrem Webspace.
- Installieren und aktivieren Sie *UpdraftPlus*.

Der Rest funktioniert dann genau wie bei Option 1:

1. Öffnen Sie die Seite EINSTELLUNGEN • UPDRAFT SICHERUNGEN.
2. Scrollen Sie zum Abschnitt EXISTIERENDE SICHERUNGEN.
3. Prüfen Sie, ob das gewünschte Backup auf dem Webspace liegt. Falls nicht, laden Sie die Backup-Dateien hoch auf den Webspace.
4. Klicken Sie neben dem gewünschten Backup auf WIEDERHERSTELLEN (siehe oben, Abbildung 17.5).
5. Im darauffolgenden Dialogfeld können Sie auswählen, welche Dateien wiederhergestellt werden sollen: PLUGINS, THEMES, UPLOADS, ANDERE und DATENBANK.
6. Klicken Sie nach der Auswahl der gewünschten Bereiche unten im Dialogfeld auf die Schaltfläche NEXT, auf dem Dialogfeld auf WIEDERHERSTELLEN.

Falls das aus welchen Gründen auch immer nicht funktionieren sollte, benötigen Sie wahrscheinlich mehr Hilfe, als ein Buch wie dieses liefern kann. Falls Sie im Bekannten- oder Freundeskreis niemanden kennen, bleibt Ihnen nur der Weg, ein Support Package im Shop von UpdraftPlus zu kaufen oder über Google oder WordPress-Foren einen anderen professionellen Dienstleister zu suchen.

Das war die schlechte Nachricht.

Die gute ist, dass die erfolgreiche Wiederherstellung mit einem aktuellen Backup wirklich »nur« eine Frage der Zeit ist. Datenbank, Plugins, Themes, Uploads und Sprachdateien wurden von *UpdraftPlus* gesichert, und damit kann ein Profi eine WordPress-Installation ziemlich sicher wiederherstellen.

17.3 Updates: WordPress, Themes und Plugins aktualisieren

So, wie ein Auto regelmäßig zur Inspektion muss und einen Ölwechsel braucht, benötigen WordPress, Themes und Plugins ab und zu ein Update. Auch aus Sicherheitsgründen ist ein System auf dem aktuellen Stand wichtig, denn viele automatisierte Angriffe basieren auf bekannten Sicherheitslücken, die in aktuelleren Versionen gestopft wurden.

Die Wichtigkeit von regelmäßigen Updates kann man nicht genug betonen, und in diesem Abschnitt möchte ich Ihnen zeigen, wie Sie das am besten umsetzen können.

17.3.1 Die Seite »Dashboard • Aktualisierungen« im Überblick

Wenn Sie in WordPress die Seite DASHBOARD • AKTUALISIERUNGEN aufrufen, bekommen Sie einen Überblick über die anstehenden Updates für WordPress, Plugins, Themes und Übersetzungen. In Abbildung 17.8 stehen keine Updates an.

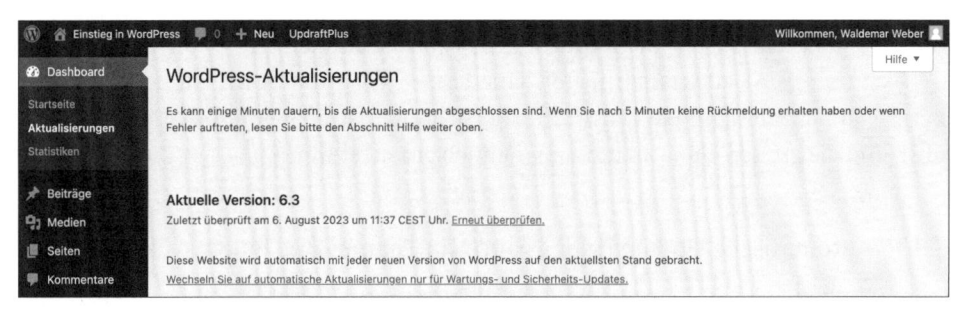

Abbildung 17.8 Die Seite »Dashboard • Aktualisierungen«

In Abbildung 17.8 sehen Sie die AKTUELLE VERSION. Falls Updates für WordPress, Plugins, Themes oder Übersetzungen vorhanden ist, können Sie sie mit den Schaltflächen weiter unten durchführen.

Falls zusätzlich zu einem Update für WordPress auch Updates für Plugins, Themes oder Übersetzungen vorhanden sind, ist es empfehlenswert, zuerst die Updates für Plugins und Themes einzuspielen und dann erst WordPress selbst upzudaten. Bei den Übersetzungen ist die Reihenfolge nicht wichtig.

17.3.2 Automatische Updates für kleine und große Versionen von WordPress

Unterhalb der Anzeige der aktuellen Version können Sie mit dem Link ERNEUT ÜBERPRÜFEN checken, ob wirklich keine Updates vorliegen. Darunter sehen Sie einen wichtigen Hinweis und einen Link:

Diese Website wird automatisch mit jeder neuen Version von WordPress auf den aktuellsten Stand gebracht.

Wechseln Sie auf automatische Aktualisierungen nur für Wartungs- und Sicherheits-Updates.

Um diese Meldung zu verstehen, muss man wissen, dass WordPress zwei Arten von Updates kennt:

- Ein *Wartungs- und Sicherheits-Update* ist ein kleiner Versionssprung von z. B. 6.3.0 auf 6.3.1. Ein solches Update dient nur der Beseitigung von Fehlern und wird auch als *kleines Update* bezeichnet.
- Ein *großes Update* von z. B. 6.3 auf 6.4 enthält nicht nur Fehlerbeseitigungen, sondern auch neue Funktionen. Große Updates erscheinen alle paar Monate, und davor gibt es mehrere Testversionen (*Beta*) sowie fast fertige Vorabversionen (*Release Candidate*), sodass jede Version vorab ausgiebig getestet wurde.

Standardmäßig wählt WordPress die Variante, dass *alle* Versionen automatisch aktualisiert werden. Falls Sie das nicht möchten, klicken Sie auf den Link WECHSELN SIE AUF AUTOMATISCHE AKTUALISIERUNGEN NUR FÜR WARTUNGS- UND SICHERHEITS-UPDATES. Dann werden nur die Wartungs- und Sicherheits-Updates automatisch durchgeführt, und die großen Updates müssen manuell gestartet werden.

17.3.3 Automatische Updates gibt es auch für Themes und Plugins

Themes und Plugins können ebenfalls automatisch aktualisiert werden, aber diese Option ist standardmäßig nicht aktiviert:

- Für Themes finden Sie in DESIGN • THEMES für jedes Theme in den THEME-DETAILS den Link AUTOMATISCHE AKTUALISIERUNGEN AKTIVIEREN. Nach einem Klick auf den Link wird das betreffende Theme automatisch aktualisiert.
- Für Plugins gibt es auf der Seite PLUGINS • INSTALLIERTE PLUGINS für jedes Plugin einen Link AUTOMATISCHE AKTUALISIERUNGEN AKTIVIEREN.

Wenn Sie diese Einstellung für mehrere (oder alle) Plugins ändern möchten, können Sie die gewünschten Plugins markieren und im Dropdown-Menü MEHRFACHAKTIONEN die Option AUTOMATISCHE AKTUALISIERUNGEN AKTIVIEREN auswählen. Nach einem Klick auf die Schaltfläche ÜBERNEHMEN wird die Option ausgeführt.

> **Automatische Updates sind nicht ohne Risiko**
>
> Automatische Updates für WordPress, Themes und Plugins sind sehr bequem, aber nicht ohne Risiko. Im Allgemeinen geht dabei wenig schief, aber natürlich kann jedes Update auch Fehler enthalten, die im schlimmsten Fall das ganze System lahmlegen.
>
> Wenn Sie sich also entschließen, Updates automatisch erledigen zu lassen, sollten Sie immer aktuelle Backups haben. Falls bei einem Update etwas schiefgeht, haben Sie dann zumindest ein aktuelles Backup zum Wiederherstellen der Website parat.

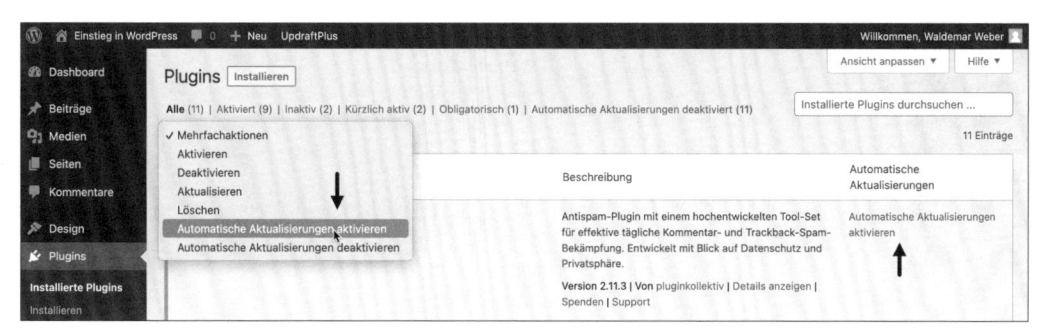

Abbildung 17.9 Automatische Aktualisierung für alle Plugins aktivieren

17.4 Der Gesundheitscheck: »Werkzeuge • Website-Zustand«

Seit WordPress 5.2 gibt es im Menü WERKZEUGE den Punkt WEBSITE-ZUSTAND, der im Englischen schlicht und einfach *Site Health* heißt.

Im Dashboard auf der STARTSEITE gibt es dazu das Widget ZUSTAND DER WEBSITE mit den wichtigsten Informationen. Im Menü WEBSITE-ZUSTAND sind die Details zum Gesundheitscheck auf zwei Register verteilt:

- STATUS liefert eine Übersicht und gibt Hinweise für Verbesserungen.
- BERICHT gibt einen kompletten Bericht zur Konfiguration der Website, aktiven Plugins, Themes, Dateiberechtigungen und vielen anderen Dingen, die dem Support eventuell weiterhelfen können.

Abbildung 17.10 zeigt keine kritischen Fehler, gibt aber vier empfohlene Verbesserungen an. Mit einem Klick auf die jeweilige Meldung können Sie sich Details anzeigen lassen. Ein Klick auf BESTANDENE TESTS unterhalb der Meldungen zeigt, welche Bereiche alle in Ordnung sind.

Noch ein paar Hinweise zu den in Abbildung 17.10 gezeigten Meldungen:

- Wenn Sie ein inaktives Plugin längere Zeit nicht benötigen, sollten Sie es löschen. Bei Bedarf können Sie es jederzeit wieder installieren.
- Ein Theme ist immer aktiv. WordPress empfiehlt, alle weiteren Themes vom Webspace zu löschen.
- Ein *persistenter Objekt-Cache* speichert Datenbankabfragen zwischen, steht aber auf den allerwenigsten Hosting-Paketen zur Verfügung.
- Ein *Seiten-Cache* hingegen erstellt statische Kopien der dynamisch generierten WordPress-Seiten und wird in Abschnitt 17.5.3 installiert.

Abbildung 17.10 Der gesundheitliche Zustand Ihrer Website auf einen Blick

Wenn auf dem Register STATUS kritische Fehler gemeldet werden, sollten diese baldmöglichst behoben werden, falls nötig in Zusammenarbeit mit dem Support Ihres Webhosters.

17.5 »WP-Optimize«: Datenbank, Bilder und Cache

Das Fundament für eine schnelle Ladezeit Ihrer Webseiten sind gutes Hosting, gut vorbereitete Bilder und ein schlankes Theme. In diesem Abschnitt geht es um die weitere Optimierung. Themen sind dabei das Aufräumen der Datenbank, die Komprimierung von Bildern auf dem Webspace, das Beschleunigen der Ladezeit durch einen Cache und die Minimierung des auszuliefernden Quelltextes.

Für alle diese Bereiche gibt es sehr gute Spezial-Plugins, aber das in Abbildung 17.11 gezeigte *WP-Optimize* enthält alles in einem Plugin und hat eine sehr übersichtliche Benutzeroberfläche:

▶ *de.wordpress.org/plugins/wp-optimize/*

Die Optimierung mit WP-Optimize dauert alles in allem meist nur wenige Minuten, und bei vielen Websites ist das gut investierte Zeit.

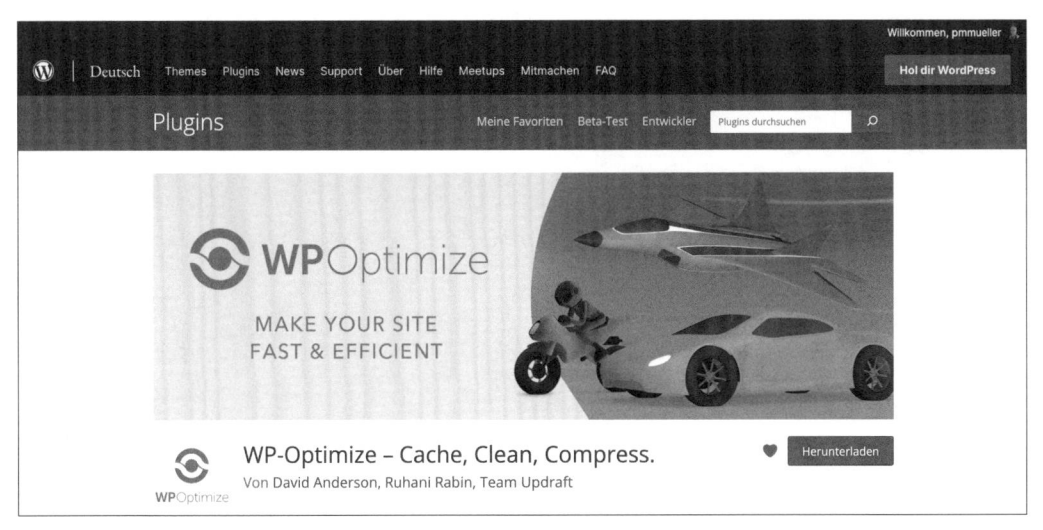

Abbildung 17.11 Das Plugin »WP-Optimize« im Plugin-Verzeichnis

> **Bestandsaufnahme: Performance testen mit »PageSpeed Insights«**
>
> Bevor Sie Ihre Website optimieren, sollten Sie eine kurze Bestandsaufnahme machen und die Performance testen. Google stellt mit *PageSpeed Insights* ein sehr beliebtes Tool zur Messung der Leistungsfähigkeit von Webseiten bereit:
>
> ▸ *pagespeed.web.dev*
>
> Einfach die URL eingeben und auf ANALYSIEREN klicken.

17.5.1 Das Register »Datenbank«: Die Daten in der Datenbank aufräumen

Die WordPress-Datenbank wird im Laufe der Zeit immer größer, nicht zuletzt aufgrund der gespeicherten Revisionen, die Sie in Abschnitt 6.8 kennengelernt haben. Ab und an ist es also eine gute Idee, die Datenbank aufzuräumen und so die Größe zu reduzieren. Abbildung 17.12 zeigt das Register DATENBANK.

Hier können Sie diverse datenbankbezogene Optimierungen durchführen, und sehr praktisch ist dabei, dass WP-Optimize auf Wunsch vor dem Aufräumen automatisch ein Backup mit UpdraftPlus anfertigt. Sie müssen nur die entsprechende Option aktivieren.

Mit der Schaltfläche ALLE AUSGEWÄHLTEN OPTIMIERUNGEN AUSFÜHREN können Sie alle angekreuzten Optionen auf einen Schlag durchführen, mit der Schaltfläche OPTIMIERUNG AUSFÜHREN rechts neben den Optionen immer nur eine Option zur Zeit.

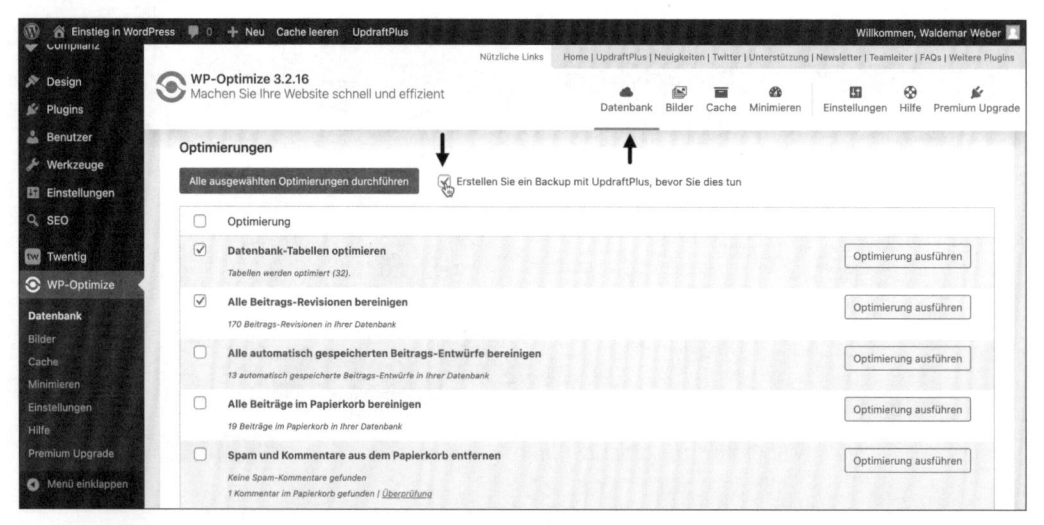

17 Systemverwaltung: Backups, Updates und Optimierung

Abbildung 17.12 WP-Optimize erstellt auf Wunsch automatisch ein Backup.

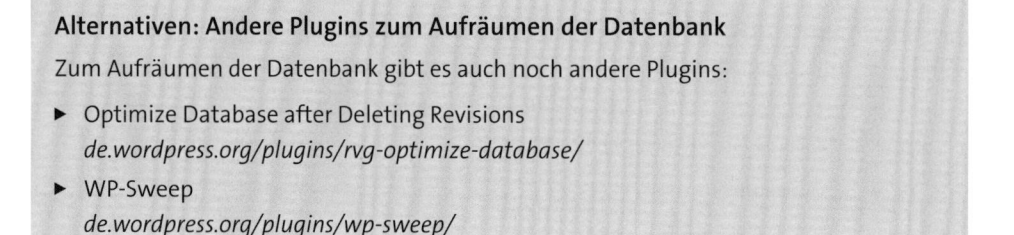

> **Alternativen: Andere Plugins zum Aufräumen der Datenbank**
>
> Zum Aufräumen der Datenbank gibt es auch noch andere Plugins:
>
> ▶ Optimize Database after Deleting Revisions
> *de.wordpress.org/plugins/rvg-optimize-database/*
> ▶ WP-Sweep
> *de.wordpress.org/plugins/wp-sweep/*

17.5.2 Das Register »Bilder« zur Komprimierung von Bildern

Idealerweise erledigen Sie die Optimierung der Bilder, wie in Abschnitt 7.2 beschrieben, bereits vor dem Hochladen in die Mediathek, aber mit WP-Optimize können Sie bei Bedarf noch nachbessern. Das Register BILDER bietet Optionen zur Komprimierung von Bildern (Abbildung 17.13). Momentan nutzt WP-Optimize zur Komprimierung den Service von *reSmush.it*.

Standardmäßig aktiviert ist die sogenannte KOMPRIMIERUNGS-META-BOX, die in der Mediathek bei Bildern auf der Seite ANHANG-DETAILS erscheint (Abbildung 17.14).

Sie können wählen zwischen maximaler Komprimierung und bester Bildqualität oder können mit einem Schieberegler eine Option zwischen diesen beiden Polen festlegen. Ein Klick auf KOMPRIMIEREN nimmt Kontakt zu *resmush.it* auf und komprimiert das

17.5 »WP-Optimize«: Datenbank, Bilder und Cache

Bild. Falls Sie nicht zufrieden sind, können Sie die Komprimierung danach auch wieder rückgängig machen.

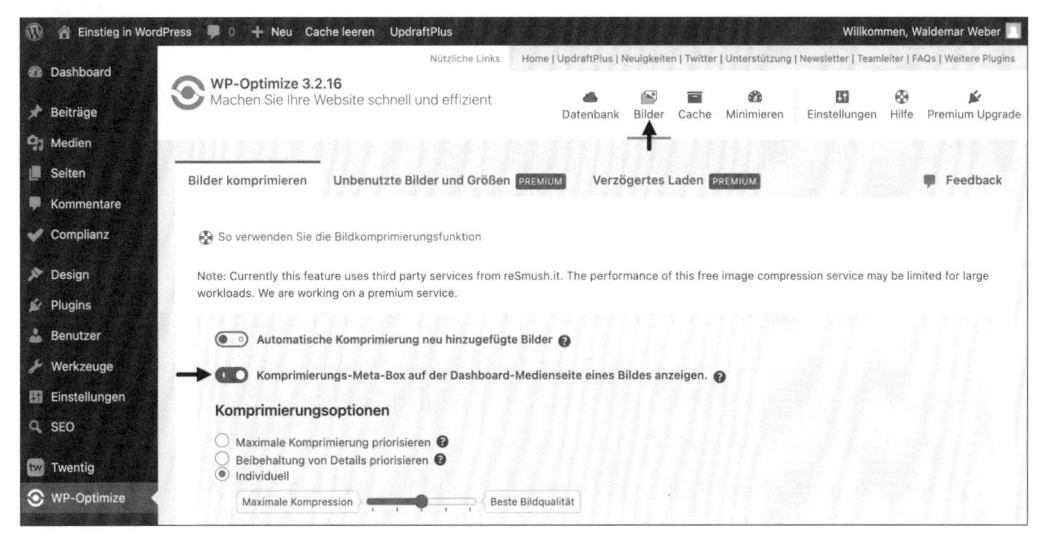

Abbildung 17.13 Das Register »Bilder« mit Optionen zur Komprimierung

Abbildung 17.14 Die Optionen von WP-Optimize in der Mediathek

17 Systemverwaltung: Backups, Updates und Optimierung

> **Alternativen: Andere Plugins zum Komprimieren von Bildern**
>
> Es gibt zahlreiche weitere Plugins zur Komprimierung von Bildern, unter anderem die folgenden beiden Vertreter:
>
> - EWWW Image Optimizer
>   *de.wordpress.org/plugins/ewww-image-optimizer/*
> - TinyPNG – JPEG, PNG & WebP Image Compression
>   *de.wordpress.org/plugins/tiny-compress-images/*

17.5.3 Das Register »Cache«: Die Auslieferung der Seiten beschleunigen

Der in Abschnitt 17.4 vorgestellte Check im Backend-Menü WERKZEUGE • WEBSITE-ZUSTAND schlug vor, einen Seiten-Cache zur Beschleunigung der Webseiten zu installieren, und genau darum geht es jetzt.

Je mehr Besucher Ihre Website hat, desto härter müssen WordPress, der Webserver und die Datenbank arbeiten, denn normalerweise werden alle Seiten erst auf Anforderung durch die Besucher generiert.

Cache wird »käsch« gesprochen, genau wie das englische Wort für Bargeld, und der Begriff bezeichnet laut Wikipedia *eine Methode, um Inhalte, die bereits einmal vorlagen, beim nächsten Zugriff schneller zur Verfügung zu stellen.*

Der Seiten-Cache von WP-Optimize speichert von einmal erstellten Webseiten eine Kopie und liefert bei der nächsten Anfrage dann diese bereits erstellte Kopie aus.

Abbildung 17.15 zeigt das Register CACHE, auf dem Sie das SEITEN-CACHING AKTIVIEREN können. Das ist der Hauptschalter zur Aktivierung der Caching-Funktion, und mehr müssen Sie bei WP-Optimize in der Regel nicht tun.

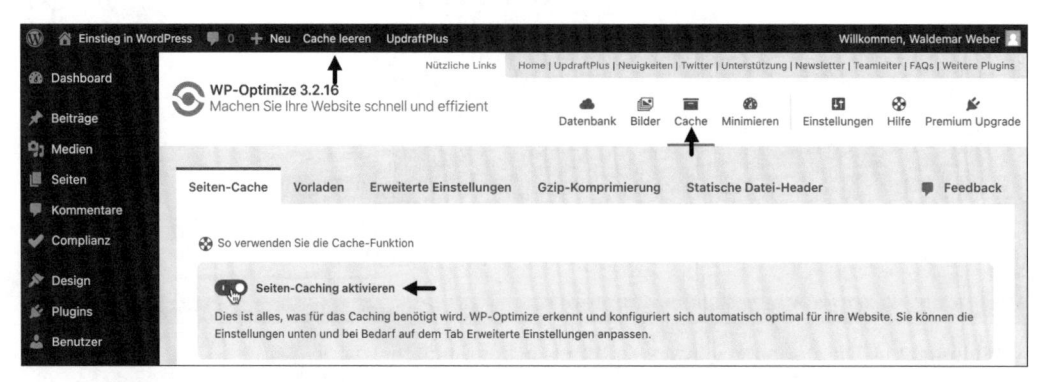

Abbildung 17.15 Das Register »Cache • Seiten-Cache« von WP-Optimize

Wenn der Cache aktiviert ist, erscheint oben in der Admin-Werkzeugleiste der Befehl CACHE LEEREN. Mit dieser Funktion wird der Zwischenspeicher geleert, sodass alle Seiten neu aufgebaut werden müssen. Das ist z. B. nützlich, falls neu erstellte Inhalte nicht im Frontend auftauchen: Einmal auf CACHE LEEREN klicken, die Seite im Frontend neu laden, und meist ist das Problem dann behoben.

Auf den weiteren Registern können Sie diverse Einstellungen manuell ändern, aber WP-Optimize ist ziemlich gut in der automatischen Erkennung der besten Einstellungen für Ihre Website.

> **Es gibt andere Caching-Plugins, aber es darf immer nur eines aktiv sein**
>
> Zu jeder gegebenen Zeit darf immer nur *ein* Cache-Plugin aktiv sein. Falls Sie also eine andere Alternative ausprobieren möchten, müssen Sie zunächst den Seiten-Cache von WP-Optimize leeren und dann das Plugin deaktivieren:
>
> ▶ WP Fastest Cache
> *de.wordpress.org/plugins/wp-fastest-cache/*
>
> ▶ WP Rocket (*wp-rocket.me*) gibt es nicht als kostenlose Version im Plugin-Verzeichnis, aber bei vielen Tests landet das Plugin ganz vorne.

17.5.4 Das Register »Minify« ist eher was für Fortgeschrittene

In WP-Optimize können Sie auf dem Register MINIFY die Minimierung des Quelltextes aktivieren. Dabei werden unter anderem mehrere Dateien zu einer zusammengefasst und im Quelltext alle überflüssigen Zeichen entfernt, sodass weniger Zeichen ausgeliefert werden müssen.

In der Regel funktioniert das reibungslos, aber auf manchen Sites muss man die Einstellungen auf den weiteren Registern manuell feintunen, und das ist eher etwas für Fortgeschrittene.

Es gibt zahlreiche weitere Plugins zur Minimierung des Quelltextes. Ein Klassiker dieser Gattung ist *Autoptimize*:

▶ *de.wordpress.org/plugins/autoptimize/*

> **Prüfen Sie nach der Optimierung, ob alle Seiten gut funktionieren**
>
> Wie bei jeder Optimierung besteht auch mit WP-Optimize die Möglichkeit unerwünschter Nebeneffekte. Prüfen Sie also auf jeden Fall, ob Ihre Seiten und Beiträge nach der Optimierung gut aussehen und ob alles funktioniert.

> Falls wider Erwarten Probleme auftauchen, leeren Sie den Cache und deaktivieren alle Optionen. Danach schalten Sie Schritt für Schritt alle Optionen wieder ein und schauen, ob und wann der Fehler wieder auftritt.

17.6 Zusätzliche Sicherheit für WordPress: »WP Security«

Sie haben einen guten Webhoster, halten WordPress, Plugins und Themes mit Updates immer auf dem aktuellen Stand und haben ein sicheres Passwort für Ihr Admin-Konto.

Wenn Sie noch mehr für die Sicherheit Ihrer Website tun möchten, schauen Sie sich z. B. einmal das Plugin *All-In-One Security (AIOS) – Security & Firewall* an, das manchmal auch nur *WP Security* genannt wird (siehe Abbildung 17.16):

▶ de.wordpress.org/plugins/all-in-one-wp-security-and-firewall/

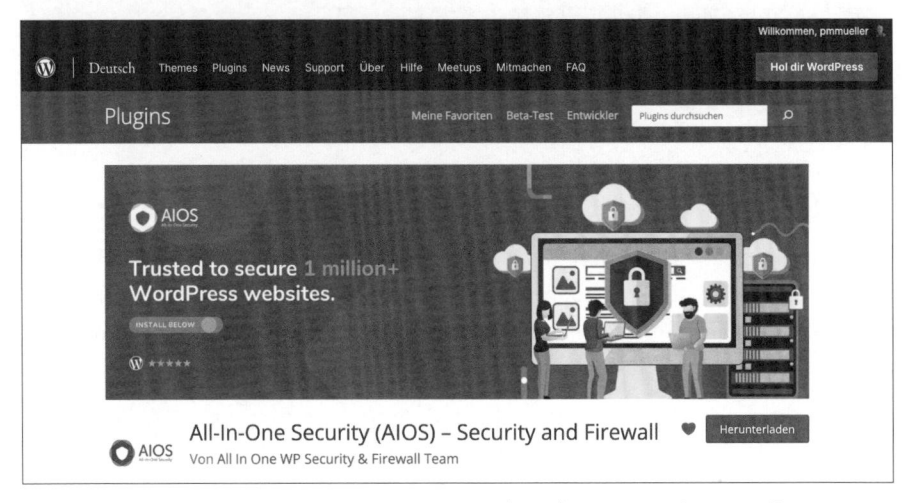

Abbildung 17.16 Das Plugin »All-In-One Security (AIOS) – Security & Firewall«

Nach Installation und Aktivierung des Plugins gibt es ein neues Menü namens WP SECURITY mit diversen Unterpunkten, in denen Sie das Plugin konfigurieren können. Im Dashboard von WP Security gibt es eine Übersicht über den aktuellen Stand der Sicherheit (siehe Abbildung 17.17).

Bevor Sie mit der Erforschung des Plugins beginnen, sollten Sie im Menü WP SECURITY • SETTINGS eine Kopie der für die Sicherheit Ihrer Site relevanten Dateien *.htaccess* und *wp-config.php* erstellen, damit Sie diese falls nötig wiederherstellen können. Diese Dateien sind in einem mit UpdraftPlus erstellten Backup nicht enthalten.

17.6 Zusätzliche Sicherheit für WordPress: »WP Security«

Abbildung 17.17 Die Übersicht im Dashboard von »WP Security«

In Abbildung 17.17 sehen Sie, dass im Dashboard von WP Security im Abschnitt CRITICAL FEATURE STATUS die wichtigsten Sicherheitsfeatures aktiviert wurden:

- ADMIN USERNAME. Ein Klick darauf bringt Sie zum Menü USER ACCOUNTS. Dort wird überprüft, ob Sie einen Admin haben, der als Benutzernamen »Admin« hat (siehe Abschnitt 3.3.6).
- LOGIN LOCKOUT springt ins Menü USER LOGIN. Dort können Sie die Zahl der Anmeldeversuche am Backend innerhalb eines bestimmten Zeitraums begrenzen, sodass Unbefugte nicht einfach eine Kombination nach der anderen ausprobieren können.
- FILE PERMISSION ruft das Menü FILESYSTEM SECURITY auf. Hier wird überprüft, ob die Lese- und Schreibberechtigungen für Dateien und Ordner auf Ihrem Webspace in Ordnung sind.
- BASIC FIREWALL ermöglicht Ihnen die Aktivierung einer FIREWALL, die mithilfe der Datei *.htaccess* den Zugriff auf Ihren Webspace einschränkt. Vor der Aktivierung sollten Sie wie weiter oben beschrieben eine Sicherheitskopie der Datei *.htaccess* erstellen.

Bei Problemen können Sie im Menü WP SECURITY • SETTINGS mit der Schaltfläche DIS-ABLE ALL SECURITY FEATURES alle Sicherheitsfeatures des Plugins deaktivieren oder mit DISABLE ALL FIREWALL RULES nur die Firewall.

> **Weitere Plugins zum Thema Sicherheit**
>
> WP Security ist ein kostenloses, bewährtes Plugin, aber natürlich nicht das einzige zum Thema Sicherheit. Hier einige Alternativen:
>
> - WordFence
>   de.wordpress.org/plugins/wordfence/
> - iThemes Security
>   de.wordpress.org/plugins/better-wp-security/

17.7 Weitere Tools zur Systemverwaltung

Zum Abschluss möchte ich Ihnen noch die Benutzerverwaltung und die Funktion zum Exportieren und Importieren von Daten vorstellen.

17.7.1 Die Benutzerverwaltung von WordPress

Bis jetzt sind Sie in Ihrem WordPress der einzige Benutzer, aber das muss nicht so bleiben, denn in diesem Abschnitt sehen Sie, wie Sie neue Benutzer hinzufügen können.

WordPress hat eine Benutzerverwaltung mit einem einfachen Rollen- und Rechtesystem, das zwischen fünf Rollen unterscheidet. Sie sind im Augenblick Administrator und dürfen alles, die anderen vier Rollen haben jeweils etwas weniger Rechte.

Tabelle 17.1 zeigt die fünf Benutzerrollen und deren Bearbeitungsrechte im Überblick.

	Admin	Redakteur	Autor	Mitarbeiter	Abonnent
Einstellungen	ja	–	–	–	–
Themes	ja	–	–	–	–
Plugins	ja	–	–	–	–
Updates	ja	–	–	–	–
Seiten	alle	alle	–	–	–

Tabelle 17.1 Die Benutzerrollen von WordPress und ihre Rechte

	Admin	Redakteur	Autor	Mitarbeiter	Abonnent
Beiträge	alle	alle	eigene	eigene	–
lesen	alle	alle	alle	alle	alle
erstellen	alle	alle	eigene	eigene	–
bearbeiten	alle	alle	eigene	eigene	–
löschen	alle	alle	eigene	eigene	–
veröffentlichen	alle	alle	eigene	–	–
Profil ändern	alle	eigenes	eigenes	eigenes	eigenes

Tabelle 17.1 Die Benutzerrollen von WordPress und ihre Rechte (Forts.)

Diese Benutzerrollen entsprechen unterschiedlichen Bearbeitungsrechten:

- Der *Administrator* kann alle Funktionen von WordPress uneingeschränkt nutzen, und für viele Installationen gibt es nur einen *Admin*. Nur Admin-Benutzer können WordPress, Themes und Plugins verwalten.
- *Redakteure* sind für die inhaltliche Betreuung der Website zuständig und dürfen mit allen Seiten und allen Beiträgen alles machen.
- *Autoren* dürfen Bilder hochladen, Beiträge erstellen und veröffentlichen, können aber nur eigene Bilder und Beiträge bearbeiten und löschen. Keine Seiten.
- *Mitarbeiter* dürfen Beiträge erstellen, aber nicht veröffentlichen und weder Seiten erstellen noch Bilder hochladen.
- *Abonnenten* sind registrierte Benutzer der Website und dürfen nur Inhalte lesen und ihr eigenes Benutzerprofil ändern.

Abbildung 17.18 zeigt das Backend aus der Sicht eines Benutzers mit der Benutzerrolle *Redakteur*. Links in der Menüleiste fehlen dann z. B. die Menüs DESIGN und PLUGINS.

> **Benutzerverwaltung: Neue Rechte und neue Rollen per Plugin**
>
> Falls Sie in Ihrem WordPress detailliertere Rollen vergeben möchten, gibt es dafür natürlich Plugins wie z. B. *WPFrontend User Role Editor*:
>
> - *de.wordpress.org/plugins/wpfront-user-role-editor/*

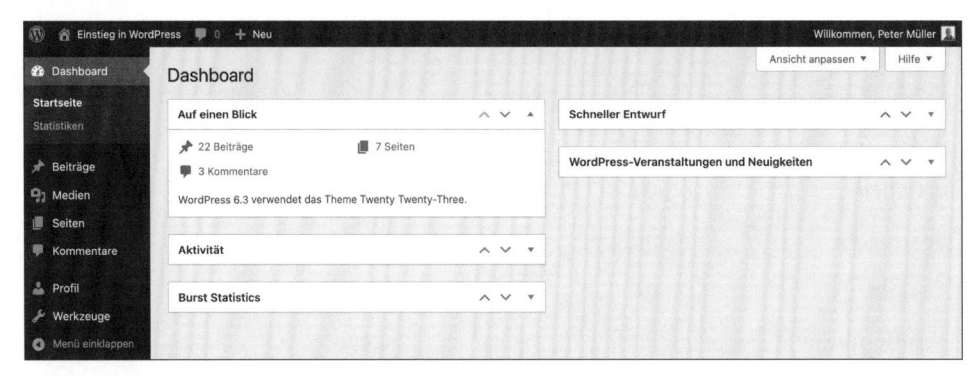

Abbildung 17.18 Das eingeschränkte Backend aus Sicht eines Redakteurs

17.7.2 Import/Export: Inhalte in ein anderes WordPress übertragen

Im Menü WERKZEUGE gibt es zwei Befehle, mit denen Sie Inhalte zwischen zwei WordPress-Installationen austauschen können:

- DATEN IMPORTIEREN
- DATEN EXPORTIEREN

Mit dieser Import-/Export-Funktion können Sie bereits geschriebene Seiten und Beiträge exportieren und in einer anderen WordPress-Installation wieder importieren. Das ist z. B. sehr praktisch, wenn Sie eine Website zunächst auf WordPress.com erstellt haben und später doch lieber auf ein selbst gehostetes WordPress umsteigen möchten.

> **Die Tools für den Import und Export sind kein Ersatz für ein Backup**
>
> Mit der Einstellung DATEN EXPORTIEREN werden nur die Inhalte, also Beiträge, Seiten und gegebenenfalls Medien transferiert. Die WordPress-Einstellungen sowie Themes, Plugins und deren Einstellungen werden *nicht* exportiert. Daher ist diese Funktion kein Ersatz für ein vollwertiges Backup.

Schritt 1: Daten aus einer WordPress-Installation exportieren

Das Exportieren von Beiträgen und Seiten einer WordPress-Installation ist denkbar einfach (Abbildung 17.19):

1. Öffnen Sie das Menü WERKZEUGE • DATEN EXPORTIEREN.
2. Wählen Sie die Option danach aus, was Sie exportieren möchten. In der Regel werden dies ALLE INHALTE sein.
3. Klicken Sie auf die Schaltfläche EXPORT-DATEI HERUNTERLADEN.

WordPress erstellt daraufhin eine XML-Datei im Format WordPress eXtended RSS (WXR), die alle Inhalte enthält. Diese Datei mit der Endung *.xml* speichern Sie auf Ihrer Festplatte ab.

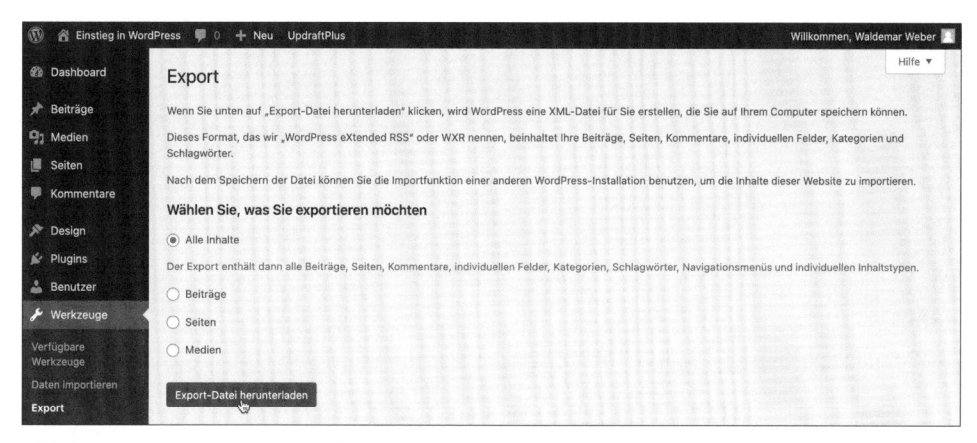

Abbildung 17.19 Die Seite »Werkzeuge • Daten exportieren«

Schritt 2: Daten in WordPress importieren

Beim Import der in der XML-Datei gespeicherten Daten in ein anderes WordPress gehen Sie wie folgt vor:

1. Gehen Sie auf die Seite WERKZEUGE • DATEN IMPORTIEREN.
2. Klicken Sie dann in der Liste der verschiedenen Blogsysteme auf die Option WORDPRESS, und klicken Sie auf JETZT INSTALLIEREN.
3. Klicken Sie nach der Installation auf den Link IMPORTER AUSFÜHREN.
4. Klicken Sie auf der Seite WORDPRESS IMPORTIEREN auf die Schaltfläche DATEI AUSWÄHLEN, und wählen Sie die zu importierende Datei aus. Zu Übungszwecken können Sie die im vorherigen Abschnitt exportierte XML-Datei nehmen.
5. Klicken Sie auf DATEI HOCHLADEN UND IMPORTIEREN. Danach erscheint die Seite WORDPRESS IMPORTIEREN mit den beiden Bereichen AUTOREN ZUWEISEN und ANHÄNGE IMPORTIEREN (Abbildung 17.20).

Auf der in Abbildung 17.20 dargestellten Seite gibt es noch ein paar Dinge zu erledigen:

▶ Sie müssen entscheiden, ob Sie einen Benutzer importieren, einen neuen Benutzer erstellen oder die Beiträge einem existierenden Benutzer zuweisen möchten.

▶ In einem selbst gehosteten WordPress sollten Sie zum Importieren der Mediendateien die Option DATEIANHÄNGE HERUNTERLADEN UND IMPORTIEREN ankreuzen.

▶ Klicken Sie auf die Schaltfläche SENDEN, um den Import der Daten zu beginnen.

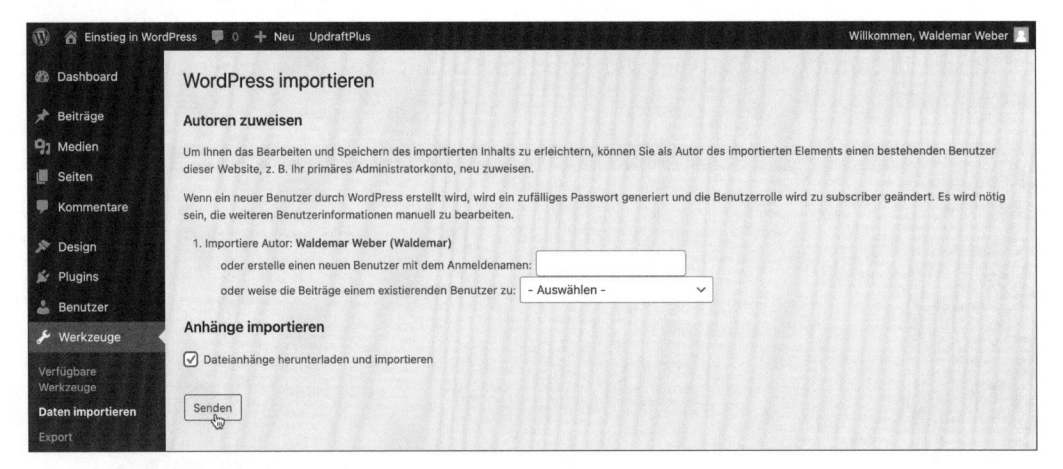

Abbildung 17.20 Import – Autoren zuweisen und Bilder importieren

In der XML-Datei stehen die Pfadangaben zu allen Bildern, und sofern diese öffentlich zugänglich sind, holt WordPress beim Importieren die Bilder und speichert sie in der Mediathek.

Nach diesen Schritten sind alle Seiten und Beiträge aus der ursprünglichen WordPress-Installation in die neue übertragen worden, und die Dateianhänge werden in die Mediathek importiert. Eventuell müssen Sie z. B. bei Links in den Beiträgen noch einige Pfade anpassen, aber ansonsten sollte alles funktionieren.

17.8 Auf einen Blick

Die wichtigsten Themen noch einmal im Überblick:

- Eine WordPress-Site besteht immer aus Datenbank und Dateien. Bei einem Backup müssen Sie beide Komponenten sichern.
- Ein Plugin wie *UpdraftPlus* bietet Ihnen das beruhigende Gefühl, eine Sicherheitskopie von Datenbank und Dateien zu haben.
- WordPress kennt zwei Arten von Updates:
  - Wartungs- und Sicherheits-Updates mit einer dreistelligen Versionsnummer wie 6.3.1.
  - große Updates mit einem Versionssprung von z. B. 6.3 auf 6.4.
- Auf Wunsch führt WordPress Updates für WordPress, Themes und Plugins automatisch durch.

- Mit Plugins wie *WP-Optimize* können Sie die Datenbank von WordPress aufräumen und die Ladezeit Ihrer Webseiten beschleunigen.
- Zusätzliche Sicherheit bekommen Sie mit einem Plugin wie dem kostenlosen *WP Security*.
- WordPress kennt eine einfache Benutzerverwaltung mit fünf verschiedenen Rollen.
- Mit der Import-/Export-Funktion können Sie Inhalte bequem in eine andere WordPress-Installation übertragen.

Kapitel 18
Tipps und Tricks

Worin Sie sehen, wie man die neuesten Beiträge ausgeben kann, Blocksammlungen und kleine Plugin-Perlen kennenlernen und eine Datenschutzerklärung erstellen. Zum Abschluss gibt es Checklisten für die Freischaltung und Wartung Ihrer Website und ein paar Links zu weiterführender Hilfe.

Die Themen im Überblick:

- »Neueste Beiträge«: Beiträge dynamisch ausgeben
- Blocksammlungen: Neue Blöcke braucht die Site
- Nützliche Plugins kurz vorgestellt
- Checkliste für die Freischaltung Ihrer WordPress-Site
- Checkliste für die Wartung Ihrer WordPress-Website
- Sie sind nicht allein: Die WordPress-Community
- Auf einen Blick

In diesem Kapitel gibt es Tipps zur Erstellung der Datenschutzerklärung und zu ein paar nützlichen Plugins sowie Checklisten für die Freischaltung und Wartung Ihrer WordPress-Website und ein paar hilfreiche Links zu WordPress-Foren, falls Sie einmal allein nicht mehr weiterkommen.

> **Weitere Tipps und Tricks gibt es auf der Website zum Buch**
>
> Auf der Website zum Buch gibt es übrigens auch eine Rubrik *Tipps & Tricks*:
>
> - einstieg-in-wp.de/thema/tipps-und-tricks
>
> Schauen Sie mal vorbei.

18.1   »Neueste Beiträge«: Beiträge dynamisch ausgeben

Mit dem Block *Neueste Beiträge* kann man Beiträge sortieren, filtern und dann im Frontend anzeigen. Mit ein paar kleinen Tricks kann das sehr ansprechend aussehen. Abbildung 18.1 zeigt ein Beispiel, in dem die neuesten drei Beiträge ausgegeben werden:

- Hintergrundfarbe und Innenabstand stammen von einer umgebenden GRUPPE.
- Im Block-Inspektor auf dem Register EINSTELLUNGEN kann man per Klick definieren, welche Beiträge wie dargestellt werden sollen.

Auf dem Register STILE können Sie den Block gestalten, und mit *Twentig* gibt es dazu hübsche Stile wie CARDS, in dem die Beiträge wie weiße Karten aussehen.

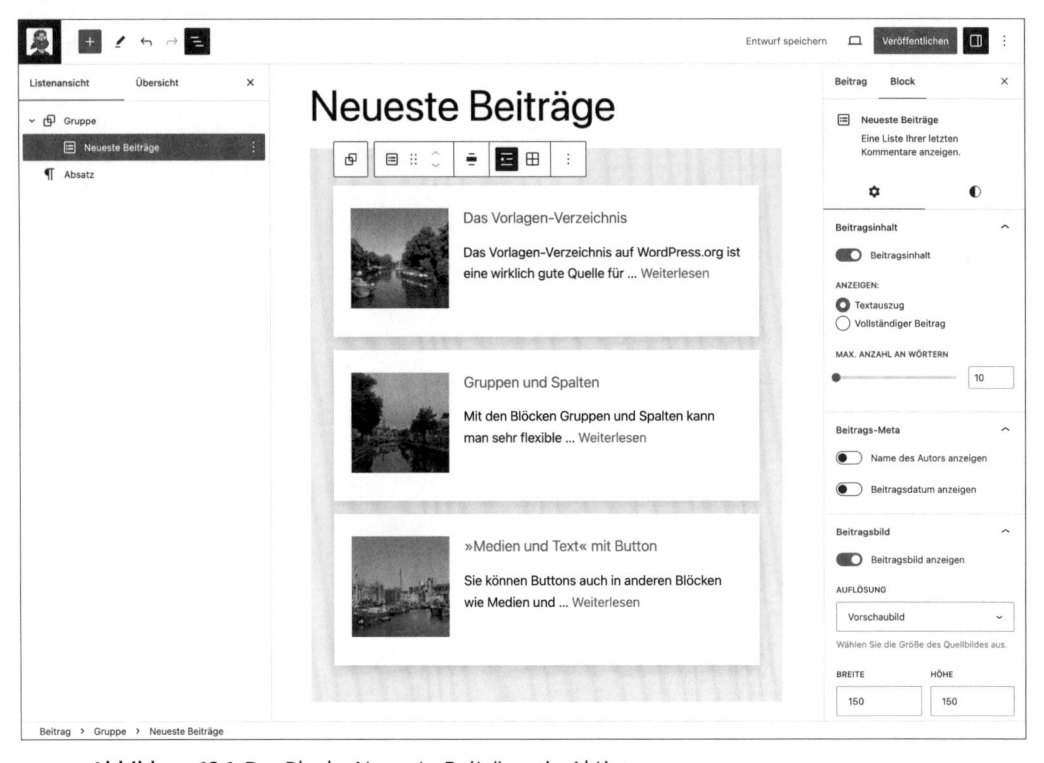

Abbildung 18.1 Der Block »Neueste Beiträge« in Aktion

Sie können definieren, wie viele Beiträge ausgegeben werden sollen, ob sie aus einer Kategorie oder von einem Autor stammen sollen und wie sie sortiert werden sollen.

Der Block NEUESTE BEITRÄGE ist dabei recht flexibel. Abbildung 18.2 zeigt die neuesten Beiträge in einer dreispaltigen RASTERANSICHT mit WEITE BREITE und einem großen BEITRAGSBILD, das die Ausrichtung KEINE hat.

Abbildung 18.2 Die drei neuesten Beiträge in einer »Rasteransicht«

> **Die passende Website-Struktur finden: Seiten, Beiträge oder beides**
>
> Annette Schwindt zeigt im folgenden Beitrag anhand von konkreten Beispielen, dass man mit WordPress sehr verschiedene Arten von Websites erstellen kann:
>
> ▶ *annetteschwindt.digital/website-struktur/*
>
> Das vorgestellte Spektrum reicht von Websites nur mit Seiten über reine Blogs bis hin zu verschiedenen Mischformen von Seiten und Beiträgen, die durch die dynamische Ausgabe von Beiträgen und den pfiffigen Einsatz von Kategorien und Schlagwörtern möglich werden.

18.2 Blocksammlungen: Neue Blöcke braucht die Site

Die meisten Standardblöcke von WordPress sind inzwischen wirklich alltagstauglich, aber manchmal reichen sie einfach nicht aus.

Sie können dann die in Abschnitt 6.3.3 erwähnte Suche im Block-Inserter konsultieren, in der nur *einzelne* Blöcke angeboten werden.

Oder Sie schauen sich eines der folgenden Plugins an, die von den Herstellern der in Abschnitt 14.5 vorgestellten klassischen Freemium-Themes stammen und mehr oder weniger umfangreiche Blocksammlungen bereitstellen.

> **Die Plugins mit Blocksammlungen installieren zusätzliche Blöcke**
>
> Alle in diesem Abschnitt vorgestellten Plugins erweitern den Block-Editor um zusätzliche Blöcke. Wichtig zu verstehen ist, dass die von einem solchen Plugin bereitgestellten Blöcke nur funktionieren, solange das Plugin aktiviert ist.

18.2.1 Genial: »GenerateBlocks« von Tom Usborne (GeneratePress)

Das Plugin *GenerateBlocks* stammt vom *GeneratePress*-Entwickler Tom Usborne:

- *de.wordpress.org/plugins/generateblocks/*
- *generateblocks.com*

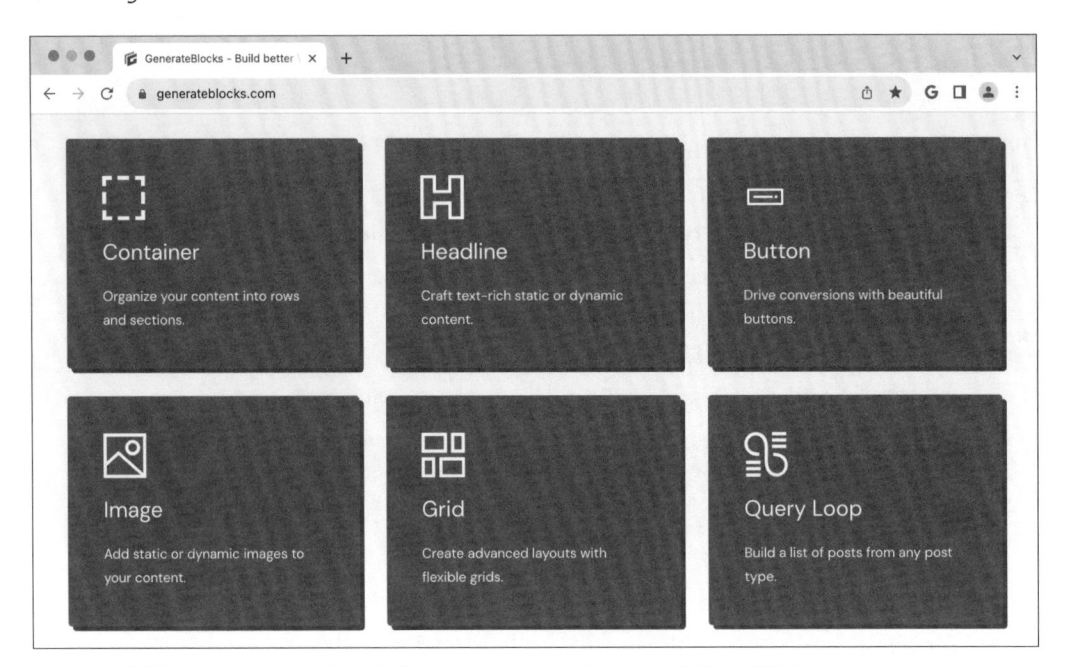

Abbildung 18.3 Die sechs Blöcke der »GenerateBlocks« auf einen Blick

Sympathisch an den *GenerateBlocks* ist, dass das Plugin mehr auf Klasse denn auf Masse setzt und nur sechs neue Blöcke mitbringt, frei nach dem Motto *Weniger ist mehr*:

- *Container* ist ein *Gruppe*-Block mit Flügeln.
- *Headline* ist eine pfiffige Mischung aus *Überschrift*- und *Absatz*-Block.
- *Button* ermöglicht u. a. die einfache Verwendung von Icons in Buttons.

- *Image* ist ein *Bild*-Block mit viel mehr Möglichkeiten.
- *Grid* ähnelt dem *Spalten*-Block, ist aber flexibler und vielseitiger.
- *Query Loop* ist ein *Abfrage*-Block mit Raketenantrieb.

Vielleicht werden die Standardblöcke von WordPress irgendwann mal so vielseitig, wie die GenerateBlocks es jetzt schon sind. Bis dahin gilt: Wenn Sie bei den Standardblöcken Optionen zur Gestaltung vermissen, schauen Sie sich mal die GenerateBlocks an.

GenerateBlocks arbeitet natürlich perfekt mit dem Theme GeneratePress aus demselben Hause zusammen, ist aber so konzipiert, dass es mit jedem beliebigen Theme funktioniert.

18.2.2 Vielseitig: »Kadence Blocks« von Ben Ritner (KadenceWP)

Das Plugin *Kadence Blocks* trägt den Untertitel *Page Builder Features*, und der Name ist Programm. Mit den Blöcken, die das Plugin zur Verfügung stellt, werden Layouts möglich, für die man früher einen Pagebuilder benötigte:

- *de.wordpress.org/plugins/kadence-blocks*
- *kadencewp.com/kadence-blocks*

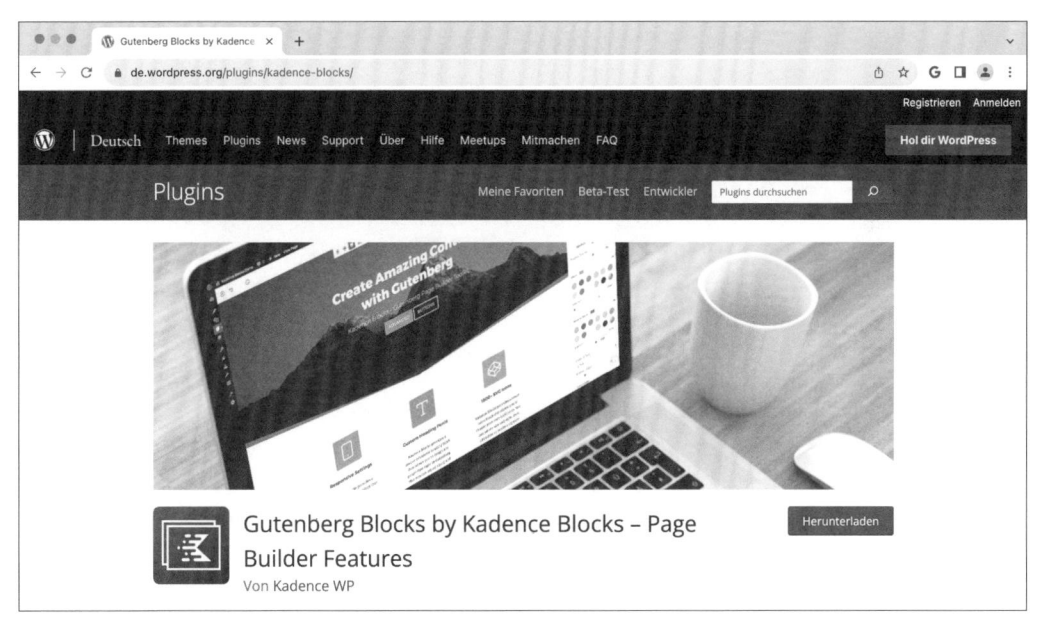

Abbildung 18.4 Die »Kadence Blocks« im Plugin-Verzeichnis

Nach Installation und Aktivierung erscheint das Backend-Menü Kadence Blocks mit einer Übersicht und einer kurzen Beschreibung der momentan 16 neu zur Verfügung stehenden Blöcke.

Kadence Blocks arbeitet natürlich perfekt mit dem Kadence Theme aus demselben Hause zusammen, aber man kann die Blöcke auch mit jedem anderen Theme nutzen.

18.2.3 Umfangreich: »Spectra« von Brainstorm Force (Astra)

Das Plugin *Spectra* hieß früher *Ultimate Addons for Gutenberg* und war eine der ersten und beliebtesten Blocksammlungen zur Erweiterung des Block-Editors:

- de.wordpress.org/plugins/ultimate-addons-for-gutenberg
- wpspectra.com

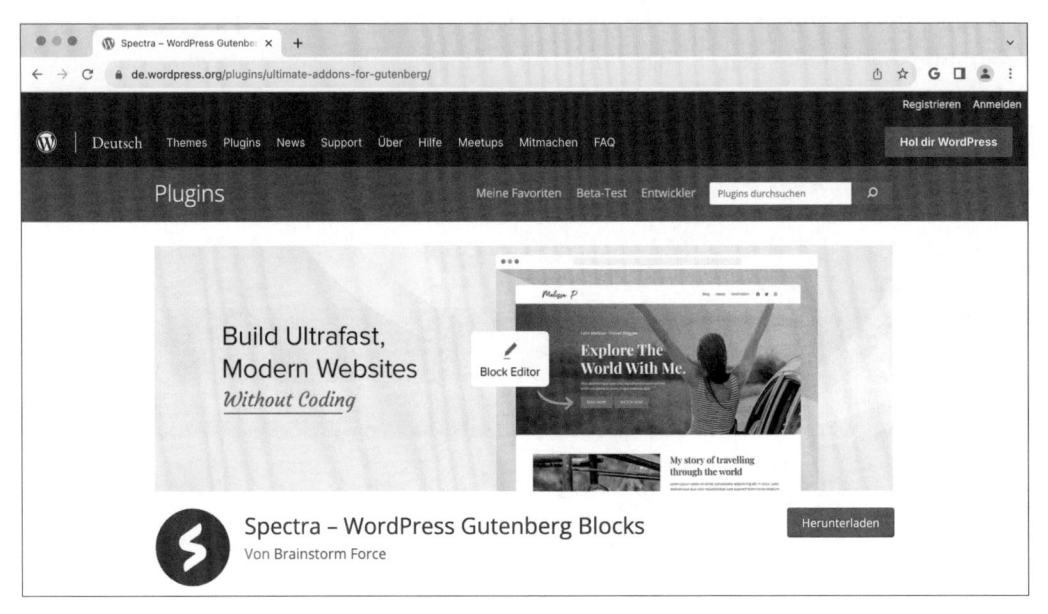

Abbildung 18.5 Das Plugin »Spectra« im Plugin-Verzeichnis

Spectra ist die wohl umfangreichste der hier vorgestellten Blocksammlungen und bringt weit über 30 Blöcke sowie eine Bibliothek mit unzähligen fertigen Vorlagen, die bei Spectra *Templates* genannt werden.

Spectra arbeitet natürlich perfekt mit dem Astra-Theme aus demselben Hause zusammen, aber man kann die vom Plugin zur Verfügung gestellten Blöcke auch mit jedem anderen Theme nutzen.

> **Weitere Blocksammlungen: »Otter« und »CoBlocks«**
>
> Es gibt noch zahlreiche weitere Blocksammlungen. Die beiden folgenden Kandidaten sind ebenfalls recht weit verbreitet:
>
> - Otter Page Builder Blocks & Extensions for Gutenberg (Themeisle)
>   *de.wordpress.org/plugins/otter-blocks/*
> - CoBlocks – Pagebuilder Gutenberg Blocks (GoDaddy)
>   *de.wordpress.org/plugins/coblocks/*

18.3 Nützliche Plugins kurz vorgestellt

In diesem Abschnitt möchte ich Ihnen einige kleine, aber nützliche Plugins vorstellen, die bei mir auf vielen Sites dabei sind.

18.3.1 Automatische Umleitungen mit »Redirection«

Dieses Plugin ist bei mir in so ziemlich jeder WordPress-Installation dabei, denn es ist einfach superpraktisch. Wenn Sie den Permalink eines Beitrags oder einer Seite ändern, erstellt Redirection im Hintergrund automatisch eine Weiterleitung und verhindert so viele 404-Fehlermeldungen:

- *de.wordpress.org/plugins/redirection/*

Abbildung 18.6 Das Plugin »Redirection«

Nach der Aktivierung des Plugins erhalten Sie einen Link zur Einrichtung von Redirection, die nur wenige Minuten dauert. Im Menü WERKZEUGE • REDIRECTION können Sie die im Hintergrund automatisch erstellten Umleitungen verwalten oder selbst welche erstellen.

18.3.2 Beiträge und Seiten duplizieren mit »Yoast Duplicate Post«

Das Plugin *Yoast Duplicate Post* macht es sehr einfach, Kopien von Beiträgen und Seiten zu erstellen und diese dann zu bearbeiten:

- de.wordpress.org/plugins/duplicate-post/

Abbildung 18.7 Das Plugin »Yoast Duplicate Post«

Ist das Plugin aktiv, gibt es in den Übersichtstabellen der Backend-Menüs SEITEN und BEITRÄGE für jeden Eintrag neue Befehle wie DUPLIZIEREN, NEUER ENTWURF und ÜBERARBEITEN UND WIEDERVERÖFFENTLICHEN.

18.3.3 Zurück nach oben auf der Seite mit »Scroll To Top«

Einige Themes haben einen Scroll-to-Top-Button, mit dem man auf derselben Seite zurück nach oben springen kann, standardmäßig eingebaut. In den Standardthemes wie Twenty Twenty-Three gibt es das nicht, und in dem Fall hilft ein Plugin wie das folgende:

- de.wordpress.org/plugins/scroll-top/

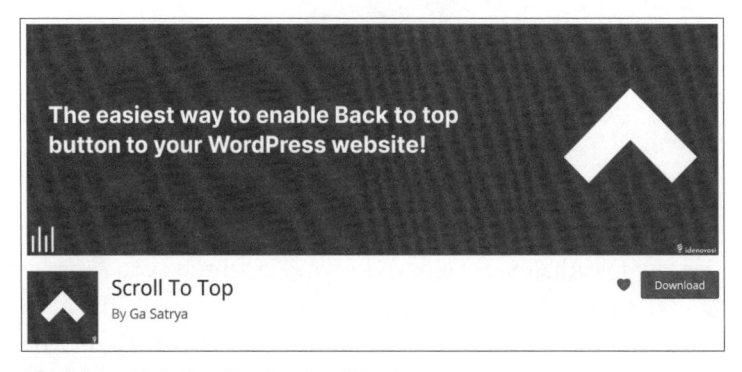

Abbildung 18.8 Das Plugin »Scroll To Top«

Nach der Aktivierung finden Sie in EINSTELLUNGEN • SCROLL TO TOP eine einfache und übersichtliche Konfiguration.

18.3.4 Inhaltsverzeichnis für längere Beiträge mit »Simple TOC«

TOC steht für *Table of Content*, auf Deutsch *Inhaltsverzeichnis*, und genau das macht das Plugin. Bei längeren Beiträgen ist es übersichtlich, am Anfang ein Inhaltsverzeichnis mit Links zu den Überschriften zu platzieren:

▶ *de.wordpress.org/plugins/simpletoc/*

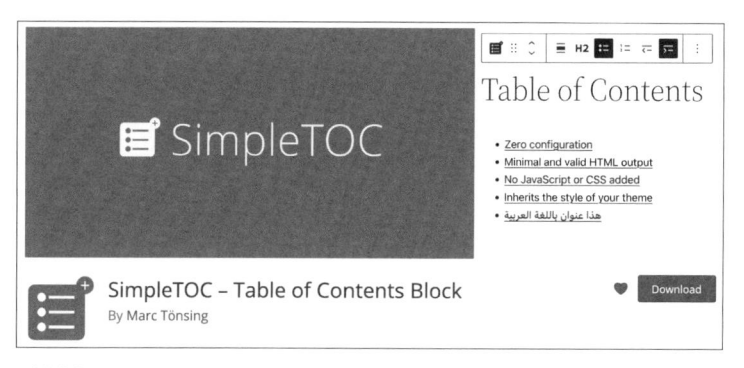

Abbildung 18.9 Das Plugin »SimpleTOC«

Im Block-Editor gibt es nach der Aktivierung einen Block SIMPLE TOC. Das eingefügte Inhaltsverzeichnis können Sie im Block-Inspektor auf der Seitenleiste EINSTELLUNGEN bei Bedarf ändern. Bis ein entsprechender Block zum Lieferumfang von WordPress gehört, füllt Simple TOC die Lücke.

18.3.5 Blöcke ein- und ausblenden mit »Block Visibility«

Dieses clevere Plugin erlaubt Ihnen, einen Block unter bestimmten Umständen anzuzeigen oder nicht:

▶ *de.wordpress.org/plugins/block-visibility/*

Nach der Installation finden Sie im Block-Inspektor den Bereich VISIBILITY +, in dem Sie bestimmte Kriterien anzeigen können. Das Plugin ermöglicht z. B. das Einblenden automatischer Feiertagsgrüße oder das Anzeigen eines Anrufen-Buttons nur während der Geschäftszeiten, aber die Möglichkeiten tendieren gegen unendlich.

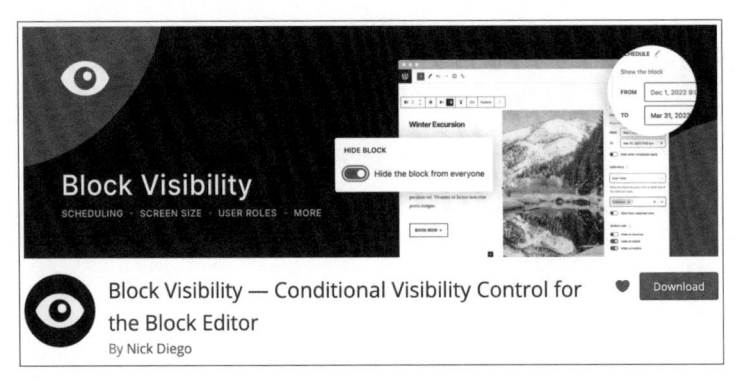

Abbildung 18.10 Das Plugin »Block Visibility«

18.4 Tipps zur Erstellung der Datenschutzerklärung

Bei der Erstellung des Impressums in Abschnitt 5.4 hatte ich bereits erwähnt, dass eine Website eine Datenschutzerklärung benötigt, und die Seite besteht bereits und ist in der Footer-Navigation als Teil der Pflichtlinks eingebunden. In diesem Abschnitt zeige ich Ihnen ein paar Tipps zum Inhalt der Seite.

18.4.1 Die Seite für die »Datenschutzerklärung«

Nach der Installation von WordPress taucht die Datenschutzerklärung bereits an zwei Stellen auf:

- Im Menü SEITEN • ALLE SEITEN gibt es einen vom WordPress-Team vorformulierten Entwurf für eine Datenschutzerklärung.
- Im Menü EINSTELLUNGEN • DATENSCHUTZ bekommen Sie allgemeine Hinweise zur Datenschutzerklärung und können dann festlegen, welche Seite die Datenschutzerklärung enthält (siehe Abbildung 18.11).

In dem erklärenden Text auf der Seite EINSTELLUNGEN • DATENSCHUTZ steht, dass der von WordPress vorgegebene Text angepasst werden muss und dass es in Ihrer Verantwortung liegt, dies im Einklang mit der für Ihr Land geltenden Rechtsprechung zu tun.

18.4 Tipps zur Erstellung der Datenschutzerklärung

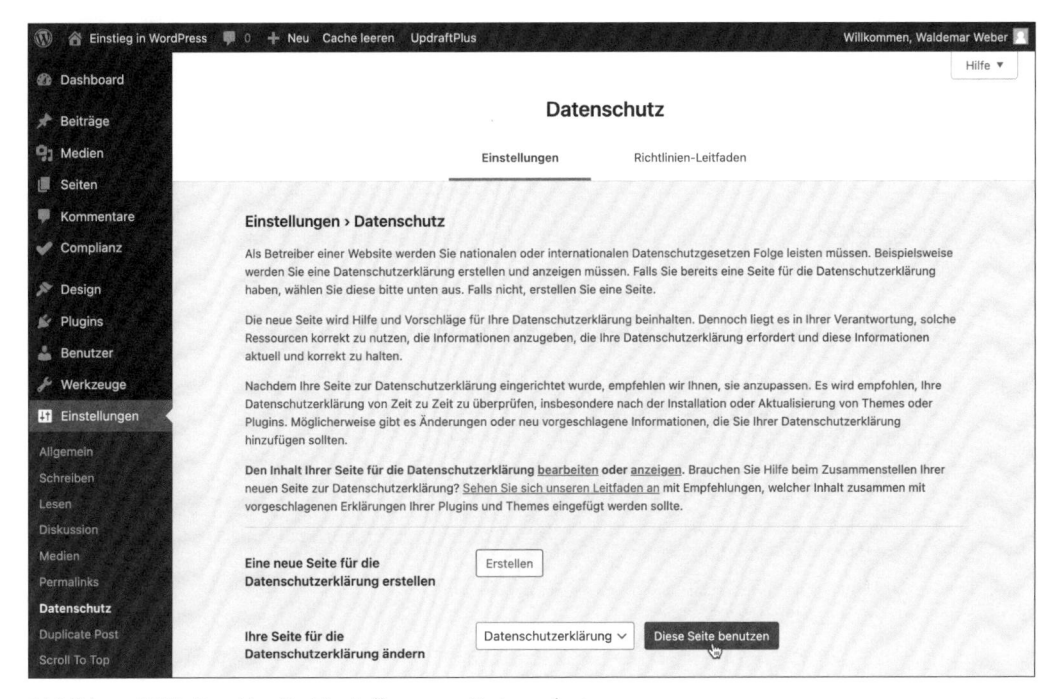

Abbildung 18.11 Das Menü »Einstellungen • Datenschutz«

18.4.2 Hilfe bei der Datenschutzerklärung: »datenschutz-generator.de«

Technisch gesehen ist die Erstellung einer Seite zum Datenschutz und die Zuweisung der Seite im Menü EINSTELLUNGEN • DATENSCHUTZ also einfach.

Schon schwieriger hingegen ist die rechtlich korrekte Formulierung der Datenschutzerklärung selbst, aber dabei helfen Tools wie der *Datenschutz-Generator* von Rechtsanwalt Dr. Thomas Schwenke:

- *datenschutz-generator.de*

Die Erstellung einer DSGVO-Datenschutzerklärung ist mit dieser Website für Privatpersonen und Kleinunternehmer bis zu einem Umsatz von 5.000 Euro gratis, Unternehmen können eine Lizenz erwerben.

Um den Text für die Datenschutzerklärung zu bekommen, folgen Sie einfach den Anweisungen auf der Website:

- Beantworten Sie die Fragen, und wählen Sie die passenden Module aus.

- Per Klick auf die Plus-Zeichen können Sie weitere Modul-Gruppen öffnen und so die gewünschten Bereiche, z. B. für Kommentare, Gravatare oder Kontaktformulare, hinzufügen.
- Danach können Sie sich weiter unten Ihre Datenschutzerklärung generieren lassen.

Abbildung 18.12 Der Datenschutzgenerator von Dr. Thomas Schwenke

Die von dem Tool erzeugte Datenschutzerklärung können Sie dann wahlweise als Text oder als HTML-Code kopieren und auf der Seite für die Datenschutzerklärung in WordPress einfügen. Genau das tun Sie im folgenden ToDo.

> **ToDo: Die Datenschutzerklärung erstellen**
>
> 1. Öffnen Sie die Seite *Datenschutzerklärung* zur Bearbeitung im Editor.
> 2. Löschen Sie den vorhandenen Text. Dazu können Sie z. B. in der Listenansicht mit ⇧ + Klick alle Blöcke markieren und dann mit ⌫ löschen.
> 3. Den Text für die Datenschutzerklärung können Sie mit Strg + V bzw. cmd + V aus der Zwischenablage einfügen.
> 4. Bearbeiten Sie den Text, falls nötig, und schauen Sie, ob alles stimmt.
> 5. Speichern Sie alle Änderungen, und prüfen Sie die Seite im Frontend.

18.5 Checkliste für die Freischaltung Ihrer WordPress-Site

In diesem Abschnitt möchte ich Ihnen eine kurze Checkliste zeigen, die Sie vor dem Freischalten einer Website durchgehen können.

Checklisten sind naturgemäß nie wirklich fertig oder vollständig, und Sie sollten diese Liste nach Ihren Bedürfnissen anpassen, verkürzen oder ergänzen, aber die folgenden Vorschläge sind eine gute Basis.

18.5.1 Checkliste für das Frontend

- Titel der Website und Untertitel sind okay.
- Website-Symbole funktionieren (*Favicon* und *Touchicon*).
- Inhalte checken:
  - Inhalte in Beiträgen und Seiten sind aktuell und korrekt.
  - Impressum ist vorhanden, okay und korrekt verlinkt.
  - Datenschutzerklärung ist vorhanden, okay und korrekt verlinkt.
  - Rechte am Bildmaterial sind vorhanden, und Quellen werden genannt.
  - Rechtschreibung auf Beiträgen und Seiten stimmt.
- Links checken:
  - Navigation funktioniert.
  - Alle Links in Beiträgen und Seiten sind okay.
- Seiten wurden in verschiedenen Browsern getestet (Chrome, Firefox etc.), idealerweise auch unter anderen Betriebssystemen.
- Seiten wurden auf verschiedenen Geräten getestet (Tablets, Smartphones etc.), idealerweise unter iOS und Android.
- Ladezeiten aller Seiten sind okay.

18.5.2 Checkliste für Interaktionen

- Das Kontaktformular ist leicht erreichbar und funktioniert.
- Die Suchfunktion funktioniert und ist überall vorhanden.
- Kommentarfunktion:
  - Kommentarbereiche sind vorhanden und funktionieren.
  - Kommentarbereiche auf Seiten wie dem Impressum wurden deaktiviert.

- Die Optionen in EINSTELLUNGEN • DISKUSSION sind okay.
- Spamschutz für die Kommentarfunktion ist aktiviert (*Antispam Bee*).
▶ Social Media: Share-Buttons sind eingebaut, funktionieren und sind für Kontaktseite und rechtliche Seiten deaktiviert (*Shariff Wrapper*).
▶ Die Cookie-Richtlinie ist erstellt und im Menü RECHTLICHES eingebunden.

18.5.3 Checkliste für das Backend

▶ Benutzer
- Der Administrator hat als Benutzernamen nicht *admin*.
- Alle Benutzer haben sichere, wirklich gute Passwörter.

▶ Aktualisierungen
- WordPress ist aktuell.
- Plugins sind aktuell.
- Themes sind aktuell.
- Übersetzungen sind aktuell.

▶ Themes
- Nicht benötigte Themes wurden gelöscht.
- Menüs sind richtig konfiguriert.
- Alle Widgets sind an den richtigen Stellen.
- Nach Theme-Wechsel gegebenenfalls *Regenerate Thumbnails*.

▶ Plugins
- Nicht benötigte Plugins wurden gelöscht.
- Alle Plugins sind wirklich auf dem neuesten Stand.

▶ Mediathek
- Bilder sind optimiert.
- Detailinformationen für Bilder sind ausgefüllt.

▶ Backup
- Aktuelles Backup ist erstellt.
- Optional: Automatisches Backup ist eingerichtet und getestet.

▶ Die Statistik ist aktiviert.

▶ Empfohlen: Ein Security-Plugin ist installiert und konfiguriert.

18.5.4 Checkliste für SEO

- Suchmaschinen dürfen indizieren (EINSTELLUNGEN • LESEN).
- URLs prüfen
  - Der Domain-Name stimmt.
  - Die Permalinks sind im gewünschten Format.
- Theme wird von Google als *mobile friendly* eingestuft.
- SEO-Plugin ist installiert und aktiviert.
  - Die *Preview Snippets* für Beiträge und Seiten sind okay.
  - SETTINGS FÜR SOCIAL MEDIA sind für alle Beiträge und Seiten okay.
  - XML-Sitemap wurde generiert und bei Google eingereicht.

Ein paar Tage nach der Freischaltung sollten Sie prüfen, ob die Webseiten im Index der Suchmaschinen vorhanden sind (Suche »site:domain.de«).

18.6 Checkliste für die Wartung Ihrer WordPress-Website

Auch nach der Freischaltung Ihrer Website sollten Sie Ihre Website regelmäßig warten. Dieser Abschnitt bietet dazu einige Anhaltspunkte, allerdings ohne Anspruch auf Vollständigkeit.

Die folgenden beiden Dinge sollten Sie möglichst zeitnah erledigen:

- Updates: WordPress, Themes und Plugins immer aktuell halten.
- Kommentare: Regelmäßig checken und moderieren (oder deaktivieren).

Und dann gibt es einige Tätigkeiten, die Sie nur alle paar Monate erledigen müssen:

- Themes und Plugins: Prüfen, ob sie mit der aktuellen WordPress-Version kompatibel sind und wann sie von den Entwicklern zuletzt aktualisiert wurden.
- Seiten und Beiträge: Ältere Inhalte prüfen und gegebenenfalls aktualisieren.
- Mediathek aufräumen und gegebenenfalls Bilder komprimieren.
- Hyperlinks mit einem Tool wie *deadlinkchecker.com* prüfen.
- Datenbank aufräumen und optimieren.

Am besten tragen Sie die Wartung gleich in einen Kalender oder mit Datum in eine ToDo-Liste ein, damit sie nicht in Vergessenheit gerät.

18.7 Sie sind nicht allein: Die WordPress-Community

In diesem Buch haben Sie die wichtigsten Dinge rund um die Arbeit mit WordPress kennengelernt. Falls im Alltag Fragen oder Probleme auftauchen, hilft eine kurze Google-Suche oft schon weiter, denn WordPress ist die erfolgreichste Software zum Veröffentlichen von Inhalten im Web, und der Vorteil dabei ist, dass Sie oft nicht der Erste sind, der damit konfrontiert wird.

Außerdem gibt es eine weltweit sehr aktive Community. Auf WordPress.org finden Sie eine Hilfeseite mit Links zu guten deutschsprachigen WordPress-Foren (siehe Abbildung 18.13):

▶ de.wordpress.org/hilfe/

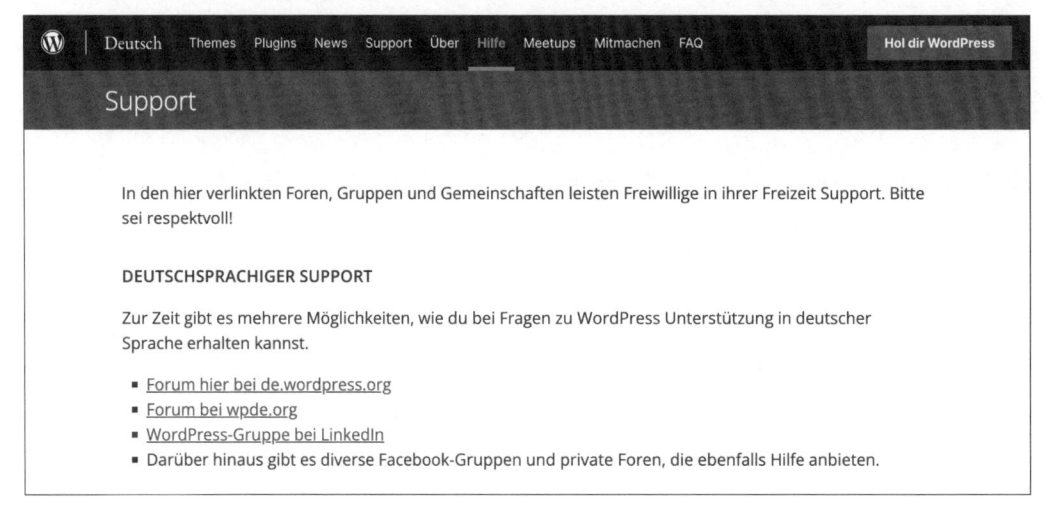

Abbildung 18.13 Deutschsprachiger Support auf »wordpress.org«

Aber die WordPress-Community gibt es nicht nur virtuell. Auf WordCamps treffen sich WordPress-Nutzerinnen und -Nutzer offline und tauschen sich untereinander aus. Infos dazu erhalten Sie im Backend im Dashboard-Widget WORDPRESS-VERANSTALTUNGEN UND NEUIGKEITEN.

Und jetzt wünsche ich Ihnen viel Spaß mit WordPress und Ihrer Website!

18.8 Auf einen Blick

Die wichtigsten Themen noch einmal im Überblick:

- Mit dem Block *Neue Beiträge* kann man Beiträge dynamisch ausgeben.
- Plugins wie *GenerateBlocks*, *Kadence Blocks* und *Spectra* sind Blocksammlungen, die den Block-Editor um neue Blöcke erweitern.
- Jede Website braucht eine Datenschutzerklärung. Tools wie *datenschutz-generator.de* sind dabei sehr nützlich.
- Vor der Freischaltung Ihrer Website schauen Sie sich einmal die Checklisten zu Frontend, Interaktionen, Backend und SEO an. Nach der Freischaltung der Website ist dann die Checkliste zur Wartung dran.
- Sie sind nicht allein – die WordPress-Community ist weltweit aktiv.

Index

.htaccess 486
1-Klick-Installation 65

A

Admin-Leiste (Backend) 90
Admin-Toolbar → Admin-Leiste
Anhang-Seite (Medien) 211
Archiv 139
Archivseite 139
Artikelbild → Beitragsbild
Audio
    diverse Formate 240
    MP3 einbinden 239
Audioformate 240
Automattic 41

B

b2 (Blogtool) 37
Backend
    Anmelden 87
    Dashboard 91
    Menüleiste 90
    Überblick 88
Backlinks 304
Backups
    Übersicht 467
    UpdraftPlus 468
    wiederherstellen 474
Beiträge
    Archiv 139
    bearbeiten 135
    Beitragsseite 115
    Einzelansicht 140
    erstellen 136, 164
    Kategorien 178
    nicht ohne Kategorie 181
    post 114
    Revisionen 176
    Startseite zeigt Beiträge 142
    stehen untereinander 114, 139

Beiträge (Menü)
    Alle Beiträge 134
    Erstellen 136
    Kategorien 180
    Schlagwörter 186
Beitragsbild 223
    im Editor festlegen 224
    Übersicht 223
Beitragsseite
    ist Blogseite 115
    Paginierung 140
Benutzer
    Benutzernamen ändern 107
    Benutzerprofil 104
    E-Mail-Adresse 108
    Namensoptionen 106
    Passwort ändern 109
    Passwort vergessen 88
Bilder
    Alternativtext 209
    Beschreibung 209
    Beschriftung 209
    Bildgrößen festlegen (Einstellungen) 194
    Bildgröße reduzieren 203
    Block-Einstellungen bearbeiten .. 197
    Dateigröße reduzieren 204
    Dateinamen optimieren 202
    Detailinfos und SEO 208
    Fotos optimieren 201
    in Mediathek bearbeiten 232
    in Mediathek hochladen 205
    in Mediathek skalieren 233
    in Mediathek zuschneiden 234
    lizenzfrei (Quellen) 200
    Titel 208
    und Rechtliches 200
Block 43
    Absatz 122
    Abstandshalter 168
    Audio 240
    Bild 193
    Button 264
    Cover 258
    Einbettungen 247

513

Block (Forts.)
　Galerie ... 225
　Gruppe ... 268
　Liste ... 137
　löschen (einzeln) ... 130
　löschen (mehrere) ... 131
　Medien und Text ... 263
　Navigation ... 321
　Spalten ... 268, 271
　Trennzeichen ... 168
　Überschrift ... 166
　Video ... 244
Block-Bibliothek ... 158
Block-Editor ... 43, 118
　Block Absatz ... 122
　Block Abstandshalter ... 168
　Block Audio ... 240
　Block-Bibliothek ... 158
　Block Bild ... 193
　Blöcke löschen (mehrere) ... 131
　Blöcke markieren ... 162
　Blöcke verschieben ... 162
　Blöcke zum Einbetten ... 247
　Block Galerie ... 225
　Block Liste ... 137
　Block löschen (einzeln) ... 130
　Block-Manager ... 161
　Block sperren ... 261
　Block Trennzeichen ... 168
　Block Überschrift ... 166
　Block Video ... 244
　Dokument-Werkzeuge ... 158
　durchgestrichener Text ... 165
　Editorleiste ... 119, 123, 156
　Fußnoten einfügen ... 165
　Gliederung ... 174
　Inserter-Werkzeug ... 158
　Listenansicht ... 173
　Modus »Auswählen« ... 131, 175
　Modus »Bearbeiten« ... 131
　obere Werkzeugleiste ... 160
　obere Werkzeugleiste (links) ... 157
　Seitenleiste ... 123
　Seitenleiste Einstellungen ein- und ausblenden ... 126
　Spotlight-Modus ... 160
　Symbolleiste (Block) ... 123
　Tastaturkürzel anzeigen ... 161
　Titel für Seite oder Beitrag ... 120
　Überblick ... 155
　Übersicht ... 119
　und Website-Editor ... 313
　Vollbildmodus ... 160
　Werkzeugleiste ... 123
Block-Inserter ... 158
Block-Inspektor ... 123, 163
Block-Manager ... 161
Block sperren ... 261
Block-Themes ... 43, 309
　Website-Editor ... 353
Blog
　aka Weblog ... 37
　typische Merkmale ... 38
Blogtool ... 38
Browser ... 32
Burst Statistics (Plugin) ... 432

C

Cache ... 484
Call-to-Action (Button) ... 264
Checkliste
　Backend ... 508
　Frontend ... 507
　Interaktionen ... 507
　SEO ... 509
　vor Freischaltung ... 507
　Wartung ... 509
Child-Theme ... 371
Classic Editor ... 386
CoBlocks (Plugin) ... 501
Content-Management-System (CMS) ... 37
Cookie-Hinweis (Plugin) ... 433
Customizer ... 365

D

Dashboard
　Aktualisierungen ... 93
　Startseite ... 92
　Übersicht ... 91
Datenschutz (DSGVO) ... 42, 109, 247, 504
Design (Menü)
　Menüs (Navigationen) ... 373, 374

Design-Werkzeuge (Block-Editor) 252
Domain-Name 34
   Aufbau 52
   ist Teil einer URL 100
   und E-Mail 54
   und Recht 53
   und Umlaute 54
   Verfügbarkeit prüfen 53
DSGVO
   Datenschutzerklärung erstellen 504
   Datenschutz-Generator.de 505

E

Editor, Hyperlinks erstellen 169
Editorleiste, Block-Editor 119
Einstellungen
   Allgemein (Menü) 93, 94
   Beiträge pro Blogseite 98
   Diskussion (Menü) 291, 296
   Lesen (Menü) 93, 98, 142
   Medien (Menü) 194
   Menüs im Überblick 93
   Newsfeed 98
   Permalinks (Menü) 93, 101
   Schreiben 181
   Sichtbarkeit für Suchmaschinen 98
   Sprache der Seite 96
   Titel der Website 49
   Untertitel 49
   Website-Adresse (URL) 94
   WordPress-Adresse (URL) 94
   Zeit- und Datumsformate 96
Einzelansicht 140
E-Mail-Adresse 94

F

Facebook
   Beiträge weitersagen 428
   Open Graph 460
Featured Image → Beitragsbild
Feed 115
Fehlermeldung wp-config.php 76
FileZilla (FTP) 69, 72
Footer, Anpassungen entfernen 330

Frontend
   Beitragsseite 115
   Einzelansicht 140
FTP (File Transfer Protocol) 69
Full Site Editing → Website-Editor
Fußnoten einfügen 165

G

Galerie
   bearbeiten 228
   erstellen 225
   im Frontend 231
   Übersicht 225
GenerateBlocks (Plugin) 498
Gestaltung (Themes) 50
Gliederung (Block-Editor) 174
Google
   mag Hyperlinks 447
   PageRank 447
Google Analytics (Statistiken) 433
GPL (Lizenz) 400
Gutenberg 43
Gutenberg-Editor → Block-Editor

H

Header
   Anpassungen entfernen 326
   Vorlage suchen 347
Homepage 33
Hyperlinks
   externe Links 169
   im Editor erstellen 169
   interne und externe 169
   Webseiten verknüpfen 32

I

Import/Export (XML-Datei) 490
Impressumsgenerator 132
InstaWP.com (WordPress installieren) 61
Interaktionen
   Pingbacks 304
   Trackbacks 305

K

Kadence Blocks (Plugin) ... 499
Kategorien
   erstellen ... 181
   für die Beispiel-Site ... 181
   Standardkategorie ... 181
   Übersicht ... 178
   und Schlagwörter ... 178
   und Unterkategorien ... 182
   zuweisen ... 183
Klassische Themes anpassen ... 365
Kommentare
   Benachrichtigung im Backend ... 291
   Benachrichtigung per E-Mail ... 290
   deaktivieren ... 302
   erstellen ... 288
   Freischaltung (Moderation) ... 290, 298
   genehmigen ... 293
   Kommentarformular ... 287
   löschen ... 293
Kommentare (Menü)
   antworten ... 293
   bearbeiten ... 293
   löschen ... 293
   moderieren ... 293
   QuickEdit ... 293
   Spam ... 293
   Übersicht ... 292
Kommentarformular ... 287
Kontaktformular ... 287

L

Lightbox ... 408
LinkedIn, Beiträge weitersagen ... 428
Links → Hyperlinks
Listenansicht (Block-Editor) ... 173
Live-Vorschau
   Customizer ... 367
   Farbschema ändern ... 371
Local (WordPress offline) ... 81

M

MAMP ... 82
Mastodon, Beiträge weitersagen ... 428

Matomo (Statistiken) ... 433
Mediathek
   Anhang-Seite ... 211
   Bilder bearbeiten ... 223, 232
   Bildgröße ... 194
   Bild skalieren ... 233
   Bild zuschneiden ... 234
   Datei bearbeiten ... 208
   Dateien hochladen ... 205
   Einstellungen • Medien ... 194
   Listen- vs. Grid-Ansicht ... 206
   MP3-Dateien ... 241
   Vorschaubild (Größe) ... 194
Mehrspaltige Layouts
   Block Medien und Text ... 263
   Block Spalten ... 271
Menüleiste (Backend) ... 90
Menüs
   Design • Menüs ... 373, 374
   im Customizer erstellen ... 373
   Social Media ... 377
Modus »Auswählen« (Block-Editor) ... 175
MP3
   Datei einbinden ... 239
   in Mediathek ... 241
Mullenweg, Matt ... 37

N

Navigation
   erstellen ... 373, 374
   Paginierung ... 140
Navigationsblock ... 321
Navigationsmenü ... 321
Newsfeed ... 115

O

Open Graph ... 460
Open Source ... 40
Openverse (Fotos) ... 200

P

Pagebuilder ... 385
Paginierung (Beiträge) ... 140

Passwort ändern 109
Passwort vergessen? 88
Permalink
   für einen Beitrag 140
   für Kategorien 103, 181
   für Schlagwörter 103
   ist eine Webadresse 33
   Übersicht 100
Pingbacks 304
Plugins
   AIOSEO 450
   Akismet 431
   Antispam Bee 429
   Burst Statistics 432, 435
   CoBlocks 501
   Complianz 433
   GenerateBlocks 498
   GPL (Lizenz) 400
   installieren (Backend) 411
   installieren (manuell) 412
   Jetpack 42
   Kadence Blocks 499
   Otter 501
   Rank Math 450
   Regenerate Thumbnails 195
   SEO-Plugins (Überblick) 450
   Shariff Wrapper 426
   Spectra 500
   The SEO Framework 450
   Twentig 414
   UpdraftPlus 468
   WPFrontend User Role Editor 489
   WP-Optimize 480
   WP Security 486
   Yoast (SEO) 450
   Yoast Duplicate Post 502
Plugins (Funktionen) 51
Plugins (Menü), Installieren 411
Plugin-Verzeichnis
   Plugin-Detailseite 409
   Übersicht 408
Plugin-Verzeichnis (WordPress.org) 51
Post (Beitrag) 114
Post Thumbnail → Beitragsbild
Projekt Gutenberg 43
Provider → Webhoster

Q

Quelltext 34
QuickEdit
   Einstellungen für Seiten ändern 147
   Kategorien zuweisen 183
   Schlagwörter zuweisen 189

R

Rechtschreibreform 154
Responsive Webseiten 36
Revisionen 176
RSS-Feed 115

S

Schlagwörter
   erstellen 186
   mit QuickEdit 189
   Übersicht 186
   und Kategorien 178
   verwalten 189
Schreiben
   für Menschen 154
   Zwischenüberschriften benutzen 166
Seiten
   Archivseiten 150
   Beitragsseite 150
   Einzelansicht 150
   neue Seite erstellen 117
   Startseite 150
   statische Seiten 116, 150
Seiten (Menü)
   Alle Seiten 116
   Erstellen 128
Seiten (statische)
   als Startseite 142
   bearbeiten 128
   Impressum 128
   Revisionen 176
   Übersicht 116
   und Beiträge 115
SEO 441
   Backlinks 447
   Detailinfos für Bilder 208
   Infos zu Bildern 208

SEO (Forts.)
   Ranking 446
   Social Signals 448
   XML-Sitemap 463
Sharing (Teilen) 428
Shortcode 382
Sichtbarkeit für Suchmaschinen 99
Social Media
   Open Graph 460
   Share-Buttons 428
Social-Media-Menü 377
Spambots 429
Spectra (Plugin) 500
SSL (https) 55
Stile
   Definition 333
   Eigene Farben definieren 340
   Farben • Individuell 340
   Farben • Standard-Palette 340
   Farben • Theme-Palette 340, 341
   Farben und Paletten 340
   im Bearbeiten-Modus 334
   im Browse-Modus 334
   Stilbuch 334
   Stil-Varianten 334
   Typografie 335
Suchmaschinen 99
   durchsuchen nicht das Web 442
   mögen Hyperlinks 447
   Robots (Crawler) 442
Suchmaschinenoptimierung → SEO
Symbolleiste (Block) 123
Synchronisierte Vorlagen 280

T

Tags → Schlagwörter
TasteWP (WordPress installieren) 61
Taxonomie
   Definition 178
   Kategorien 178
   Schlagwörter 178
Templates 353, 371
   Anpassungen entfernen 354
   Anpassungen zurücksetzen 319
   im Website-Editor bearbeiten 317
   Liste der verfügbaren Templates 354

Template-Teile 347
   Footer bearbeiten 327
   sind Vorlagen 327
Theme-Verzeichnis (WordPress.org) 50
   Übersicht 392
Themes
   Block-Themes 43, 309
   Customizer 367
   Design • Customizer 365
   Elegant Themes 401
   Genesis Framework 402
   GPL (Lizenz) 400
   klassische Themes 43, 309, 365
   kostenlos, Freemium oder Premium 390
   Studio Press 402
   themeforest.net 403
   Theme-Verzeichnis (WordPress.org) 392
   Twenty Twenty-Three 86
   und Pagebuilder 385
Themes (Gestaltung) 50
The SEO Framework (Plugin) 450
   Installation 451
Titel der Website 95
   Einstellungen 49
Titelform (Slug) 181
Top Level Domain (TLD) 53
Trackbacks 305
Twentig (Plugin) 414

U

Untertitel
   in allgemeinen Einstellungen 95
Untertitel (Einstellungen) 49
Updates 476
   großes Update 478
   Sicherheits-Update 478
URL 33, 100

V

Veröffentlichen
   Datum festlegen 128
   Sichtbarkeit 127

Video
- *Dateien einbinden* 244
- *diverse Formate* 244
- *per URL einbetten* 247

Videoformate 244
Vorlagen 347

W

Webhoster 52
Webseite 33
- *responsive* 36

Webserver 34
Website 33
- *einstieg-in-wp.de* 34, 64, 82, 367
- *instawp.com* 61
- *localwp.com* 81
- *tastewp.com* 61
- *w3techs.com* 31

Websitebuilder 385, 387
Website-Editor 43, 309
- *Anpassungen an Templates zurücksetzen* 319
- *Anpassungen vom Header entfernen* 326
- *Befehlspalette* 314, 363
- *Footer bearbeiten* 327
- *Footer zurücksetzen* 330
- *Header anpassen* 347
- *im Bearbeiten-Modus* 315
- *im Browse-Modus* 314
- *Navigation anpassen* 320
- *Navigationsmenü verwalten* 321
- *Powertool* 363
- *Seite bearbeiten* 315
- *Seiten im Browse-Modus* 363
- *Seitenlinks aus Menü entfernen* 323
- *Seitenlinks zu einem Menü hinzufügen* 324
- *Stilbuch* 334
- *Stile* 333
- *Stile • Blöcke* 338
- *Stile • Farben* 336
- *Stile • Farben • Palette* 340
- *Stile • Layout* 337
- *Stile • Stilbuch* 338
- *Stile • Typografie* 335
- *Stile im Bearbeiten-Modus* 334
- *Stile im Browse-Modus* 334
- *Stil-Varianten* 334
- *Template bearbeiten* 317
- *Templates* 353
- *Templates zurücksetzen* 354
- *Template-Teile* 347
- *Theme-Palette anpassen* 341
- *und Block-Editor* 313
- *verfügbare Templates* 354
- *Vorlagen* 347
- *Website-Icon definieren* 352
- *Website-Logo einfügen* 352

Website-Icon 352
Website-Logo 352
Website planen
- *der rote Faden* 48
- *Funktionen* 51
- *Gestaltung* 50
- *Inhalt* 49
- *Rahmenbedingungen skizzieren* 47
- *Technik* 52

Websites
- *blindtextgenerator.de* 162
- *datenschutz-generator.de* 505
- *gtmetrix.com* 449
- *https://compress-or-die.com/* 204
- *impressum-generator.de* 132
- *jpegmini.com* 204
- *pagespeed.web.dev* 449
- *rechtambild.de* 200
- *shrinkme.app* 204
- *themeforest.net* 403
- *tinypng.com* 204
- *tools.pingdom.com* 449
- *whatwpthemeisthat.com* 391
- *wpthemedetector.com* 391

Webspace 34
- *Domain und Ordner zuweisen* 71
- *kostenlos ausprobieren* 56
- *offline* 80

Webspace Provider → Webhoster
Weitersagen → Sharing
Werkzeuge (Menü)
- *Daten exportieren* 490
- *Daten importieren* 490
- *Website-Zustand* 479

Werkzeugleiste (Admin-Leiste) 90
Werkzeugleiste → Symbolleiste
Widget-Bereich 379

519

Widgets
- Archive 380
- Definition 379
- Legacy Widget 380
- Widget-Bereich 379

Wiederverwendbare Blöcke
- bearbeiten 283
- in normalen Block umwandeln 284

WordPress
- Anmelden im Backend 87
- Backend im Überblick 88
- Community 510
- deutsche Version 68
- GPL 400
- ist Open Source 39
- Login 87
- Showcase 39
- Umzug anderer Webspace 474
- Updates 476

WordPress.com 41

WordPress.org
- Hilfe (Support) 510
- Plugin-Verzeichnis 51, 408
- Themes-Verzeichnis 50, 392
- WordPress herunterladen 68
- XML-Datei exportieren 490
- XML-Datei importieren 491

WordPress-Block-Editor → Block-Editor

WordPress-Editor → Block-Editor

WordPress installieren
- 1-Klick-Installation 65
- Dateien hochladen 69
- Local for WP 81
- offline auf Ihrem Computer 80
- TasteWP.com 61
- Titel der Website eingeben 77
- vorinstalliertes WordPress 65
- WordPress herunterladen 68
- wp-config.php 75, 76
- Zugangsdaten (S)FTP 69
- Zugangsdaten Datenbank 72, 74

wp-config.php 75, 76, 486

X

XAMPP 82
XML-Sitemap (SEO) 463

Y

Yoast Duplicate Post (Plugin) 502

YouTube
- einbetten per URL 247
- Video verlinken 249